PETER STUHLMACHER

Biblische Theologie des Neuen Testaments

BAND I

Grundlegung
Von Jesus zu Paulus

VANDENHOECK & RUPRECHT
IN GÖTTINGEN

Die Deutsche Bibliothek – CIP-Einheitsaufnahme

Stuhlmacher, Peter:
Biblische Theologie des Neuen Testaments / Peter Stuhlmacher. –
Göttingen: Vandenhoeck und Ruprecht
Bd. 1. Grundlegung: von Jesus zu Paulus. – 1992
ISBN 3-525-53595-3

Umschlag: Michael Rechl, Wanfried

Gesetzt aus Garamond auf Linotron 300 System 4
Satz und Druck: Gulde-Druck GmbH, Tübingen
Bindearbeit: Hubert & Co., Göttingen

MARTIN HENGEL
zum 65. Geburtstag am 14. Dezember 1991

Sir 6,14–15

Inhalt

Vorwort

Eine Biblische Theologie des Neuen Testaments zu schreiben, ist ein Experiment und Wagnis zugleich. Der Versuch ist lohnend, aber angesichts des gegenwärtig wieder ganz offenen und kontroversen Standes der Erforschung des Neuen Testaments kann das Ergebnis nicht mehr als ein Vorschlag sein, wie die neutestamentlichen Traditionsbildungen einander zuzuordnen und ihre Lehre und Verkündigung anzusehen sind.

Dies gilt nicht nur, weil in vielen Einzelheiten neue sachliche und methodische Erkenntnisse zu verarbeiten sind, sondern auch und vor allem, weil seltsamerweise bisher ungeklärt geblieben ist, welche Bedeutung für eine Theologie des Neuen Testaments die doppelte Tatsache hat, daß Jesus und alle wichtigen neutestamentlichen Autoren geborene Juden waren und in dem (von den Christen erst vom 3. Jh. an so genannten) ‚Alten Testament‘ die Heiligen Schriften gesehen haben, aus denen sie die lebendige Stimme des einen Gottes (vgl. Dt 6,4) als des Vaters Jesu Christi vernahmen. Aus dieser zweifachen geschichtlichen Vorgabe ergibt sich, daß Lehre und Botschaft des Neuen Testaments vor allem im Lichte des Alten Testaments und der frühjüdischen Tradition zu beurteilen sind. Sie stellt aber auch in eine gewisse Spannung zur üblichen religionsgeschichtlichen Betrachtungsweise, die Altes Testament und Frühjudentum nur als eine unter mehreren Strömungen in der synkretistischen ‚Umwelt‘ des Neuen Testaments ansieht und die wissenschaftliche Objektivität der Exegese gefährdet sieht, wenn dem Alten Testament und seiner frühjüdischen Auslegung bei der Textauslegung ein Vorrang vor anderen Einflüssen auf die Überlieferung eingeräumt wird. Die Dinge werden vollends kontrovers, wenn man bei der Analyse und Rekonstruktion der neutestamentlichen Lehrbildungen auch noch den hermeneutischen Regeln Rechnung zu tragen versucht, die das Neue Testament selbst seinen Lesern und Leserinnen vorgibt. Man kann dann die alt- und neutestamentlichen Zeugnisse nicht mehr unreflektiert der historisch-kritischen Analyse unterwerfen und die Ergebnisse kurzerhand als Theologie ausgeben, sondern man muß die (unentbehrliche!) historisch-kritische Verfahrensweise in ein angemessenes Verhältnis zu dem Umstand setzen, daß die biblischen Autoren auf eine geistliche Auslegung ihrer Zeugnisse drängen. Darunter verstehen sie die Auslegung der von Gottes Geist durchwehten alt- und neutestamentlichen Schriften im geisterfüllten Raum der Kirche und ihrer Glaubenstradition, in der Jesus Christus als Herr verstanden und öffentlich bekannt wird (vgl. 1 Kor 12,3). Nimmt man den jüdischen Ursprung Jesu und der neutestamentlichen Autoren, die Wertschätzung des Alten Testaments

IX

als Hl. Schrift des Urchristentums, die vielfältigen (Auslegungs-)Traditionen des Frühjudentums und die hermeneutischen Anweisungen des Neuen Testaments theologisch ernst, ist die Theologie des Neuen Testaments als eine vom Alten Testament herkommende und zu ihm hin offene Biblische Theologie anzulegen, und es ist außerdem bewußt in einem Zirkel von kritischer Analyse und theologischer Wertung zu arbeiten. Daß die Ergebnisse solcher Arbeit umstritten sind, gehört zur Natur der Sache.

In diesem ersten Band geht es zuerst um die Grundlegung der Biblischen Theologie des Neuen Testaments und dann um Lehre und Verkündigung Jesu, der Urgemeinde und des Apostels Paulus. Der zweite Band, den ich in absehbarer Zeit fertigzustellen hoffe, wird Lehre und Verkündigung der neutestamentlichen Zeugen aus der Zeit nach Paulus enthalten und mit Erörterungen über die Kanonbildung, die Auslegung und die ‚Mitte der Schrift' schließen.

Allen Kritikern der Biblischen Theologie des (Alten und) Neuen Testaments darf ich versichern, daß ich mir ihre Argumente und Einwände habe ebenso durch den Kopf gehen lassen wie meine bisherigen Äußerungen zum Thema auch. Was bei diesen Überlegungen herausgekommen ist, dokumentieren dieser (und der noch folgende) Band. Den Interessenten einer Biblischen Theologie aber möchte ich sagen, daß es noch sehr viel mehr zu sehen und eines Tages auch zu sagen gibt, als ich es bisher erfassen konnte. An Eph 3,18–19 gemessen, stehen wir noch immer erst am Anfang und keineswegs am Ende der Erkenntnis der Reichtümer der biblischen Wahrheit, und eines Tages wird es hoffentlich so weit sein, daß ein Team von Ausleger(inne)n eine Altes und Neues Testament umfassende Biblische Theologie vorlegen kann.

Das Buch ist *Martin Hengel* zu seinem 65. Geburtstag am 14. Dezember 1991 gewidmet. Seit mehr als 25 Jahren hat er mich als Freund ἐν Χριστῷ Ἰησοῦ begleitet. Wir haben uns beide Anfang 1967 habilitiert, sind ein Jahr später auf die damals gleichzeitig vakanten beiden Lehrstühle für Neues Testament an der theologischen Fakultät in Erlangen berufen worden und 1972 auf die zur gleichen Zeit freiwerdenden Lehrstühle unserer akademischen Lehrer E. Käsemann und O. Michel zurückgekehrt. Mit Hengels Emeritierung zum Ende des Wintersemesters 1991/92 geht unsere gemeinsame aktive Lehrtätigkeit zu Ende. Es ist daher an der Zeit, dem berühmten Freund und Kollegen für die κοινωνία in den zurückliegenden Jahren zu danken. Seit den Tübinger Anfängen habe ich immer aufs neue von seinem Rat, seinem stupenden Wissen und aus seinen Werken gelernt, und zwar bis zur Lektüre von noch unveröffentlichten Manuskripten über die Septuaginta als christliche Schriftensammlung und die Messianität Jesu, die er hoffentlich bald im Druck vorlegen wird. Für die Fehler in meinem Buch ist Martin Hengel gewiß nicht verantwortlich, aber ohne seinen Hinweis, es sei im Zweifelsfall historisch klüger und auch theologisch angemessener, bei der

Rekonstruktion und Interpretation neutestamentlicher Aussagen *mit* den Texten zu denken, als sich gegen sie zu wenden und eigenen subjektiven Vermutungen zu folgen, wäre ich gerade mit diesem ersten Band nicht vorangekommen.

Viele haben mir geholfen, das Buch fertigzustellen: Während eines von der Volkswagen-Stiftung gewährten zusätzlichen Forschungsfreisemesters im Winter 1988/89 konnte ich dem nach und nach in meinen Erlanger und Tübinger Vorlesungen entstandenen Manuskript endlich eine Form geben, die nur noch zu ergänzen und auszufeilen war. Gisela Kienle hat die maschinenschriftliche Vorlage geduldig auf Disketten umgeschrieben, und Edgar Tuschy hat mit ebensolcher Geduld die Literaturangaben, Zitate und Stellenverweise nachgeprüft. Gerlinde Eisenkolb hat dem Manuskript am Computer mit Geschick und Energie seine Endgestalt gegeben und außerdem die Register erarbeitet. Edda Weise und mein Assistent Jostein Ådna haben das ganze Buch noch einmal durchgesehen und die Hauptlast der Korrekturen getragen. Dr. Arndt Ruprecht und die Mitarbeiter und Mitarbeiterinnen im Verlag Vandenhoeck & Ruprecht haben in gewohnt freundlicher und sorgfältiger Art und Weise für den Druck des Buches gesorgt. Ihnen allen bin ich für ihre Hilfe aufrichtig dankbar.

Ein Wort noch zu den jedem Paragraphen vorangestellten *Literaturangaben*. Sie wollen in die Diskussion einführen und sind exemplarisch gemeint. Die Lehrbücher der Theologie des Neuen Testaments, der Einleitung und ThWNT, EWNT, RGG³ sowie TRE sind nur dann aufgenommen worden, wenn sie speziell zitiert werden oder von besonderer Wichtigkeit sind; in allen anderen Fällen sollten sie selbständig zum Vergleich herangezogen werden.

Tübingen, im Dezember 1991 Peter Stuhlmacher

XI

Biblische Theologie des Neuen Testaments

Grundlegung

§ 1 Aufgabe und Aufbau einer Biblischen Theologie des Neuen Testaments

Literatur: *H. Frhr. von Campenhausen*, Die Entstehung der christlichen Bibel, 1968; *B. S. Childs*, The New Testament as Canon: An Introduction, 1984; *E. E. Ellis*, The Old Testament in Early Christianity, 1991; *W. Eppler*, Die Sicht d. AT in d. neueren protestantischen Theologien d. NT, Diss.theol. Tübingen 1989 (Masch.); *H. Gese*, Erwägungen zur Einheit der biblischen Theologie, in: *ders.*, Vom Sinai zum Zion, 1990[3], 11–30; *ders.*, Hermeneutische Grundsätze d. Exegese biblischer Texte, in: *ders.*, Atl. Studien, 1991, 249–265; *E. Gräßer*, Offene Fragen im Umkreis einer Biblischen Theologie, ZThK 77, 1980, 200–221; *R. Hanhart*, Die Bedeutung d. Septuaginta in ntl. Zeit, ZThK 81, 1984, 395–416; *O. Hofius*, Sühne u. Versöhnung, in: *ders.*, Paulusstudien, 1989, 33–49; *ders.*, ‚Rechtfertigung d. Gottlosen‘ als Thema biblischer Theologie, a. a. O., 121–147; *H. Hübner*, Biblische Theologie des NTs, Bd. 1 Prolegomena, 1990; *J. Jeremias*, Das Problem d. historischen Jesus, CH 32, 1960 (= *ders.*, Jesus u. seine Botschaft, 1976, 5–19); *E. Käsemann*, The Problem of a New Testament Theology, NTS 19, 1972/73, 235–245; *H. C. Kee*, Knowing the Truth, 1989; *G. Kittel*, Der Name über alle Namen I/II, 1989/90; *W. G. Kümmel*, Notwendigkeit u. Grenze des ntl. Kanons, in: *ders.*, Heilsgeschehen u. Geschichte I, 1965, 230–259; *U. Luck*, Welterfahrung u. Glaube als Grundproblem biblischer Theologie, 1976; *U. Mauser*, Εἷς Θεός u. Μόνος Θεός in Biblischer Theologie, JBTh 1, 1986, 71–87; *O. Merk*, Biblische Theologie d. NT in ihrer Anfangszeit, 1972; *ders.*, Artikel: Biblische Theologie II, NT, TRE VI, 455–477; *B. F. Meyer*, Conversion and the Hermeneutic of Consent, Ex Auditu 1, 1985, 36–46; *M. Oeming*, Gesamtbiblische Theologien d. Gegenwart, 1987[2]; *H. Räisänen*, Beyond New Testament Theology, 1990; *H. Graf Reventlow*, Hauptprobleme d. Biblischen Theologie im 20. Jh., 1983, 138–172; *H. P. Rüger*, Artikel: Apokryphen d. AT , TRE III, 289–316; *ders.*, Das Werden d. christl. AT, JBTh 3, 1988, 175–189; *R. Schnackenburg*, Ntl. Theologie im Rahmen einer gesamtbiblischen Theologie, JBTh 1, 1986, 31–47; *H. Seebass*, Der Gott d. ganzen Bibel, 1982; *G. Strecker* (Hrsg.), Das Problem d. Theologie d. NT, 1975; *ders.*, Biblische Theologie?, in: Kirche, FS für G. Bornkamm zum 75. Geburtstag, hrsg. von D. Lührmann u. G. Strecker, 1980, 425–445; *P. Stuhlmacher*, Das Bekenntnis zur Auferweckung Jesu von d. Toten u. d. Biblische Theologie, in: *ders.*, Schriftauslegung auf d. Wege zur biblischen Theologie, 1975, 128–166; *ders.* (zusammen mit H. Claß), Das Evangelium von d. Versöhnung in Christus, 1979; *ders.*, „... in verrosteten Angeln“, ZThK 77, 1980, 222–238; *ders.*, Biblische Theologie als Weg d. Erkenntnis Gottes, JBTh 1, 1986, 91–114; *ders.*, Die Mitte d. Schrift – biblisch-theologisch betrachtet, in: Wissenschaft u. Kirche, FS für E. Lohse, hrsg. von K.

Aland u. S. Meurer, 1989, 29–56; *ders.*, Die Bedeutung d. Apokryphen u. Pseudepigraphen d. AT für das Verständnis Jesu u. d. Christologie, in: Die Apokryphenfrage im ökumenischen Horizont, hrsg. von S. Meurer, 1989, 13–25; *A. Vögtle*, Die hermeneutische Relevanz d. geschichtlichen Charakters d. Christusoffenbarung, in: *ders.*, Das Evangelium u. die Evangelien, 1971, 16–30.

1. Die Disziplin ‚Theologie des Neuen Testaments' hat eine geordnete Zusammenschau der wesentlichen Verkündigungsinhalte und Glaubensgedanken der neutestamentlichen Bücher zu bieten. Dies setzt eine bestimmte Systematik und eine reflektierte Methode voraus, nach denen geordnet, ausgewählt und dargestellt wird. Es ist daher nötig, zu Beginn der Arbeit Rechenschaft abzulegen über die Aufgabe einer Biblischen Theologie des Neuen Testament und über die ihr zugrundezulegende Art und Weise der Darstellung.

Unser *erster Grundsatz* lautet: *Eine Theologie des Neuen Testaments hat sich ihr Thema und ihre Darstellungsweise vom Neuen Testament selbst vorgeben zu lassen.*

Damit ist nur scheinbar eine Selbstverständlichkeit ausgesprochen. Wie problemhaltig dieser Grundsatz ist, zeigt sich, sobald man bedenkt, was das Neue Testament ist und welchen Anspruch es erhebt. Historisch gesehen handelt es sich beim Neuen Testament um eine Auswahlsammlung aus dem frühchristlichen Schrifttum der ersten 150 Jahre christlicher Zeitrechnung; auf solche Auswahl lassen Lk 1,1–4; Joh 20,30; 21,25; 1 Kor 5,9; Kol 4,16; 2 Thess 2,2 usw. zurückschließen. Dieses Schrifttum wurde in den frühchristlichen Gemeindeversammlungen vorgelesen; es stellt die Inhalte des Zeugnisses von Jesus Christus und des Glaubens an ihn dar, reflektiert sie und proklamiert den Glauben als den einzig rettenden Heilsweg für Juden und Heiden.

Nun sind uns aber über die 27 Bücher des Neuen Testaments hinaus eine ganze Anzahl von frühchristlichen Schriften (und Schriftenfragmenten) mit ähnlichem Inhalt und vergleichbarer Zweckbestimmung erhalten. Dabei ist vor allem an die Sammlung der ‚Apostolischen Väter' und die Neutestamentlichen Apokryphen zu denken; wir besitzen aber auch frühchristliche Schriften, die auf gnostische Autoren zurückgehen. Angesichts dieser Literatur reicht die formale Definition ‚Auswahlsammlung' für das Neue Testament nicht aus. Man muß vielmehr hinzufügen, daß es sich um eine unter einem spezifischen Anspruch stehende Sammlung, nämlich den *kirchlichen Kanon* von 27 Einzelbüchern handelt.

Der neutestamentliche Kanon ist von der sog. ‚Großkirche' seit Mitte des 2. Jh.s n. Chr. in einem differenzierten Prozeß der Bewahrung des authentischen Überlieferungs- und Glaubensgutes einerseits und der Abgrenzung gegen sekundäre und häretische Traditionen andererseits zusammengestellt und schließlich Ende des vierten bzw. Anfang des fünften Jahrhunderts endgültig ‚festgestellt' worden. Für diese

,Feststellung' ist im Osten der damaligen Reichskirche der 39. Osterfestbrief des Athanasius aus dem Jahre 367 n. Chr. und im Westen das Antwortschreiben Papst Innozenz I an den Bischof von Toulouse von 405 n. Chr. maßgeblich geworden. Das Neue Testament ist also der kirchliche Kanon der für den Glauben der Kirche grundlegenden urchristlichen Bücher, an dessen Entstehung und Festlegung die Kirche maßgeblich beteiligt war. Sie hat die Hauptschriften des Neuen Testaments (s. u.) als kirchlich maßgebend anerkannt und ihnen dann noch einige weitere Bücher zugeordnet. Dies geschah nach einem bestimmten Ausleseprinzip, nämlich dem zugleich historischen als auch dogmatischen Kriterium der ,Apostolizität'. Bücher, die diesem Ausleseprinzip nicht genügten, haben keine Aufnahme in den Kanon gefunden.

Die Theologie des Neuen Testaments bezieht sich also auf den kirchlichen Kanon und steht damit sogleich vor zwei grundlegenden Problemen: erstens der Frage, wie sie dem Anspruch und der Autorität dieses Kanons gerechtwerden kann, und zweitens der Frage, wie sich der neutestamentliche Kanon zum Alten Testament, d. h. den ,Heiligen Schriften' Israels verhält, an denen Jesus und die Apostel den urchristlichen Gemeinden Anteil gegeben haben und die von der Urchristenheit als vom Hl. Geist inspiriertes lebendiges Gotteswort gelesen worden sind.

1.1 *Die Kirche hat das Neue Testament nicht einfach eigenmächtig festgelegt, sondern in einem jahrhundertelangen Prozeß von Bewahrung des Ursprünglichen und Abgrenzung gegen Sekundäres und Fremdes festgestellt.* Man sieht dies am besten daran, daß sich während der Geschichte der Kanonbildung gegen die Hauptschriften des Neuen Testaments, d. h. die vier Evangelien, die Apostelgeschichte, die wesentlichen Paulusbriefe und den 1Petrusbrief so gut wie kein Widerstand erhoben hat. Auseinandersetzungen sind nur um einige Nebenschriften geführt worden, und zwar vor allem die Johannesoffenbarung und den Hebräerbrief. Die Hauptbücher des Neuen Testaments verdanken ihre kanonische Autorität also nicht erst einem dogmatischen Entscheid der Kirche, sondern sind ihr geschichtlich und inhaltlich *vorgegeben*. Das von diesen Büchern bezeugte Evangelium und das dieses Evangelium begründende Heilswerk Gottes in und durch Christus sind im geschichtlichen und dogmatischen Sinne für die Kirche grundlegend (vgl. Röm 5, 6–8).

In Übereinstimmung damit lassen die Hauptschriften des Neuen Testaments, aber z. B. auch die Johannesoffenbarung erkennen, daß sie ihren Lesern gegenüber einen bestimmten *Anspruch* erheben. Für die Paulusbriefe dokumentieren dies 1Thess 2,13 und 1Kor 2,6–16, für das Matthäusevangelium Mt 28,19–20, für das Johannesevangelium Joh 20,30–31; 21,24–25 und für die Apokalypse Apk 22,18–19. Die Bücher des Neuen Testaments wollen als Offenbarungszeugnis auf- und angenommen werden. Sie erschließen sich in ihrem theologischen Wahrheitsgehalt deshalb auch nur solchen Lesern, die sich das in diesen Büchern Vorgetragene als Wahrheit vorgeben lassen und ihm andächtig nachdenken. Zugleich weisen sie darauf hin, daß die Erkenntnis der Wahrheit kein nur intellektueller, sondern ein ganzheitlicher Lebensakt ist. Nach Joh 7,16–17 kann nur der, der es wagt, Jesu Lehre auch zu praktizieren, ergründen, ob sie von Gott oder eigenmächtiges Menschenwort ist. Es müssen also intellektuelles und existentielles Verständnis, Denk- und Lebensakt (Adolf Schlatter) zusammenkommen, um die Wahrheit des Evangeliums als rettende Offenbarung Gottes zu erkennen.

Man kann diese hermeneutischen Zusammenhänge und damit zugleich auch den besonderen Anspruch des Neuen Testaments im Rahmen wissenschaftlicher Fragestellungen ganz oder zeitweise zurückstellen; dann stellt sich die Frage nach seiner Offenbarungsautorität nicht. Läßt man sie aber als Wesenselement der Texte gelten, muß man an das Neue Testament so herangehen, daß Vorsprung und Eigengewicht des biblischen Wahrheitszeugnisses gegenüber aller kirchlichen Schriftauslegung hervortreten und der kanongeschichtliche Prozeß von Anerkennung des Ursprünglichen und Ausgrenzung des Sekundären nachvollziehbar wird. Eine Theologie des Neuen Testaments, die diesem Buch wirklich gerechtwerden will, kann und darf seinen besonderen Anspruch *nicht* ausblenden.

Unser *zweiter Grundsatz* lautet deshalb: *Die Theologie des Neuen Testaments muß sowohl dem geschichtlichen Offenbarungsanspruch als auch der kirchlichen Bedeutung des neutestamentlichen Kanons Rechnung tragen.*

1.2 Die angemessene *Verhältnisbestimmung von Altem und Neuem Testament* ist ein die gesamte Kirchengeschichte begleitendes und bis heute noch nicht endgültig gelöstes Problem. In welchem Maße soll es in unserem Rahmen Berücksichtigung finden? In genau dem Maße, das dem besonderen geschichtlichen und kanonischen Charakter des Neuen Testaments entspricht.

1.2.1 Das bedeutet folgendes: Der kleinasiatische Reeder Marcion hat in der Mitte des 2. Jh.s n. Chr. den Gemeinden, die seiner (häretischen) Lehre folgten, einen eigenen Kanon gegeben. Er bestand nur aus neutestamentlichen Schriften, nämlich dem von Marcion antijüdisch redigierten Lukasevangelium und zehn ähnlich redigierten Paulusbriefen. Dieser marcionitische Kanon sollte das bis dahin auch von den Marcioniten als Hl. Schrift gelesene Alte Testament und die Vielfalt urchristlicher Bücher ersetzen. Marcion hat sich mit seinem Vorgehen gesamtkirchlich nicht durchgesetzt. Die Mehrzahl der Gemeinden hat weder seine neutestamentliche Kanonreduktion mitvollzogen, noch die neutestamentlichen Bücher als Ersatz, sondern stets nur als *maßgebenden Zusatz zum Alten Testament* verstanden. Der kanonische Begriff ‚Neues Testament' ist kirchlich zwar erst von Klemens von Alexandrien (gest. vor 215 n. Chr.) und Tertullian (gest. nach 220 n. Chr.) an gebräuchlich geworden (vgl. H. Frhr. von Campenhausen, a. a. O.,

308 ff.), deutet aber das Zuordnungsverhältnis der beiden Kanonteile angemessen an: Altes und Neues Testament bilden zusammen den zweiteiligen kirchlichen Kanon der Bibel. Die oben genannten kanongeschichtlichen Dokumente beziehen sich dementsprechend nicht auf den neutestamentlichen Kanon allein, sondern auf beide Testamente und stellen für den Osten und Westen der Reichskirche den Gesamtumfang des zweiteiligen Kanons fest. *Altes und Neues Testament lassen sich darum zwar als erster und zweiter Teil des biblischen Kanons unterscheiden, aber nicht trennen.* Trennt man sie, versteht man das Neue Testament sowohl historisch als auch theologisch falsch.

1.2.2 Jesus und die Apostel waren geborene Juden. Sie haben die ‚Hl. Schriften' (Röm 1,2) Israels als ihnen geltendes Gotteswort gelesen und den von Ostern an entstehenden christlichen Gemeinden bleibenden Anteil an diesen ‚Hl. Schriften' gegeben. *Deshalb ist für das gesamte Urchristentum das von den Christen später so genannte ‚Alte Testament' unumstritten Hl. Schrift; es ist die Bibel nicht nur der Juden, sondern auch der Christen.* Sie haben es als vom Hl. Geist inspiriertes lebendiges Wort des einen Gottes gelesen, der die Welt erschaffen, Israel zu seinem Eigentumsvolk erwählt und in Jesus von Nazareth den verheißenen Messias und Retter der Welt gesandt hat. Das Alte Testament bildet den grundlegenden Teil der Bibel, zu dem die neutestamentlichen Schriften erst nach und nach hinzugetreten sind. Die einzelnen neutestamentlichen Bücher machen zwar von den Schriften des Alten Testaments unterschiedlich intensiven Gebrauch. Aber der gemeinsame Sachverhalt ihrer Berufung auf das Alte Testament ist nicht zu leugnen. Er ist sogar für den christlichen Glauben grundlegend. Wie später noch im einzelnen auszuführen ist, hat das Neue Testament nämlich seine Christus- und Heilsverkündigung mitsamt seiner Lehre vom Willen Gottes ganz auf der Basis des Alten Testaments ausformuliert. Das Alte Testament ist die entscheidende Verstehens- und Artikulationshilfe bei der Ausformulierung des neutestamentlichen Evangeliums und seiner Paraklese gewesen. Es ist eben deshalb die theologisch wichtigste Traditionsbasis, die das Neue Testament kennt.

Von daher ergibt sich der *dritte Grundsatz : Sofern sich die Theologie des Neuen Testaments ihre Aufgabenstellung vom Neuen Testament her geben läßt, hat sie die besondere Verwurzelung der neutestamentlichen Glaubensbotschaft im Alten Testament zu respektieren.*

Dieser dritte Grundsatz führt zu einer für unsere Arbeit grundlegenden Schlußfolgerung: *Die Theologie des Neuen Testaments ist als eine vom Alten Testament herkommende und zu ihm hin offene Biblische Theologie des Neuen Testaments zu entwerfen und als Teildisziplin einer Altes und Neues Testament gemeinsam betrachtenden Biblischen Theologie zu begreifen.*

1.2.3 Wenn es um die biblisch-theologisch angemessene Verhältnisbestimmung von Altem und Neuem Testament geht, ist außerdem zu beachten, daß zwischen dem masoretischen Kanon der Juden und dem Alten Testament der Urchristenheit sowohl in Hinsicht auf den Umfang als auch die Sprachgestalt des Kanons eine *Differenz* besteht.

1.2.3.1 Was zunächst den Umfang des alttestamentlichen Kanons anbetrifft, ist zu beachten, daß er z. Z. der Abfassung der neutestamentlichen Hauptschriften kanonisch noch unabgeschlossen war.

Zwischen Juden und Samaritanern ist es im 2. Jh. v. Chr. endgültig zum Schisma gekommen. An dem Kanon der Samaritaner, den sie in das Schisma mitgenommen haben, kann man erkennen, daß ‚das Gesetz‘, d. h. die Tora in Form des Pentateuch, schon im 3. Jh. v. Chr. kanonische Autorität gewonnen hat. Der aus dem 2. Jh. v. Chr. stammende Prolog zum Sirachbuch zeigt außerdem, daß in jener Zeit auch schon der Kanon der Propheten (d. h. nach frühjüdischer Auffassung die Bücher Jos, Ri, 1/2Sam, 1/2Kön, Jer, Ez, Jes und die Zwölf Propheten) feste Gestalt angenommen hatte. Der Umfang des dritten Teils des jüdischen Alten Testaments aber, die bei Sirach genannten „übrigen Schriften“ (τὰ λοιπὰ τῶν βιβλίων) war noch nicht festgelegt. Die heute ‚Schriften‘ genannten Bücher (= Pss, Hiob, Prov; Ruth, HL, Thren, Esth; Dan; Esr, Neh, 1/2Chron) standen noch neben den in der Septuaginta z. T. nur noch auf Griechisch erhaltenen Apokryphen, z. B. dem Sirachbuch, Tobit, Judith, Baruch usw. Die sog. ‚Pseudepigraphen‘ vor allem apokalyptischen Inhaltes (= das Jubiläenbuch, die äthiopische Henochapokalypse u. a.) kamen zu den Apokryphen noch hinzu. Sie sind uns vor allem aus christlich-orientalischen Tochterübersetzungen erhalten, waren ursprünglich aber hebräisch und griechisch verfaßt und wurden mancherorts zu den ‚Hl. Schriften‘ gerechnet; in der äthiopisch-orthodoxen Kirche gehören sie bis heute zur Bibel. Bei der relativen Offenheit des dritten Teils der hebräischen Bibel ist es bis in das 1. Jh. n. Chr. hinein geblieben. Man kann dies an Lk 24,27.44 ebenso schön erkennen wie an dem Umstand, daß in einigen neutestamentlichen Büchern Apokryphen und Pseudepigraphen zitiert und behandelt werden, als stammten sie aus den ‚Hl. Schriften‘ (vgl. Mk 10,19; 1Kor 2,9 und den Judasbrief mit seinen Zitaten und Traditionen aus der sog. Assumptio des Mose und der Henochüberlieferung).

Zu einer definitiven Eingrenzung des hebräischen Bibelkanons auf die Symbolzahl von 22 bzw. 24 (nach heutiger Zählung 38) Büchern ist es erst Ende des 1. Jh.s n. Chr. gekommen, d. h. zu einer Zeit, als das Christusevangelium längst formuliert und die Hauptschriften des Neuen Testaments bereits verfaßt waren. Die ältesten jüdischen Zeugnisse für diese Kanonbegrenzung sind: Josephus, Contra Apionem I, 38–41; 4Esra 14,1–48, bes. 45; bBB 14b). Christlich ist dieser Kanon nicht.

1.2.3.2 Man erkennt dies sofort, wenn man daran denkt, daß in frühjüdischer und urchristlicher Zeit neben der hebräischen die *griechische Bibel* stand, und zwar keineswegs als ein gegenüber dem semitischen Urtext zweitrangiges Übersetzungswerk, sondern als vollgültige, vom Hl. Geist inspirierte Hl. Schrift.

Die *Septuaginta* (= Übersetzung der Siebzig) fand in all den jüdischen Gemeinden Verwendung, in denen man des Hebräischen (und Aramäischen) nicht mehr mächtig war, und zwar bis in die hellenistischen Synagogen Jerusalems hinein (vgl. Apg 6,9). Im Kreis der ‚Hellenisten‘ um Stephanus (vgl. Apg 6,1) und in der von Petrus, Paulus, Johannes und vielen unbekannten Männern und Frauen betriebenen Heidenmission hat die Septuaginta ganz selbstverständlich Verwendung gefunden, und zwar neben der hebräischen Bibel und auch ohne sie. Die Septuaginta ist nicht, wie die Legende aus dem Aristeasbrief will, in einem Zuge übersetzt worden, sondern in einem langen, bis ins 1. Jh. n. Chr. andauernden Prozeß. Im 3. Jh. v. Chr. wurde in Ägypten der Pentateuch übertragen, im 2. Jh. v. Chr. Propheten und Psalmen, während ein Teil der sog. ‚Schriften‘, z. B. Kohelet und Hoheslied, erst sehr spät ins Griechische übersetzt worden sind. Eine Kanonisierung der Septuaginta hat jüdisch nie stattgefunden. Sie ist nur faktisch zustandegekommen, und zwar dadurch, daß die Christen die Lektüre der Septuaginta über das 1. Jh. n. Chr. beibehalten haben und daß der Gebrauch der Septuagintaschriften, wie er z. B. in Alexandrien und in Rom geübt worden ist, normativen Rang gewonnen hat.

Man könnte meinen, die Offenheit des dritten Teils der hebräischen Bibel und das Neben- und Miteinander von hebräischer Schrift und Septuaginta vom 3. Jh. v. Chr. bis in die christliche Zeitrechnung hinein sei theologisch nur von geringer Bedeutung. Dieser Eindruck ändert sich, wenn man dreierlei bedenkt: (1) Die neutestamentlichen Autoren konzentrieren sich bei ihrem Gebrauch der ‚Hl. Schriften‘ vor allem auf die Propheten (allen voran: Jesaja), die Psalmen und auf den Pentateuch. Sie stützen sich dabei in der Regel auf die Texte der Septuaginta und verwenden sie sowohl in christologischem, als auch in soteriologischem sowie paränetischem Zusammenhang. Gerade die Textversionen der Septuaginta sind also unbestreitbar für die Ausbildung der neutestamentlichen Glaubensbotschaft von großer Bedeutung gewesen. – (2) Die Paulusbriefe und das Johannesevangelium dokumentieren außerdem, daß wichtige neutestamentliche Autoren von den Schriften der Septuaginta auch im christlichen Unterricht Gebrauch gemacht und dabei – wie die Juden auch – z. B. Proverbien, Jesus Sirach und die Weisheit Salomos in ihren ‚Weisheitsschulen‘ als ‚Schulbücher‘ verwendet haben. Wahrscheinlich sind auch Teile der ‚Pseudepigraphen‘ im christlichen Unterricht verwendet worden. Der christliche Unterricht in der Weisheit schafft dabei die Grundlage zum Verständnis der Christologie (vgl. 1 Kor 1,30; Kol 1,15–20; Joh 1,1–18), von Sünde und Rechtfertigung (vgl. 1 Kor 1,21–25; Röm 1,18–32) sowie des Evangeliums insgesamt (vgl. 1 Kor 2,6–16; Jak 3,13–18). – (3) Die rabbinische Tradition geht von der Fiktion aus, daß der hebräische Bibelkanon schon unter Esra und Nehemia abgeschlossen worden ist. Folgt man dieser Theorie, klafft zwischen der hebräischen Bibel und dem Neuen Testament ein zeitlicher Abstand von 400 Jahren. Wenn man das Danielbuch mit der kritischen Forschung ins 2. Jh. v. Chr. datiert, verringert er sich zwar um gute 200 Jahre, bleibt aber auch dann noch signifikant. Stellt man dagegen die Offenheit des dritten Teils der hebräischen Bibel, die Entstehung der Septuaginta und deren jüdische und christliche Verwendung im 1. Jh. n. Chr. mit in Rechnung, ergibt sich ein recht anderes Bild. Dann tut sich zwischen den beiden Testamenten keine jahrhundertelange Lücke auf. Sie wird vielmehr ausgefüllt durch den Über-setzungsprozeß der Septuaginta und die Entstehung z. B. der Weisheit Salo-mos und der Psalmen Salomos sowie einiger Pseudepigraphen im 2./1. Jh. v. Chr. Die Ausbildung der neutestamentlichen Glaubensbotschaft, die Abfassung der Hauptschriften des Neuen Testaments und der christliche Unterricht in der Weisheit fallen dann genau in die Zeit, in der die hebräische Bibel erst ihre kanonische Gestalt gewann. Zugleich wird sowohl von den hebräisch-aramäischen Büchern als auch und vor allem von der Septuaginta und einigen Pseudepigraphen her eine zwar höchst differenzierte, aber un-leugbare *Traditionskontinuität* von Altem und Neuem Testament erkenn-bar. Sie bestimmt die Ausbildung der Christologie ebenso wie Formulierun-gen des Evangeliums und die neutestamentliche Lehre vom Willen Gottes und der Zukunft der Welt.

1.2.3.3 Diese Beobachtungen führen zu einer zweifachen Feststellung. Die erste betrifft die christliche Gestalt des Alten Testaments. Vom Neuen Testament her gesehen, *besteht das (ur)-christliche Alte Testament nicht einfach aus der ‚hebräischen Bibel‘, sondern es umfaßt den Schriftenbestand der Septuaginta.*

In seinem Aufsatz „Erwägungen zur Einheit der biblischen Theologie" hat H. Gese mit Recht festgestellt: „Ein christlicher Theologe darf den masoretischen Kanon niemals gutheißen; denn der Kontinuität zum Neuen Testament wird hier in bedeu-tendem Maße Abbruch getan. Mir scheint unter den Einwirkungen des Humanismus auf die Reformation die eine verhängnisvolle gewesen zu sein, daß man die pharisäi-sche Kanonreduktion und die masoretische Texttradition, auf die man als ‚humanisti-sche‘ Quelle zurückgriff, miteinander verwechselte und die Apokryphen aussonder-te" (Vom Sinai zum Zion, 1990[3], 16 f.).

Die zweite Feststellung führt die erste fort: Die neutestamentlichen Schrif-ten bekennen den einen Gott, der nach Ex 3,14 f. den Namen Jahwe (יהוה) trägt, von Lk 11,2; Mt 6,9; 11,25; Mk 14,36; Gal 4,6; 1 Kor 8,6; Röm 3,30; 8,15 Eph 4,5 f.; Hebr 1,1 f. usw. her als den ‚Vater Jesu Christi‘. Sie stellen auf diese Weise nicht nur ein Traditionskontinuum, sondern auch eine *Bekennt-niskontinuität* von Neuem und Altem Testament her. *Diese doppelte Konti-nuität stellt eine entscheidende Voraussetzung und Grundlage für die zum Alten Testament hin offene Biblische Theologie des Neuen Testaments dar.*
Sie fordert aber auch zur theologischen Stellungnahme heraus. Vom ge-meinsamen Besitz des Alten Testament und dem gemeinsamen Bekenntnis zu dem einen Gott, der die Welt erschaffen und Israel zu seinem Eigentums-volk erwählt hat (Dt 6,4 f.), her besteht zwischen Juden und Christen ein

8

besonderes Verhältnis. Seit dem Auftreten Jesu ist dieses Verhältnis weniger durch Einverständnis, als durch tiefe Differenzen geprägt, die sich schon im 1. Jh. n. Chr. in gegenseitiger Verfolgung und Exkommunikation Bahn gebrochen haben. Die entscheidende Streitfrage lautet(e), ob Jesus von Nazareth der Israel und den Völkern verheißene *Messias* (vgl. Jes 9,5 f.; 11,1–10; Mi 5,1–4) sei, und ob man dementsprechend die Hl. Schriften von seiner Erscheinung oder weiterhin von der Offenbarung der Tora am Sinai her zu lesen habe. In einer Biblischen Theologie des Neuen Testaments können diese uralten und schmerzhaften Streitfragen nicht unerörtert bleiben. Die neutestamentlichen Autoren haben die Erscheinung Jesu Christi als Krönung der Offenbarung des einen Gottes verstanden, den das Alte Testament bezeugt (vgl. Hebr 1,1–2); nach Joh 1,17; 14,6 haben sie in Jesus Christus sogar den Offenbarer und die Inkarnation der Wahrheit selbst gesehen. Sie stellen damit vor die theologische Wahrheitsfrage und verbinden sie mit der Person und Lehre Jesu Christi. Diese Frage muß aufgenommen werden. *Die Biblische Theologie des Neuen Testaments kann unter diesen Umständen nicht einfach bei der Analyse und Beschreibung historischer Traditionen und Sachverhalte stehenbleiben, sondern muß über sie hinausgehen und zur dogmatischen Stellungnahme anleiten.*

2. *Jesus und alle maßgeblichen neutestamentlichen Autoren waren geborene Juden.* Auch die Mission der Heiden hat in den jüdischen Synagogen angesetzt und sich dort vor allem an den Kreis der unbeschnitten gebliebenen ‚Gottesfürchtigen‘ gewandt. *Das Frühjudentum ist demnach der für die Ausbildung und das Verständnis der neutestamentlichen Glaubensbotschaft entscheidende Traditionsrahmen.* Die sog. Umwelt des Neuen Testaments wird aber nicht nur vom frühen Judentum allein gebildet, sondern von der griechisch-römischen (Mittelmeer-)Welt im ganzen. Sie war seit den Alexanderzügen (336–323 v. Chr.) von jener kosmopolitischen, kulturellen und wirtschaftlichen Bewegung geprägt, die wir seit J. G. Droysen den Hellenismus nennen. Judentum und Hellenismus sind seit dem 3. Jh. v. Chr. in der Diaspora und im Mutterland vielfältige Verbindungen eingegangen. Diese sind für die neutestamentlichen Autoren bereits selbstverständliche Vorgegebenheiten. Sie haben alle die politische, kulturelle und soziale Situation ihrer Zeit als den Lebenszusammenhang akzeptiert, in dem sie die Glaubensbotschaft verständlich und eindringlich zu formulieren hatten. Es gehört zur Geschichtlichkeit und konkreten ‚Knechtsgestalt‘ des biblischen Zeugniswortes, daß das Urchristentum in seiner (vor allem) griechischen Sprachwelt, seinem Denken und Lebensgefühl intensiv an der hellenistisch-frühjüdischen Welt teilhat. Wenn man der Ursprungsgestalt des biblischen Zeugnisses nicht ausweichen will, muß man die Botschaft des Neuen Testaments zuerst als Kerygma für die jüdisch-hellenistische Welt des 1./2. Jh.s n. Chr. verstehen. Nach kirchlicher Glaubenserfahrung geht das Kerygma von Jesus

Christus in dieser Welt nicht auf, sondern transzendiert sie, aber das macht es nicht überflüssig, das biblische Zeugniswort zuerst als Botschaft aufzufassen, die den Menschen im 1./2. Jh. n. Chr. gegolten hat.

Unbeschadet der Zusammengehörigkeit von Altem und Neuem Testament ist deshalb in einer Biblischen Theologie des Neuen Testaments ein *vierter Grundsatz* zu beachten: *Die Botschaft des Neuen Testaments ist historisch primär als christliches Glaubenszeugnis für die griechisch-römische Welt des 1./2. Jh.s n. Chr. zu begreifen.* Die systematische Darstellung der Zeugnisinhalte des Neuen Testaments entbindet also keineswegs von der Verpflichtung, auf die geschichtlich-konkrete religiöse, soziale und politische Lebenslage einzugehen, in der sich die neutestamentlichen Autoren und ihre Adressaten befanden. Je deutlicher ihre soziale und geistige Lebenssituation vor Augen steht, desto genauer lassen sich die Texte verstehen! Zeit-, religions- und sozialgeschichtliche Fragen dürfen aus der biblischen Theologie des Neuen Testaments nicht ausgeblendet werden.

3. Die damit gestellten vielfältigen Aufgaben machen es erforderlich, sorgfältig zu bedenken, wie ihnen wissenschaftlich und theologisch Genüge getan werden kann. Wir müssen deshalb auch noch nach der die Biblische Theologie des Neuen Testaments bestimmenden *Methode* fragen. Sie muß vier Bedingungen gerechtwerden.

3.1 Um das vielfältige Zeugnis des Neuen Testaments wirklich in seiner historischen Ursprünglichkeit zu Gehör zu bringen, muß sie geeignet sein, *den Texten der Bibel zu der ihnen eigenen Sprache zu verhelfen.*

Nach H. Gese hat die Exegese biblischer Texte von dem „Fundamentalsatz auszugehen…: Ein Text ist so zu verstehen, wie er verstanden sein will, d.h. wie er sich selbst versteht." (Atl. Studien, 1991, 249)

Um dieses Interpretationsziel zu erreichen, steht uns z.Z. nur ein einziges wissenschaftlich bewährtes Verfahren zur Verfügung, die von allen historischen Wissenschaften angewandte *historisch-kritische Methode.* In der Praxis besteht sie aus einem ganzen Ensemble von Einzelmethoden, die in ein Gesamtverfahren eingebettet sind, das bestimmten Grundsätzen folgt. Ernst Troeltsch hat sie ,Kritik', ,Analogie' und ,Korrelation' genannt.

3.2 Das Neue Testament bezeugt die Offenbarung des einen Gottes in der Sendung, im Werk und in der Auferweckung Jesu von den Toten. Es nennt seine Botschaft Kerygma (vgl. z.B. Röm 16,25; 1Kor 1,21; 15,14; Tit 1,3) oder auch Evangelium (z.B. Mk 1,1; Röm 1,1.16; 1Kor 15,1; 1Petr 4,17). Das Evangelium Gottes von Jesus Christus ist das entscheidende Zentrum des Neuen Testaments. Wir wären deshalb schlecht mit einer Methode beraten, die dazu zwänge, alle Aussagen des Evangeliums über Gott, Jesus, den Glauben und die Welt unbesehen den drei genannten Grundsätzen zu unterwerfen, sie a limine in Zweifel zu ziehen und den Offenbarungsanspruch des Kerygmas methodisch-prinzipiell auszublenden. Sollen die Texte des Neuen Testaments wirklich ihrer eigenen Intention gemäß interpretiert werden, muß die Methode offen genug sein, um die biblischen Texte als in sich sinnvoll gelten zu lassen und in ihrer kerygmatischen Aussageabsicht durchsichtig zu machen. *Dieses Postulat wird dann erfüllt, wenn die historische Kritik mitsamt ihren Grundprinzipien gerahmt wird von einer vorgängigen Bereitschaft, mit den Texten in einen ernsthaften Dialog und möglichst ins Einverständnis über ihre zentralen kerygmatischen Aussagen zu kommen.* Die wissenschaftlich übliche und bewährte Hermeneutik des historisch-kritischen Verdachts muß umgriffen sein von einer Hermeneutik des ‚guten Willens' (B.F. Meyer) bzw. der ‚kritischen Sympathie' (W.G. Kümmel) gegenüber der Textüberlieferung.

Was Methode und Aufbau einer Theologie des Neuen Testaments anbetrifft, ist es vor allem *L. Goppelt* gewesen, der dieses hermeneutische Problem in den Spuren A. Schlatters bedacht und berücksichtigt hat (s. u.)

3.3 Die neutestamentlichen Einzelschriften und das Neue Testament im Ganzen standen von Anfang an in einem kirchlichen Lebens- und Wirkungszusammenhang, der bis heute nicht abgebrochen ist. Die Texte des Neuen Testaments und dieser kirchliche Glaubens- und Lebenshorizont gehören wesenhaft zusammen. Wir haben deshalb die Texte des Neuen Testaments methodisch auf ihren Lebensbezug und ihre Erfahrungsdimension zu befragen und herauszustellen, *daß die existentielle Erkenntnis der Offenbarung erst im Vollzug und Wagnis gemeinschaftlicher Glaubensexistenz möglich ist.* [*extra ecclesiam nulla salus*]

3.4 Wissenschaftlich steht die Exegese außerdem in der Pflicht, all ihre Rekonstruktionen und Interpretationen in verantwortlicher Rationalität offenzulegen. Die praktizierte Methode muß dementsprechend darin wissenschaftlich sein, daß sie die Prinzipien ihrer Urteile offenlegt und ebenso der kritischen Diskussion aussetzt wie ihre Arbeitsergebnisse.

Läßt man diese vier Grundbedingungen gelten, stellen sich an unser Vorhaben *vier methodische Forderungen: Es muß (1) dem Neuen Testament historisch angemessen, (2) für den Offenbarungsanspruch des Evangeliums offen, (3) auf die kirchliche Glaubens- und Lebenserfahrung bezogen und (4) rational durchsichtig und kontrollierbar sein.*

Es gibt zwei geistige Grundhaltungen, um diesen vier Forderungen gerecht zu werden: Entweder die Position eines intellectus quaerens fidem, d.h. einer verantwortlich-rationalen Bemühung um Erkenntnis der biblischen Glaubenstraditionen in der Bereitschaft, sich auf sie einzulassen; oder die Position einer fides quaerens intellectum, d.h. einer verantwortlich-rationalen Bemühung um Erkenntnis der eigenen Glaubenstradition und ihrer biblischen Ursprünge. Die fides, von der das Neue Testament spricht, ist kein menschlicher Besitz, sondern Gabe Gottes. Sie kann und

11

darf deshalb nicht zur methodischen Voraussetzung der Bibelauslegung erhoben werden. Die Auslegung muß aber auch dieser Gabe Gottes und die ihr damit gesetzten Grenzen respektieren und sich bemühen, die in den biblischen Texten bezeugte besondere Erkenntnis- und Erfahrungsdimension der πίστις auszuloten.

4. Halten wir uns an die oben aufgestellten vier Grundsätze für die Ausarbeitung einer Biblischen Theologie des Neuen Testaments und die eben genannten vier methodischen Forderungen, wird deutlich, daß wir *vor einer historisch- und systematisch-theologischen Aufgabe* stehen: *Die Biblische Theologie des Neuen Testaments bearbeitet die Bücher des Neuen Testaments, sie hat dabei den zweiteiligen kirchlichen Kanon aus Altem und Neuem Testament im Blick und* bemüht sich darum, die Bedeutung der neutestamentlichen Christusbotschaft für Glaube und Leben der Kirche(n) herauszustellen.

Um dieser Aufgabenstellung gerechtzuwerden, kann man im Verlaufe der Darstellung nicht einfach bei der Beschreibung historischer Sachverhalte stehenbleiben, sondern muß drei Schritte vollziehen: Man muß die neutestamentlichen Texte historisch *analysieren*, die Analysen dann wieder in einen geschichtlich plausiblen Zusammenhang bringen, d. h. historisch *rekonstruieren*, und die Bedeutung der Rekonstruktionen für die Gegenwart aufzeigen, d. h. systematisch *interpretieren*. Die jeweilige Darstellung wird in dem Maße durchsichtig, als diese drei Schritte nicht einfach ineinandergewoben, sondern voneinander unterschieden und nacheinander vollzogen werden.

4.1 Da das Neue Testament einen geschichtlichen und qualitativen Vorsprung vor aller kirchlichen Lehre und Tradition hat, muß bei der Darstellung die Differenz von biblischem Zeugnis und kirchlicher Lehrüberlieferung sichtbar werden und bleiben. Unter diesen Umständen empfiehlt sich für eine Biblische Theologie des Neuen Testaments kein dogmatischer, sondern *ein zum Alten Testament hin offener geschichtlicher Aufriß, der in eine dogmatische Stellungnahme und Wertung der ‚Mitte der Schrift‘ ausmündet.*

Dieser Aufriß folgt am besten der Begründung und dem geschichtlichen Werden des neutestamentlichen Evangeliums: Jesus wurde als Jude geboren und hat sein Werk in Israel und für Israel begonnen; dieses Werk ist aber nicht auf Israel beschränkt geblieben. Vielmehr zeigt die Geschichte des Urchristentums, daß von Jesu Weg, Passion und Auferweckung der Auftrag ausgegangen ist, ihn Juden und Heiden, d. h. der ganzen Welt, als ‚Herrn und Messias‘ (Apg 2,36) zu verkündigen. Hält man sich an diese geschichtlichen Vorgegebenheiten, ist in einem ersten Hauptteil trotz aller methodischen und historischen Schwierigkeiten, die sich dem entgegenstellen, zuerst eine Darstellung der Verkündigung und des Werkes Jesu von Nazareth zu geben. Anschließend ist zu zeigen, wie die Urgemeinde von Jesus und den ‚Hl. Schriften‘ her zu ihrem Christusbekenntnis, ihrer Glaubensverkündigung und ihrer kirchlichen Lebensgestaltung gekommen ist. Dann ist mit einer Darstellung der Theologie des Paulus fortzufahren und die Verkündigung der Kirche in der Zeit nach Paulus zu skizzieren. Da die synoptischen Evangelisten nicht nur Sammler und Tradenten, sondern auch eigenständige Theologen waren, ist anschließend überzugehen zur Darstellung der Theologie der Synoptiker. Abschließend ist die Verkündigung der Johannesschriften zu behandeln. Der erste Teil unserer Theologie wird also mit den verschiedenen Typen und Modellen urchristlicher Glaubensverkündigung vertraut machen und auf diese Weise vor das Phänomen und Problem der Vielschichtigkeit des neutestamentlichen Zeugnisses stellen. – Demgegenüber hat dann der zweite (kürzere) Hauptteil die Aufgabe, die Gründe darzustellen, die zur Bildung des zweiteiligen kirchlichen Kanons aus Altem und Neuem Testament geführt haben, Mitte und Einheit in der Pluralität der neutestamentlichen Glaubensbezeugungen aufzusuchen und nach den kirchlich-theologischen Konsequenzen dieser Mitte zu fragen.

Unser Aufriß lautet:

I. Entstehung und Eigenart der neutestamentlichen Verkündigung
  1. Die Verkündigung Jesu
  2. Die Verkündigung der Urgemeinde
  3. Die Verkündigung des Paulus
  4. Die Verkündigung in der Zeit nach Paulus
  5. Die Verkündigung der synoptischen Evangelien
  6. Die Verkündigung des Johannes und seiner Schule
II. Das Problem des Kanons und die Mitte der Schrift
  1. Entstehung und Problematik des zweiteiligen biblischen Kanons
  2. Die Mitte der Schrift
  3. Schrift und Schriftauslegung

5. Dieser Gliederungsentwurf versteht sich keineswegs von selbst. Dies lehrt ein Blick auf die derzeit führenden Theologien des Neuen Testaments und die zahlreichen neueren Aufsätze, die sich mit den Problemen der Anlage und Durchführung einer (biblischen) Theologie des Neuen Testaments befassen.

5.1 Werner Georg Kümmel hat in seinem Forschungsbericht über ‚Das Neue Testament im 20. Jahrhundert‘ (1970) auch über „Die Erforschung der Theologie des Neuen Testaments in seiner Gesamtheit" referiert (a.a.O., 123 ff.). Er hat angesichts der (auch) auf diesem Themengebiet noch vorherrschenden großen Divergenzen vor falscher Sicherheit gewarnt und schreibt:

„Die neutestamentliche Forschung des 20. Jahrhunderts ist in wesentlichen Bereichen noch keineswegs zu einhelligen Resultaten gekommen, und so groß die Fortschritte der neutestamentlichen Wissenschaft sind, von weitgehend anerkannten Resultaten kann man nur in beschränktem Maße reden, und so bleibt der neutestamentlichen Forschung noch sehr viel zu klären und zu tun übrig." (a.a.O.,145/146)

Dieses Resümee ist nach wie vor gültig und bestätigt, daß wir uns mit unserer Darstellung noch überall auf dem Boden umstrittener Hypothesen bewegen. Ergänzt man Kümmels Bericht durch die theologiegeschichtlich orientierte Darstellung seines Schülers Otto Merk in dem Artikel: ‚Biblische

Theologie II. Neues Testament' (TRE VI 455–477; vgl. auch dessen Fortsetzung in dem Forschungsbericht ‚Gesamtbiblische Theologie. Zum Fortgang der Diskussion in den 80er Jahren', VF 33, 1988, 19–40), erkennt man, daß die Hauptprobleme der Theologie des Neuen Testaments vor allem an zwei Stellen liegen: Bei dem das Ganze strukturierenden systematischen *Aufriß* und bei der Frage, ob der Schwerpunkt der Darstellung auf der historischen *Analyse und Rekonstruktion oder auf der Interpretation der Textaussagen* für die Gegenwart liegen soll. Einig ist man sich heute in der Beobachtung, daß das Neue Testament keine flächige Lehreinheit darstellt, sondern eine geschichtlich gewachsene Pluralität von Zeugnisweisen bietet, deren dogmatische Einheit erst erfragt werden muß.

5.2 Um die neutestamentlichen Verkündigungsinhalte systematisch zu erfassen, kann man zwei Wege gehen. Man kann einmal von den Hauptthemen der kirchlichen Lehre ausgehen und die Schriften des Neuen Testament auf ihren Beitrag zu diesen Themen befragen. Dieser Aufriß hat den Vorteil, daß die Frage nach der kirchlichen Verbindlichkeit der biblischen Aussagen durch die Systematik schon vorentschieden ist: Das Neue Testament liefert die Belegstellen und Materialien für die kirchliche Dogmatik. Auch die schwierige Frage nach der inneren Einheit des vielstimmigen neutestamentlichen Zeugnisses muß bei diesem Vorgehen nicht mehr vom Neutestamentler allein entschieden werden. Er kann und darf sich vielmehr bei der Suche nach der Verbindlichkeit und dogmatischen Einheit des Neuen Testament auf die kirchliche Tradition und Lehre verlassen. Während die sog. Biblischen Theologien z. Z. der altprotestantischen Orthodoxie allgemein als Testimoniensammlungen für die einzelnen dogmatischen Loci von der Schöpfung, Erlösung usw. gestaltet waren, ist diese dogmatische Gliederung und propädeutische Zuordnung zur Dogmatik im Protestantismus seit dem Ende des 18. Jh.s aufgegeben und ersetzt worden durch eine eigenständige geschichtliche Darstellung. Aus Gründen der Arbeitsteilung, aber auch aus religionshistorischen Überlegungen heraus hat man dann alsbald auch noch die Einheit der gesamtbiblischen Theologie aufgegeben und begonnen, die Theologien des Alten und Neuen Testaments getrennt voneinander zu behandeln. Wir treffen deshalb heute die Gliederung der Theologie des Neuen Testaments nach dogmatischen Loci in protestantischen Werken nicht mehr an.

Nur die viel zu wenig beachtete, inhaltlich hochqualifizierte ‚Theologie des Neuen Testaments' des katholischen Tübinger Exegeten *K. H. Schelkle* bedient sich noch des alten dogmatischen Aufrisses. Schelkle hat seine Theologie in vier Bände aufgeteilt: 1. „Schöpfung. Welt – Zeit – Mensch" (1968); 2. „Gott war in Christus" (1973); 3. „Ethos" (1970) und 4.1. „Vollendung von Schöpfung und Erlösung" (1974) sowie 4.2 „Jüngergemeinde und Kirche" (1976). Für Schelkle hat dieser Aufriß den Vorteil, daß er die biblischen Aussagen bewußt im Blick auf die katholische Lehre darstellen und ihnen dabei doch ihr Eigengewicht und ihre Eigenart lassen kann. Die neutestamentliche Theologie wird von ihm als Biblische Theologie verstanden, und zwar aus zwei Gründen: Weil „Theologie, die biblisch sein will, wie die Bibel sich selber verstanden hat, die Wirklichkeit des Handelns Gottes in der Geschichte des Alten und Neuen Testaments festhalten (wird)" (Bd. 1, 89) und weil die Kirche von der Jesuszeit an das Alte Testament aus der Synagoge mitgenommen und dadurch zu „ihrem Buch" gemacht hat, „daß sie immer mehr entdeckt und beweist, wie es im Leben des Messias Jesus wie in der Geschichte der Kirche wahr wird" (Bd. 2, 54). Über diese Feststellungen hinaus macht Schelkle in jedem größeren Kapitel deutlich, in welchem Maße das neutestamentliche Zeugnis speziell auf der alttestamentlich-frühjüdischen Überlieferung aufruht und diese weiterführt. Im Rahmen des herkömmlichen katholischen Traditionsdenkens ist Schelkles Ansatz bedenkenswert. Historisch hat er allerdings den großen Nachteil, daß dem Leser nirgends z. B. die Verkündigung Jesu, die paulinische oder die johanneische Theologie als Ganzes vor Augen gestellt und (erst) dieses Ganze auf die kirchliche Lehre bezogen wird.

5.3 Wählt man Schelkles Weg nicht, bietet sich an, bei den neutestamentlichen Einzelzeugen anzusetzen und chronologisch vorzugehen. Der Vorteil dieser Darstellungsweise liegt darin, daß der Verkündigung Jesu, des Paulus, des Johannes usw. volle Aufmerksamkeit geschenkt werden kann. Das Risiko besteht darin, daß man das Neue Testament ungeschichtlich ganz unabhängig vom Alten behandeln und die Frage nach dem Kanon der Kirche überspringen kann; auch nach Einheit und Mitte der neutestamentlichen Botschaft muß erst ausdrücklich gefragt und dann das Verhältnis dieser Botschaft zur kirchlichen Tradition und Lehre zum Problem erhoben werden. Dennoch gehört dieser Art des Vorgehens seit geraumer Zeit alles protestantische Interesse.

Gegenwärtig liegen sechs Werke vor, die diesen Darstellungsweg beschreiten und recht verschiedene Lösungsmöglichkeiten repräsentieren. Es handelt sich um die Theologien des Neuen Testaments von R. Bultmann, H. Conzelmann, J. Jeremias, W. G. Kümmel, E. Lohse und L. Goppelt. Auf katholischer Seite haben sich z. B. H. Schlier und A. Vögtle in Einzelaufsätzen für diesen Weg ausgesprochen.

5.3.1 Die ganze gegenwärtige Diskussion über die Möglichkeit, eine Theologie des Neuen Testaments zu schreiben, wird von *R. Bultmanns* ‚Theologie des Neuen Testaments‘ (1948–1953; 1984[9]) bestimmt.

Das Werk beruht auf drei von Bultmann vor allem in den „Epilegomena" (a. a. O., 585–600) dargelegten, aber auch anderweitig erörterten *theologischen Prämissen* : 1. Die Hauptabsicht des Neuen Testaments liegt bei der Verkündigung von Gottes Heilstat in Christus; zentraler Gegenstand der Theologie des Neuen Testaments ist darum das *Kerygma von Jesus Christus*. 2. Die rettende Kraft und Verbindlichkeit dieses Kerygmas liegt in dem an den einzelnen Menschen gerichteten und ihn betreffenden Ruf Gottes zur Glaubensentscheidung und nicht in objektivierbaren und tradierbaren Glaubenssätzen oder Glaubensvorstellungen. Die dem Kerygma theologisch angemessene Darstellungsform der Theologie des Neuen Testaments liegt darum nicht schon in der Analyse und Zusammenschau der neutestamentlichen

Lehre und Glaubensvorstellungen, so nützlich eine solche auch sein mag, sondern sie liegt erst in der Auslegung des von Gottes Anruf betroffenen menschlichen Daseins im Unglauben und im Glauben. In Bultmanns Terminologie ausgedrückt: Das Kerygma wird theologisch angemessen nur dann und dort dargestellt, wo es *existential interpretiert*, d. h. auf das in ihm angelegte Verständnis des menschlichen Daseins vor Gott hin befragt und dementsprechend entfaltet wird. 3. Das Kerygma wird konstituiert durch das unverfügbare Handeln Gottes im Wort und nicht durch die Geschichte. *Menschliche Geschichte und Gottes endgültiges Handeln im Wort bilden einen spannungsvollen Gegensatz;* die Rede von einem menschlicher Einsicht zugänglichen und in seinem Ablauf überschaubaren Prozeß der Heilsgeschichte ist dem Kerygma unangemessen.

Mit diesen drei Prämissen verbinden sich in Bultmanns Werk eine Reihe von höchst gewichtigen *historischen Hypothesen,* die Bultmann zum großen Teil schon vor Abfassung seiner Theologie in Aufsätzen und Monographien begründet hat: 1. Die durch das Jesusbild der radikalen Evangelienkritik J. Wellhausens und W. Wredes untermauerte These der klassischen *Formgeschichte.* Danach waren die synoptischen Evangelisten primär Sammler und Tradenten von Überlieferungen und keine eigenständigen Theologen. Die von ihnen zusammengestellte Überlieferung ist zum überwiegenden Teil nicht als authentisches Jesusgut, sondern erst als Bildung der nachösterlichen Gemeinde zu beurteilen. *Der irdische Jesus ist als jüdischer Endzeitprophet und Rabbi* anzusehen, der erst auf Grund der Osterereignisse von der christlichen Gemeinde als Messias und Herr geglaubt worden ist. Deshalb beginnt Bultmann sein Werk mit den erstaunlichen Sätzen: „Die Verkündigung Jesu gehört zu den Voraussetzungen der Theologie des NT und ist nicht ein Teil dieser selbst. Denn die Theologie des NT besteht in der Entfaltung der Gedanken, in denen der christliche Glaube sich seines Gegenstandes, seines Grundes und seiner Konsequenzen versichert. Christlichen Glauben aber gibt es erst, seit es ein christliches Kerygma gibt, d. h. ein Kerygma, das Jesus Christus als Gottes eschatologische Heilstat verkündigt, und zwar Jesus Christus, den Gekreuzigten und Auferstandenen" (S. 1 f.). Außerdem sucht man in Bultmanns Werk vergeblich ein Kapitel über die Theologie der Synoptiker. – 2. Bultmann vertritt die These, daß Paulus und Johannes einem von der palästinischen Urgemeinde zu unterscheidenden Typus des Urchristentums, der vom hellenistischen Synkretismus und der vorchristlichen Gnosis bestimmten *hellenistischen Gemeinde,* zuzurechnen seien. Daher schaltet Bultmann seiner Paulusdarstellung ein Kapitel über „Das Kerygma der hellenistischen Gemeinde vor und neben Paulus" vor und betont auch zu Beginn seiner Darstellung der johanneischen Theologie, daß gewisse Grundkategorien der johanneischen Verkündigung erst und nur auf dem Boden „der hellenistischen Religionen und speziell der Gnosis" erwachsen seien (S. 363). – 3. Aus Bultmanns Erforschung der anthropologischen Begrifflichkeit des Paulus und der johanneischen Tradition sowie aus seiner Sicht des Kerygmas und der ihm einzig angemessenen Form theologischer Darstellung (s. o.) ergibt sich seine These, daß das Kerygma im Neuen Testament nur bei Paulus und Johannes theologisch angemessen reflektiert und entfaltet wird. *Die Darstellung der paulinischen und johanneischen Theologie stellt daher das Zentrum von Bultmanns Theologie des Neuen Testaments dar.* Die späteren Traditionen des Neuen Testaments werden im dritten Teil seiner Theologie pauschal unter dem Oberthema „Die Entwicklung zur Alten Kirche" abgehandelt; sie sind für Bultmann historisch wichtig, aber theologisch nicht von entscheidendem Gewicht. – 4. Das *Alte Testament* ist nach Bultmanns Auffassung für die Botschaft Jesu und das Kerygma der (palästinischen) Urgemeinde konstitutiv. In der hellenistischen Gemeinde gilt es zwar als Heilige Schrift und spielt auch bei den Schriftbeweisen eine große Rolle, die Formulierungen des hellenistischen Kerygmas aber lehnen sich nur noch teilweise an die alttestamentliche Sprache an und nehmen außerdem die Begrifflichkeit der Gnosis und ihres Erlösermythos auf. Taufe und Abendmahl werden im hellenistischen Urchristentum mit Hilfe der synkretistischen Mysterienfrömmigkeit gedeutet.

Von Bultmann her ist es darum nicht angemessen, die Theologie des Neuen Testaments mit speziellem Blick auf das Alte Testament als Hl. Schrift des gesamten Urchristentums zu entwerfen; ein solches Unternehmen wäre religionshistorisch viel zu einseitig und würde dem Kerygma theologisch nicht gerecht.

Bultmanns ,Theologie des Neuen Testaments' ist in der Präzision der Formulierungen, in der Materialdarbietung und in der Konsequenz der theologischen Interpretation ein Meisterwerk. Sie umfaßt drei Hauptteile: „Erster Teil: Voraussetzungen und Motive der neutestamentlichen Theologie"; hier werden die Verkündigung Jesu, das Kerygma der Urgemeinde und das Kerygma der hellenistischen Gemeinde verhandelt. „Zweiter Teil. Die Theologie des Paulus und Johannes"; hier stellt Bultmann nacheinander „Die Theologie des Paulus" und „Die Theologie des Johannes-Evangeliums und der Johannes-Briefe" dar. „Dritter Teil. Die Entwicklung zur Alten Kirche"; unter dieser Überschrift verhandelt Bultmann „Entstehung und erste Entwicklung der kirchlichen Ordnung", „Die Entwicklung der Lehre" und „Das Problem der christlichen Lebensführung". Die „Epilegomena" bilden einen Anhang und schließen das Buch ab.

Bultmanns Werk ist eine Meisterleistung. Gleichwohl erweist sich sein gesamter Entwurf aus heutiger Sicht als *ergänzungs- und korrekturbedürftig*, und zwar sowohl in Hinsicht auf die ihn tragenden theologischen Prämissen als auch die historischen Hypothesen, denen die Darstellung folgt.

Zu den Prämissen: Bultmanns *erste Prämisse*, d. h. sein historisches und theologisches Interesse an der den christlichen Glauben begründenden Predigt von Jesus Christus, ist im Blick auf die neutestamentlichen Texte *nicht anfechtbar*. – Was Bultmanns *zweite Prämisse*, d. h. die existentiale Interpretation des Kerygmas (Entmythologisierung), anbetrifft, gilt zweierlei: Der christliche Glaube kann seine eigene Wahrheitserkenntnis nur aussprechen, tradieren und anderen Menschen gegenüber verantworten, wenn er über die existentielle Entscheidung des einzelnen Christen für den Ruf Gottes hinaus an spezifischen Glaubensvorstellungen und -inhalten festhält. Sofern die existentiale Interpretation gerade diese Bindung an objektivierende Glaubenssätze überwinden möchte, verurteilt sie die Christen letztlich zu theologischer Sprachlosigkeit. Sie hat sich außerdem als derart stark von spezifisch abendländischen existenzphilosophischen Voraussetzungen abhängig erwiesen, *daß sie unmöglich als die dem neutestamentlichen Kerygma von Jesus Christus einzig angemessene Interpretationsweise gelten kann.* – Der von Bultmann in der *dritten Prämisse* aufgerichtete Gegensatz von Kerygma und Geschichte ist weder biblisch noch dogmatisch haltbar:

17

Das Evangelium wird durch das dem Glauben vorgegebene Geschichtshandeln Gottes in der Sendung, dem Werk, der Passion und der Auferweckung Jesu Christi von den Toten konstituiert. In der von Gott gefügten Geschichte Jesu Christi gewinnt sein Erwählungs- und Heilshandeln an Israel den alles entscheidenden Höhepunkt. Dieses Handeln Gottes gibt der Geschichte der Menschheit aus Juden und Heiden über Ostern hinaus ein endzeitliches Ziel, und zwar in der Parusie des gekreuzigten und auferstandenen Christus, der Auferweckung der Toten und dem Jüngsten Gericht, kraft dessen die endgültige Herrschaft Gottes durchgesetzt wird. *Kerygma und (Heils-)Geschichte sind von hier aus gesehen keine sinnvollen Gegensätze!*

Auch die *historischen Leithypothesen* Bultmanns sind im wesentlichen überholt und teilweise sogar falsifizierbar. Die wesentlichen Grundannahmen der von Bultmann (K. L. Schmidt und M. Dibelius) wissenschaftlich begründeten *Formgeschichte* sind zu ergänzen und zu revidieren: Die synoptische Tradition speist sich nicht vorwiegend aus anonym entstandenen ‚Gemeindebildungen‘, sondern aus den von Jesus als dem ‚messianischen Lehrer der Weisheit‘ (Martin Hengel) seinen μαϑηταί (= Schülern und Schülerinnen) übermittelten Lehrtraditionen. Zwischen dem vorösterlichen Jüngerkreis und der Urgemeinde besteht sowohl eine *Personen- als auch eine Traditionskontinuität*, die sekundäre Jesustraditionen nur schwer hat aufkommen lassen (H. Riesenfeld, B. Gerhardsson, R. Riesner). Hinter den Passionsgeschichten der vier Evangelien steht ein (rechts-)historisch zutreffender Bericht (A. Strobel). Der Prozeß gegen Jesus wird historisch erst aufgrund seines messianischen Anspruches verständlich (M. Hengel). Der irdische Jesus hat als messianischer Menschensohn gewirkt; er ist aufgrund seiner Verkündigung anläßlich der sog. Tempelreinigung von seinen jüdischen Gegnern als messianischer Verführer angeklagt und von Pilatus als Messiasprätendent ans Kreuz geschlagen worden. *Das Bild von dem erst mit Ostern in messianisches Licht gerückten Wirken des Rabbi und Propheten Jesus ist demzufolge aufzugeben. Die Verkündigung Jesu ist keine bloße ‚Voraussetzung‘, sondern das geschichtliche Fundament der Theologie des Neuen Testaments.* – Auch Bultmanns Unterscheidung von judenchristlich-palästinischer Urgemeinde und synkretistisch beeinflußter hellenistischer Gemeinde ist höchst problematisch. Martin Hengel hat zunächst in seinem großen Werk ‚Judentum und Hellenismus‘ (1988[3]) und anschließend in mehreren Publikationen bis hin zu der Studie ‚The ‚Hellenization‘ of Judaea in the First Century after Christ‘ (1989) auf die denkbar enge Verzahnung von Judentum und Hellenismus in Palästina und in der Diaspora hingewiesen. Die archäologische Forschung der letzten zwanzig Jahre hat Hengels Sicht glänzend bestätigt: Nach heutigem Verständnis ist die von Bultmann vorgenommene Unterscheidung von zweierlei Typen des Urchristentums, von denen der eine ‚palästinisch‘ und der andere ‚hellenistisch‘ war, hinfällig. Auch die Gnosis, die Bultmann als vorchristliches Phänomen beurteilt, ist aufgrund der uns mittlerweile zur Verfügung stehenden Quellen als eine erst vom Ende des 1. Jh.s n. Chr. an wirksame synkretistische Erscheinung zu beurteilen, die sowohl hellenistisch-platonische als auch frühjüdische und christliche Traditionen in sich aufgenommen und verschmolzen hat. Der gnostische Erlösermythos ist sogar noch wesentlich späteren Datums (C. Colpe). *Bultmanns (religions-)historische Sicht des Urchristentums bedarf also einer grundlegenden Korrektur.* – Da Paulus nach Apg 22,3 in Jerusalem aufgewachsen und ausgebildet worden ist und seine missionarische Sendung ‚von Jerusalem aus‘ bemißt (Röm 15,19) und die johanneische Tradition ebenfalls starke Jerusalemer Wurzeln hat, ist auch

Bultmanns Urteil über den Ort der paulinischen und johanneischen Theologie zu überprüfen. – Die Bedeutung der Theologie des Paulus und des Johanneskreises ist unbestreitbar. Gleichwohl sind beide keine Kronzeugen der von Bultmann geforderten und betriebenen existentialen Interpretation (Entmythologisierung) des Kerygmas; Bultmann hat sie nur zu solchen Zeugen stilisiert. – Auch kann und braucht eine neutestamentliche Theologie nicht auf Paulus und Johannes allein zu stehen. Beiden geht die Verkündigung Jesu voran. Paulus setzt dann wesentliche Traditionen des Jerusalemer und Antiochener Missionschristentums und Johannes synoptische Überlieferungen voraus. Die Entwicklung nach Paulus ist auch nicht einfach als ein einziger, sich theologisch abflachender Übergang zur Alten Kirche zu beurteilen. – *Schließlich hat Bultmann in seiner Theologie weder der Bedeutung des Alten Testaments als Hl. Schrift des gesamten Urchristentums noch auch der kanonischen Zusammengehörigkeit von Altem und Neuem Testament in dem einen Kanon der Kirche hinreichend Rechnung getragen.* Statt dessen ist er stehengeblieben bei einer mehrdeutigen Position, die einerseits bestimmt ist von geschichtlichem Respekt vor dem kirchlich bedeutsamen Alten Testament, andererseits aber Altes und Neues Testament religionsgeschichtlich voneinander abhebt und schließlich theologisch mit der lutherischen Unterscheidung von Gesetz und Evangelium arbeitet, wobei das Alte Testament vor allem unter dem Aspekt des Gesetzes gesehen wird: Im Alten Testament zeigt sich nach Bultmann exemplarisch, daß Israel – stellvertretend für alle Sünder – an Gottes Gehorsamsruf gescheitert ist und nur durch die Rechtfertigung der Gottlosen zur Rettung gelangen kann. G. von Rad, W. Zimmerli, C. Westermann und H.-W. Wolff haben gegen diese Sicht des Alten Testaments protestiert, ohne daß dies Bultmann zu einer Revision seiner Position veranlaßt hätte. Aus heutiger Sicht ist dieser Kritik noch ein entscheidender Punkt hinzuzufügen: Der gnostische Erlösermythos, den Bultmann postuliert hat, den es aber z. Z. des Neuen Testaments noch gar nicht gab (s. o.), hat auf die Formulierungen des Kerygmas von Jesus Christus gerade nicht maßgebend eingewirkt! *Die Sprache des Kerygmas ist also keineswegs synkretistisch-gnostisch, sondern alttestamentlich-frühjüdisch geprägt, und sie nötigt in dieser besonderen Ausformung zu der Frage, wie diese urchristlich bewußt gewählte Sprachgestalt theologisch zu beurteilen ist.* Von Bultmann her läßt sich diese Antwort nicht finden.

Diese kritische Reflexion auf Bultmanns Meisterwerk dokumentiert, daß seine Sicht der Theologie des Neuen Testaments nicht länger wegweisend sein kann.

5.3.2 Eine Modifikation und Weiterführung des Bultmannschen Ansatzes, aber keinen Ersatz für Bultmanns klassisches Werk will der ‚Grundriß der Theologie des Neuen Testaments' (1967) von *H. Conzelmann* bieten. A. Lindemann hat das sehr knapp gefaßte Buch seines Lehrers 1986 neu bearbeitet; es ist seither (als 4. Aufl. 1987) leicht greifbar.

Kommt man von Bultmanns Theologie her zu Conzelmanns Grundriß, fallen folgende Unterschiede auf. (1) Während bei Bultmann die (existentiale) Interpretation der paulinischen und johanneischen Verkündigung das Rückgrat der Darstellung bildet, ist der Grundriß in erster Linie der Analyse und Rekonstruktion der neutesta-

mentlichen Traditionen gewidmet, obwohl Conzelmann das Programm der existentialen Interpretation (Entmythologisierung) theologisch ausdrücklich gutgeheißen
und bis in sein Werk hinein mitvertreten hat. – (2) Der Grundriß ist aus theologischen
Gründen nach *traditionsgeschichtlichen Gesichtspunkten* gegliedert. Anders als Bultmann reflektiert Conzelmann nämlich, daß der christliche Glaube ohne tradierbare
Glaubensformulierungen stumm bleibt. Darum „(faßt) er die Theologie nicht nur
allgemein als die jeweilige Interpretation des Glaubens, sondern in einem spezielleren
Sinn als Auslegung der ursprünglichen *Texte* des Glaubens, also der ältesten Formu-
lierungen des Credo" (1967, 13; 1987[4], XVII; kursiv bei C.). Die traditionsgeschicht-
liche Darstellung soll es den Lesern ermöglichen, die urchristlichen Glaubenssätze
nachzuvollziehen und in diesem Nachvollzug zu lernen, was Theologie ist. Diese
Konzeption ist hermeneutisch ausgesprochen bedenkenswert! – (3) Mustert man den
Aufriß von 1967, fällt zweierlei auf: Nach einem Einführungsparagraphen über „Das
Problem einer Theologie des Neuen Testaments" folgen zwei Paragraphen über „Die
Umwelt: Der Hellenismus" sowie „Die Umwelt: Das Judentum". Obwohl auch
Conzelmann an der Unterscheidung von palästinischer und hellenistischer Gemeinde
festhält, vertritt er eine wesentlich klarere und differenziertere Sicht des Frühjuden-
tums als sein Lehrer Bultmann. Die eigentliche Darstellung der Theologie des Neuen
Testaments beginnt dann mit dem „Ersten Hauptteil: Das Kerygma der Urgemeinde
und der hellenistischen Gemeinde". Ihm folgt als zweiter Hauptteil „Das synoptische
Kerygma". Erst danach wird in dem dritten Hauptteil „Die Theologie des Paulus"
behandelt. Der vierte Hauptteil hat „die Entwicklung nach Paulus" zum Gegenstand,
und der fünfte Hauptteil ist „Johannes" gewidmet. Als einer der Vorkämpfer der
nicht mehr nur formgeschichtlichen, sondern auch redaktionsgeschichtlichen Betrachtungsweise der Evangelien sieht Conzelmann in den synoptischen Evangelisten
nicht nur ‚Sammler und Tradenten', sondern auch selbständige Theologen und hält
dementsprechend das synoptische Kerygma einer theologischen Darstellung für
wert. Er geht außerdem davon aus, daß Paulus dieses Kerygma teilweise schon
bekannt und vorgegeben war. In seinem Buch fehlt aber – ebenso wie bei Bultmann –
eine selbständige Darstellung der Verkündigung Jesu. Conzelmann hat zwar den
großen Forschungsartikel „Jesus Christus" in der RGG[3] (Bd. 3, Sp. 619–653) verfaßt,
in seinem Grundriß meint er „dennoch darauf bestehen zu müssen, daß der ‚historische Jesus' kein Thema der neutestamentlichen Theologie ist." Er fügt erklärend
hinzu: „Daß das Wirken Jesu die Bedingung von Kirche, Glauben und Theologie ist,
wird nirgends in Frage gestellt. Die Frage ist: Wie?" Um den Texten keine ihnen
fremde Antwort auf dieses Wie aufzuzwingen, will er nur ihrer eigenen Fragerichtung
folgen und schreibt (unter kritischer Anspielung auf die in der Bultmann-Schule
übliche Fragestellung): „Das Grundproblem der neutestamentlichen Theologie ist
nicht: Wie wurde aus dem Verkündiger Jesus von Nazareth der verkündigte Messias,
Gottessohn, Herr? Die Frage ist vielmehr: Warum hielt der Glaube nach den Erscheinungen des Auferstandenen an der Identität des Erhöhten mit Jesus von Nazareth
fest?" (alle Zitate: 1967, S. 16; 1987[4] S.XIX f.). Daß vom Alten Testament und
Frühjudentum her dieser Frage die Anfrage Johannes des Täufers an Jesus noch
vorzuschalten ist: „Bist du ‚der Kommende', oder sollen wir auf einen anderen
warten?" (Mt 11,3 /Lk 7,20), hat Conzelmann nicht berücksichtigt. – (4) Seltsam
doppeldeutig ist auch seine Sicht des Alten Testaments. Conzelmann erkennt ausdrücklich an, daß das Alte Testament und Frühjudentum eine entscheidende reli-

20

gionsgeschichtliche Voraussetzung für die neutestamentliche Traditionsbildung sind. Ob diese Voraussetzung aber theologische Qualität besitzt, will er nur von der Christusoffenbarung her entscheiden. In dieser Offenbarung erweist sich Gott als der frei und gnädig Erwählende, dem Juden und Heiden gleichermaßen als Sünder gegenüberstehen; angesichts dessen gilt s.M.n. das Alte Testament nicht mehr als der heidnische Mythos oder die hellenistische Mystik. So deutlich also die Hl. Schriften historisch z.B. für Paulus Offenbarungsqualität besitzen oder im Matthäusevangelium von der Erfüllung der alttestamentlichen Verheißungen in Christus die Rede ist, so wenig reicht dieser Textbefund nach Conzelmann hin, dem Alten Testament als solchem Offenbarungsqualität beizumessen. An dieser rigiden dogmatischen Position ist der im Jahre 1964 in der Zeitschrift ‚Evangelische Theologie' unternommene Versuch gescheitert, zwischen H. Conzelmann und dem Alttestamentler G. von Rad ein theologisches Gespräch zustandezubringen. G. von Rad wollte die Grundfrage nach Gott und dem Heil nicht vom Neuen Testament allein, sondern von beiden Testamenten her gestellt und beantwortet wissen, und eben dem hat sich Conzelmann widersetzt. ‚Biblische' Theologie (des Neuen Testaments) läßt sich also auch von seiner Position her nicht betreiben.

5.3.3 Einen Gegenentwurf zu der ganz am nachösterlichen Kerygma orientierten Theologie Bultmanns hat *J. Jeremias* vorgelegt: ‚Neutestamentliche Theologie. Erster Teil: Die Verkündigung Jesu' (1988[4]); ein zweiter Band ist leider nicht erschienen. Daher ist es ratsam, zum Verständnis des Werkes den Programmaufsatz von Jeremias über ‚Das Problem des historischen Jesus' (1960) heranzuziehen, weil hier das Verhältnis von Jesusverkündigung und urchristlichem Kerygma programmatisch bestimmt wird; Jeremias hat die Hauptthese dieses Aufsatzes in die „Überleitung" aufgenommen, die die 2. Auflage seines ersten Bandes abschließt. Das in ganz knappem (Alters-)Stil geschriebene Werk faßt die Lebensarbeit von Jeremias zusammen. Sie galt vor allem der Erforschung des Frühjudentums und der Jesusverkündigung. An wissenschaftlichem Gewicht ist das Buch mit Bultmanns ‚Theologie des Neuen Testaments' vergleichbar.

Jeremias behandelt nacheinander in sechs großen Kapiteln: Die „Frage nach der Zuverlässigkeit der Überlieferung der Worte Jesu", Jesu „Sendung", den „Anbruch der Heilszeit" in Jesu Werk, „die Gnadenfrist", d.h. Jesu Endzeitverkündigung, „das neue Gottesvolk", d.i. die Sammlung der Jünger und des neuen Gottesvolkes durch Jesus sowie die diesem Gottesvolk auferlegten Gebote, „das Hoheitsbewußtsein Jesu", d.h. Hoheitstitel und Passion, und schließlich „Ostern". Ostern ist nach Jeremias von den Jesusjüngern „als endzeitliches Geschehen, als Anbruch der Weltenwende" erfahren worden (293), ja sogar als das sich ihnen eröffnende Erlebnis der Parusie (294). Mit den Osterereignissen ist also das in der Sendung des irdischen Jesus beschlossene Heilswerk Gottes für die Jünger vollständig in Erscheinung getreten. – Auf die Frage, ob die in der Forschung sehr verschieden beurteilte synoptische Überlieferung das Gewicht dieser Darstellung historisch auch zu tragen vermag, hat Jeremias im Eingangskapitel seines Buches geantwortet. Bei genauer Handhabung des sog. ‚Unableitbarkeitskriteriums', d.h. der methodischen Annahme, daß sich „älteste

21

Überlieferung dort (findet), wo sich eine Aussage bzw. ein Motiv weder auf das antike Judentum noch auf die Urkirche zurückführen läßt" (14) und bei philologisch sorgsamer Beachtung der semitischen Stileigentümlichkeiten der Jesusüberlieferung zeigt sich nach Jeremias in den synoptischen Evangelien „eine so große Treue und eine solche Ehrfurcht gegenüber der Überlieferung der Worte Jesu…, daß der methodische Grundsatz berechtigt erscheint: Bei der synoptischen Überlieferung der Worte Jesu muß nicht die Echtheit, sondern die Unechtheit bewiesen werden" (46). Jeremias tritt mit dieser Sicht der synoptischen (Wort-)Überlieferung der methodischen Extrapolation der Formgeschichte in der Bultmannschule entgegen, die davon ausgegangen ist, daß wir „auf Grund der formgeschichtlichen Arbeit … nicht mehr die etwaige Unechtheit, sondern gerade umgekehrt die Echtheit des Einzelgutes zu prüfen und glaubhaft zu machen haben" (E. Käsemann, Das Problem des historischen Jesus, Exegetische Versuche u. Besinnungen I, 1960, [187–214] 203). Mit seinem dieser Meinung entgegenstehenden Grundsatz verficht Jeremias keineswegs pauschal die Glaubwürdigkeit und historische Zuverlässigkeit der synoptischen Tradition insgesamt, sondern nur die Auffassung, daß die synoptische Tradition genügend zuverlässige Überlieferungselemente enthält, um eine wissenschaftlich haltbare Rekonstruktion der Verkündigung (und des Werkes) Jesu wagen zu können. Ihr Kern ist die von Jeremias so genannte ‚viva vox' oder auch ‚ipsissima vox' Jesu, d. h. die geschichtlich unzweifelhaft auf Jesus zurückgehende Wortverkündigung; in ihrem Zentrum stehen die Gleichnisse.

Für Jeremias kommt theologisch Entscheidendes auf die historisch verläßliche Rekonstruktion der Verkündigung und des Werkes Jesu an, weil das Heil primär im irdischen Jesus und seinem Wort verbürgt ist und begegnet. Zum Beschluß seiner Theologie heißt es:

„Beide Größen, die Verkündigung Jesu und das Glaubenszeugnis der Kirche, die vor- und die nachösterliche Botschaft gehören unlöslich zusammen, keine von beiden darf isoliert werden. Sie dürfen aber auch nicht nivelliert werden. Vielmehr verhalten sie sich zueinander wie Ruf und Antwort … – Obwohl der Ruf nur im Rahmen des Glaubenszeugnisses der Kirche überliefert ist und in diesem Rahmen ständig wiederholt wird, ist er doch einmalig und ein für alle Mal ergangen. Golgatha ist nicht überall, sondern es gibt nur Ein Golgatha, und es liegt vor den Toren Jerusalems. – Der Ruf steht über der Antwort, weil Jesus der Kyrios ist und der Kyrios über seinen Boten steht. Er allein, der Kyrios, ist Anfang und Ende, Mitte und Maßstab aller christlichen Theologie." (4. Aufl., 295)

Jeremias bietet damit gewissermaßen eine historisch argumentierende Umkehrung der Kerygma-Theologie Bultmanns: Nicht erst die apostolische Verkündigung des gekreuzigten und auferstandenen Christus ist der entscheidende Grund des Glaubens, sondern schon und vor allem Jesu Wort, wie es mit historisch-wissenschaftlichen Mitteln aus den (synoptischen) Evangelien erhoben werden kann. Grundlage einer Theologie des Neuen Testaments ist darum die Verkündigung Jesu, wie sie von den Synoptikern geschichtlich zuverlässig bezeugt wird.

So lehrreich das Werk von Jeremias ist, so deutlich wirft es einige theologische Grundsatzprobleme auf, die erörtert werden müssen. (1) E. Käsemann hat in seinem Aufsatz „Sackgassen im Streit um den historischen Jesus" (Exegetische Versuche u. Besinnungen II, 1964, [31–68] 35) mit Recht darauf hingewiesen, daß Jeremias mit einer bisher unbekannten Radikalität den Glauben auf die wissenschaftliche Rekonstruktion der Verkündigung Jesu abgestützt habe. An die Stelle der πίστις an das biblisch bezeugte und in der Autorität des Hl.Geistes gepredigte Wort von Jesus als dem Christus Gottes schiebt sich die Einsicht in eine historisch-kritisch eruierte Überlieferung, die Jesusverkündigung. Der Einwand ist bedenkenswert. Wer Jeremias uneingeschränkt beipflichtet, darf all diejenigen nicht schelten, die ihre christliche Existenz nur noch auf den historischen Jesus gründen wollen, dabei dann aber (ganz) anderen Rekonstruktionen als der von Jeremias folgen! Aber ein ‚Glaube an den historischen Jesus' und sein ‚ureigenstes Wort' war kirchlich zu keiner Zeit gefordert noch jemals heilbringend, sondern stets nur der Glaube an den von den alt- und neutestamentlichen Zeugen verkündigten ‚biblischen Christus' (M. Kähler). Jeremias ist zu seiner Perspektive aus der Opposition zu Bultmann und seiner Schule heraus gekommen. So berechtigt diese Opposition war, so wenig sollte sie die Sachdifferenz zwischen dem wissenschaftlichen Konstrukt ‚historischer Jesus' und dem kerygmatisch maßgeblichen ‚biblischen Christus' der kirchlichen Verkündigung vergessen lassen. – (2) Mit seiner (überpointierten) These, daß die Verkündigung der Kirche nicht selbst Offenbarung, sondern nur Zeugnis von der Offenbarung Gottes in Jesus bzw. ‚Antwort' auf sie sei, ist Jeremias in Konflikt sowohl mit Paulus als auch dem vierten Evangelium geraten, die gleichermaßen der Predigt des Evangeliums von Jesus Christus göttliche Macht und Offenbarungsqualität beimessen. Paulus tut dies z.B. in 1Thess 2,13; Gal 1,9; 1Kor 15,1ff.; 2Kor 4,5–6; 5,20–6,2; Röm 1,16f.; 10,17 usw., und das Johannesevangelium dokumentiert in den Parakletensprüchen, vor allem Joh 15,26f. und 16,12ff., dieselbe Meinung. Das Insistieren von Jeremias auf der Einmaligkeit der Geschichte und der Worte Jesu ist völlig berechtigt, aber es darf nicht den Blick dafür verstellen, daß Jesus erst von Ostern her als der Herr und Retter der Welt ausgerufen werden konnte und daß der Glaube sich vor allem dieser Osterbotschaft verdankt. – (3) Diese Feststellung führt zum dritten Problem: Das geschichtliche Ursprungsdatum des christlichen Glaubens liegt nicht allein beim Auftreten Jesu, sondern erst und vor allem bei Ostern, d.h. bei der Auferweckung Jesu und seinen Erscheinungen vom Himmel her vor den zuvor erwählten Zeugen (Apg 10,41). In diesen Erscheinungen hat sich die Christusoffenbarung vollendet. Es ist darum kritisch zu fragen, ob Jeremias „den echt geschichtlichen, d.h. fortschreitenden Charakter der Christusoffenbarung" nicht zu sehr ausgeblendet hat (A. Vögtle, Die hermeneutische Relevanz des geschichtlichen Charakters der Christusoffenbarung, a.a.O., 23). Damit ist der Tatbestand gemeint, *daß sich die Offenbarung Gottes in Christus erst in einem über das Auftreten des irdischen Jesus hinausreichenden, von den Osterereignissen bestimmten Prozeß der Erfassung ihrer Sinnhaftigkeit durch die neutestamentlichen Zeugen entfaltet hat.* Ostern und die Gabe des Hl. Geistes haben den Autoren der neutestamentlichen Schriften entscheidend neue Einsichten sowohl in das Sein und Wirken Jesu als auch in das Heilswerk Gottes insgesamt vermittelt (vgl. Joh 14,26; 16,12–14 und Lk 24,25–27).

Wir können erst dann eine Biblische Theologie des Neuen Testaments entwerfen, wenn wir mit Jeremias die Verkündigung Jesu als maßgebenden Teil des neutestamentlichen Zeugnisses gelten lassen, aber zusätzlich die Einsicht in die fortschreitende Entfaltung der Offenbarung Gottes in Christus festhalten. Es ist dann nicht einfach nur zu fragen, wie Jesu Verkündigung gelautet hat, sondern auch zu untersuchen, wie sich sein Wort und Werk angesichts der Verheißungen der ‚Hl. Schriften‘ darstellen und was Ostern als Tat Gottes zu der Verkündigung Jesu noch hinzugefügt hat. Diese Doppelfrage ist durchzuhalten gegenüber einer nur die geistliche Rückerinnerung an Jesus respektierenden Kerygma-Theologie einerseits und einer das Evangelium auf die Mitteilung von historisch eruierbaren Traditionen und Tatbeständen reduzierenden Jesustheologie andererseits.

5.3.4 In diesem Zusammenhang ist wenigstens kurz hinzuweisen auf die Arbeiten zur neutestamentlichen Theologie von O. Cullmann. Es handelt sich vor allem um folgende drei Bücher: ‚Christus und die Zeit. Die urchristliche Zeit- und Geschichtsauffassung‘ (1946; 1962[3]), ‚Die Christologie des Neuen Testaments‘ (1957; 1975[5]) und – vor allem – ‚Heil als Geschichte‘ (1965; 1967[2]).

Die Gedankenführung Cullmanns steht dem existentialen Interpretationsprogramm R. Bultmanns entgegen und ist streckenweise spekulativ. Sein Werk ist deshalb von Bultmann selbst und von prominenten Bultmann-Schülern scharf angegriffen und zeitweilig aus der deutschen Diskussion über Grundfragen der Theologie des Neuen Testaments verdrängt worden. Dafür hat es aber in der katholischen Exegese, in der Ökumene und unter den Alttestamentlern, die auf eine theologische Interpretation des Alten Testaments (im gesamtbiblischen Horizont) drängten, großen Nachhall gefunden.

In unserem Zusammenhang ist vor allem auf drei Grundgedanken Cullmanns hinzuweisen: (1) Die Zeit- und Geschichtsauffassung des Urchristentums ist nach Cullmann nicht zyklisch, sondern linear und teleologisch orientiert. – (2) Alle Zeugen des Neuen Testaments gehen mit zwar unterschiedlichem Akzent, aber gemeinsam von einer geschichtlichen Dialektik des Heilshandelns Gottes und der Heilserfahrung der Gemeinde aus: In Jesu Sendung, Tod und Auferweckung ist das Heil *schon* gewirkt, aber es ist geschichtlich *noch nicht* vollendet, weil die Parusie des Christus, das Jüngste Gericht und die endgültige Durchsetzung der Herrschaft Gottes über der (erneuerten) Welt noch ausstehen. Damit gewinnt das neutestamentliche

Zeugnis von Jesus Christus eine nach Cullmann unbestreitbare heilsgeschichtliche Grundstruktur. Es bekundet das Heilshandeln Gottes in der Geschichte (Israels), das auf die Erscheinung des Christus zuführt, in Christus, seinem Wort, seinem Heilstod und seiner Auferweckung die alles bestimmende Mitte hat, der Kirche in der Zeit nach Ostern die Aufgaben und Chancen der Mission eröffnet und sein Endziel in der Parusie des Christus und der Erlösung von Juden und Heiden findet. Mit dieser heilsgeschichtlichen Denkweise schließt das Neue Testament nach Cullmann eigenständig an die theologische Geschichtsbetrachtung des Alten Testaments an, wie sie vor allem durch G.von Rad aufgewiesen worden ist. – (3) In dem heilsgeschichtlichen Rahmen des urchristlichen Gesamtzeugnisses spielt die Verkündigung Jesu nicht nur eine vorbereitende Rolle (Bultmann) und erschließt sich auch nicht nur im Rückblick von Ostern her im Sinne einer Identifikation des Evangeliums (Conzelmann), sondern das Leben Jesu ist die „Grundlage aller Christologie ... Die Frage ‚Wer ist Jesus?' ist nicht erst mit dem Ostererlebnis der ersten Gemeinde aufgetaucht. Auf doppelte Weise bildet vielmehr schon das Leben Jesu den Ausgangspunkt allen christologischen Denkens: in Jesu eigenem Selbstbewußtsein und in der konkreten Ahnung, die seine Person und sein Werk in den Jüngern und im Volke wachriefen." (O. Cullmann, Christologie, 1975[5], 327f.). Die Theologie des Neuen Testaments erfährt also in der Verkündigung Jesu ihre (heils-)geschichtliche Grundlegung. *+ seinen Wirken*

5.3.5 ‚Die Theologie des Neuen Testaments nach seinen Hauptzeugen: Jesus, Paulus, Johannes' (1969; 1987[5]) von *W. G. Kümmel* ist ein bemerkenswertes Lehrbuch, weil Kümmel sich stets von allem einseitigen theologischen ‚Schuldenken' freigehalten und eigene Perspektiven verfolgt hat. Der massiven Kritik an Cullmann hat er sich ebensowenig angeschlossen wie den methodologischen Extrapolationen der kritischen Formgeschichte (s.o.). Er hat vielmehr der Verkündigung Jesu, dem urchristlichen Traditionsgedanken und dem endzeitlichen Geschichtsbewußtsein der Urkirche hohe Bedeutung beigemessen und in seine Arbeit stets auch urchristentums- und kanongeschichtliche Gesichtspunkte einbezogen.

Nach einer Einführung in die Problematik einer Theologie des Neuen Testaments behandelt Kümmel in vier großen Kapiteln die Verkündigung Jesu, den Glauben der Urgemeinde, die Theologie des Paulus und die johanneische Theologie. Abschließend stellt er einen theologischen Vergleich zwischen Jesus, Paulus und Johannes an und bestimmt die kerygmatische ‚Mitte' des Neuen Testaments folgendermaßen: „Die drei Hauptzeugen der Theologie des Neuen Testaments stimmen ... in der doppelten Botschaft überein, daß Gott sein für das Weltende verheißenes Heil in Jesus Christus hat beginnen lassen und daß Gott in diesem Christusgeschehen uns begegnet ist und begegnen will als der Vater, der uns aus dem Gefangensein in der Welt erretten und zu tätiger Liebe freimachen will" (294/295).

25

Was an Kümmels Werk theologisch besonders interessiert, ist dreierlei: (1) An dem theologischen Vergleich, den Kümmel zwischen Paulus und Jesus anstellt (218–227), zeigt sich besonders deutlich, daß er heilsgeschichtlichen Überlegungen einen gewichtigen Platz in seiner Darstellung einräumt. – (2) Die Verkündigung Jesu erscheint bei ihm in genau der theologisch grundlegenden Rolle, die ihr nach unseren bisherigen Überlegungen zukommt. – (3) Besonders interessant aber ist der *reformatorische Ansatz*, der Kümmels Darstellung prägt. Gleich zu Beginn seines Buches hebt er hervor, daß mit der (Kümmel durch Herausgeber und Verlag aufgenötigten) Konzentration der Darstellung auf die neutestamentlichen Hauptzeugen die restlichen Schriften des Neuen Testaments nicht als unwichtig eingestuft werden sollen; die spezifische Verkündigung des Neuen Testaments lasse sich nur unstrittig am klarsten von den behandelten vier Überlieferungskomplexen her rekonstruieren. So richtig diese Feststellung ist, so deutlich sollte man sehen, daß Kümmel mit seiner Darstellung gerade als historisch-kritisch arbeitender Exeget bewußt einer reformatorischen Problemstellung folgt. Luther hat bekanntlich die ,Mitte der Schrift' im Evangelium von der Rechtfertigung des Gottlosen gesehen und deshalb in seinen Vorreden zum ,Septembertestament' von 1522 das Johannesevangelium, die Paulusbriefe und den 1.Petrusbrief als „die rechten und edelsten Bücher des Neuen Testaments" bezeichnet. In ihnen findet man nach Luther zwar „nicht viel Werke und Wundertaten Christi beschrieben", dafür aber „gar meisterlich ausgestrichen, wie der Glaube an Christus Sünde, Tod und Hölle überwindet und das Leben, Gerechtigkeit und Seligkeit gibt, welches die rechte Art ist des Evangelii" (s. WA DB VI, 10, 16–19). Kümmels bekannter Aufsatz über „Notwendigkeit und Grenze des neutestamentlichen Kanons" (1950) zeigt sehr schön, daß es ihm theologisch darum geht, diese reformatorische Einsicht Luthers in eine der heutigen historischen Exegese und Denksituation angemessene Form zu bringen. Nach der ,Mitte des Neuen Testaments' ist nach Kümmel heute nicht mehr nur im Sinne einer dogmatischen Wertung zu fragen, sondern auch und zugleich im Vollzug eines inneren Vergleichs zwischen jenen Überlieferungskomplexen, die dem historischen Verständnis als die wesentlichen im Neuen Testament erscheinen. Dies sind die Jesustradition, die Glaubensbotschaft der Urgemeinde, die Verkündigung des Paulus und des Johanneskreises, also genau jene ,Hauptzeugen', denen Kümmel in seinem Buch nachgeht. Seine Darstellung entspricht der heute gebotenen exegetisch-wissenschaftlichen Fassung der reformatorischen Wertung der biblischen Bücher; Kümmel will seinen Lesern die Möglichkeit bieten festzustellen, ob und in welcher Weise die Hauptzeugen des Neuen Testaments, wie Luther sagt, „Christum treiben oder nicht" (WA DB VII, 384, 27).

5.3.6 Ein glänzend geschriebenes, bewußt knapp gehaltenes und didaktisch geschickt angelegtes Lehrbuch ist der ,Grundriß der neutestamentlichen Theologie' von *E. Lohse* (1989⁴), den er 1988 noch durch eine ,Theologische Ethik des Neuen Testaments' ergänzt hat.

Nach Lohse hat die neutestamentliche Theologie zusammenhängend darzustellen, „in welcher Weise die Verkündigung des gekreuzigten und auferstandenen Christus in der kirchengründenden Predigt, wie sie im NT vorliegt, entfaltet worden ist" (S. 9). Die kirchengründende Predigt ist das Evangelium von Jesus Christus, „der für unsere

Sünden starb, von Gott auferweckt wurde und sich als der Herr bezeugte" (S. 14). Dieses „Christusgeschehen" wird vom Neuen Testament „als Gottes eschatologische Heilstat ausgerufen, in der die Verheißungen der Schrift erfüllt sind" (ibd.). Fragt man, wie sich für Lohse die kerygmatische Einheit des Neuen Testaments darstellt, antwortet er, allen neutestamentlichen Schriften sei „das Christusgeschehen und das urchristliche Kerygma vorgegeben, das sie ihrerseits aufnehmen und auslegen", und deshalb dürfe man sie auch kritisch daran messen, wie sie dieses „gemeinchristliche Kerygma aussagen" (S. 163). Maßstab der Kritik sind auch für Lohse Luthers berühmte Sätze aus der Vorrede zum Jakobusbrief im Septembertestament von 1522:

> „... Auch ist das der rechte Prüfstein, alle Bücher zu tadeln, wenn man siehet, ob sie Christum treiben oder nicht, sintemal alle Schrift Christum zeiget, Röm. 3 (21), und S. Paulus nichts als Christum wissen will, 1.Kor. 2 (2). Was Christum nicht lehret, das ist nicht apostolisch, wenn's gleich S. Petrus oder S. Paulus lehrete. Wiederum, was Christum predigt, das ist apostolisch, wenn's gleich Judas, Hannas, Pilatus und Herodes täte." (WA DB VII, 384, 26–32).

In der historischen und theologischen Intention trifft sich Lohse also mit Kümmel. In der exegetischen Durchführung unterscheidet er sich aber von ihm durch das Bemühen, die theologischen Impulse und die radikale historische Kritik R. Bultmanns, E. Käsemanns und H. Conzelmanns mit den Lohse von seinem Lehrer J. Jeremias her nahegebrachten Perspektiven zu verbinden. Eben dieser Versuch der Synthese macht Lohses Buch interessant, gibt ihm streckenweise aber auch den Charakter eines nur vorläufigen wissenschaftlichen Kompromisses. Gleichzeitig aber ist hervorzuheben, daß Lohse als guter Kenner des Frühjudentums viel klarer als Bultmann, Käsemann und Conzelmann, ja sogar Kümmel die tragende Rolle erkannt hat, die das Alte Testament als Hl. Schrift für die Ausbildung der Glaubensbotschaft der neutestamentlichen Zeugen besitzt. Nach urchristlichem Verständnis sind im Christusgeschehen die Verheißungen der Schrift erfüllt. Daher kann nach Lohse das Neue Testament nicht unabhängig vom Alten gelesen werden und weisen die Verheißungen des Alten auf das Neue Testament voraus. Dem Vorschlag, die Theologie des Neuen Testaments als eine zum Alten Testament hin offene Biblische Theologie zu entwerfen, hat er ausdrücklich zugestimmt (vgl. EvTh 35, 1975, S. 153 Anm. 25).

5.3.7 Die von J. Roloff 1975/76 postum herausgegebene zweibändige ‚Theologie des Neuen Testaments‘ von *L. Goppelt* ist ein bedeutsames Werk. Goppelt hat es nicht mehr persönlich vollenden können. Der erste Band stellt ‚Jesu Wirken in seiner theologischen Bedeutung‘ dar; er ist noch von Goppelt selbst (fast) ganz ausformuliert worden und bietet einen geschlossenen Gesamtentwurf. Der zweite Band aber über die ‚Vielfalt und Einheit des apostolischen Christuszeugnisses‘ ist formal und inhaltlich ein Fragment geblieben. Trotz dieser Unabgeschlossenheit stellt Goppelts Werk ein wesentliches Vermächtnis an die Disziplin der neutestamentlichen Theologie dar.

Goppelt bemüht sich nämlich wissenschaftsgeschichtlich bewußt um *Kontinuität zu der* (von ihm selbst so bezeichneten) ‚*heilsgeschichtlichen‘ Richtung historischer Schriftforschung*, die im 19. Jahrhundert durch J.C.K. von Hofmann und in diesem Jahrhundert von A. Schlatter, G. Kittel und J. Schniewind vertreten worden ist. Goppelts Theologie lebt nicht weniger stark von der (heils-)geschichtlichen Perspektive

27

als das Werk O. Cullmanns; von ihm unterscheidet er sich nur darin, daß er die ‚Heilsgeschichte' nicht spekulativ als „Plan einer Universalgeschichte, sondern nur als die Aufeinanderbezogenheit von Verheißung und Erfüllung" verstehen möchte (Bd. 1, S. 49). Goppelt hat sich zeit seines Lebens in Gemeinschaft mit G. von Rad um eine *typologische Beziehung von Altem und Neuem Testament* bemüht. Sie sieht in einzelnen Gestalten und Traditionen des Alten Testaments den sog. ‚Typos', d. h. die entscheidende Vorankündigung und Vorausdarstellung des messianischen Heils, das sich in Jesus Christus verwirklicht und vollendet hat. Weil das Neue Testament von seinem Offenbarungsanspruch her verstanden werden will, darf es nach Goppelt nicht einfach nur historisch-kritisch und vom Maßstab religionsgeschichtlicher Analogien her beurteilt werden, sondern die wissenschaftlich-theologische Arbeit am Neuen Testament hat die in der altprotestantischen Orthodoxie wurzelnden Auslegungsregeln der *analogia fidei* (vgl. Röm 12,6) und der *analogia Scripturae Sacrae* mitzubedenken. Nach diesen zwei Regeln sind die einzelnen Schriftaussagen im Rahmen des Ganzen der sich selbst interpretierenden Schrift und in Übereinstimmung mit der (gesamten) kirchlichen Glaubenstradition zu interpretieren. Sein typologisch-heilsgeschichtlicher Ansatz und diese Interpretationsgrundsätze haben Goppelt herbe Kritik eingetragen und lassen ihn in seiner Exegese streckenweise auch als dezidiert lutherischen Exegeten erscheinen. Goppelt hat aber dieses Image nicht gescheut, sondern mit Hilfe seiner hermeneutischen Grundsätze eine Theologie des Neuen Testaments entworfen, die an Geschlossenheit und Perspektive die Arbeiten von Conzelmann, Kümmel und Lohse in den Schatten stellt. *Goppelts Gesamtentwurf fußt auf einer sonst verdrängten, aber durchaus diskussionswürdigen kirchlichen Auslegungstradition* und ist gerade in dieser besonderen Gestalt interessant und lehrreich.

Folgende drei Beispiele mögen dies zeigen: (1) Goppelt setzt bei der Textauslegung die historisch-kritische Methode nicht einfach als selbstverständlich voraus, sondern diskutiert ausdrücklich deren Anwendbarkeit auf das Offenbarungszeugnis des Neuen Testaments. Sein *Interpretationsprogramm* lautet:

„…Wir wollen das Prinzip der historisch-kritischen Schriftforschung, Kritik, Analogie und Korrelation, mit dem Selbstverständnis des NT in einen kritischen Dialog bringen. Für das Selbstverständnis des NT ist es u.E. – unbeschadet aller Variationen in den Einzelschriften – grundlegend, daß es ein von dem Gott des AT herkommendes Erfüllungsgeschehen bezeugen will, das von Jesus als seiner Mitte ausgeht. Als Ergebnis des intendierten kritischen Dialogs suchen wir ein historisch-kritisch reflektiertes und zugleich sachlich verstehbares Bild der Ntl. Theologie in ihrer Variationsbreite zu gewinnen, das sich deshalb selbst legitimieren kann. Die Grenze des Kanons gegenüber gleichzeitigen wie späteren frühchristlichen Stimmen ist für uns nicht eine vorgegebene Schranke der Untersuchung und der Darstellung, wohl aber eine Gestalt der sachlichen Frage nach dem Wahren und dem Gültigen." (Bd. 1, 50)

(2) Auch die materiale Jesusdarstellung, die Goppelt gibt, ist bedeutsam. Er versteht die synoptischen Evangelien als Verkündigungswerke, die im Lichte des Osterglaubens von dem für den christlichen Glauben allzeit relevanten Werk des irdischen Jesus berichten. Von seinem heilsgeschichtlichen Ansatz her blendet Goppelt den alttestamentlichen Erwartungshorizont, in dem Jesus aufgetreten ist, nicht aus, sondern entwirft in diesem Rahmen (vor allem) mit Hilfe des ‚Unableitbarkeitskriteriums' ein Bild von Jesu Wort und Werk, das theologisch weniger befrachtet, aber

nicht minder bedenkenswert ist als die Darstellung von J. Jeremias (den Goppelt in seinem Buch leider ständig mit ungerechter Kritik überzieht): Jesus von Nazareth hat gewirkt als der (von Ostern her zu Recht so bezeichnete) ‚Sohn Gottes‘, in dessen Wirken sich Gottes Bund als Heil für die Sünder realisiert. *Das Werk Jesu gipfelt im Vollzug der universalen Sühne*: Indem Jesus sein Leben am Kreuz hingibt, nimmt er im Auftrag Gottes stellvertretend das über die Sünder verhängte Todesgericht auf sich und stiftet auf diese Weise die entscheidende neue Lebensbeziehung Gottes mit den Menschen. In der Auferweckung und Erhöhung des Gekreuzigten zur Rechten Gottes wird dessen Werk von Gott als eschatologisch gültig anerkannt, so daß „in dem Auferstandenen Gottes Zuwendung zur Welt endgültig präsent (ist)“ (Bd. 1, 285). Daß von einer solchen Jesusgestalt eine geschichtliche Wirkung sondergleichen ausgegangen ist, läßt sich historisch begreifen und an den neutestamentlichen Texten belegen.

(3) Goppelt bemüht sich (in den Bahnen A. Schlatters), die nachösterliche Entwicklung der neutestamentlichen Christusverkündigung aus der geschichtlichen *Wirkung* heraus zu begreifen, die der gekreuzigte und auferstandene Christus auf die erwählten Zeugen und deren Gemeinden ausgeübt hat. Leitfaden des zweiten Bandes seiner Theologie ist deshalb die Christologie. In der Ausbildung der Christologie spiegelt sich genau die geschichtliche Wirkung des gekreuzigten und auferstandenen Gottessohnes, die Goppelt als den entscheidenden Impuls für die urchristliche Traditionsbildung nach Ostern ansieht. Goppelt hat diesen *Kerygma und Geschichte verbindenden Denkansatz* in seiner Darstellung der Geschichte des Urchristentums ‚Die Apostolische und Nachapostolische Zeit‘ (1966[2]) vorbereitet. Er ist sowohl dem Schema von ‚Ruf‘ und ‚Antwort‘ bei J. Jeremias als auch der von Bultmann und Conzelmann praktizierten existentialen Interpretation des urchristlichen Glaubenszeugnisses überlegen, weil er aus den vorliegenden neutestamentlichen Schriften heraus verifiziert und (zur Kontrolle und Konkretion) in die chronologisch und geographisch bekannten Abläufe der Geschichte des Urchristentums eingezeichnet werden kann.

Auch wenn Goppelt sich zum Beschluß des zweiten Bandes nicht mehr thematisch zu der ihm stets vor Augen stehenden Frage nach dem biblischen Kanon und der ‚Mitte der Schrift‘ hat äußern können, ist seine Theologie *eine entscheidende Hilfe für die Ausarbeitung einer den neutestamentlichen Texten wirklich entsprechenden Biblischen Theologie des Neuen Testaments.*

5.3.8 Schauen wir zurück, bestätigt sich W. G. Kümmels Feststellung, daß die neutestamentliche Wissenschaft auch und gerade in Hinsicht auf die Disziplin ‚Theologie des Neuen Testaments‘ noch keineswegs zu „weitgehend anerkannten Resultaten“ gekommen sei (a.a.O., 146). Außerdem läßt sich begreifen, warum seit dem Erscheinen von Bultmanns Werk alle (protestantischen) Theologien des Neuen Testaments den Schwerpunkt nicht mehr auf die theologische Interpretation, sondern die Rekonstruktion und Darstellung der neutestamentlichen Verkündigungsinhalte setzen: Der wissenschaftliche Konsens, auf dem Bultmanns Theologie des Neuen Testaments aufbaute, ist zerbrochen, und die ganz offene kontroverse Forschungslage erlaubt es einfach (noch) nicht wieder, einen Gesamtentwurf vorzulegen, der von unstrittig vor Augen stehenden (Text-)Grundlagen aus gleich zur Frage nach deren theologischer Bedeutung weitergehen könnte.

Aus diesem Grund ist auch unser Aufriß (s. o. S. 13) vor allem der Rekonstruktion gewidmet: *Wir können praktisch nirgends auf unumstrittene Text- und Traditionsgrundlagen zurückgreifen, sondern müssen sie uns erst wieder Schritt für Schritt erarbeiten.* Ein weiterer Grund für die Konzentration auf die Rekonstruktion kommt hinzu: So sehr die Wissenschaft vom Neuen Testament vor der Aufgabe steht, auch die theologische Bedeutung ihrer Analysen und Rekonstruktionen aufzuweisen, so wenig sollte sie sich (wie z. Z. Bultmanns) anheischig machen, die Aufgaben der Dogmatik gleichsam nebenbei miterledigen zu wollen und zu können. Gerade in der Disziplin ‚Theologie des Neuen Testaments', in der sich historische und systematisch-theologische Aufgabenstellungen ständig überschneiden, bleibt sie auf das Kontrollgespräch mit der biblisch fundierten Dogmatik angewiesen und kann nicht mehr versuchen, als dieser verständig und kritisch zugleich mit Material und Fragen zuzudienen.

6. Zum Beschluß ist auch noch ausdrücklich darauf hinzuweisen, *daß der Versuch, eine vom Alten Testament herkommende und zu ihm hin offene Biblische Theologie des Neuen Testaments zu entwerfen und über sie hinaus eine gesamtbiblische Theologie ins Auge zu fassen, ausgesprochen umstritten ist.* Die in diese Richtung weisenden bisherigen Versuche haben allesamt massive Kritik auf den Plan gerufen und eine intensive Methoden- und Sachdiskussion über Möglichkeit, Anlage und Inhalte einer (gesamt-)biblischen Theologie angeregt, die noch keineswegs zum Abschluß gekommen ist. Die Debatte hat mittlerweile in dem ‚Jahrbuch für Biblische Theologie' ein festes ökumenisches Organ gefunden und wird auch in Amerika verschiedentlich aufgenommen und selbständig fortgeführt.

Die *Einwände* gegen das Unternehmen speisen sich aus ganz verschiedenen Quellen: Sie werden teils theologiegeschichtlich begründet, sind aber auch der Hermeneutik und Theologie Rudolf Bultmanns verpflichtet. Teilweise erwachsen sie aber auch aus einem erstarkenden Neuliberalismus heraus, der die Wissenschaft vom Neuen Testament ganz unabhängig von allen kirchlich-theologischen Fragestellungen betrieben sehen will. Hermeneutische Einwände gegen die von G. v. Rad, W. Zimmerli, C. Westermann und H.-W. Wolff begründete theologische Auslegung des Alten Testaments und ungelöste Probleme der religionsgeschichtlichen Erforschung des Neuen Testaments treten verstärkend hinzu.

Versucht man, die verschiedenen Einwände zu bündeln, lassen sich fünf Problemkreise nennen, die immer wieder kritisch angesprochen werden.

6.1 Es besteht die Sorge, daß die neue Biblische Theologie die von G.L. Bauer und J.P. Gabler Ende des 18. Jh.s mühsam erstrittene Unabhängigkeit der biblischen von der dogmatischen Theologie und die gleichzeitig von J.G. Eichhorn ins Bewußtsein gehobene Eigenständigkeit der (theologischen) Exegese des Alten und des Neuen Testaments wieder rückgängig machen wolle. Ihr Arbeitsprogramm sei hermeneutisch unklar und ermangle der kritischen Radikalität, die aus der historisch-kritischen Methode resultiert.

Darauf ist zu antworten: (1) Die wissenschaftliche Arbeitsteilung zwischen der (theologischen) Exegese des Alten und Neuen Testaments bleibt sinnvoll; sie kann und darf aber die enge traditions- und kanongeschichtliche Bezogenheit der beiden Testamente aufeinander nicht – wie bisher oft – verdecken. – (2) Die Trennung von biblischer und dogmatischer Theologie hat zur Folge gehabt, daß sich die kritische Bibelexegese immer weiter von dem kirchlichen Traditions- und Erfahrungsraum entfernt hat. Sie hat dabei nicht nur große Erkenntnisgewinne erzielt, sondern ist auch zum Experimentierfeld ständig wechselnder und höchst subjektiver methodischer Setzungen und Einfälle geworden. Man kann dieser hermeneutisch verhängnisvollen Entwicklung nur steuern, wenn man die biblische Exegese wieder behutsam an den kirchlichen Lebenszusammenhang heranführt und ihr gleichzeitig zumutet, die historisch-kritische Methode nicht absolut zu setzen, sondern die ihr inhärenten erkenntnistheoretischen und dogmatischen Probleme zu erkennen. Anleitungen dazu sind längst vorhanden.

6.2 Ein buchstäblich ‚weites Feld‘ wird mit dem zweiten Einwand betreten. Hier wird beklagt, daß in der Biblischen Theologie dem Alten Testament neben dem Neuen keine selbständige Stimme mehr zukomme, zugleich aber gerügt, daß die alttestamentlichen Traditionen und das Frühjudentum gegenüber anderen religionsgeschichtlichen Strömungen der ‚Umwelt‘ des Neuen Testaments wissenschaftlich unzulässig hervorgehoben und unter ein Sonderrecht gestellt würden. Manchmal wird noch kritisch hinzugefügt, daß in der Biblischen Theologie der längst als methodisch und inhaltlich unhaltbar durchschaute neutestamentliche Schriftbeweis dilettantisch erneuert werde. In diesen Anfragen melden sich die seit geraumer Zeit ungelösten Probleme der Kanongeschichte, der christlichen Hermeneutik des Alten Testaments und der religionsgeschichtlichen Erforschung des Neuen zu Wort.

Antworten läßt sich auf diese Einwände nur folgendes: (1) Gerade die religionsgeschichtliche Erforschung der ‚Umwelt‘ des Neuen Testaments hat ergeben, daß das Frühjudentum der primäre und entscheidende Rahmen für die Ausbildung der neutestamentlichen Traditionen gewesen ist; dieser Einsicht ist nun auch theologisch Rechnung zu tragen. – (2) Es ist außerdem zu bedenken, daß weder für Jesus und die Urgemeinde, noch auch für Paulus, die synoptischen Evangelisten und den Johanneskreis das Frühjudentum einfach nur ‚Umwelt‘ war. Es ging vielmehr um das von dem einen Gott

31

erwählte Israel. Die Beziehung der neutestamentlichen Zeugen zu Israel aber ist mit religionsgeschichtlichen Maßstäben allein nicht auszuloten. – (3) Auch die Hl. Schriften werden im Neuen Testament nirgends einfach als religiöse Urkunden neben anderen angesehen, sondern als vom Hl.Geist erfülltes lebendiges Gotteswort gehört und ausgelegt. Der urchristliche Schriftbeweis ist nicht mehr oder weniger überholt als es die Aussagen und Methoden der frühjüdischen Bibelexegese insgesamt sind. Er läßt sich nicht einfach kritisch überspringen, sondern fordert zu einer auslegungsgeschichtlich reflektierten Untersuchung des Verhältnisses von Altem und Neuem Testament nach modernem exegetischen Verständnis heraus. Bei dieser Untersuchung darf die urchristliche Überzeugung, daß sich in den ,Hl. Schriften‘ derselbe Gott bezeugt wie im neutestamentlichen Kerygma, nicht preisgegeben werden.

6.3 In der ,Einführung in die neutestamentliche Exegese‘ von G. Strecker und U. Schnelle (1989³) wird die Biblische Theologie nicht nur mit den eben genannten Anfragen konfrontiert. Sie steht nach Ansicht der Autoren auch noch „in der Gefahr, durch ihre traditionsgeschichtliche Nivellierung Jesus Christus als das Proprium des Neuen Testaments unkenntlich zu machen" (a. a. O., S. 148).

Dieser massiven Kritik kann man nur folgende Feststellungen entgegensetzen: (1) Gerade wenn man historisch ernstnimmt, daß Jesus in Israel als der messianische Menschensohn für Juden und Heiden gewirkt hat und um seines besonderen messianischen Sendungsanspruches willen gekreuzigt wurde, tritt seine Einzigartigkeit klar hervor. – (2) Das neutestamentliche Kerygma spricht von Jesu Person und Sendung, seiner Passion, Auferweckung und seinem Zukunftsauftrag vor allem in alttestamentlich-jüdischen Kategorien. Es versteht also die Einzigartigkeit Jesu Christi aus seiner Beziehung zu dem einen Gott heraus, den die Hl. Schriften bezeugen. Diese sprachliche Besonderheit des neutestamentlichen Zeugnisses gehört zur konkreten geschichtlichen Knechtsgestalt des biblischen Gotteswortes. Sie darf vom Kerygma nicht abgezogen, sondern muß ausgehalten und theologisch verarbeitet werden.

6.4 Von verschiedener Seite her wird eingewandt, es sei überlieferungsgeschichtlich und theologisch unzulässig, die biblisch vereinzelte und nur bei Paulus hervortretende Rede von der ,Versöhnung‘ (Versühnung) in den Mittelpunkt einer Biblischen Theologie des Neuen Testaments zu stellen; es sei der Sache angemessener, von ,Gottes Liebe‘ in und durch Christus, vom ,Evangelium‘ oder auch nur von dem ,Christusgeschehen‘ zu sprechen, das von den verschiedenen neutestamentlichen Schriften unterschiedlich bezeugt werde.

Zu diesem Einwand läßt sich im Vorgriff auf die nachfolgende Darstellung folgendes sagen: Die seit dem 16.Jh. als schwierig und inhaltlich anstößig empfundene Tradition von der Versöhnung (Versühnung) Gottes mit der Welt durch den Sühn(opfer)tod Jesu ist neutestamentlich weder vereinzelt noch ohne weiteres durch die bloße Rede von der Liebe Gottes ersetzbar. Sie ist der Kirche schon in der Verkündigung des irdischen Jesus vorgegeben (vgl. Mk 10,45Par; 14,22–25Par), wird von dem ältesten urchristlichen Kerygma aufgenommen (vgl. 1Kor 15,3–5), bildet die Basis der paulinischen Rechtfertigungsbotschaft (vgl. 2Kor 5,14–21; Röm 3,21–26) und liegt nicht nur dem Christuszeugnis des 1Petrusbriefes (vgl. 1Petr 1,18–21; 2,21–25) und des Hebräerbriefes (vgl. Hebr 9,11–14; 10,11–18), sondern auch dem johanneischen Kerygma (vgl. 1Joh 2,1–2; 4,10; Joh 1,29; 11,50; 15,13; 18,14; 19.30.36) und dem Christuszeugnis der Apokalypse zugrunde (vgl. Apk 1,5–6; 5,9–10). Mit ihr wird also die soteriologische *Mitte der Schrift* markiert. Bedient man sich bei der Definition dieser Mitte nicht irgendeiner, sondern der von Paulus besonders ausgearbeiteten Versöhnungs- und Rechtfertigungsterminologie, wird in einzigartiger theologischer Präzision aussagbar, was Gott in der Hingabe seines Sohnes an den Tod für die von ihm abgewandte Menschheit getan hat: Er hat selbst aus freier Gnade und Liebe heraus in der Sendung, dem Kreuzestod und der Auferweckung seines Sohnes für das Heil von Juden und Heiden genug getan. Die endzeitliche Rettung wird den Juden und Heiden zuteil, die sich diese Versöhnungstat Gottes im Glaubensgehorsam gefallen lassen. Gerade die präzise Rede von der Versöhnung (Versühnung) Gottes mit der Welt in und durch Christus erlaubt es, sachkritisch festzustellen, wo in (und außerhalb) der Bibel theologisch angemessen und wo nur vorläufig oder gar unzureichend vom Heilswerk der Liebe Gottes in Christus gesprochen wird. Es ist nach alledem ratsamer, das biblische Zeugnis von der Versöhnung (Versühnung) inhaltlich auszuarbeiten und an ihm theologisch festzuhalten, statt es durch weniger genaue und hermeneutisch scheinbar gefälligere Beschreibungen des Heilsgeschehens zu ersetzen.

6.5 Den vorerst letzten Einwand gegen die Biblische Theologie hat der finnische Neutestamentler *H. Räisänen* in seiner Studie ‚Beyond New Testament Theology' (1990) formuliert: Er meint, die Biblische Theologie zwinge zu einer Einebnung der ganz verschiedenen Zeugnisweisen des Neuen Testaments und zu einer Verharmlosung der Differenz zwischen Altem und Neuem Testament. Es sei daher an der Zeit, die Hoffnung auf die Durchführbarkeit einer (gesamt-)biblischen Theologie aufzugeben. Einer kirchenzugewandten Theologie bleibe es zwar unbenommen, eine ‚Theologie des Neuen Testaments' zu entwerfen und diese dann auch nach konfessionellen Gesichtspunkten zu gestalten. Im kirchlich ungebundenen Bereich der theologischen Wissenschaft sei es aber angemessener, über diese herkömmliche Aufgabenstellung hinauszugehen und die Disziplin ‚Theologie des Neuen Testaments' durch die Darstellung der aus dem Frühjudentum heraus erwachsenden ‚Geschichte der urchristlichen Tradition‘ (history of early Christian thought) in ihrer ganzen, über den neutestamentlichen Kanon hinausgehenden Breite zu ersetzen und diese Geschichte mittels einer von philosophischen oder theologischen Maßstäben ausgehenden kritischen ‚Reflexion auf das Neue Testament‘ (reflection on the New Testament) zu aktualisieren. Räisänen will damit in gewisser Weise das theologische Programm des Breslauer Neutestamentlers W. Wrede erneuern und zugleich der zunehmenden Loslösung der internationalen Bibelwissenschaft von kirchlichen Maßstäben und Aufgaben Rechnung tragen.

Zu diesen Einwänden ist zweierlei zu sagen: (1) Da das Neue Testament im zweiteiligen Kanon der Kirche als *Buch der Kirche* auf uns gekommen ist, ist es höchst problematisch, von seinem kirchlichen Charakter abzusehen und die neutestamentlichen Schriften nur noch historisch-religionswissenschaftlicher Betrachtung zu unterwerfen. Man kann auf diese Weise eine Geschichte des Urchristentums und der urchristlichen Literatur schreiben, man kann auch das Urchristentum im Rahmen der antiken Religionen beschreiben, aber diese wissenschaftlich sinnvollen Darstellungsweisen können die Disziplin der ‚Theologie des Neuen Testaments‘ nicht ersetzen, weil nur in ihr der besondere kerygmatische Anspruch der neutestamentlichen Bücher ernstgenommen und in systematischer Ordnung dargestellt werden kann. Von diesem Anspruch prinzipiell abzusehen heißt, den biblischen Büchern einen wichtigen Teil ihrer geschichtlichen Eigentümlichkeit zu nehmen. – (2) Die Gefahr, daß die biblische Theologie den Unterschied zwischen Altem und Neuem Testament und die Differenzen zwischen den verschiedenen neutestamentlichen Bezeugungen des Christusgeschehens einebnet, ist nur dann gegeben, wenn man die Strittigkeit der Verkündigung Jesu und des Evangeliums zwischen Juden und Christen und in der Urchristenheit selbst verschweigt; das aber wäre ein grober Fehler. Umgekehrt aber muß die Theologie des Neuen Testaments auch verständlich machen können, warum gerade die 27 neutestamentlichen Bücher zum zweiten Teil des Kanons zusammengefaßt werden konnten, in dem die Alte Kirche ihre eine ‚regula fidei‘ bezeugt fand. Neben die Nachzeichnung der Vielschichtigkeit des neutestamentlichen Zeugnisses muß deshalb auch der Aufweis von theologischen Einheitslinien im Kerygma treten, und dieser Aufgabe hat sich gerade Räisänen bisher nirgends hinreichend gestellt.

Die fünf genannten Kritikpunkte deuten an, daß bei der Arbeit an der Biblischen Theologie des Neuen Testaments *Fundamentalfragen gegenwärtiger exegetischer Theologie überhaupt auf dem Spiele stehen.*

6.6 Daß das Bemühen um eine Biblische Theologie des Neuen Testaments trotz der genannten Einwände keineswegs aussichtslos ist, zeigen bisher neben einer ganzen Reihe von Einzelaufsätzen vier Werke: Die 1982 unter dem Titel „Der Gott der ganzen Bibel" erschienene „Biblische Theologie zur

Orientierung im Glauben" des Alttestamentlers H. Seebaß (vgl. dazu den Dialog zwischen Seebaß und mir in JBTh 1, 1986, 91 ff. 115 ff.) und drei Arbeiten von Neutestamentlern: H. Klein, Leben neu entdecken. Entwurf einer Biblischen Theologie, 1991; G. Kittel, Der Name über alle Namen I (Biblische Theologie/ AT), 1989, und II (Biblische Theologie/NT), 1990, und H. Hübner, Biblische Theologie des Neuen Testaments, Bd. 1 Prolegomena, 1990.

6.6.1 Das in bewußt einfachem Stil geschriebene und einen weiten Leserkreis geistlich ansprechende Buch von *H. Klein* gibt eine Skizze des Zeugnisses von dem einen „Gott, der Leben gibt" im Alten und Neuen Testament. Nach Kleins Sicht ist das Alte Testament biblisch theologisch „als Beschreibung des gelebten Lebens und das Neue als Urbild des neuen Lebens" anzusehen, so daß die Biblische Theologie „das Leben in seiner Gesamtheit (erfaßt)" (225). Bei allen Unterschieden der neutestamentlichen Bezeugungen des Heilsgeschehens, die Klein deutlich hervorhebt, „(ist) allen Verfassern des Neuen Testaments, auch Jesus selber, das Wissen eigen …, daß Gott in Jesus, seinem Wort und seiner Tat bzw. in seinem Tod und seiner Auferweckung Heil für die Menschen gewirkt hat, ein Heil, das in der Umkehr, im Glauben an das Evangelium (Mk 1,15) angenommen wird" (132). Gegenüber der Ankündigung des neuen Lebens im Alten Testament „(ist) im Verständnis des Neuen Testaments das neue Leben mit Jesu Taten und besonders mit seiner Auferweckung angebrochen"; die Gemeinde erwartet das endgültige Heil „im Bewußtsein, daß Gott das Entscheidende für ihr Heil bereits gewirkt hat" (133). Die Darstellung Kleins ist auf den einen Grundaspekt des Lebens vor Gott bezogen und blendet daher (allzu) viele Nuancen und Probleme der alt- und neutestamentlichen Traditionsbildungen aus. Indem sie aber die enge Bezogenheit der beiden Testamente aufeinander in diesem Grundaspekt deutlich macht, dokumentiert sie, daß Biblische Theologie ein aussichtsreiches Unterfangen ist.

6.6.2 *G. Kittel* hat ein zweibändiges ‚Lehr- und Unterrichtsbuch‘ der Biblischen Theologie vorgelegt, das vor allem ‚Studenten der Religionspädagogik und anderer Ausbildungsgänge in die großen Zusammenhänge der Bibel‘ einführen soll, aber darüber hinaus für alle an der Biblischen Theologie Interessierten lehrreich ist. Das theologisch engagiert und mit bemerkenswerter exegetischer Kenntnis der alt- und neutestamentlichen Texte geschriebene Werk sieht Altes und Neues Testament darin fest verbunden, daß beide Teile des Kanons die Offenbarung als den Selbsterweis des einen Gottes bezeugen, der in der Sendung, dem Sühnesterben und der Auferweckung Jesu seinen geschichtlichen Höhepunkt gefunden hat und zur Hoffnung auf die Vollendung der in und durch Christus bereits begonnenen Neuschöpfung der Welt ermächtigt.

Im ersten Band stellt Frau Kittel in vier großen Kapiteln Gottes Selbsterweis gegenüber und seinen Weg mit Israel dar, und im zweiten führt sie in weiteren vier Kapiteln durch das Neue Testament. Sie setzt dabei mit dem Christuszeugnis von Phil 2,6–11, der Ostererfahrung und dem Osterbekenntnis der ersten Zeugen ein, skizziert anschließend das für das Neue Testament theologisch zentrale Geschehen der Versöhnung durch den Sühnetod Christi, geht dann zum Glauben, ‚der sich an Jesus festmacht‘, weiter und umreißt schließlich unter der Überschrift ‚Die neue Welt Gottes‘ die Verkündigung Jesu von der Gottesherrschaft, die neutestamentliche Sicht des Gottesvolkes und die Thematik der neuen Schöpfung. Auch G. Kittels Grundriß läßt schön erkennen, daß sich entgegen allen anderslautenden Meinungen eine (gesamt-)biblische Theologie tatsächlich aus dem Alten und Neuen Testament heraus begründen und thematisch durchführen läßt.

6.6.3 Nach intensiven Vorarbeiten hat *Hans Hübner* 1990 den ersten Band seiner (auf drei Bände angelegten) ‚Biblische(n) Theologie des Neuen Testaments‘ vorgelegt. Er hat die fundamental-theologischen ‚Prolegomena‘ zum Inhalt, auf deren Grundlage Hübner biblische Theologie betreibt, und führt durch weite Bereiche der biblischen Hermeneutik, der alt- und neutestamentlichen Exegese sowie der Dogmatik hindurch. Angesichts der Tatsache, daß in (fast) allen neutestamentlichen Büchern auf das Alte Testament reflektiert und mit den Hl. Schriften argumentiert wird, sieht Hübner in der *„Aufarbeitung des theologischen Umgangs der neutestamentlichen Autoren mit dem Alten Testament die primäre und fundierende Aufgabe einer Biblischen Theologie"* (28; kursiv bei H.). Er will darum eine Biblische Theologie des Neuen Testaments schreiben, die vom Vetus Testamentum in Novo receptum ausgeht. Für Hübner heißt das: „bei unserer Untersuchung des theologischen Umgangs der neutestamentlichen Autoren mit dem Alten Testament (sollen) nicht nur die Zitate berücksichtigt werden, sondern auch die – zweifellos schwieriger verifizierbaren – Anspielungen. Es muß klar werden, was im Neuen Testament an alttestamentlichem Geist insgesamt offenbar wird – ungebrochen oder gebrochen, aufgegriffen oder negiert." (29f.) Dieser bedenkenswerte Ansatz führt den Verfasser dazu, schon in seinen Prolegomena ausführlich auf die Geschichte des alttestamentlichen Kanons und die Hl. Schrift der neutestamentlichen Autoren einzugehen und auch den Begriff der Offenbarung im Alten und Neuen Testament zu reflektieren. Mit großer Klarheit stellt Hübner die Bedeutung der *Septuaginta* für das Neue Testament heraus, die s.M.n. „die *theologische* Prädominanz des griechischen Textes vor dem hebräischen (impliziert)" (64; kursiv bei H.). Wie G. Kittel spricht auch Hübner von dem „einen Gott" der beiden Testamente (240ff.), aber sein Entwurf unterscheidet sich von ihrem dadurch, daß er nicht einfach die theologische Kontinuität der beiden Testamente herausstellt, sondern „von der betonten Reflexion des Verhältnisses von Kontinuität und Diskontinuität" geprägt ist (7). Hübner geht dabei so weit, daß er sich von der Forschung als logischen Ausgangspunkt seiner Arbeit die Unterscheidung von ‚Vetus Testamentum per se und Vetus Testamentum in Novo receptum‘ vorgeben (66–67) und außerdem zu der kritischen Frage drängen läßt, ‚*ob* denn tatsächlich der Jahwäh Israels, der Nationalgott dieses Volkes (sic!), mit dem Vater Jesu Christi, dem Gott der ganzen Menschheit identisch ist.‘ (240; kursiv bei H.).

Die *Unterscheidung von einem Alten Testament an sich und einem (vor allem von der Septuaginta repräsentierten) Alten Testament, das im Neuen aufgenommen wird*, ist kanongeschichtlich und hermeneutisch gleich problematisch, und Hübners zitierte Zuspitzung der Frage nach dem einen Gott in beiden Testamenten ist sogar theologisch fragwürdig. In beiden Fällen macht sich Hübner so sehr von der kritischen Forschungsgeschichte abhängig, daß er die Gefahr unterschätzt, durch die Übernahme einseitiger oder sogar falscher Fragestellungen in seinem ganzen Vorhaben hermeneutisch behindert zu werden. Das oben (S. 21) erwähnte Scheitern des wissenschaftlichen Gesprächs zwischen G. v. Rad und H. Conzelmann über biblisch-theologische Grundfragen sollte dafür eigentlich Beleg und Warnung genug sein.

Mit der Unterscheidung von Vetus Testamentum per se und Vetus Testamentum in Novo receptum wird eine Differenzierung praktiziert, die den neutestamentlichen Autoren noch ebenso fremd war wie ihren jüdischen Adressaten und Kontrahenten. Mit ihrer Bezugnahme auf bestimmte alttestamentliche Bücher und die Hintanstellung anderer haben die neutestamentlichen Zeugen ebensowenig einen neuen Kanon Hl. Schriften aufstellen wollen, wie die Essener von Qumran oder Philo mit ihrem eklektischen Schriftgebrauch. Die Pointe der Auseinandersetzung zwischen Juden und Christen über den Sinn der Hl. Schriften ist gerade die, daß beide Seiten von denselben Hl. Schriften ausgegangen sind und dieselben exegetischen Methoden auf sie angewandt haben. Strittig waren „nur" der Maßstab der jeweiligen Schriftexegese und von da aus auch deren Inhalte. Wenn man Biblische Theologie wirklich vom Zeugnis der Schrift her betreiben will, darf man den hermeneutischen Fragehorizont, in dem die neutestamentlichen Autoren standen, nicht vorzeitig und schon gar nicht prinzipiell durch einen ihnen sachfremden ersetzen, wenn nicht der theologische Wahrheitsanspruch der kontroversen Bezugnahme von Juden und Christen auf dasselbe Wort Gottes von vornherein unterlaufen werden soll.

Ähnliche Kritik ist auch gegenüber *Hübners kritischer Zuspitzung der Frage nach dem einen Gott der beiden Testamente* anzumelden. Die Frage, ob und inwieweit der eine Gott, der die Welt erschaffen und Israel zu seinem Eigentumsvolk erwählt hat, auch der Vater Jesu Christi ist, ist durch Jesus im ἀββά (vgl. Lk 10,21–22/ Mt 11,25–27), den Eingangsbitten des Vaterunsers (vgl. Lk 11,2/ Mt 6,9–10) und der Lehre vom Doppelgebot der Gottes- und Nächstenliebe (Mk 12,28–34Par) mit Ja beantwortet worden. Von Ostern an gehen außerdem alle neutestamentlichen Autoren davon aus, daß der eine Gott, der die Toten auferweckt, eben der Gott ist, „der Jesus, unseren Herrn, von den Toten auferweckt hat" (vgl. Röm 4,24; 8,11; Apg 2,32.36; 1Petr 1,21 usw.). Das Neue Testament bejaht also die von Hübner neu aufgeworfene Frage, und zwar in Form des Bekenntnisses. Die biblische Exegese sollte sich besser nicht anheischig machen, das Bekenntnis Jesu und der neutestamentlichen Zeugen zunächst theologisch in Zweifel zu ziehen und dann (aufgrund historisch-wissenschaftlicher und dogmatischer Erwägungen) neu begründen oder modifizieren zu wollen! Wer sich – wie wir – die Inhalte und Fragestellungen der Biblischen Theologie vom Neuen Testament selbst her vorgeben lassen will, wird jedenfalls zögern, H. Hübner auf seinem riskanten Weg der Verschränkung von Rekonstruktion und kritischer theologischer Interpretation (nach dem Vorbild von Bultmanns existentialer Interpretation) zu folgen.

Ob schließlich Hübners *Ansatz bei den Zitaten und Anspielungen auf das Alte Testament* die Verwurzelung des neutestamentlichen Zeugnisses in der alttestamentlich-frühjüdischen Tradition hinreichend verdeutlichen kann, muß die Durchführung des Werkes im einzelnen zeigen.

6.7 Angesichts der massiven Kritik an der Möglichkeit der Durchführung einer Biblischen Theologie des Neuen Testaments einerseits und der genannten Werke andererseits, die eine solche Theologie bereits in Angriff genommen haben, ist es wichtig, methodisch so bedachtsam wie möglich und in einer Weise vorzugehen, die dem biblischen Zeugnis angemessen ist. Über die Grundregeln dieser Vorgehensweise haben wir uns schon verständigt. Deshalb ist jetzt nur noch darauf hinzuweisen, daß unter den an der Biblischen Theologie Arbeitenden seit Jahren eine intensive Methoden- und Sachdiskussion geführt worden ist, die zu zwei wichtigen Ergebnissen geführt hat.

6.7.1 *Die Biblische Theologie des (Alten und) Neuen Testaments wird konstituiert durch das kerygmatische Zeugnis von dem einen Gott, der die Welt geschaffen, Israel zu seinem Eigentumsvolk erwählt und in der Sendung Jesu als Christus für das Heil von Juden und Heiden genug getan hat.*

6.7.2 In ihrer konkreten Arbeit an den Texten und ihrer Gesamtperspektive hat die Biblische Theologie nicht nur mit einer einzigen, sondern mit einer vierfach gefächerten Methodik zu arbeiten: (1) Wo dies sinnvoll und möglich ist, hat sie sich der methodisch bewährten wort- und begriffsgeschichtlichen Forschung zu bedienen. (2) Darüber hinaus hat sie den vielfältigen traditionsgeschichtlichen Verbindungslinien nachzuspüren, die vom Alten ins Neue Testament und vom Neuen ins Alte Testament weisen. (3) Sie hat sich gleichzeitig durch die vielfache direkte und indirekte Bezugnahme des Neuen Testaments auf Texte aus dem Alten Testament dazu anleiten zu lassen, die Ausrichtung des neutestamentlichen Kerygmas am Handeln und Reden des einen Gottes zu erkennen, wie es die ‚Hl. Schriften‘ bezeugen. (4) Schließlich darf die Biblische Theologie nicht außer acht lassen, daß weite Teile des Neuen Testaments von der spätisraelitischen Weisheit her ein bestimmtes Bild von der Ordnung der Welt und des menschlichen Lebens übernommen haben, das Erfahrung und Argumentation bestimmt. Diese vierfach gefächerte Fragestellung bündelt die Vorzüge und begrenzt die Einseitigkeiten der bisher praktizierten biblisch-theologischen Arbeitsweisen. Mit ihrer Hilfe läßt sich zeigen, *daß das Christusevangelium vom Gotteszeugnis der alttestamentlichen Schriften weder abgelöst noch unabhängig von Sprache und Denkart des Alten Testaments verstanden werden kann.*
Die Neuartigkeit und Einzigartigkeit des Christusevangeliums zeigt sich gerade darin, daß es das alttestamentliche Zeugnis von der Einzigkeit Gottes in der Proklamation Jesu von Nazareth als messianischem ‚Sohn‘ dieses einen Gottes aufnimmt und weiterführt, und zwar in einer kerygmatischen Spra-

che, die bewußt den Hl. Schriften und ihrer frühjüdischen Interpretation entlehnt ist. Die theologische Bedeutung dieser Sprachgestalt liegt in der Erkenntnis, daß das Neue Testament ohne das Gotteszeugnis des Alten unverständlich bleibt und daß der christliche Glaube verkümmert und verfälscht wird, wo er sich von seiner Verwurzelung im Alten Testament zu lösen versucht. Da die Hl. Schriften nicht den Christen allein, sondern Juden und Christen gemeinsam gehören, ist mit den genannten Tatbeständen auch die theologische Verpflichtung markiert, Israel und seine Traditionen niemals aus der Besinnung auf die Wahrheit des Evangeliums auszuklammern.

I. Entstehung und Eigenart
der neutestamentlichen Verkündigung

1. Die Verkündigung Jesu

§ 2 *Problem und Notwendigkeit der Frage nach dem irdischen Jesus*

Literatur: *D.E. Aune*, Prophecy in Early Christianity and the Ancient Mediterranean World, 1983, 233–245; *R. Bultmann*, Das Verhältnis der urchristlichen Christusbotschaft zum historischen Jesus, in: *ders.*, Exegetica, hrsg. von E. Dinkler 1967, 445–469; *G. Bornkamm*, Jesus von Nazareth, 1965[8], 11–23; *O. Cullmann*, Heil als Geschichte, 1967[2], 167–173; *H. Diem*, Der irdische Jesus u. der Christus des Glaubens, 1957; *A. Dihle*, Die Evangelien u.d. griechische Biographie, in: Das Evangelium und d. Evangelien, hrsg. von P. Stuhlmacher, 1983, 383–411; *J.G. Dunn*, The Evidence for Jesus, 1985; *G. Ebeling*, Kerygma u. historischer Jesus, in: *ders.*, Theologie u. Verkündigung, 1962, 19–81; *E.E. Ellis*, Gospels Criticism, in: Das Evangelium u. die Evangelien (s.o.), 27–54; *B. Gerhardsson*, Memory and Manuscript, 1961; *ders.*, Die Anfänge d. Evangelientradition, 1977; *ders.*, Der Weg d. Evangelientradition, in: Das Evangelium u.d. Evangelien (s.o.), 79–102; *ders.*, The Gospel Tradition, 1986; *F. Hahn*, Methodologische Überlegungen zur Rückfrage nach Jesus, in: Rückfrage nach Jesus, hrsg. von K. Kertelge, 1974, 11–77; *M. Hengel*, Studies in the Gospel of Mark, 1985; *ders.*, The Johannine Question, 1989; *J. Jeremias*, Das Problem des historischen Jesus (s. bei § 1); *E. Käsemann*, Das Problem d. historischen Jesus, in: *ders.*, Exeget. Versuche u. Besinnungen I, 1960, 187–214; *M. Kähler*, Der sogenannte historische Jesus u.d. geschichtliche biblische Christus, 1956[2]; *B.F. Meyer*, The Aims of Jesus, 1979, 76–94; *F. Neugebauer*, Geistsprüche u. Jesuslogien, ZNW 53, 1962, 218–228; *B. Reicke*, The Roots of the Synoptic Gospels, 1986; *A. Polag*, Die Christologie d. Logienquelle, 1977; *J. Robinson*, Kerygma u. historischer Jesus, 1967[2]; *R. Riesner*, Jesus als Lehrer, 1988[3]; *ders.*, Der Ursprung d. Jesus-Überlieferung, ThZ 38, 1982, 49–73; *M. Sato*, Q u. Prophetie, 1988; *E.P. Sanders*, Jesus and Judaism, 1985, 3–22; *W. Schmithals*, Jesus Christus in d. Verkündigung d. Kirche, 1972, 9–35, 60–79; *H. Schürmann*, Die vorösterlichen Anfänge d. Logientradition, in: *ders.*, Traditionsgeschichtliche Untersuchungen zu d. synopt. Evangelien, 1968, 39–65; *A. Schweitzer*, Geschichte der Leben-Jesu-Forschung, 1984[9]; *G. Stanton*, The Gospels and Jesus, 1989; *G. Strecker*, Die historische u. theologische Problematik d. Jesusfrage, in: *ders.*, Eschaton u. Historie, 1979, 159–182; *P. Stuhlmacher*, Jesus als Versöhner, in: *ders.*, Versöhnung, Gesetz u. Gerechtigkeit, 1981, 9–26; *ders.*, Zum Thema: Das Evangelium u.d. Evangelien, in: Das Evangelium u. die Evangelien (s.o.), 1–26; *ders.*, Jesus von Nazareth – Christus des Glaubens, 1988; *H.-Fr. Weiß*, Kerygma u. Geschichte, 1983.

Über den Stellenwert der Verkündigung Jesu in einer Biblischen Theologie des Neuen Testaments muß man sich heute aus forschungsgeschichtlichen, quellenkritischen und dogmatischen Gründen ausdrücklich Rechenschaft ablegen.

1. *Forschungsgeschichtlich* steht heute fest, daß der seit dem 19. Jahrhundert immer wieder unternommene Versuch, ein ‚Leben Jesu‘ zu schreiben, an den uns zur Verfügung stehenden Quellen scheitern muß(te). Die Hauptquellen unserer Kenntnis von Jesus sind die vier neutestamentlichen Evangelien. Bei ihnen handelt es sich um Bücher, die von Jesu Werk und Leben in der Absicht erzählen, ihn als den Israel verheißenen Menschensohn-Messias und den Versöhner von Juden und Heiden darzustellen. Die Jesusüberlieferung, die in den Evangelien zusammengefaßt ist, hat zwar unbestreitbar geschichtlich berichtenden und insofern auch biographischen Charakter, sie ist aber von den Evangelisten im Interesse des Glaubens an den gekreuzigten und auferstandenen Christus tradiert, ausgewählt und zusammengestellt worden. Eine Biographie Jesu läßt sich aus diesem Material nicht gewinnen, sondern höchstens ein geschichtlich plausibles Bild von Jesu messianischer Sendung, und auch das ist sehr umstritten (s. u.).

In § 1 sind wir schon auf die theologische Streitfrage gestoßen, ob man in einer Theologie des Neuen Testaments (z. B. mit R. Bultmann und H. Conzelmann) auf die Darstellung der Verkündigung des irdischen Jesus verzichten soll, weil Jesu Person und Werk erst mit Ostern grundlegende Bedeutung für den christlichen Glauben gewonnen haben, oder ob man (z. B. mit J. Jeremias, O. Cullmann, W. G. Kümmel, L. Goppelt u. a.) davon auszugehen hat, daß die Offenbarung Gottes, von der der Glaube lebt, ihre entscheidende Gestalt schon in der Verkündigung und Person des irdischen Jesus gefunden hat. In diesem zweiten Fall muß eine Theologie des Neuen Testaments natürlich mit einer Darstellung der Verkündigung Jesu beginnen.

Die kontroverse Forschungslage, in der wir stehen, schließt einen naiven historischen Rückgriff auf die Jesusdarstellung der Evangelien aus und nötigt dazu, sowohl die historische Möglichkeit als auch die dogmatische Notwendigkeit der Frage nach Jesus ausdrücklich zu bedenken.

2. Da andere *Quellen* fehlen, kann eine von den Evangelien unabhängige kritische Darstellung von Jesu Wirken nicht gegeben werden. Greift man deshalb auf die Evangelien zurück und macht den Versuch, die Verkündigung Jesu nachzuzeichnen, sieht man sich alsbald vor ein methodologisch und theologisch gleich interessantes, mehrschichtiges Problem gestellt.

Wie eben schon angedeutet, stellen die Evangelien Jesus bewußt als den messianischen Gottessohn und Herrn dar, an den die Christen glauben. Daher ist jeder, der mit der Evangelientradition arbeitet, vor die Frage gestellt, ob und inwiefern sie mit ihrer kerygmatischen Jesusdarstellung recht hat oder nicht. Die Antwort auf diese Frage kann nur gegeben werden, wenn man bei der Untersuchung ein bestimmtes Bild von Jesu Person und Wirken voraussetzt und sich dabei entweder den Evangelien anschließt oder sie kritisch zu hinterfragen versucht. *Die kritische Jesusforschung muß also in einem methodischen Zirkel arbeiten und ist deshalb zu äußerster methodischer Sorgfalt verpflichtet.*

Die Evangelientradition kompliziert die historische Untersuchung der Verkündigung und des Werkes Jesu noch zusätzlich dadurch, daß sie von Jesus erzählt, wie er sich dem Blick des christlichen Glaubens darbietet, und nur erst im Ansatz nach der ursprünglichen und vertrauenswürdigen Überlieferung im Gegensatz zu sekundären Traditionen fragt (vgl. z. B. Lk 1,1–4; Joh 19,35; 21,24–25). *Ehe man in den Evangelien zwischen vorösterlichen und erst nach Ostern zugewachsenen Traditionselementen unterscheidet, muß man sich ein genaues Bild vom Charakter und Werdegang der Evangelientradition gemacht haben.* Von diesem Bild hängt sehr viel ab, und nach dem derzeitigen Stand der Evangelienforschung ergibt sich dabei (fast) eine Alternative.

2.1 Nach dem heute (noch) weithin als gültig anerkannten Urteil der von M. Dibelius, R. Bultmann und K. L. Schmidt begründeten *Formgeschichte* und der auf ihr aufbauenden *Redaktions- oder auch Kompositionsgeschichte* finden sich in den Synoptikern (und im Johannesevangelium) zwar eine ganze Anzahl von historisch ursprünglichen Jesuslogien und auch einige authentische Berichte über Jesu (Wunder-)Taten, über weite Strecken stammt das Material aber erst aus nachösterlicher Zeit und ist dementsprechend als ‚Gemeindebildung' anzusehen. Da die Komposition der vier Evangelien erst von Ostern her möglich war, nötigt diese Quellenlage dazu, methodisch davon auszugehen, *daß die Jesusdarstellung der Evangelien insgesamt nachösterlich ist und nur noch in Umrissen zu erkennen gibt, wer der irdische Jesus war.*

Um innerhalb der insgesamt nachösterlich geprägten Evangelientradition auf die Verkündigung des irdischen Jesus durchzustoßen, muß man *methodisch brauchbare Kriterien* entwickeln, mit deren Hilfe das (im historisch-chronologischen Sinne) authentische Jesusgut von der erst später zugewachsenen nachösterlichen Tradition unterschieden werden kann. Drei solche Kriterien sind im Gebrauch: (1) Nahezu einhellig anerkannt ist das sog. *Unableitbarkeitskriterium*. E. Käsemann hat es folgendermaßen definiert:

„Einigermaßen sicheren Boden haben wir nur ... unter den Füßen, wenn ... Tradition aus irgendwelchen Gründen weder aus dem Judentum abgeleitet noch der Urchristenheit zugeschrieben werden kann, speziell dann, wenn die Judenchristenheit ihr überkommenes Gut als zu kühn gemildert oder umgebogen hat." (Ex.Vers. u. Bes. I, 205)

Zur Absicherung des Unableitbarkeitskriteriums benützt man (2) das Kriterium der *mehrfachen Bezeugung*. Wenn ‚unableitbare' Traditionen in den Evangelien nicht nur einmal vorkommen, sondern mehrfach in verschiedenen Quellenschichten bezeugt sind, können sie der kritischen Rekonstruktion der Verkündigung Jesu unbedenklich zugrundegelegt werden. Da das ‚criterion of dissimilarity' aber nur zu wenigen jesuanischen Spitzensätzen führt und dazu nötigt, alle diejenigen Texte als sekundär anzuzweifeln, in denen Jesus als Jude oder als Begründer nachösterlicher Glaubenstraditionen gesprochen und gehandelt hat, kann man mit seiner Hilfe weder eine geschichtlich konkrete noch auch zusammenhängende Darstellung der Botschaft Jesu und seines Wirkens geben. Es ist daher üblich geworden, zusätzlich noch (3) das *Kohärenzkriterium* in Anwendung zu bringen. Man ordnet dann den (möglichst mehrfach bezeugten) wahrhaft authentischen Jesusworten und Erzählungen von Jesus solche Worte und Berichte zu, die ihnen inhaltlich nicht widersprechen, obwohl sie (noch) jüdische oder (schon) urchristliche Färbung tragen. Auf diese Weise werden dann gewisse historische Zusammenhänge des Redens und Handelns Jesu sichtbar.

Der Versuch des Aufweises von authentischer Jesusüberlieferung mit Hilfe der genannten drei Kriterien bleibt allerdings so lange mit erheblichen Unsicherheiten behaftet, als die kritische Forschung nicht auch plausible und methodisch brauchbare *Gegenkriterien* aufstellt, um Jesustraditionen als sicher sekundär zu erweisen. B. F. Meyer hat deren Aufstellung schon lange gefordert, ist jedoch mit dieser Forderung bisher nicht durchgedrungen. *Die auf der Basis der klassischen Form- und Redaktionsgeschichte arbeitende Jesusforschung ist darum bis heute mit großen methodischen und inhaltlichen Unsicherheiten belastet.*

2.2 Schon bei der Gegenüberstellung der Positionen von R. Bultmann und J. Jeremias fiel auf, daß Jeremias den pauschalen methodischen Zweifel an der geschichtlichen Glaubwürdigkeit der Evangelientradition nicht mitgetragen, sondern die synoptische Überlieferung der Worte Jesu als durchaus zuverlässig angesehen hat (s. o. S. 21 f.). Auch O. Cullmann ist dieser Auffassung. In seinem Buch ‚Heil als Geschichte' (1967²) schreibt er:

„Nicht aus apologetischen, sondern aus wissenschaftlichen Gründen, nicht aus Konservatismus, sondern aus Sorge um wahren kritischen Sinn, der gerade unseren eigenen Lieblingsgedanken gegenüber wach sein soll, werde ich dort, wo ein Jesuswort einer Gemeindetendenz entspricht, nur in folgenden Fällen mit der Wahrscheinlichkeit einer ‚Gemeindebildung' rechnen und daher darauf verzichten, es zur Darstellung der Lehre Jesu heranzuziehen. (1.) wenn dieses Wort einem anderen, auch in alter Überlieferung vorhandenen Jesuswort wirklich so widerspricht, daß sich beide ausschließen; (2.) wenn es eine Situation voraussetzt, die für die Zeit Jesu und seine Umgebung wirklich undenkbar ist; (3) wenn der literarische synoptische Vergleich den Schluß nahelegt oder aufdrängt, daß ein Wort erst später geschaffen wurde." (172)

Die Sicht von Jeremias und Cullmann wird erhärtet, wenn man bedenkt, daß dem von der kritischen Formgeschichte entworfenen Gesamtbild vom Werdegang der (synoptischen) Evangelientradition seit geraumer Zeit widersprochen worden ist. Zuerst hat *H. Schürmann* darauf aufmerksam gemacht, daß man ein *„gepflegtes Traditionskontinuum* zwischen dem vorösterlichen Jüngerkreis und der nachösterlichen Glaubensgemeinde" vermuten darf, weil nicht erst die palästinische (und hellenistische) Gemeinde nach Ostern Gemeinschaften waren, die der Jesustradition einen ‚Sitz im Leben' boten, sondern „auch schon der vorösterliche Jüngerkreis ein Gemeinschaftsgebilde war", in dem man „sich die Herrenworte ... tradiert" denken könne (Die vorösterlichen Anfänge der Logientradition, 45.47; kursiv bei Sch.). Diesen Hinweisen sind vor allem *B. Gerhardsson* und *R. Riesner* weiter nachgegangen. Wenn man voraussetzt, daß der irdische Jesus als ‚messianischer Lehrer der Weisheit' (Martin Hengel) gewirkt und daß sich seine Art und Weise des Lehrens nicht grundlegend von dem Lehr- und Lernstil in den frühjüdischen (Weisheits-)Schulen unterschieden hat, wird die (historisch ganz ungesicherte) Annahme der Formgeschichte von zahlreichen anonymen ‚Gemeindebildungen' sehr unwahrscheinlich. *Die Anfänge der Jesusüberlieferung liegen dann in dem Unterricht, den Jesus selbst seinen Jüngern bzw. Schülern (μαθηταί) erteilt* hat. Die Männer und Frauen in Jesu Umgebung haben seine Worte nach frühjüdischem Muster (auswendig) ‚gelernt', (im Gedächtnis) bewahrt und weitergegeben. Da dieselben Männer und Frauen nach Apg 1,13–14 den Kern der Urgemeinde von Jerusalem bildeten, läßt sich die von Schürmann postulierte Traditionskontinuität zwischen dem vorösterlichen Jüngerkreis und der nachösterlichen Gemeinde personal direkt greifen. Die μαθηταί Jesu haben die Lehre Jesu, die sie empfangen haben, in die Gemeinde eingebracht, und auf diese Weise ist sie in „die Lehre der Apostel" (Apg 2,42) eingegangen.

Man kann die Argumentation von Schürmann, Gerhardsson und Riesner sogar noch erweitern. Wenn man bedenkt, daß einige Jesusjünger von Jesus ausgesandt worden sind, um den Anbruch der Gottesherrschaft für „die verlorenen Schafe des Hauses Israel" auszurufen, Kranke zu heilen und Dämonen auszutreiben wie Jesus selbst (vgl. Mt 10,6–8/Lk 9,2), wird erkennbar, wann und wo sie die von ihnen ‚gelernten' Jesusworte brauchten, und es liegt außerdem nahe, *auch den Ursprung der Überlieferung von Jesu Exorzismen und Heilungswundern im vorösterlichen Jüngerkreis zu suchen.* Für ihre Heilungstätigkeit benötigten die ausgesandten Jünger Modell- und Legitimationsberichte, um wirklich nach Jesu Vorbild wirksam sein zu können.

Stellt man vollends in Rechnung, daß die Frauen und Männer aus dem engsten Kreis Jesu seine Passion und die Osterereignisse selbst miterlebt haben und die synoptische (und johanneische) Tradition sogar noch Augen- und Ohrenzeugen der Geschehnisse über den Jüngerkreis hinaus nennt

(Mk 14,51 f.; 15,21.43Par; Joh 18,15; 19,25–27), *muß man auch in den Passions- und Ostererzählungen nicht mehr nur pauschal nachösterliche Traditionsbildungen sehen, sondern darf in ihnen mit historisch authentischen Berichtselementen rechnen.* Dies gilt umso mehr, als sich herausgestellt hat, daß die Evangelien über Jesu Passion und Prozeß rechtshistorisch zutreffend berichten (A. Strobel).

Damit ergibt sich insgesamt folgende Perspektive: *Begegnet man der Evangelientradition nicht mit einem letztlich unkritischen pauschalen Zweifel, sondern mit der ihr gebührenden ,kritischen Sympathie' (W. G. Kümmel), ist methodisch nicht von ihrer geschichtlichen Unglaubwürdigkeit, sondern von ihrer Glaubwürdigkeit auszugehen.* Der Kern der Evangelienüberlieferung wird gebildet von der schon im vorösterlichen Jüngerkreis Jesu ausgeformten und gesammelten *lebendigen Lehr- und Erzählüberlieferung*, die die μαθηταί Jesu nach Ostern an die Gemeinde weitergegeben und dort dann auch persönlich garantiert haben. Der Charakter der Tradition als lebendiger Lehrüberlieferung impliziert, daß sie im Verlaufe der Weitergabe und der schon in Jerusalem einsetzenden Übersetzung aus dem Aramäischen ins Griechische ergänzt, teilweise auch umformuliert und aktualisiert, aber eben nicht fundamental verändert oder gar erst ganz neu geschaffen und Jesus nachträglich in den Mund gelegt worden ist.

Die Formgeschichte hat eben diese sekundäre Bildung in großem Stil vorausgesetzt und zur Begründung auf die von urchristlichen Propheten gesprochenen Worte des erhöhten Jesus verwiesen (vgl. Apk 3,20; 16,15). Solche *Prophetensprüche* sollen im Verlaufe der Überlieferung den Worten des irdischen Jesus gleichgeachtet und schließlich in die Evangelientradition eingezeichnet worden sein. Gegen diese noch immer weitverbreitete Annahme sprechen folgende Befunde: Wir kennen in der Tat urchristliche Propheten (vgl. z.B. Apg 11,28; 21,10–11; 1Kor 12,10.28; Röm 12,6 usw.), und es sind uns auch verschiedentlich Worte des erhöhten Christus überliefert (z.B. 2Kor 12,9; Apg 9,4–6; 22,7ff.; 26,14ff.; Apk 3,20; 16,15). Diese Worte werden aber klar von den Aussprüchen des irdischen Jesus unterschieden und sind alle nicht in die Evangelien aufgenommen worden. *Für den von den Formgeschichtlern postulierten Vorgang der ,prophetischen' Bildung von Worten des irdischen Jesus gibt es im ganzen Neuen Testament keinen einzigen zwingenden Beleg.* Paulus kennt und respektiert in 1Kor 7,10.12.25 den Unterschied zwischen einem überlieferten Herrenwort und seinen eigenen apostolischen Anweisungen ganz genau. In den Synoptikern wird die (Leser-)Gemeinde außerdem davor gewarnt, Falschpropheten zu folgen, die im Namen Jesu reden (Mk 13,6.21–23Par). Beides macht die Entstehung und Rezeption von sekundärer Jesustradition in den Gemeinden sehr unwahrscheinlich. *D. Aune* ist in seinem großen Werk ,Prophecy in Early Christianity and the Mediterranean World' (1983) der hauptsächlich von deutschen Neutestamentlern hochgehaltenen Theorie von der prophetischen (Spät-)Bildung gewichtiger Teile der Jesustradition kritisch nachgegangen. Sein Ergebnis spricht für sich: „German NT scholars, it appears, have seized the hypothesis of the creative role of Christian prophets because it both accounts for the additions to the sayings tradition and absolves the early

45

Christians from any culpability in the forging of inauthentic words of Jesus. In spite of the theological attractiveness of the theory, however, the historical evidence in support of the theory lies largely in the creative imagination of scholars" (245).

Angesichts dieser Befunde ist es ratsam, bei unseren nachfolgenden Untersuchungen nicht mehr das von der klassischen Formgeschichte vorausgesetzte, sondern das von J. Jeremias, B. Gerhardsson und R. Riesner entwickelte, historisch besser begründete Bild vom Werdegang der synoptischen Evangelientradition zugrundezulegen.

3. Unsere Darstellung wäre einseitig, wenn wir in unserem Zusammenhang nicht auch auf den auffälligen *Unterschied zwischen der synoptischen und der johanneischen Tradition* aufmerksam machen würden. Das erst geraume Zeit nach den Synoptikern abschließend redigierte Johannesevangelium dokumentiert mit seinen Sondertraditionen, welchen Veränderungen und Erweiterungen die Jesusüberlieferung in einer speziellen urchristlich-apostolischen ‚Schule' unterworfen war. Das 4. Evangelium unterscheidet sich aber in seiner (Begriffs-)Sprache, seinem Aufbau, seiner Jesusdarstellung und seiner gesamten Verkündigungsabsicht deutlich von den Synoptikern, und es ist bis heute umstritten, ob es überhaupt synoptische Traditionen gekannt hat. Wie die sog. Parakletensprüche (Joh 14,15–17.25–26; 15,26; 16,5–11.12–15) und der immer wiederkehrende Verweis auf den ‚Jünger, den Jesus liebte' (vgl. Joh 13,23; 19,26; 20,2; 21,7.20) zeigen, versteht sich das Johannesevangelium als Zeugnis, in dem die dem ‚Lieblingsjünger' von Jesus her überkommene und durch die Gabe des Hl. Geistes nach Ostern erschlossene ‚ganze Wahrheit' (Joh 14,26; 16,13) zu Wort kommen soll. Auch die Johannestradition beruht auf Traditionsvorgaben aus der Zeit des irdischen Jesus. Johannes und seine Schule sind aber bei der Wiedergabe der Tradition in ihrer eigenen ‚Schulsprache' sehr viel entschiedener (und auch geschichtlich rücksichtsloser) zu Werke gegangen als die Traditionsträger der Synoptiker. Selbst im 4. Evangelium liegen nicht einfach freie nachösterliche ‚Gemeindebildungen' vor, wohl aber kühne Reproduktionen und Auslegungen von Jesustradition im Rahmen der ‚Schule' des Johannes. *Bei der Rekonstruktion der Verkündigung des irdischen Jesus darf deshalb die johanneische Jesusüberlieferung mit der synoptischen Tradition nicht einfach gleichgesetzt werden, sondern bedarf einer besonderen Analyse.*

4. Angesichts des differenzierten Bildes, das die Jesusüberlieferung in den Evangelien bietet, ist *die Frage nach der biblisch-theologischen Legitimität und Notwendigkeit der (Rück-)Frage nach dem irdischen Jesus und seiner Verkündigung ausdrücklich zu stellen.* Die Frage drängt sich von drei Seiten her auf: vom Alten Testament und der frühjüdischen Heilserwartung her; vom ältesten christlichen Bekenntnis und der frühchristlichen Jesus-Predigt aus, die von einem bestimmten theologischen Geschichtsverständnis getragen sind; und von der nach 1 Petr 3,15–16 den Christen obliegenden Pflicht her, jederzeit Rechenschaft über den Glauben und seinen Hoffnungsgrund geben zu können.

4.1 Geht man *vom Alten Testament und der frühjüdischen Heilserwartung aus* auf die Gestalt und Verkündigung Jesu zu, wird nicht nur der Zusammengehörigkeit von Altem und Neuem Testament in dem einen Kanon der Kirche Rechnung getragen, sondern auch die sich schon zu Jesu Lebzeiten mehrfach stellende Frage ernstgenommen, wer der Mann aus Nazareth eigentlich sei (vgl. Mt 11,3/Lk 7,19; Mk 8,27–28 Par). Angesichts dieser Frage erscheinen Jesu Wort und Werk in der Dialektik von Anknüpfung und Widerspruch, Vollendung und Kritik der alttestamentlich-jüdischen Erwartungen vom Messias und seinem Heilswerk. Jesus bekennt sich als Jude zu dem einen Gott, der den Namen Jahwe trägt, nennt ihn aber ganz neuartig ,Vater' (ἀββά); Jesus verkündigt in einer seinen μαθηταί zwar (teilweise) einleuchtenden, für die Hauptgruppen des zeitgenössischen Judentums aber zutiefst anstößigen Art und Weise, daß mit ihm und seiner Person Gott und das Heil der Welt auf dem Spiel stehen; Jesus bekennt sich vor seinen jüdischen Richtern zu seinem messianischen Sendungsauftrag und wird daraufhin als ,Verführer' und ,Lügenprophet' (gemäß Dt 13,2–12; 17,2–7; 18,20) verurteilt und der Kreuzigung durch die Römer überantwortet; nach Ostern wird er unter den Juden in Jerusalem als ein von Gott zu Recht Verfluchter (vgl. Dt 21,23), von den Mitgliedern der Urgemeinde aber als der Verheißene angesehen, den Gott gemäß Ps 110,1 zu seiner Rechten erhöht und zum ,Herrn und Christus' gemacht hat (vgl. Apg 2,36). Vom Alten Testament und Frühjudentum her erscheint Jesus also vor und nach Ostern als der *umstrittene Messias*.

4.2 Fragen wir im Gegenzug *vom nachösterlichen christlichen Bekenntnis und Kerygma aus* nach Jesus zurück, gewinnt sein Bild vollends theologisches Profil. Von Ostern als der Einsetzung Jesu zum ,Gottessohn in Macht' (Röm 1,4) her sprechen die Christen von der unüberbietbaren Offenbarung Gottes, die im Jesusnamen beschlossen ist (Apg 4,10–12). Außerdem wird aus den Hl. Schriften heraus aufgewiesen, daß Jesus hat leiden und sterben müssen (vgl. Lk 24,26–27.44–47; Apg 8,30–35; 1 Kor 15,3–5). Gleichzeitig berufen sich die ältesten Osterbekenntnisse auf die Person Jesu als den Gottesknecht, in dessen Geschick Gott das Heil für Juden und Heiden heraufgeführt hat (vgl. 1 Kor 15,3 b–5; Röm 4,25). Solche Berufung auf Jesus kennzeichnet auch die urchristliche Missionspredigt (vgl. Apg 10,34–43; 1 Thess 1,9–10). Vom Bekenntnis der Urchristenheit und der frühchristlichen Missionspredigt aus ist also die Rückfrage nach Jesus theologisch notwendig. Sie trifft sich mit der vom Alten Testament und Frühjudentum her gestellten Anfrage, ob Jesus der ,Kommende' ist, und bejaht sie mit Nachdruck.

Wie E. Käsemann in dem programmatischen Aufsatz über ,Das Problem des historischen Jesus' (1954) und G. Bornkamm im Eingangskapitel seines 1956 erschienenen Buches ,Jesus von Nazareth' herausgearbeitet haben, steht

47

hinter dem Rückverweis des urchristlichen Kerygmas auf Person und Werk des irdischen Jesus eine theologische Grundüberzeugung: *In der geschichtlichen Erscheinung Jesu ist dem Glauben die Verwirklichung des Heils chronologisch vorgegeben; eben deshalb werden Jesu Person und Geschichte zum zentralen Inhalt des Evangeliums.* Man kann dies sowohl an Röm 5,6–8 als auch am Geschichtsverständnis der Evangelien insgesamt ablesen: Gottes Gnade übersteigt darin alles menschlich erdenkliche Maß, daß er seinen eingeborenen Sohn für die Gottlosen dahingegeben hat, als diese noch ungläubige Sünder waren. Das Markusevangelium sieht in Jesus den Verkündiger und wesentlichen Inhalt des Evangeliums gleichzeitig (vgl. Mk 1,1.14–15.). Nach den ,Erfüllungszitaten' des Matthäusevangeliums ist Jesus von Nazareth der dem Gottesvolk verheißene messianische ,Immanuel' (Mt 1,23; 28,20); seine Lehre macht das Evangelium aus (Mt 28,19–20). Das Lukasevangelium folgt nach Lk 1,1–4 einem ausdrücklichen historiographischen Interesse und datiert das Evangelium vom Auftreten Jesu an (vgl. Lk 16,16). Das Johannesevangelium schließlich will durch Erzählung vom Offenbarungswerk Jesu als des Fleisch gewordenen göttlichen Schöpferwortes zum Glauben an Jesus als den Christus und damit zum ewigen Leben führen (Joh 20,30–31). Hier wird überall die Überzeugung laut, daß der von dem einen Gott des Alten Testaments verheißene messianische Retter der Welt in Jesus auf dem Plan war und ist, so daß seine Erscheinung den Kern des Evangeliums ausmacht.

4.3 In 1Petr 3,15–16 werden gerade die um ihres Glaubens willen beargwöhnten und verfolgten Christen aufgerufen:

„Seid stets bereit, jedem Rede und Antwort zu stehen, der nach der Hoffnung fragt, die euch erfüllt, aber antwortet bescheiden und ehrfürchtig, denn ihr habt ein reines Gewissen."

Solche *Befähigung* zur ἀπολογία gegenüber interessierten und kritischen Fragestellern schließt heutzutage die Möglichkeit ein, eine klare Darstellung von Jesu Wirken geben und diese auch historisch plausibel begründen zu können.

Die Darstellung der Verkündigung Jesu und die Rückfrage nach seiner geschichtlichen Person und seinem Werk sind also um des Evangeliums (und um der Argumentationsfähigkeit des Glaubens) willen nötig.

5. In diesem Zusammenhang muß ausdrücklich an die dogmatisch wichtige *Differenz zwischen dem historischen Jesus und dem irdischen Jesus* erinnert werden, der von den Zeugen als der von Gott gesandte Messias und Retter der Welt verkündigt wird. Der irdische Jesus ist als messianischer Offenbarer für den christlichen Glauben konstitutiv. Vom historischen Jesus gilt dies nicht. Der historische Jesus ist nämlich, wie A. Schweitzers ,Geschichte der Leben-Jesu-Forschung' und die Jesusliteratur seit E. Käsemanns Programm-

aufsatz über ‚Das Problem des historischen Jesus' (s.o.) hinreichend belegen, ein wissenschaftliches Kunstgebilde, dessen Profil mit der Individualität der jeweiligen Forscher, ihren Methoden und dem sie beseelenden Zeitgeist wechselt. Sofern sich aber der Glaube an Jesus Christus nach neutestamentlichem Bekenntnis auf Gottes Werk in und durch Jesus und nicht auf stets unter dem Vorbehalt der kritischen Revision stehende wissenschaftliche Jesusbilder gründet, kann nur der irdische (und nicht der historische) Jesus Inhalt des Glaubens sein.

Niemand hat dies klarer gesehen als *M. Kähler*. In seinem berühmten Vortrag ‚Der sogenannte historische Jesus und der geschichtliche biblische Christus' (1892) schreibt er: „Der Glaube hängt gewiß nicht an einem christologischen Dogma. Allein ebensowenig darf dann der Glaube abhängen von den unsicheren Feststellungen über ein angeblich zuverlässiges Jesusbild, das mit den Mitteln der spät entwickelten geschichtlichen Forschung [aus der Bibel, P. St.] herausgequält wird. ... Denn gegenüber dem Christus, den wir glauben sollen und dürfen, muß der gelehrteste Theologe nicht besser und nicht schlechter stehen als der einfältigste Christ; nicht besser, denn er kommt dem lebendigen Heiland nicht näher als jener; nicht schlechter, denn hat er Ärgernisse für den Glauben zu überwinden, so hat sie jener auch, und zur Überwindung dieser Anstöße gibt es nur den einen königlichen Weg: ändert euren Sinn und setzt euer Vertrauen auf das gute Angebot: Jesus Christus gestorben für unsere Sünden nach der Schrift und begraben und am 3. Tage auferstanden nach der Schrift (Mark. 1,15; 1.Kor. 15,1–5)" (a.a.O., 49f.).

So dogmatisch richtig diese Feststellungen Kählers sind, so sehr bedürfen sie in der heutigen Gesprächssituation und im Rahmen einer Biblischen Theologie des Neuen Testaments einer dreifachen Ergänzung. (1) Sofern sich nach alt- und neutestamentlicher Überzeugung Gott in der Geschichte heilschaffend bezeugt und dieser Selbsterweis Gottes in Jesus seine maßgebliche Gestalt gewonnen hat, muß das Christusevangelium der Frage standhalten können, ob es sich mit Jesus wirklich so verhält, wie es die Christen bekennen. Der Glaube an Jesus Christus ist nicht von den wechselnden Einzelergebnissen der kritischen Geschichtsforschung abhängig, aber er hat auch keinen Grund, deren Fragen ängstlich auszuweichen. Dies gilt gerade dann, wenn in Erfahrung gebracht werden soll, wer Jesus war und was er gewirkt hat. – (2) Das exegetische Problem an der Unterscheidung von historischem Jesus und ‚geschichtlichem biblischen Christus' liegt darin, daß uns beide nur durch die historische Überlieferung von Jesus Christus zugänglich werden. Wenn man nicht überhaupt auf historische Schriftforschung verzichten will, muß man sich also an der Frage nach dem irdischen Jesus beteiligen, um des biblischen Christus in seiner dem Glauben vorgegebenen Eigenart überhaupt ansichtig zu werden. – (3) Sowohl wenn vom Alten Testament und Frühjudentum her als auch wenn vom urchristlichen Kerygma aus nach Jesus gefragt wird, zeigt sich, daß derselbe Jesus im Lichte der Schrift als Messias geglaubt und als Verführer Israels zum Falschglauben hingerichtet worden

49

ist. Die Frage, wie es zu dieser extremen Doppelreaktion gegenüber Jesus von Nazareth kommen konnte, ist nur zu beantworten, wenn wir der kritischen historischen Frage nach Jesus nicht ausweichen. *Wir können uns also nicht unter Berufung auf Kähler aus der kritischen Jesusforschung ausklinken,* müssen aber sorgsam darauf achten, daß unsere Art und Weise, nach Jesus zu fragen, in biblisch-theologisch legitimen Bahnen bleibt.

Dies bedeutet in der Sache: *Im Rahmen einer von den Texten selbst bestimmten Biblischen Theologie des Neuen Testament muß von der Verkündigung Jesu und seinem Werk insoweit die Rede sein, als sie für das Evangelium Gottes von Jesus Christus (Röm 1,1 f.) konstitutiv sind.* Die historisch-kritisch erarbeitete Darstellung hat dabei nur den Wert einer wissenschaftlich verantworteten Annäherung an Wort und Werk des irdischen Jesus, kann aber um ihres hypothetischen Charakters willen nicht selbst Glaubensinhalt sein.

6. Als Rahmen für unsere Art der Fragestellung bietet sich der von Lukas zur ,Petruspredigt' stilisierte, in seinen Grundelementen aber vorlukanische Bericht von der Sendung Jesu aus Apg 10,34–43 an. In diesem Text verbinden sich die Hinweise des Alten Testaments auf Jesus, der kerygmatische Geschichtsbericht von Jesu Wirken und das österliche Bekenntnis zu Jesus als dem gekreuzigten und auferweckten Messias. Der Text lautet:

(34) „Da tat Petrus seinen Mund auf und sprach: ,Wahrhaftig, jetzt erkenne ich: Gott urteilt nicht nach dem Ansehen, (35) sondern in jedem Volk ist ihm willkommen, wer ihn fürchtet und Gerechtigkeit übt; (36) (ich erkenne nämlich) *das (Verheißungs-) Wort, das er den Söhnen Israels gesandt hat* [Ps 107,20], *als Verkündiger des Friedens* [Jes 52,7; Nah 2,1] durch Jesus Christus, der aller Menschen Herr ist. (37) Ihr wißt, was sich in ganz Judäa zugetragen hat, angefangen von Galiläa nach der Taufe, die Johannes verkündigt hat: (38) Die Geschichte Jesu von Nazareth, wie *Gott ihn gesalbt hat mit heiligem Geist und Gotteskraft* [Jes 61,1]. Und er ist umhergezogen, hat Gutes getan und alle geheilt, die der Teufel in seiner Gewalt hatte; denn *Gott war mit ihm.* [Jes 58,11]. (39) Und wir sind Zeugen für alles, was er im Lande der Juden und in Jerusalem getan hat. Doch sie haben ihn umgebracht *und ans Holz gehängt* [Dt 21,22–23]. (40) Ihn aber hat Gott auferweckt *am dritten Tage* [Hos 6,2] und ihm verliehen, offenbar zu werden, (41) nicht dem ganzen Volk, aber uns, den Zeugen, die von Gott zuvor dazu ausersehen worden sind: Wir haben nach seiner Auferstehung von den Toten zusammen mit ihm gegessen und getrunken. (42) Und er hat uns befohlen, dem Volk zu verkündigen und zu bezeugen, daß er es ist, den Gott zum Richter bestellt hat über Lebendige und Tote. (43) Alle Propheten zeugen für ihn: Wer immer an ihn glaubt, soll kraft seines Namens Vergebung der Sünden empfangen.‘"

Unsere Untersuchungen über Verkündigung und Werk Jesu werden in dem Maße von den neutestamentlichen Texten selbst angeleitet und damit biblisch-theologisch legitimiert sein, als sie den (vor-)lukanischen ,Predigtaussagen' dieses Berichtes nachgehen und den von ihnen abgesteckten Rahmen mit historisch-kritischen Mitteln zu verifizieren suchen.

Literatur: J. Blinzler, Der Prozeß Jesu, 1969[4], 101–108; *G. Bornkamm,* Jesus von Nazareth, 1968[8], 48–57.147; *H. Conzelmann,* Artikel:Jesus Christus, RGG[3] III, (619–653) 624–627; *ders.,* Geschichte d. Urchristentums, 1971[2], 17–20; *H. Gese,* Natus ex Virgine, in: *ders.,* Vom Sinai zum Zion, 1990[3], 130–146; *J. Jeremias,* Die Abendmahlsworte Jesu, 1967[4], 31–35; *H. W. Hoehner,* Chronological Aspects of the Life of Christ, 1978; *E. Lohse,* Umwelt d. NT, 1989[8], 21–31; *B. Reicke,* Ntl. Zeitgeschichte, 1968[2], 131–139; *R. Riesner,* Die Frühzeit d. Paulus, Habil.theol.Tübingen, 1989 (Masch.); *A. Strobel,* Der Termin d. Todes Jesu, ZNW 51 (1960), 69–101; *ders.,* Ursprung u. Geschichte d. frühchristlichen Osterkalenders, 1977; *ders.,* Der Stern von Bethlehem, 1985; *ders.,* Weltenjahr, große Konjunktion und Messiasstern, ANRW II 20,2, 1987, (988–1187) 1083–1087; *ders.,* Die Stunde d. Wahrheit, 1980; *T. Holtz,* Jesus aus Nazareth, 1979.

Um Auftreten und Verkündigung Jesu als einer geschichtlichen Person würdigen und verstehen zu können, sind, ehe wir zu seinem Wort und Werk vordringen, die (wenigen) Daten zusammenzustellen, die wir von der Zeit des Wirkens Jesu besitzen.

1. Zeitgeschichtlich fällt Jesu Leben in die Periode der mit dem Auftreten des Pompeius im Nahen Osten 64/63 v. Chr. beginnenden römischen Oberherrschaft in Palästina. Da Jesus aus Nazareth in Galiläa stammte, war sein Landesherr Herodes Antipas, der Sohn Herodes des Großen. Er war von 4 v. Chr. bis 39 n. Chr. ‚Tetrarch‘, d. h. von den Römern abhängiger Kleinfürst in Galiläa und Peräa. Das an Galiläa angrenzende Samarien und Judäa waren seit der Verbannung seines Bruders Archelaus durch Augustus im Jahre 6 n. Chr. kaiserliche Prokuratur unter einem römischen Präfekten mit Sitz in Cäsarea. Von 26–36 n. Chr. war diese Präfektur mit dem aus dem römischen Rittergeschlecht der Pontier stammenden ‚Praefectus Judaeae‘ Pontius Pilatus besetzt. Religionsrechtlich wurde die Prokuratur vom jüdischen ‚Hohen Rat‘ verwaltet. An seiner Spitze stand der Hochpriester als oberster religiöser Repräsentant Israels. Das Hochpriesteramt hatten von 6–15 n. Chr. Ananus I (Hannas) und von 18–36 n. Chr. sein Schwiegersohn Kaiphas inne.

2. Nach Lk 1,5.26ff. und Mt 2,1 fiel die Geburt Jesu noch in die 4 v. Chr. endende Regierungszeit Herodes des Großen. Dies ergibt sich nicht nur aus dem Wortlaut der genannten Texte, sondern auch aus der durch die Astronomie gebotenen Möglichkeit, den Stern der Magier (Mt 2,2.7.9–10) mit einer auffälligen Jupiter-Saturn-Konjunktion in Verbindung zu bringen, die die antike Welt in den Jahren 7/6 v. Chr. stark beschäftigt hat.
Im Gegensatz zu dieser Überlieferung bringen Lk 2,1–2 die Jesusgeburt in Zusammenhang mit der erst 6 n. Chr. Samarien und Judäa erfassenden Steuerregistrierung durch Quirinius, den römischen Legaten der kaiserlichen Provinz Syrien. Nach der Absetzung des Archelaus (s. o.) mußte er in der

neugeschaffenen imperatorischen Prokuratur Judäa die Steuerveranlagung durchführen. Ob Lukas in 2,1–2 eine frühere finanzpolitische Verwaltungsmaßnahme aus der Zeit Herodes d.Gr. in die später allgemein bekannte des Quirinius hat aufgehen lassen, ist nicht sicher. *Jesu Geburt läßt sich darum nur ungefähr um die Zeitenwende herum ansetzen.*

Auf das *Ereignis der Geburt Jesu* wird in den neutestamentlichen Quellen unterschiedlich eingegangen. Joh 6,42 setzt trotz des Prologs, der von der Fleischwerdung des göttlichen λόγος spricht (Joh 1,14), voraus, daß Jesus der Sohn Josephs ist und sein Vater und seine Mutter bekannt sind. Ähnlich steht es mit Mk 6,3. Hier wird Jesus als ‚Sohn der Maria‘ bezeichnet, seine Brüder werden mit Namen genannt und seine Schwestern ohne Namensnennung erwähnt. Paulus spricht von Jesu Geburt nur in dem judenchristlichen Formeltext Gal 4,4–5. Die Wendung γενόμενος ἐκ γυναικός ist der jüdisch übliche Ausdruck für den Menschen als einen ‚von einer Frau Geborenen‘ (vgl. Hiob 14,1; 1QH 13,14; 18,12–16; 4Esr 7,46.65 ff.; Mt 11,11 usw.). Gal 4,4 meint also, daß Jesus als ‚(wahrer) Mensch (mit Fleisch und Blut)‘ geboren wurde. Ob der Ausdruck im Formelkontext auf die Jungfrauengeburt weist, die Paulus sonst nicht erwähnt, ist semantisch nicht auszumachen, aber auch nicht auszuschließen.

Die lukanische und matthäische Geburtsgeschichte sind judenchristlichen Ursprungs. Sie sprechen biblisch-theologisch von der *Geburt Jesu aus der Jungfrau* gemäß Jes 7,14.

Das im hebräischen Urtext von Jes 7,14 stehende Nomen עַלְמָה meint eine „junge Frau, die noch nicht geboren hat" (H. Gese, Natus ex Virgine, 143). Die Frage, „ob die spätestens aus der Mitte des 2.Jahrhunderts v. Chr. stammende griechische Übersetzung von ᶜalmā in Jes 7,14 mit παρθένος schon die Vorstellung einer jungfräulichen Messiasgeburt voraussetzt, ... bleibt ... unbeantwortbar", weil die „Septuaginta παρθένος archaisierend wie im frühen Griechisch als ‚junges Mädchen/junge Frau‘ verstehen (konnte), und die Übersetzung von naᶜărā in Gen 34,3 durch παρθένος diesen Gebrauch belegt" (a.a.O., 145). Bei Lukas und Matthäus ist die Vorstellung der Jungfrauengeburt sicher vorausgesetzt.

Während bei Lukas das von Gott durch Engelmund angekündigte Heilsereignis der jungfräulichen Geburt Jesu im Mittelpunkt steht, wird dieses Ereignis in der Matthäusversion bereits gegen den Verdacht eines unehelichen Ursprungs des Jesuskindes in Schutz genommen (vgl Mt 1,18–25). Nimmt man die Aussagen beider Evangelien biblisch-theologisch ernst, ist in ihnen der Ziel- und Höhepunkt jener israelitischen Überlieferungen zu sehen, nach denen der messianische Herrscher und Gottessohn dem Gottesvolk als ‚Immanuel‘ (Jes 7,14) gesandt wird und in seiner Geburt Gott selbst in Israel, und zwar in seinem Erbland auf dem Zion, Wohnung nimmt (vgl. Ps 2,7; 110,3; Jes 7,10–17; 9,5 f.; Mi 5,2; Spr 8,22 ff.; Sir 24,8 ff. und neutestamentlich vor allem Kol 1,19). Jesus ist nach dieser Tradition mehr als eines von

jenen Wunschkindern, die frommen unfruchtbaren Eltern kraft des schöpferischen Eingreifens Gottes geschenkt worden sind und werden; er ist mehr
als Isaak (vgl. Gen 18,9–14), Samuel (1Sam 1,20) und auch als Johannes der
Täufer (Lk 1,36.57; vgl. mit Mt 11,11/Lk 7,28). *In der Geburt Jesu verwirklicht sich die messianische Verheißung des einen Gottes in einer alle jüdischen
Hoffnungen und Vorstellungen zugleich erfüllenden und aufsprengenden Art
und Weise.* So christologisch wesentlich die Tradition von der Jungfrauengeburt ist (s. u. S. 188 ff.), so wenig lassen sich aus ihr chronologische oder
historiographische Schlüsse ziehen.

3. Von der *Jugend Jesu* wissen wir historisch nicht mehr, als daß er aus einer
frommen jüdischen Handwerkerfamilie stammte, die offenbar in Bethlehem
über etwas Grundbesitz verfügte. Jesu Eltern hießen Joseph und Maria; sie
hatten außer Jesus noch mehrere Söhne und Töchter (Mk 3,31; 6,3; Joh 6,42;
7,3; 1Kor 9,5). Der bekannteste von ihnen war der auch von Josephus (Ant
20,200) erwähnte Jakobus (vgl. 1Kor 15,7; Apg 15,13; 21,18). Da Joseph
außerhalb der lukanischen und matthäischen ‚Vorgeschichten‘ (=
Lk 1,5–2,52; Mt 1,1–2,23) nur noch in Lk 3,23; 4,22 und Joh 1,45; 6,42
erwähnt wird, ist es möglich, daß er noch vor Beginn der öffentlichen
Wirksamkeit Jesu verstorben ist. Die Familie Jesu führte sich offenbar auf
David zurück (Mt 1,1–16; Lk 3,23–38; Röm 1,3–4; 2Tim 2,8).

Daß es bei der Erwähnung der davidischen Abstammung Jesu nicht einfach nur um
ein ‚Theologumenon‘ geht, dokumentiert der Umstand, daß noch unter Domitian
‚die Nachkommen des Judas, eines leiblichen Bruders des Erlösers‘ (vgl. Jud 1), den
Römern als Davididen angezeigt und vom Kaiser als mögliche Aufwiegler verhört
worden sind; nachdem sie an ihren schwieligen Händen als harmlose Bauern erkannt
worden waren, wurden sie wieder freigelassen (vgl. Euseb, KG III 18,4–20,7; deutsch
bei H. Conzelmann, Geschichte des Urchristentums, 1971², 149–150).

Jesus ist nach acht Tagen beschnitten worden (Lk 2,21). Seine Muttersspra-
che war das in Galiläa gesprochene Aramäisch. Sein Name wurde in Galiläa
jeschu und in Judäa *jeschua‘* (יֵשׁוּעַ) ausgesprochen; von hier aus ergibt sich
das griechische ᾽Iησοῦς. Jesus scheint in der jüdischen Schule im Lesen und
Schreiben unterrichtet worden zu sein (vgl. Lk 4,16 ff.; Joh 8,6.8). Hebräisch
hat er sicher, wahrscheinlich auch etwas Griechisch gekonnt. Die religiösen
Texte und Sitten Israels waren ihm vom Elternhaus und von der Synagoge
her vertraut. An den großen jüdischen Wallfahrtsfesten hat er bereits als Kind
teilgenommen (Lk 2,41). Lk 2,42–52 weisen auf eine Art von Bar Mitzwah
mit zwölf Jahren und die ihn bereits damals auszeichnende besondere Glau-
bensweisheit. Wie sein Vater war Jesus τέκτων, d. h. Bauhandwerker in Holz
und Stein (vgl. Mk 6,3/Mt 13,55).

Während der Zeit seiner öffentlichen Verkündigung hat sich Jesus trotz
des jüdisch besonders hochgehaltenen Gebots der Elternehrung (Ex 20,12;
Dt 5,16) und der scharfen Bestimmung gegen einen ‚widerspenstigen‘ Sohn

in Dt 21,18–21 (vgl. mit Mt 11,19/Lk 7,34 ; Mk 6,4Par; Lk 4,28–30) von seiner Familie getrennt (vgl. Mk 3,21.31–35) und seinen Beruf nicht (mehr) ausgeübt. Wenn in Joh 19,26–27 ein geschichtlicher Kern steckt, hat er aber kurz vor seinem Tode dafür gesorgt, daß seine Mutter im Kreis der μαθηταί Jesu nicht schutzlos zurückgeblieben ist.

4. Nach Lk 3,23 hat Jesus seine *öffentliche Wirksamkeit* erst mit ‚etwa 30 Jahren' begonnen, und zwar nach seiner Taufe durch Johannes den Täufer. In Lk 1,36 werden Elisabeth, die Mutter des Täufers, und Jesu Mutter Maria als συγγενίδες, d. h. als Verwandte, bezeichnet; zwischen Jesus und dem Täufer bestanden also nicht nur ein Lehrer-Schüler-Verhältnis, sondern auch familiäre Beziehungen. Nach Lk 3,1–3 ist Johannes im 15. Regierungsjahr des Kaisers Tiberius in der ‚Umgegend des Jordan' aufgetreten. Tiberius war von 14–34 n. Chr. römischer Kaiser, ist aber schon von 12/13 n. Chr. an zum Mitherrscher aufgestiegen. Da die in Lk 3,1 erwähnte ἡγεμονία in den römischen Provinzen von der faktischen Herrschaftsausübung und nicht erst vom Beginn der titulären Herrschaft des Kaisers (βασιλεία) an gezählt wurde, kommen wir damit auf das Jahr 26/27 n. Chr.

Wie lange die öffentliche Verkündigung Jesu gedauert hat, ist aus den Evangelien nicht sicher zu entnehmen. Die Synoptiker drängen Jesu Wirken auf ein Jahr zusammen (vgl. aber Mt 23, 37/Lk 13,34). Das Johannesevangelium spricht dagegen von drei in Jesu Wirkenszeit fallenden Passafesten (Joh 2,13: das ‚Nikodemuspassa'; 6,4: das ‚Brotvermehrungspassa'; 11,55: das Leidenspassa). Es rechnet also mit einer mindestens zwei Jahre dauernden Wirksamkeit Jesu.

Als Jesus zum letzten Mal nach Jerusalem zog und dort provokativ den Tempel reinigte (vgl. Mk 11,15–17.27–33 Par), wurde er kurz darauf auf Betreiben des Hochpriesters und seines sadduzäischen Anhangs verhaftet, als messianischer ‚Verführer' angeklagt (vgl. Mk 14,64 Par) und dem römischen Präfekten, Pontius Pilatus, als messianischer Aufwiegler angezeigt. Nach kurzem römischen Rechtsverfahren ist er vor den Toren Jerusalems am Kreuz hingerichtet worden.

Was das *Datum der Kreuzigung* anbetrifft, besteht zwischen den Synoptikern und dem 4. Evangelium eine gewichtige, nicht harmonisierbare Differenz. Nach synoptischer Darstellung ist Jesus am Freitag, dem 15. Nisan, hingerichtet worden, d. h. am ersten Tag des auf die Passanacht folgenden siebentägigen Festes der ungesäuerten Brote (Mazzot). Auch nach dem Johannesevangelium ist Jesus an einem Freitag gekreuzigt worden, aber dieser Freitag war erst der 14. Nisan und der Passarüsttag (vgl. Joh 18,28). Am frühen Nachmittag dieses Tages pflegte man im Jerusalemer Tempel die Passalämmer zu schlachten und dann zuzubereiten, um sie in der heraufziehenden Passanacht in Mahlgenossenschaften zu verzehren. Jesus stirbt nach Johannes zu eben der Stunde, da im Tempel die Schlachtung der Passalämmer

54

stattfand. Da die johanneische Chronologie den Ablauf der Passionsereignisse, vor allem die Abwicklung des nächtlichen Verhörs Jesu durch den Hochpriester (und die Synhedristen), seine Überstellung an Pilatus und seine Hinrichtung vor den Toren Jerusalems ohne schwerwiegende Verstöße gegen die jüdischen Fest- und Reinheitssitten verständlich macht, wird sie oft für historisch wahrscheinlicher gehalten als die synoptische. Man muß dann allerdings damit rechnen, daß Jesus sein Abschiedsmahl mit den Jüngern entgegen synoptischer Darstellung nicht als Passamahl, sondern als gewöhnliches Nachtmahl gehalten hat (vgl. Mk 14,17–25 Par mit Joh 13,1–30; 6,52–58).

Versucht man, die synoptische und johanneische Datierung der Passion mit Hilfe astronomischer Berechnungen in Geschichtsdaten nach dem Julianischen Kalender zu übertragen, muß man historisch folgendes bedenken: Das jüdische Passafest wurde (und wird) jeweils während der ersten Vollmondnacht nach der Frühjahrstagundnachtgleiche gefeiert. Der jüdische Kalender ist ein Lunar-Solar-Kalender: Die einzelnen Monate des Jahres wurden z.Z. Jesu noch empirisch nach dem am Abend ein oder zwei Tage nach Neumond sichtbar werdenden Neulicht des Mondes bestimmt. Wegen der Unsicherheit der natürlichen Sichtverhältnisse waren dabei gewisse Abweichungen möglich. Stellt man dies in Rechnung, kommt man auf folgende Möglichkeiten: Der 14. Nisan ist möglicherweise am 11. April 27 n. Chr. und sicher am 7. April 30 n. Chr. sowie am 3. April 33 n. Chr. auf einen Freitag gefallen; der 15. Nisan fiel auf einen Freitag vielleicht am 11. April 27 n. Chr. und sicher am 23. April 34 n. Chr. Im Jahre 27 n. Chr. konnte also – je nach den Sichtverhältnissen, die bei Bestimmung des Monatsanfangs herrschten – Freitag, der 11. April, sowohl als 14. oder schon 15. Nisan gerechnet werden, während in späteren Jahren die beiden Tage deutlich auseinanderrückten und nicht mehr gemeinsam auf einen Freitag fielen.

Für die genaue Bestimmung des Datums der Kreuzigung muß man Jesu (ein- oder mehrjähriges) Wirken mit dem Auftreten Johannes des Täufers koordinieren und dann mit den genannten astronomischen Kalenderdaten synchronisieren. Folgt man den johanneischen Angaben über das Wirken und die Passion Jesu, kann Jesus schon am Freitag, 11. April (=14.Nisan) des Jahres 27 n. Chr., hingerichtet worden sein, oder er ist erst am 7. *April (= 14. Nisan) des Jahres 30 n. Chr.* gekreuzigt worden. Diese zweite Möglichkeit fügt sich besser mit dem Auftreten Johannes d.T. im Jahre 26/27 n. Chr. zusammen und gilt deshalb in der Forschung als *das wahrscheinliche Todesdatum Jesu.* Folgen wir dagegen der synoptischen Darstellung, kommt für die Kreuzigung nur Freitag, 11. April (= 15. Nisan) des Jahres 27 n. Chr. in Frage; der theoretisch auch mögliche 23. April des Jahres 34 n. Chr. kann mit den restlichen synoptischen Daten für Jesu Wirken nur schwer verbunden werden und scheidet deshalb aus. Es bleibt also in Hinsicht auf das Todesdatum Jesu zwischen Synoptikern und Johannes eine Differenz von drei Jahren.

Zwei Aspekte der chronologischen Differenz zwischen Johannes und den Synoptikern bedürfen weiterer Überlegung: (1) Wenn man die johanneische und die synoptische Datierung der Passion miteinander vergleicht, fällt auf, daß das Todesdatum Jesu bei Johannes bewußt typologisch gedeutet wird und bei den Synoptikern nicht. Nach dem 4. Evangelium ist Jesus von Joh 1,29 an (Passa-)Lamm und Gottesknecht, der die Sünde der Welt auf sich nimmt und wegträgt, und in Joh 19,36 wird (mit Hilfe des Schriftzitats von Ex 12,10.46) darauf hingewiesen, daß Jesus am Kreuz als ‚unser Passalamm' (1 Kor 5,7) gestorben ist. Die johanneische Darstellung der Passion Jesu ist also typologisch genau durchdacht. Es *könnte* darum hinter der von den Synoptikern abweichenden johanneischen Datierung des Todes Jesu auf den 14. Nisan die Absicht stehen, den gekreuzigten Jesus mit dem Gottesknecht und Passalamm der Christen zu identifizieren. Solche Freiheit der Darstellung ist im 4. Evangelium nicht ungewöhnlich. Ein vergleichbares theologisches Leitmotiv läßt sich für die synoptische Darstellung der Passion und die Datierung der Kreuzigung Jesu nicht namhaft machen. Obwohl die johanneische Passionschronologie zeitgeschichtlich weniger Probleme aufwirft als die synoptische, *kann* die relativ tendenzfreie synoptische Darstellung die tatsächlichen Umstände des Todes Jesu also doch richtig(er) wiedergeben (als Johannes). – (2) Wir kennen aus der Geschichte der Alten Kirche den im 2. Jh. n. Chr. aufbrechenden *Streit um den richtigen christlichen Passa- und Ostertermin*. Während die sog. Quartadecimaner in Kleinasien Passa und Ostern jeweils zeitgleich mit den Juden am 14./15. Nisan feierten und sich dafür auf das Johannesevangelium beriefen, hielt man sich im Westen an die synoptische Passionschronologie. Die kleinasiatischen ‚Morgenländer' haben schließlich in Nicäa dem vereinten Druck der Bischöfe des Westens nachgeben müssen. Das christliche Osterfest wurde auf den jeweils ersten Sonntag nach dem ersten Vollmond nach der Frühjahrstagundnachtgleiche festgelegt. Die ganze Auseinandersetzung *könnte* auf einen bereits in neutestamentlicher Zeit ungeschlichteten Streit zweier kirchlicher Gruppierungen zurückgehen: auf die kleinasiatische ‚Schule' des Johannes einerseits und auf die von den Synoptikern repräsentierte Tradition der Apostel, Petrus voran, andererseits. Petrus gilt in der kirchlichen Tradition als der hinter dem Markusevangelium stehende Kronzeuge der synoptischen Urtradition. Er ist es auch, der im 4. Evangelium zwar respektiert, aber ständig gegenüber dem Lieblingsjünger Jesu zurückgesetzt wird (vgl. Joh 13,23 f.; 18,27 mit 19,26; 20,4.8; 21,21 f.). Fragt man nach der Wurzel des Streites zwischen beiden Gruppen, stößt man auf das kalendarisch mehrdeutige Datum des 14. oder 15. Nisan (= 11. April) des Jahres 27. n. Chr. Die Schule des Johannes, die nach M. Hengel, The Johannine Question, 1989, 124–135, auf den aus Jerusalemer Priesterkreisen stammenden ‚Presbyter Johannes' zurückgeht, von dem 2 Joh und 3 Joh verfaßt worden sind und über den Papias berichtet (vgl. Euseb, KG III 39, 3–4), hätte dann die ‚richtige(re)' Datierung und Wertung der Passion Jesu vertreten wollen, während die Synoptiker nicht nur das (mit Jesu Tod im Jahre 27 n. Chr. durchaus übereinstimmende!) frühe Geburtsdatum Jesu z. Z. Herodes d. Gr., sondern auch die Passion nach dem üblichen jüdischen Kalender datierten. *Auch der 11. April des Jahres 27. n. Chr. ist also weiterhin als Datum der Kreuzigung Jesu zu bedenken,* und die zeitgeschichtliche Plausibilität der johanneischen Passionsdarstellung ist noch kein Grund, ihr gegenüber den Synoptikern abschließend den Vorzug zu geben.

Angesichts der Tatsache, daß die chronologische Alternative zwischen den Synoptikern und Johannes bisher nicht zwingend nach der einen oder anderen Seite hin entschieden werden konnte, legt es sich methodisch nahe, fortan *die historische Geschehensebene des Lebens und der Passion Jesu von der Ebene des Zeugnisses in den Synoptikern und im 4. Evangelium zu unterscheiden*: Ein und dasselbe geschichtliche Geschehen wird im synoptischen und johanneischen Evangeliumszeugnis bis in die Chronologie hinein unterschiedlich dargestellt und bewertet.

5. Vergleichen wir die gewonnenen Resultate mit der Erzähltradition von Apg 10,34–43, ergibt sich eine beachtliche Konvergenz und Ergänzung: Jesus entstammt einer sich auf David zurückführenden, frommen jüdischen Familie, steht also von Kind an fest in der israelitisch-jüdischen Glaubenstradition. Seine Geburt wurde schon in den judenchristlichen ‚Vorgeschichten‘ des Lukas- und Matthäusevangeliums als messianisches Erfüllungsgeschehen ganz eigener Art verstanden. In Apg 10,36 wird Jesu Sendung ähnlich bewertet (vgl. dort die Anspielung auf Ps 107,20 und Jes 52,7; Nah 2,1). Jesus begann seine öffentliche Wirksamkeit erst, nachdem er sich am Jordan der Bußpredigt Johannes des Täufers gestellt und der Johannestaufe unterzogen hatte. Genauso wird es auch in Apg 10,38 f. erzählt. Nach ein- oder mehrjähriger Wirksamkeit in und für Israel wurde Jesus von dem amtierenden Hochpriester Kaiphas als messianischer ‚Verführer‘ überführt und dem römischen Präfekten Pilatus unter der Anschuldigung, ein für die Römer gefährlicher messianischer Aufwiegler zu sein, übergeben. Dieser hat ihn am Kreuz hinrichten lassen. Das Todesdatum Jesu liegt (nach den Synoptikern) am 11. April 27. n. Chr. oder (nach Johannes) am 7. April 30 n. Chr. Apg 10,38–40 entsprechen diesem Gesamtbild und stellen Jesu Kreuzestod im Licht von Dt 21, 22 f. und Hos 6,2 dar: Die Gegner Jesu haben ihn am Kreuz dem Fluch Gottes überantwortet, Gott aber hat den Gekreuzigten am dritten Tage auferweckt und für Israel und die Völker zum endzeitlichen Retter gemacht. In seinem Namen ist allen Glaubenden die (endzeitliche) Vergebung der Sünden verbürgt. Apg 10,34–43 und die diesen Text tragenden Überlieferungen lassen sich also historisch durchaus bestätigen. Das Christuskerygma der Urchristenheit verkündigt das Rettungshandeln des einen Gottes in der Geschichte Jesu Christi für die ganze Welt.

§ 4 *Jesus und Johannes der Täufer*

Literatur: *J. Becker,* Johannes d. Täufer u. Jesus von Nazareth, 1972; *O. Betz,* Was wissen wir von Jesus? 1991[2], 29ff.; *O. Böcher,* Aß Johannes d. Täufer kein Brot (Lk 7,33)?, NTS 18, 1971/72, 90–92; *ders.,* Artikel: Johannes d. Täufer, TRE XVII, 172–181; *G. Bornkamm,* Jesus von Nazareth, 1968[8], 40–47; *G. Friedrich, R. Meyer u. a.,* Artikel: προφήτης, ThW VI, 813–842; *H. Gese,* Der Johannesprolog, in: *ders.,*

Zur bibl. Theologie, 1989³, (152–201) 198–201; *B. Gerhardsson*, The Testing of God's Son, 1966; *J. Jeremias*, Theol. d.NTs I⁴, 50ff.; *M. Hengel*, Nachfolge u. Charisma, 1968, 38–40; *W. G. Kümmel*, Jesu Antwort an Johannes d. Täufer, in: *ders.*, Heilsgeschehen u.Geschichte II, 1978, 177–200; *F. Lang*, Erwägungen zur eschatologischen Verkündigung Johannes d. Täufers, in: Jesus Christus in Historie u.Theologie. Ntl.FS für H. Conzelmann zum 60. Geburtstag, hrsg. von G. Strecker, 1975, 459–473; *H. Lichtenberger*, Täufergemeinden u.frühchristl. Täuferpolemik im letzten Drittel d. 1. Jahrhunderts, ZThK 84, 1987, 36–57; *R. Meyer*, Der Prophet aus Galiläa, 1970², 89–103; *F. Neugebauer*, Jesu Versuchung, 1986; *P. Stuhlmacher*, Jesus von Nazareth – Christus des Glaubens, 1988, 27–28; *ders.*, Jesus von Nazareth und die ntl. Christologie im Lichte der Hl. Schrift, in: Mitte der Schrift? Ein jüdisch-christliches Gespräch, hrsg. von M. Klopfenstein, U. Luz, S. Talmon, E. Tov, 1987, 81–95; *P. Vielhauer*, Artikel: Johannes d. Täufer, RGG³ III, 804–808; *ders.*, Tracht und Speise Johannes d. Täufers, in: *ders.*, Aufsätze z. NT, 1965, 47–54; *W. Wink*, John the Baptist in the Gospel Tradition, 1968.

1. Um die Gestalt Johannes des Täufers würdigen und zu Jesus in Beziehung setzen zu können, muß man Zeit und Situation seines Auftretens kennen. Unbeschadet der sich in seiner Taufe zeigenden Besonderheit gehört Johannes in die Reihe jener zahlreichen *jüdischen Endzeitpropheten* hinein, die während des 1. Jh.s n. Chr. in Palästina auftraten, im jüdischen Volk die Hoffnung auf die endzeitliche Erlösung Israels weckten und eben deshalb den politischen Machthabern als gefährlich erschienen; man beseitigte sie, wo man ihrer habhaft werden konnte. In Apg 5,36 wird z. B. Theudas erwähnt, der als Josua redivivus den Jordan spalten und das jüdische Land von fremder Herrschaft befreien wollte (vgl. Josephus, Ant 20,97f.). Außerdem ist die Rede von einem nicht mit Namen genannten ‚Ägypter', der etwa um 55 n. Chr. an Jerusalem das Eroberungswunder von Jericho wiederholen wollte und den Römern nur knapp entkam (Josephus, Ant 20,169ff.); nach Apg 21,38 wurde erwartet, daß er erneut auftauchen werde. Josephus berichtet außerdem im Bellum Judaicum (6,300ff.) von dem in Jerusalem seit 62 n. Chr. auftretenden ekstatischen Unheilspropheten Jesus, Sohn des Ananias, der während der Belagerung der Stadt durch die Römer den Tod fand. Im 18. Buch der Antiquitates Judaicae (§§ 116–119) erzählt Josephus auch von *Johannes dem Täufer* und seiner Hinrichtung durch Herodes Antipas.

Weil Herodes Antipas seine erste Frau, die Tochter des Nabatäerkönigs Aretas, verstoßen und an ihrer Stelle seine Schwägerin Herodias geheiratet hatte (vgl. Josephus, Ant 18,109–116 und Mk 6,17–29Par), hatte Aretas ihn mit Krieg überzogen und die Truppen des Herodes Antipas im Jahre 37 n. Chr. vernichtend geschlagen. Josephus schreibt darüber: „Manche aus den Juden erkannten ... in dem Untergang von Herodes' Heer die Fügung des Herrn, der von Herodes für Johannes den Täufer (Ἰωάννης ὁ ἐπικαλούμενος βαπτιστής) die gerechte Strafe forderte. Diesen hatte Herodes hinrichten lassen, obwohl er ein gerechter Mann war und die Juden anhielt, der Tugend nachzustreben, gegen ihre Nächsten Gerechtigkeit und gegen Gott Frömmigkeit zu üben und so zur Taufe (βαπτισμός) zu kommen; die Taufe werde Gott dann angenehm sein, wenn sie sie nicht zur Beseitigung gewisser Verfehlungen, sondern zur Heiligung des Leibes anwendeten, da die Seele schon durch ein gerechtes Leben gereinigt sei. Da man nun von allen Seiten ihm zuströmte, weil jeder sich durch solche Reden gehoben fühlte, fing Herodes an zu fürchten, der Einfluß eines solchen Mannes, von dessen Rat sich alles leiten ließ, könne einen Aufruhr (στάσις) herbeiführen, und hielt es daher für geratener, ihn vor Ausbruch einer solchen Gefahr unschädlich zu machen, als später bei einer Wendung der Dinge seine Unschlüssigkeit bereuen zu müssen. Auf diesen Verdacht des Herodes hin wurde Johannes in Ketten geworfen, nach der Feste Machärus geschickt ... und dort enthauptet." (Übersetzung nach C. K. Barrett – C. J. Thornton, Texte zur Umwelt d. NT, 1991², 313 f. [Nr. 264])

In dem volkstümlichen Bericht über den Tod des Täufers aus Mk 6,17–29 Par wird die prophetische Kritik erwähnt, die Johannes an der Ehepraxis seines Landesfürsten geübt hatte. Die Verstoßung der Tochter des Aretas und die Heirat mit Herodias, der Frau seines Halbbruders (Herodes), war ein Verstoß gegen Lev 18,16; 20,21, den Johannes als solchen gebrandmarkt hat. Die Kritik des Täufers war ein wichtiges religiöses Motiv, aber nicht der politisch ausschlaggebende Grund für sein Martyrium. Dieser lag in den messianischen Erwartungen, die der Täufer im Volke weckte und die Herodes Antipas politisch bedrohlich erschienen.

Warum sich solche *messianischen Erwartungen* mit dem Auftreten des Täufers verbunden haben, ist aus dem biblischen Schrifttum zu ersehen: Das Auftreten des Täufers in der Wüste am Jordan stand in (typologischer) Verbindung mit der alttestamentlich-frühjüdischen Elia-Tradition. In Mal 3,1 wird angekündigt, daß vor dem endzeitlichen Gerichtstag Gottes Bote auftreten und das Volk durch seine Bußpredigt auf die Ankunft Gottes vorbereiten wird. Nach Mal 3,23 ist dieser Bote der wiederkehrende Prophet Elia. Er wird Israel zum bußfertigen Neustudium der Tora rufen und so „das Herz der Väter wieder den Söhnen und das Herz der Söhne ihren Vätern zuwenden, damit ich nicht komme und das Land mit dem Banne schlage". In Sir 48, 10–11 werden dem wiederkehrenden Elia nicht nur die Aufgaben von Mal 3,24 zugemessen, sondern er soll auch noch – wie der Gottesknecht in Jes 49,6 – die Stämme Jakobs wiederaufrichten. Faßt man diese Erwartung ins Auge, konnten sich mit dem Auftreten des Täufers in den Spuren Elias leicht apokalyptisch-messianische Hoffnungen verbinden.

Lk 1,5–25.57–80 stammen aus Kreisen eines frühen, den Täufer sehr hoch einschätzenden Judenchristentums. Die beiden Texte berichten von der durch Engelmund angekündigten und von einem Gotteszeichen begleiteten Geburt des Täuferkindes und münden aus in das Benedictus des Zacharias (Lk 1,68–79). Johannes wird in diesem Psalm als der dem Κύριος (– Jesus Christus) vorangehende Endzeitprophet nach dem Vorbild Elias geschildert. Er ist der Vorläufer des Messias, in dessen Erscheinung sich die Verheißungen von Jes 60,1–3; Sach 3,8 und Num 24,17 erfüllen. Der Messias ist ᾿Ιησοῦς Χριστός:

Die Schlußverse lauten: „... (1,76) Und – du aber, Kindlein, Prophet des Höchsten wirst du genannt werden, denn du wirst einhergehen vor dem Herrn, zu bereiten seine Wege [Mal 3,1], (77) zu geben Erkenntnis des Heils seinem Volke, (das) in der Vergebung seiner Sünden (besteht), (78) um des erbarmungsvollen Mitleids unseres Gottes willen, mit dem uns heimsuchen wird der Aufgang aus der Höhe [vgl. Jes 60,1–3; Sach 3,8; Num 24,17], (79) um denen zu scheinen, die in Finsternis und Todesschatten sitzen, unsere Schritte zu lenken auf dem Wege des Friedens." (H. Schürmann, Das Lukasevangelium I, 1969, 85)

Der Täufer wird im ‚Benedictus‘ dem Messias Jesus Christus vor- und zugeordnet. Nach der Eliatradition ließ er sich aber auch messianisch als letzter Bote vor dem Kommen Gottes verstehen. Tatsächlich hat dies ein Teil der Johannesjünger (vgl. Joh 1,35.37; 3,25–26; Lk 7,18Par; Mk 6,29Par u. a.) während des 1. und 2. Jh.s n. Chr. getan und damit zugleich Jesus die Messianität abgestritten (vgl. Apg 19,1–7[?]; Sib IV 158–169; ClemRec I 54.60; SyrClem 54,8). Die Auswirkungen dieser Auseinandersetzungen werden besonders deutlich im 4. Evangelium greifbar. In Joh 1,6–8.15.19–28 wird der Täufer Jesus ganz entschieden untergeordnet, und es werden ihm polemisch sowohl die Qualität des Χριστός als auch die des wiederkehrenden Elia abgesprochen. Bei der Auswertung der neutestamentlichen Täufertraditionen muß man die historische Rivalität der Anhänger des Täufers und der Jesusjünger im Auge behalten.

2. Johannes der Täufer wurde nach Lk 1,5–25 noch z. Z. Herodes d. Gr. geboren. Er war priesterlicher Herkunft und mit Jesus verwandt (vgl. Lk 1,36.40). Im 15. Jahr der Herrschaft des Tiberius (d. h. etwa 26/27 n. Chr.) trat er in der Wüste des unteren Jordantales als endzeitlicher Bußprediger auf (vgl. Lk 3,1–3). Er trug altprophetische Tracht, d. h. den härenen Prophetenmantel und den ebenfalls zur prophetischen Gewandung gehörenden ledernen Lendenschurz (vgl. Mk 1,6Par). Sowohl der Ort seines Auftretens als auch der Habitus des Johannes haben typologischen Sinn. Die Wüste ist nach alttestamentlich-jüdischer Anschauung der Ort des neuen Exodus und der Stiftung neuer endzeitlicher Gottesgemeinschaft (vgl. Hos 2,16ff.; Jes 40,3–5; Bar 5,7–9; 1QS 8,13; 9,19f.). Der Jordan ist die traditionelle Grenze zum Hl. Land (vgl. Jos 3). Hier hatte Elia das Schilfmeerwunder wiederholt (vgl. 2Kön 2,8 mit Ex 14,16.22; Jos 3,16), und er war gekleidet gewesen wie der Täufer (vgl. 2Kön 1,8). Nach Mk 1,3–6Par; Mt 11,7–19/ Lk 7,24–35 ist Johannes mit dem wiederkehrenden Elia zu verbinden (vgl. bes. Mt 11,14). *In der Elia-Tradition stehend, verkörpert Johannes der Täufer die prophetischen Endzeiterwartungen Israels, mit denen Jesus konfrontiert war (vgl. Lk 16,16).*

3. Für die *Umkehrpredigt des Täufers* sind charakteristisch: (1) die aufs äußerste zugespitzte Gerichtserwartung: Schon ist die Axt an die Wurzel der Bäume gelegt, und jeder Baum, der keine gute Frucht bringt, wird umgehau-

en und ins Feuer geworfen' (Mt 3,10/Lk 3,9); auf die heilsgeschichtliche Sonderstellung der Israeliten darf man angesichts des nahenden Richters nicht pochen, weil er sich aus Steinen neue Kinder Abrahams erwecken kann, wenn die alten versagen (vgl. Mt 3,7–9/Lk 3,7–8). – (2) Dieser akuten Gerichtserwartung korrespondiert der radikale Ruf zur Umkehr (μετάνοια) und zum Gehorsam gegenüber Gottes Gebot; er wird durch die sog. ‚Standespredigt' des Täufers aus Lk 3,10–14 illustriert, die an Mal 3,5 orientiert ist. Da der endzeitliche Gottesbote nach Mal 3,5 u.a. auch die ‚Ehebrecher' anklagen wird, gehört die Kritik des Johannes am ehebrecherischen Verhalten des Herodes Antipas (vgl. Mk 6,18Par, s.o.) ebenfalls hierher. – (3) Johannes kündigt den nach ihm kommenden ‚Stärkeren', den Geist- und Feuertäufer, an, der die Ungerechten mit Feuer vernichten, die Bußfertigen aber gnädig annehmen wird (vgl. Mk 1,7–8 Par).

Der nach Johannes ‚*Kommende*', dem der Täufer nicht einmal den Sklavendienst des Aufbindens der Sandalenriemen zu leisten wagt (Mk 1,7 Par), ist eine messianische Gestalt. Gott selbst kann es (trotz Ps 98,9) nicht sein, weil die anthropomorphe Metapher, die Johannes gebraucht, biblisch auf ihn nicht paßt. F. Lang hat vielmehr herausgestellt, daß „der ‚Stärkere' des Täuferworts … eine große Verwandtschaft mit dem henochitischen Menschensohn (zeigt), bei dem bereits eine Verbindung von Dan 7; Jes 11; 42,6; 52,15 vorliegt und zu dem das Motiv des ‚Kommens' (Dan 7,13) gehört" (a.a.O., 471).

Nachdem Gott selbst ausscheidet, können nach biblischer Erwartung der Messias oder der Menschensohn der Kommende sein. Was den *Messias* anbetrifft, wird in Gen 49,10 von dem kommenden ‚Schiloh' (שִׁילֹה) gesprochen. In dieser rätselhaften Figur hat das Frühjudentum den Messias gesehen (vgl. 4Q patr 1–4; bSan 98b). In dem frühjüdisch ebenfalls messianisch gedeuteten Ps 118 ist in V.26 von „dem im Namen Jahwes Kommenden" die Rede (vgl. Mk 11,9 Par). Der ‚Kommende' hat also biblisch sicher mit dem Messias zu tun, der die Gottesherrschaft heraufführen wird. – Nach Dan 7,13 wird auch der *Menschensohn* „kommen auf den Wolken des Himmels". In der Henoch-Apokalypse (= äthHen) ist ebenfalls von diesem Menschensohn die Rede (vgl. äthHen 46,2–3; 48,2; 62,5.7.14; 63,11). Er wird hier gleichzeitig von Jes 42,1 her ‚der Auserwählte' Gottes (vgl. äthHen 45,3–4; 49,2; 61,5.8) und ‚der Gesalbte', d.h. der Messias, genannt (äthHen 48,10; 52,4). Sein Auftreten wird die Herrscher der Völker in Erstaunen versetzen (vgl. äthHen 46,4; 62,3 mit Jes 52,15). Er wird mit den Gaben des Geistes ausgestattet, die dem Messias nach Jes 11,2 gebühren (vgl. äthHen 49,3; 62,2). Gott setzt ihn gemäß Ps 110,1 als seinen messianischen Beauftragten auf den ‚Thron seiner Herrlichkeit' (vgl. äthHen 61,8; 62,2); er hält das Weltgericht ab und führt so die Gottesherrschaft herauf (vgl. äthHen 61–63). *In dem messianischen ‚Auserwählten', dem Menschensohn-Weltenrichter der Henochapokalypse, sind alle in Mk 1,7–8 Par erwähnten Charakteristika des kommenden* ἰσχυρότερος *von Mt 11,3/Lk 7,19 vereint.* Es ist nicht unwichtig, noch folgendes hinzuzufügen: Nach Mi 5,1 geht der Ursprung des Messias bis in die Urzeit zurück, und vom Menschensohn gilt nach äthHen 48,3–6 zweierlei: Sein Name wurde schon vor Erschaffung der

Gestirne vor Gott genannt, und er selbst war bereits auserwählt und vor Gott verborgen, „bevor die Welt geschaffen wurde". In dem Menschensohn tritt also *der von Urzeit her Erwählte und präexistente Messias* in Erscheinung.

Johannes der Täufer hat also den in Bälde zum Gericht erscheinenden messianischen Menschensohn-Weltenrichter angekündigt und sich selbst als dessen prophetischen Vorboten verstanden.

4. Die apokalyptische Umkehrpredigt des Täufers wurde begleitet und unverwechselbar geprägt durch die *Johannestaufe*. Sie soll den Bußfertigen Vergebung ihrer Sünden und Bewahrung vor dem nahen Feuergericht gewähren: „Wer seine Sünden bekannt und die Meidung künftiger Sünden gelobt hat, erhält im Wasserbad des Täufers die Reinheit, die ihn dem bevorstehenden Feuergericht entgehen läßt (vgl. Josephus, Ant 18,117; Mk 1,4f par.)" (O. Böcher, TRE XVII, 176). Die ‚Bußtaufe zur Vergebung der Sünden' (Mk 1,4) ist weit mehr als eine zeremoniale Waschung. Sie ist ein einmaliger eschatologischer Reinigungsakt. Sein Vollzug hat Johannes den sogar bei Josephus überlieferten Beinamen ‚der Täufer' (ὁ βαπτίζων/ὁ βαπτιστής) eingetragen. Das beherrschende Motiv, mit dieser (im frühjüdischen Raum analogielosen) Taufe hervorzutreten, dürfte für Johannes in der prophetischen Ankündigung von Ez 36,24–27 gelegen haben:

„(24) Ich werde euch aus den Völkern wegnehmen, euch aus allen Ländern zusammenbringen und euch in euer Land zurückbringen. (25) Dann werde ich reines Wasser über euch sprengen, daß ihr rein werdet. Von aller Unreinheit, und von allen euren Götzen werde ich euch reinigen. (26) Und ich werde euch ein neues Herz geben und einen neuen Geist in euer Inneres geben, euer steinernes Herz wegnehmen und euch ein Herz von Fleisch geben. (27) Ich will meinen Geist in euer Inneres geben und bewirken, daß ihr nach meinen Satzungen wandelt und meine Vorschriften beobachtet und danach handelt."

Nach 1QS 4,20–23 wurde die Erfüllung dieser Verheißung von den Qumranessenern für die Endzeit erwartet. Es ist gut vorstellbar, daß diese Endzeiterwartung auch den Täufer erfüllt und ihn zu seiner Tauftätigkeit veranlaßt hat. Ihr fügt sich gut ein, daß der Täufer in der Tradition des Elia die Bußfertigen in die Wüste ruft, um sie dort in den Jordan einzutauchen (βαπτίζειν).

„Der Jordan ist die Grenze des Heiligen Landes für den Einziehenden, durch ihn hindurch geht der Eisodus, und deswegen vollzieht sich hier die Abbildung des Schilfmeerereignisses (Jos 3f; das Schilfmeerwunder wird von Elia, dem Moses redivivus, am Jordan wiederholt 2Kön 2,8.14). Die Jordanwasser haben ihren eschatologisch-protologischen Sinn. Durch sie hindurch vollzieht sich für das wahre Gottesvolk der Eintritt in die göttliche Basileia. Sie sind als ‚Schilfmeerwasser' und Chaoswasser (vgl. Jes 51,9–11) weniger Reinigungs- als Todeswasser. In ihnen versinkt alles Gottfeindliche. Anschließend an das Sündenbekenntnis hier untergetaucht werden heißt rituell-symbolisch in den Tod gehen, auftauchend aus dem Wasser aber tritt man in das neue Sein ein – ein Ritus der Wiedergeburt, ja der Neuschöpfung. Die Johannestaufe ist die Ritualisierung der eschatologischen Geburt, von der z. B. Jes 26,17 ff. spricht." (H. Gese, a. a. O., 200)

Für die Täuflinge des Johannes bedeuteten sein Bußruf und die Taufe die Aussonderung aus der unbußfertigen Menge Israels und den Eintritt in ein von tiefem Ernst geprägtes Leben nach Gottes Gebot in der Erwartung des nahen Weltendes.

5. Nach den Berichten aller vier Evangelien (Mk 1,9–11 Par; Joh 1,29–34) hat Jesus der Predigt des Täufers Gehör geschenkt und sich der Taufe im Jordan unterzogen. Die Evangelien stellen die Taufe Jesu als Akt der Berufung Jesu zum öffentlichen messianischen Wirken dar. Ihre Erzählungen sind vom Glauben an Jesus Christus geprägt, und die Worte der Gottesstimme in Mk 1,11 Par werden sorgfältig mit Hilfe der Hl. Schriften formuliert (vgl. Jes 42,1; 44,2; Ps 2,7), sie bieten aber keinen Anlaß, an dem berichteten Geschehnis historisch zu zweifeln. Jesus selbst hat nämlich im Streitgespräch mit seinen Gegnern über seine (messianische) Vollmacht auf die (an ihm vollzogene) Johannestaufe als das für seine Sendung entscheidende Berufungsereignis verwiesen (vgl. Mk 11,27–30 Par). Kombiniert man Mk 1,9–11 Par und 11,27–30 Par, darf man *in der Taufe Jesu durch Johannes das Geschehnis der Bevollmächtigung Jesu zum öffentlichen messianischen Zeugendienst sehen.*

Die Taufgeschichte Mk 1,9–11 Par wird in der Forschung heute zumeist in dem Sinn als *Messiasweihe* verstanden, daß der Mensch Jesus von Nazareth – dem Königsritual von Ps 2 entsprechend – von Gott zum königlichen Sohn *adoptiert* worden ist (vgl. z. B. E. Schweizer, ThW VIII, 369, 6 ff.). Der Text und seine Parallelen werden damit aber christologisch nur unzureichend interpretiert. Nach Joh 1,32–34 unterzieht sich der präexistente und fleischgewordene Logos der Taufe und wird vom Täufer als ‚Sohn Gottes‘ bezeugt; ein adoptianisches Verständnis des Ereignisses ist damit ausgeschlossen. Auch bei Matthäus und Lukas geht aus dem Erzählungszusammenhang hervor, daß Jesus bei der Taufe als der von der erwählten παρθένος (Jes 7,14) geborene Gottessohn in das ‚Amt‘ des ‚geliebten Sohnes‘ eingesetzt wird. Im Markuszusammenhang ist die Tauferzählung nicht anders zu verstehen! Das Evangelium handelt nach Mk 1,1 von Jesus Christus, dem Sohn Gottes, und entspricht der jesajanischen Verheißung (vgl. Mk 1,2 mit Jes 52,7; 61,1–2). Dem Auftreten des Täufers und der Taufe Jesu geht in Mk 1,2–3 ein altertümlicher, aus Schriftworten gebildeter Prolog voran. Wie in Mt 11,10/Lk 7,27 wird Ex 23,20 mit Mal 3,1 so verbunden, daß „aus dem Spruch eine Anrede Gottes an den Christus wird, der als der Präexistente von jeher bei Gott war" (A. Schlatter, Markus – Der Evangelist für die Griechen, 1984², 15). Gott tut seinem Sohn kund, daß er seinen Boten als Wegbereiter vor ihm her senden werde, und dieser Bote wird als die ‚Stimme eines Rufers in der Wüste‘ (Jes 40,3) bezeichnet. Ort dieses Prologs kann nur die Vorzeit bzw. der Himmel sein. Wenn der Täufer in 1,7–8 den nach ihm kommenden, aber an Vollmacht unendlich überlegenen ‚Stärkeren‘ ankündigt, und anschließend in 1,9–11 von der Taufe Jesu erzählt wird, ist beides auf den präexistenten Gottessohn von 1,1–2 zu beziehen. Markus sieht in der Taufe Jesu also ebenfalls eine Bevollmächtigung und keine Adoption. Jesus wird als Sohn Gottes von Ewigkeit her dazu berufen, Gottes geliebter Sohn nun auch vor den Augen der Welt zu sein. *Ein christologischer Adoptianismus läßt sich also von Mk 1,9–11Par her nicht begründen*; da auch Röm 1,3–4 nicht adoptianisch zu interpretieren sind (s. u. S. 186ff.), hat der Adoptianismus in der neutestamentlichen Tradition nirgends einen ,Sitz im Leben'.

6. Geht man vom Zeugnis der Evangelien zur historischen Geschehensebene zurück, steht man vor der Aufgabe, die Ankündigung des Täufers von dem nach ihm kommenden (von Urzeit an erwählten und vor Gott verborgenen) Menschensohn-Messias mit Jesu Taufe und den anschließenden Ereignissen seiner Versuchung (Mk 1,12–13Par) sowie dem Aufbruch zum öffentlichen Wirken (Mk 1,14–15Par) zusammenzudenken. Damit ist zugleich die komplexe Frage gestellt, wie sich *Jesus und der Täufer* zueinander verhalten.

6.1 Die Taufe Jesu durch Johannes ist historisch wohlbezeugt. Daß ihm bei dieser Taufe eine besondere visionäre Geisterfahrung zuteilwurde (Mk 1,10–11Par), ist angesichts anderer Geisterfahrungen im Leben Jesu (vgl. vor allem Lk 10,18) gut denkbar. Jesus ist also aus dem Kreis der Täuflinge des Johannes hervorgegangen; aus Joh 1,35–40 ergibt sich, daß auch einige der von ihm erwählten Jünger, z. B. Andreas, zu den Anhängern des Täufers gezählt haben. Von Joh 3,23; 4,1–3 her ist hinzuzufügen: Jesus hat sogar eine Zeit lang ganz ähnlich wie der Täufer gewirkt, und seine Jünger scheinen eine (eigene) Art von ,Johannestaufe' vollzogen zu haben (vgl. auch Apg 19,1–7). Es ist darum kein Zufall, daß Jesus nach Mk 8,28Par für den (nach seinem Martyrium) wiedergekehrten Täufer gehalten worden ist. Zwischen ihm und Johannes bestanden durchaus *Gemeinsamkeiten*. Sie haben beide zur Umkehr gerufen (vgl. Mt 3,2/Lk 3,3 und Mk 1,14–15Par); die Taufe verband sie und der Kreis der von ihnen gesammelten Schüler (μαθηταί) anfänglich auch.

6.2 Zeit seines Lebens hat Jesus dem Täufer höchsten Respekt gezollt (vgl.Lk 7,24–35/Mt 11,7–19). Er hat ihn als den ihm vorangehenden Elia redivivus anerkannt und Johannes als den Größten unter den von einer Frau geborenen Menschen bezeichnet. In dem Nachsatz aber: „... doch der Kleinste in der Herrschaft Gottes ist größer als er" (Lk 7,28/Mt 11,11; vgl. auch Lk 16,16) „steckt eine außerordentliche Gewißheit darüber, daß in Jesus nicht nur eine selbst den Täufer noch überragende Größe und Würde, sondern das Gottesreich selbst da ist" (E. Schweizer, Das Evangelium nach Matthäus, 1981[15/3], 170). Jesu Ausspruch deutet eine *qualitative Differenz* zwischen ihm und dem Täufer an.

6.3 Diese Differenz hat ihre entscheidende Wurzel darin, daß Jesus im Verlauf der sich an seine Taufe anschließenden Zeit der sog. *Versuchung* gelernt hat, sich von der pneumatischen Berufungserfahrung her (Mk 1,11Par) vom Täufer zu unterscheiden. Auch die drei Versuchungstexte (Mk 1,12f.; Mt 4,1–11/Lk 4,1–13) sind erst von Ostern her im Lichte der Hl. Schriften ausgestaltet worden. Sie geben aber keinen Anlaß, an der Tatsache einer sich an Jesu Taufe unmittelbar anschließenden (Fasten-)Zeit in der Wüste zu zweifeln, und sie weisen darauf hin, daß es für Jesus während dieser Zeit darum ging, sich auf sein öffentliches Wirken vorzubereiten. F. Neugebauer hat die ‚Versuchung‘ treffend Jesu „Wegentscheidung am Anfang" genannt (a. a. O., 4): *Jesus hat in der Zeit des* πειρασμός *gelernt, den ihm von Gott zuteilgewordenen Sendungsauftrag gehorsam zu bejahen, und erkannt, daß er sich als der ‚Sohn Gottes‘ nunmehr auf seine ureigene Weise mit dem vom Täufer angekündigten ‚Kommenden‘, dem messianischen Menschensohn-Weltenrichter, zu identifizieren habe.* Fortan sprach Jesus in geheimnisvoller Andeutung von sich selbst als dem ‚Menschensohn‘ und sah in dieser Selbstprädikation nicht nur die Vollmacht beschlossen, im Namen Gottes zu wirken (vgl. z.B. Mk 2,28 Par), sondern auch – gegenüber der frühjüdischen Tradition vom Menschensohn ganz neu und unerhört! – seinen Leidensauftrag (vgl. Mk 10,45Par). In diesem neugewonnenen messianischen Sendungsbewußtsein liegt der entscheidende Unterschied im Auftreten Jesu gegenüber dem Täufer (vgl. Mt 11, 18–19/Lk 7,33–34). Jesus trat auf als *messianischer Evangelist der ‚Armen‘*, zu denen der mit dem Hl. Geist ‚Gesalbte‘ (χριστός) nach Jes 61,1–2 in besonderem Maße gesandt ist (vgl. Lk 4,16–30 mit Jes 61,1–2 und Mk 1,14f. mit Jes 52,7 und Nah 2,1). Auch Jesus rief zur Umkehr auf und kündigte Gottes nahende Herrschaft an, aber zugleich wagte er, diese Herrschaft zeichenhaft in Heilungswundern und Taten der Vergebung zu verwirklichen. Er selbst vollzog mit seinem eigenen Handeln die gnädige Annahme der Sünder durch Gott (vgl. Mk 2,10 Par; Mt 11,18–19/Lk 7,33–34; Lk 15,2).

6.4 Dieses unerwartete und neuartige Verhalten Jesu hat zu der Anfrage des im Gefängnis liegenden Täufers geführt, ob Jesus selbst der vom Täufer angekündigte ‚Kommende‘ (ἐρχόμενος) sei oder ob man einen anderen als ihn zu erwarten habe (vgl. Mt 11,2–6/Lk 7,18–23). Jesus verwies zur Antwort auf seine Heilstaten und seine Verkündigung gegenüber den ‚Armen‘:

(Mt 11,5) „Blinde sehen wieder [Jes 29,18; 35,5], und Lahme gehen [Jes 35,6]; Aussätzige werden rein, und Taube hören [Jes 35,5]; Tote stehen auf [Jes 26,19], und den Armen wird das Evangelium verkündet [Jes 61,1]. (6) Selig ist, wer an mir keinen Anstoß nimmt."

Bei diesem Jesuswort handelt es sich nicht nur um eine generelle Ankündigung vom Anbruch der Heilszeit in Jesu Wirken im Lichte von Jes 26,19; 29,18–19; 35,5–6 und 61,1–2. Von Aussätzigenheilungen reden diese Stellen nicht und auch nicht vom Anstoß, den man am Gesandten Gottes nehmen kann. Es geht um den Hinweis auf die durch Jesus vollbrachten messianischen Taten der Heilung (vgl. das in BARev 17, 1991, [No. 6] 65 veröffentlichte Fragment aus 4Q, wo Jes 35,3–5; 61,1–2 auf die Zeit des Messias bezogen werden). Die Essener haben Blinde, Lahme, Aussätzige und Taube unter Berufung auf Lev 21, 17–23 und Num 5,2 der direkten Begegnung mit Gott im Kult und in der (mit dem Hl.Lager gleichgesetzten) Gottesstadt für unwürdig erachtet (vgl. 1QSa 2,4–9; 11QTempel 45,11–18; 48,10–17). Jesus aber hat sich gerade diesen ‚Unwürdigen‘ zugewandt und Gott neu zu ihnen gebracht. Mt 11,5–6/Lk 7,22–23 spiegeln diesen Sachverhalt in authentischer Form. Den Anbruch der Gottesherrschaft in *dieser* Weise zu verlebendigen, war gegenüber dem Täufer und seiner an der Tora orientierten prophetischen Umkehrpredigt etwas fundamental und anstößig Neues. *Jesus sah sich berufen, der ‚Kommende‘ als der messianische Evangelist und Nothelfer der ‚Armen‘ zu sein (Jes 61,1–2).*

6.5 Dies bedeutet insgesamt: Jesus unterschied sich vom Täufer dadurch, daß er *in seiner Verkündigung und seinen Heilstaten als Messias wirkte.* Anders als beim Täufer bildeten die von Jesu Ruf und Tat ergriffenen Juden nicht mehr nur den Kreis der Bußfertigen, sondern die Schar derer, die sich aus Freude und Dankbarkeit über die ihnen durch Jesus zuteilwerdende Güte zu neuer Gottesfurcht und Hoffnung auf die kommende Herrschaft Gottes bewegen ließen.

Vergleichen wir dieses Ergebnis mit dem Leittext für unsere Rekonstruktion der Botschaft Jesu aus Apg 10,34–43, *bestätigt* sich, was dort bezeugt ist: Gott selbst ist es, der Jesus als sein Verheißungswort in menschlicher Gestalt gesandt hat. In und durch Jesus hat er den Anbruch seiner Herrschaft und den messianischen Frieden ausrufen lassen (vgl. V.36 mit Ps 107,20; Jes 52,7), und die Hauptwirksamkeit Jesu in ganz Judäa begann „nach der Taufe, die Johannes verkündigt hat" (V.37).

§ 5 Gottes Sohn und Gottes Herrschaft

Literatur: P. Billerbeck, Kommentar zum NT I, 1965[4], 172–184; *G. Bornkamm,* Jesus von Nazareth, 1968[8], 58–74; *O. Camponovo,* Königtum, Königsherrschaft u. Reich Gottes in d. frühjüdischen Schriften, 1984; *K. Galling/H. Conzelmann,* Artikel: Reich Gottes im Judentum und NT, RGG[3] V, 912–918; *M. Hengel,* Der Sohn Gottes, 1977[2]; *O. Hofius,* Jesu Tischgemeinschaft mit den Sündern, 1967; *B. Janowski,* Das Königtum Gottes in den Psalmen, ZThK 86, 1989, 389–454; *J. Jeremias,* Ntl.Theologie I[4], 40–44; *Jörg Jeremias,* Das Königtum Gottes in d. Psalmen, 1987; *G. Klein,* ‚Reich Gottes‘ als biblischer Zentralbegriff, EvTh 30, 1970, 642–670; *H. Kleinknecht/K. G. Kuhn/G. v. Rad /K. L. Schmidt,* Artikel βασιλεύς, βασιλεία κτλ., ThW I, 562–595; *A. Lindemann,* Artikel: Herrschaft Gottes IV. Neues Testament u. spätantikes Judentum, TRE XV, 196–218; *E. Lohse,* Die Gottesherrschaft in d. Gleichnissen Jesu, in: *ders.,* Die Einheit des NT, 1973, 49–61; *H. Merkel,* Die

Gottesherrschaft in d. Verkündigung Jesu, in: Königsherrschaft Gottes u. himmlischer Kult, hrsg. von M. Hengel u. A. M. Schwemer, 1991, 119–161; *H. Merklein*, Jesu Botschaft von d. Gottesherrschaft, 1989[3]; *ders.*, Die Gottesherrschaft als Handlungsprinzip, 1984[3]; *ders.*, Jesus, Künder des Reiches Gottes, in: *ders.*, Studien zu Jesus u. Paulus, 1987, 127–156; *C. Newsom*, Songs of the Sabbath Sacrifice, 1985; *N. Perrin*, Was lehrte Jesus wirklich? 1972, 52–119; *P. Schäfer*, Der synagogale Gottesdienst, in: Literatur u. Religion d. Frühjudentums, hrsg. von J. Maier u. J. Schreiner, 1973, 391–413; *W. H. Schmidt*, Atl. Glaube in seiner Geschichte, 1987[6], 210–248; *R. Schnackenburg*, Gottes Herrschaft u. Reich, 1965[4]; *W. Schrage*, Theologie u. Christologie bei Paulus u. Jesus auf d. Hintergrund d. modernen Gottesfrage, EvTh 36, 1976, 121–154; *E. Schweizer*, Jesus als Gleichnis Gottes, in: Dialog aus der Mitte christlicher Theologie, hrsg. von A. Bsteh, 1987, 85–103; *A. M. Schwemer*, Gott als König u. seine Königsherrschaft in d. Sabbatliedern aus Qumran, in: Königsherrschaft Gottes u. himmlischer Kult (s. o.), 45–118; *E. Zenger*, Artikel: Herrschaft Gottes II. Altes Testament, TRE XV, 176–189.

1. *Will man das Zentrum der Verkündigung Jesu mit einem einzigen Ausdruck beschreiben, muß man von Gottes Herrschaft (βασιλεία τοῦ θεοῦ) reden.* Daß es sich dabei um eine für die Botschaft Jesu charakteristische Formulierung handelt, zeigt sich schon an zwei sprachstatistischen Befunden: Die Wortbildung wird in den Synoptikern ungewöhnlich häufig verwendet, während sie im vierten Evangelium und in der nachösterlichen Gemeindetradition viel seltener gebraucht wird. Dieser Befund ist zu ergänzen durch Hinweis auf einige singuläre Redewendungen mit βασιλεία τοῦ θεοῦ, die für die synoptische Jesusüberlieferung charakteristisch sind, in frühjüdischen Texten aber so gut wie keine Parallelen haben, z. B. ἤγγικεν ἡ βασιλεία τοῦ θεοῦ (Mk 1,15 Par; [Mt 10,7] u. ö.), ἔρχεται ἡ βασιλεία τοῦ θεοῦ (Mk 9,1; Mt 6,10 Par; Lk 17,20 usw.); ἡ βασιλεία τοῦ θεοῦ ἐντὸς ὑμῶν ἐστιν (Lk 17,21) oder ἔφθασεν ἐφ᾿ ὑμᾶς ἡ βασιλεία τοῦ θεοῦ (Mt 12,28/Lk 11, 20). Man kann also davon ausgehen, daß die Rede von der βασιλεία τοῦ θεοῦ für die Verkündigung Jesu charakteristisch war.

2. Um Wurzeln und Sinngehalt des Lexems zu klären, muß man in die frühjüdische und alttestamentliche Tradition zurückgehen. Βασιλεία τοῦ θεοῦ kommt griechisch auch in frühjüdischen Texten vor (vgl. z. B. PsSal 17,3). Dem griechischen Ausdruck liegen folgende semitische Äquivalente zugrunde: מַלְכוּתָא דְיי (malkuta᾿ di Jhwh) in den Targumen, מַלְכוּת שָׁמַיִם (malkut šamajim) im Rabbinat (dort erstmals nachgewiesen um 80 n. Chr.) sowie מְלוּכָה (meluka), מַלְכוּת (malkut) und מַלְכוּת־אֵל (malkut ᾿el) in den Qumrantexten (4QShirShabb; 1QM 6,6 und 12,7). Der Begriff geht also eindeutig ins semitischsprachige Frühjudentum zurück und hat seine Wurzeln im Alten Testament (vgl. Ps 22,29; Ob 21). Die Abstraktbildung מַלְכוּ(ת) (malkut) ist ein nomen actionis und meint – wie das griechische Wort βασιλεία auch – die Herrschaftsfunktion, das Herrsein (des Königs). מַלְכוּת־אֵל (malkut ᾿el) bzw. βασιλεία τοῦ θεοῦ bedeutet also in erster Linie

die aktive Regentschaft Gottes, Gottes Herrschen als König. Auch die wesentlichen Bedeutungskomponenten von βασιλεία τοῦ ϑεοῦ ergeben sich aus dem Alten Testament und Frühjudentum heraus.

3.1 Seit dem 8. Jh. v. Chr (wahrscheinlich aber auch schon früher) ist Jahwe in Israel als König Israels und der himmlischen Mächte angerufen worden (vgl. Jes 6,5 und Num 23, 21 [E] als älteste literarische Belege). Die früher ‚Thronbesteigungspsalmen‘, jetzt z. T. einfach ‚Jahwe-König-Hymnen‘ genannten Psalmen (Ps 47; 93; 96; 97; 98; 99) sind alle geprägt durch den Ruf: יהוה מָלַךְ (Jhwh malak) = *‚Jahwe ist König geworden‘* oder *‚Jahwe (und kein anderer) ist König‘*. Diese Königsprädikation Jahwes gehört in den kultischen Lobpreis Israels und macht der Gemeinde die Königsmacht Jahwes im modus der Anbetung bewußt. Das Königtum Jahwes wird dabei kosmisch verstanden: Jahwe ist Schöpfer und (alleiniger) Regent der Welt.

Der irdische (seit der Zeit Davids in Jerusalem residierende) König gilt in Israel niemals (wie z. B. in Ägypten) als leiblicher Abkömmling, sondern immer nur als Beauftragter Jahwes. Nach dem Königsgesetz in Dt 17,14–20 hat er sich streng an die Tora zu halten. Muster seiner Herrschaft ist Jahwes Königtum: In einigen Psalmen wird davon gesprochen, daß der König die Herrschaft Gottes auf Erden wahrnehmen soll (vgl. z. B. Ps 2,7–9; 110). Dabei wird vor allem daran gedacht, daß er in Jahwes Auftrag die Wohlordnung des Lebens auf Erden gewährleistet und den Rechtsschwachen zu ihrem Recht verhilft. Ps 72 entwirft ein regelrechtes Muster solch gedeihlicher Herrschaft des Königs und ist deshalb zum messianischen Modelltext geworden (vgl. PsSal 17,26–38).

Angesichts der von Israel erlittenen geschichtlichen Katastrophen und der sich darin scheinbar dokumentierenden Schwäche seines Gottes wird vom 6. Jh. v. Chr. an der Anbruch der uneingeschränkten Gottesherrschaft zum *Ausdruck israelitischer Zukunftshoffnung.* In Jes 52,7–9 kündigt Deuterojesaja den Exulanten mit dem aus den Jahwe-König-Hymnen bekannten Ruf יהוה מָלַךְ den unmittelbar bevorstehenden Herrschaftsantritt Jahwes und damit die Erlösung an:

„Wie lieblich sind auf den Bergen die Füße des Freudenboten, der Heil verkündet, gute Botschaft bringt, Rettung verkündet, der zu Zion spricht: König geworden ist dein Gott! Horch, deine Späher erheben die Stimme, insgesamt jubeln sie, denn Auge in Auge sehen sie ihre Lust an der Heimkehr Jahwes. Brecht aus und jubelt insgesamt, ihr Trümmer Jerusalems, denn Jahwe hat sich seines Volkes erbarmt, hat erlöst Jerusalem.“ (Übersetzung: G. v. Rad, Theol. d. ATs, II 1960[5], 256).

Die Rede von Gottes Königsherrschaft begegnet auch in Texten der nachexilischen Prophetie (vgl. Mi 2,12f.; 4,6–8; Zeph 3,14f.; Sach 14,6–11.16f.; Jes 24,23). In Sach 12–14 und im Danielbuch erscheint sie dann in der für die Folgezeit charakteristischen *Doppelung,* nämlich zur Kennzeichnung des gegenwärtigen Herrseins Gottes einerseits (Sach 12,2–13,6; Dan 4,31) und als Inbegriff der Zukunftshoffnung auf die (vom himmlischen ‚Menschen-sohn‘ heraufzuführende) ewig während Herrschaft Gottes (Sach 14,6–11; Dan 2,44; 7,14). Diese wird mit der unbeschränkten Herrschaft der von ihren irdischen Peinigern befreiten ‚Heiligen des Höchsten‘ (d. h. des endzeitlichen Israel) über alle Völker gleichgesetzt (vgl. Dan 7,27). *Gottes Herrschaft und Gottes Reich werden in dieser Zukunftsschau identisch..* In der aus dem 1. Jh. v. und n. Chr. stammenden Henochtradition erscheint der messianische Menschensohn als der von Gott selbst eingesetzte Richter der Endzeit, der die Herrschaft Gottes über alle Völker durchzusetzen hat (vgl. äthHen 61–63).

3.2 Im Judentum der Zeit Jesu wurde der Begriff ‚Gottesherrschaft‘ diesen biblischen Traditionen entsprechend gebraucht, und zwar vor allem im Jerusalemer Tempelkult und der synagogalen Liturgie. Im Tempelkult hatten die Jahwe-König-Hymnen ihren Ort und z. B. auch die in die synagogale Liturgie übernommene liturgische Formel „Gepriesen sei der Name der Herrlichkeit seiner Königsherrschaft für immer und ewig". Mit ihr „(respondierten) am großen Versöhnungstag – und wohl auch an anderen Festen – die Priester (vermutlich mit dem Volk) dem Hohenpriester nach dem hörbaren Aussprechen des Jahwe-Namens (mYom 4,1–3; 6,2) … In der synagogalen Liturgie erhielt sie ihren bleibenden Ort bei der Shema-Rezitation …" (M. Hengel u. A. M. Schwemer, Königsherrschaft Gottes u. himmlischer Kult, 1991, 3).

Von welch hoher Bedeutung die kultische Anrufung Jahwes als König und der Lobpreis seiner (gegenwärtigen) Herrschaft frühjüdisch waren, lassen die Sabbatlieder von Qumran erkennen. Die Lieder „beschreiben den Gottesdienst der Engel im himmlischen Heiligtum, wobei jedoch die irdische Gemeinde daran teilnimmt." (A. M. Schwemer, a. a. O., 48) Ungewohnt häufig, nämlich 55mal, wird in diesen Liedern Gott ‚König‘ und seine Herrschaft (21mal) מלכות genannt. In den Sabbatliedern wird die Liturgie des (nach essenischer Auffassung kontaminierten) Tempels fortgeführt, und dementsprechend erscheint der himmlische Kult als Urbild des irdischen: Die priesterliche Gemeinde von Qumran „feiert im Zyklus der Sabbatlieder gemeinsam mit den Engeln im Lobpreis den himmlischen Gottesdienst, sie ‚erhebt‘ sich damit in den himmlischen Tempel" (Schwemer, a. a. O., 76).

Lobpreis und Anerkennung der gegenwärtigen Gottesherrschaft werden vom Rabbinat dann auch in das tägliche Leben übertragen. Die frommen Juden ‚nehmen‘ mit dem täglichen Gebet des Sch°ma‘ (= dem israelitischen Grundbekenntnis, das aus Dt 6,4–9; 11,13–21; Num 15,37–41 besteht) und ihrem Gehorsam gegenüber der Tora ‚das Joch der Gottesherrschaft auf sich‘ (mBer 2,2), wie umgekehrt die Gottlosen mit ihrer Verachtung der Tora ‚die Gottesherrschaft von sich abwerfen‘.

In der Kriegsrolle von Qumran (1QM 6,6; 12,7) und in synagogalen Texten erscheint die (vollendete) Königsherrschaft Jahwes auch als Hoffnungs- und Heilsgut. Man betet um ihren baldigen Anbruch, und dabei werden (z. B. in den Psalmen Salomos) messianische Erwartungen ganz natürlich mitartikuliert. Das mit dem Vaterunser eng verwandte Schlußgebet des synagogalen Gottesdienstes, das sog. Kaddisch, lautet:

„Verherrlicht und geheiligt werde sein großer Name, in der Welt, die er nach seinem Willen schuf. Er lasse herrschen seine Königsherrschaft zu euren Lebzeiten und zu euren Tagen und zu Lebzeiten des ganzen Hauses Israel in Eile und Bälde. Gepriesen sei sein großer Name von Ewigkeit zu Ewigkeit. Und darauf saget: Amen." (Übersetzung von J. Jeremias, Ntl. Theologie I⁴, 192, nach der Textvorlage von G. Dalman).

Neben dem Sch°ma' ist das 18-Bitten-Gebet „der zweite Hauptteil des jüdischen Gottesdienstes und gilt, da es hauptsächlich aus Bitten besteht, als das Gebet schlechthin; man nennt es auch einfach t°fillah (‚Gebet')" (P. Schäfer, a. a. O., 404). Jeder fromme Jude hatte schon z. Z. Jesu die Tefilla täglich zu beten. Die 10. und 11. Benediktion lauten:

„(10) Stoße in die große Posaune zu unserer Befreiung und erhebe das Panier zur Sammlung unserer Verbannten. Gepriesen seist du, Herr, der die Verstoßenen seines Volkes Israel sammelt (vgl. Jes 56,8). – (11) Setze unsere Richter wieder ein wie vormals und unsere Ratgeber wie anfangs und sei König über uns, du allein. Gepriesen seist du, Herr, der das Recht liebt." (Übersetzung von P. Schäfer, a. a. O., 405).

Der terminus ‚Gottesherrschaft' war in der Zeit Jesu also sowohl aktueller Begriff in der Tempelliturgie und im synagogalen Lobpreis Gottes als auch Bezeichnung des eschatologischen Heilsgutes und Ausdruck für das am Gebet und der Tora ausgerichtete Alltagsleben; er bezeichnete die gegenwärtige himmlische Herrschaft Gottes, die israelitische Zukunftserwartung auf Gottes uneingeschränkte Herrschaft über eine Welt ohne Krieg und Leid, deren Mittelpunkt der Gottesberg Zion und die von dort zu allen Völkern ausgehende ‚Weisung' ist (vgl. Jes 2,2–4; Mi 4,1–3), und er bestimmte das Verhalten der Frommen im Alltag der Welt. Seine Konkretion gewinnt er dadurch, daß es bei der Gottesherrschaft stets um die Wirksamkeit und Durchsetzung der heilschaffenden Gerechtigkeit Gottes geht. Sie garantiert und schafft Frieden und Ordnung für alle Geschöpfe Gottes (vgl. Ps 97,1–6; 99,1–5; 103,1–22 und die berühmten Texte von der gerechten Herrschaft des Messias aus Jes 9,1–6; 11,1–9; Jer 23,5–6).

4. *Jesus* hat von der βασιλεία (τοῦ θεοῦ) wie seine jüdischen Zeitgenossen gesprochen und sie in präsentischem als auch futurischem Sinn verstanden. Allerdings erscheint in seiner Verkündigung die Gottesherrschaft nie als formelhaftes Abstraktum, sondern stets als lebensbestimmende Wirklichkeit. *Jesu Botschaft ist, wie die Matthäustradition treffend formuliert,* εὐαγγέλιον τῆς βασιλείας (Mt 4,23; 9,35; vgl. auch Mk 1,14–15). Die βασιλεία besteht in der Herrschaft Gottes über das Gottesvolk der Endzeit, das Jesus als der messianische Menschensohn selbst zu sammeln beginnt. Von Johannes dem Täufer unterscheidet sich Jesus dadurch, daß im Mittelpunkt seiner

Basileia-Verkündigung nicht das drohende Endgericht des Feuertäufers, sondern die Bereitschaft Gottes steht, die Armen und Sünder gnädig anzunehmen, und diese Bereitschaft wird von Jesus selbst zeichenhaft vorgelebt.

4.1 Jesus ruft vom Anbeginn seines öffentlichen Wirkens an zur Umkehr und zum Glauben an seine Botschaft vom Anbruch der Herrschaft Gottes auf (vgl. Mk 1,14–15Par). Im Eingang des Vaterunsers lehrt er seine μαθηταί um das Kommen der Gottesherrschaft beten, wie es das Kaddisch-Gebet vorzeichnet (vgl. Lk 11,2/ Mt 6,10). Er selbst schaut auf die Wallfahrt der Völker zum Zion aus (Mt 8,11–12/Lk 13,28–29) und spricht beim Abschieds(passa)mahl davon, daß er „gewiß nicht mehr vom Gewächs des Weinstocks trinken werde bis zu dem Tage, da er es aufs neue trinken werde in der Herrschaft Gottes" (Mk 14,25Par). Die βασιλεία ist hier ganz konkret im Sinne von Jes 25,6–9 gedacht und steht Jesus unmittelbar vor Augen. Apokalyptische Berechnungen des Termins, an dem die Gottesherrschaft anbrechen wird, lehnt Jesus entschieden ab. Statt dessen verweist er auf ihre geheimnisvolle Gegenwart in seiner eigenen Person: „Die Herrschaft Gottes kommt nicht unter Berechnung, und sie werden auch nicht sagen, siehe, hier (ist sie) oder dort; denn siehe, Gottes Herrschaft ist (schon) in eurer Mitte (ἐντὸς ὑμῶν ἐστιν)" (Lk 17,20–21).

Mit dem ἐντὸς ὑμῶν ἐστιν kann gemeint sein, daß die Gottesherrschaft unverhofft, „(plötzlich) in eurer Mitte sein (wird)" (J. Jeremias, Ntl. Theol. I⁴, 104 und ähnlich R. Bultmann, Theol.⁹, S. 5). Man kann das Logion aber auch so deuten, daß die Gottesherrschaft bereits in Jesus selbst und dem, was sich um ihn herum begibt, gegenwärtig wird (so z. B. W. G. Kümmel, Verheißung u Erfüllung, 1956³, 28 f.; und L. Goppelt, Theol. d. NTs I, 113 ff.). Die zweite Deutung legt sich näher als die erste und führt zu der Feststellung, daß „Jesus nicht nur der Verkündiger, sondern der Repräsentant der Gottesherrschaft (ist)." (H. Merklein, Jesus. Künder des Reiches Gottes, 152).

Zwischen Jesu Wort und Werk und der βασιλεία τοῦ θεοῦ besteht ein besonderer Zusammenhang: Nach Mt 11,2–6Par hat Jesus die βασιλεία in seinen eigenen Heilungstaten und seiner Botschaft für die ‚Armen' (gemäß Jes 61,1 f.) anbrechen sehen (s. o. S. 65 f.). In Lk 11,20 (Mt 12,28) weist er direkt darauf hin: „Wenn ich mit dem ‚Finger Gottes' (vgl. Ex 8,15) die Dämonen austreibe, dann ist doch Gottes Herrschaft schon bis zu euch vorgedrungen"; kraft der Exorzismen Jesu gewinnt Gott bereits heute und hier die Herrschaft über die von bösen Geistern Besessenen zurück. Der Anbruch der Gottesherrschaft ereignet sich auch in Jesu Lehre. Die vermutlich auf Jesu eigene Verkündigung gemünzten Gleichnisse vom Sämann (Mk 4,3–9 Par), vom Senfkorn (Mk 4,30–32 Par), vom Sauerteig (Mt 13,33/ Lk 13,20) und von der selbstwachsenden Saat (Mk 4,26–29) sprechen alle von den mit Jesu Verkündigung gegebenen, scheinbar geringfügigen und doch schon das Ganze verbürgenden Anfängen der Gottesherrschaft, die Gott selbst αὐτομάτως, d.h. ohne eiferndes oder angestrengtes Zutun von Menschen, heraufführen wird (Mk 4,28). *Gott setzt in und durch Jesus den alles entscheidenden Anfang, aber dieser Anfang weist über sich hinaus auf die Vollendung.* Gegenwart und Zukunft der Gottesherrschaft schließen sich nach Jesu Botschaft nicht aus, sondern bedingen einander!

4.2 Der schwer zu deutende ‚Stürmerspruch‘ aus Mt 11,12 f./Lk 16,16 weist darauf hin, daß *die mit Jesu Wirken anbrechende* βασιλεία noch angefeindet und umstritten, also noch nicht vollendet ist. Angefeindet wurde Jesu Verkündigung der Gottesherrschaft von seiten seiner Gegner vor allem, weil er scheinbar unbekümmert um die liturgische Majestät der βασιλεία, um das Gesetz und die religiöse Sitte auch *am Sabbat Heilungen* vollzog (vgl. z.B. Mk 3,1–5.6) und bevorzugt den *Armen und Ausgestoßenen* Anteil an Gottes Herrschaft und Reich zusprach, die sich von ihrer Lebenssituation her kaum oder gar nicht mit der Tora beschäftigen konnten. Die πτωχοί sind die Adressaten der ersten Seligpreisung Jesu (Lk 6,20/Mt 5,3), und die lukanische Komposition von Seligpreisungen und Weherufen (Lk 6,20–23 + 6,24–26) verbietet jede vorschnelle Spiritualisierung dieses Heilszuspruchs. Und Jesus hat es bei solchem verbalen Zuspruch nicht bewenden lassen! Er hat es die ‚Armen‘ förmlich erfahren und spüren lassen, daß Gott sich ihrer erbarmt und daß er sie neu ‚annehmen‘ will. Zeichen dessen sind vor allem die *Tischgemeinschaften*, die Jesus mit ‚Zöllnern und Sündern‘ hielt (vgl. Mk 2,15–17 Par; Lk 19,1–10).

Es geht bei diesen Mahlgemeinschaften nicht um Armenspeisungen, sondern um *messianische Zeichenhandlungen* (s.u. S. 81 ff.): „Jede Tischgemeinschaft ist für den Morgenländer Gewährung des Friedens, des Vertrauens, der Bruderschaft; Tischgemeinschaft ist Lebensgemeinschaft" (J. Jeremias, Die Abendmahlsworte Jesu, 1967⁴, 196, unter Verweis auf 2 Kön 25,27–30). Diese Anschauung macht erklärlich, weshalb im Alten Testament und Frühjudentum die Gottesherrschaft wiederholt unter dem Bild einer himmlischen Mahlgemeinschaft vorgestellt wird. Nach Jes 25,6–9 ist das von Gott selbst auf dem Zion für die Völker angerichtete Dankopfermahl Inbegriff der vollendeten βασιλεία. In äthHen 62,14 wird den im Gericht anerkannten Gerechten verheißen, sie dürften dereinst mit dem Menschensohn-Messias vor Gott in alle Ewigkeit Mahlgemeinschaft halten. (Weitere Belege finden sich in der umfänglichen Materialsammlung von P. Billerbeck, Kommentar zum NT aus Talmud u. Midrasch, IV/2, 1965⁴, 1146 ff.). Daß Jesus diese Erwartung geteilt hat, zeigen Lk 13,29/Mt 8,11; Mk 14,25 Par (s.o.). Er nimmt in den Mahlzeiten mit Zöllnern und Sündern die endzeitliche Tischgemeinschaft der βασιλεία in gewisser Weise schon voraus und vollzieht dabei eine exemplarische Umwertung: Die bevorzugten Tischgäste des Menschensohnes Jesus von Nazareth sind nicht die im Gericht als gerecht erfundenen Frommen wie in äthHen, sondern gesetzlose und kultunfähige Menschen, die Jesus in Gottes Namen annimmt. „... die Aufnahme der Verachteten in Jesu Tischgemeinschaft (bedeutet) Heilsdarbietung an die Verschuldeten und Bestätigung der Vergebung" (J. Jeremias, a.a.O.,

196). Jesu Mahlgemeinschaften sind also Teil seiner Bezeugung der mit seinem Tun anbrechenden Gottesherrschaft.

Diese höchst auffällige und provokative Verhaltensweise hat Jesus den Vorwurf eingetragen: „Dieser (Mensch) gibt sich mit Sündern ab und ißt mit ihnen zusammen!" (Lk 15,2 vgl. mit Mk 2,16 Par), oder noch schärfer: „Seht diesen Fresser und Weinsäufer, den Freund von Zöllnern und Sündern!" (Mt 11,19/Lk 7,34 vgl. mit Dt 21,20). Diese Kritik illustriert zusammen mit dem religiös vernichtenden Einwand gegen seine Exorzismen: „Er hat den Beelzebul und treibt die Dämonen mit Hilfe des Herrschers der Dämonen aus" (Mk 3,22Par vgl. mit Dt 18,10–12) die Härte der Auseinandersetzung, in die Jesus um seines Zeugnisses von der βασιλεία und ihrer zeichenhaften Verwirklichung willen verwickelt worden ist.

4.3 Das Logion: „Die Starken (Gesunden) bedürfen des Arztes nicht, sondern diejenigen, die krank sind" (Mk 2,17Par) und die Gleichnisse vom verlorenen Schaf (Lk 15,3–7), vom verlorenen Groschen (Lk 15,8–10) und vom verlorenen Sohn (Lk 15,11–32) dokumentieren, daß solche Kritik Jesus an seinem Tun nicht irregemacht hat. Für ihn, den messianischen Menschensohn, war die Bezeugung der βασιλεία die Lebensaufgabe schlechthin (Lk 13,32). Jesu Warnung von der einen unvergebbaren Sünde wider den Hl. Geist (Mk 3,28f.Par) zeigt freilich auch, was für seine Gegner auf dem Spiele stand. Wer den ‚Finger Gottes', d. h. den Geist Gottes, der Jesus beseelt und zu seiner Verkündigung der Gottesherrschaft ermächtigt (vgl. Lk 11,20 mit Mt 12,28 und Mk 1,10Par), schmäht oder zurückweist, verfällt dem Gericht. Oder anders ausgedrückt: Der ‚Eingang' in die Gottesherrschaft wird denjenigen verwehrt, die sich dem Umkehrruf und Zeugnis Jesu von der βασιλεία τοῦ θεοῦ verschließen (vgl. Mt 21,28–32). Es geht bei Jesu Botschaft von der Gottesherrschaft um die über Leben und Tod entscheidende Begegnung mit dem Gott, der an der Umkehr und am Leben des Gottlosen mehr Gefallen hat als an seinem Tode (vgl. Ez 18,23); wer sich aber Jesus und seinem εὐαγγέλιον τῆς βασιλείας verschließt, verfällt dem göttlichen Zorn(gericht).

4.4 Vergleicht man Jesu Bezeugung der βασιλεία mit der eingangs skizzierten alttestamentlich-frühjüdischen Tradition von Gottes Königsherrschaft, werden Kontinuität und Diskontinuität gleichzeitig erkennbar. Auch für Jesus ist die βασιλεία gegenwärtig und zukünftig zugleich, auch er ehrt sie im Gebet und nimmt sie in den Alltag herein, aber die Art und Weise, wie er all dies tut, ist entscheidend neu und anders als in der Tradition. *In Jesu Worten und Taten ist Gott unmittelbar gegenwärtig, und diese Gegenwart sprengt die von der Tora und Kultordnung gesetzten Grenzen von rein und unrein, gerecht und ungerecht. Im Widerstand, den dieses Zeugnisverhalten erweckte, liegt der Ansatz zu Jesu Passion.*

5. Der Sachverhalt, vor dem wir stehen, läßt *das besondere Sendungsbewußtsein erkennen, in dem Jesus sein Werk getan hat.* Jesus ist vom Täufer und seiner Bußpredigt ausgegangen und hat mit seiner Verkündigung die Umkehrwilligen gesucht wie sein Lehrer auch. Aber er war mehr als Gottes letzter Bote vor dem Weltgericht und sein Zeugnis von der Gottesherrschaft mehr als ein letzter prophetischer Buß- und Entscheidungsruf. Jesu Person, sein Verhalten und sein Wort sind als Verleiblichung Gottes zu begreifen. Jesus war nicht nur ein von Gott gesandter Endzeitprophet, sondern er hat die Gottesherrschaft bezeugt als das Gleichnis Gottes in Person (E. Jüngel und E. Schweizer).

Die biblisch angemessenste Bezeichnung für die Gottesnähe Jesu ist das Prädikat *Sohn Gottes.* Dem Täufer gegenüber hat Jesus betont, daß der Kleinste in der Herrschaft Gottes noch größer sei als er (Lk 7,28/Mt 11,11). Dieses indirekte Selbstzeugnis Jesu ist beachtlich, weil es den Unterschied zwischen ihm und Johannes dem Täufer deutlich macht: Der Täufer gehört zu den Menschen, Jesus aber zu Gott und seiner Herrschaft (s. o. S. 64). Jesus hat Jahwe, den himmlischen Großkönig (Mt 5,35), mit dem im Frühjudentum als Anrede Gottes ganz ungewöhnlichen Kindesruf ἀββᾶ (aramäisch: אַבָּא = ‚lieber Vater!') angerufen (vgl. Mk 14,36) und seinen μαθηταί im Vaterunser Anteil an dieser Gottesanrede gegeben (Lk 11,2). Schon von da aus kann man ihn kaum anders denn als ‚Sohn Gottes' bezeichnen. Dies wird bestätigt durch den in Lk 10,21–22/Mt 11,25–27 überlieferten ‚Heilands- und Jubelruf':

„Ich preise dich, Vater, Herr des Himmels und der Erde, daß du das vor Weisen und Einsichtigen verborgen hast und hast es Unmündigen offenbart. Ja, Vater, denn so war es Wohlgefallen vor dir! Alles ist mir von meinem Vater überliefert. Und niemand kennt den Sohn als der Vater; und den Vater kennt niemand als nur der Sohn und wem es der Sohn offenbaren will." (Übersetzung von R. Riesner, Jesus als Lehrer, 1988[3],335. 344)

In der frühjüdischen Tradition ist die Weisheit nicht Sache der νήπιοι, sondern der σοφοί, und sie ist mit der Tora identisch (vgl. z.B. Sir 24,23–29). In Lk 10,21–22/ Mt 11,25–27 wird diese traditionelle Wertung und Gleichsetzung in einer für Jesus höchst charakteristischen Art und Weise umgekehrt. Als Sohn seines himmlischen Vaters wirkt Jesus als Lehrer der Weisheit für die ‚Mühseligen und Beladenen', und das ‚Joch' der neuen Lehre, das er ihnen auflegt, ist von dem der Schriftgelehrten und Pharisäer charakteristisch unterschieden (Mt 11,28–30).

Von 2 Sam 7,14; Ps 2,7; 89,27 her hat die Bezeichnung ‚Sohn Gottes' messianischen Klang, und in diesem Sinne wird sie auch in Mk 1,11Par; 9,7Par und 14,61Par über Jesus ausgerufen und an ihn herangetragen; darauf ist in § 9 (s. u. S. 107ff.) näher einzugehen. Jetzt geht es nur um eine Voranzeige dessen, und zwar in einem ganz elementaren Sinn. *Indem er das Evangelium von der Gottesherrschaft bezeugt und lehrt, ist Jesus der Sohn, der im Namen des Vaters handelt und lebt.*

6. Diese Einsicht entspricht erneut der von dem Kerygma in Apg 10,36 (von Ps 107,20; Jes 52,7; Nah 2,1 her) geprägten Formulierung, Jesus sei als das von Gott gesandte ‚Wort‘ der Verkündiger des von Gott angesagten messianischen Friedens gewesen. *Jesus und Gott, das Evangelium Jesu und die Gottesherrschaft gehören erwählungsgeschichtlich und inkarnatorisch zusammen:* Es hat Gott, dem König aller Könige (1Tim 6,15), gefallen, sein Eigentumsvolk in dem und durch den von ihm in die Welt gesandten Sohn mit seinem Herrschaftsantritt zu konfrontieren.

§ 6 Charakteristische Formen der Verkündigung Jesu

Literatur: K. Berger, Formgeschichte d.NT, 1984; *ders.,* Hellenistische Gattungen im NT, ANRW II 25/2, 1984, 1031 ff. 1831 ff.; *G. Bornkamm,* Jesus von Nazareth, 1968[8], 62 ff. 73 f.; *R. Bultmann,* Die Geschichte d. synoptischen Tradition, 1957[3], 73 ff. u. dazu Ergänzungsheft, bearbeitet von *G. Theißen* u. *P. Vielhauer,* 1971[4], 34 ff.; *G. B. Caird,* The Language and Imagery of the Bible, 1980; *G. Eichholz,* Gleichnisse d. Evangelien, 1979[3]; *E. E. Ellis,* New Directions in Form Criticism, in: *ders.,* Prophecy and Hermeneutic, 1978, 237–253; *D. Flusser,* Die rabbinischen Gleichnisse u. d. Gleichniserzähler Jesus, Bd. 1, 1981; *B. Gerhardsson,* Memory and Manuscript, 1961, 122–170; *ders.,* Illuminating the Kingdom: Narrative Meshalim in the Synoptic Gospels, in: Jesus and the Oral Gospel Tradition, ed. H. Wansbrough, 1991, 266–309; *W. Harnisch,* Die Gleichniserzählungen Jesu, 1990[2]; *M. Hengel,* Nachfolge u. Charisma, 1968, 70 ff. 74 ff.; *ders.,* Jesus als messianischer Lehrer d. Weisheit u. d. Anfänge d. Christologie, in: Sagesse et réligion, 1979, 147–188; *O. Hofius,* Vergebungszuspruch u. Vollmachtsfrage, FS H.-J. Kraus, 1983, 115–127; *J. Jeremias,* Die Gleichnisse Jesu, 1964[7]; *E. Jüngel,* Paulus u. Jesus 1979[5]; *ders.,* Metaphorische Wahrheit, in: *ders.,* Entsprechungen, 1980, 103–157; *E. Linnemann,* Gleichnisse Jesu, 1966[4]; *G. Lohfink,* Wie hat Jesus Gemeinde gewollt?, 1982, 19–22; *E. Lohse ,* ‚Ich aber sage euch‘, in: *ders.,* Die Einheit des NT, 1973, 73–87; *U. Luz.,* Das Evangelium nach Matthäus, Bd. 1, 1989[2], 244–250; *W. Manson,* Bist Du, der da kommen soll?, 1952, 46 ff.; *K.-W. Niebuhr,* Kommunikationsebenen im Gleichnis vom verlorenen Sohn, ThLZ 116, 1991, 481–494; *R. Pesch,* Jesu ureigenste Taten?, 1970; *W. Pöhlmann,* Der verlorene Sohn, Habil.theol.Tübingen, 1982 (Masch.); *R. Riesner,* Jesus als Lehrer, 1988[3]; *H. P. Rüger,* Die hebräische u. aramäische Sprache als Hilfsmittel zum Verstehen d. NT, in: E. Lubahn/ O. Rodenberg (Hrsg.), Von Gott erkannt, 1990, 125–135; *H. Schürmann,* Die vorösterlichen Anfänge d. Logientradition, in: *ders.,* Traditionsgeschichtliche Untersuchungen zu d. synoptischen Evangelien, 1968, 39–65; *G. Theißen,* Urchristliche Wundergeschichten, 1974; *H. Weder,* Die Gleichnisse Jesu als Metaphern, 1990[4]; *C. Westermann,* Vergleiche u. Gleichnisse im Alten und Neuen Testament, 1984.

Jesus hat gelebt und gewirkt als der von Gott zur Bezeugung seiner Herrschaft ausersehene ‚Sohn‘. In seinem Zeugnis brach die βασιλεία bereits an, und dieses Zeugnis bestand in Jesu Lehre und in messianischen Zeichenhandlungen. Sowohl was die Lehre als auch die Taten Jesu anbetrifft, ist zwischen seiner Verkündigung in der Öffentlichkeit und der internen Belehrung zu unterscheiden, die Jesus nur seinen μαθηταί erteilt hat.

Die Synoptiker und das Johannesevangelium haben einige für Jesus besonders charakteristische Formen seiner Bezeugung der Gottesherrschaft in Wort und Tat festgehalten. Sie sind alle geprägt von der durch G. Bornkamm in seinem Jesusbuch mit Recht hervorgehobenen *unmittelbaren Gottesnähe*. Sie erklärt sich aus Jesu besonderer Vollmacht.

> „Jesu Lehre ... ist niemals nur die Auslegung eines autoritativ vorgegebenen heiligen Textes, auch da nicht, wo Schriftworte zitiert werden. Immer ist die Wirklichkeit Gottes und die Autorität seines Willens unmittelbar da und wird in ihm Ereignis. Diese Unmittelbarkeit, mit der er lehrt, hat im zeitgenössischen Judentum keine Entsprechung." (a. a. O., 1968[8], 52)

Es lassen sich wenigstens vier Bezeugungsformen der βασιλεία nennen, die für Jesus besonders kennzeichnend gewesen sind.

1. Jesus hat von der Gottesherrschaft in Form von *Gleichnissen* gesprochen. Es handelt sich dabei um z.T. ganz kurze, gelegentlich aber auch ganz ausführliche Darstellungen der βασιλεία in metaphorischer Rede: Das Gleichnis vom Schatz im Acker, Mt 13,44, besteht aus einem einzigen Vers, die ‚Beispielerzählung‘ vom barmherzigen Samaritaner, Lk 10,30–37, schon aus acht und die ‚Parabel‘ vom verlorenen Sohn, Lk 15,11–32, sogar aus 22 Versen.

1.1 Die Lehre Jesu in Gleichnissen steht in alttestamentlich-frühjüdischer Tradition. Wir kennen schon aus der vorexilischen Prophetie Gleichnisse und Parabeln: Die Parabel Nathans aus 2Sam 12,1–7 ist ebenso bekannt wie das parabolische Weinberglied Jesajas, Jes 5,1–7; weniger bekannt ist Jesajas Gleichnis vom Landmann, Jes 28,23–29. Auch im späteren Schrifttum Israels finden sich gelegentlich Fabeln und Gleichnisse (vgl. z.B. Spr 6,6–10 [von der Ameise]; 1Q GenAp 19,14–17 [Traum Abrahams von Zeder und Palme]; 4Esra 8,41–44 [Gleichnis vom Landmann] usw.). Gleichnisse haben aber vor allem zum festen Unterrichtsrepertoire der Rabbinen gehört. Sie und die Fabeln gehören zu der semitisch verbreiteten Großgattung der Bildworte und Rätselsprüche (Meschalim).

1.2 Was Jesu Gleichnisse innerhalb dieser Großgattung auszeichnet, ist dreierlei: (1) Wie die Weisheitstradition verarbeiten sie *Wissen und Erfahrungen aus der (bäuerlichen) jüdischen Alltagswelt*. Es ist in ihnen die Rede von Saat und Ernte (Mk 4,3–9Par), vom Hirten (z.B. Lk 15,4–7), vom Verhältnis des Bauern zu seinen Söhnen (Lk 15,11–32), von Pacht (Mk 12,1–12Par) und Tagelohn (Mt 20,1–16), von Schulden (Mt 18,23–35) und von Geldgewinn (Mt 25,14–30), von Armut und Reichtum (Lk 16, 19–31), von der Lage der Rechtlosen (Lk 18,1–8), den Gelagen der Reichen

(Mt 22,1–14) usw. Kraft ihres Bezuges auf diese allgemeinen Erfahrungen spricht Jesu Lehre in Gleichnissen ‚unmittelbar' an. – (2) Bei den Rabbinen werden die Gleichnisse zumeist in den exegetischen Lehrvortrag eingeflochten und dienen als didaktische Hilfen zum besseren Verständnis der Hl. Schriften. Jesus hat nur selten in dieser Weise gelehrt (vgl. Lk 10,25–28 + 10,29–37; Mk 12,1–9 + 12,10–11); meistens hat er die Gleichnisse *zur direkten Belehrung über die* βασιλεία eingesetzt. – (3) Statt abstrakt über Gottes Liebe zu sprechen, erzählt er die Parabel vom verlorenen Sohn (Lk 15,11–32), und über Gottes Güte belehrt er mit der Parabel von den Arbeitern im Weinberg (Mt 20,1–16). Diese *metaphorische Sprechweise* erweckt das Interesse und den Widerstand der Zuhörer in starkem Maße. Sie werden von Jesus zur Identifikation mit den beiden in Lk 15,11–32 agierenden Söhnen veranlaßt und durch solches ‚Mitspielen' (G. Eichholz) genötigt, Stellung zu nehmen zu der Haltung des Vaters, in der sich das für Pharisäer und Essener so anstößige Verhalten Jesu gegenüber den Sündern spiegelt. Bei der Parabel von den Arbeitern im Weinberg steht es nicht anders. Das Gleichnis vom Sämann (Mk 4,3–9) lädt die Hörer ein, das Verhalten des Sämanns mit Jesu angefeindeter Botschaft in Verbindung zu bringen, und das Gleichnis vom ‚Schalksknecht', Mt 18,23–35, belehrt die Hörer über den Reichtum und die Grenzen der Vergebung, die Jesus den Sündern gewährt. Jedesmal werden die Adressaten der Gleichnisse in einen *metaphorischen Verstehensprozeß* verwickelt und auf diese Weise veranlaßt, sich in der einen oder anderen Weise Jesus und der βασιλεία zuzuordnen. Eben dies macht die Gleichnisse zu einer der Hauptquellen für Jesu Verständnis der Gottesherrschaft.

1.3 Jesu Gleichnisse sind in ihrer kunstvollen Erzählform und in ihrer metaphorischen Sprach-Welt *sorgsam strukturierte Lehr-Erzählungen*. Man kann dies an drei Befunden erkennen: (1) Wir besitzen bisher keine aramäisch überlieferten jüdischen Gleichnisse. Daher „(läßt sich) mit einiger Sicherheit ... sagen, daß die Sprache der Gleichnisse (Jesu, P. St.) Hebräisch und nicht Aramäisch war." Hebräisch aber war z. Z. Jesu „die Sprache des Gottesdienstes in Tempel und Synagoge sowie der Gesetzesunterweisungen" (H. P. Rüger, a. a. O., 133). Jesu Gleichnisse sind daher als Elemente der *Lehre* zu begreifen, die er seinen μαθηταί eingeprägt hat. – (2) Die erzählte Welt der Gleichnisse Jesu hängt zwar eng mit der jüdischen Weisheitstradition zusammen, steht ihr aber immer wieder im *Kontrast* gegenüber; von Mt 11,25–27/Lk 10,21–22 her läßt sich sagen, daß dieser Gegensatz rhetorisch und sachlich beabsichtigt war.

Das Verhalten des Vaters in Lk 15,11–32 widerspricht der Pflicht zur sorgsamen Bewahrung von Hof und Familienvermögen, zu der die Weisheit anhält (W. Pöhlmann). – Die in Mt 20,1–16 an den Tag gelegte Güte des Weinbergbesitzers gegenüber den zuletzt gemieteten Arbeitern ist ungerecht und wirtschaftlich ruinös. – Das verschwenderische Verhalten des Sämanns in Mk 4,3–9Par steht im Gegensatz zu Jub 11,23–24, wo schon dem jungen Abraham die Erfindung einer einfachen Art von Drillmaschine zugeschrieben wird, die Verluste von Saatgut durch Vogelfraß bei der Aussaat verhindert. – Die Unbekümmertheit des Bauern in Mk 4,26–29 widerspricht der Sorgsamkeit des Landmanns, die in Jes 28,23–29 hervorgehoben wird, usw.

(3) In den Gleichnissen wird mehrfach *auf biblische Traditionen angespielt:* Das Gleichnis von den bösen Winzern, Mk 12,1–11 Par, nimmt Bezug auf Jes 5,1 f.5, das Gleichnis von der selbstwachsenden Saat, Mk 4,26–29, spielt an auf Joel 4,13, im Gleichnis vom Senfkorn, Mk 4,30–32 wird auf Ps 104,12 und Dan 4,9.18 geblickt usw. Auch die metaphorische Sprach-Welt der Gleichnisse ist vielfältig vorgeprägt: ‚König‘ ist geläufige Metapher für Gott, ‚Hirt‘ steht ebenfalls für Gott (und den Messias), das ‚Mahl‘ symbolisiert die Gottesgemeinschaft, ‚Säen‘ steht für Verkündigen, die ‚Pflanzung‘ oder die ‚Herde‘ für die Gemeinde Gottes usw. Berücksichtigt man diese Bezüge, gewinnen eine ganze Anzahl der Gleichnisse Jesu einen sprachlich so vielschichtigen Zug, daß sie einer klärenden Deutung bedürftig erscheinen. *Jesu Gleichnisse waren keineswegs alle in sich evident, sondern sie bedurften schon vor Ostern der Anwendung und Interpretation.* Nach Mk 4,10–12Par hat Jesus denn auch intern mit seinen Jüngern über das Verständnis der Gleichnisse gesprochen, und es ist wahrscheinlich, daß der *Ansatz* für die in Mk 4,13–20Par und Mt 13,36–43 überlieferten allegorischen Gleichnisdeutungen bereits auf seine eigene ‚Schule‘ zurückgeht.

Es ist daher nicht ratsam, bei der Gleichnisauslegung weiterhin nach der groben Formel zu verfahren, daß alle authentischen Gleichnisse Jesu ursprünglich reine Bildreden waren, die erst nach Ostern von der Gemeinde mit Verweisen auf die Hl. Schriften versehen und allegorisch gedeutet worden sind.

2. Die zahlreichen von ihm überlieferten *Weisheitssprüche, Sentenzen und Rätselsprüche* weisen Jesus als ‚messianischen Lehrer der Weisheit‘ (M. Hengel) aus. Wie die Gleichnisse gehören auch die Sprüche Jesu zur Großgattung der Meschalim. Sie sind z. T. ‚Gleichnisse im Kleinen‘ und unterscheiden sich von den Aussprüchen griechischer Philosophen und jüdischer Lehrer durch den ihnen anhaftenden messianischen Grundton. In Jesus war, wie es in Mt 12,42/Lk 11,31 heißt, *‚mehr als Salomo‘* auf dem Plan.

2.1 Wie der Psalter (vgl. Ps 1,1; 84,5f. u. ö.), die Weisheitsliteratur (vgl. Sir 25,7–11) und das apokalyptische Schrifttum (äthHen 58,2; slavHen 42,6–14) bedient sich Jesus der Gattung der *‚Seligpreisungen‘* (μακαρισμός). In Lk 6,20–22 (vgl. mit Mt 5,3–12) spricht er mit ihrer Hilfe den Armen, Hungernden, Klagenden und den um seinetwillen Geschmähten bereits gegenwärtig Anteil an der βασιλεία zu, und in Lk 7,23/Mt 11,6 lädt er die Abgesandten des Täufers mit einem Makarismus zum Glauben ein. Das Pendant zu diesen Makarismen sind die *‚Weherufe‘* (Lk 6,24–26). Sie haben ihr Vorbild in der prophetischen Scheltrede (Jes 5,8 ff.; Hab 2,6 ff.), in der Weisheit (Koh 10,16) und in der Apokalyptik (äth Hen 94–103). Mit ihnen kündigt Jesus den Reichen, Satten und Unbekümmerten Gottes Gericht an.

2.2 In den von ihm überlieferten *weisheitlichen Sentenzen* greift Jesus nicht nur allgemeine Erfahrungsregeln auf, wie z. B. in Mk 2,21 f. Par oder Mt 5,15/ Lk 8,16, sondern er gibt auch und vor allem der ihm von Gott anvertrauten *messianischen Kontrastweisheit* Ausdruck.

Mk 8,35Par heißt es z. B..: „Denn wer sein Leben retten will, der wird es verlieren. Doch wer sein Leben verliert um meinet- (und um des Evangeliums) willen, der wird es retten". Oder Mk 10,42–44 Par.: „... Die als Herrscher der Völker gelten, schalten und walten über sie, und ihre Großen nutzen ihre Macht gegen sie aus. Bei euch aber soll es nicht so sein! Sondern: Wer unter euch groß sein will, der soll euer Diener sein, und wer bei euch der Erste sein will, soll der Sklave aller sein." In Mt 11,28–30 lädt Jesus in Anlehnung an Jes 55,1 f. und in Anspielung auf angestammte Weisheitstradition (vgl. Sir 24,19–22; 51,23.26; Prov 9,3–5) ein, seiner neuen Lehre zu folgen: „Kommet her zu mir alle, die ihr euch plagt und schwere Lasten zu tragen habt. Ich werde euch Ruhe verschaffen. Nehmt mein Joch auf euch und lernt von mir; denn ich bin gütig und von Herzen demütig, so werdet ihr Ruhe finden für eure Seelen. Denn mein Joch drückt nicht und meine Last ist leicht". Der Spruch impliziert einen fundamentalen Kontrast. Jesus grenzt seine eigene Weisung (ζυγός) und sein Gebot (φορτίον) ab von der Lehre der ‚Schriftgelehrten und Pharisäer‘, die nach Mt 23,4 mit ihrer Auslegung der Tora den Menschen untragbar schwere Lasten aufbürden.

2.3 Besonders einprägsam sind schließlich die *Aussprüche Jesu*, die so offen gehalten sind, daß sie eigener Interpretationsarbeit der Hörer bedürfen, um einzuleuchten.

Hierher gehört z. B. der Maschal vom ‚unbehausten Menschen(sohn)‘, der eine indirekte Selbstoffenbarung Jesu als ‚Mensch(ensohn)‘ darstellt: „Die Füchse haben ihren Bau und die Vögel des Himmels ihre Nester, der Mensch(ensohn) aber hat keinen Ort, wo er sein Haupt hinlegen kann" (Mt 8,20/Lk 9,58). Oder jener Spruch, mit dem Jesus in Mk 12,17Par die zu seiner Zeit schwerwiegende und verfängliche Frage nach der Legitimität oder Illegitimität der Zahlung der Kopfsteuer an die (verhaßten) Römer ‚löst‘: „Gebt dem Kaiser, was dem Kaiser gehört, und Gott, was Gott gehört!" Der Ton in diesem souveränen Maschal liegt nicht auf der schiedlich-friedlichen Parallelstellung eines religiösen und eines politischen Lebensbereichs, sondern auf der zweiten Hälfte des Spruches: Die Zahlung der Kopfsteuer ist im Vergleich mit der sich von Gott und seiner βασιλεία her an den Menschen stellenden Forderung von keinem entscheidendem Gewicht; sie ist ein Adiaphoron, das man hinnehmen kann.

2.4 R. Riesner geht zusammen mit B. Gerhardsson davon aus, daß in vielen dieser Sprüche Jesu ‚Lehrsummarien‘ zu sehen sind und „ein großer Teil der synoptischen Wortüberlieferung auf von Jesus geprägte Lehrsummarien zurückgeht" (a. a. O., 361). In den hellenistischen Schulen wurden κεφάλαια gelehrt, und die Rabbinen faßten ihre Lehren in כְּלָלִים (kelalim) zusammen; Jesus scheint es ähnlich gehalten zu haben. Die charakteristische Einleitung zahlreicher Sprüche Jesu mit ‚Amen, ich sage euch…' (vgl. z. B. Mt 5,18; 6,2.5; Mk 3,28; 8,12) könnte ein für ihn kennzeichnender Hinweis auf die Bedeutung dieser Summarien gewesen sein.

3. Jesus wird zwar in den Synoptikern und im Johannesevangelium wiederholt mit ‚Rabbi' angeredet (vgl. z. B. Mk 9,5; 10,51; 11,21; Joh 1,38 usw.), aber dies war zu seiner Zeit noch kein fester Titel, sondern nur Respektsanrede. Jesus ist nicht zum Schriftgelehrten ausgebildet worden und läßt auch keine der für Schriftgelehrte typischen Verhaltensweisen erkennen: Er wohnte nicht an einem festen Ort und betrieb dort ein eigenes Lehrhaus, er beschäftigte sich nicht ständig mit der Tora und brachte seine Zeit nicht mit exegetischen Spezialdebatten zu; er ernährte sich während seines öffentlichen Wirkens nicht von eigener Hände Arbeit und beschränkte seinen Umgang ganz und gar nicht nur auf Männer und Schüler. Jesus kannte zwar die Hl. Schriften sehr gut, war aber im Vergleich mit den Schriftgelehrten ein charismatischer Autodidakt, dessen Bildung und Weisheit allerdings in Erstaunen versetzte (vgl. Joh 7,15).

3.1 Die *Auslegung der Hl. Schriften* stand nicht im Zentrum der Verkündigung Jesu, aber wo er sie übte, trug sie jenen eigenständigen und neuartigen *messianischen Grundzug*, der auch für Jesu Lehre in Gleichnissen und Sprüchen charakteristisch ist.

Als ihn Sadduzäer mit einer an Dt 25,5–6 anknüpfenden (fingierten und Tob 3,8ff. oder 2Makk 7 persiflierenden) Geschichte über die Auferstehung der Toten befragen (Mk 12,18–27 Par), entgegnet er souverän von Ex 3,6 her, der Gott Abrahams, Isaaks und Jakobs sei kein Gott der Toten, sondern der Lebenden. – Im Zentrum seiner Antwort auf die Frage nach dem größten Gebot, Mk 12,28–34Par, antwortet er mit einer ganz eigenständigen Zusammenstellung von Dt 6,4–5 und Lev 19,18, und auf die Anschlußfrage, wer denn der in Lev 19,18 genannte ‚Nächste' sei, reagiert er mit der Beispielerzählung vom barmherzigen Samaritaner (Lk 10,29–37). – In dem exegetischen Streitgespräch über die Davidssohnschaft des Messias, Mk 12,35–37Par, legt er Ps 110,1 von Ps 8,7 her aus und begründet so die Überlegenheit des kommenden Menschensohnes über den davidischen Messias.

Jesus hat es gewagt, sein eigenes Auftreten öffentlich als *Erfüllung* der (im Frühjudentum messianisch interpretierten) Verheißung vom ‚Geistgesalbten' aus Jes 61,1–2 auszugeben (vgl. Lk 4, 16–21; Mt 11,5/Lk 7,22). Nimmt man dies ernst, kann man davon ausgehen, daß die nachösterliche Bekenntnisaussage von Hebr 1, 1–2: „Viele Male und auf vielerlei Weise hat Gott einst zu den Vätern gesprochen durch die Propheten; in dieser Endzeit aber hat er zu uns gesprochen durch den Sohn … " (auch) auf Erfahrungen zurückgeht, die Jesu μαθηταί schon zu seinen Lebzeiten mit ihm und seiner Lehre gemacht haben.

3.2 Mit den *Antithesen der Bergpredigt* (Mt 5,21–48) werden wir uns in § 8 noch eingehend beschäftigen (s.u. S. 102 ff.). Jetzt ist nur erst auf die ihnen zugrundeliegende messianisch-exegetische Grundfigur hinzuweisen.

In rabbinischen Schuldebatten war es üblich, der Auslegung des einen Schriftgelehrten die des anderen mit וַאֲנִי אֹמֵר (wa ʼani ʼomer) = ἐγὼ δὲ λέγω gegenüberzustellen. „Wenn Jesus seine Worte mit dem Satz ἐγὼ δὲ λέγω ὑμῖν der allgemein üblichen Auslegung des überkommenen Gebotes gegenüberstellt, so ist der Gebrauch dieser Wendung durchaus dem von den Rabbinen benutzten Ausdruck *wʼanj ʼwmr* vergleichbar; denn hier wie dort wird eine Meinung vorgetragen, die von der allgemein üblichen Auffassung abweicht" (E. Lohse, a.a.O., 80). Wie der Vergleich von Mt 5,31 mit Mt 19,7 zeigt, weist das Passivum ἐρρέθη in Mt 5,21.27.38 zunächst auf die Rede bzw. Lehre hin, die Mose den ἀρχαῖοι, d.h der Generation vom Sinai, erteilt hat; da diese Rede aber als Offenbarung Gottes galt, ist es als passivum divinum zu lesen (vgl. Mt 2,15.17; Röm 9,12.26). *Anders als die jüdischen Schriftgelehrten seiner Zeit setzt Jesus mit seinem ἐγὼ δὲ λέγω ὑμῖν seine eigene Lehre der Weisung entgegen, die Gott der Sinaigeneration durch Mose gegeben hat.*

Da Jesus in den sechs Antithesen das Gebot Gottes teils vertieft und radikalisiert, teils aber auch durch sein eigenes neues ersetzt, stehen wir vor der erstaunlichen Tatsache, daß er es gewagt hat, seine Weisung in Anknüpfung an und in Widerspruch zur Tora vom Sinai zu verkünden. *Jesus war nicht nur mehr als Salomo (Lk 11,31/Mt 12,42), sondern auch mehr als Mose; er lehrte die messianische Tora, die das Gesetz vom Sinai vollendet (s.u. S. 104 f.).*

4. E. Schweizer spricht im Anschluß an E. Jüngel von Jesus als dem ‚Gleichnis Gottes' (s.o. S. 74). Wie treffend diese Bezeichnung ist, zeigt sich, wenn man die *messianischen Zeichenhandlungen* in den Blick faßt, die Jesu Wortverkündigung flankiert haben. Was an Jesu Verkündigung bis heute fasziniert und schon für seine Zeitgenossen eindrücklich und ärgerlich zugleich war, ist die Bezeugung der anbrechenden Gottesherrschaft in der Ganzheit eines zeugnishaften Lebensvollzuges. Diese Verhaltensweise hat ihre Analogien bei den alttestamentlichen Propheten, die Heilungsmethoden Jesu ähneln ohne Zweifel aber auch den Praktiken zeitgenössischer jüdischer Exorzisten und anderer Heilpraktiker. Trotz dieser Gemeinsamkeiten ist Jesu Verhalten von der Überlieferung festgehalten worden, weil es für sein Zeugnis von der βασιλεία charakteristisch war und den zu ihrer Verkündigung ausgesandten Jüngern (vgl. Mk 3,14–15; 6,7; Lk 9,1–2 Par) zur Orientierung diente (vgl. die detaillierten, buchstäblich ‚lehrreichen' Hinweise auf Jesu Reden und Tun bei den Heilungen und Exorzismen in Mk 5,8–10; 5,40; 7,33–34, 9,25 usw.).

4.1 Die in allen vier Evangelien berichteten *Heilungswunder Jesu* sind nach Mt 11,2–6/Lk 7,18–23 zu Jesu messianischen Zeichenhandlungen zu zählen. Den inneren Grund dafür kann man besonders schön an der Verbindung von

Sündenvergebung und Heilung erkennen, die bei der Heilung des Gelähmten, Mk 2,1–12Par, zutagetritt. Jesus nimmt hier als Mensch das (nach jüdischer Überzeugung) Gott allein vorbehaltene Recht der Sündenvergebung wahr und läßt sein Wort in ein Heilungswunder ausmünden. Er handelt damit genauso, wie es in Ps 103,3 von Jahwe bekannt wird: „Er vergibt dir all deine Schuld,/ alle Gebrechen will er dir heilen." Daß diese Heilung in göttlicher Vollmacht kein Einzelfall war, dokumentiert der Bericht von der Heilung des Epileptischen in Mk 9,14–29Par. Jesus treibt den Krankheitsdämon aus als irdischer Stellvertreter des Gottes, dem alle Dinge möglich sind (vgl. Mk 9,24–27 mit Mk 14,36 und Ps 115,3; 135,6). Lk 11,20 läßt erkennen, wie Jesus selbst seine Heilungstätigkeit gesehen hat: „Wenn ich mit dem Finger Gottes (vgl. Ex 8,15) die Dämonen austreibe, dann ist doch Gottes Herrschaft schon bis zu euch vorgedrungen!" Diesem Ausspruch korrespondiert der Jubelruf Jesu aus Lk 10,18: „Ich sah den Satan wie einen Blitz vom Himmel fallen" (vgl. mit Jes 14,12–15). Er ist ein Echo auf die Jesus (und den Seinen) gelingenden Exorzismen und Heilungswunder. Die Kritik der Gegner Jesu, er treibe die bösen Geister mit Hilfe des Oberteufels aus (Mk 3,22Par), macht es historisch unbezweifelbar, daß seine Verkündigung der βασιλεία begleitet war von Wundern und Machttaten.

Jesus stand als ‚Sohn Gottes' im Kampf gegen das der Herrschaft Gottes widerstreitende Böse in Gestalt der die Menschen in die Gottesferne und Todessphäre drängenden Krankheiten. Indem er die Kranken heilte, schuf er das Leben der durch ihre Krankheit aus der Nähe Gottes Verdrängten und vom Kult Ausgeschlossenen neu. Eine jüdische Überlieferung besagt: „Vier werden einem Toten gleichgestellt; der Lahme, der Blinde, der Aussätzige und der Kinderlose" (bNed 64b). Indem Jesus diese Menschen durch seine Exorzismen und Heilungen für das Leben vor und bei Gott zurückgewann, begannen unter seinen Händen die Toten wieder aufzustehen (vgl. Mt 11,5/Lk 7,22 und Lk 15,32).

Man sollte sich hüten, die Heilungswunder Jesu gegenüber seiner Wortverkündigung kritisch abzuwerten. Das alte Kerygma von Apg 10,36–43 begreift nicht umsonst die Wunder- und Heilungstätigkeit Jesu als eines der Zentren seiner Verkündigung des Evangeliums Gottes.

M. Hengel ist dem historischen Sachverhalt viel näher als die (implizite) moderne Kritik an Jesu Heilungswundern, wenn er schreibt: „Wahrscheinlich hat die Wirksamkeit Jesu als ‚Exorzist' und ‚Krankenheiler' unter der einfachen galiläischen Bevölkerung mindestens ebenso sehr Aufmerksamkeit und Begeisterung erweckt wie seine Predigt" (Nachfolge und Charisma, 73).

4.2 Die Erfahrung, daß in Jesu Verkündigung und Person Gottes heilschaffende Gerechtigkeit neu auf den Plan trat, spiegelt sich auch in den Berichten von den sog. ‚Naturwundern' Jesu, d.h. in den Erzählungen von der Sturmstillung (Mk 4,35–41 Par), dem Seewandel (Mk 6,45–52Par), der Speisung der Fünf- und der Viertausend (Mk 6,32–44Par und Mk 8,1–10Par) sowie den von Jesus berichteten Totenauferweckungen (Mk 5,21–43Par: Tochter des Jaïrus [verwoben mit der Heilung der blutflüssigen Frau]; Lk 7,11–17: Jüngling zu Nain; Joh 11,1–44: Auferweckung des Lazarus) und dem Weinwunder auf der Hochzeit zu Kana (Joh 2,1–12). Es ist bei all diesen Berichten kaum mehr möglich, hinter die Zeugnisebene der Texte zurückzugehen und kritisch festzustellen, welche Geschehnisse ihnen ‚wirklich‘ zugrundeliegen. Sie spiegeln aber alle konkrete Rettungs- und Heilserfahrungen mit Jesus, und deshalb erscheint er in ihnen als der die Herrschaft Gottes angesichts des Todes, der Gefahr, der Schutzlosigkeit und des Mangels aufrichtende Gottessohn.

4.3 Von den symbolischen *Tischgemeinschaften Jesu mit Zöllnern und Sündern* (Mk 2,15ff.; Lk 15,1–2; 19,1–10) ist schon die Rede gewesen (s.o. S. 72).

4.4 Als viertes Beispiel für Jesu Zeichenhandlungen ist die ‚Erschaffung‘ des *Zwölferkreises* zu nennen (vgl. Mk 3,13–19Par). Es gibt keine historisch durchschlagenden Gründe dafür, diesen Kreis unter Berufung auf 1 Kor 15,5 als erst nachösterliche Gründung anzusprechen. Mit der Begründung des Kreises vollzog Jesus einen messianischen Zeichenakt. Er erhob Anspruch auf das Zwölfstämmevolk Israel, von dem es zu seiner Zeit realiter „nur noch zweieinhalb Stämme gab, nämlich Juda, Benjamin und die Hälfte von Levi"; die verschollenen anderen neuneinhalb Stämme zu sammeln und so das Zwölfstämmevolk wiederherzustellen, galt frühjüdisch als Heilswerk Gottes in der Endzeit (J. Jeremias, Theol. d. NTs I⁴, 225). Jesus hat sich an dieses Werk gewagt. Er umgab sich mit zwölf Jüngern, beteiligte die Zwölf an seiner Verkündigung der βασιλεία (vgl. Mk 3,14Par; 6,7–11Par; Lk 9,1–6/ Mt 10,1.7–11.14) und begann, mit ihrer Hilfe die Umkehrwilligen aus „den verlorenen Schafen des Hauses Israel" (Mt 10,6) heraus zu sammeln. Das endzeitliche Geschick der Heiden scheint sich für Jesus nach dem Modell von Jes 2,2–3; Mi 4,1–3 dargestellt zu haben (vgl. Mt 8,11–12/Lk 13,29). In den Zwölfen sah Jesus die ‚kleine Herde‘ derer, denen Gott Anteil an der Gottesherrschaft geben werde (vgl. Lk 12,32 mit Dan 7,18.27) und bestimmte sie dazu, den 12 Stämmen des endzeitlichen Gottesvolkes dereinst als Regenten vorzustehen (vgl. Mt 19,28/Lk 22,30). Der Zwölferkreis war auch der Kern der endzeitlichen ‚Jesusfamilie‘ (vgl. Mk 3,31–35; 10,28–31Par). Nach Ostern ist er von Petrus in Jerusalem neu zusammengerufen und durch die Nachwahl des Matthias um den einen Mann ergänzt worden, der mit Judas Ischariot ausgefallen war; die Zwölf bildeten dann das geistliche Leitungsgremium der Jerusalemer Urgemeinde (vgl. Apg 1,15–26).

4.5 Auch in der sog. *Tempelreinigung* (Mk 11,15–17Par und Joh 2,13–17) wird man eine messianische Demonstration Jesu sehen müssen. In diese Richtung weisen die frühjüdischen Vergleichstexte, die die Erscheinung des (davidischen) Messias mit der Erwartung der Reinigung und Neuerrichtung des Jerusalemer Tempels verbinden (vgl. 4Q flor 1,1–11; PsSal 17,30; Sib V 414–433; TgJes 53,5–6). Der historische Ort der Aktion Jesu dürfte die sog. ‚Königliche Säulenhalle‘ an der Südseite des Tempels gewesen sein, in der wahrscheinlich die wesentlichen Tempelgeschäfte getätigt wurden. Ziel der Handlung war, die Jerusalemer Priesterschaft zu zwingen, den üblichen Opferkult nicht mehr länger an Jesu Verkündigung der βασιλεία vorbei zu vollziehen, sondern sich im Tempel auf die Zeit des neuen Gottesdienstes zu rüsten. Jesu Zeichenhandlung war eine ungeheure Provokation. Sie hat die Priesterschaft zu Jesu Feinden gemacht und die Passionsereignisse ausgelöst (s. u. S. 150 ff.).

Das wahrscheinlich bei der Tempelreinigung gefallene Tempelwort Jesu, Mk 14,58Par, zeigt, worauf er abzielte. Sein Wort stellt eine messianische Prophetie dar, die von Ex 15,17–18 her zu verstehen ist: „Den irdischen Tempel haben menschliche Hände gebaut, den eschatologischen werden Gottes Hände errichten, und dann wird die Gottesherrschaft anbrechen" (A. M. Schwemer, Irdischer u. himmlischer König, in: Königsherrschaft Gottes u. himmlischer Kult, hrsg. von M. Hengel u. A. M. Schwemer, 1991, [309–359] 356).

Damit stehen uns die wesentlichen Charakteristika der Verkündigung und Lehre Jesu vor Augen. Wenn wir uns nun den Hauptinhalten der Botschaft Jesu zuwenden, werden sie uns in der einen oder anderen Form wiederbegegnen.

§ 7 Gottes Einzigkeit und Heilswirklichkeit in der Verkündigung Jesu

Literatur: *G. Bornkamm*, Jesus von Nazareth, 1968[8], 114 ff.; *R. Bultmann*, Jesus, 1964, 130 ff.; *G. Ebeling*, Jesus u. Glaube, in: *ders.*, Wort u. Glaube I, 1960, 203–254; *D. Flusser*, Jesus, 1968, 89 ff.; *H. Gese*, Der Name Gottes im AT, in: H. v. Stietencron (Hrsg.), Der Name Gottes, 1975, 75–89; *H.-J. Hermisson – E. Lohse*, Glauben, 1978; *J. Jeremias*, Abba, in: *ders.*, Abba. Studien zur ntl. Theologie u. Zeitgeschichte, 1966, 15–67; *ders.*, Das Vater-Unser im Lichte der neueren Forschung, a. a. O., 152–171; *ders.*, Jesu Verheißung für d. Völker, 1959[2]; *G. Lohfink*, Die Not d. Exegese mit d. Reich-Gottes Verkündigung Jesu, ThQ 168, 1988,1–15; *E. Lohmeyer*, Das Vaterunser, 1962[5]; *W. G. Kümmel*, Verheißung u. Erfüllung, 1956[3]; *U. Luz*, Das Evangelium nach Matthäus I, 1989[2], 332–353; *H. Merklein*, Jesu Botschaft von der Gottesherrschaft, 1989[3], 37 ff.; *K. W. Müller*, König u. Vater, in: Königsherrschaft Gottes u. himmlischer Kult, hrsg. von M. Hengel u. A. M. Schwemer, 1991, 21–43; *G. Quell – G. Schrenk*, Art. πατήρ κτλ., ThW V,946–1024; *A. Schlatter*, Der Glaube im NT, 1927[4], 105–121; *H. Schürmann*, Das Gebet d. Herrn als Schlüssel zum Verstehen Jesu, 1981[6]; *G. Strecker*, Vaterunser u. Glaube, in: Glaube im NT, hrsg. von F. Hahn u. H. Klein, 1982, 11–28.

Die βασιλεία τοῦ θεοῦ ist der zentrale Gegenstand der Verkündigung Jesu. Jesus hat die herannahende βασιλεία nicht nur – wie Johannes der Täufer – angekündigt, sondern seine Botschaft und Zeichenhandlungen als Anbruch der Herrschaft Gottes verstanden (vgl. Mt 11,2–6/Lk 7,18–23; Lk 11,20). *Jesu Verständnis von Gott läßt sich am besten aus dem Vaterunser ersehen, in dem sich die wesentlichen Inhalte der Verkündigung Jesu zusammenfassen.*

Das *Vaterunser* ist uns in Lk 11,2–4; Mt 6,9–13 und Did 8,2 überliefert. Da Did 8,2 auf der Matthäustradition fußt (vgl. K. Niederwimmer, Die Didache, 1989, 168 ff.), ist hier nur die Lukasversion mit der Matthäusfassung zu vergleichen. Beide bieten zu Beginn Du-Bitten und gehen in Wir-Bitten über; außerdem fehlt beide Male die Schlußdoxologie. Sie wird in Did 8,2 in der Kurzform hinzugefügt: ὅτι σοῦ ἐστιν ἡ δύναμις καὶ ἡ δόξα εἰς τοὺς αἰῶνας und lautet in späteren Bibelhandschriften zu Mt 6,13: ὅτι σοῦ ἐστιν ἡ βασιλεία καὶ ἡ δύναμις καὶ ἡ δόξα εἰς τοὺς αἰῶνας· ἀμήν (vgl. mit 1 Chr 29,11–13). Bei beiden Fassungen geht es wahrscheinlich um eine Responsion der versammelten Gemeinde auf das von einem Vorbeter gesprochene Gebet des Herrn. – Vom Versbestand her bietet Lukas den kürzeren und in dieser Kürze wohl auch älteren Text gegenüber Matthäus. Die Matthäusversion folgt im Aufbau der lukanischen. Statt des kurzen Πάτερ von Lk 11,2 bringt sie aber in V.9 die liturgisch volltönendere Anrede: Πάτερ ἡμῶν ὁ ἐν τοῖς οὐρανοῖς und ergänzt in V.10 die Bitte um das Kommen der βασιλεία um die Zusatzbitte: „Es geschehe dein Wille wie im Himmel auch auf Erden". Lk 11,3 und Mt 6,11 sprechen gleichermaßen von ὁ ἄρτος ἡμῶν ὁ ἐπιούσιος; das schwer zu deutende Adjektiv ἐπιούσιος (s. u.) ist auch in Did 8,2 fest bezeugt. In V.11 bietet Matthäus ein bei Lukas nicht überliefertes σήμερον, in V.12 ist bei ihm nicht wie in Lk 11,4 von ἁμαρτίαι, sondern von ὀφειλήματα die Rede, und der anschließende Satz von der Vergebung der Sünden wird – wiederum anders als im Lukastext – mit der Vergleichspartikel ὡς und dem Aorist ἀφήκαμεν formuliert. In V.13 ergänzt Matthäus die Bitte um Bewahrung vor dem πειρασμός durch den Zusatz: ἀλλὰ ῥῦσαι ἡμᾶς ἀπὸ τοῦ πονηροῦ. – An der festen Überlieferung des ἐπιούσιος (s. o.) zeigt sich, daß sich im Urchristentum schon früh eine griechische Fassung des Vaterunsers herausgebildet haben muß. Der Lukas- und Matthäustext sowie Did 8,2 sind Varianten dieser Fassung. – Versucht man, hinter sie zurückzugehen und Jesu Gebet ins Aramäische zurückzuübersetzen (vgl. z. B. J. Jeremias, Abba, 160), stößt man auf gereimte aramäische Prosa. Außerdem wird sichtbar, daß der Wortlaut von Mt 6,11.12 dem semitischen Urtext nähersteht als die gräzisierte Textfassung bei Lukas. In der Forschung ist es deshalb üblich, *den ältesten uns erreichbaren Text des Vaterunseres im lukanischen Versbestand zu sehen, in Hinsicht auf den Wortlaut aber dem Matthäustext dort den Vorzug zu geben, wo er ‚semitischer' formuliert ist als der Lukastext.*

1. In keinem Anruf läßt sich Gottes Wirklichkeit, wie Jesus sie selbst erfahren, gelebt und ausgelegt hat, treffender fassen als in dem kurzen πάτερ = Vater! von Lk 11,2 (aramäisch אַבָּא = ἀββᾶ).

1.1 Die Bezeichnung der Gottheit als „Vater" ist religionsgeschichtlich weitverbreitet. In dem für die Spätantike und die frühe christliche Theologie hochbedeutsamen Schöpfungsmythos aus Platons Timaios (28c) wird Gott als ποιητὴς καὶ πατὴρ τοῦ παντός, d. h. als Urheber und Vater des Alls bezeichnet. Entsprechend erscheint die Welt als das sinnlich wahrnehmbare Abbild der ewigen Gottheit. Auch in dem berühmten Zeus-Hymnus des Stoikers Kleanthes wird Zeus als der das All in Weisheit lenkende Vater angerufen. Die mit Vernunft begabten Menschen gelten von hier aus als Gott verwandt, und zwar insbesondere dann, wenn sie dem der Welt von Zeus eingestifteten Vernunftgesetz folgen. Nach dem griechischen Wanderphilosophen Dion von Prusa (in Bithynien) nannten alle großen griechischen Dichter „den ersten und größten Gott Vater und König (πατέρα καὶ βασιλέα) aller vernunftbegabten Wesen" (Or 36,35). In der griechischen Tradition bezeichnet die Rede von Gott als ‚Vater‘ also den Ursprung und geistigen Beziehungspunkt der Welt.

1.2 Auch in der Umwelt des alten Israel, vor allem in Ägypten, war die Bezeichnung der Gottheit mit ‚Vater‘ eingebürgert. Dabei stand der Gedanke der Urzeugung der Welt durch Gott im Hintergrund. Die Urzeugung wurde in der Vereinigung des ägyptischen Königs mit der Königin irdisch wiederholt, so daß das aus dieser Verbindung hervorgehende Königskind als physischer Abkömmling Gottes erschien (vgl. W. Beyerlin, Religionsgeschichtliches Textbuch zum AT, 1975, 53–56).

1.3 Anders als in den griechischen und ägyptischen Texten bestimmt sich *Israels Gottesverhältnis und -verständnis aus dem exklusiven personalen Gegenüber zu Jahwe heraus*, d.h. auf Grund der Erwählung und Verpflichtung, die Jahwe seinem Eigentumsvolk Israel (am Sinai) auferlegt hat. Die Gottesbeziehung Israels findet ihren klassischen Ausdruck im 1.Gebot (Ex 20,2–3; Dt 5,6–7) und in Dt 4,7–8: „(7) Denn wo gibt es ein so großes Volk, das Götter hat, die ihm so nahe sind wie Jahwe, unser Gott, uns, sooft wir zu ihm rufen? (8) Und wo gibt es ein so großes Volk, das solch vollkommene Bestimmungen und Rechtssatzungen hat wie dieses ganze Gesetz, das ich euch heute vorlege?" Der in Israels Umwelt genealogisch geprägte Vatername für Gott (s. o.) hat sich nur nach und nach umprägen und in die israelitische Glaubenstradition einfügen lassen.

In vorexilischen Texten taucht die Rede vom *Vatertum Jahwes* in zwei Zusammenhängen auf: (1) um Israel als Schöpfung und Erbbesitz Jahwes darzustellen (vgl. Dt 32,3–7) und die besondere Bindung Jahwes an sein Volk zu beschreiben (vgl. Hos 11,1–9); (2) finden wir die Rede von Jahwe als Vater, um das davidische Königshaus des bleibenden Beistandes Jahwes zu versichern (vgl. 2Sam 7,12–14). Die hier auftauchende Zusage der väterlichen Fürsorge Jahwes für den (davidischen) König als seinen erwählten ‚Sohn‘ findet sich auch in Ps 2,7; 89,27 und gehört von diesen Texten her zur Grundstruktur der alttestamentlich-jüdischen Messiaserwartung. (3) Nach dem Exil erscheint die Rede von Jahwe als ‚unserem Vater‘ in der Volksklage aus Jes 63,7–64,11: „(63,15) Blicke vom Himmel und schaue hernieder von deiner heiligen und herrlichen Wohnung! Wo ist dein Eifer und deine Macht, das Beben deines Innern? Verschließe dich nicht dem Erbarmen, (16) denn du bist unser Vater! Abraham weiß ja nicht um uns, und Israel kennt uns nicht. Du bist unser Vater; ‚unser Erlöser‘ ist von alters her dein Name … (64,6) Niemand rief deinen Namen an … (7) Und doch, Jahwe, du bist unser Vater; wir sind der Ton, du bist unser Bildner; das Werk deiner Hände sind wir alle. (8) Zürne nicht allzusehr, Jahwe, und gedenke nicht auf ewig unserer Schuld. Siehe, blicke her, wir alle sind dein Volk!…" Zu dieser Anrufung Gottes als des Israel erwählenden und ihm barmherzig zugeneigten Vaters kommen (4) in der Weisheitsliteratur vereinzelte Belege dafür, daß Jahwe der Vater des einzelnen Gerechten ist: Sir 23,1.4 (griech.); 51,10 (hebr.) und Weish 2,16. In den Hymnen von Qumran wird Gott nur ein einziges Mal als Vater des Gerechten angerufen (1 QH 9,35 f.).

(5) Zur Zeit Jesu war die Anrufung Gottes als Vater eine mit der biblischen Überlieferung zwar vorgegebene, aber keineswegs oft genutzte Redeform. Das „un-

ser Vater" von Jes 63,16; 64,7 kehrt z. B. wieder in dem großen synagogalen Bußgebet ‚Abinu Malkenu' (= ‚Unser Vater, unser König'), dessen Wurzeln bis ins 1. Jh. n. Chr. zurückreichen. Aber die übliche Art und Weise Gott anzurufen, ergibt sich aus der 1.Benediktion des 18-Bitten-Gebets: „Gepriesen seist du Herr, unser Gott und Gott unserer Väter, Gott Abrahams, Gott Isaaks und Gott Jakobs, großer, starker und furchtbarer Gott, höchster Gott, Schöpfer des Himmels und der Erde, unser Schild und Schild unserer Väter, unsere Zuversicht von Geschlecht zu Geschlecht. Gepriesen seist du, Herr, Schild Abrahams" (Übersetzung von P. Schäfer, a. a. O. [s. o. S. 67], 404).

1.4 Dieser Gebetstradition gegenüber ist die Anrede Gottes mit dem bloßen Vokativ πάτερ (= אַבָּא bzw. ἀββᾶ), die in Lk 11,2 das Vaterunser einleitet, auffällig einfach, direkt und eigenständig. Sie ist auch in Mt 11,25f./Lk 10,21 (s. o. S. 74); Mk 14,36Par überliefert (wird in Röm 8,15; Gal 4,6 aufgenommen) und war für Jesus charakteristisch.

Wie eigenständig diese Anrede Gottes ist, zeigt sich, wenn man der Bedeutung des ἀββᾶ nachgeht. Es ist zunächst das unserem ‚Papa' verwandte Lallwort der Kleinkinder, dann die vertrauliche Anrede der Kinder gegenüber ihrem Vater und schließlich die respektvolle Form, mit der Schüler ihren Lehrer und Angehörige der Großfamilie den Pater familias anzureden pflegten. Bisher sind nur ganz wenige jüdische Fälle der Anrufung Gottes mit אַבָּא belegt. Sie stammen von zwei wundertätigen Rabbinen, die in der 2.Hälfte des 1. Jh.s n. Chr. gelebt haben (vgl. bTaan 23a und 23b).

Jesus hat Gott also in einer im Judentum unüblich erscheinenden Direktheit angerufen; er hat mit Gott gesprochen als der erwählte Sohn, der seinen Vater kindlich ehrte und liebte . Und noch mehr: Nach Lk 11,1–2 hat Jesus das Vaterunser eigens für seine μαθηταί formuliert. Bei diesem Gebet geht es darum nicht um irgendeinen im Anschluß an die frühjüdische Tradition (z. B. das Kaddisch s. o. S. 70) formulierten Text, sondern *im Vaterunser werden die μαθηταί an Jesu besonderem Gottesverhältnis beteiligt; sie dürfen zu Gott beten wie ihr Lehrer auch!*

2. Die erste Bitte des Vaterunsers ist eine Du-Bitte: „Geheiligt werde dein Name". Ebenso wie die zweite Bitte klingt sie an das Kaddisch an und steht ganz in frühjüdisch-apokalyptischem Horizont. Was ‚Heiligung' des Gottesnamens meint, ergibt sich aus Ez 36,22–32 (vgl. mit Ez 39,26–29 und 1QS 4,20–23): Gott selbst soll und wird seinen durch Israel unter den Völkern entweihten Namen vor den Augen dieser Völker wieder groß und heilig machen, das Gottesvolk aus aller Herren Ländern zusammenführen, reinigen und durch die Gabe des Hl.Geistes zum wahren Gehorsam erneuern. Der ‚Name' Gottes kann dabei nur im Sinne von Ex 3,13 14 verstanden werden; es geht um den Namen יהוה (Jahwe), d. h. den Namen des einen Gottes, den Israel im „Höre Israel!" als den Gott bekennt, der die Welt erschaffen und Israel zu seinem Eigentumsvolk erwählt hat. Da Jesus wiederholt auf diesen einen Gott verweist (vgl. Mk 10,18Par; 12,26–27Par; 12,28–34Par), und in

den Sprüchen der Bergpredigt mehrfach vom Walten des Schöpfers die Rede ist (Mt 5,45; 6,25–34/Lk 12,22–32), kann kein Zweifel daran bestehen, daß Jesus Jahwe vertraulich ἀββᾶ = ‚(lieber) Vater!' genannt und seine Schüler und Schülerinnen gelehrt hat, um die Heiligung seines Namens zu bitten. *Jahwe, der eine Gott, den Israel im Schema' bekennt, ist nach dem Vaterunser der Vater Jesu und all derer, die Jesu μαϑηταί sind* .

Von diesem Befund her verbietet es sich, theologisch grundsätzlich zwischen dem alttestamentlich-jüdischen und dem neutestamentlich-jesuanischen Gottesverständnis zu unterscheiden; beide gehören aufs engste zusammen. Diese Feststellung ist *biblisch-theologisch grundlegend:* Jesus spricht von Gott wie Israel, und doch wird in seiner Rede von Gott eine neue Dimension des Gottesverständnisses sichtbar, die des ἀββᾶ: *Jahwe darf verstanden werden als ‚(lieber) Vater' all derer, die Jesus ‚annimmt' (vgl. Lk 15,2) und die seinem Umkehrruf folgen.*

3. Dieses neuartige Gottesverständnis Jesu meldet sich nicht nur in seiner Gebetssprache, sondern in seiner gesamten Verkündigungspraxis zu Wort.

3.1 Kennzeichen dessen sind zuerst die berühmtesten *Gleichnisse Jesu,* die wir besitzen: Im Gleichnis vom verlorenen Sohn wird Gott im Bilde eines Vaters vorgestellt, der seinen verirrten Sohn aus Erbarmen und Liebe wieder ins Leben einsetzt (Lk 15,11–32). Der ältere Bruder, den das Verhalten des Vaters ‚wurmt', wird zur Mitfreude an dessen lebenschaffendem Verhalten aufgerufen. Der Vater begibt sich hinaus zu dem Älteren, bittet ihn hereinzukommen und sagt zu ihm: „Kind, du bist allezeit bei mir, und alles, was mein ist, gehört dir. Du solltest lieber guter Dinge sein und dich freuen, denn dein Bruder da war tot und ist (wieder) lebendig geworden, er war verloren und ist wiedergefunden worden" (Lk 15,31–32). – Ganz ähnlich wird Gott von Jesus im Gleichnis von den Arbeitern im Weinberg (Mt 20,1–16) beschrieben: Der Weinbergbesitzer sorgt für alle gleich. Er nimmt sich aber das Recht, so gütig zu sein, daß keiner in dem zu kurz kommt, was er unbedingt zum Leben braucht, auch nicht der, der – verschuldet oder nicht – erst in letzter Stunde dem Ruf des Herrn folgt. Gott hilft nach Jesus den Sündern in seiner väterlichen Gerechtigkeit und Güte zurecht, und diese helfende Gerechtigkeit Gottes wird von Jesus selbst vorgelebt und bezeugt. Nach der Beispielerzählung von Pharisäer und Zöllner (Lk 18,9–14) nimmt sich Gott des in sich gehenden, von vielen Juden als gesetzlos verachteten Zöllners an und nicht des Pharisäers. Lk 18,14 ist in semitisierendem Griechisch gefaßt und antithetisch zu übersetzen: „Ich sage euch, dieser (d. h. der Zöllner) ging gerechtfertigt (d. h. befreit von seiner Sündenschuld) in sein Haus hinab im Vergleich zu jenem (d. h. der Pharisäer nicht)!"

Wie J. Jeremias in seinem Gleichnisbuch gezeigt hat, wird der Pharisäer von Jesus keineswegs karikiert. In bBer 28b ist ein pharisäisches Gebet erhalten, das

Lk 18,11–12 genau entspricht: „Ich danke Dir, Herr, mein Gott, daß Du mir mein Teil gabst bei denen, die im Lehrhaus sitzen, und nicht bei denen, die an den Straßenecken sitzen; denn ich mache mich früh auf, und sie machen sich früh auf: ich mache mich früh auf zu den Worten des Gesetzes, und sie machen sich früh auf zu eitlen Dingen. Ich mühe mich und sie mühen sich: ich mühe mich und empfange Lohn, und sie mühen sich und empfangen keinen Lohn. Ich laufe, und sie laufen: ich laufe zum Leben der zukünftigen Welt und sie laufen zur Grube des Verderbens" (zitiert nach J. Jeremias, Die Gleichnisse Jesu, 1965[7], 141 f.). Der Bußruf des Zöllners steht statt dessen in der Tradition von Ps 51,16: „Errette mich vor dem Blute, Gott meines Heiles; und meine Zunge wird deine Gerechtigkeit rühmen."

Es ist zu beachten, daß die drei genannten Gleichnisse nicht nur Gottes väterliche Güte und Gerechtigkeit hervorheben, sondern auch eine *Kehrseite* andeuten: Die Verkündigung von Gottes vorbehaltloser Vaterliebe, seiner Güte und Gerechtigkeit, erregt bei dem älteren Bruder, bei den durch lange Arbeit ermüdeten anderen Arbeitern (und natürlich auch bei dem vergeblich betenden Pharisäer) Unwillen. Im Klartext: Gerade durch seine Verkündigung der Güte und zurechthelfenden Gerechtigkeit Gottes hat Jesus sich einen Teil der Pharisäer und Essener zu Gegnern gemacht. Jesus hat sie ausdrücklich zur Mitfreude am Heil der für das Leben mit Gott zurückgewonnenen Sünder eingeladen, ihnen aber in aller Deutlichkeit das Gericht für den Fall angekündigt, daß sie solche Mitfreude verweigerten. *Wer den nahen gnädigen Gott, den Jesus bezeugt, nicht will, verfällt dem Zorn(gericht) des fernen Gottes.*

3.2 Die *Sprüche Jesu* spiegeln sein Gottesverständnis nicht weniger deutlich als die Gleichnisse: Es gibt nach Jesu Meinung durchaus Sünder, d.h. Menschen, die (willentlich und unwillentlich) gegen den Willen Gottes verstoßen und ferne von ihm sind. Aber diese Menschen will Gott nicht fallen lassen! Jesus sah sich berufen, „zu suchen und zu retten, was (vor Gott) verloren ist" (Lk 19,10), und die Sünder sind die seiner als des göttlichen Arztes wahrhaft bedürftigen Kranken (Mk 2,17Par). Die erste Seligpreisung gehört in denselben Zusammenhang: „Selig seid ihr Armen, denn euch gehört die Gottesherrschaft" (Lk 6,20b/Mt 5,3).

Mit den ‚Armen' (πτωχοί) sind gemäß alter jüdischer Sprachtradition, die bis zu den Propheten zurückreicht, die עֲנָוִים (’anawim) gemeint (vgl. Jes 61,1–2). Die ‚Armen' sind also nicht einfach nur die wirtschaftlich Besitzlosen, sondern im Sinne Jesu handelt es sich auch und vor allem um die aus der Nähe Gottes Verdrängten mit Einschluß der ‚reichen' Zöllner. Es geht um „die Diffamierten, 'amme ha-'äräç, die Ungebildeten, Unwissenden, denen ihre *religiöse* Unkenntnis und ihr *moralisches* Verhalten nach der Überzeugung der Zeit den Zugang zum Heil versperrten" (J. Jeremias, Ntl. Theol. I[4], 114, kursiv bei J.).

Auch im jesuanischen Spruchgut spiegelt sich die eben bereits erwähnte *Kehrseite* seiner Heilsverkündigung: Wer sich von Jesu Zuwendung zu den

‚Armen' nicht betroffen sieht, fällt unter das endgerichtliche ‚Wehe'. Jesus hat es z. B. gegen unbußfertige Reiche (Lk 6,24–25), gegen Gesetzeslehrer (Lk 11,52/Mt 23,13) und die Städte Chorazin, Bethsaida und Kapernaum gerichtet, die sich seiner Botschaft widersetzten (Lk 10,13–15/Mt 11,20–24).

3.3 Unter den *messianischen Zeichenhandlungen* sind in unserem Zusammenhang vor allem die symbolischen Tischgemeinschaften Jesu mit Zöllnern und Sündern (s. o. S. 72) und Jesu Heilungswunder zu nennen. Mt 11,2–6/ Lk 7,18–23 lassen erkennen, warum: Jahwe, der eine Gott Israels, den Jesus mit ‚Vater' anredet, sendet seinen messianischen ‚Gesalbten' (Jes 61,1), um den ‚Armen' Heilung, Vergebung und Befreiung von ihren Leiden zu schenken.

4. In den Heilungsgeschichten ist wiederholt vom *Glauben* (πίστις) der Betroffenen die Rede (vgl. Mk 2,5Par; 5,34Par; 9,23–24Par; Lk 7,2–10/ Mt 8,5–10; 17,19f. u. ö.), und angesichts der Bedeutung von Jesu Heilungswundern für seine Bezeugung der βασιλεία (s. o. S. 81 f.) sollte man mit dem Verdikt, es ginge dabei nur um theologisch unbedeutenden ‚bloßen Wunderglauben', sehr vorsichtig sein.

4.1 In der Erzählung von der Heilung des Epileptischen (Mk 9,14–29Par) werden Gottes Heilswille, Jesu Handeln und der Glaube des um sein Kind bangenden Vaters in ganz eigentümlicher Art und Weise verbunden. Jesus erscheint in dieser Geschichte, die einen nach jüdischem Verständnis unheilbaren Krankheitsfall zum Gegenstand hat, als der ‚Sohn' des Gottes, der alle Dinge vermag und durch Jesus wirksam wird (vgl. Ps 115,3;135,6). Jesu Ausspruch in V. 23: πάντα δυνατὰ τῷ πιστεύοντι bezieht sich nicht etwa auf den Glauben Jesu; sein besonderes Gottesverhältnis wird weder in den Synoptikern noch auch im Johannesevangelium ‚Glaube' genannt! Es geht vielmehr um den Glauben des Kindesvaters an den Gott, der alles vermag. Auf den Hilferuf des Vaters: „Ich glaube, hilf meinem Unglauben auf!" (V.24) setzt Jesus den heilschaffenden Willen seines himmlischen Vaters, der alles vermag (vgl. Mk 14,36Par), gegenüber dem Krankheitsdämon durch. *Πίστις (πιστεύειν) heißt nach dem Erzählungszusammenhang, den allmächtigen Gott darum zu bitten, (durch Jesus) zugunsten des Beters zu handeln.*

4.2 Das Matthäusevangelium fügt in diese Unterweisung das *Wort vom Berge versetzenden Glauben* (aus der Spruchquelle) ein: „Amen, ich sage euch: Wenn ihr Glauben habt (nur so groß) wie ein Senfkorn, dann werdet ihr zu diesem Berge sagen: ‚Rücke von hier nach dort!', und er wird wegrükken, und nichts wird euch unmöglich sein" (Mt 17, 20). Das Bildwort vom Senfkorn deutet an, von welch großer Bedeutung die πίστις ist. Sie ist (als Gabe Gottes) nicht quantifizierbar, entscheidet aber über die Vollmacht der Jünger Jesu.

4.2.1 Dasselbe Logion findet sich im Markusevangelium in anderem Zusammenhang: Während seines letzten Aufenthaltes in Jerusalem belehrt Jesus seine μαθηταί: „Ihr müßt Glauben an Gott (πίστις θεοῦ) haben. Amen, ich sage euch: Wer zu diesem Berge spricht: ‚Hebe dich empor und stürze dich ins Meer!‘ und in seinem Herzen nicht zweifelt, sondern glaubt, daß geschieht, was er sagt, dem wird es zuteilwerden. Darum sage ich euch: <u>Alles, worum ihr betet und bittet – glaubt, daß ihr es schon erhalten habt, dann wird es euch zuteil werden</u>" (Mk 11,22–24 Par). Nach dem Alten Testament hat Gott allein die Macht, Berge zu gründen (Ps 65,7) und sie in seinem Zorn auch wieder zu versetzen (Hiob 9,5; Jer 51,25); außerdem wirkt das Schöpfungs- und Gerichtswort Gottes, was er gebietet (Ps 33,9; 148,5; Jes 55,11). Von hier aus wird deutlich, was Jesus meint: Wer mit ungeteiltem Herzen zu Gott betet, dem wird mit dem Geschenk des Glaubens der Beistand des allmächtigen Gottes zuteil, so daß der Beter in göttlicher Vollmacht Heil und Gericht wirken kann. Um das Heil geht es in Mt 17,20 und um das Gericht in Mk 11,24; darauf weist jedenfalls der Zusammenhang von Mk 11,24 mit der Symbolerzählung von der Verfluchung des keine Feigen tragenden Feigenbaumes (d. h. Israels, vgl. Jer 8,13) hin.

Auch Paulus scheint die Vollmacht des bergeversetzenden Glaubens im Zusammenhang des ‚Bindens‘ und ‚Lösens‘ (vgl. Mt 18,18) gesehen zu haben. Deshalb kann er in 1 Kor 13,2 sagen, daß selbst ein Mensch, der im Glauben Berge versetzen kann, ohne Liebe vor Gott nichts sei.

4.2.2 Lk 17,6 bietet ein paralleles Logion. Jesus sagt zu seinen Jüngern, die ihn bitten, ihnen Glauben zu verschaffen: „Wenn ihr Glauben hättet (nur so groß) wie ein Senfkorn, dann würdet ihr wohl zu diesem Maulbeerbaum sagen: ‚Sei entwurzelt und verpflanze dich ins Meer!‘, und er würde gehorchen." Wieder ist der Sinn ganz ähnlich. Die Sykomore ist ein besonders tief wurzelnder Baum. ‚Bäume entwurzeln‘ wird im Alten Testament als Bildwort für den Vollzug des Gerichts gebraucht (vgl. Jer 1,10 und die LXX-Übersetzung von Dan 4,14). Einen Rabbi, der juristisch scharfsinnig zu disputieren verstand, nannte man im 3. Jh. n. Chr. hyperbolisch einen ‚Bergeentwurzeler‘ (vgl. Bill I, 759). Gemeint ist also wieder, daß der Glaube in göttlicher Vollmacht Gericht und Heil wirken und damit Menschenunmögliches vollbringen kann.

4.3 Vergleicht man diese Jesusworte mit der alttestamentlich-jüdischen Rede vom Glauben (הֶאֱמִין, אֱמוּנָה), entdeckt man rasch, daß seit Jesaja (vgl. Jes 7,9; 28,16; 30,15) und Habakuk (vgl. Hab 2,4) kein jüdischer Prophet oder Lehrer mehr so vom Glauben gesprochen hat wie Jesus. ‚Glaube‘ meint in nachexilischer Zeit Treue gegenüber Gottes Gebot, seinen Befehlen und Satzungen (Gen 26,5; Sir 32,24), und bei den Essenern von Qumran wird Hab 2,4 auf die Treue gegenüber der vom ‚Lehrer der Gerechtigkeit‘ vertretenen Gesetzesauslegung bezogen (vgl. 1QpHab 7,16ff.). Gemessen an dieser nachexilischen und frühjüdischen Tradition vom Glauben hat *Jesus eine ganz neuartige Sicht von* πίστις vertreten. Sie ist für sein Verständnis von Gott höchst kennzeichnend: *Der Glaube ist eine Gabe Gottes und als solche* πίστις ϑεοῦ, *d.h. Glaube an Gott (Mk 11,22). Er wird denen zuteil, die Gott darum bitten. Kraft und Vollmacht des Glaubens liegen darin, daß Gott sich den Betern zuwendet und in seiner Allmacht für sie handelt. Im Glauben dürfen die Beter an Gottes Allmacht partizipieren (G. Ebeling).*

In einigen Heilungsgeschichten bezieht sich der Glaube der Betroffenen bereits direkt und indirekt auf Jesu Person (s. o.). Wir stehen hier vor interessanten ersten Ansätzen, von der theozentrischen Fassung des Glaubens (Mk 11,22) zum Glauben an Jesus Christus überzugehen, der für die nachösterliche Tradition charakteristisch geworden ist.

4.4 Jesu Glaubensbegriff erlaubt es, das *Vaterunser* insgesamt als Glaubensschule anzusehen, in die Jesus seine μαϑηταί genommen hat (G. Strecker).

Zu Beginn sollen sich die Beter und Beterinnen mit der Anrede ‚Vater' (Lk 11,2) in der Nähe Gottes unterbringen und sich ihm in Jesu Namen anvertrauen; die vollere Anrede Gottes in Mt 6,9 entspricht jüdischer Gebetstradition (vgl. Bill I, 410) und schließt die μαϑηταί zur betenden Gemeinde vor Gott zusammen. – Die folgenden zwei *Du-Bitten* sind primär endzeitlich gemeint: Gott selbst soll seinen Namen vor den Augen der Welt verherrlichen (s. o.) und seine Herrschaft über die Welt in Vollendung her45fführen (vgl. das Kaddisch). Die beiden Bitten implizieren, daß die betenden μαϑηταί ihrerseits Gott verherrlichen und seine Königsherrschaft anerkennen: „Heiligung des Namens durch Gott und durch den Menschen gehören zusammen" (U. Luz, a. a. O., 343 unter Verweis auf SLev 18,6 [339a] bei Bill I, 413). Die bei Matthäus hinzugefügte *dritte Du-Bitte* ist ebenfalls eschatologisch gemeint: Gott soll seinem in den Himmeln seit Urzeit feststehenden und anerkannten Willen (vgl. ApkAbr 22,2−3) auch auf Erden volle Anerkennung verschaffen (vgl. Jes 45,23−24); wieder ist impliziert, daß die Beter und Beterinnen Gottes ϑέλημα bereits anerkennen. – Ob die sich anschließenden *drei Wir-Bitten* ebenfalls endzeitlich gemeint sind, ist umstritten; für Jesus selbst und die Anfangszeit des Urchristentums ist dies recht wahrscheinlich. In den Wir-Bitten wird nämlich das Leben der μαϑηταί in seiner Orientierung auf die anbrechende βασιλεία hin bedacht. – Am schwersten ist *die Brotbitte* zu deuten. Ἄρτος ist in der Jesustradition sowohl Bezeichnung der täglichen (Haupt-)Nahrung (z. B. Mt 7,9; Mk 6, 41Par; 7,2Par) als auch des Brotes, das bei der himmlischen Mahlgemeinschaft gereicht werden wird (Lk 14,15; vgl. auch Joh 6,27). Für das Adjektiv ἐπιούσιος gibt es in der griechischen Literatur keine klaren Parallelen. Man muß es daher aus sich selbst und dem Zusammenhang heraus deuten. Dafür gibt es vier Möglichkeiten (vgl. W. Bauer/K. u. B. Aland, Wb. z. NT[6], 601 f.): (1) von ἐπὶ τὴν οὖσαν (ἡμέραν) her = „für den betreffenden Tag"; (2) von ἐπί und οὐσία her = „zum Dasein nötig"; (3) von dem in der griechischen Literatur und im biblischen Schrifttum häufiger auftauchenden Ausdruck „für den folgenden Tag" = ἡ ἐπιοῦσα (ἡμέρα) her im Sinne von: (das Brot) ‚für morgen' gib uns (heute); dies ist die philologisch beste Deutungsmöglichkeit; (4) „im Einklang mit τὸ ἐπιόν = d(ie)

Zukunft d(as) Zukunftsbrot". In den lukanischen Wortlaut der Brotbitte fügen sich die drei ersten Deutungen leichter ein als die vierte, während die dritte und vierte besser in die (der jesuanischen Urfassung näherstehende) Matthäusversion passen. Bei Matthäus kann die Bitte: „Unser Brot für morgen gib uns heute" heißen, daß die im Dienste Jesu stehenden μαθηταί Gott bitten, wenigstens mit dem für den nächsten (bereits um 18.00 Uhr anbrechenden!) Tag nötigen Brot versorgt zu werden (vgl. Lk 9,3/Mt 10,9f.). Dieses Verständnis ist durchaus möglich und führt hinüber zur iterativen Form der Brotbitte bei Lukas = „unser Brot für morgen (oder: unser zum Dasein nötiges Brot) gib uns Tag für Tag". Wenn man die bei dieser Deutung entstehende Spannung zu Mt 6,25–34Par vermeiden will, muß man an das eschatologische Brot von der himmlischen Tafel denken (vgl. Lk 14,15): „Unser (himmlisches) Brot gib uns heute (schon)". Nach dem Matthäuskommentar des Hieronymus zu Mt 6,11 hat man ἐπιούσιος in der palästinisch-christlichen Auslegungstradition des sog. Nazaräerevangeliums tatsächlich im Sinne von מָחָר = ‚morgen' gedeutet und eschatologisch verstanden: „Panem nostrum crastinum, id est futurum, da nobis hodie". Angesichts der die Mahlgemeinschaft in der βασιλεία im Voraus darstellenden Tischgemeinschaften Jesu, den Speisungsgeschichten, in denen Jesus dem um ihn versammelten Gottesvolk das Brot im Vorgriff auf die himmlische Mahlgemeinschaft gereicht hat (vgl. Mk 6,32–44Par), und seines eigenen Vorausblicks auf das messianische Dankopfermahl auf dem Zion in Mk 14,25Par (vgl.Lk 22,28–30) fügt sich auch diese eschatologische Fassung der Brotbitte gut in die Jesusverkündigung ein. – Während die *Bitte um Vergebung* in Lk 11,4 generell und iterativ formuliert ist, hat Mt 6,12 wiederum endzeitlichen Klang. Sündenvergebung ist nach Jer 31, 34; Ez 36,25–32 und Jes 55,6–7 ein Kennzeichen der Enderlösung: Das seltene Wort τὸ ὀφείλημα entspricht dem aramäischen Ausdruck für ‚Sünde, Verfehlung' חוֹבָא. Τὰ ὀφειλήματα ἡμῶν hat wie im Gleichnis vom Schalksknecht, Mt 18,23–35, finanztechnisch-rechtlichen Beiklang. Die Beter und Beterinnen rüsten sich auf den Jüngsten Tag und bitten Gott um Vergebung ihrer einzelnen Verfehlungen. Sie tun dies, während und indem sie ihren Schuldigern vergeben. Der Aorist ἀφήκαμεν kann ingressiv (= ‚wie wir hiermit vergeben') oder konstatierend (= ‚wie wir vergeben haben') aufgefaßt werden. Von Mt 5,43–45 her ist in beiden Fällen zu sagen: Indem die μαθηταί Jesu selbst Sünde vergeben, partizipieren sie an der väterlichen Güte Gottes und geben sie weiter (vgl. so auch Mt 18,23–35). – Die *letzte Wir-Bitte* steht noch einmal ganz klar in endzeitlichem Horizont: Nach Dan 12,7–12 (vgl. Apk 3,10) wird dem Kommen der Gottesherrschaft eine letzte Zeit des πειρασμός, d.h. der ‚Erprobung' der Menschheit vorangehen; in ihr entscheidet sich, wer Gott die Treue hält und wer nicht. Die Bitte der μαθηταί geht dahin, daß sie in dieser Situation vor dem Abfall bewahrt werden möchten (vgl. Lk 8,13; 22,32) und ihnen der Eingang in die βασιλεία gewährt werden möge. Der matthäische Zusatz zu dieser Bitte fleht um Erlösung vor den Nachstellungen Satans. Das Matthäusevangelium nennt ihn in 5,37; 13,19.38 den πονηρός, und das Böse (τὸ πονηρόν) ist seine Einflußsphäre (vgl. Mt 5,11.39; 9,4) Da ῥύομαι im Neuen Testament oft für die Enderlösung gebraucht wird (vgl. Lk 1,74; 1Thess 1,10; Röm 11,26 usw.), ist wahrscheinlich auch diese Zusatzbitte endzeitlich gemeint.

Das Vaterunser ist eine in die Form des Gebetes gefaßte Unterweisung zur endzeitlichen Glaubensexistenz. Als von Jesus vorformulierte Lehre ist es

„Ausdruck der Gnade, die dem Jüngerkreis vorangeht" (U. Luz, a. a. O., 351). In seiner ursprünglichen Form ist es ganz eschatologisch geprägt.

5. Wenn es um Jesu Gottesverständnis geht, bedarf die zweite Du-Bitte um das Kommen der βασιλεία noch gesonderter Betrachtung. Die Bitte geht wie im Kaddisch dahin, daß Gott selbst seine Herrschaft über die ganze Welt in Bälde durchsetzen möge.

5.1 Um diese Bitte zu verstehen, muß man sich klarmachen, daß Jesu Verkündigung der Gottesherrschaft ganz im Zeichen der *Naherwartung* stand. Darauf weisen nicht nur die Dringlichkeit des Umkehrrufes Jesu, das Tempelwort (Mk 14,58, s. o. S. 84) und seine Ankündigung der Parusie des Menschensohnes in Mk 14,62Par hin, sondern auch Logien wie Mk 9,1Par und 14,25Par. Nach Mk 2,18–20Par; 12,1–12Par; Lk 17,22–37Par; Mt 10,22–23Par hat Jesus zwar mit einer Zeitspanne zwischen seinem Tode und der Parusie gerechnet, aber er hat sie als kurz angesehen (vgl. Lk 13,6–9 und 18,8). Hinzuzufügen ist, daß Jesus genaue Berechnungen des Datums der Parusie zurückgewiesen (Lk 17,20–21; Mk 13,21–22Par) und es in dem für ihn charakteristischen Sohnesgehorsam Gott überlassen hat, Zeit und Stunde des Jüngsten Tages festzusetzen (Mk 13,32Par).

Von hier aus ist es erklärlich, daß die sog. *Parusieverzögerung* für die Urchristenheit nicht zu dem grundlegenden theologischen Problem geworden ist, das z. B. A. Schweitzer in ihr gesehen hat (vgl. seine Studie über „Das Messianitäts- und Leidensgeheimnis. Eine Skizze des Lebens Jesu" [1956³] und dazu E. Gräßer, A. Schweitzer als Theologe, 1979, 64ff.). Das Verzögerungsproblem klingt zwar mehrfach an, wird aber nur in 2Thess 2,3–12 und im 2Petr ausführlich verhandelt.

5.2 Mit dem Kommen der βασιλεία hat sich Jesus in vierfacher Weise verbunden gesehen: Als Rufer zur Umkehr, als messianischer Evangelist der ‚Armen‘, als Retter und als endzeitlicher Richter.

5.2.1 Jesu *Ruf zur Umkehr* (Mk 1,14–15Par) darf nicht verharmlost werden. Er prägt eine ganze Anzahl von Gleichnissen (vgl. z. B. Lk 13,6–9; Lk 14,15–24/Mt 22,1–14; Lk 15,11–32; 16,1–8) und Logien Jesu (z. B. Lk 13,1–5; Mk 10,23–27Par); er steht auch hinter den Weisungen der Feldrede (vgl. Lk 6,46–49Par) und äußert sich vor allem in dem *radikalen Ruf zur Nachfolge*, den Jesus an seine unmittelbaren Begleiter gerichtet hat.

Jesus ist selbst um der βασιλεία willen unverheiratet geblieben (Mt 19,11–12) und hat um seines messianischen Werkes willen den Bruch mit seiner Familie vollzogen (Mk 3,21 und 3,31–35Par). Wie Elia dem Elisa (vgl. 1Kön 19,19–21) hat er auch den von ihm berufenen μαθηταί die Loslösung von Beruf und Familie zugemutet (Mk 1,16–20Par) und Menschen, die ihm nachfolgen wollten, abverlangt, sich ganz von ihrem Besitz (Mk 10,17–22 Par) und ihren Angehörigen zu lösen (Lk 14,26/Mt 10,37). Zwischen das Leben inmitten der (alten) Welt und der mit ihm und seinem Werk anbrechenden βασιλεία (Lk 11,20;17,21) hat Jesus eine Zäsur gesetzt, die das

Alte vom Neuen und den Tod vom Leben trennt; in dem Nachfolgewort aus Lk 9,59–60/Mt 8,21–22 hat sie ihren charakteristischen und (im frühjüdischen Lebenszusammenhang höchst) anstößigen Ausdruck gefunden.

Die Umkehr, zu der Jesus aufruft, ist nur am Rande durch das Herannahen des Weltgerichts motiviert. Sie hat ihr entscheidendes Motiv in der Freude am Anbruch der βασιλεία (Mt 13,44) und an der sich in der Begegnung mit Jesus neu eröffnenden Gottesgemeinschaft (Lk 19,1–10). Jesus hat diese Freude durch den Hinweis bestärkt, daß im Himmel mehr Freude über einen umkehrenden Sünder herrsche als über 99 Gerechte (Lk 15,1–7). Dabei war er sich durchaus im Klaren darüber, daß sein Umkehrruf vielfach auf taube Ohren stieß. Er hat seine Zeitgenossen deshalb mit Kindern verglichen, denen es ihre Spielgefährten (= Johannes der Täufer und er selbst) nicht rechtmachen können (Lk 7,31–35/Mt 11,16–19), und er ist nicht davor zurückgeschreckt, über die Unbußfertigen das ‚Wehe‘ auszurufen (Lk 10,13–15Par).

5.2.2 Von dem *Anbruch der βασιλεία in Jesu Heilstaten* (Mt 11,2–6/ Lk 7,18–23; Lk 11,20) ist schon mehrfach die Rede gewesen und ebenso davon, daß der Widerstand, den Jesu Verhalten fand, seine Kritiker vom Eingang in die Gottesherrschaft auszuschließen drohte (s. o.).

5.2.3 Jesus sah sich von Gott gesandt, zu suchen und zu retten, was vor Gott verloren ist (Lk 19,10), und eben so die βασιλεία aufzurichten. Als sich der Widerstand gegen ihn mehrte, hat er seine Jünger darüber belehrt, daß sein eigener und ihr Weg der Nachfolge am *Kreuz* enden könne (Lk 14,27/ Mt 10,38). Er selbst war bereit, mit seinem eigenen Leben vor Gott für all die einzustehen, die im Endgericht kein Lösegeld für ihr verwirktes Sündenleben würden entrichten können (vgl. Mk 8, 34–38Par).

5.2.4 Nach alttestamentlich-jüdischer Endzeiterwartung wird die Herrschaft Gottes endgültig durchgesetzt durch das Endgericht, das Gott selbst oder der messianische Menschensohn in seinem Auftrag durchführen werden (vgl. Joel 4,15–17; Dan 7,10–14.26; äthHen 61–63). Diese Erwartung prägt auch die Jesustradition der Evangelien: Jesus sah sich gesandt, Israel als dienender Menschensohn auf das in Bälde bevorstehende Weltgericht vorzubereiten, und er hat erwartet, nach der Erfüllung seines irdischen Dienstes selbst von Gott zum Weltenrichter eingesetzt zu werden (vgl. Mk 14,62Par). Es ist deshalb nicht verwunderlich, daß sich in der synoptischen Tradition eine ganze Reihe von Sprüchen finden, in denen die Rede ist von den *Bedingungen, unter denen Menschen in die βασιλεία werden einziehen dürfen* (vgl. z. B. Mk 9,43–48Par; 10,15. 23–27Par). Auch sie sind für Jesu Gottesverständnis kennzeichnend.

Jesus hat seine Nachfolger zum furchtlosen *Bekenntnis zu seiner Person und Sache* aufgerufen: „Wer sich vor den Menschen zu mir bekennt, zu dem wird sich auch der Menschensohn vor den Engeln Gottes bekennen. Wer mich aber vor den Menschen verleugnet, der wird auch vor den Engeln Gottes verleugnet werden" (Lk 12,8Par). Mit dem ‚Bekenntnis' vor den Engeln Gottes ist die Fürsprache des Menschensohnes für die Betroffenen im Endgericht gemeint (vgl. Röm 8, 34; Hebr 7, 25; 9,24; 1Joh 2,1). Das Gleichnis vom Unkraut unter dem Weizen (Mt 13,24–30 + 36–43) und vom Fischnetz (Mt 13, 47–50) belehrt die μαθηταί, daß sie nicht vorzeitig zwischen Gerechten und Ungerechten scheiden sollen, *der ‚kleinen Herde' seiner Nachfolger hat er aber Anteil an Gottes vollendeter Herrschaft zugesagt* (Lk 12, 32, vgl. mit Dan 7,27), und die Zwölf (s. o. S. 83), die mit ihm alle πειρασμοί durchgestanden hatten, zu seinen himmlischen Tischgenossen und zu Regenten über das endzeitliche Zwölfstämmevolk Israel bestimmt (Lk 22,28–30Par). Im Gleichnis vom Großen Weltgericht schließlich, Mt 25,31–46, hat Jesus zu erkennen gegeben, nach welchem Maßstab er als der Menschensohn im Weltgericht urteilen wird: Er wird all denen ein gnädiger Richter sein, die den von (Johannes dem Täufer und) ihm gelehrten *‚Weg der Gerechtigkeit'* (Mt 21,32) mitgegangen sind und den Bedürftigen mit Speise, Trank, Herberge, Kleidung und Besuchen wohlgetan, frühjüdisch ausgedrückt: an ihnen *‚Werke der Gerechtigkeit bzw. der Barmherzigkeit'* getan haben. Jesus wußte sich als der ‚Sohn' so sehr mit Gott verbunden, daß sich der Eingang in die βασιλεία an seiner Person, seinem Nachfolgeruf und seinem Gebot entschied.

6. *An Jesu Bezeugung der βασιλεία in Wort und Tat haben sich die Geister geschieden.* Genau das aber hat er gewollt: Nach Lk 12,49–51 wollte er mit seinem ‚Evangelium von der Gottesherrschaft' keinen eitlen Frieden bringen, sondern ein eschatologisches Feuer auf Erden anzünden und mitsamt den in seinem Auftrag und seiner Botschaft durch die jüdischen Dörfer und Städte ziehenden ἀπόστολοι (Mt 10,6.23) den endzeitlichen διαμερισμός, d. h. die geistliche Scheidung, durchführen, die im Endgericht ihre Bestätigung und Vollendung findet (Lk 12,51–53/Mt 10,34–36, vgl. mit Mi 7,6; Hebr 4,12).

§ 8 Gottes Wille in der Verkündigung Jesu

Literatur: G. Bornkamm, Jesus von Nazareth, 1968[8], 88 ff.; *ders.*, Das Doppelgebot d. Liebe, in: *ders.*, Geschichte u. Glaube I (= Ges.Aufs. III), 1968, 37–45; *C. Burchard*, Das doppelte Liebesgebot in d. frühen christlichen Überlieferung, in: Der Ruf Jesu u. d. Antwort d. Gemeinde, FS für J. Jeremias zum 70. Geburtstag, hrsg. von E. Lohse, 1970, 39–62; *R. H. Fuller*, Das Doppelgebot d. Liebe, in: Jesus Christus in Historie u. Theologie, FS für H. Conzelmann zum 60. Geburtstag, hrsg. von G. Strecker, 1975, 317–329; *J. Friedrich*, Gott im Bruder, 1977; *H. Gese*, Das Gesetz, in: *ders.*, Zur bibl. Theologie, 1989[3], 55–84; *ders.*, Ezechiel 20,25f. und die Erstgeburtsopfer, in: *ders.*, Atl.Studien, 1991, 72–83, *R. Guelich*, The Sermon on the

Mount, 1982; *M. Hengel*, Gewalt u. Gewaltlosigkeit, 1971; *ders.*, Die Bergpredigt im Widerstreit, ThBeitr 14, 1983, 53–67; *ders.*, Zur matthäischen Bergpredigt u. ihrem jüdischen Hintergrund, ThR 52, 1987, 327–400;*H. Hübner*, Das Gesetz in d. synopt. Tradition, 1986[2]; *M. Limbeck*, Die Ordnung d. Heils, 1971; *K. Koch – J. Amir – G. Klein*, Artikel: Gesetz im AT, im Judentum, im NT, TRE XIII, 40–75; *E. Lohse*, „Ich aber sage euch", in: *ders.*, Die Einheit d. NT, 1973, 73–87; *ders.*, Theologische Ethik d. NT, 1988, 44–55; *U. Luz*, Das Evangelium nach Matthäus I, 1989[2], 227ff. 244ff.; *H. Merklein*, Jesu Botschaft von d. Gottesherrschaft, 1989[3], 93–131; *A. Nissen*, Gott und d. Nächste im antiken Judentum,1974; *H. Räisänen*, Zionstora u. bibl. Theologie, in: *ders.*, The Torah and Christ,1986, 337–365; *P. Schäfer*, Die Torah d. messianischen Zeit, in: *ders.*, Studien zur Geschichte u. Theologie des rabbin. Judentums, 1978,198–213; *R. Schnackenburg*, Die sittliche Botschaft d. NT I, 1986, 68–124; *W. Schrage*, Ethik d. NT, 1989[2], 45–93; *S. Schulz*, Ntl. Ethik, 1987, 37–83; *R. Smend–U. Luz*, Gesetz, 1981; *G. Strecker*, Die Bergpredigt, 1985[2]; *P. Stuhlmacher*, Jesu vollkommenes Gesetz der Freiheit, ZThK 79,1982, 283–322; *ders.*, Das Gesetz als Thema bibl. Theologie, in: *ders.*, Versöhnung, Gesetz u. Gerechtigkeit, 1981, 136–165; *W. Zimmerli*, Ich bin Jahwe, in: *ders.*, Gottes Offenbarung (Ges. Aufs.), 1969[2], 11–40.

Mit dem Alten Testament und Frühjudentum ist auch Jesus davon ausgegangen, daß die ganze Schöpfung, insbesondere aber Israel, unter dem Anspruch des Gottes stehen, der die Welt in Wohlordnung geschaffen, Israel zu seinem Eigentumsvolk erwählt und diesem Volk in der Tora vom Sinai seinen Hl. Willen geoffenbart hat. Als messianischer Menschensohn trat Jesus auf mit dem Umkehrruf: „Die Zeit ist erfüllt und die Gottesherrschaft ist nahe herbeigekommen; kehrt um und glaubt an das Evangelium" (Mk 1,15). Die Umkehr, zu der Jesus aufforderte, meint die Rückkehr der in die Gottesferne Geratenen zu Gott, dem barmherzigen Vater. Das neue Leben der Umkehrenden ist geprägt von Freude und Freiheit, steht aber auch unter der Verpflichtung, nunmehr neu dem Willen des gütigen Gottes zu entsprechen, den sie verlassen haben und der sie (durch Jesus) neu ‚angenommen' hat (Lk 15,2).

1. In Lev 19,2 steht die ethische Grundforderung Gottes an Israel: „Seid heilig, denn ich, Jahwe, euer Gott bin heilig." Auch Jesus hat seinen μαθηταί die heilige Verpflichtung, dem Tun und Willen des ‚Vaters' zu entsprechen, immer neu vor Augen gestellt. Sie bestimmt die Parabel vom Schalksknecht, Mt 18,23–35, sie prägt die Bitte des Vaterunsers um Vergebung der Sünden (Lk 11,4/Mt 6,12, s. o. S. 93; vgl. auch Mt 6,14–15) und begründet das Gebot der Feindesliebe in der Feldrede bzw. der Bergpredigt. In Lk 6,36 (vgl. mit Mt 5,48) heißt es (genauso wie im TgJer I zu Lev 22,28): „Seid barmherzig, wie euer Vater barmherzig ist". Hält man sich die Aufforderung zu solcher Entsprechung vor Augen und bedenkt, daß Jesus seine Nachfolger aus allen alten Bindungen herausgerufen (Lk 9,59–60/Mt 8,21–22) und seinen Jüngern zugemutet hat, ‚Salz der Erde' und ‚Licht der Welt' zu sein

97

(Mt 5,13.14), kann man mit J. Jeremias sagen, daß es sich bei den Forderungen, die Jesus erhebt, um die Lebensordnung der kommenden Königsherrschaft (handelt), die schon jetzt das Leben der Jünger regiert" (Theol. I⁴, 197). Wie die Gottesherrschaft in Jesu Person bereits mitten unter den Menschen ist (Lk 17,21) und in Jesu Exorzismen anbricht (Lk 11,20), *so wird auch dort, wo er den Willen Gottes lehrt, die βασιλεία ausgebreitet.* Nach Mt 11,28–30 hat Jesus seine Lehre vom Willen Gottes als ‚sanftes Joch' und ‚leichte Last' für die Mühseligen und Belasteten empfunden, denen die Schriftgelehrten untragbar schwere Lasten aufbürdeten (Mt 23,4).

2. Inhaltlich kreist die Weisung Jesu um *die Liebe zu Gott und zum Nächsten* (vgl. Mk 12,28–34 Par). Sie knüpft damit in eigenständiger Art und Weise an die alttestamentlich-jüdische Tradition vom Liebesgebot an.

2.1 Im Alten Testament ist die Forderung der Nächstenliebe zwar noch nicht so tonangebend wie in der Jesustradition, aber wo sie erhoben wird, steht sie schon im Zeichen der Entsprechung zum Verhalten Jahwes, der Israel erwählt und aus der ägyptischen Fron befreit hat. Bereits im sog. *Bundesbuch* (= Ex 20,22–23,33 JE) ist die Rede davon, daß man seinem Prozeßgegner (LXX: ἐχθρός) in Notfällen beistehen soll und daß das Recht des Armen und des in Israel lebenden Fremden bzw. Schutzbürgers (= רֵג) nicht gebeugt werden darf (Ex 23,4–9). Im *Heiligkeitsgesetz* (= Lev 17–26 P) heißt es dann: „Trage gegen deinen Bruder nicht Haß in deinem Herzen. Weise deinen Nächsten freimütig zurecht, damit du nicht seinetwegen Schuld auf dich ladest. Räche dich nicht und trage den Söhnen deines Volkes nicht nach, sondern liebe deinen Nächsten wie dich selbst. Ich bin Jahwe" (Lev 19,17–18). Lev 19,33–34 ergänzen diese Weisung: „Wenn sich ein Fremdling bei euch im Lande aufhält, dürft ihr ihn nicht bedrücken. Wie ein Einheimischer aus eurer Mitte gelte euch der Fremdling, der sich bei euch aufhält. Du sollst ihn lieben wie dich selbst. Denn auch ihr waret Fremdlinge im Land Ägypten. Ich bin Jahwe, euer Gott". – Im selben Sinn äußert sich auch das *Deuteronomium.* Es heißt in Dt 10,17–19: „Denn Jahwe, euer Gott, ist der Gott der Götter und der Herr der Herren, der große und gewaltige und furchtbare Gott, der nicht Partei ergreift und keine Bestechung annimmt, der Waisen und Witwen Recht schafft und den Fremdling liebt, indem er ihm Nahrung und Kleidung gibt. So sollt auch ihr den Fremdling lieben; denn ihr seid Fremdlinge im Ägypterland gewesen". Der hier gemeinte Fremdling ist wieder der Schutzbürger, der selbst keinen Landbesitz hat, daher nicht rechtsfähig ist und infolgedessen des Schutzes durch die Freien bedarf. Das Liebesgebot steht alttestamentlich also im Rahmen des Entsprechungsverhältnisses von Jahwes Erwählung und Zuwendung zu Israel und Israels Pflicht, dieser Zuwendung gerecht zu werden. Der ‚Nächste' ist der Mitisraelit und der in Israel wohnende fremde Schutzbürger.

2.2 Eingebettet in die Tora (s. u.) ist das Liebesgebot auf das *Judentum der Zeitenwende* gekommen. Wir begegnen ihm hier in einer eigentümlichen Betonung und Begrenzung gleichzeitig.

2.2.1 Sowohl in den den Qumrantexten nahestehenden Testamenten der zwölf Patriarchen (2. Jh. v.–1. Jh. n. Chr.) als auch bei Rabbi Akiba (gest. 135 n. Chr.) erscheint das Liebesgebot als eine große Hauptregel in der Tora, von der her und auf die hin das ganze mitmenschliche Verhalten des frommen Juden beurteilt wird. Die Testamente orientieren sich bei diesem Urteil vor allem am vorbildlichen Verhalten Josephs gegenüber seinen Brüdern (vgl.TestJos 17,1–8); in TestGad 6,3 sprechen sie ausdrücklich davon, daß man dem, der Sünde an einem selbst getan hat und Reue zeigt, vergeben soll. Rabbi Akiba nennt das Liebesgebot ein jedem Juden geltendes Grundgebot (SLev 19,18[89b]). Im Rabbinat und im hellenistischen Judentum gibt es dann eine breite, von Ex 23,4–9 und Prov 24,17. 28f.; 25,21 ausgehende Unterweisung darüber, daß der Gottesfürchtige nicht Böses mit Bösem vergelten, sondern seinen Widersacher durch Wohltun zur Umkehr anleiten soll (vgl. Nissen, a.a.O., 308ff.).

2.2.2 Die sich hier zu Wort meldende Wertschätzung des Liebesgebotes wird nun aber durch einen doppelten Tatbestand eingeschränkt und begrenzt: Die ‚Hauptregel in der Tora‘ (Rabbi Akiba) ist nur zu praktizieren im Lichte der ganzen Tora, d. h. exemplarisch und nicht exklusiv, und sie findet ihr Ende dort, wo mit der Gültigkeit der Tora zugleich Gottes Rechtsanspruch auf den Menschen und die Welt angezweifelt oder bekämpft wird. Schon in den Psalmen verpflichtet sich der Beter zum ‚Haß‘ gegen die unfrommen Gottesfeinde. In Ps 139,21–22 heißt es: „Sollen mir nicht verhaßt sein, die dich hassen, Jahwe? Sollen mir zum Greuel nicht sein, die wider dich aufstehn? Ja, hassen will ich sie mit glühendem Haß, sie wurden mir selber zu Feinden.“ Die Qumranessener haben sich dem angeschlossen und den Gemeindegliedern ausdrücklich eingeschärft, daß die Ungläubigen (= alle, die sich nicht zu dem Weg der essenischen Gemeinschaft bekennen) zu hassen seien. Der in die Qumrangemeinde Eintretende muß sich verpflichten: „... alle Söhne des Lichtes zu lieben, jeden nach seinem Los in der Ratsversammlung Gottes, aber alle Söhne der Finsternis zu hassen, jeden nach seiner Verschuldung in Gottes Rache“ (1QS 1,9–11; vgl. auch 9,21–22). ‚Hassen‘ meint hier jedes Mal das affektive Verabscheuen derer, die gottlos sind (vgl. E. Jenni, THAT II, 835f.). An dieser Verpflichtung zur Absonderung von den Gottlosen haben das Früh- und das Spätjudentum festgehalten. Das Liebesgebot wurde also jüdisch denkbar hoch gewertet und gleichzeitig von der (Israels Identität ausmachenden) Treue zur Tora begrenzt. Daß das Liebesgebot als Wille Gottes die Grenzen der Tora sprengen könnte, wurde – soweit bisher zu sehen ist – in der jüdischen Tradition nicht gelehrt.

3. Als Jesus auftrat, knüpfte er an dieses alttestamentlich-jüdische Verständnis des Liebesgebotes an, tat dies aber in der für ihn charakteristischen Freiheit und *messianischen Vollmacht*.

3.1 Die *jüdische Begrenzung des Liebesgebotes erkannte Jesus nicht an.* In der für seine israelitischen Hörer unerhört provozierenden Beispielgeschichte vom barmherzigen Samaritaner (Lk 10,30–37) stellte Jesus ausgerechnet einen Samaritaner, d. h. einen Menschen, den das damalige Judentum als Apostaten des Jahweglaubens ansah, als Modellperson für die von Gott gewollte Nächstenliebe heraus. Im Gleichnis vom großen Weltgericht (Mt 25,31–46) erklärte er sich mit den ‚Geringsten‘ so sehr solidarisch, daß er formulieren konnte: „In dem Maße als ihr einem von diesen meinen geringsten Brüdern (etwas Gutes) getan habt, habt ihr es mir angetan“ (Mt 25,40 vgl. mit Prov 14,31). Beide Male greift das Gebot der Nächstenliebe weit über den jüdischen Volksverband hinaus und fordert im Namen Gottes die Hilfe für jeden Menschen, der in Not ist. *In Lk 6,27–36; Mt 5,43–48 hat Jesus das Liebesgebot sogar ausdrücklich auf die Feinde und Verfolger der Jesusanhänger ausgedehnt.* Während die eben genannten Psalmen- und Essenertexte zum ‚Haß‘ gegenüber den Verächtern der Tora verpflichten, gilt bei Jesus die Liebe auch den jüdischen Denunzianten und heidnischen Gegnern der ‚Jesusbewegung‘. *Für Jesus selbst ist die Feindesliebe zum ‚Grundgesetz‘ seines eigenen Weges durch die Passion geworden (vgl. Lk 23,34 mit Jes 53,12).*

3.2 Was man am Liebesgebot sehen kann, bestätigt sich an der sog. ‚*Goldenen Regel*‘. Wie A. Dihle in seinem Buch „Die Goldene Regel" (1962) gezeigt hat, war die regula aurea in der antiken ‚Vulgärethik‘ weitverbreitet. Sie lautet in der Version der Bergpredigt: „Alles nun, von dem ihr wollt, daß es euch die Menschen antun, erweist auch ihr ihnen in derselben Weise; das ist das Gesetz und die Propheten" (Mt 7,12, vgl. Lk 6,31).

Diese Jesus durchaus zuzutrauende positive Fassung unterscheidet sich von den Belegen in Tob 4,15; epAr 207; (hebr) TestNaph 1,6 und bei dem 20 v. Chr. lehrenden Hillel. Von ihm und seinem Antipoden Schammai wird in einer berühmten Baraita bShab 31a berichtet: „Ein Heide trat einst vor Schammai und sprach zu ihm: Mache mich zum Proselyten unter der Bedingung, daß du mich die ganze Tora lehrst, während ich auf einem Fuße stehe. Da stieß ihn jener mit der Elle, die er in einer Hand hatte, fort. Darauf kam er zu Hillel. Dieser machte ihn zum Proselyten und sprach zu ihm: Was dir verhaßt ist, das tue deinem Nächsten nicht. Das ist die ganze Tora; das andere ist ihre Auslegung. Geh, lerne!"

Jesus macht die Goldene Regel nicht, wie Hillel, zur Eingangspforte in die Lehre von der Tora mit all ihren Einzelgeboten. Er sieht in ihr vielmehr die Kurzfassung des Gotteswillens in seiner mitmenschlichen Dimension. Deshalb formuliert er die Regel auch uneingeschränkt positiv. Es geht ihm nicht nur um die Vermeidung von gegenseitigen Unannehmlichkeiten (im Sinne des deutschen Sprichworts: ‚Was du nicht willst, das man dir tu, das füg auch keinem andern zu.‘), sondern um die aktive Zuwendung zum anderen in all dem, was dieser andere braucht.

3.3 Das Gebot der (Feindes-)Liebe ist für Jesus genauso eng wie im Alten Testament mit dem ersten Gebot verbunden: *Die Nächsten- und Feindesliebe ist die Entsprechung zur Gottesliebe.* Jesu Antwort auf die Frage nach dem obersten Gebot, Mk 12,28–34 (Mt 22,34–40/Lk 10,25–37), dokumentiert seinen souveränen Umgang mit den Hl. Schriften. Die Tradition ist in ihrer heutigen Gestalt mitgeprägt von der Gesprächssituation der nachösterlichen Gemeinde mit bekehrungswilligen Griechisch sprechenden Juden. Im Kern enthält sie aber eine ganz originelle Zusammenordnung von Dt 6,4–5 und Lev 19,18 zum *Doppelgebot der Gottes- und Nächstenliebe*. Für diese Koppelung gibt es bisher keine jüdischen Parallelen (vgl. Nissen, a. a. O., 394). Sie

bringt dafür klassisch zum Ausdruck, worum es Jesus geht: um die rückhalt-
lose Verehrung und Anerkennung des einen Gottes, den Jesus ἀββᾶ nennt
und der die ihm gehorsamen Menschen am Werk seiner göttlichen Barmherzigkeit beteiligt.

Wir haben gesehen (s. o. S. 86 f.), daß das besondere Sein Israels aus der
Erwählung und Verpflichtung durch Jahwe erwächst. *Auch für Jesus haben
Gottesliebe und Gottesverehrung Vorrang vor aller sozialen Aktivität.* Er
selbst ordnet sich in der ‚Wegentscheidung am Anfang‘ (Mk 1,12–13;
Mt 4,1–11/Lk 4,1–13, s. o. S. 64 f.) ganz seinem Vater zu und bewährt diesen
Gehorsam bis zur ‚Wegentscheidung am Ende‘ in Gethsemane (Mk 14,32–42
Par) und dem Gang ans Kreuz. Im Vaterunser lehrt er seine μαθηταί so
beten, daß die Du-Bitten den Wir-Bitten vorgeordnet werden, und im Dop-
pelgebot haben wir dieselbe Struktur vor uns. Wer aber in Jesu Person und
Lehre Gott als dem barmherzigen Vater begegnet ist, der wird durch diese
Begegnung dann auch in die Pflicht gestellt, seinem Nächsten so zu begegnen, wie Gott ihm. In Lk 6,36 heißt es dementsprechend: „Seid barmherzig,
wie euer Vater barmherzig ist“, und im Vaterunser verpflichten sich die Beter
und Beterinnen zur ‚reziproken‘ Vergebung (Lk 11,4/Mt 6,12 vgl. mit
Mk 11,25 Par und Sir 28,2).

Das Doppelgebot hilft uns schließlich auch zu sehen, *wie Jesus die Liebe
versteht.* In Dt 10,12 werden Gott ‚lieben‘ mit Gott ‚fürchten‘, ‚dienen‘ oder
auch ‚in Gottes Wegen wandeln‘ gleichgesetzt. Auch für Jesus ist die Liebe zu
Gott von Gottesfurcht geprägt: Jesus lehrt und handelt als der ‚Sohn‘ ganz
aus Gottes gnädigem Willen, seiner εὐδοχία heraus (Lk 10,21–22/
Mt 11,25–27; vgl. auch Joh 4,34). Die Gottesliebe umschließt damit gleichzeitig eine affektive Gemüts- und eine Willensbewegung. Beim Gebot der
Nächstenliebe haben wir dasselbe Phänomen vor uns, anders könnte Jesus
die Liebe niemals zur Zumutung der Feindesliebe steigern. Auch hier geht es
um eine gleichzeitig von Gefühl und Willen getragene Verhaltensweise, die
Vergebung (vgl. Mt 18,21–22), Fürbitte (Mt 5,44/Lk 6,28) und konkrete Hilfeleistungen, sog. ‚Liebeswerke‘ (oder auch ‚Werke der Barmherzigkeit‘),
umschließt (vgl. Lk 10,30–37; Mt 25,35 f.).

Der heute beliebte Satz: ‚Liebe kann nicht geboten werden‘ weist in die Romantik
und gilt für die Jesusverkündigung nur sehr bedingt: So sehr die Verpflichtung der
μαθηταί zur Liebe aus der ihnen widerfahrenen Zuwendung Gottes in Jesus erwächst, so sehr appelliert sie sowohl in Richtung auf Gott als auch in Hinsicht auf die
Mitmenschen an den Willen, der des Gebotes bedarf, um nicht irrezugehen und bei
der Sache zu bleiben.

4. Mit seiner alles auf die Gottes- und Nächstenliebe setzenden Auslegung
des Gotteswillens hat sich Jesus in Gegensatz zum pharisäischen Ideal gesetzt, im Alltag der Welt priesterliche Reinheit zu bewahren und Gottes
heilige Gebote höher zu achten als sich selbst.

4.1 Will man sich vom *Gesetzesverständnis des antiken Judentums* ein Bild machen, muß man mindestens folgendes beachten: Seit dem Deuteronomium und der öffentlichen Verlesung der Tora durch Esra vor den zurückgekehrten Exulanten am Laubhüttenfest Anfang des 4. Jh.s v. Chr. (vgl. Neh 8) gilt die Tora vom Sinai als die Israel von Gott gnädig verliehene Offenbarungsurkunde und Lebensordnung schlechthin. An ihr haben die Frommen ihre Freude (Ps 119,7.14). In ihr wird die Weisheit offenbar, mit deren Hilfe Gott die Welt geschaffen hat (vgl. Sir 24); deshalb umfaßt die Tora Himmel und Erde und bestimmt das Leben jedes Menschen bis in die einzelnen Lebensregungen hinein.

Nach rabbinischer Zählung enthält die Tora 613 Einzelweisungen (= 248 Gebote und 365 Verbote). Dem entspricht die rabbinische Anthropologie. Der Mensch gilt in ihr als Gottes Geschöpf, dessen Leib sich aus 613 Gliedern zusammensetzt (nach TgJer I zu Gen 1,27 sind es 248 Glieder und 365 Adern). Daher kann es heißen: „Jedes einzelne Glied spricht zum Menschen: Ich bitte dich, tu durch mich dieses [oder jenes] Gebot (Pesiq 101a, bei Bill I, 901e). Wir stehen hier vor einer regelrechten ,Toraontologie' (M. Hengel).

Israels großer Vorzug vor den Heiden besteht darin, die Tora kraft der Offenbarung vom Sinai direkt zu kennen, während die Heidenvölker Gottes Willen nur indirekt aus den Werken der Schöpfung und ihren um Gut und Böse kreisenden Gewissensregungen entnehmen können (Weish 13,1–9; 17,10; vgl. auch Röm 2,14). Für den Juden bestand die Gottesfurcht vor allem im Halten der Gebote (Sir 2,15 ff.; 7,29 ff.). Sabbat und Beschneidung waren (vor allem in der Diaspora) die Erwählungskennzeichen Israels schlechthin.

4.2 Jesus war dies alles von Kind an vertraut und bekannt. Dennoch lehrte er seit seiner Taufe durch Johannes anders, als es der Täufer getan (und von Jesus erwartet) hatte. Er faßte den Willen Gottes in das Doppelgebot der Gottes- und Nächstenliebe zusammen (s. o.); er erklärte sich selbst und sein Verhalten zum Herrn und Maßstab des Sabbats (Mk 2,28 Par); wie schon den großen Propheten galt ihm die am Kult orientierte Frömmigkeit wenig, so lange sie nicht durch Taten des Rechts und des Erbarmens flankiert und bestätigt wurde (vgl. Mk 7,15 Par; Lk 11,42/Mt 23,23 mit Am 4,4–5; 5,21 ff.; Mi 6,8); er erhob scharfen Protest, wenn das Gebot der Elternehrung unterlaufen und ausgehöhlt wurde (Mk 7,6–13 Par); ja, er griff sogar den Opferbetrieb im Tempel an, solange dieser an seinem messianischen Umkehrruf vorbei praktiziert wurde (Mk 11,15 ff. Par). Jesus wollte mit alledem das Gesetz nicht beseitigen, sondern den verkannten und mißachteten Willen Gottes neu in Kraft setzen. *Jesus ist aufgetreten mit dem Anspruch, der messianische Vollender der Tora zu sein.*

4.3 Man kann dies an den *Antithesen der Bergpredigt* (Mt 5,21–48) deutlich erkennen. Die *sechs Antithesen* der Bergpredigt tragen ihren Namen von der für sie typischen Kontrastformel her: „Ihr habt gehört, daß zu den Alten gesagt ist – Ich aber sage euch." Sie klingt an die exegetischen Debatten jüdischer Gesetzeslehrer an. Man hat deshalb in den Antithesen Ausschnitte aus Jesu exegetischen Lehrdebatten sehen wollen, in denen er seine eigene Auffassung der Lehrmeinung anderer Toraausleger bis hinauf zu Mose gegenüberstellt. Doch geht Jesu „Ich aber sage euch" weit über dieses in der zeitgenössischen jüdischen Exegese gebräuchliche Maß hinaus! In Mt 5,21.27.38.43 werden mit ἐρρέθη Gebote Gottes (Ex 20,13.14; 21,24–25; Lev 19,18) eingeleitet. *Jesus stellt demnach in den Antithesen seine eigene Lehre der Überlieferung gegenüber, die die ἀρχαῖοι, d.h. die Generation vom Sinai, von Gott durch Mose empfangen haben (s. o. S. 81).*

Jede Synopse zeigt, daß die sechs Antithesen überlieferungsgeschichtlich teils aus der sog. Logienquelle und teilweise aus dem matthäischen Sondergut stammen. In Q hat es bereits *Überlieferungsmaterial* für folgende Antithesen gegeben: Für die 3. Antithese von der Ehescheidung, Mt 5,31–32 (vgl. mit Lk 16,18), die 5. Antithese von der Wiedervergeltung, Mt 5,38–42 (vgl. mit Lk 6,29–30), und die 6. Antithese von der Feindesliebe, Mt 5,43–48 (vgl. mit Lk 6,27–28.32–36). *Matthäisches Sondergut* liegt vor in der 1. Antithese vom Töten: Mt 5,21 ff., der 2. Antithese vom Ehebruch: Mt 5,27 ff., und in der 4. Antithese vom Schwören: Mt 5,33 ff. Hier ist die *antithetische Form* ursprünglich, während die 3., 5. und 6. Antithese offenbar erst in Analogie zu der 1., 2. und 4. Antithese antithetisch stilisiert worden sind.

In den Antithesen haben wir eine *exegetische Doppelbewegung* vor uns: In der 1., 2. und 6. Antithese (nicht, wie häufig zu lesen ist, in der 1., 2. und 4. Antithese!) wird das bestehende Gebot der mosaischen *Tora vertieft und radikalisiert*; es wird damit in die Form gebracht, die nach Jesus dem Willen Gottes in Wahrheit entspricht: Nicht erst der vollzogene Mord, sondern schon Zorn und Beschimpfung des Bruders fallen unter Gottes Gericht (Mt 5,21 ff.); nicht erst der vollzogene Ehebruch, sondern schon der zum Ehebruch auffordernde Augenwink an eine verheiratete Frau (= γυνή) erfüllt den Tatbestand des Ehebruchs nach Ex 20,14; Dt 5,17 (Mt 5,27 ff.); das Liebesgebot von Lev 19,18 findet seine Grenze nicht schon beim jüdischen Glaubensgenossen, sondern es schließt auch die jüdischen oder heidnischen Gegner und Verfolger der Jesusbewegung ein (Mt 5,43 ff.).

Bedenkt man, daß in der Antike Religion und Leben noch viel enger verzahnt waren, als sie es heute sind, sieht man, daß in Jesu Gebot der Feindesliebe *die größte Entschränkung des Liebesgebotes ausgesprochen wird, die antik überhaupt denkbar war*. Deshalb ist die oft vertretene Meinung anfechtbar, Jesus habe ‚nur' den religiösen Feind zu lieben befohlen, nicht aber den politischen Gegner, und die Frage nach Recht oder Unrecht des Kriegsführens sei von Mt 5,43 ff. her nicht zu beantworten. Schon der Plural ἐχθροί spricht gegen die Privatisierung der Kategorie des ‚Feindes' (W. Schrage), und außerdem ist ἐχθρός schon in der Septuaginta Übersetzungswort für Feinde schlechthin (U. Luz). Man hat deshalb davon auszugehen, daß Jesus geboten hat, sogar die Glaubensgegner zu lieben, die schon in der Antike die fanatischsten und grausamsten Feinde waren. Die Kriegsgegner und ideologischen Feinde sind in Jesu Gebot mitgemeint.

Der Wille Gottes ist nach Jesu Lehre umfassender und tiefer, als daß er sich mit einem bloßen Verweis auf den Wortlaut der Tora bestimmen ließe. Jesus hat erkannt, daß der Wortlaut des Gesetzes von den Sündern leicht manipuliert und verdreht werden kann. Gott aber sieht in die menschlichen Herzen hinein und beansprucht den Menschen ganz.

In der 3., 4. und 5. Antithese stellt sich Jesus nun aber auch gegen den Wortlaut der Tora und *tastet damit die formale Autorität des Gesetzes an.* Die von Mose zugestandene Ehescheidung unter Aushändigung eines Scheidebriefes (vgl. Mt 19,7/Mk 10,3 mit Dt 24,1.3) wird von Jesus als eine ungute, gegen den Schöpferwillen Gottes verstoßende Konzession kritisiert (Mt 5,31–32, vgl. mit Mal 2,16). Der in Lev 19,12 verbotene Meineid, aber konzedierte promissorische (= verpflichtende) Eid bei Gott sollen ersetzt werden durch Eidesverweigerung und eo ipso wahrhaftige Rede (Mt 5,33–37, vgl. Jak 5,12). Das Gesetz der Wiedervergeltung, das sog. ius talionis (Ex 21,24–25), widerspricht dem Willen Gottes; der Peiniger soll durch Liebe überwunden werden (Mt 5,38 ff.).

In der 1., 2. und 6. Antithese lehrt Jesus den Willen Gottes in Anknüpfung an die Tora und in der 3., 4. und 5. Antithese entfaltet er ihn in ausdrücklicher Kritik am Gesetz. Von Mt 5,21–48 Par her gilt demnach insgesamt: *Jesus lehrt den Willen Gottes so, daß er die Tora vom Sinai gleichzeitig vertieft, hinterfragt und überbietet.*

4.4 Jesus hält in *Mt 5,17* der kritischen Vermutung, er wolle die Tora (und die Propheten) ‚auflösen‘, d.h. abschaffen, entgegen, er sei dazu da, Tora (und Propheten) zu ‚erfüllen‘, d.h. (durch Tat und Lehre) zu verwirklichen. R. Bultmann und viele andere Exegeten halten dieses Logion für ein „unmöglich echtes Wort" (Theol. d. NT, 1984⁹, 16). Ganz im Gegenteil dazu scheinen wir aber vor der für die frommen jüdischen Zeitgenossen Jesu geradezu aufreizenden Summierung eben des Sachverhaltes zu stehen, den wir zu bedenken haben. Jesus formuliert einen Lehrsatz (כְּלָל): Er sieht sich von Gott dazu berufen, das Gesetz (und die Propheten) in *seinem* Sinne zu interpretieren und zu verwirklichen. Er schafft sie mit seinem neuartigen messianischen (Lehr-)Verhalten nicht ab, *sondern verwirklicht sie und bringt Gottes Tora und ihre Auslegung durch die Propheten zur Vollendung.*

Daß man Mt 5,17 in diesem Sinne verstehen kann, hat J. Jeremias (Theol. I⁴, 87 f.) gezeigt. Er hat darauf hingewiesen, daß das Logion eines der ganz wenigen Worte Jesu ist, die im jüdischen Talmud ein Echo gefunden haben. In bShab 116b wird es folgendermaßen wiedergegeben: „Ich kam nicht, um vom Gesetz Mosis wegzunehmen, vielmehr kam ich, um zum Gesetz Mosis hinzuzufügen." Außerdem gibt es eine alte judenchristliche Version von Mt 5,17b, die lautet: „Ich kam nicht, zu vermindern, sondern, im Gegenteil, zu vervollständigen." Πληρόω ist in der Septuaginta geläufiges Übersetzungswort für hebr. מלא und תמם; im Neuen Testament wird es für die Gebotserfüllung (vgl. z.B. Röm 8,4; 13,8; Gal 5,14) und die Erfüllung der Vorankündigungen der Hl. Schriften (Lk 24,44; Joh 17,12; 18,9; 19,24; Jak 2,23) gebraucht. Im Matthäusevangelium, dem unmittelbaren Kontext des Logions, wird πληρόω ausschließlich für die Erfüllung der Schrift und von Gottes Weisung in Jesu Geschichte und Verhalten verwendet (vgl. Mt 3,15; 5,17 und die sog. ‚Erfüllungszitate' Mt 1,22; 2,15.17.23; 4,14; 8,17 usw.); U. Luz nennt πληρόω deshalb „ein exklusiv christologisches Verb" (Das Evg. nach Matthäus I², 236). Um dieses matthäischen Wortgebrauchs willen muß Mt 5,17 nun aber nicht als sekundär beurteilt werden, sondern in dem Logion könnte auch eine der Wurzeln dieses matthäischen Wortgebrauchs sichtbar werden. – Während in Mt 5,17 ein ursprüngliches Jesuswort erkennbar wird, widerspricht seine Weiterinterpretation in Mt 5,18 +19 den nachfolgenden Antithesen (und Jesu Verhalten gegenüber dem Sabbat und den Reinheitsvorschriften der Tora) so sehr, daß man hier mit sekundärer Fortschreibung der Lehre Jesu vom Gesetz rechnen kann (obwohl der Gegensatz von 5,18 zu 24,35 zu bedenken bleibt). Mt 5,20 ist ein Programmsatz der Bergpredigt und zunächst als solcher zu lesen; von Mt 23,23 her geurteilt, könnte auch in ihm ein altes Jesuswort verarbeitet sein.

5. Biblisch-theologisch stehen wir damit vor einem außerordentlich wichtigen (und eben deshalb auch heißumstrittenen) Sachverhalt. *Von Mt 5,17. (20.)21–48 her erscheint Jesus als der messianische Vollender der Tora vom Sinai.* Er lehrt nicht wie Mose, sondern in ihm ist – wie man in Analogie zu Mt 12,6.41–42 formulieren kann – ‚mehr als Mose' auf dem Plan. Die von ihm gelehrte Tora ist im Unterschied zur Gesetzesauslegung der Schriftgelehrten und Pharisäer der ζυγὸς χρηστός und das φορτίον ἐλαφρόν, d. h. das sanfte Joch und die leicht zu tragende Last. Jesus legt sie den Menschen auf, damit sie auf dem dadurch vorgezeichneten ‚Weg der Gerechtigkeit' (Mt 21,32) zur Ruhe ihrer selbst vor Gott finden können (Mt 11,28–30 vgl. mit Jer 6,16).

Die Lehre Jesu vom Gesetz ist biblisch-theologisch von großer Bedeutung!
5.1 Paulus spricht in Gal 6,2 und 1 Kor 9, 21 vom νόμος (τοῦ) Χριστοῦ, d. h. der Tora des Christus (vgl. auch Röm 8,2), und der Jakobusbrief schreibt vom „vollkommenen Gesetz der Freiheit" (1,25). Beide meinen damit die Lehre vom Willen Gottes, wie sie durch Jesus begründet worden ist. Zusammen mit dem Matthäusevangelium dokumentieren Paulus und der Jakobusbrief, *daß man urchristlich in Jesus durchaus (auch) den messianischen Lehrer des Gesetzes gesehen hat.*

5.2 Jesu Lehre vom Gesetz ist freilich auch massiv widersprochen worden. Der Widerspruch kam vor allem von seiten einiger Pharisäer und Rabbinen. Dem beherrschenden Grundzug des frühjüdischen Gesetzesverständnisses folgend (s. o. S. 102), haben sie für die messianische Zeit keine neue Tora erwartet, „sondern das vollkommene und endgültige Verständnis der bestehenden" (P. Schäfer, Die Torah der messianischen Zeit, a.a.O., 205); nach ihrer Erwartung wird „Gott keine neue Torah bringen, sondern steht, wie der Messias, in dem lebendigen und auch in der Endzeit fortdauernden Prozeß der Überlieferung und Deutung der Torah vom Sinai" (a.a.O., 206f.). Von dieser Warte aus erscheinen Jesu Diktum von Mt 5,17 mitsamt seiner Kritik an der Tora vom Sinai als schwere religiöse Verstöße. Dasselbe Urteil ergibt sich vom Standpunkt der Hochpriester und Sadduzäer her in dem Augenblick, als Jesus mit der sog. ‚Reinigung des Tempels‘ (Mk 11,15–17Par) und seinem Tempelwort (Mk 14,58Par) die von der Tora vorgeschriebene Kultordnung des Jerusalemer Tempels offen angriff. Jesu Gegner haben ihn daraufhin von Dt 13, 7–12; 17,8–13 und 18,9–22 her als Verführer zum Falschglauben und messianischen Prätendenten zum Tode verurteilt (s. u. S. 150 ff.). *Gerade Jesu Lehre vom Gesetz hat also erheblich zum tödlichen Konflikt zwischen ihm und den jüdischen* ἄρχοντες *beigetragen.*

5.3 *Von der Schrift her konnte (und kann) man aber auch zu einem anderen Ergebnis über Jesu Lehre von der Tora kommen!* In Ez 20,25–26 wagt Ezechiel zu sagen, Israel habe von Gott in der Wüste ‚Satzungen‘ (חקים) empfangen, „die nicht gut waren, und Gesetze (משפטים), durch die sie nicht Leben fanden. Ich machte sie unrein durch ihre Opfergaben, sofern sie alle Erstgeburt durch Feuer hindurchgehen ließen, um das Grauen in ihnen zu wecken, auf daß sie erkennen sollten, daß ich Jahwe bin“. Wie immer diese Äußerung im einzelnen zu interpretieren ist, sie dokumentiert, daß die bestehende Tora nach Ansicht des Priesterpropheten Ezechiel über sich hinausweist auf eine neue und vollendete Gesetzesoffenbarung, die Israel am Leben vor Gott teilhaben läßt, statt es davon auszuschließen. „Eine entsprechende Weissagung findet sich im (sekundären) Jeremiaspruch (Jer 31,31–34) vom neuen Bund, der zum Eingraben der göttlichen Tora in die menschliche Vernunft führen wird“ (K. Koch, TRE XIII, 46): „(31) Siehe, es kommen Tage – spricht Jahwe –, da werde ich mit dem Hause Israel [und dem Hause Juda] einen neuen Bund schließen. (32) Nicht wie der Bund, den ich mit ihren Vätern geschlossen habe, damals, als ich sie bei der Hand nahm und aus dem Lande Ägypten herausführte, diesen Bund – meinen Bund –: sie haben ihn gebrochen, obwohl ich ihr Herr war, spricht Jahwe. (33) Sondern das ist der Bund, den ich mit dem Hause Israel nach jenen Tagen schließen werde, spricht Jahwe: Ich werde mein Gesetz in ihr Inneres legen und ihnen ins Herz hinein schreiben, und ich werde ihr Gott sein, und sie werden mein Volk sein. (34) Dann brauchen sie sich nicht mehr gegenseitig zu belehren und einer zum andern zu sagen: ‚Erkennet Jahwe!‘ Sondern sie alle werden mich erkennen, klein und groß, spricht Jahwe. Denn ich vergebe ihre Schuld und denke nicht mehr an ihre Sünde.“ Das entscheidend Neue an dieser neuen „Verpflichtung“ (= Bund) ist, daß Gottes Weisung dem Volk nicht mehr auf Tafeln geschrieben (vgl. Ex 24,12; 34,1.4) gegenübersteht, sondern ins Herz geschrieben wird; dem Volk werden die Sünden vergeben, und die Tora wird ihm von Gott her zum inneren Besitz. Das Gesetz vom Sinai erreicht damit eine ontologisch neue Offenbarungsform und Qualität.

Nach Ps 50,23 offenbart sich Gott dem reumütigen Sünder vom Zion aus mit seiner neuen Weisung. In Jes 2,2–4 und Mi 4,1–3 wird angekündigt, daß in der Endzeit vom Weltenberg Zion aus ‚Weisung‘ (תּוֹרָה) zu allen Völkern ausgehen und sie friedensfähig machen werde. Ordnet man Jer 31,31 ff. mit diesen Schriftzeugnissen biblisch-theologisch zusammen, kann man mit H. Gese von der eschatologischen ‚*Zionstora*‘ sprechen, die der Sinaitora entspricht. Sie ist neu in dem Sinne, daß in ihr der heilige Wille des einen Gottes, der die Welt geschaffen und Israel zu seinem Eigentumsvolk erwählt hat, nicht mehr nur vorläufig, wie in der Tora des Mose, sondern ontologisch vollendet in Erscheinung tritt.

5.4 Bedenkt man Jesu Verkündigung vom Willen Gottes im Lichte dieser Konzeption der ‚Zionstora‘ und nimmt man hinzu, daß er die Zwölf als Repräsentanten des endzeitlichen Israel beim Abschieds(passa)mahl unter Vergebung der Sünden in die Gottesgemeinschaft des neuen ‚Bundes‘ eingestiftet hat, der dem Sinaibund entspricht (Mk 14,22–25Par), kann man sagen, daß *in Jesu neuer Lehre vom Willen Gottes die ‚Zionstora‘ in Erscheinung getreten ist.* Aber auch dann, wenn man das in der Forschung umstrittene Kunstwort ‚Zionstora‘ meiden will, behält Gese recht, wenn er schreibt: „Die Tora Jesu ist mehr als eine bloße fragwürdige Freiheit von Tora, sie ist die Begründung des vollendeten, vollkommenen Schalom, in dem die Heiligkeit Gottes die letzte Tiefe der Welt ergreift“ (Das Gesetz, a.a.O., 80).

Paulus und Jakobus sind also biblisch-theologisch durchaus im Recht, wenn sie Jesu Lehre vom Willen Gottes als ‚Tora des Christus‘ (Gal 6,2; 1 Kor 9,21) bzw. als ‚vollendetes Gesetz der Freiheit‘ (Jak 1,25) begreifen.

6. Jesus hat den *Willen Gottes* im Doppelgebot der Gottes- und Nächstenliebe zusammengefaßt und sich nicht gescheut, die Tora vom Sinai nach diesem Maßstab neu und kritisch zu interpretieren. Er hat den (von der pharisäischen Gesetzesauslegung) Belasteten seine ‚sanfte‘ Weisung auferlegt und die ‚Armen‘ (Jes 61,1 f.) im Namen seines himmlischen Vaters neu in die Gemeinschaft mit Gott aufgenommen. Wo liegt die Einheit dieser Zumutung des Gotteswillens und der Verlebendigung der Gnade Gottes?

Nach dem Vaterunser ist Jahwe der ἀββᾶ und besteht zwischen seiner Heiligkeit, seiner väterlichen Nähe und der Zumutung, seinem Willen (durch gegenseitige Vergebung) zu entsprechen, kein Gegensatz. In Jesu Lehre und Verhalten begegnet dieselbe Einheit: Er ist als der von Gott gesandte messianische Menschensohn Retter und Herr in einer Person. Jesus lehrt seine μαθηταί, das Vaterunser zu beten und diesem Gebet entsprechend zu leben. In Jesu (Geistes-)Gegenwart, in der gemeinsamen Nachfolge und in der Lebensgemeinschaft der familia Jesu (vgl. Mk 3,33–35 Par) erfahren sie Gottes heilige Liebe als Befreiung und Verpflichtung und lernen im Gebet, mit beidem gehorsam umzugehen. *Die Einheit von Jesu Annahme der ‚Armen‘ und seiner Lehre vom Willen Gottes liegt darin, daß beides gleichermaßen Ausdruck der Gnade ist.* Diese Gnade wird aber nur von denen als solche erfahren, die dem Umkehrruf Jesu folgen und an seiner Seite unter dem Gebet des Vaterunsers ein neues Leben führen. Lehre und Leben gehören in Jesu Botschaft von der βασιλεία unlösbar zusammen.

§ 9 *Der messianische Menschensohn – Jesu Hoheitsanspruch*

Literatur: K. Berger, Die königlichen Messiastraditionen d. NT, NTS 20, 1973/74, 1–44; *O. Betz*, Was wissen wir von Jesus?, 1991[2], 101 ff.; *G. Bornkamm*, Jesus von Nazareth, 1968[8], 155 ff.; *H. Braun*, Jesus – der Mann aus Nazareth u. seine Zeit, 1989[2]; *R. Bultmann*, Jesus, 1964; *C. C. Caragounis*, The Son of Man, 1986; *C. Colpe*, Artikel: ὁ υἱὸς τοῦ ἀνθρώπου, ThW VIII, 403–481, bes. 433 ff.; *N. A. Dahl*, Der gekreuzigte Messias, in: Der historische Jesus u. d. kerygmatische Christus, hrsg. von H. Ristow u. K. Matthiae, 1960, 149–169; *K. F. Euler,* Die Verkündigung vom leidenden Gottesknecht aus Jes 53 in der griechischen Bibel, 1934; *J. A. Fitzmyer,* Further Light on Melchizedek from Qumran Cave 11, in: *ders.,* Essays on the Semitic Background of the NT, 1971, 245–267; *ders.,* The Contribution of Qumran Aramaic to the Study of the NT, NTS 20, 1973/74, 382–407; *D. Flusser,* Judaism and the Origins of Christianity, 1988, 207–213, 453; *H. Gese,* Der Messias, in: *ders.,* Zur bibl. Theologie, 1989[3], 128–151; *J. Gnilka,* Jesus von Nazaret, 1990, 251–267; *W. Grimm,* Die Verkündigung Jesu u. Deuterojesaja, 1981[2]; *F. Hahn,* Christologische Hoheitstitel, 1974[4]; *V. Hampel,* Menschensohn u. historischer Jesus, 1990; *M. Hengel,* The Atonement, 1981; *T. Holtz,* Jesus aus Nazareth, 1979, 84ff.; *E. Käsemann,* Das Problem d. historischen Jesus (s. Lit zu § 2); *M. Karrer,* Der Gesalbte, 1991; *S. Kim,* The ‚Son of Man' as the Son of God,1983; *K. Koch,* Das Buch Daniel, 1980, 216ff.; *H. Merklein,* Jesus, Künder des Reiches Gottes, in: *ders.,* Studien zu Jesus u. Paulus, 1987, 127–156; *W. Manson,* Bist Du, der da kommen soll?, 1952, 115–145; *B. F. Meyer,* The Aims of Jesus, 1979, 174ff.; *J. Neusner – W. S. Green – E. Frerichs* (Ed.), Judaisms and their Messiahs at the Turn of the Christian Era, 1987; *E. P. Sanders,* Jesus and Judaism, 1985; *A. Schlatter,* Der Zweifel an der Messianität Jesu, in:*ders.,* Zur Theologie des NT u. zur Dogmatik, hrsg. von U. Luck, 1969, 151–202; *E. Schweizer,* Jesus Christus im vielfältigen Zeugnis d. NT, 1968, 18ff.; *P. Stuhlmacher,* Jesus von Nazareth – Christus des Glaubens, 1988; *P. Vielhauer,* Gottesreich u. Menschensohn in d. Verkündigung Jesu, in:*ders.,* Aufsätze zum NT, 1965, 55–91; *A. Vögtle,* Exegetische Erwägungen über d. Wissen u. Selbstbewußtsein Jesu, in: *ders.,* Das Evangelium u. d. Evangelien,1971, 296–344; *B. Witherington,* The Christology of Jesus, 1990; *W. Wrede,* Das Messiasgeheimnis in den Evangelien, 1963[3], 207–251.

Auftreten und Verkündigung Jesu waren zu ihrer Zeit provozierend und neuartig genug, um bei Freund und Feind die Frage aufkommen zu lassen, wer dieser Mann eigentlich sei (vgl. Mk 8,27–30Par; Mt 11,2–3/Lk 7,18–19; Mk 11,27–33 Par). Angesichts dieser geschichtlich unausweichlichen Frage ist es unumgänglich, das vieldiskutierte Problem des persönlichen Hoheitsanspruches Jesu auch theologisch zu durchdenken.

1. Geht man mit Jesu Zeitgenossen vom Alten Testament und Frühjudentum her auf Jesus zu, legen sich mehrere Möglichkeiten nahe, ihn zu verstehen. Wie Mk 8,27–30Par dokumentieren, konnte man in Jesus den nach seinem Martyrium neu erstandenen Täufer Johannes, den vor dem Gerichtstag Gottes wiederkehrenden Propheten Elia (vgl. Mal 3,23), einen der (endzeitlichen) Propheten (s. o. S. 58) – oder auch den Messias sehen. Auf eine ähnliche Spur weist die Frage des Täufers, ob Jesus der erwartete Ἐρχόμενος sei (Mt 11,2–3Par). – Die von Jesus Christus erzählende Verkündigung (Apg 10,34–43), in deren Rahmen wir theologisch arbeiten, blickt von Ostern her auf die Geschichte Jesu zurück. Sie legt entscheidendes Gewicht darauf, daß in Jesus und seinem Geschick Gottes Verheißungswort geschichtliche Wirklichkeit geworden ist und bezeichnet Jesus als den mit dem Hl. Geist Gesalbten, d. h. den Herrn und Messias (vgl. Apg 2,36).

108

Verbindet man beide Blickrichtungen, geht also vom Alten Testament und Frühjudentum her auf Jesus zu und fragt gleichzeitig vom Christuskerygma nach ihm zurück, wird *das theologische Gewicht* der Frage nach Jesu Sendungsbewußtsein deutlich. *An ihr entscheidet sich, mit welchem geschichtlichen Recht die urchristliche Evangeliumsverkündigung von Jesus als dem ‚eingeborenen' Sohn Gottes und Messias spricht und bezeugt, daß der eine Gott, der die Welt geschaffen und Israel zu seinem Eigentumsvolk erwählt hat, in und durch Jesus für das Heil aller Menschen genug getan hat, ehe sie zum Glauben finden konnten (vgl. Röm 5,6–8).*

2. Die Frage nach Jesu Vollmachtsanspruch wird bis in die Gegenwart hinein extrem unterschiedlich beantwortet. Von W. Wrede herkommend vertreten z. B. R. Bultmann und H. Braun die These, der irdische Jesus habe nur als Rabbi und endzeitlicher Prophet gelebt und sei erst von Ostern her als Messias und Herr bezeichnet worden. Auf der Gegenseite gehen in der Nachfolge A. Schlatters z. B. O. Betz, L. Goppelt, J. Jeremias und M. Hengel davon aus, daß Jesus sich bereits während seines Erdenlebens als Messias gewußt und zusammen mit den Zwölfen das endzeitliche Gottesvolk gesammelt habe. Eine dritte Gruppe von Forschern, unter ihnen H. Conzelmann, G. Bornkamm, E. Käsemann und E. Lohse, geht einen Mittelweg: Sie konstatieren beim irdischen Jesus ein singuläres Gottesverhältnis und ein geradezu messianisches Sendungsbewußtsein, meinen aber trotzdem, daß alle in den Synoptikern, im Kerygma der Urgemeinde und im Johannesevangelium Jesus beigelegten ‚Hoheitstitel' erst nachösterlichen Ursprungs seien. Diese höchst unterschiedlichen Positionen deuten große Aporien der Forschung an und sind theologisch (nur) so lange nebeneinander erträglich, als die Exegeten gemeinsam daran festhalten, daß es in Jesu Botschaft und seinem Geschick um das geschichtlich einmalige und unwiederholbare, über Heil und Unheil aller Menschen entscheidende Gnadenhandeln Gottes für Juden und Heiden geht.

3. Wollen wir weiterkommen, folgen wir am besten dem Denkweg, den E. Schweizer gegangen ist. Er hat in seiner 1968 erschienenen Christologie „Jesus Christus im vielfältigen Zeugnis des Neuen Testaments" die Frage nach Jesu Verkündigung und Hoheitsbewußtsein mit gutem Grund unter die Überschrift gestellt: „Jesus; der Mann, der alle Schemen sprengt" (a. a. O., 18). Tatsächlich läßt sich zeigen, daß Jesus in einer gegenüber der alttestamentlich-jüdischen Menschensohn- und Messiaserwartung ganz neuartigen Art und Weise sich selbst als Stellvertreter Gottes auf Erden gesehen und gleichzeitig als der wahrhaft gehorsame Mensch vor Gott gelebt und den Kreuzestod erlitten hat. Ganz ähnlicher Ansicht ist unter den katholischen Exegeten z. B. H. Merklein, der für Jesus gleichzeitig „das Fehlen eines titularen Selbstverständnisses" und „ein *singuläres, unmittelbares Gottesverhältnis*" voraussetzt und hinzufügt, „daß in dem (auch religionsgeschicht-

lich) einzigartigen Geschehen, das Jesus proklamiert, keines der traditionellen messianischen oder eschatologischen Prädikate die spezifische Rolle Jesu adäquat zum Ausdruck bringen kann" (a.a.O., 150/151, kursiv bei M.). 1987 hat Schweizer sich dann entschlossen, mit E. Jüngel von Jesus als dem ,Gleichnis Gottes' zu sprechen (s.o. S.74), und H. Merklein spricht von Jesus, der „nicht nur der Verkündiger, sondern der Repräsentant der Gottesherrschaft" war (a.a.O., 152). Auch diese Rede hat guten Grund. Denn in Jesu Wort und Werk wird in der Tat offenbar, wer Gott für die Menschen und was die Menschen für und vor Gott sind.

3.1 Der Ansatz Schweizers und Merkleins läßt sich exegetisch präzisieren und die Frage nach Jesu Hoheitsbewußtsein historisch auch klar beantworten, wenn wir nunmehr unsere oben (S.65) aufgestellte These weiterverfolgen, *Jesus habe gelernt, sich als der Gott ganz gehorsame ,Sohn' in der Vollmacht des Geistes mit dem vom Täufer angekündigten ,Stärkeren', d.h. dem messianischen Menschensohn-Weltenrichter, zu identifizieren* .

Diese Sicht drängt sich auf, wenn man dem *Erzählungsduktus* der synoptischen Evangelien folgt. Sie lassen alle Jesus nach seiner Taufe durch Johannes und dem πειρασμός, der ,Wegentscheidung am Anfang' (F. Neugebauer), zum öffentlichen Wirken in Galiläa aufbrechen. Erst nach dem Petrusbekenntnis bei Cäsarea Philippi zieht Jesus dann hinauf nach Jerusalem, sucht dort die Entscheidung und findet nach der ,Wegentscheidung am Ende' in Gethsemane und dem Bekenntnis vor dem Synhedrium den Tod am Kreuz (vgl. Mk 15,24ff.Par). Auf dem Weg von Galiläa nach Jerusalem wächst der jüdische Widerstand gegen Jesus in dem Maße, als sein messianischer Anspruch hervortritt. Dieser Anspruch ist dann auch der rote Faden, der den Bericht vom letzten Wirken Jesu in Jerusalem und seiner Passion (Mk 11,1–16,8) durchzieht. Die Erzählung der Evangelien wird also vom Bekenntnis zu Jesus als dem messianischen Gottessohn zusammengehalten. Nach unserer These folgt dieses Bekenntnis der geschichtlichen Wirklichkeit: *Jesus hat gelebt, gewirkt und gelitten als eben der Christus, den der christliche Glaube in ihm sieht und bekennt.*

3.2 Prüft man zunächst die in Mk 8,27–30 auf Jesus angewandten ersten drei Prädikationen, läßt sich rasch erkennen, daß er sie tatsächlich ,sprengt'.

3.2.1 Es ist verständlich, daß man in Jesus, dem ,Meisterschüler' des Täufers, Geist und Stimme des durch Herodes Antipas hingerichteten Johannes neu verkörpert fand, aber Mt 11,2–6/Lk 7,18–23 und das Zeugnis Jesu über den Täufer Mt 11,7–19/Lk 7,24–35 dokumentieren, daß *Jesus mehr war als der Täufer* (s.o. S. 64ff.).

3.2.2 Obgleich sein Auftreten unverkennbar prophetische Züge trug, sprengt Jesus auch die Bezeichnungen ,Elia' oder ,einer von den Propheten'. Jesus hat Jünger in seine Nachfolge berufen wie einst Elia den Elisa (vgl. 1Kön 19,19–21) und sie in gleicher Radikalität aufgefordert, alle Bindungen zugunsten der Schicksalsgemeinschaft mit dem unbehausten Menschensohn (Lk 9,58/Mt 8,20) aufzugeben (vgl. Mk 1,16–20Par; Lk 9,59–62/Mt 8,21–22; Mk 8,34Par). Jesus hat die prophetische Verheißung von Jes 61,1–3 auf sich und seinen Weg bezogen (vgl. Lk 4,16–30; Mt 11,2–6 Par), und er hat sogar seinen Tod in Analogie zum Martyrium der Propheten gesehen (vgl. Lk 13,31–33). Dennoch geht sein Anspruch über den eines eschatologischen Propheten, wie sie im 1. Jh. in Palästina aufgetreten sind (s. o. S. 58), weit hinaus. Zeichen dessen ist vor allem die Wahl des Zwölferkreises, mit dem Jesus Anspruch auf das endzeitliche Zwölfstämmevolk erhoben hat (s. o. S. 83) Als den wiederkehrenden ‚Elia‘ hat Jesus den Täufer Johannes angesehen (Mt 11,14), aber *mit seinem eigenen Umkehrruf war er ‚mehr als Jona‘ (Mt 12,41)*.

3.2.3 Wenn wir uns jetzt auch noch daran erinnern, daß Jesus kein im Lehrhaus ausgebildeter jüdischer Rabbi und als Lehrer der ihm von Gott übergebenen (Kontrast-)Weisheit (Mt 11,25–30Par) *„mehr als Salomo"* (Lk 11,31/Mt 12,42) war (s. o. S. 78 ff.), bleibt nur noch die Möglichkeit, seine Sendung *messianisch* zu verstehen (vgl. Mk 8,29Par).

4. Eine ganze Reihe von Exegeten vertritt bis heute die Meinung, daß alle Jesus in den Evangelien beigelegten ‚Hoheitstitel‘, d. h. Messias, Menschensohn, Sohn Gottes usw., erst nachösterlichen Ursprungs sind.

„Alle Stellen, in denen irgendein Messiasprädikat erscheint, halte ich für Gemeindekerygma", schreibt E. Käsemann (a. a. O., 211), G. Bornkamm vertritt in seinem Jesusbuch dieselbe Ansicht (vgl. a. a. O., 204 ff.); und in E. Lohses ‚Grundriß der neutestamentlichen Theologie‘ heißt es: „Jesus hat sich keinen der messianischen Hoheitstitel des Judentums beigelegt, sondern mit einer unvergleichlichen Vollmacht gesprochen und gehandelt" (a. a. O., 1989[4], 43).

Dieser Sicht ist historisch dreierlei entgegenzuhalten: (1) <u>Ein auf jegliche Selbstprädikation verzichtender Jesus ist ein geschichtlich unwirkliches (und nur aus den Aporien der gegenwärtigen Evangelienexegese erwachsenes) Abstraktum.</u> Jesus hätte dann nämlich trotz seines höchst auffälligen und provozierenden Verhaltens keinen Wert darauf gelegt, von seinen Zeitgenossen verstanden zu werden, und zwar bis in seinen eigenen Jüngerkreis hinein. (2) Die synoptische Tradition beruht auf einem vom Kreis der μαθηταί Jesu zur Urgemeinde in Jerusalem und von ihr zu der für die Evangelisten grundlegenden διδαχὴ τῶν ἀποστόλων (Apg 2,42) reichenden Traditions- und Personalkontinuum (s. o. S. 43 ff.); ihre Jesusdarstellung läßt sich nicht pauschal als unzuverlässig zurückweisen. (3) *Die Pauschalkritik hat es sich vor allem mit den messianischen Texten und den Menschensohnworten viel zu leicht gemacht!* Gegen die weitverbreitete These vom „Fehlen eines titularen Selbstverständnisses bei Jesus" (H. Merklein, s. o.) sprechen also allgemeine geschichtliche Überlegungen und – vor allem – die Befunde der (synoptischen) Überlieferung.

5. Nachdem wir gesehen haben, daß Jesus mehr war als ein jüdischer Gesetzes- und Weisheitslehrer, aber auch mehr als ein eschatologischer Prophet und Täuferschüler, bleibt noch *das Petrusbekenntnis* zu prüfen, σὺ εἶ ὁ χριστός (Mk 8,29Par). Zu diesem Text ist dann noch Jesu eigenes Bekenntnis aus Mk 14,61–62Par hinzuzunehmen.

Verständnisvoraussetzung für das Petrusbekenntnis und das Selbstbekenntnis Jesu ist, daß man einsieht, weshalb die Erwartung, Jesus sei der Messias, im Anhängerkreis Jesu und unter seinen Gegnern aufkommen konnte.

5.1 Nach den messianischen Weissagungen des Alten Testaments ist der Messias vor allem der von Gott gesandte königliche Davidide. Er soll als Träger der Weisheit, Gerechtigkeit und Kraft Gottes die Heilszeit für Israel heraufführen (vgl. Jes 9,1–6; 11,1–8; Ps 72 u. a.) Sein Ursprung geht zurück bis in die Vorzeit (Mi 5,1), und es ist ihm zugesagt, daß er Gott in der besonderen Beziehung des ‚Sohnes‘ gegenüberstehen dürfe (2Sam 7,14; Ps 2,7; 89,27). 2Sam 7,10–14; Ps 1,1; 2,1–2 werden in 4Qflor messianisch interpretiert und auf den „Sproß Davids" bezogen; in 1QSa 2,12.14.20 heißt er „der Messias Israels". *Die Erwartung des davidischen Messias war im Frühjudentum verbreitet und hatte durchaus nationale und politische Implikationen*: Nach den Psalmen Salomos (1. Jh. v. Chr.) wird der Messias das Volk Israel sammeln, von der Fremdherrschaft der Heiden erlösen, reinigen und in Gerechtigkeit über das Volk Gottes herrschen (PsSal 17 und 18). Ganz ähnlich heißt es in der 14. Benediktion des 18-Bitten-Gebetes (nach der älteren palästinischen Rezension): „Erbarme dich, Herr, unser Gott, in deiner großen Barmherzigkeit über Israel, dein Volk, und über Jerusalem, deine Stadt, und über Zion, die Wohnstatt deiner Herrlichkeit und über deinen Tempel und über deine Wohnung und über das Königtum des Hauses Davids, deines gerechten Messias. Gepriesen seist du, Herr, Gott Davids, der Jerusalem erbaut" (Übersetzung von P. Schäfer, a. a. O. [s. Lit zu § 5], 405). Schließlich ist in 4Esr 13 vom Werk des Messias die Rede. Der filius dei wird in der Endzeit auf den Gipfel des Zionberges treten, Gericht halten, das Zwölfstämmevolk sammeln und fortan beschirmen.

5.2 Über dieser beherrschenden Form von Messiaserwartung darf man aber nicht vergessen, daß *das Messiasbild des Alten Testaments und Frühjudentums ausgesprochen vielschichtig war*. Sach 9,9–10 stellen den Messias als demütigen Friedensfürsten dar, während er in Sach 12,10 als der im endzeitlichen Kampf gefallene Märtyrer erscheint. In nur erst vorläufig veröffentlichten Texten aus 4Q werden Jes 35,3–5; 61,1 f. und vielleicht auch Jes 53 auf den *davidischen Messias* gedeutet. Χριστός ist aber nicht der Davidide allein. Schon in Jes 45,1 wird der Perserkönig *Kyros* Gesalbter Jahwes genannt, und nach 1Kön 19,16; Jes 61,1–2; Sir 48,8; CD 2,12 gelten auch Elia und andere *Propheten* als Gesalbte. Dasselbe gilt nach Lev 4,3.5.16; Sir 45,15 vom Hochpriester. Neben den davidischen Messias tritt deshalb in einigen frühjüdischen Texten der messianische Hochpriester bzw. *Messias aus dem Hause Aarons*. Er erscheint teils allein (Test Lev 18), teils mit dem davidischen Messias zusammen (1QS 9,11; 1QSa 2,12.20; CD 20,1) und kann nach 4Q Ah A sogar Leidenszüge (von Jes 53) tragen. In 11QMelch werden der Freudenbote von Jes 52,7 und der Geistgesalbte von Jes 61,1–2 auf *Melchisedek* als himmlischen Erlöser gedeutet. In äthHen 48,10; 52,4 erscheint der *Menschensohn* als Gesalbter und zugleich als ‚Erwählter‘ Gottesknecht (45,3–4; 49,2; 61,5.8). Er wird nach äthHen 61, 8; 62,2 von Gott gemäß Ps 110,1 auf den endzeitlichen Richterthron gesetzt und mit dem Geist der Weisheit und Gerechtigkeit (von Jes 11,1–5) ausgestattet. Seine Erscheinung wird die Machthaber auf Erden in Erstaunen versetzen (vgl. äthHen 46,4; 62,3; 63,11 mit Jes 52,15). Im (späten armenischen) Text von TestBenj 3,8 und in rabbinischen Texten ist schließlich die Rede vom kriegerischen und für die Gottlosen sterbenden *Messias ben Joseph*.

Nach *M. Karrer*, Der Gesalbte (1991), ist das urchristliche Bekenntnis Χριστὸς ἀπέθανεν (1 Kor 15,3) erst „in unmittelbarer Antwort auf den Tod Jesu" entstanden (406). Es verdankt sich einem speziellen frühjüdischen Begriff von Salbung, der sein Zentrum im Jerusalemer Tempelkult und dem Allerheiligsten hat: „Im allgemeinen Bewußtsein wurde das Allerheiligste bis zu seiner Zerstörung 70 n. Chr. wohl der gesalbte Ort, ,das Gesalbte' schlechthin: τὸ χριστόν (Dan 9,26b LXX)" (176; vgl. auch 161 Anm. 84). Jesus als der Christus tritt für die Urchristenheit von Ostern an gleichsam an die Stelle des Allerheiligsten: „Wie die Segenssphäre Gottes nach ererbtem Glauben vom Kult um das Allerheiligste ausstrahlt, so strahlt sie nach neuer Glaubenserfahrung von ihm, dem christlich geglaubten Gesalbten, aus" (406). Gegen Karrers Sicht sprechen vor allem drei Gründe: (1) Eine abstrakte Gleichsetzung von Jesus Christus mit dem Allerheiligsten kennt das Urchristentum nicht; Mk 15,38Par; Röm 3,25; Hebr 9,1–28 und Joh 2,18–22 formulieren charakteristischerweise anders und detaillierter. (2) Τὸ χριστόν heißt nach allgemeinem griechischen Sprachgebrauch „die Salbe, das Aufstreichmittel" (W. Grundmann, ThW IX, 485,24). Es ist daher kein Zufall, daß ein term. techn. τὸ χριστόν für das (gesalbte) Allerheiligste in frühjüdischen und urchristlichen Schriften nirgends nachweisbar ist. (3) In Dan 9,26(LXX) meint τὸ ἅγιον μετὰ τοῦ χριστοῦ den Tempel mit dem Gesalbten (d. h. dem Messias oder messianischen [Hoch-] Priester). Die LXX kommt zu dieser Wiedergabe, weil sie im hebräischen Text nicht mit den Masoreten עָם נָגִיד, sondern עָם נָגִיד liest (vgl. den Apparat zu Dan 9,26 in BHS), und dies mit μετὰ τοῦ χριστοῦ übersetzt (Theodotion hat dafür σὺν τῷ ἡγουμένῳ). Karrers These ist also weder exegetisch, noch philologisch oder traditionsgeschichtlich zu halten.

5.3 Die Frage, ob sich messianische Erwartungen mit Jesu Auftreten verbinden konnten, ist zu bejahen: Schon Jesu Heilshandeln für die ‚Armen' mit Einschluß der Tischgemeinschaften und Heilungswunder trug von Jes 61,1–2 her messianische Züge. Vor allem aber mußten der Anspruch auf das Zwölfstämmevolk, den er mit der Erschaffung des Zwölferkreises erhob, der demonstrative Einzug in Jerusalem (Mk 11,1–10Par) und die Reinigung des Tempels (s. o. S. 83 f.) nicht nur Jesu μαθηταί, sondern auch seinen jüdischen Zeitgenossen als messianische Zeichen erscheinen. Die davidische Abstammung Jesu (s. o. S. 53), sein Wirken als ‚messianischer Lehrer der Weisheit' (s. o. S. 78) und sein souveräner Umgang mit der Tora vom Sinai (s. o. S. 102 ff.) kamen hinzu. *Jesus als Messias anzusehen oder ihn messianischer Ansprüche zu verdächtigen, lag geschichtlich sehr nahe.* Der kritisch auf Jesu Königtum anspielende, römisch und nicht christlich formulierte Kreuzestitulus (Mk 15,26Par) und das Eingeständnis der nach der Kreuzigung Jesu nach Emmaus wandernden Jünger, sie hätten gehofft, Jesus werde Israel ‚erlösen' (Lk 24, 21), dokumentieren, daß es tatsächlich so war.

5.4 Kommt man von diesen Erwägungen her zum Petrusbekenntnis, *Mk 8,27–33Par*, ergeben sich wichtige Befunde.

Der Text besteht literarisch aus folgenden drei Elementen: (1) der geographisch genau lokalisierten eigentlichen Bekenntnis-Szene, die mit einem Schweigegebot endet (V.27–30); (2) der mit καὶ ἤρξατο anschließenden Leidensankündigung Jesu, die mit der Bemerkung schließt: καὶ παρρησίᾳ τὸν λόγον ἐλάλει (V.31 + 32a); (3) der Jesusschelte des Petrus und ihrer schroffen Zurückweisung durch Jesus (V.32b + 33).

V.30 macht im Berichtszusammenhang guten historischen Sinn. Ἐπιτιμάω heißt hier (wie schon in Mk 3,12) ‚einschärfen‘, während in V.32.33 mit ‚schelten‘ zu übersetzen ist (vgl. Mk 4,39; 9,25). Von der Wortwahl des Verses und dem Vergleich mit Mk 9,9 her könnte es sich bei V.30 aber auch um eine erst redaktionelle Bemerkung des Evangelisten handeln. – Bei Markus beliebt ist die V.31 einleitende Wendung καὶ ἤρξατο διδάσκειν (vgl. 4,1; 6,2.34). Παρρησία und προσλαμβάνω in V.32 kommen aber nur hier im Markusevangelium vor. Die Rede von οἱ μαθηταὶ αὐτοῦ in V.33 ist bei Markus häufig (vgl. 2,15.16.23; 3,7.9 usw.), während die Gleichsetzung des Petrus mit Satan inhaltlich und sprachlich ganz unerhört ist. – Wenn der Evangelist V.27–33 nicht schon als Einheit übernommen, sondern den Zusammenhang erst selbst hergestellt hat, liegt die entscheidende Verbindungsnaht zwischen V.30 und 31. V.32.33 sind fest mit V.31 verbunden. Ein Zusammenhang von V.33 und V.29 läßt sich nur herstellen, wenn man V.30–32 künstlich und gewaltsam aus dem Zusammenhang entfernt (vgl. so z.B. E. Dinkler, Petrusbekenntnis u. Satanswort, in: ders., Signum Crucis 1967, 283–312, oder F. Hahn, Christologische Hoheitstitel, 1974[4], 226–230).

Keines dieser drei Kompositionselemente des Gesamttextes entstammt erst und ausschließlich der Gemeindereflexion! Der Text gibt vielmehr zu erkennen, daß die Meinungen der Leute über Jesus geteilt waren und daß man im Jüngerkreis die Erwartung gehegt hat, Jesus sei der Messias. Ihr Wortführer war Petrus. Seine Ansicht wird von Jesus auch nicht einfach abgelehnt oder gar (vgl. V.33) als versucherisches Ansinnen zurückgewiesen. Sie wird vielmehr angenommen, aber unter das Gebot der Verschwiegenheit gestellt. Jesus lag offenbar nichts daran, vorzeitig und öffentlich als Messias ausgerufen zu werden und damit die im Volk verbreiteten (politischen) Erlösungshoffnungen auf sich zu lenken. Das Bekenntnis des Petrus wird (deshalb) von Jesus gleich durch die erste Jüngerbelehrung über das ihm bevorstehende Leiden ergänzt. Auch diese Belehrung ist nicht einfach pauschal als sekundäres ‚Passionssummarium‘ anzusprechen. So sehr Mk 8,31 im Markusevangelium literarisch als (erste) Vorankündigung der Passion wirkt und wirken soll, so wenig fällt damit die Aussage als solche geschichtlich dahin. Sie ist vielmehr (von Mk 9,31 her) als im Kern authentisch zu beurteilen (s.u.S. 120ff.). Die anschließende Jesusschelte des Petrus gilt dieser Leidensankündigung, und die überaus scharf formulierte (und deshalb sicher vorösterliche) Gegenschelte Jesu gilt der fehlenden Bereitschaft des Petrus, sich der Belehrung über das bevorstehende Leiden Jesu zu stellen (und *nicht* dessen Messiasbekenntnis!).

Der Gesamttext führt zu einem klaren, im jüdischen Traditionsraum höchst ungewöhnlichen Ergebnis: *Nach Mk 8,27–33 wollte Jesus von seinen Jüngern nicht öffentlich als Χριστός ausgerufen werden; er wollte Messias nur als leidender Menschensohn sein.* Mit dieser Haltung hat er sowohl das frühjüdisch geläufige Messiasbild als auch die vom Täufer an ihn herangetra-

114

gene Menschensohnerwartung gesprengt. Von einem Leiden des Messias hat das Frühjudentum nur in einigen wenigen Andeutungen gesprochen (Sach 12,10; 4QAhA; TestBenj, s. o.), und einen leidenden Menschensohn kannte es überhaupt nicht. E. Schweizers Beobachtung, daß Jesus „alle Schemen sprengt" (a. a. O., 18), gilt also auch für die nur modifiziert auf Jesus anwendbaren Prädikate ‚Messias' und ‚Menschensohn'.

5.5 In *Mt 16,13–20,* der matthäischen Parallelversion zu Mk 8,27–30, wird das Petrusbekenntnis zweifach ergänzt: In V.16 wird ὁ χριστός näher erläutert mit: ὁ υἱὸς τοῦ θεοῦ ζῶντος (s. u.), und in V.17–18 wird das berühmte Petruslogion aus dem Sondergut des Matthäus hinzugefügt: „Jesus sagte zu ihm: Selig bist du, Simon, Sohn des Jona; denn nicht Fleisch und Blut haben dir das offenbart, sondern mein Vater im Himmel. Ich aber sage dir: Du bist Petrus, und auf diesen Felsen werde ich meine Gemeinde bauen, und die Mächte der Unterwelt werden sie nicht überwältigen." Die Verse lassen sich gut ins Aramäische zurückübersetzen; die Formulierungen haben in den Qumrantexten enge Parallelen (vgl. 1QH 6,25–27; 4 QpPs37 3,16; 4Q 160 II,3) und greifen auf Jes 51,1–2 zurück: Petrus wird der Name Kephas (von aramäisch כֵּיפָה = der Fels) verliehen. Er wird auf diese Weise mit dem Felsen ‚Abraham' in Analogie gesetzt, aus dem Israel ‚herausgehauen' worden ist. Er ist der Grundstein der ἐκκλησία Jesu. Als semitisches Äquivalent für ἐκκλησία kommt vor allem קָהָל = Versammlung, Konvokation (vielleicht aber auch עֵדָה = Versammlung, Kultgemeinde) in Frage. Das Logion spricht vom Aufbau des messianischen Gottesvolkes, zu dem Jesus sich berufen sah, und bei dem Petrus eine buchstäblich grundlegende Rolle spielen sollte. Nach Ostern ist Mt 16,17–19 dann auf die Begründung der Urgemeinde durch den ‚Felsenmann' Kephas (vgl.1Kor15,5) bezogen worden. Das Futurum οἰκοδομήσω weist zwar über die Lebenszeit Jesu hinaus, sprengt aber den Rahmen der jesuanischen Naherwartung (s. u. S. 122ff.) nicht. Sprachlich und sachlich besteht daher *kein* Anlaß, Jesus dieses Logion abzusprechen.

6. Ein ergänzender Befund ergibt sich aus dem *Messiasbekenntnis Jesu (Mk 14,61–62Par):* Im Verhör vor dem Synhedrium wird Jesus vom Hochpriester Kaiphas die Frage gestellt, ob ὁ χριστὸς ὁ υἱὸς τοῦ εὐλογητοῦ, d. h. der Messias, der Sohn des Hochgelobten (= Gottes), sei. Jesus bejaht diese Frage und fügt hinzu: ἐγώ εἰμι, καὶ ὄψεσθε τὸν υἱὸν τοῦ ἀνθρώπου ἐκ δεξιῶν καθήμενον τῆς δυνάμεως καὶ ἐρχόμενον μετὰ τῶν νεφελῶν τοῦ οὐρανοῦ, d. h.: „Ich bin es, und ihr werdet schauen den Sohn des Menschen sitzend zur Rechten der Kraft (= Gottes) und kommend mit den Wolken des Himmels". Nach diesem Bericht hat sich Jesus in letzter entscheidender Stunde vor den jüdischen Oberen zu seiner messianischen Sendung bekannt und ihnen angekündigt, daß sie sich (in Bälde) vor ihm als dem von Gott gemäß Ps 110,1 zu seiner Rechten erhöhten und nach Dan 7,13 mit den Wolken des Himmels wiederkehrenden Menschensohn-Weltrichter würden verantworten müssen. Diese klare Anmaßung von göttlichen Rechten hat ihm den Vorwurf der Gotteslästerung eingetragen und vollends das Leben gekostet.

6.1 Ehe wir Jesu Antwort näher untersuchen können, ist die komplizierte Frage des *historischen Aussagewertes von Mk 14,61f.Par* zu prüfen. Sie wird heute zumeist bestritten. E. Lohse z. B. schreibt in seinem ‚Grundriß der neutestamentlichen Theologie' (1989[4], 45): „Daß … der jüdische Hohepriester in einem Atemzug vom Christus und Gottessohn gesprochen haben sollte, muß angesichts der großen Zurückhaltung, die das Judentum gegenüber dem Titel Sohn Gottes wahrte, als ausgeschlossen gelten. Wohl aber wird die Formulierung der Frage des Hohenpriesters wie auch der Antwort Jesu, in der die beiden Schriftworte Ps. 110,1 und Dan. 7,13 miteinander verbunden werden, vom Bekenntnis der christlichen Gemeinde her vollauf verständlich." Ganz ähnlich urteilen über Mk 14,61f. H. Conzelmann und A. Lindemann in ihrem „Arbeitsbuch zum Neuen Testament" (1991[10], 419): „… auch hier ist klar, daß die Szene keinen historischen Kern enthält, denn die Prozeßdarstellung ist ganz durch die Christologie bestimmt. Die Frage des Hohenpriesters setzt voraus, daß Messias und Gottessohn zwei letztlich identische Bezeichnungen seien – ein dem Judentum fremder Sprachgebrauch. Ganz offensichtlich ist die Stelle Mk 14,61f. als Kompendium der Gemeindechristologie konzipiert worden; es soll gezeigt werden, daß alle Würdetitel Jesu – Messias, Gottessohn, Menschensohn – gleichwertig sind." Umgekehrt hebt A. Strobel in seiner Studie „Die Stunde der Wahrheit" (1980) die auffällige Kongruenz von Mk 14,61f. mit jüdischen Formulierungen hervor und schreibt zu 14,62: „Wir stehen … vor einer ihrem Kern nach eigentümlichen Überlieferung, die Jesu eigene Erhöhungserwartung, ausgesprochen vor dem höchsten Gericht des jüdischen Volkes …, wahrscheinlich in hohem Maße sachgemäß zum Inhalt hat. Es geht hier … um den historischen Kern der Erwartung und Sendung Jesu" (a. a. O., 75).

6.1.1 Folgende Überlegungen nötigen dazu, die pauschale Kritik an Mk 14, 61–62 einzuschränken: (1) Jesu Auftreten bis hin zum Einzug in Jerusalem und zur Tempelreinigung mußte messianische Erwartungen wecken (s. o.). Deshalb konnte auch im Synhedrium erwogen werden, ob und wie man Jesus als (Pseudo-)Messias überführen könne. (2) Frühjüdische Texte wie 11QMelch, äthHen 45–50 und 61–64 sowie 4Esr 13 zeigen, daß messianische Titulaturen im Frühjudentum nicht exklusiv, sondern funktional und *kumulativ* verwendet worden sind (vgl. so schon R. Bultmann, Theol. d. NT[9], 55f.). (3) Von 2Sam 7,14; Ps 2,7; 89,27 her steht der davidische Messias Jahwe als sein ‚Sohn' gegenüber. Erscheint schon von hier aus die Kumulation der Titulaturen in Mk 14, 61f. als frühjüdisch durchaus möglich, hat die Veröffentlichung des Fragmentes eines aramäischen Danielmidrasch aus Höhle 4 von Qumran (4 Q 246) noch weitergeführt. Hier tauchen in der Auslegung eines Danieltextes die Bezeichnungen ‚Sohn Gottes' (בְּרֵהּ דִּי אֵל) und ‚Sohn des Höchsten' (בַּר אֶלְיוֹן) unmittelbar nebeneinander auf, und zwar bezogen auf eine Herrscherfigur mit göttlichem Anspruch. Sie könnte mit dem Menschensohn von Dan 7,13 identisch sein, läßt sich aber noch besser auf einen oder den endzeitlichen Widersacher Gottes (vgl. 4Qtest 23–30) beziehen; nach Did 16,4 gibt sich dieser κοσμοπλανής als υἱὸς θεοῦ aus! Auf jeden Fall können wir also die Bezeichnungen ‚Sohn Gottes' (vgl. Mt 16,16) bzw. ‚Sohn des Höchsten' und ihren Bezug auf Dan aus essenischen Originaltexten der vorneutestamentlichen Zeit belegen und man kann Jesus mit ihrer Hilfe als Pseudomessias entlarven. (4) Aus dem Talmud läßt sich ersehen, daß die Rabbinen bis ins 3. Jh. n. Chr. hinein über die Art und Weise des Kommens des Messias debattiert und – ohne erkennbaren christlichen Einfluß! – die Frage gestellt haben, ob der Messias,

116

Dan 7,13 entsprechend, majestätisch mit den Wolken des Himmels kommen werde, oder, Sach 9,9 folgend, demütig auf einem Esel reitend. Die Antwort lautet: „R. Alexandri (pal.Amoräer um 270 n. Chr.) sagte: R. Jehosua b. Levi (pal. Amoräer um 250 n. Chr.) wies auf einen Widerspruch hin. Es heißt: ‚wie ein Menschensohn kam er mit den Wolken des Himmels heran‘, dagegen heißt es: ‚demütig und reitet auf einem Esel?‘ Haben sie sich verdient gemacht, mit den Wolken des Himmels, haben sie sich nicht verdient gemacht, demütig und auf einem Esel reitend.“ (bSanh 98a; Goldschmidt 9,70; Hinweis von H. P. Rüger). Der Text zeigt, daß es sich bei der messianischen Exegese von Dan 7,13 um eine jüdische Auslegungstradition handelt, die als solche kein spezifisch christliches Gepräge hat. (5) Schließlich zeigen äthHen 61,8; 62,2, daß auch Ps 110,1 schon in der frühjüdischen Menschensohntradition beheimatet war (für die Jesustradition vgl. Mk 12,35–37Par).

6.1.2 Aus alledem folgt, *daß die Frage des Hochpriesters und die Antwort Jesu nach Mk 14,61 f. schon vorösterlich sprachlich und inhaltlich im vorchristlich-frühjüdischen Traditionsraum durchaus möglich waren.* Sofern man Jesus und seinen Gegnern überhaupt messianische Reflexionen zutraut – und solche sind angesichts des römisch formulierten Titulus von Mk 15,26Par kaum bestreitbar –, behält A. Strobel mit seiner Sicht des Textes gegenüber E. Lohse, H. Conzelmann und A. Lindemann recht.

6.2 Damit ergibt sich für Mk 14,61–62Par folgende Auslegung: Im jüdischen Verhör gegen Jesus ist es vor allem um die Messiasfrage gegangen. Jesus hat den Messias-Titel zwar im Jüngerkreis geduldet, aber nicht öffentlich für sich beansprucht. Er hat messianische Zeichenhandlungen bis hin zur Tempelreinigung vollbracht und sich schließlich auf das Drängen des ihn verhörenden Hochpriesters hin in der Nacht vor seiner Hinrichtung *offen zu seiner messianischen Sendung bekannt.* Dieses Bekenntnis erschien als widergöttliche Anmaßung (s.o.), hat zur Anschuldigung Jesu vor Pilatus gedient und ist die historische Grundlage für den römischen Kreuzestitulus. Sowohl im Jüngerkreis als auch vor dem Synhedrium hat Jesus seine messianische Sendung ins Licht der Menschensohnüberlieferung gestellt.

Dieses Ergebnis bestätigt die von Mk 8,27–33Par her gewonnene Sicht: *Jesus hat sich mit dem vom Täufer angekündigten ‚Kommenden‘ in ganz eigenständiger Art und Weise identifiziert und sich selbst als den messianischen Menschensohn angesehen. Mit dieser Identifikation hat er nicht nur eine Umprägung der frühjüdischen Erwartung des davidischen Messias vollzogen, sondern auch dem frühjüdischen Bild vom Menschensohn entscheidend neue Züge aufgeprägt (s.u.).*

7. Auch für das Verständnis der *Menschensohnüberlieferung* des Neuen Testaments ist es wichtig, ihre alttestamentlich-frühjüdischen Ursprünge zu kennen.

7.1 Die hebräischen und aramäischen Äquivalente für den griechischen Ausdruck ὁ υἱὸς τοῦ ἀνθρώπου sind בֶּן־אָדָם und בַּר אֱנָשׁ bzw. בַּר (אֱ)נָשָׁא. Sie meinen den Menschen als Angehörigen des Menschengeschlechts, das Wesen ‚Mensch‘. בֵּן bzw.

בַּר werden dabei „als Singulativ gebraucht" (K. Koch, a. a. O., 217). Die beiden Ausdrücke sind also zu übersetzen: *der Mensch, ein einzelner Mensch.* Diese generische Redeweise kommt im Alten Testament häufiger vor (z. B. Ps 8,5; Jes 51,12). Auffällig konzentriert erscheint sie bei Ezechiel als Bezeichnung für den Propheten selbst (vgl. Ez 2,1; 3,4.10.17; 4,1.16; 5,1; 6,2 usw.). Die Genusbezeichnung ‚Mensch' verdichtet sich in einem Teil der alttestamentlich-jüdischen Tradition zu einer *Repräsentationsbezeichnung.* In Ps 80,18 heißt der König ‚Menschensohn' (בֶּן־אָדָם). In Dan 7,13 ist der בַּר אֱנָשׁ der Repräsentant Israels: In der Vision von den vier Weltreichen aus Dan 7 treten zunächst vier schreckliche Tiergestalten auf, um die Abfolge der vier Weltreiche Babylon – Medien – Persien – Makedonien zu symbolisieren (V. 1–8). Dann folgt in V. 9 ff. eine Endgerichtsschilderung: Die vier Tiere werden entmächtigt und die endzeitliche Königsherrschaft wird heraufgeführt. Sie wird symbolisiert durch eine neue, den vier Bestien gegenübergestellte Symbolgestalt. Diese trägt nicht mehr die schreckliche Fratze eines Untiers, sondern die Züge eines Menschen (Dan 7,13–14): „(13) … da kam auf den Wolken des Himmels eine Gestalt wie ein Menschensohn; er gelangte bis zu dem Hochbetagten und wurde vor diesen hingeführt. (14) Ihm wurde nun Macht und Herrlichkeit und die Königsherrschaft gegeben. Alle Völker, Nationen und Sprachen sollten ihm dienen. Seine Herrschaft sollte eine ewige Herrschaft sein, die nie vergehen wird, und sein Königtum sollte niemals untergehen." Der Vergleich von Dan 7,13–14 und 7,27 zeigt dann, daß – ähnlich wie der König in Ps 80,18 – auch der ‚Menschensohn' in Dan 7,13 der Repräsentant für das Volk der Heiligen des Höchsten, d. h. Israels ist, dem nach Dan 7,27 die ewige Königsherrschaft verliehen wird. Um einen Hoheitstitel ‚Menschensohn' geht es in Dan 7 also noch nicht! Dan 7,13 ist dann aber in den Bilderreden (= Kap. 37–71) der äthiopischen Henochapokalypse (1. Jh. v./n. Chr.) weiterinterpretiert worden. Der Menschensohn ist hier eine (präexistente) *endzeitliche Herrscherfigur,* welche im Namen Gottes Gericht halten und auf diese Weise Heil und Gerechtigkeit heraufführen soll (äthHen 45,3 ff.; 46,1 ff.; 48,2 ff.; 49,1 ff.; 61,5–62,16; 71,13 ff.). Dieses Heil wird u. a. als ewige Mahlgemeinschaft der Gerechten und Auserwählten mit dem Menschensohn beschrieben: „Der Herr der Geister wird über ihnen wohnen, und sie werden mit jenem Menschensohn (zusammen wohnen,) essen, sich niederlegen und erheben bis in alle Ewigkeit…" (62,14). Im äthHen wird Henoch, der Gott wohlgefällige Enkel Adams (vgl. Gen 5,22–24; Sir 44,16; 49, 14), zum Himmel entrückt und in das ‚Amt' des präexistenten Menschensohnes eingesetzt (vgl. äth Hen 71,5.14 mit 48,2–6). Außerdem wird der Menschensohn mit dem Messias und Erwählten (Gottesknecht) identifiziert. Während dem Frühjudentum ein leidender Messias nicht ganz unbekannt war (s. o. S. 112), *fehlen in äthHen ebenso wie in Dan 7 Hinweise auf ein Leiden des Menschensohnes;* auch die Ankündigung Johannes des Täufers von dem nach ihm kommenden Stärkeren (= dem Menschensohn-Messias) spricht davon nicht (s. o. S. 61 f.).

7.2 Für die Menschensohnüberlieferung des Neuen Testaments gilt folgendes: *Sie ist in ganz auffälligem Maße auf die vier Evangelien konzentriert und findet sich hier nur in Jesusworten.* Außerhalb der Evangelien taucht sie nur viermal auf. Dabei handelt es sich dreimal um Zitate und Formulierungen aus dem Alten Testament: In Hebr 2,6 wird Ps 8,5–7 zitiert, und in Apk 1,13; 14,14 auf Dan 7,13 angespielt. Nur in Apg 7,56 liegt ein selbständiges nach-

österliches Logion vor: Stephanus schaut in den geöffneten Himmeln die Herrlichkeit Gottes und den Menschensohn zur Rechten Gottes stehen (vgl. Dan 7,13 und Ps 110,1). Die Tatsache, daß wir nur ein einziges selbständig formuliertes nachösterliches Menschensohnlogion haben, widerstreitet der Annahme, daß ‚Menschensohn' ein erst nachösterlich auf Jesus angewandtes Hoheitsprädikat ist. Es ist sehr viel wahrscheinlicher, daß die Evangelienüberlieferung einen historischen Befund festgehalten hat: *Das Prädikat ‚Menschensohn' war für die Verkündigung und Lehre Jesu charakteristisch und scheint eben deshalb nach Ostern nur extrem selten selbständig verwendet worden zu sein.*

7.3 Es ist seit langem üblich, die zahlreichen synoptischen Belege (69 Stellen!) in drei Gruppen einzuteilen: die Worte vom gegenwärtig wirkenden, vom leidenden und vom kommenden Menschensohn.

7.3.1 Bei den *Worten vom gegenwärtig wirkenden Menschensohn* handelt es sich um folgende Logien: Mk 2,10.28Par; Lk 9,58/Mt 8,20; Lk 7,34/ Mt 11,19 und Lk 12,10/Mt 12,32.

Nach dem übereinstimmenden Urteil von R. Bultmann (Theol.[9], 31), J. Jeremias (Ntl. Theol. I[4], 249f.) und C. Colpe (ThW VIII, 433f.) verdanken sich diese Worte erst der Übersetzung (Bultmann meint sogar der Fehlübersetzung) des ursprünglich generischen, nur einen/den Menschen bezeichnenden בַּר (אֱ)נָשָׁא ins Griechische, wo die Bezeichnung υἱὸς τοῦ ἀνθρώπου dann im Sinne eines Christusprädikates (miß-)verstanden worden sein soll. Hinter der (Fehl-)Übersetzung soll (nach Bultmann) sicher oder (nach Jeremias und Colpe) möglicherweise die Christologie der Griechisch sprechenden Gemeinde sichtbar werden. Greift man historisch nach, zeigt sich rasch, daß diese Sprüche für Jesu (messianisches) Selbstverständnis durchaus kennzeichnend sind. Sie lauten z.B.: „Es kam Johannes, der aß nicht und trank nicht, und sie sagen: er hat einen Dämon; es kam der Mensch, der aß und trank, und sie sagen: sieh doch, ein Mensch, der Fresser und Weinsäufer (ist)" (Mt 11,19/Lk 7,34); oder: „Die Füchse haben ihren Bau und die Vögel des Himmels ihre Nester, aber der Mensch hat keine Stätte, wo er sein Haupt betten kann" (Mt 8,20/Lk 9,58). Die bildhafte Redeweise von ‚dem Menschen' in der 3. Person entspricht prophetischer Gleichnisrede (vgl. z.B. Ez 33,1–9; Jer 3,1–5; 8,4–7; 2Kor 12,2–5). Daraus ergibt sich, daß wir *Rätselsprüche Jesu* vor uns haben, die die Hörer (Leser) herausfordern, sich zu fragen und (selbst) zu beantworten, wer der in diesen Sprüchen gemeinte ‚Mensch' eigentlich ist.

Wie E. Schweizer längst herausgestellt hat (Das Evangelium nach Markus [1967] 1983[6], 89–91), sind die Sprüche vom gegenwärtig wirkenden Menschensohn für Jesu Selbstverständnis in dem Maße kennzeichnend, als man sie in die Nähe der alttestamentlichen Rede vom Propheten (Ezechiel) als dem ‚Menschensohn' stellen darf (s.o.). Von hier aus gesehen zeigen diese Worte, daß *Jesus sich als der von Gott ausgesonderte Mensch unter den Menschen, als ihr Genosse und Stellvertreter verstanden hat*. Als solcher wird er von den Menschen ‚Fresser‘ und ‚Säufer‘ gescholten und ist während seines öffentlichen Wirkens noch weniger behaust als Füchse und Vögel. Wenn sich Jesus dann aber als ‚den Menschen‘ bezeichnet, der in der Vollmacht Gottes Sünden vergibt und heilt (Mk 2,10Par) und dazu noch Herrschaft über den Sabbat hat (Mk 2,28 Par), weist dies weit über den Sprachgebrauch bei Ezechiel hinaus: *Der ‚Mensch‘, der so handelt, ist nicht nur wahrer Mensch vor Gott, sondern zugleich Gottes Repräsentant unter den Menschen.*

Mit dem sprachlichen Befund einer (angeblichen Fehl-)Übersetzung von בַּר(אֱ)נָשָׁא ins Griechische darf man diese doppelte Aussagedimension nicht zudecken. Vergleicht man sie nämlich mit der Ankündigung des kommenden ‚Stärkeren‘ in der Täuferpredigt, erscheint schon diese Redeweise Jesu als neuartig und unerhört: In dem wahren Menschen Jesus ist bereits der kommende ‚Stärkere‘ (und durch ihn der allein wahre Gott) auf dem Plan.

7.3.2 Die *Worte vom leidenden Menschensohn* führen noch ein entscheidendes Stück weiter. Es handelt sich dabei um die drei synoptischen Leidensweissagungen (Mk 8,31Par; 9,31Par; 10,33−34Par) und das Logion Mk 10,45Par.

7.3.2.1 Die drei *Leidensweissagungen* haben (vor allem) im Markusevangelium die literarische Funktion, die Leser auf die Passion Jesu vorzubereiten. Sie sind der Passionsgeschichte (Mk 11,1−16,8) vorangestellte ‚Passionssummarien‘ und werden deshalb zumeist als Jesus erst nachträglich in den Mund gelegte vaticinia ex eventu beurteilt. Doch sollte man sich auch hier vor einem vorschnellen Pauschalurteil hüten. J. Jeremias hat nämlich gezeigt, daß den Summarien (zumindest!) ein authentischer (Rätsel-)Spruch Jesu zugrundeliegt (Theol. I⁴, 267f. 280f.): „Gott wird (bald) den Menschen (Sing.) den Menschen (Plur.) ausliefern" (Mk 9,31 vgl. mit Lk 9,44). Das Logion enthält ein aramäisches Wortspiel und ist im Anklang an Jes 43,4 und 53,12 formuliert. In Jes 43,3−5 findet sich folgende Heilszusage Gottes an Israel: „(3) … ich, Jahwe, bin dein Gott, der Heilige Israels ist dein Helfer. Ich gebe Ägypten für dich als Lösegeld hin, Kusch und Saba an deiner Statt. (4) Weil du mir so teuer bist in meinen Augen, so wertgeschätzt, und ich dich liebe, gebe ich Menschen für dich hin und Völker für dein Leben. (5) Fürchte dich nicht; denn ich bin mit dir." – Außerdem heißt es in Jes 53,11−12 vom leidenden Gottesknecht: „(11) … Durch sein Leiden wird mein Knecht viele rechtfertigen, indem er ihr Verschulden auf sich nimmt. (12) Darum will ich ihm die Vielen als Anteil geben, und die Mächtigen fallen ihm als Beute zu dafür, daß er sein Leben in den Tod dahingegeben hat und unter die Übeltäter gezählt ward, während er doch die Schuld der Vielen trug und für die Sünder eintrat." – Liest man Mk 9,31 (Lk 9,44b) im Lichte dieser beiden Worte, erscheint *Jesus als der Mensch(ensohn), den Gott aus Liebe für Israel dahingibt, um sein Eigentumsvolk zu retten.* Oder anders formuliert: *Jesus ist (als der Menschensohn auch) der stellvertretend für Israel leidende Gottesknecht.* Röm 4,25 dokumentiert, daß unser Jesuslogion tatsächlich so verstanden worden ist.

7.3.2.2 Das Logion *Mk 10,45/Mt 20,28* führt zum selben Befund. Es ist christologisch heiß umstritten und gilt in der Regel als ‚Gemeindebildung‘.

Aber wieder führt eine genaue Exegese des Textes zum entgegengesetzten Ergebnis!

An 1 Tim 2,5–6 läßt sich erkennen, daß das Wort vom Lösegeld in eine urchristliche Bekenntnisformel eingearbeitet und dabei zugunsten des besseren Verständnisses durch die Griechisch sprechende Gemeinde sprachlich präzisiert worden ist: Aus ὁ υἱὸς τοῦ ἀνθρώπου wurde ἄνθρωπος (Χριστὸς Ἰησοῦς), aus δοῦναι τὴν ψυχὴν αὐτοῦ ein δοῦναι ἑαυτόν, und aus λύτρον ἀντὶ πολλῶν das ἀντίλυτρον ὑπὲρ πάντων. Es handelt sich bei Mk 10,45(Mt 20,28) also um Tradition, an der sich das Urchristentum christologisch orientiert hat.

Die synoptische Grundform des Logions findet sich in Mk 10,45/Mt 20,28. Sie ist leicht ins Aramäische zurückzuübersetzen. (In Lk 22,24–27 haben wir statt dessen eine Überlieferungsvariante von Mk 10,42–45 vor uns, die der Situation der Abschiedsrede Jesu beim Abschiedsmahl redaktionell angepaßt ist und terminologisch die Ordnung der werdenden Kirche spiegelt [vgl. die Ausdrucksweise von V.26–27 mit Apg 5,6; 1 Tim 5,1; Tit 2,6; 1 Petr 5,5 und Sir 32,1; Apg 14,12; 15,22; Hebr 13,7.17.24 sowie Apg 6,1–2; 19,22; 1 Tim 3,10.13]). Das Wort steht außerdem in markantem Gegensatz zum Bild des herrschenden und richtenden Menschensohnes in Dan 7,13–14, den Bilderreden des äthHen und der Predigt Johannes des Täufers: Statt auf dem Richterthron Gottes zu sitzen, mit Hilfe der Dienstengel das Endgericht zu vollstrecken und die Huldigung der Völker zu empfangen, sieht sich der ‚Menschensohn‘ von Gott gesandt, den Menschen zu dienen und für sie das λύτρον ἀντὶ πολλῶν zu sein. Im Hintergrund des Textes stehen nicht nur Formulierungen aus Jes 53,11–12 (οἱ πολλοί und διδόναι τὴν ψυχὴν αὐτοῦ), sondern auch und vor allem aus Jes 43,3–4 (W. Grimm): Nur in Jes 43,3–4 (und nicht in Jes 53!) ist vom ‚Lösegeld‘ (כֹּפֶר, LXX: ἄλλαγμα) die Rede, das Gott ‚an deiner statt‘ (תַּחְתֶּיךָ, LXX: ὑπὲρ σοῦ) dahingibt, und es besteht in ‚Menschen‘ (אָדָם, LXX: ἀνθρώπους). Mit der gegenüber der Septuaginta selbständigen Formulierung λύτρον ἀντὶ πολλῶν und der Stellvertretung des Menschensohnes für die Menschen folgt Mk 10,45 sprachlich dem Wortlaut von Jes 43,3–4 genauer als den Formulierungen von Jes 53,11–12.

In der uns vorliegenden Form ist das Lösegeldwort von Mk 10,45 (Mt 20,28) weder aus der Tradition des Frühjudentums herleitbar, die keinen leidenden Menschensohn kennt, noch entstammt es der urchristlichen Gemeindetradition. Diese baut vielmehr ihr Bekenntnis in 1 Tim 2,5–6 auf diesem Logion auf. Es handelt sich also um ein im präzisen methodischen Sinn des Wortes *‚unableitbares‘ und eben deshalb ursprüngliches Jesuslogion*. Der Traditionsbefund in Mk 9,31 (Lk 9,44b) und Mk 10,45 spricht für sich: Beide Male wird die hoheitliche Menschensohntradition leidenstheologisch umgedeutet, und dabei werden Jes 43,3–5 und 53,11–12 leitmotivisch wirksam. Die Möglichkeit der Verbindung von Menschensohn- und Gottesknechttradition ist zwar schon in äthHen 46,4; 62,3 vorgezeichnet, aber erst in der Jesusüberlieferung werden die Leidenszüge des Gottesknechts in die Menschensohntradition eingebracht: *Während seines irdi-*

schen Wirkens wollte Jesus der messianische Menschensohn in der Weise sein,
daß er als der von Gott gesandte Gottesknecht Existenzstellvertretung für
‚die Vielen‘ (d.h. Israel und die Völker) übte.

7.3.3 Bei der dritten synoptischen Aussagenreihe, den *Worten Jesu über den*
kommenden Menschensohn handelt es sich vor allem um Mk 8,38Par (vgl.
mit Mt 10,32f./Lk 12,8f.), um das Gleichnis vom großen Weltgericht
(Mt 25,31–46) und die eben schon analysierte Antwort Jesu vor dem Synhedrium (Mk 14,62 Par), um Lk 18,8 und um die Debatte über Davids Sohn
oder Davids Herr in Mk 12,35–37Par.

Die Diskussion über diese Gruppe von Menschensohnworten wird von drei Ant-
wortschemata bestimmt: (1) Es kann sich nicht um authentische Jesusworte handeln,
weil die ‚Unmittelbarkeit‘, in der Jesus von der mit ihm selbst anbrechenden und
kommenden Gottesherrschaft spricht, es nicht erlaubt, zwischen ihm und die βασιλεία noch die Gestalt des kommenden Menschensohnes einzurücken. Diese (z.B.
von P. Vielhauer und E. Käsemann vertretene) Argumentation verkennt, daß der
Menschensohn im Frühjudentum keine Konkurrenzfigur zu Gott, sondern der (messianische) Gesandte Gottes ist. Sie berücksichtigt außerdem nicht, daß nach Dan
7,13–14.27 die endzeitliche Gottesherrschaft (die den ‚Heiligen des Höchsten‘ verliehen werden soll) vom ‚Menschensohn‘ selbst repräsentiert wird! Bei dem ersten
Antwortschema handelt es sich also um eine historisch wenig überzeugende moderne
kritische Konstruktion. – (2) Seit J. Wellhausen und R. Bultmann weist man einen Teil
der Worte vom kommenden Menschensohn durchaus der Verkündigung Jesus zu,
meint aber, Jesus habe genauso wie der Täufer den himmlischen Menschensohn als
eine von ihm selbst verschiedene Richterfigur erwartet. Angesichts der Analyse der
Worte vom gegenwärtig wirkenden und vom leidenden Menschensohn sowie von
Mk 14,62Par ist diese Sicht wenig wahrscheinlich. Die Pointe von Lk 12,8–9 (vgl. mit
Mk 8,38): „Ich sage euch aber: Jeder, der sich zu mir bekennt vor den Menschen, zu
dem wird sich auch der Menschensohn bekennen vor den Engeln Gottes. Wer mich
aber vor den Menschen verleugnet, der wird vor den Engeln Gottes verleugnet
werden", liegt nicht in der Unterscheidung zwischen Jesus und dem kommenden
Menschensohn, sondern gerade in ihrer Zusammengehörigkeit! – (3) Eben darauf
weist das dritte Antwortschema hin, hinter dem z.B. C. Colpe, L. Goppelt, J. Jeremias und W.G. Kümmel stehen. Es geht davon aus, daß *der irdische Jesus sich in*
denkbar enge Beziehung zum kommenden Menschensohn gesetzt hat und wird den
genannten Texten am besten gerecht.

Im *Gleichnis von der selbstwachsenden Saat (Mk 4,26–29)* werden gegenwärtiges
und zukünftiges Wirken (Jesu als) des Menschensohnes genauso miteinander verbunden, wie es das o.g. dritte Antwortschema annimmt. Das Gleichnis spricht vom
Wunder der aus unscheinbaren Anfängen von selbst der Ernte entgegenreifenden Saat
des Wortes (Jesu): „(26) Und er sprach: Mit der Gottesherrschaft verhält es sich so wie
wenn ein Mensch den Samen aufs Land wirft (27) und schläft und sich erhebt, Nacht
und Tag, und der Same sproßt und wächst, er weiß nicht wie. (28) Von selbst trägt die
Erde Frucht, zuerst den Halm, dann die Ähre, dann das volle Korn in der Ähre. (29)
Wenn es aber die Frucht erlaubt, sofort sendet er die Sichel, denn die Ernte ist da (vgl.
Joel 4,13)." Schon an der Motivik des Gleichnisses fällt zweierlei auf: (1) Die für einen

sorgsamen Bauern (vgl. Jes 28,23–26) merkwürdige, fast ironisch geschilderte Sorglosigkeit gegenüber dem Gedeihen der Saat. (2) Die Identität von Sämann und Schnitter, der gemäß Joel 4,13 ‚die Sichel sendet' (V.29). Man sollte V.29 nicht, wie gelegentlich vorgeschlagen wird, als spätere allegorisierende Zutat vom ursprünglichen Gleichnistext abtrennen wollen. Dazu bietet die Textüberlieferung keinerlei Anhalt. Außerdem fußt der Vers nicht erst auf dem Septuagintatext von Joel 4,13. Er liest mit dem masoretischen Text und dem TgJon den Singular τὸ δρέπανον = die Sichel (statt δρέπανα in LXX) und ὁ θερισμός = Getreideernte (an Stelle von τρύγητος = Weinlese in der LXX). Die Metaphorik des Gleichnisses ist insgesamt doppeldeutig: ‚Ernte' ist geläufige Metapher für das Endgericht (vgl. Jer 51,33; Apk 14,15), ‚Saat' ist ebenso geläufig für die Verkündigung des Wortes (4Esr 8,6; 9,31–37; vgl. auch Philo, Som 1,199 und die Beziehung von Jes 28,24 auf die prophetische Verkündigung im TgJon). Die Rede vom ‚automatischen' Wachstum hat im Frühjudentum die Konnotation des wunderbaren Tuns Gottes: Die αὐτόματα sind in Lev 25,5.11 die im Sabbat- und Jobeljahr ohne menschliches Zutun aufwachsenden Pflanzen, und Philo (Mund 167) sowie Josephus (Ant 1,46) gebrauchen dasselbe Wort für die den Menschen im Paradies ohne Arbeitsmühe zur Verfügung stehenden Früchte. ‚Frucht' ist ein gebräuchliches Bildwort für den Ertrag der Frömmigkeit und des Gehorsams (vgl. z. B. epAr 232), und ‚wenn es die Frucht erlaubt' eine Umschreibung für den von Gott zu seiner Zeit heraufgeführten Termin des Gerichts. Das Gleichnis ist keine Allegorie, lebt aber inhaltlich von seiner Bildsprache: Der sähende ‚Mensch' kann sein Werk in größter Gelassenheit tun, weil er gewiß sein darf, daß Wachstum und Ernte von Gott wunderbar heraufgeführt werden. Für die jüdischen Hörer Jesu lag es angesichts der durch das Joelzitat noch verstärkten Metaphorik nahe zu fragen, wer der seiner Sämannsarbeit so sorglos nachgehende und zu geeigneter Stunde die Erntesichel ansetzende ἄνθρωπος denn sein könne. Von der Jesusverkündigung her legt sich auch die Antwort nahe: Es geht um Jesus selbst, und er ist der ‚Mensch', der jetzt das Wort verkündigt und lehrt, einst aber das Weltgericht durchführen soll; Jesus ist der bereits gegenwärtig wirkende Menschensohn von Dan 7,13 und äthHen. Da Joel 4,13 in Apk 14,14–16 mit dem Handeln des ‚auf der Wolke sitzenden' Menschensohnes von Dan 7,13 verbunden ist (und beide Schriftstellen nach der hebräischen Bibel und nicht nach der LXX angeführt werden), bestätigt die Johannesapokalypse das vorgeschlagene Verständnis von Mk 4,26–29: *Im Gleichnis von der selbstwachsenden Saat liegt genau dieselbe geheimnisvolle Verbindung zwischen dem ‚Menschen' Jesus und dem kommenden Menschensohn-Weltenrichter vor, die auch für Mk 8,38 Par und Lk 12,8f.Par charakteristisch ist.*

Jesus hat sich selbst für den auf Erden dienenden und verborgen wirkenden Menschensohn gehalten, der von Gott erhöht werden und nach seiner Erhöhung zum Weltgericht erscheinen wird. Die in Lk 12,8–9 und Mk 8,38 reziprok verwendeten Verben ‚sich bekennen zu', ‚verleugnen' und ‚sich schämen' weisen in die Situation des Jüngsten Gerichts: Der Menschensohn, den Gott zu seiner Rechten erhöhen und mit der Durchführung des Endgerichts betrauen wird, wird sich als eschatologischer Richter zugunsten derer aussprechen, die ihm die Treue gehalten haben, als er noch verborgen auf Erden wirkte. Umgekehrt wird er diejenigen zurückweisen, die ihm damals abgeschworen oder widerstanden haben. Von hier aus hat sich die urchristliche Erwartung der endzeitlichen Fürsprache des erhöhten Christus für die Seinen entwickelt (vgl. Röm 8,34; Hebr 7,25; 9,24; 1Joh 2,1–2).

Auf die Erhöhungserwartung Jesu weist neben Mk 14,61–62Par (s. o.) auch die Debatte über Davids Sohn und Davids Herr hin: In dem *Streitgespräch Mk 12,35–37Par* wird eine sog. exegetische Antinomiefrage verhandelt: Nach frühjüdischer Erwartung ist der Messias Sohn Davids; in Ps 110,1 aber spricht der (im Frühjudentum mit David identifizierte) Psalmist von dem kommenden Messias als ὁ κύριός μου, d.h. von Davids Herrn. Wie verhält sich beides zueinander? Die Antwort lautet nach unserem Text: so, daß (Jesus zwar irdisch als dienender Davidssohn lebt,) Davids kommender Herr (aber) dem irdischen Davidssohn überlegen ist, weil man in dem zur Rechten Gottes Gesetzten den ‚Menschensohn' von Ps 8 zu sehen hat, dem Gott alles unterworfen hat, denn in (dem vom Menschensohn handelnden) Ps 8,7 heißt es: πάντα ὑπέταξας ὑποκάτω τῶν ποδῶν αὐτοῦ. In Mk 12,36 werden die letzten Worte von Ps 109,1 LXX (= ὑποπόδιον τῶν ποδῶν σου) durch ὑποκάτω τῶν ποδῶν σου aus Ps 8,7 ersetzt; Ps 110,1 wird also nach rabbinischem Analogieschlußverfahren von Ps 8,7 her interpretiert und gleichzeitig auf den ‚Menschensohn' bezogen (vgl. äthHen 61,8; 62,2). Das Streitgespräch Mk 12,35–37 ist ein Doppelzeugnis für Jesu messianisches Sendungsbewußtsein und seine Erhöhungserwartung; es zeichnet der judenchristlichen Formel, die Paulus in Röm 1,3–4 zitiert, die Perspektiven vor.

Die Worte vom kommenden Menschensohn zeigen also, daß Jesus in der Erwartung gelebt hat, nach seinem irdischen Dienst gemäß Ps 110,1 zur Rechten Gottes erhöht und zum Richter der Endzeit eingesetzt zu werden. Wie es auf Erden sein Auftrag war, die Gottesherrschaft zu verkündigen und ‚den Vielen' bis hin zur stellvertretenden Lebenshingabe zu ‚dienen', so wird es sein endzeitliches ‚Amt' sein, Gottes Herrschaft durch das Endgericht vollends durchzusetzen. Paulus knüpft in 1 Kor 15,23–28 direkt an diese Tradition an.

8. Nimmt man zu diesem Befund die Gleichnisrede Jesu vom großen Weltgericht, Mt 25,31–46, und die Ergebnisse der Analysen von Mk 8,27–33Par und 14,61–62Par hinzu, ergibt sich ein klares Gesamtresultat: Jesus hat sich selbst in ganz neuartiger Weise mit dem von Johannes dem Täufer angekündigten messianischen Menschensohn-Weltenrichter identifiziert. Er hat das Prädikat ‚Messias' zwar im Jüngerkreis akzeptiert, wollte aber seinen irdischen Weg als dienender Knecht Gottes in Niedrigkeit bis hin zur Selbstaufopferung für ‚die Vielen' gehen (vgl. Jes 43,3–4; 53,11–12). Schließlich hat er sich vor seinen jüdischen Richtern offen zu seinem messianischen Auftrag bekannt und die Erwartung kundgetan, gemäß Ps 110,1 zur Rechten Gottes erhöht und in das endzeitliche Richteramt des Menschensohnes eingesetzt zu werden, um ‚auf den Wolken des Himmels kommend' (Dan 7,13) das Endgericht durchzuführen. *Als messianischer Menschensohn hat Jesus in sich das Sein des wahren Menschen vor Gott, des leidenden Gottesknechtes und des sich den Menschen wahrhaft zuwendenden Sohnes Gottes vereint.* In seinem Sohnes- und Leidensgehorsam hat er die Menschen vor Gott, und als messianischer Evangelist der Armen, als Vollender der Tora vom Sinai und als

opferbereiter Gottesknecht Gott vor den Menschen vertreten. Jesus war in ein und derselben Person der wahrhaft gottesfürchtig vor Gott lebende ‚Mensch' (Ps 8,5–6) und der messianische ‚Immanuel' (Jes 7,14).

Dem Gesagten ist ein Letztes hinzuzufügen: Vor Ostern war Jesu messianisches Hoheitsbewußtsein von einem *dreifachen Schleier des Geheimnisses* umgeben: Jesus war – erstens – zeit seines öffentlichen Wirkens eine umstrittene Figur (vgl. Mk 3,21. 22; 6,1–6; Lk 7,33–34/Mt 11,18–19; Lk 13,31–33; 13,34/Mt 23,37; Mk 14,61–62Par). Zweitens hat er von seinem besonderen Sendungsauftrag zumeist nur in Rätselworten, Gleichnissen und internen Jüngerbelehrungen gesprochen, die sogar im Kreis der μαθηταί auf Zurückhaltung und Unverständnis gestoßen sind (vgl. Mk 8,32–33Par; 9,9–10Par; 9,32Par; Lk 22,31–34). Drittens schließlich war die neue Fassung, die Jesus sowohl dem Messiastitel als auch dem Menschensohnprädikat von Jes 43,3–4 und 53,11–12 her gegeben hat, so ungewohnt und dann das Faktum seiner Hinrichtung am Kreuz im Zeichen von Dt 21,22–23 (s. u.) so schockierend, daß sich das Verständnis für Jesu wahres geschichtliches Sein erst von den Osterereignissen her durchsetzen konnte, und zwar im Kreise derer, die sich an Jesu Lehre erinnerten und ihn als den von Gott auferweckten und gemäß Ps 110,1 zu seiner Rechten erhöhten Herrn und Messias glaubten (vgl. Apg 2,36).

§ 10 *Jesu Leidensbereitschaft und Todesverständnis*

Literatur: O. *Betz*, Jesu Tischsegen, in: *ders.*, Jesus – Der Messias Israels, 1987, 202–231; *ders.*, Was wissen wir von Jesus? 1991[2], 85ff.; G. *Bornkamm*, Jesus von Nazareth, 1968[8], 141ff.; R. *Bultmann*, Das Verhältnis d. urchristl. Christusbotschaft zum historischen Jesus, in: *ders.*, Exegetica, hrsg. von E. Dinkler, 1967, 445–469; K. F. *Euler*, Die Verkündigung vom leidenden Gottesknecht aus Jes 53 in d. griechischen Bibel, 1934; G. *Friedrich*, Die Verkündigung d. Todes Jesu im NT, 1982; E. *Fuchs*, Die Frage nach d. historischen Jesus, in: *ders.*, Zur Frage nach d. historischen Jesus, 1960, 143–167; H. *Gese*, Die Sühne, in: *ders.*, Zur bibl. Theologie, 1989[3], 85–106; W. *Grimm*, Die Verkündigung Jesu u. Deuterojesaja, 1981[2], 231ff.; H. *Haag*, Der Gottesknecht bei Deuterojesaja, 1985; F. *Hahn*, Das Verständnis d. Opfers im NT, in: *ders.*, Exegetische Beiträge zum ökumenischen Gespräch, Ges. Aufs. I, 1986, 262–302; W. *Haubeck*, Loskauf durch Christus, 1985, 226ff.; V. *Hampel*, Menschensohn u. historischer Jesus, 1990, 246–342; M. *Hengel*, Der stellvertretende Sühnetod Jesu, IKZ 9, 1980, 1–25.135–147; *ders.*, The Atonement, 1981; H.-J. *Hermisson*, Israel u. d. Gottesknecht bei Deuterojesaja, ZThK 79, 1982, 1–24; O. *Hofius*, Tὸ σῶμα τὸ ὑπὲρ ὑμῶν 1Kor 11,24, ZNW 80, 1989, 80–88; B. *Janowski*, Sühne als Heilsgeschehen, 1982; *ders.*, Auslösung des verwirkten Lebens, ZThK 79, 1982, 25–59; *ders.*, Sündenvergebung ‚um Hiobs willen', ZAW 73, 1982, 251–280; J. *Jeremias*, Die Abendmahlsworte Jesu, 1967[4]; *ders.*, Der Opfertod Jesu Christi, in: *ders.*, Jesus u. seine Botschaft, 1976, 78–92; *ders.*, Heiligengräber in Jesu Umwelt, 1958; O. *Kaiser*, Der Königliche Knecht, 1962[2]; K. *Kertelge* (Hrsg.), Der

Tod Jesu, 1976; *S. Kim*, The ‚Son of Man‘ as the Son of God, 1983, 38–73; *K. T. Kleinknecht,* Johannes 13, die Synoptiker und d. ‚Methode‘ d. johanneischen Evangelienüberlieferung, ZThK 82, 1985, 361–388; *K. Koch* (Hrsg.), Um d. Prinzip d. Vergeltung in Religion u. Recht d. AT, 1972; *B. Kollmann,* Ursprung u. Gestalten der frühchristlichen Mahlfeier, 1990; *E. Lohse,* Märtyrer u. Gottesknecht, 1963²; *W. Manson,* Bist Du, der da kommen soll?, 1952, 147 ff.; *H. Merklein,* Erwägungen zur Überlieferungsgeschichte d. ntl. Abendmahlstraditionen, in: *ders.,* Studien zu Jesus u. Paulus, 1987, 157–180; *ders.,* Der Tod Jesu als stellvertretender Sühnetod, a. a. O., 181–191; *H. Patsch,* Abendmahl u. historischer Jesus, 1972; *R. Pesch,* Das Abendmahl u. Jesu Todesverständnis, 1978; *L. Ruppert,* Jesus als d. leidende Gerechte?, 1972; *H. Schürmann,* Jesu ureigener Tod,1975; *O. H. Steck,* Israel u. das gewaltsame Geschick d. Propheten, 1967; *P. Stuhlmacher,* Jesus von Nazareth u. die ntl. Christologie im Lichte d. Hl. Schrift, in: Mitte der Schrift?, hrsg. von M. Klopfenstein, U. Luz, S. Talmon, E. Tov, 1987, 81–95; *ders.,* Jesus von Nazareth – Christus des Glaubens, 1988; *ders.,* Zur Predigt an Karfreitag, in: Anfänge d. Christologie, FS für F. Hahn zum 65. Geburtstag, hrsg. von C. Breytenbach u. H. Paulsen, 1991, 447–472; *H. W. Wolff,* Jesaja 53 im Urchristentum, 1984⁴.

Wenn man die Passion Jesu verstehen will, muß man sich klarmachen, daß Jesu Kreuzestod die geschichtlich unvermeidliche Konsequenz seines provozierenden Wirkens als messianischer Menschensohn gewesen ist. Während auf die Gründe und den historischen Ablauf der Passion erst in § 11 einzugehen ist, ist jetzt in Vertiefung der Fragestellung von § 9 festzustellen, was wir von Jesu eigenem Verständnis seines Todes wissen können.

1. Wie viele andere Probleme in der Jesusforschung wird heute auch die Frage nach Jesu Leidens- und Todesverständnis extrem unterschiedlich beantwortet.

R. Bultmann hat in seiner Akademieabhandlung von 1959 über „Das Verhältnis der urchristlichen Christusbotschaft zum historischen Jesus" die These vertreten, „daß wir nicht wissen können, wie Jesus sein Ende, seinen Tod, verstanden hat" (a. a. O., 452). Er hat sämtliche Leidensweissagungen in den Evangelien für vaticinia ex eventu gehalten und den Hinweis von E. Fuchs, Jesus habe bei seinem Gang nach Jerusalem das Ende des Täufers vor Augen gestanden, für eine bloße „psychologische Konstruktion" erklärt (a. a. O.). Bultmann hat sich auch von G. Bornkamm nicht davon überzeugen lassen, daß Jesus bewußt nach Jerusalem gezogen sei und in der Hl. Stadt die letzte Entscheidung gesucht habe. Wenn dies der Fall war, schreibt er, „… dann hat er schwerlich mit der Hinrichtung durch die Römer gerechnet, sondern eher mit dem jetzt erfolgenden Kommen der Gottesherrschaft. Hier bleibt alles Vermutung. Sicher ist nur, daß er von den Römern gekreuzigt worden ist, also den Tod eines politischen Verbrechers erlitten hat. Schwerlich kann diese Hinrichtung als die innerlich notwendige Konsequenz seines Wirkens verstanden werden; sie geschah vielmehr auf Grund eines Mißverständnisses seines Wirkens als eines politischen. Sie wäre dann – historisch gesprochen – ein sinnloses Schicksal. Ob oder wie Jesus in ihm einen Sinn gefunden hat, können wir nicht wissen. Die Möglichkeit, daß er zusammengebrochen ist, darf man sich nicht verschleiern" (a. a. O.,453).

Prominente Schüler Bultmanns sind ihrem Lehrer auf diesem Wege prinzipieller historischer Skepsis nicht gefolgt. E. Fuchs und vor allem G. Bornkamm sind davon ausgegangen, daß Jesus auf seinem Zug nach Jerusalem der Möglichkeit seines Martyriums entgegengesehen hat. Da sie aber mit Bultmann die Leidensweissagungen, Mk 10,45Par und die Abendmahlstexte für Gemeindebildungen hielten, ist auch für sie das Todesverständnis Jesu geschichtlich ungreifbar geblieben.

Auf der anderen Seite haben W. Manson, H. W. Wolff, J. Jeremias und L. Goppelt auf Grund genauer Analysen der Leidensweissagungen, von Mk 10,45Par und der Abendmahlsparadosis die These verfochten, daß Jesus nicht nur mit seinem Leiden gerechnet, sondern auch seinen Tod als Opfertod für die Sünden ‚der Vielen' verstanden habe. H. W. Wolff stellt in seiner Dissertation „Jesaja 53 im Urchristentum" im Blick auf die genannten Texte fest: „Jesus beschreibt mit fragloser Selbstverständlichkeit sich selbst mit den Worten der Prophetie Jes. 53" (1984[4], 69). Ganz ähnlich lautet das Urteil von J. Jeremias: „Die Sinndeutung des Leidens ist überall die Stellvertretung für die Vielen (Mk 10,45; 14,24). Fragen wir, wie es möglich ist, daß Jesus seinem Tod eine so grenzenlose Sühnkraft zuspricht, so ist die Antwort: er stirbt als der Gottesknecht, über dessen Leiden und Sterben Jes 53 aussagt, daß es unschuldiges (V.9), geduldig getragenes (V.7), freiwilliges (V.10), von Gott gewolltes (V. 6.10) und darum stellvertretend sühnendes (V.4f.) Leiden ist. Weil es Leben mit Gott und aus Gott ist, das hier in den Tod gegeben wird, darum hat dieses Sterben unbegrenzte Sühnkraft" (Theol. I[4], 283f.). Neue Forschungen von O. Betz, M. Hengel und R. Pesch haben diese Sicht bestätigt.

2. Versucht man, angesichts dieser Differenzen zu einem eigenen Urteil zu gelangen, muß man sich folgenden Jesuslogien zuwenden: Lk 13,31–33; Mk 9,31 (Lk 9,44b); 10,45Par; außerdem ist die Abendmahlsparadosis von Mk 14,22–26Par auf ihren Zeugniswert zu befragen.

2.1 *Lk 13,31–33* gehören zum lukanischen Sondergut. Vom Wortlaut her ist an der Ursprünglichkeit der Szene kaum zu zweifeln. Sie zeigt, daß Jesus – ähnlich wie Johannes der Täufer (s. o. S. 58 f.) – Nachstellungen von seiten seines Landesherrn Herodes Antipas zu befürchten hatte, aber diesbezügliche Warnungen wohlmeinender Pharisäer in den Wind geschlagen hat. *Jesus hat mit der Möglichkeit seines Todes in Jerusalem gerechnet und diesen Tod in Analogie zum Martyrium der Propheten gestellt (vgl. auch Lk 13,34/ Mt 23,37).*

Verständlich wird diese Redeweise Jesu, wenn man die aus dem 1. Jh. v./n. Chr. stammenden jüdischen ‚Vitae Prophetarum' und die deuteronomistische Aussage vom Leidensgeschick der Propheten ins Auge faßt, die Israel vor dem Glaubensabfall gewarnt haben (vgl. Neh 9,26; 2 Chr 24,17–22; 36,14–16). Nach frühjüdischer Legende sind die großen Propheten Israels, allen voran Jesaja, Jeremia und Ezechiel, zu Opfern ihrer Verkündigung geworden. Sie wurden z. Z. Jesu (in Jerusalem) als Märtyrer verehrt, deren ψυχαί bereits in die Gotteswelt aufgenommen worden waren (vgl. Apk 6,9) und deren (unverweslich) in den Gräbern ruhende Leiber der Auferweckung der Toten und künftigen Verherrlichung entgegenharrten (Dan 12,3). Man wallfahrtete und betete zu den Märtyrerpropheten (vgl. VitProph 71,9 mit

Mt 23,29 f.), weil man in ihnen Nothelfer sah, deren himmlische Fürsprache Israel Gottes Erbarmen zuwendete (VitProph 12,13; 42,14). Jesus hat diese Anschauungen gekannt und sein eigenes Sterben in Jerusalem vorausgesehen; doch war mit ihm noch ‚mehr als Jona' auf dem Plan (Mt 12,41).

2.2 Mk 9,31 Par und 10,45 Par haben wir bereits analysiert (s. o. S. 120 ff.). Es geht um authentische Jesuslogien, die auf Jes 43,3–4; 53,11–12 fußen. Die soteriologische Dimension beider Worte wird bestimmt von der frühjüdischen Tradition vom ‚Lösegeld' und vom Leiden des Gottesknechts gemäß Jes 53. *Jesus sah sich berufen, als Menschensohn den Weg des stellvertretend für ‚die Vielen' leidenden Gottesknechts zu gehen, dessen Leben von Gott als endzeitliches Lösegeld für Israel dahingegeben wird.*

2.2.1 B. Janowski hat gezeigt, daß der in Jes 43,3 f. gebrauchte Begriff *Lösegeld* (כֹּפֶר) aus der Rechtssprache stammt: In Ex 21,29–30 meint er eine *Ersatzzahlung* an den Geschädigten, die „als Auslösung des verwirkten individuellen Lebens ... und d.h: als Existenzstellvertretung, als Lebensäquivalent" gilt (ZThK 79, 1982, 34). Der Ausdruck wird in der Septuaginta teils mit τὸ λύτρον und teils mit τὸ ἀντάλλαγμα übersetzt. In Jes 43,3 wird die Lösegeldvorstellung in den Bereich des endzeitlichen Gerichtshandelns Gottes an Israel und der Völkerwelt übertragen, und zwar in ganz besonderem Sinne: Das Lösegeld wird von Gott für Israel gezahlt, obwohl er selbst der durch Israels Sünden Geschädigte ist (vgl. 43,24), und diese Zahlung gilt als ein von Gott aus reiner Liebe zu seinem erwählten Volk heraus angestrengter Erlösungsakt (43,4.25). Die Formulierungen „für dich" und „für dein Leben" in 43,4 zeigen, daß es sich bei der Entrichtung des כֹּפֶר tatsächlich um ‚Existenzstellvertretung' handelt. Nach Jes 43,3 „gibt Jahwe (an Kyros als den Empfänger des kopär) Ägypten, Kusch und Saba, d.h. das ganze damals bekannte Nordost-Afrika, zur Auslösung Jakob-Israels aus dem Exil und damit zur Bewahrung des Lebens Israels (vgl. auch Jes 45,14–17)" (a.a.O., 49). Im Frühjudentum ist Jes 43,3–4 auf das Endgericht bezogen und so verstanden worden, daß die Gottlosen als Lösegeld für Israel dem Vernichtungsgericht preisgegeben werden (1Q 34^[bis] I 5 f.; SifreDt § 333 zu 32,43); nach rabbinischen Texten werden die gottlosen Heiden zugunsten Israels dem Gehinnom, der Feuerhölle, überantwortet (vgl. z. B. MekhEx zu 21,30).

Sieht man Mk 9,31 (Lk 9,44) und 10,45 in diesen frühjüdischen Auslegungsperspektiven, zeigt sich, daß *Jesus bereit war, mit seinem Leben Existenzstellvertretung für Israel zu leisten; genauer: für die Gottlosen, die für Israels Errettung im Endgericht dahingegeben werden sollen.* Möglicherweise standen Jesus dabei auch schon die gottlosen Heiden vor Augen. Auf jeden Fall ist aber in Mk 9,31 (Lk 9,44) und Mk 10,45 Par die von Paulus in Röm 5,8 verkündigte unerhörte Liebestat Gottes der Hingabe seines eigenen Sohnes für die Gottlosen genau vorgebildet.

Daß Jesu Todesbereitschaft tatsächlich in solch *endgerichtlichen Dimensionen* gesehen werden muß, ergibt sich aus Mk 8,36–37 Par: „(36) Was nützt es einem Menschen, die ganze Welt zu gewinnen, aber (dafür) sein Leben einzubüßen? (37) Denn was könnte ein Mensch als Lösegeld für sein Leben geben?" In V. 37 wird auf Ps

49, 8–9 angespielt, und diese Psalmstelle wurde im Frühjudentum von äthHen 98,10 an (z.T. zusammen mit Jes 43,3f., vgl. MekhEx zu 21,30) auf die Situation des Endgerichts bezogen: Kein Mensch kann im Endgericht ein Lösegeld für sein verwirktes Leben zahlen; deshalb sind alle Frevler dem Untergang geweiht. Nur Gott kann und will Israel kraft eines von ihm selbst ,ausersehenen' Lösegeldes vor der ewigen Gottesferne bewahren (vgl. Jes 43,3–4). Jesus hat diese Gerichtsregel bejaht. Er war bereit, im Auftrag Gottes für die Gottlosen zu sterben und sein Leben als das von Gott zur Rettung ,der Vielen' ausersehene Lösegeld einzusetzen.

2.2.2 Im Hintergrund von Mk 9,31Par und 10,45Par steht nicht nur Jes 43,3–4, sondern auch das Lied vom *leidenden Gottesknecht (Jes 52,13–53,12)*. In Mk 9,31 wird auf die Hingabe des Knechtes durch Gott und in Mk 10,45 auf Jes 53,11–12 angespielt.

In Jes 53,10 wird vom אָשָׁם des Gottesknechts gesprochen. Das Wort wird von der Septuaginta im Sinne von περὶ ἁμαρτίας = Sündopfer verstanden. Nach R. Knierim, Artikel אָשָׁם, THAT I, 251–257, geht es beim אָשָׁם nicht um ein Lösegeld, sondern um die Ableistung einer aus dem Schuldiggewordensein vor Gott erwachsenen *Schuldverpflichtung*. Wo durch menschliches Fehlverhalten – z.B. durch Vergewaltigung des Rechts oder Unterdrückung der Gerechten – Gottes Privilegrechte auf Erden verletzt worden sind, entsteht eine Haftung, die durch Schuldableistung abgegolten werden muß (Ps 68, 22; Prov 14,9; Jer 51,5). In kultischem Rahmen besteht sie in einer Opferdarbringung (vgl. Lev 5,14–16; 7,7.37), im außerkultischen Bereich in materiellen Ersatzgaben (1Sam 6,3–5). Jes 53,10 ist in außerkultischem, endgeschichtlichen Horizont zu sehen und wird in V.11–12 rechtfertigungs-theologisch gedeutet : ,Die Vielen' sind durch ihre Verfehlungen vor Gott schuldig geworden. Ihre Schuldverpflichtung wird von dem Knecht Gottes übernommen und durch seine stellvertretende Lebenshingabe getilgt, so daß sie dem Vernichtungsgericht entgehen. Der עֶבֶד ist Gottes eigenes Werkzeug, das ,den Vielen' Befreiung von ihrer Schuld und neues Leben vor Gott verschafft; er sendet ,seinen' Knecht (52,13; 53,11) und verfügt dessen Opfergang. Wie in Jes 43,3–5.22–25 wird die absolute Differenz von Gottes Heiligkeit und menschlichem Unrecht nicht einfach übersprungen, vielmehr nimmt sich Gott aus freier Gnade heraus der todgeweihten Vielen an und verschafft ihnen durch die Hingabe seines Knechtes Gerechtigkeit. Jes 53 dokumentiert, daß (Opfer-,) Stellvertretungs- und Rechtfertigungsgedanke im Alten Testament schon lange vor Ausbildung der neutestamentlichen Christusbotschaft verbunden waren.

Der *leidende Gottesknecht* von Jes 53 wird in der modernen Forschung oft mit Deuterojesaja gleichgesetzt, z.T. aber auch kollektiv auf das ,ideale Israel' bezogen. Im Kontext des Jesajabuches liegt die kollektive Deutung auf Israel, genauer: auf den nach Babylon deportierten Teil Israels, der seine Existenz stellvertretend für das ganze Volk und die Völkerwelt preisgab, näher als die invididuelle (vgl. Jes 49,3). In 4QAh A werden Aussagen aus Jes 53 auf den priesterlichen Messias aus dem Hause Aarons bezogen, und 1QIsᵃ liest in Jes 52,14 מְשַׁחְתִּי statt מִשְׁחַת. Weish 2,12–20; 5,1–7 deuten Jes 53 auf einen exemplarisch leidenden Gerechten. Die Septuagintaübersetzung von Jes 53 läßt sich nach Apg 8,34 sowohl auf den (leidenden) Propheten Jesaja als auch den Messias (Jesus) beziehen. Im nachneutestamentlichen TgJes 53 stößt man wieder auf die messianische Auslegung des Textes, wobei die Aussagen vom Leiden des Knechtes allerdings weitgehend umgedeutet werden.

Die von Jesus begonnene (und von den urchristlichen Zeugen weitergeführte) Deutung von Jes 53 auf seinen Leidensweg als messianischer Menschensohn *steht im Schnittpunkt der bereits im Frühjudentum erwogenen Auslegungsweisen.* Nach Mk 9,31 (Lk 9,44); Mk 10,45Par und dem schwer zu deuten, aber wahrscheinlich ebenfalls authentischen Logion Lk 22,35–38 sah Jesus in Jes 53 seinen Leidensweg vorgezeichnet: Indem er die Schuldverpflichtung der Vielen stellvertretend auf sich nahm und mit der Hingabe seines Lebens tilgte, erwirkte er für sie die Gerechtigkeit, die sie zum Leben vor Gott brauchten. Bei der stellvertretenden Ableistung der Schuldverpflichtung der Vielen durch Jesus handelt es sich weder um ein Gottes Zorn beschwichtigendes Opfer noch um einen Gott zuteilwerdenden Akt der Genugtuung (satisfactio) für die Verletzung seiner Majestät durch die Sünde der Vielen. Es geht vielmehr um die von Gott selbst aus Liebe und Erbarmen zu Israel verfügte Existenzstellvertretung durch seinen Knecht Jesus. *Der leidende Gottesknecht von Jes 53 ist Mittler und Werkzeug des Heilswillens Gottes.* Er führt durch die Preisgabe seines Lebens ‚die Vielen‘ zurück in die durch ihre Schuld zerbrochene Gottesbeziehung: „Durch sein Leiden wird mein Knecht die Vielen rechtfertigen, indem er ihr Verschulden auf sich nimmt" (Jes 53,11). Eben diese ‚Rechtfertigung‘ wollte Jesus für ‚die Vielen‘ erwirken. *Man kann also an Mk 9,31 (Lk 9,44); Lk 22,37 und Mk 10,45Par sehen, daß die urchristlich-paulinische Rechtfertigungslehre die von Jesus selbst begründete Deutung seines Opferganges mit Hilfe von Jes 53 aufgenommen und aus nachösterlicher Perspektive weiterreflektiert hat.*

3. Mk 10,45Par steht den *Stiftungsworten, die Jesus beim Abschieds(passa-)mahl den zwölf Jüngern zugesprochen hat (Mk 14,22.24Par)* sachlich sehr nahe. Die Analyse dieser Worte ist kompliziert, gibt aber auch weite heilsgeschichtliche und eschatologische Horizonte für das Verständnis des Todes Jesu zu erkennen.

3.1 Daß es sich bei der *Überlieferung vom Abendmahl* nicht einfach um Gemeindebildung, sondern um Tradition handelt, die *auf Jesus zurückzuführen ist,* ergibt sich nicht nur aus unserer allgemeinen methodischen Betrachtungsweise der synoptischen Tradition (s. o. S. 42 ff.), sondern auch aus 1Kor 11,23. Paulus nennt hier die von ihm reproduzierte Abendmahlsparadosis ausdrücklich eine ἀπὸ τοῦ κυρίου, d. h. vom Herrn her, überkommene Tradition. Der Wortlaut des Verses zeigt deutlich, daß der κύριος nicht einfach der erhöhte Christus, sondern zugleich auch der irdische Jesus ist. Paulus geht also davon aus, daß die von ihm als Lehre übernommene und an die Korinther weitergegebene Herrenmahlsparadosis von 1Kor 11,23–25(26) auf den irdischen und von Gott auferweckten Herrn zurückgeht.

3.2 Was die *Analyse* der neutestamentlichen Texte vom Herrenmahl anbetrifft, muß man sehr behutsam vorgehen. Die vier in den Synoptikern und bei Paulus vorliegenden ,Einsetzungsberichte' (Mt 26,26–29; Mk 14,22–25; Lk 22,14–20 und 1 Kor 11,23–26) sind sehr knapp formuliert und jedes ihrer Worte ist mit Bedacht gewählt. Trotz großer Gemeinsamkeiten sind die vier Berichte aber doch auch so unterschiedlich formuliert und stehen in so verschiedenem Rahmen, daß man sich auf Übereinstimmungen und Verschiedenheiten der Abendmahlsüberlieferung einstellen muß. Nimmt man Joh 6,52–58; 13,1–30 noch hinzu, steht man vollends vor einem höchst *komplexen Überlieferungsbefund.*

3.2.1 Die wichtigsten *Verschiedenheiten* sind folgende: (1) In den Synoptikern wird von Jesu Abschiedsmahl im Rahmen der zusammenhängenden Passionsgeschichte erzählt; bei Paulus haben wir statt dessen einen Text vor uns, der die Passionsgeschichte als bereits bekannt voraussetzt, nur knapp auf die Geschehnisse „in der Nacht, in der der Herr (von Gott) ausgeliefert wurde" (1 Kor 11,23) anspielt und der Gemeinde von Korinth als Agende für ihre Herrenmahlfeiern dient. – (2) Die drei synoptischen Texte sind unterschiedlich lang. Markus und Matthäus berichten von (Jesu Passion und von) der Einsetzung des Herrenmahls in vergleichbar knapper und geraffter Form. Bei Lukas dagegen finden wir einen ausführlicheren Bericht, der fest in die Passionssondertradition des Lukasevangeliums eingebettet ist. Der textkritische Apparat zu Lk 22,14–20 zeigt, daß der Text immer neu bearbeitet wurde. Bis zur Auffindung des berühmten P[75] aus dem 3. Jh. n. Chr. war strittig, ob V.19b–20 ihm überhaupt von Anfang an zugehört haben. Heute kann man davon ausgehen, daß die sog. Langfassung des Lukastextes ursprünglich ist und erst nachträglich um die scheinbaren Dubletten V.19b–20 gekürzt wurde. – (3) Die Spendeworte, in denen Jesus sich beim Abschiedsmahl seinen Jüngern zuspricht, lauten verschieden. In den Formulierungen berühren sich Markus und Matthäus einerseits sowie Lukas und Paulus andererseits sehr eng, aber beide Textpaare unterscheiden sich so sehr, daß bis heute unentschieden geblieben ist, ob sich die älteste Fassung der Verba Testamenti bei Markus (und Matthäus) oder bei Paulus (und Lukas) erhalten hat. – (4) Während Jesus bei Markus und Matthäus erst zum Beschluß des Abendmahls sagt: „Amen, ich sage euch: Ich werde ganz gewiß nicht mehr vom Gewächs des Weinstocks trinken bis zu dem Tage, da ich es neu trinken werde im Reich Gottes" (Mk 14,25; vgl. Mt 26,29), erklärt Jesus nach der lukanischen Erzählung schon vor Beginn des Mahles seinen Verzicht auf Speise und Trank (vgl. Lk 22, 15–18). Während man von Markus und Matthäus her den Eindruck gewinnt, Jesus habe das (Passa-)Mahl noch zusammen mit den Jüngern eingenommen, während des Mahles Brot und Wein gedeutet, beides den Jüngern gereicht und erst abschließend seinen Blick auf die himmlische Mahlgemeinschaft gerichtet, hat Jesus nach Lukas von Beginn des Mahles an auf das endzeitliche Mahl der Erfüllung in der βασιλεία vorausgeschaut, selbst nicht mehr mitgegessen, sondern während der Mahlzeit nur seinen Tischgenossen das Brot und den Wein gereicht, über denen er zuvor die Spendeworte gesprochen hatte. – (5) Um die Schwierigkeiten voll zu machen, erzählt das Johannesevangelium ganz anders von Jesu Abschiedsmahl als die Synoptiker. Während sie berichten, Jesus habe mit seinen Jüngern das Passamahl gehalten und in dessen Rahmen das Herrenmahl mit ihnen gefeiert, ruht Jesus nach der johanneischen Passionschronologie am Passaabend bereits im Grabe. Das in Joh 13 geschilderte Abschiedsmahl Jesu spielt am Vorabend zum Passafest, im Mittelpunkt steht die Fußwaschung, und nichts deutet auf die Einsetzung des Herrenmahles hin. Statt dessen wird aber im Rahmen der Brotrede Joh 6,22–59 so deutlich auf das Essen von Jesu Fleisch und das Trinken von Jesu Blut angespielt (vgl. Joh 6,[51b]52–58), daß man hier die johanneische Deutung des Herrenmahls vermuten darf; teilweise nimmt man aber auch an, die fraglichen Verse seien der Brotrede erst nachträglich eingefügt worden.

3.2.3 Die neutestamentlichen Texte vom Mahl des Herrn geben also etliche historische Fragen auf, und nicht jede davon ist abschließend lösbar. Nicht wenige Forscher sind deshalb der Meinung, die Überlieferung sei so undurchsichtig, daß man auf eine Rekonstruktion der ursprünglichen Mahlsituation und der von Jesus selbst gesprochenen Spendeworte verzichten muß. Es ist in der Tat zuzugestehen, daß jeder Rekonstruktionsversuch mit erheblichen Unsicherheiten belastet bleibt, aber angesichts des insgesamt verläßlichen Überlieferungskontinuums der synoptischen Tradition ist eine pauschale Skepsis gegenüber den Texten auch in diesem Falle nicht am Platze.

3.3 Ein historisch plausibles Ergebnis läßt sich erzielen, wenn man nicht nur die Unterschiede, sondern auch die *Gemeinsamkeiten* der Überlieferung ins Auge faßt und dabei folgendes bedenkt:

3.3.1 Alle neutestamentlichen Abendmahlstexte entstammen, literarisch gesehen, der nachösterlichen Zeugnistradition. Auf die Geschichte des Abendmahls läßt sich von ihnen her nur in dem Maße zurückschließen, als es die nachösterlichen Zeugnisse nahelegen. Da die synoptischen Berichte und die paulinische Abendmahlsparadosis ausdrücklich davon erzählen wollen, was Jesus am Vorabend seines Todes gesagt und getan hat, *legen sie den historischen Rückblick auf Jesu Abschiedsmahl von sich aus nahe.*

3.3.2 Bei der Rekonstruktion des Abschiedsmahles ist nicht nur einem Strang der Überlieferung oder gar einem einzigen Text zu folgen, sondern es sind *alle* verfügbaren Daten zusammenzusetzen, die die Herrenmahltexte bieten.

3.3.3 Mit Hilfe des synoptischen Überlieferungskontinuums kommt man der Lehre des irdischen Jesus in der Regel näher als durch die Johannestradition, deren Hauptakzent beim geistgewirkten nachösterlichen Verständnis Jesu liegt. Da die synoptischen Passionsberichte davon ausgehen, daß Jesu Abschiedsmahl ein *Passamahl* war, ist zunächst diese Darstellung zugrundezulegen und nur dann von ihr abzuweichen, wenn dies geschichtlich zwingend ist.

3.3.4 Nach dem Johannesevangelium stirbt Jesus als das wahre Passalamm zu der Zeit, da im Tempel die Passalämmer geschlachtet wurden (vgl. Joh 1,29.36; 18,28; 19,36). Um dieses christologischen Darstellungsinteresses willen kann das Evangelium keinen Bericht von der Einsetzung des Herrenmahls am Passaabend bieten; die johanneische Deutung des Herrenmahls finden wir statt dessen in Joh 6,52–58 (s. o.). Da Joh 13 szenisch dem lukanischen Bericht in Lk 22 folgt (K. T. Kleinknecht) und Joh 13,10.26 außerdem auf eine der johanneischen Darstellung zugrundeliegende Passamahltradition hindeuten, besteht *kein Anlaß,* die Darstellung von Joh 13 der synoptischen vorzuziehen (zum Problem der Passaamnestie s. u. S. 153).

3.3.5. Bei der Frage nach dem ursprünglichen Wortlaut der Spendeworte verdient die kürzeste und schwierigste Version insofern den Vorzug, als sie die Entstehung

132

der anderen Fassungen am leichtesten verständlich macht. *Die knappste und schwierigste Form der Verba Testamenti liegt vor in Mk 14,22–24.*

4. Versucht man, sich von diesen Überlegungen her Jesu Abschiedsmahl im engsten Jüngerkreis verständlich zu machen, muß man sich zuerst in Erinnerung rufen, daß für Jesus selbst und seine jüdischen Zeitgenossen die Mahlfeier im Angesicht Gottes Inbegriff der βασιλεία τοῦ θεοῦ war (s. o. S. 72f.). Das endzeitliche Völkermahl auf dem Zion (vgl. Jes 25,6–8) hat Jesus seinen μαθηταί wiederholt vor Augen gestellt (vgl. Lk 13,29/Mt 8,11; Lk 14,15–24/ Mt 22,1–14). Der Ausblick auf dieses Mahl bestimmt auch das Abschiedsmahl in Jerusalem (vgl. Mk 14,25Par). *Das letzte Mahl Jesu unterscheidet sich von Jesu Tischgemeinschaften mit Zöllnern und Sündern dadurch, daß es ein Passamahl war und Jesus nur die Zwölf um sich geschart hatte.* Nach Lk 22,28–30/Mt 19,28 repräsentierten sie das endzeitliche Zwölfstämmevolk.

Das *Passamahl* ist für die Juden bis heute weit mehr als eine festliche familiäre Mahlfeier, nämlich das *Begängnis der Errettung Israels aus Ägypten in Form einer rituellen Mahlgemeinschaft.* Die Schlachtung der Passalämmer war zu Jesu Zeiten nur im Tempel von Jerusalem möglich und erlaubt (vgl. Dt 16,5f.). Außerhalb von Jerusalem mußte der Passaabend ohne Passalamm gefeiert werden. (Nach der Zerstörung des Tempels im Jahre 70 n. Chr. ist diese Art von Feier notgedrungen jüdisch allgemein üblich geworden; nur die Samaritaner auf dem Garizim haben die Schlachtung der Passalämmer beibehalten). Deshalb pilgerten zum Passafest alljährlich Tausende von Juden nach Jerusalem, um dort das Fest im Vollsinn zu begehen. Die Festpilger pflegten sich zu Tischgemeinschaften zusammenzuschließen, die groß genug waren, um am Abend gemeinsam ein Passalamm zu verzehren (Ex 12,43–46). Das Mahl mußte in Jerusalem gehalten werden und die anschließende Passanacht war im Stadtgebiet zu verbringen (vgl. Dt 16,7). Jesus hat sich diesem Brauch angeschlossen. Er hat seine Jünger angewiesen, alles (im Hause des Johannes Markus und seiner Mutter?, vgl. Mk 14,12–16Par mit Apg 1,13; 12,12) ordnungsgemäß vorzubereiten, und ist am Abend nach Jerusalem gekommen, um dort das Mahl im Kreis seiner engsten Vertrauten zu feiern. Lk 22,15 hebt hervor, daß ihm an dieser letzten gemeinsamen Passamahlfeier vor seinem Leiden besonders gelegen war.

Nach den alttestamentlichen Vorschriften für das Passa in Ex 12,1–14; 13,3–10; Dt 16,1–8 und der jüdischen Passahaggada übt man bei dem Fest die *Anamnese*, d. h. man gedenkt des Auszuges Israels aus Ägypten, des Bundesschlusses am Sinai nach Ex 24, der Gabe der Tora, der Führung ins gelobte Land und der Erbauung des Jerusalemer Tempels zur Sühne der Sünden. Man singt miteinander Ps 113–118, das Passahallel, und bestärkt sich gegenseitig in der Hoffnung auf die Enderlösung. MPes10,5 bestimmt: „In jeder Generation ist der Mensch verpflichtet, sich selbst so anzusehen, wie wenn er selbst aus Ägypten gezogen wäre; denn es heißt: Wegen dessen, was der Herr *mir* angetan hat, als *ich* aus Ägypten zog (Ex 13,8) ...". Während der Passafeier werden Vergangenheit und Gegenwart eins: Die gegenwärtig Feiernden haben teil am Exodus aus Ägypten und erfahren das damalige Rettungsgeschehen als ihre eigene Geschichte.

Was Jesu Verhalten beim Abschiedspassa anbetrifft, halten die synoptischen Abendmahlstexte und die paulinische Paradosis (analog zu mPes) nur die Handlungen und Äußerungen Jesu fest, die über die gewohnte Festsitte hinausreichen und für die nachösterlichen Herrenmahlsfeiern wichtig waren.

Nach der Rekonstruktion von J. Jeremias (Die Abendmahlsworte Jesu, 1967[4], 79f.) nahm das Passamahl z.Z. Jesu folgenden Verlauf:

Vorspeise: Weihespruch (= קִדּוּשׁ für das Fest und Bechersegen) des Hausvaters über dem 1. Becher (Qiddušbecher) – Vorspeise (bestehend aus Grünkräutern, Bitterkräutern und Fruchtmußtunke) – Auftragen des Mahles, Mischen und Vorsetzen des 2. Bechers (ohne von beidem bereits zu genießen).

Passaliturgie: Vortrag der (aramäischen) Passahaggada durch den Hausvater – erster Teil des Passahallel (= Ps 113–114) – Trinken des 2. Bechers (Haggadabecher).

Hauptmahl: Tischgebet des Hausvaters über dem ungesäuerten Brot – Mahlzeit (mit Verzehr des Lammes, von Brot und Bitterkräutern mit Fruchtmußtunke und Wein) – Tischgebet über dem das Mahl abschließenden 3. Becher (Segensbecher).

Abschluß: Einschenken des 4. Bechers – zweiter Teil des Passahallel (= Ps 115–118) – Lobspruch über dem 4. Becher (Hallelbecher).

Markus 14,17.22 setzen die Kenntnis dieses Ablaufs der Passamahlfeier einfach voraus, und selbst die ausführliche Lukaserzählung deutet ihn in 22,14ff. nur eben an. Als im Verlauf der Weitergabe der neutestamentlichen Berichte das jüdische Passa in Vergessenheit geriet und sich die Herrenmahlsfeiern vom Termin und Brauchtum des Passa gelöst hatten, wurde auch die Einbettung des Abschiedsmahles Jesu in den Rahmen des Passa strittig. Der Streit erhält durch das andersartige johanneische Zeugnis vom Herrenmahl immer neue Nahrung und hält deshalb bis heute an.

Folgt man dem gemeinsamen Zeugnis der drei ersten Evangelien und fügt Jesu Worte und Handlungen in den rituellen Ablauf des Passamahles ein, wird ein Doppelbefund sichtbar: *Jesus beging mit den Zwölfen zwar das Fest der Errettung Israels aus der Schuldknechtschaft in Ägypten, aber er feierte inmitten dieses Festes schon weit mehr als nur die Erlösung Israels aus der ägyptischen Sklaverei.*

Wie ein mit dem jüdischen Brauchtum vertrauter Leser schon aus Mk 14,17–25Par, vor allem aber aus Lk 22,14–20 entnehmen kann, *hat Jesus sein besonderes Handeln auf Beginn und Abschluß des Hauptmahls konzentriert.* Das Ritual von Vorspeise und Passaliturgie scheint von ihm vollzogen worden zu sein, wie es Sitte war; hier wurden auch das ungesäuerte Brot und die Bitterkräuter gedeutet. Für das Hauptmahl aber gibt die Passahaggada keine festen Regeln mehr. Es war nur üblich, daß der Hausvater zu Beginn über dem (ungesäuerten) Brot das Dankgebet sprach, das Brot brach und den Tischgästen austeilte. Diesen Brauch benutzte Jesus, um nach dem Dankgebet das *Brotwort* zu sprechen. An dieses Wort schloß sich die ganze (Passa-)Hauptmahlzeit an. An ihrem Ende pflegte der Tischherr über dem „nach dem Mahl" gereichten (dritten) Becher (vgl. Lk 22,20; 1Kor 11,25), dem ποτήριον τῆς εὐλογίας (1 Kor 10,16), das Dankgebet für die Mahlzeit, die בִּרְכַּת הַמָּזוֹן, zu sprechen, und dann leerten alle Mahlteilnehmer ihren Becher. Diese Sitte gab Jesus die Möglichkeit, das *Kelchwort* zu sprechen und – entgegen dem üblichen Brauch – die Zwölf aus einem einzigen ‚Segensbecher' trinken zu lassen.

Nach frühjüdischer Erwartung wird beim endzeitlichen Völkermahl auf dem Zion ganz Israel aus einem einzigen großen ‚Becher des Heils' (Ps 116,13) getränkt werden, über dem David zu Gottes Ehre den Lobspruch spricht (vgl. Bill IV/2, 1163–1165). *Jesus hat die Zwölf offenbar im Vorgriff auf dieses gemeinsame Trinken in der βασιλεία aus dem einen Becher trinken lassen, den er ihnen reichte.* Mit der Vorausschau auf das messianische Mahl auf dem Zion in Mk 14,25/Lk 22,15f. paßt das aufs beste zusammen.

Jesus hat das letzte Mahl mit den Zwölfen auf der Grenzlinie zwischen seinem bevorstehenden Tod und dem neuen Leben in der messianischen Vollendung gefeiert (Lk 22,16.18). Er hat dabei offen ausgesprochen, daß sein stellvertretendes Sterben seine Mahlgenossen zu Teilhabern des (neuen) Bundes macht, der den Bundesschluß vom Sinai ablöst und vollendet (vgl. Ex 24,1–8 mit Jer 31,31–34 und Mk 14,24/Mt 26,28 mit Lk 22,20/1 Kor 11,25), so daß sie auch an der eschatologischen Mahlgemeinschaft auf dem Zion teilhaben dürfen, die nach Jes 24,23; 25,6–8 dem Mahl entspricht, das Mose, Aaron und die siebzig Ältesten Israels haben vor Gott auf dem Sinai halten dürfen (vgl. Ex 24,9–11).

5. Bei der *Interpretation der Spendeworte* empfiehlt es sich, dem Wortlaut der Texte möglichst genau zu folgen und sie weder vorzeitig literarisch zu dekomponieren, noch ihnen Bedeutungen zu unterschieben, die erst aus der kirchlichen Auslegungstradition stammen.

5.1 Auffällig ist zunächst, daß Jesus weder im Brot- noch im Kelchwort einen direkten Vergleich seiner selbst mit dem (geschlachteten) Passalamm anstellt. Ein solcher findet sich zwar in 1 Kor 5,7; 1 Petr 1,19; Joh 1,29.36; 19,36 und wohl auch in Apk 5,6.12 sowie 13,8. Er scheint aber erst dem österlichen Rückblick auf Jesu vollendete Passion und seine Auferweckung zu entstammen. Die Ursprungsbedeutung der Spendeworte ist möglichst ohne Beziehung auf das Passalamm zu suchen.

5.2 Was das *Brotwort* anbetrifft, hat Jesus zu Beginn der Hauptmahlzeit das übliche Dankgebet über dem Brot gesprochen, dann aber hinzugefügt, daß die Jünger jetzt nicht nur gemeinsam das zuvor in der Passaliturgie so genannte (ungesäuerte) ‚Elendsbrot' (Dt 16,3) genießen, sondern mit dem Essen des von Jesus gebrochenen und ihnen gereichten Brotes Anteil an ihm selbst gewinnen, der sich anschickt, für sie in den Tod zu gehen. In der einfachsten (bei Markus überlieferten) Form lautet Jesu Spendewort: λάβετε, τοῦτό ἐστιν τὸ σῶμά μου = Nehmt, das ist mein Leib! Matthäus setzt zu

135

λάβετε noch φάγετε hinzu, während das Brotwort in der Lukas- und Paulus-tradition durch Zusätze näher verdeutlicht wird: τοῦτό ἐστιν τὸ σῶμά μου τὸ ὑπὲρ ὑμῶν (διδόμενον) = Das ist mein Leib für euch (1 Kor 11,24) oder: Das ist mein Leib, der für euch gegeben wird (Lk 22, 19). Dem griechischen σῶμα entspricht am ehesten das hebräische Wort גּוּף bzw. aramäisch גּוּפָא = Leib, Person; die Gleichsetzung von σῶμα mit σάρξ (hebräisch בָּשָׂר bzw. aramäisch בִּשְׂרָא) ist von Joh 6,52ff. her zwar möglich, aber etwas künstlich: Das Brot, mit dem Jesus sich identifiziert und das er austeilt, ist nicht bloß sein ‚Fleisch‘, sondern er selbst in Person. Da im Hebräischen und Aramäi-schen in aller Regel keine Kopula gesetzt wird, waren Brot und Kelchwort ursprünglich Nominalsätze, in denen ἐστίν gefehlt hat. Die Ursprungsbe-deutung der Worte sollte deshalb auch nicht nur von diesem ἐστίν her gesucht werden. Jesus ging es um einen lebenschaffenden Vorgang im gan-zen: Indem die Jünger gemeinsam Jesu Dankgebet und Zuspruch hören, das von ihm gebrochene und dargereichte Brot nehmen und essen, gewinnen sie Anteil an ihm, der sich anschickt, stellvertretend für sie in den Tod zu gehen. *Das Brot, das Jesus seinen Tischgenossen reicht, ist er selbst, der ihnen durch seinen Opfertod neues Leben vor Gott schenkt und den Platz an der himmli-schen Tafel bereitet.* Jesu Dankgebet, das Brechen des Brotes, das Spende-wort, die Austeilung an die Jünger und ihr gemeinsames Essen verbinden sich zu einer *messianischen Symbolhandlung*, in der zwischen Jesus und den Mahlgenossen, für die er sein Leben aufopfert, vor Gott Gemeinschaft (κοινωνία) gestiftet wird (vgl. 1 Kor 10,16–17).

An das Brotwort hat sich die ganze Passamahlzeit angeschlossen. Sie dürfte erfüllt gewesen sein von ‚Tischgesprächen‘ darüber, wie Jesus sein Spendewort gemeint habe und welche Hoffnungen und Verpflichtungen den Jüngern aus Jesu Opferbereitschaft erwuchsen. Lk 22, 21–38 wollen einen Eindruck von solchen Abschiedsgesprächen vermitteln.

5.3 Mit dem *Kelchwort* verhält es sich ganz ähnlich wie mit dem Brotwort. Die jüdische Tischsitte sah nur vor, daß zum Beschluß der Hauptmahlzeit über dem ‚Segensbecher‘ ein kurzer Lobspruch gesprochen wurde. Jesus aber erhob den Becher, sprach das Dankgebet und fügte hinzu: τοῦτό ἐστιν τὸ αἷμά μου τῆς διαθήκης τὸ ἐκχυννόμενον ὑπὲρ πολλῶν = Das ist mein Blut des Bundes, das ausgegossen wird für viele (Mk 14,24); dann ließ er die Zwölf aus dem einen Becher trinken. Wie beim Brotwort ist auch beim Kelchwort die markinische Fassung die urtümlichste und inhaltlich schwie-rigste. Von ihr aus erklären sich die Parallelversionen wesentlich leichter, als wenn man annimmt, der Wortlaut von Mk 14,24 (Mt 26,28) sei erst nachträg-lich von Lk 22,20 oder 1 Kor 11,25 her entwickelt worden. Was das Wort meint, wird nur klar, wenn man dem biblischen Sprach- und Erwartungs-horizont, der das (markinische) Kelchwort umgibt, genau nachgeht.

Exegetisch ist zu beachten, daß sich τοῦτό (γάρ) ἐστιν in Mk 14,24

(Mt 26,28) metonymisch auf den Becher und seinen Inhalt bezieht und das Hilfszeitwort ἐστίν wieder erst bei der Übersetzung ins Griechische hinzugefügt worden ist. (Gleiches gilt für 1Kor 11, 25, wenn man den Paulustext ins Aramäische zurückzuübersetzen versucht.) Unter diesen Umständen ist auch beim Kelchwort nicht nur auf die Identifikation von Kelch(-Inhalt) und Blut Jesu, sondern auf den ganzen, das Wort einrahmenden Geschehenszusammenhang zu achten: *Jesu Dankgebet über dem Becher, das gemeinsame Trinken aller Jünger aus diesem einen Becher und das Spendewort bilden wieder eine messianische Symbolhandlung.*

Was mit ihr gemeint ist, zeigen die Einzelformulierungen. Schon der *eine Becher*, den Jesus herumgehen läßt, hat, wie wir sahen, hohen Symbolwert: Jesus gibt seinen zwölf Jüngern im Vorgriff auf das messianische Mahl auf dem Zion aus dem einen ,Kelch des Heils' (Ps 116,13) zu trinken, der Israel gereicht werden wird. Der Kelch aber gibt Anteil an dem ,Bundesblut' Jesu, das ,für viele vergossen wird'. Jesus schenkt sich auch im Kelchwort seinen Jüngern mit dem Äußersten, was er zu geben hat, nämlich mit seinem (in dem vergossenen Blut beschlossenen) Leben, das er für ,die Vielen' aufopfert. Mit dem gemeinsamen Trinken aus dem einen Becher gewinnen die Jünger Anteil an der Sühne wirkenden Heilskraft des Todes Jesu und eben damit wird ihnen die Teilhabe am endzeitlichen Dankopfermahl auf dem Zion (Jes 25,6–8) eröffnet.

Die Rede vom *Bundesblut* erinnert im Rahmen des Passamahles an Ex 24,8: Mose sprengt nach der Verlesung des Bundesbuches das ,Blut des Bundes' auf das versammelte Volk, um so den Bund (= die Verpflichtung) zu besiegeln, den Gott Israel am Sinai eröffnet (und auferlegt) hat. Von der sühnenden Wirkung dieses Bundesblutes sprechen schon die alten Targume. Im Targum Onkelos heißt es zu Ex 24,8: „Mose nahm das Blut und sprengte es auf den Altar, um für das Volk Sühnung zu schaffen, und er sprach: Siehe, das ist das Blut des Bundes, den der Herr mit euch auf Grund aller dieser Worte geschlossen hat"; die Darstellung im Tg Jer I ist wörtlich (fast) gleich (vgl. Bill I, 991).

Über die *sühnetheologische Bedeutung des ,Bundesblutes' Jesu* bräuchte von hier aus kein Streit zu herrschen. Daß er dennoch immer aufs neue aufflammt, liegt vor allem an dem theologischen Befremden, das die biblische Sühnetradition seit der Aufklärung in Europa geweckt hat. Exegetisch (und dogmatisch) kann dies kein Hinderungsgrund sein, uns der für das biblische Verständnis des Todes Jesu konstitutiven Vorstellung von der Sühne zu stellen.

Um die biblische *Sühnetradition* zu verstehen, muß man sich historisch vor allem zwei Zusammenhänge verdeutlichen: die alttestamentlich-frühjüdische Sicht der alles kreatürliche Sein bestimmenden Lebensordnung und die Sühnetexte selbst.

Die Zahlung eines ,Lösegeldes' für das verwirkte Leben eines einzelnen oder des ganzen Volkes (s.o. S. 128) muß erfolgen, weil anders die durch die Untat von Menschen gestörte Lebensordnung nicht wiederhergestellt werden kann. K. Koch hat in diesem Problemkontext auf die vor allem in Weisheitstexten des Alten und Neuen Testaments begegnende Vorstellung vom *festen Zusammenhang zwischen menschlichem Tun und Ergehen* hingewiesen und den Begriff einer „schicksalwirkenden Tatsphäre" geprägt. In dem von ihm 1972 herausgegebenen Sammelband ‚Um das Prinzip der Vergeltung in Religion und Recht des Alten Testaments' beschreibt Koch den Grundansatz dieses weisheitlichen Ordnungsdenkens so: „... die Tat bildet eine unsichtbare Sphäre um den Täter, durch die eines Tages das entsprechende Geschick bewirkt wird; die Gottheit wacht über diese innermenschliche Ordnung und setzt sie ständig dort in Kraft, wo sie sich abzuschwächen droht" (a.a.O., XI). Der Tun-Ergehen-Zusammenhang bestimmt biblisch nicht nur die soziale Erfahrungswelt, sondern auch den Transzendenzbereich: Erst die von Gott verfügte, teils als ‚Schuldableistung' (Jes 53,10), teils als ‚Lösegeld' verstandene stellvertretende Lebenshingabe des unschuldigen Gottesknechts setzt die Wirkung der Untaten der ‚Vielen' außer Kraft und verschafft ihnen neues Existenzrecht vor Gott. Da das alttestamentliche Wort כֹּפֶר von der Wurzel כפר = sühnen abgeleitet ist, bestehen zwischen den Vorstellungen vom ‚Lösegeld' und von der Sühne gewisse Gemeinsamkeiten.

Von *Sühne* wird im Alten Testament und Frühjudentum in außerkultischen und kultischen Zusammenhängen gesprochen. Was die kultische Sühne anbetrifft, kann von einem menschlichen ‚do ut des', d.h. dem Versuch, den Zorn Gottes mit Hilfe eines Opfers rituell zu beschwichtigen (wie die Forschung bis hin zu L. Köhler, Theologie des Alten Testaments, 1953³, 188, gemeint hat) gar keine Rede sein! Es geht vielmehr um die *Inanspruchnahme einer Stiftung Gottes.* Israel wird von Jahwe erlaubt und ermöglicht, ihm trotz aller Verschuldungen zu begegnen, ohne daß das Volk und der einzelne Israelit in ihrer irdischen Hinfälligkeit und Schuld vor dem heiligen Gott vergehen müßten. Unverrückbarer Grundsatz kultisch-priesterlichen Denkens ist es, daß Gott in seiner Heiligkeit mit der Sünde und ihren Auswirkungen nicht koexistieren kann und will. Unreinigkeit, Sünde und Ungerechtigkeit müssen vielmehr vor Gott vergehen (vgl. Jes 6,5; Ex 33,20). Das Hilfreiche und zugleich Wunderbare am Sühnekult ist es, daß er die Begegnung zwischen dem heiligen Gott und dem unheiligen Volk ermöglicht: Gott hat die Erlaubnis gegeben und den Weg eröffnet, dem Bösen und Unheiligen seine Wirkung zu nehmen und es durch priesterliche Vermittlung symbolisch so zu nichten, daß neue Gemeinschaft zwischen ihm und Israel gestiftet wird. Dies geschieht durch eine Subjekt- und Schuldübertragung von einem (oder auch einer Gruppe von) Menschen auf ein reines, kultisch fehlloses Opfertier. Statt des oder (der) unreinen Menschen wird das Tier getötet und sein Blut an den heiligen Altar hingegeben. Diese symbolische Opferweihe ist – wie H. Gese in seiner Studie über ‚Die Sühne' schön formuliert hat – „Lebenshingabe an das Heilige" (a.a.O., 98) und zugleich „ein Zu-Gott-Kommen durch das Todesgericht hindurch" (a.a.O., 104).

Seinen Höhepunkt findet der Sühnekult in dem einmal im Jahr zu begehenden *Großen Versöhnungstag*, dessen Ritus in Lev 16 (und im Mischna-Traktat Joma) rudimentär beschrieben wird. Der Ort der ‚Versöhnung' Gottes mit den Menschen ist dieses Mal nicht nur der Altar allein, sondern zusätzlich auch noch das Allerheiligste des Tempels. In ihm befindet sich – allen Augen im Dunkeln entzogen – die sog. Bundeslade. Sie ist bedeckt von der ‚Deckplatte' bzw. dem ‚Sühnmal' (hebräisch: כַּפֹּרֶת, griechisch ἱλαστήριον). Nach Ex 25,22 ist die ‚Versöhnungsplatte' die Stätte, von der her Jahwe seinem Volk begegnen und mit ihm reden will. Am Großen

Versöhnungstag betritt der Hochpriester (als Repräsentant Israels) das Allerheiligste, erfüllt es mit Weihrauch und sprengt das Blut des an Stelle des Volkes in den Tod gegebenen Sündopferbocks siebenmal vor das Sühnmal und an das Sühnmal hin. Mit dieser Opferweihe (s. o.) stiftet er neue Gemeinschaft zwischen Gott und Israel. Aus dem Allerheiligsten zurückkehrend, spendet er dem vor dem Tempel wartenden Volk den aaronitischen Segen zum Zeichen seiner Entsühnung (vgl. Sir 50,20f.). – Wie wenig es sich bei diesem kultischen Vorgang um einen menschlichen Beschwichtigungsversuch gegenüber dem zornigen Gott handelt, zeigt der Wortlaut von Lev 10,17 und 17,11. Nach Lev 10,17 sind Sündopfer von Gott ‚gegeben‘, und in Lev 17,11 heißt es in Form der Gottesrede: „Denn das Leben des Körpers ist in seinem Blute. Und nur für den Altar habe ich es euch überlassen, damit es eure Seelen entsündige. Denn das Blut bewirkt Sühne für das Leben." Das Blut ist Träger des Gott gehörenden Lebens, und der Sühneritus (von Lev 16,14) wird vollzogen kraft des von Gott selbst gestifteten Mediums ‚Blut‘, das nach Lev 17,10 allem menschlichen Gebrauch entzogen ist. Der ganze Sühnevorgang ist also ein Symbolakt der Gnade: *Gott selbst eröffnet die Wege des kultischen Rituals; er stiftet das Opfer und gibt außerdem das Sühnemittel, mit dessen Hilfe das sonst dem Gerichtstod verfallene Volk vor Gott entsühnt und in seiner Existenz neu begründet werden kann. Sühne, Sündenvergebung und Neuschöpfung gehören im Sühneritual aufs engste zusammen (vgl. Hebr 9,22).*

Wird die Sühnevorstellung in den außerkultischen Bereich transponiert, ändert sich an der Grundvorstellung nichts. Auch durch die Fürbitte des Mose (Ex 32,30), Aarons (Num 17,11f.) oder der Leviten (Num 8,19) wird nicht etwa Gottes Zorn beschwichtigt, sondern Gottes Vergebung und Gnadenhandeln zugunsten der Betroffenen erbeten. Die Sühne bleibt Gottes eigene Gnadentat, und deshalb bekennt z. B. der Beter von 1QS 11,13–15: „(13) ... Durch sein Erbarmen hat er mich nahe gebracht, und durch seine Gnadenerweise kommt (14) meine Gerechtigkeit. Durch die Gerechtigkeit seiner Wahrheit hat er mich gerichtet, und durch den Reichtum seiner Güte sühnt er alle meine Sünden, und durch seine Gerechtigkeit reinigt er mich von aller Unreinheit (15) des Menschen und von der Sünde der Menschenkinder, Gott zu loben für seine Gerechtigkeit und den Höchsten für seine Majestät" (Übersetzung von E. Lohse, Die Texte aus Qumran, 1986[4], 43). Vgl. außerdem 1QH 4,35–37.

Das Kelchwort aus Mk 14,24 ist klar im außerkultischen Bereich beheimatet und auf die Endereignisse zu beziehen. Dabei wird dem ‚Bundesblut‘ Jesu endzeitliche Sühnewirkung zugeschrieben: In dem ‚Bundesblut‘ ist Jesu Leben beschlossen. Er gibt es stellvertretend hin, um den ‚Vielen‘ neues Leben vor Gott zu eröffnen. Der Ausdruck *Blut vergießen* (שָׁפַךְ דָּם) meint im Alten Testament ‚einen Menschen gewaltsam zu Tode bringen‘ (vgl. z. B. Gen 9,6; Num 35,33; Dtn 21,7 u. a.). Wenn Jesus in Mk 14,24Par von seinem für die Vielen vergossenen Bundesblut spricht, denkt er an die ihm bevorstehende gewaltsame Tötung und die sich in ihr vollziehende stellvertretende Lebenshingabe ὑπὲρ (Matthäus: περὶ) πολλῶν. Der Ausdruck οἱ πολλοί meint die unzählbar große Menge und spielt (wie in Mk 10,45) auf Jes 53,11 an: „... Durch sein Leiden wird mein Knecht *viele* rechtfertigen, indem er ihr Verschulden auf sich nimmt". Unter den πολλοί ist nach Jes 53,11 zunächst

Israel zu verstehen; von Jes 52,14–15 her stehen aber die (Heiden-)Völker mit im Blick.

Vom Kelchwort her erscheint Jesus wieder als der Gottesknecht, der durch sein stellvertretendes Leiden und seinen Tod die endzeitliche ‚Rechtfertigung' für Israel (und die Völker) heraufführt. Nimmt man Mk 9,31; 10,45Par, das Brot- und das Kelchwort zusammen, zeigt sich, daß die Vorstellungen vom endzeitlichen ‚Lösegeld', von der ‚Schuldableistung' (bzw. dem ‚Schuldopfer') und der ‚Rechtfertigung' durch das stellvertretende Sterben des Gottesknechts sowie von der eschatologisch wirksamen ‚Sühne' durch Jesu (Bundes-)Blut aufs engste zusammengehören. Wie schon bei Deuterojesaja (vgl. Jes 43,1–5; 53,5–6.10–12) bilden sie auch in der Jesusverkündigung eine Einheit, und diese Einheit ist dem Kerygma der Urgemeinde geschichtlich vorgegeben gewesen.

In Ex 24,9–11 wird erzählt, daß Mose zusammen mit Aaron und siebzig Ältesten aus Israel nach der Besprengung mit dem ‚Bundesblut' auf den Sinai gestiegen ist. Auf dem Gipfel haben sie alle Gott schauen und vor ihm Mahl halten dürfen, ohne (als Sünder) vor Gottes Herrlichkeit vergehen zu müssen: Gott „streckte aber seine Hand nicht gegen die Edlen Israels aus, vielmehr durften sie Gott schauen. Und sie aßen und tranken" (Ex 24,11). Jesus hat beim Kelchwort offenbar diese Mahlszene im Auge gehabt und von ihr aus auf die endzeitliche Tischgemeinschaft vor Gott geblickt (vgl. Jes 25,6–8). Diese perspektivische Verbindung von Mahl auf dem Sinai und Völkermahl auf dem Zion liegt bereits in Jes 24–27 vor: In Jes 24,23 wird der Ausblick auf das eschatologische Völkermahl von Jes 25,6–8 typologisch mit Ex 24,9–11 verbunden. Als der messianische Menschensohn, als der er sich noch in derselben Nacht vor dem Hochpriester bekennen wird (vgl. Mk 14,61–62), will Jesus mit seinem ‚Bundesblut' nicht mehr nur den Sinaibund von Ex 24 bekräftigen. In den symbolisch um ihn versammelten Zwölf will er die ‚Vielen' zu Tischgästen der endzeitlichen Mahlgemeinschaft auf dem Zion machen, die dem in Ex 24,11 beschriebenen Mahl auf dem Sinai entspricht. Sie ist das Mahl der ‚Erfüllung', auf das Jesus vorausschaut (Lk 22,16; Mk 14,25Par). Das Dankgebet Jesu über dem Becher, sein Spendewort, das Kreisen des einen Bechers und das gemeinsame Trinken aus ihm gehören zusammen: *Indem die Zwölf Jesu Wort hören, den ihnen gereichten ‚Segensbecher' als ‚Kelch des Heils' (Ps 116,13) nehmen und gemeinsam aus ihm trinken, gewinnen sie Anteil an dem ‚Bundesblut' Jesu, d.h. der sie neu und endgültig mit Gott verbindenden Heilskraft des Sühnetodes Jesu; ihnen wird der Platz bereitet an der messianischen Tafel, an der sie im Frieden mit Gott und ihren Mahlgenossen leben und das Danklied von Jes 26,1 ff. anstimmen dürfen.*

Das *(markinische) Kelchwort* ist ungeheuer dicht formuliert und in jeder Einzelwendung sinnvoll und inhaltsreich. Es bedarf keiner literarischen Korrektur und Dekomposition, wohl aber des genauen Nachvollzugs. Von einer schematischen

140

Parallelisierung des Brot- und Kelchwortes bei Markus kann, wenn man beiden Worten ihren ursprünglichen Wortlaut läßt, nicht gut die Rede sein.

Das markinische Kelchwort (Mk 14,24) bildet auch den Ursprung der Parallelversionen. Man kann dies daran erkennen, daß die Markusfassung des Wortes sowohl bei Matthäus als auch in der Paulus- und Lukastradition weiterinterpretiert wird: *Matthäus* versieht das Kelchwort aus Mk 14,24 mit dem Zusatz: τοῦτο γάρ ἐστιν τὸ αἷμά μου τῆς διαθήκης τὸ περὶ πολλῶν ἐκχυννόμενον εἰς ἄφεσιν ἁμαρτιῶν = Denn das ist mein Blut des Bundes, das für viele vergossen wird *zur Vergebung der Sünden* (Mt 26,28). Diese Weiterinterpretation ist inhaltlich voll gerechtfertigt, weil das Ziel des von Gott durch Jesus ins Werk gesetzten Sühnegeschehens die Stiftung von neuem Leben durch Vergebung der Sünden ist. – Die auffällige Gemeinsamkeit zwischen *Lukas- und Paulustext* erklärt sich am einfachsten dadurch, daß beide auf die in Antiochien heimische (protolukanische) Passionstradition zurückgehen, die ihren Ursprung in der Paradosis der Jerusalemer ‚Hellenisten‘ um Stephanus hat. In Lk 22,20 und 1 Kor 11,25 wird darauf hingewiesen, daß Jesus den Becher erst ‚nach dem Mahl‘ genommen habe. Im Blick auf die Lukaserzählung heißt das: Der Becher, den Jesus nahm, war der die Passahauptmahlzeit abschließende dritte sog. ‚Segensbecher‘ (1 Kor 10,16). Die Interpretation bleibt aber nicht bei diesem (liturgisch keineswegs unwichtigen!) Detail stehen, sondern stellt sich der auf der Textoberfläche von Mk 14,24/Mt 26,28 offen bleibenden Frage, für welche Art von ‚Bund‘ Jesus sein ‚Bundesblut‘ (Ex 24,8) vergossen hat. Die biblisch völlig sachgemäße Antwort lautet: Es geht um den ‚neuen Bund‘ gemäß Jer 31,31 ff., der durch die stellvertretende Lebenshingabe Jesu eröffnet wird. Daher lautet das Kelchwort in 1 Kor 11,25: τοῦτο τὸ ποτήριον ἡ καινὴ διαθήκη ἐστὶν ἐν τῷ ἐμῷ αἵματι = Dieser Kelch ist der neue Bund (, der) durch mein Blut (geschlossen wird); und bei Lukas noch um einen Zusatz deutlicher: τοῦτο τὸ ποτήριον ἡ καινὴ διαθήκη ἐν τῷ αἵματί μου τὸ ὑπὲρ ὑμῶν ἐκχυννόμενον = Dieser Kelch ist der neue Bund (, der) durch mein Blut (geschlossen wird), das für euch vergossen wird (Lk 22,20). Mit dieser Formulierung führt die Paulus- und Lukastradition Mk 14,23–24 sinnvoll fort und vermeidet zugleich den (bei der Markusfassung für jüdische Ohren angesichts von Lev 17,10 f. her sehr leicht aufkommenden) Verdacht, Jesus habe die Zwölf beim Abschiedsmahl aufgefordert, sein eigenes Blut zu trinken! *Die Lukas- und Paulusfassung des Kelchwortes ist inhaltlich leichter verständlich als die Markus- und Matthäusversion und außerdem für Juden- und Heidenchristen weniger anstößig als jene.* Eben dadurch erweist sie sich aber als missionsgeschichtlich verständliche Weiterbildung des von der Erinnerung der Apostel festgehaltenen alten, aber auch anstößigen Kelchwortes Jesu, das bei Markus erhalten ist.

Vielfach wird angenommen, daß das paulinisch-lukanische Kelchwort ursprünglich war und erst im Verlauf der Überlieferung in die schwere und mißverständlichere Markus- und Matthäusfassung gebracht worden sei. Diese Annahme ist nur schwer verifizierbar: Die Tradition vom ‚Neuen Bund‘ ist von Haus aus weder mit dem Motiv des (Bundes-)Blutes noch auch mit der Tradition vom messianischen Mahl von Jes 25,6–8 verbunden. Die Verbindung mit beidem in 1 Kor 11,25 und Lk 22,20 ergibt sich erst von Mk 14,24–25 her, wo Ex 24,8–11; Jes 24,23 und 25,6–8 mit der endzeitlichen Sühnetat Jesu in Gestalt der Hingabe seines ‚Bundesblutes‘ verknüpft werden. Da Paulus in 1 Kor 10,16–17 auch Kenntnis (von Formulierungen aus) der markinischen Einsetzungstradition verrät, spricht traditionsgeschichtlich sehr viel mehr da-

für, von Mk 14,24–25 aus zur Paulus- und Lukasfassung des Kelchwortes weiterzu-
gehen, statt umgekehrt zu verfahren.

Auch an das Kelchwort Jesu dürften sich beim Abschiedspassa noch eine Reihe von
Gesprächen mit seinen Jüngern angeschlossen haben (vgl. Lk 22,21–38). Als sie
beendet waren, die Jünger zusammen mit Jesus den zweiten Teil des Passahallel (= Ps
115–118) gesungen und auch den vierten Hallelbecher getrunken hatten, sind sie
hinaus zum Ölberg gegangen (Mk 14,26). Daß Jesus die Nacht nicht, wie üblich (vgl.
Mk 11,11bPar), in Bethanien, sondern im Garten Gethsemane verbrachte, hat seinen
Grund in der Vorschrift aus Dt 16,5–7, daß die Passanacht im Stadtbereich von
Jerusalem zuzubringen war. Um für die zum Passafest nach Jerusalem strömenden
Pilgermassen einigermaßen Raum zu schaffen, wurde der Stadtbezirk für die Passa-
nacht auf den Westabhang des Ölbergs, auf dem Gethsemane liegt, ausgedehnt. Judas,
der offenbar Jesu Vorhaben kannte, erhielt auf diese Weise die Möglichkeit, Jesus der
Tempelpolizei auszuliefern (vgl. Mk 14,32ff.Par).

Wie aus dem Abschieds(passa)mahl Jesu das urchristliche ‚Herrenmahl‘
(1Kor 11,20) wurde, ist erst später darzustellen. Es galt jetzt nur nachzuvollziehen, was Jesus beim letzten Passamahl mit den Zwölfen in Jerusalem
gesagt und getan hat und was sich daraus für sein Leidens- und Todesverständnis entnehmen läßt.

Dieser Nachvollzug ist allerdings für das *Verständnis und die Gestaltung der
christlichen Feiern des Abendmahls* entscheidend wichtig: Seit Bestehen der Kirche
bestimmt sich die Feier des Herrenmahls nicht in erster Linie von Jesu symbolischen
Tischgemeinschaften mit Zöllnern und Sündern oder von der zeichenhaften Speisung
des Gottesvolkes her (vgl. Mk 6,34–44; 8,1–8Par), sondern von Jesu Mahlhandlung
„in der Nacht, da er (von Gott) ausgeliefert wurde" (1Kor 11,23 vgl. mit Röm 4,25)
aus. Die der feiernden Gemeinde in 1Kor 11,24f. und Lk 22,19 ausdrücklich anbefoh-
lene ἀνάμνησις entspricht dem Auftrag von Ex 12,14; 13,3.8; Dt 16,3, bei der Feier
des Passa der Rettungsgeschichte Israels zu gedenken, und stellt das christliche
Pendant zu mPes 10,5 (s.o. S. 133) dar: In der Herrenmahlsanamnese führt die
christliche Gemeinde (als Vorhut des neuen Gottesvolkes) das Gedächtnis der Rettungsgeschichte Israels fort und erweitert es um Jesu Passion. Sie übt diese ἀνάμνησις
unter dem Gebet des μαραναθά (= Unser Herr, komm!) bis zum Tage der Parusie
(1Kor 11,26). Von Ostern her auf Jesu Sendung, Passion und Auferweckung zurück-
schauend, nimmt die Gemeinde noch einmal teil an Jesu Abschiedsmahl und den
Ereignissen der Auslieferungsnacht. Sie wird auf diese Weise ihres heilsgeschichtlichen Standortes auf dem Wege des Gottesvolkes vom Sinai zum endzeitlichen Zion
gewiß und in ihrer Hoffnung auf die Parusie gestärkt.

6. Schauen wir zurück, läßt sich erkennen, daß die Frage, wie Jesus sein
Leiden und seinen Tod verstanden hat, keineswegs offenbleiben muß. Die
Summe, die aus Lk 13,31–33; Mk 9,31Par; 10,45Par und den beiden Spendeworten aus Mk 14.22.24Par zu ziehen ist, ist klar und eindeutig: *Jesus ist
wissentlich und willentlich in den Tod gegangen. Er hat seinen Tod als
stellvertretenden Sühnetod für ‚die Vielen' (d.h. Israel und die Völker)
verstanden.* Der Sühnetod Jesu ist kein Beschwichtigungs- oder Genugtu-

ungsakt gegenüber dem zornigen Gott, sondern stellvertretende Heilstat des messianischen Menschensohnes im Namen und Auftrag des Gottes, der – wie es in Jes 43,3–4 heißt – aus Liebe zu seinem erwählten Volk den schuldbeladenen Vielen durch den Opfergang seines Knechtes Rechtfertigung und Heil schaffen will.

Dieses Ergebnis ist von großer theologischer Bedeutung: Die soteriologische Deutung des Todes Jesu im urchristlichen Kerygma (vgl. z.B. 1Kor 15,3b–5; Röm 4,25) entspringt nicht erst dem Interpretationswillen der nachösterlichen Gemeinde, die sich von Jes 43,3–4; 52,13–53,12 und der alttestamentlichen Sühnetraditon her zu verdeutlichen suchte, was am Kreuz auf Golgatha geschah, sondern sie entspricht dem messianischen Sendungs- und Opferwillen Jesu, den er seinen Jüngern schon vor Ostern kundgetan hat. Die Heilsdimensionen des urchristlichen Missionsevangeliums sind der Gemeinde also schon von Jesu Lehre und Weg her genau vorgezeichnet. Will man diesen Sachverhalt christologisch präzis erfassen, kann man (in Anlehnung an reformatorischen Sprachgebrauch, s.u.S. 160) sagen: *Jesus hat Leiden und Tod aus Liebe zu Gott und den Menschen auf sich genommen. Weil er der messianische ‚Mittler und Versühner‘ war, ist das apostolische Missionsevangelium zum ‚Wort von der Versühnung‘ (λόγος τῆς καταλλαγῆς, 2Kor 5,19) geworden.*

§ 11 Die Konsequenz der Sendung Jesu: Passion und Kreuzigung

Literatur: G. *Baumbach,* Jesus von Nazareth im Lichte d. jüdischen Gruppenbildung, 1971; O. *Betz,* Probleme d. Prozesses Jesu, ANRW II 25,1, 1982, 565–647; J. *Blinzler,* Der Prozeß Jesu, 1969[4]; G. *Bornkamm,* Jesus von Nazareth, 1968[8], 141 ff.; R. *Bultmann,* Das Verhältnis d. urchristl. Christusbotschaft zum historischen Jesus, in: *ders.,* Exegetica, hrsg. von E. Dinkler, 1967, (445–469) 450–455; H. *Conzelmann,* Historie u. Theologie in d. synoptischen Passionsberichten, in: *ders.,* Theologie als Schriftauslegung, 1974, 74–90; N. A. *Dahl,* Der gekreuzigte Messias, in: Der historische Jesus und d. kerygmatische Christus, hrsg. von H. Ristow u. K. Matthiae, 1960, 149–169; G. *Delling,* Der Kreuzestod Jesu in d. urchristl. Verkündigung, 1972, 27–35; C. A. *Evans,* Jesus’ Action in the Temple: Cleansing or Portent of Destruction?, CBQ 51, 1989, 237–270; D. *Flusser,* Die letzten Tage Jesu in Jerusalem, 1982; H. *Gese,* Psalm 22 und d. NT, in: *ders.,* Vom Sinai zum Zion, 1990[3], 180–201; J. *Gnilka,* Jesus von Nazaret, 1990, 291–318; M. *Hengel,* War Jesus Revolutionär?, 1970; *ders.,* Crucifixion, 1977; *ders.,* Erwägungen zum Sprachgebrauch von Χριστός bei Paulus u. in d. ‚vorpaulinischen‘ Überlieferung, in: Paul and Paulinism, Essays in Honour of C.K. Barrett, edd. M.D. Hooker and S.G. Wilson, 1982, 135–159; T. *Holtz,* Jesus aus Nazareth, 1979, 95–108; J. *Jeremias,* Die Abendmahlsworte Jesu, 1967[4]; G. *Lohfink,* Der letzte Tag Jesu, 1981; E. *Lohse,* Die Geschichte d. Leidens u. Sterbens Jesu Christi, 1964; *ders.,* Märtyrer u. Gottesknecht, 1963[2]; H. *Merklein,* Jesu Botschaft von d. Gottesherrschaft, 1989[3], 133–146; R. *Pesch,* Das Markusevangelium, II, 1991[4], 1–27 u. passim; L. *Ruppert,* Jesus als der leidende Gerechte?,

1972; *E. P. Sanders*, Jesus and Judaism, 1985; *A. Strobel*, Die Stunde d. Wahrheit, 1980; *G. Stanton*, Aspects of Early Christian-Jewish Polemic and Apologetic, NTS 31, 1985, 377–392; *P. Stuhlmacher*, Jesus von Nazareth – Christus des Glaubens, 1988, 32 ff. 47 ff.; *V. Taylor*, The Passion Narrative of St. Luke, 1972.

Der Evangeliumsbericht von Apg 10,36 ff. hat sich bisher als geschichtlich wohlfundiert erwiesen. Vom Ziel der Sendung Jesu sagt er nur: „... und wir (Apostel) sind Zeugen von allem, was er im Lande der Juden und in Jerusalem getan hat. Ihn haben sie getötet und ans Holz gehängt". Hinter dieser knappen, an Dt 21,22 angelehnten Formulierung verbergen sich die Passionsereignisse und mit ihnen der Tod Jesu. Wenn wir uns jetzt diesen Geschehnissen zuwenden, gehen wir von der (vor allem in § 9 und 10 begründeten) These aus, *daß Jesu Passion und Tod die geschichtlich unvermeidliche, von Jesus aber willentlich und ohne Ausflucht angenommene Konsequenz seiner Sendung als messianischer Menschensohn gewesen sind.* Man sieht dies, wenn man sich klarmacht, welche Gegner Jesu im Verlaufe seines Wirkens erwachsen sind, weshalb Jesus von Beginn seines Wirkens in Galiläa an mit seinem Tod zu rechnen hatte und dennoch nach Jerusalem gezogen ist, wie Jesus sich während seines letzten Auftretens in Jerusalem verhalten hat und was sein Tod am Kreuz für seine Freunde und Feinde bedeutet hat.

1. Daß Jesu Wirken schon in Galiläa nicht nur auf Gegenliebe, sondern auch auf harte Ablehnung gestoßen ist, berichten alle Evangelien (vgl. nur Mk 3,6.21.22; 6,4–6Par). Zustimmung und Widerstand kennzeichneten auch seinen Weg von Galiläa nach Jerusalem (vgl. nur Lk 9,52 ff.; 13,31–35). Welch bedrohliches Ausmaß die Kritik angenommen hat, wird daran deutlich, daß Jesu persönlicher Anspruch und seine Botschaft von der nahen Gottesherrschaft nach und nach Vertreter aus allen maßgeblichen jüdischen Gruppierungen und zusätzlich noch die politischen Autoritäten im Lande gegen ihn aufgebracht haben.

1.1 Gegen das *pharisäische Frömmigkeitsideal* einer levitisch-reinen Lebensführung im Alltag der antiken Welt und gegen die an priesterlichen Maßstäben orientierte Halacha der *Essener* standen Jesu Vergleichgültigung der Trennung von Rein und Unrein (vgl. Mk 7,15Par; Mt 23,23–24), seine neuartige Fassung des Doppelgebotes der Gottes- und Nächstenliebe (vgl. vor allem Lk 10,25–28.29–37 und Mt 25,40.45) und sein messianischer Anspruch, Vollender der Tora zu sein (vgl. Mt 5,17). Jesu scheinbar ganz freizügiger Umgang mit dem Sabbat und seine demonstrativen Kontakte mit den ungebildeten Gesetzlosen seiner Zeit taten ein übriges, um sich Pharisäer (und Essener) zu Feinden zu machen (vgl. Lk 7,34/Mt 11,19; Lk 15,2).

1.2 Gegen den militanten apokalyptischen Eifer *jüdischer Zeloten* standen Jesu Wachstumsgleichnisse, die von einem verborgenen Heranreifen der Gottesherrschaft sprechen und den Hörer abraten, die Gottesherrschaft durch eigene (Kampf-)Maßnahmen herbeizwingen zu wollen (vgl. z.B. Mk 4,26–29). Aber nicht nur Jesu Predigt mußte die Zeloten befremden, sondern auch das sogar auf römische Erpresser und religiöse Gegner ausgeweitete Gebot der Feindesliebe (vgl. Mt 5,41.43–48Par) und seine Vergleichgültigung der (Bekenntnis-)Frage nach der römischen Kopfsteuer (vgl. Mk 12,13–17 Par, s. o. S. 79).

1.3 Die *Sadduzäer*, die den Laien- und Priesteradel in Jerusalem und z. Z. Jesu die Mehrheit im Synhedrium stellten, mußten sich schon durch Jesu Weherufe gegen die Reichen (Lk 6,24–25; vgl. auch Mk 10,23.25Par) angegriffen fühlen. Die Tempelreinigung mit ihrer demonstrativen Unterbindung des Opfertierhandels und des Geldwechsels (Mk 11,15–17Par; Joh 2,13–22), die beide im Auftrag und Einvernehmen mit den hochpriesterlichen Familien betrieben wurden, und Jesu Wort von der Zerstörung des Tempels (Mk 14,58Par; Joh 2,19) waren für sie eine kaum mehr zu überbietende Provokation. Auf dieses Verhalten hin haben sie Jesu Hinrichtung betrieben, und sie waren es dann auch, die nach Ostern in Jerusalem zunächst die Apostel Petrus und Johannes (Apg 4,1–22), dann Stephanus und seinen Kreis (Apg 6,8–7,60) und schließlich im Jahre 62 n. Chr. auch den Herrenbruder Jakobus verfolgt (und zu Tode gebracht) haben.

1.4 Jesu galiläischer Landesherr, *Herodes Antipas*, hatte schon Johannes den Täufer aus Furcht vor einem Aufruhr hinrichten lassen (s. o. S. 58f.). Da Jesu Wirken ebenfalls öffentliches Aufsehen erregte und sich aus der Jesusbewegung heraus genauso ein politischer Aufstand entwickeln konnte wie aus dem Zulauf, den der Täufer gefunden hatte, waren Herodes und seine Klientel auch Jesus feindlich gesonnen (vgl. Mk 3,6; 8,15; 12,13Par und Lk 13,31–33). Daß in Jerusalem nach einigem Zögern dann auch *Pilatus* gegen Jesus vorgegangen ist und Herodes befragt hat, was es mit dem verdächtigen Mann auf sich habe (vgl. Lk 23,6–12), ist kein Zufall, sondern resultiert aus dem Interesse der römischen Besatzungsmacht, Aufruhr im Lande möglichst schon im Keim zu ersticken.

Zum Beschluß seiner Sendung sah sich Jesus also buchstäblich einer ganzen Welt von Feinden gegenüber; die mächtigsten unter ihnen waren die Sadduzäer (und Römer).

2. Obwohl Jesus das Märtyrerschicksal Johannes des Täufers, seines ‚Lehrers‘, warnend vor Augen stand, ist er dennoch, jüdischer Pilgersitte folgend (vgl. Dt 16,5–7), im Jahre 27 oder 30 n. Chr. (s. o. S. 54ff.), zum Passafest hinaufgezogen nach Jerusalem. Warnungen wohlmeinender Pharisäer und Vorhaltungen seiner Jünger haben ihn vom diesem Zug nicht abgehalten.

Wahrscheinlich wollte er die zum Passa- und Mazzotfest aus aller Welt in Jerusalem zusammenströmenden Juden noch einmal mit seiner Botschaft konfrontieren (G. Bornkamm und T. Holtz). Daß ihn bei diesem Zug der Tod ereilen könnte, war Jesus bewußt (vgl. Lk 13,31–33; Mk 8,31–33Par). Auch das geheimnisvolle Wort von der *Todestaufe*, der er sich unterziehen müsse, Mk 10,38Par, weist in diese Richtung. Wenn dieses Logion ebenso wie Mk 11,29–30Par von Jesu Taufe durch Johannes den Täufer her zu verstehen ist, zeigt es, daß *Jesus sich von Beginn seiner Berufung zum öffentlichen Wirken an auf den in Jerusalem endenden Leidensweg gestellt sah*. Nimmt man zu diesem Befund noch hinzu, daß die gleich nach dem Eintreffen in Jerusalem vollzogene Tempelreinigung eine messianische Zeichenhandlung war, mit der Jesus die Tempelpriesterschaft aufforderte, sich seinem Umkehrruf zu stellen (s. u.), ergibt sich folgende Perspektive: *Jesus ist nicht nur willentlich hinaufgezogen nach Jerusalem, sondern er hat dort auch bewußt die Entscheidung gesucht*. Die Verfolgung durch die sadduzäische Priesterschaft hat er für den Fall in Kauf genommen, daß die jüdischen Oberen sich ihm und seiner Botschaft gegenüber verschließen sollten.

Zusammen mit den von uns in § 10 analysierten Worten Jesu von seiner Bereitschaft zum stellvertretenden Sühnetod für Israel und die Völker widerstreitet diese Perspektive der kritischen Vermutung R. Bultmanns, Jesus habe bei seinem Zuge nach Jerusalem „schwerlich mit der Hinrichtung durch die Römer gerechnet, sondern eher mit dem jetzt erfolgenden Kommen der Gottesherrschaft" (s. o. S. 126). Nach Lk 13,31–33 und Mk 9,31Par ist Jesus nicht verborgen geblieben, wie zahlreich und mächtig seine Gegner waren. Er hat darum in Jerusalem Gehör und Widerstand erwartet.

Und mehr noch: Wenn Jesus angesichts der sich abzeichnenden Ablehnung seiner Person und Botschaft nicht an seiner Sendung als messianischer Menschensohn resignieren und alle diejenigen, die sich ihm entgegenstellten, dem Todesgericht überlassen wollte (vgl. Mk 8,36–38Par; Lk 13,34–35/ Mt 23,37–39), gab es für ihn nur noch eine letzte Möglichkeit, für ihre Errettung tätig zu werden: Er konnte ihnen durch seine Fürbitte und seinen stellvertretenden Sühnetod als Gottesknecht die Möglichkeit der Umkehr und künftigen Bewahrung vor dem Todesgericht offenhalten (vgl. Lk 22,31–32; 23,33–46). Statt seinen Sendungsauftrag als gescheitert anzusehen, zu fliehen oder seine Feinde unwiderruflich damit zu belasten, sich dem Umkehrruf des von Gott gesandten messianischen Menschensohnes widersetzt zu haben, wählte Jesus den Weg des stellvertretenden Sterbens für seine (Freunde und) Feinde und hielt ihnen eben damit den Weg des Glaubens und künftiger Errettung gemäß Jes 53,11–12 offen. Sieht man die Dinge so, bilden Jesu Worte über das ihm in Jerusalem bevorstehende Leidensgeschick, sein bewußter Zug in die Hl. Stadt und sein Drängen auf eine Entscheidung der jüdischen ἄρχοντες gegenüber seiner Person und Botschaft keinen Widerspruch. Es geht vielmehr bei alledem um die Vollendung seiner messianischen Sendung. *Jesus ist als der messianische ‚Mittler und Versühner' nach Jerusalem gezogen und hat dort den Kreuzestod in Erfüllung dieses seines Seins erlitten.*

3. Ehe wir diese Zusammenhänge weiter verhandeln, müssen wir uns noch der radikalen (historischen) Kritik stellen, die seit geraumer Zeit an den Passionsberichten aller vier Evangelien geübt wird. Sie läßt sich exemplarisch in ein Zitat von H. Conzelmann zusammenfassen. Er schreibt zur historischen Glaubwürdigkeit der (vier) Geschichten von Jesu Passion:

„Der Umfang dessen, was wir als sicheren Tatbestand feststellen können, ist minimal. Das gesicherte Kern-Faktum ist, daß Jesus gekreuzigt wurde. Daraus kann geschlossen werden, daß man ihn verhaftete und daß ein Gerichtsverfahren erfolgte, und zwar ein römisches. Denn die Kreuzigung ist eine römische, nicht eine jüdische Todesstrafe. – Alles übrige am Ablauf der Ereignisse ist strittig. Einig ist man sich aber darüber, daß die Leidensgeschichte, wie wir sie lesen, von intensiver theologischer Deutung geprägt ist." (Historie und Theologie in den synoptischen Passionsberichten, a. a. O., 74 f.).

In der Nachfolge Bultmanns (s. o. S. 126) ist diese Sicht konsequent. Aber sie entspringt einer Pauschalisierung der Kritik, die für ein fundiertes und differenziertes historisches Urteil nicht günstig ist. Es ist nämlich zu bedenken, daß J. Blinzler in seinem jahrzehntelange historische Arbeit zusammenfassenden Buch ‚Der Prozeß Jesu' (1969[4]) ganz anders als Conzelmann geurteilt hat und zum Ergebnis einer nahezu lückenlosen Glaubwürdigkeit der Passionsüberlieferung(en) gelangt ist. Obgleich sich hier der umgekehrte Verdacht einer apologetischen Pauschalisierung von Echtheitsurteilen nahelegt, werden wir durch die Gegenüberstellung von Conzelmann und Blinzler genötigt, ein eigenes Urteil zu suchen.

Bei dieser Suche sollte die Untersuchung von A. Strobel ‚Die Stunde der Wahrheit. Untersuchungen zum Strafverfahren gegen Jesus' (1980) nicht außer acht gelassen werden. Strobel führt nämlich den Nachweis, daß sich ein erheblicher Teil der Kritik an der Darstellung der Passion Jesu durch die Synoptiker und das Johannesevangelium erübrigt, sobald man rechtshistorisch von folgendem Tatbestand ausgeht: Jesus ist vom Hochpriester und den Synhedristen als *Falschprophet und religiöser Verführer* (hebräisch: מַדִּיחַ *maddiaḥ* [von נדח hi. ‚wegstoßen'], griechisch: πλάνος, vgl. Dt 13,6.11, oder auch מֵסִית *mesit* [von סות hi. ‚verleiten, anstiften'], griechisch ἀποστάς, vgl. Dtn 13,7) angesehen und gemäß Dt 13,2–12; 17,12 (und 18,20) zum Tode verurteilt worden (vgl. auch 11QTempel 54,8–56,11). Für das Verfahren gegen einen Maddiaḥ/Mesit gilt, daß man gegen ihn „mit List" (= ἐν δόλῳ, vgl. Mk 14,1Par) vorgehen darf (vgl. mSanh 7,10b und tSanh 10,11) und daß man ihn nicht irgendwo im Lande, sondern in Jerusalem, und zwar in der Festzeit (vgl. Mk 14,2Par), zu töten hat (vgl. mSanh 11,3f.). Mit dieser Art der Hinrichtung soll Dt 17,12–13 Genüge getan werden: „… ein solcher Mensch soll sterben. Du sollst so das Böse aus Israel austilgen. Das ganze Volk aber soll es erfahren, auf daß es sich fürchte und nicht ferner vermessen handle." Strobels Rekonstruktion deckt sich mit dem Befund, daß der jüdische Vorwurf, Jesus sei ein πλάνος gewesen, tatsächlich von Mt 27,63 über Joh 7,12 bis in den Dialog Justins mit dem Juden Tryphon (69,7; 108,2) hinein verhandelt (und christlich zurückgewiesen) wird. J. Gnilkas Einwand, der Tatbestand der ‚Verführung' meine in den jüdischen Rechtstexten nur die Verleitung zum Götzendienst, und dessen habe man Jesus nicht bezichtigen können (Jesus von Nazaret, 308 Anm. 69), stellt diese Belege nicht in Rechnung und verkennt die von Dt 13,2–12; 17,12 (vgl. mit Mk 14,60–64Par; Joh 18,19–23) und 18,20 her gegebene Bandbreite der Anschuldigungsmöglichkeiten gegen einen Maddiaḥ/Mesit. Außerdem sind die Konnotationen von 4Q 243 und 4QTest 23–30 zu bedenken (s. o. S. 116f.). Folgt man Strobel, haben Hochpriester und Synhedristen das jüdische Prozeßrecht im Verfahren gegen Jesus *nicht* gebeugt.

Der radikalen historischen Skepsis gegenüber den Berichten der Evangelien über die Passionsereignisse ist von unserer bisherigen Analyse des Geschehens und von Strobels Buch her entgegenzuhalten, daß die kerygmatischen Erzählungen der vier Evangelisten den Blick auf die historische Begründung und den Verlauf des Rechtsverfahrens gegen Jesus durchaus noch freigeben: *Jesus ist um der Anstößigkeit seines messianischen Anspruchs willen von den Juden verhaftet, der religiösen Verführung Israels bezichtigt und Pilatus unter der Anschuldigung überstellt worden, er sei ein des Todes würdiger Messiasprätendent.*

4. Zur Begründung dieses Urteils ist auf folgende Sachverhalte zu verweisen:

4.1 Unserer heutigen quellenkritischen Einsicht zufolge liegen der synoptischen und johanneischen Passionsdarstellung insgesamt drei Quellenstränge zugrunde, ein (vor-)markinischer, ein (vor-)lukanischer und ein (vor-)johanneischer Passionsbericht; die matthäische Passionsgeschichte baut auf dem Markusbericht auf und stellt deshalb keinen selbständigen Quellenstrang dar. Diese drei Traditionsstränge erzählen gemeinsam von der Passion des Messias Jesus Christus, haben aber unterschiedliche kerygmatische Darstellungstendenz.

Der (wahrscheinlich älteste) Bericht bei Markus schildert Jesu Leidensweg vor allem nach dem aus Ps 22; 69 (aber z.B. auch aus Weish 2,12–20; 5,1–7 [vgl. mit Jes 52,13–53,12]) bekannten Grundmuster der Passion des ‚leidenden Gerechten'. Durch dessen Leidensgeschick führt Gott seine Herrschaft herauf und erweist an ihm seine allen Frommen geltende rettende Macht. Faßt man diese Überlieferung ins Auge und bedenkt, daß Jesus seinen Leidensweg tatsächlich von Jes 43,3–4; 52,13–53,12 her verstanden hat, wird die Darstellung seiner Passion bei Markus mitsamt der Schlußszene Mk 15,38f. verständlich: Mit Jesu Kreuzestod auf Golgatha zerreißt der im Tempelgebäude das Allerheiligste von der Tempelhalle abtrennende und nur am Großen Versöhnungstag vom Hochpriester zu durchschreitende Vorhang (vgl. Lev 16,2–15) von oben bis unten und gibt das Allerheiligste frei. Das bedeutet: Der Sühnetod Jesu als des leidenden Gerechten bzw. Gottesknechts eröffnet die προσαγωγὴ εἰς τὸν θεόν (vgl. Röm 5,2) ohne weitere priesterlich-kultische Vermittlung. Mit dem Kreuz auf Golgatha ist der Tempel in Jerusalem als Stätte der Versöhnung der Menschen mit Gott abgetan. – Auch der gegenüber Markus selbständige *lukanische Passionsbericht* sieht in Jesu Leiden die Passion des leidenden Gerechten und Gottesknechts (vgl. Lk 22,35–38; 23,14.47), der den ihm von Gott (in den Hl. Schriften) vorgezeichneten Weg gehorsam zu Ende geht (vgl. Lk 24,44–45). Lukas stilisiert aber das Sterben Jesu über Markus hinaus martyrologisch und läßt Jesus mit der Gewißheit seiner alsbaldigen Verherrlichung in den Tod gehen. Man kann diese neue Akzentuierung schön erkennen an der Ausgestaltung des Gebetskampfes Jesu in Gethsemane (Lk 22,43.44), am Fürbittengebet des Gekreuzigten für seine Feinde (vgl. Lk 23,34 mit Jes 53,12), an seinem Zwiegespräch mit den beiden Mitgekreuzigten (Lk 23,39–43) und an dem letzten Gewißheits-Wort Jesu in Lk 23,46 gemäß Ps 31,6. Während der jüdische Märtyrer angesichts des Todes für sein Volk betet, aber seine Feinde dem Gericht Gottes anbefiehlt (vgl. 2Makk 7,30–38), leistet der Gottesknecht nach Jes 53,12 (und TgJes 53,12) Fürbitte für die Sünder. (Die Schilderung des Stephanusmartyriums in Apg 7,54–60 zeigt, wie Lukas diese Passionsdarstellung auswertet: Stephanus ist der erste christliche Blutzeuge, der stirbt wie sein Herr [vgl. Apg 7,59–60 mit Lk 23,34.46].) – Der Hauptakzent der *johanneischen Passionsdarstellung* liegt darin, Jesus als den von seinen Gegnern verkannten messianischen König darzustellen, dessen βασιλεία überirdisch ist (vgl. Joh 18,36), und der seine Sendung zum Heil der Welt (vgl. Joh 3,16) dadurch vollendet, daß er mit seiner „Erhöhung" ans Kreuz (vgl. Joh 3,14; 8,28; 12,32.34) seine „Freunde" (Joh 15,13–15) von ihren Sünden entsühnt. Das sein Leben beschließende letzte Wort Jesu lautet: τετέλεσται (Joh 19,30). Es klingt an Gen 2,2 und Jes 55,11 an und läßt den Tod Jesu, des von Gott gesandten Logos (Joh 1,1), als Grund der neuen Schöpfung erscheinen (M. Hengel).

In allen drei Berichten wird die Passion Jesu in Anlehnung an das Alte Testament gedeutet, und zwar als endzeitliches Heilswerk Gottes in und durch Jesus, seinen Sohn, für die (um ihrer Sünde willen) von Gott getrennten Menschen.

4.2 Versucht man, diese drei kerygmatischen Geschichtserzählungen auf ihren geschichtlichen Kern hin zu durchdringen, stößt man auf ein offenbar sehr *altes Schema der Passionsdarstellung*.

Wie J. Jeremias (Die Abendmahlsworte Jesu, 1967[4], 83–90) gezeigt hat, war in diesem Erzählschema (mindestens) die Rede von dem gegen Jesus gefaßten Todesbeschluß der jüdischen Oberen (Mk 14,1–2Par); von der Ansage des Judasverrats durch Jesus und dem Verrat selbst (Mk 14,10–11.18–21[43–47]Par), von Jesu letzter Wegentscheidung in Gethsemane (Mk 14,32–42Par), von der Verhaftung Jesu (Mk 14,43–47Par), vom Verhör Jesu durch den Hochpriester und (die) Synhedristen (Mk 14,53–65Par), von der Verleugnung des Petrus (Mk 14,66–72 Par), von der Auslieferung Jesu an Pilatus (Mk 15,1Par) und vom Verhör Jesu durch ihn (Mk 15,2–5Par), von der Freigabe des Barabbas (Mk 15,6–14Par), von der Verurteilung Jesu durch Pilatus (Mk 15,15Par), von der Verspottung Jesu (Mk 15,16–20aPar), vom Kreuztragen (Mk 15,20b–21Par), von der Kreuzigung auf Golgatha (Mk 15,22–37Par) und von der Grablegung Jesu (Mk 15,42–47Par); in der einen oder anderen Form wurde auch über die Auffindung des leeren Grabes am Ostermorgen durch Frauen aus Jesu Umgebung (und von Ostererscheinungen Jesu) berichtet (Mk 16,1–8Par).
In allen vier Evangelien geht diesem Erzählschema der Bericht von Jesu Einzug in

Jerusalem (Mk 11,1–10Par), von der Tempelreinigung (Mk 11,15–17Par) und der sog. Vollmachtsfrage (Mk 11,27–33Par) voran. (Johannes berichtet von der Tempelreinigung schon in 2,13–17 und läßt den Todesbeschluß der Synhedristen gegen Jesus aus dem Interesse erwachsen, das viele Juden an der Auferweckung des Lazarus nehmen [vgl. Joh 11,45–53].)

Ob auch der Gesamtkomplex der Abendmahlsüberlieferung (Mk 14,12–31Par) schon ursprünglich in diesen Erzählungszyklus hineingehört, ist zwar nicht sicher, aber angesichts der schon zur vorpaulinischen Tradition gehörigen Bemerkung: „Jesus, der Herr, nahm *in der Nacht, da er ausgeliefert wurde,* Brot …" (1Kor 11,23, und von Spuren johanneischer Bearbeitung und Umgestaltung synoptischer Tradition in Joh 13,10.26) auch nicht unwahrscheinlich.

4.3 Dieses alte Erzählschema muß wieder auf seinen historischen Sachgehalt hin überprüft werden, wobei bei jeder von den Evangelisten berichteten Einzelszene kritisch zu fragen ist, welcher Darstellung jeweils größere historische Wahrscheinlichkeit zukommt. Geht man so vor und kontrolliert die Ergebnisse noch an den zeitgeschichtlichen und rechtshistorischen Umständen, gelangt man zu einer Darstellung, in der wesentlich mehr authentisches Datenmaterial steckt, als nur die Tatsache der Kreuzigung Jesu durch die Römer!

4.3.1 Jesus ist anläßlich des Passafestes (des Jahres 27 oder 30 n. Chr.) nach Jerusalem hinaufgezogen. Er hat dort offenbar seiner Begrüßung als Friedensmessias nicht gewehrt und anschließend zeichenhaft die *messianische Reinigung des Tempels* vollzogen. Diese Aktion ist „der unmittelbare Anlaß zum Einschreiten der Behörde gegen Jesus gewesen" (J. Jéremias, Theol. I[4], 144f.).

Wir haben uns schon klargemacht, daß die Tempelreinigung aller Wahrscheinlichkeit nach eine messianische Zeichenhandlung Jesu gewesen ist und daß ihr Hauptschauplatz die Königliche Säulenhalle war, in der die Tempelgeschäfte getätigt wurden (s. o. S. 83f.). – Der älteste und zugleich genaueste Bericht des Ereignisses liegt vor in Mk 11,15–17. Matthäus folgt der Markusvorlage und steigert sie (vgl. Mt 21,12 mit Mk 11,15), läßt aber bereits die schwierige Bemerkung von Mk 11,16 weg: „und er ließ nicht zu, daß jemand ein Gefäß durch den Tempel trug". Lk 19,45f. gibt nur einen an Markus angelehnten Kurzbericht. Das Johannesevangelium berichtet von der Tempelreinigung (bewußt) schon in Joh 2,13–17, und zwar in einer das historische Ereignis weit übersteigernden (vgl. Joh 2,14–15 mit Mk 11,15) Art und Weise (vgl. V.17 [und 22] mit Joh 12,16; 14,26). Historisch glaubhaft am Johannesbericht ist freilich zweierlei: Tempelreinigung und Vollmachtsfrage haben offenbar unmittelbar zusammengehört (vgl. Joh 2,18–22 mit Mk 11,27–33Par), und das im jüdischen Verfahren gegen Jesus vorgebrachte Wort von der Zerstörung des alten und der Errichtung des neuen Tempels durch Gott (Joh 2,19, vgl. mit Mk 14,58Par und Ex 15,17f.) scheint im Verlauf der Tempelreinigung gefallen zu sein, und zwar im Disput Jesu mit seinen priesterlichen Gegnern. Das Wort enthält eine messianische Prophetie (s. o. S. 84) und wird in Joh 2,21 zur Todesprophetie Jesu umgedeutet.

Was die Bedeutung dieser Zeichenhandlung Jesu anbetrifft, geht E.P. Sanders davon aus, daß es sich um eine Vorausankündigung der Zerstörung des Tempels gehandelt habe. Folgt man dem (Markus-)Text genau, ist es aber wahrscheinlicher, daß Jesus tatsächlich den Tempel für den neuen messianischen Gottesdienst reinigen wollte.

Darauf deuten vor allem Sach 6,12–13; 14,20–21 und Jesu konkrete Maßnahmen hin. Sie richten sich gegen den Geschäftsbetrieb im Tempel: An den (während der drei Wochen vor Passa aufgestellten) Tischen der Geldwechsler konnten (und mußten) die Pilger ihr Geld gegen die im Tempel gültige (tyrische) Währung umtauschen, und bei den Opfertierhändlern konnten sie die (kultisch reinen) Opfertiere erwerben. Beides demonstrativ zu verhindern hieß, die herrschenden ‚Geschäftsgrundlagen‘ des Tempels mitsamt dem Opferkult grundlegend in Frage zu stellen. In denselben Zusammenhang weist die schwierige (und gerade deshalb ursprüngliche) Angabe aus Mk 11,16 hinein. Sie meint entweder, daß Jesus das manchen Jerusalemern Umwege ersparende Durchqueren des Tempelareals mit Gefäßen (für Wasser oder andere Güter), also eine Profanierung des Tempels, verhindern wollte (vgl. Bill II, 27 und J. Jeremias, Theol. I[4], 145 Anm. 15), oder sie richtet sich spezieller gegen das Tragen von besonderen Gefäßen, die dem Geschäftsbetrieb dienten. Von solchen Gefäßen bzw. Behältern für Geldabgaben wissen wir aus tSheq 3,1 ff. (vgl. Bill II, 39); ein Steingefäß mit der Aufschrift קָרְבָּן = ‚Darbringung, Gabe‘ (vgl. Mk 7,11) und dem Bild zweier Vögel ist sogar im Schutt der von den Römern im Jahre 70 n. Chr. zerstörten königlichen Säulenhalle gefunden worden (vgl. die Abbildung bei D. Flusser, Die letzten Tage Jesu in Jerusalem, 1982, 146 [Mitteilung von J. Ådna, Tübingen]). Vom Kontext her liegt es näher, Mk 11,16 auf das Tragen eines solchen Gefäßes zu beziehen, als der Deutung von P. Billerbeck und J. Jeremias zu folgen. Das sadduzäische Hochpriestertum gilt in frühjüdischen Texten um seines Reichtums und seiner brutalen Eintreibungsmethoden von fälligen Abgaben (z. B. des Zehnten) willen als korrupt (vgl. z. B. Josephus, Ant 20,181.206–207 und bPes 57a; tMen 13,21). Nach Mk 11,17 stand Jesu Aktion im Zeichen von Jes 56,7 einerseits und der Tempelschelte aus Jer 7,11 andererseits (vgl. auch Sach 14,21).

Eine Profanierung des Tempels durch korrupte Priester und einen unabhängig von seinem messianischen Umkehrruf weitergeführten (Sühne-)Kult wollte Jesus nicht länger dulden. Mit dem Symbolakt der Tempelreinigung hat er die Priesterschaft aufgefordert umzukehren, ihr ausbeuterisches Geschäftswesen aufzugeben und seiner Botschaft zu folgen. Als Jesus von ihnen zur Rede gestellt und nach seiner Vollmacht zu solchem Vorgehen befragt wurde (vgl. Mk 11,27–33Par), berief er sich auf den ihm bei der Taufe durch Johannes zuteilgewordenen göttlichen Sendungsauftrag und stellte sie mit dem Tempelwort vor eine messianische Prophetie: Die Zeit sei gekommen, sich auf den von Gott selbst erbauten eschatologischen Tempel und den baldigen Anbruch der βασιλεία einzustellen. Damit war sozusagen das Maß voll und außerdem das konkrete Verdachtsmoment gegeben, daß es sich bei Jesus um einen Mesit bzw. Maddiaḥ (s. o.) handele. Folgerichtig faßten die aufs äußerste provozierten Hochpriester zusammen mit einigen γραμματεῖς, d.h. Juristen aus dem Synhedrium, den Plan, Jesus zu beseitigen (vgl. Mk 11,18; 14,1–2Par).

4.3.2 Nach weiteren harten Auseinandersetzungen Jesu mit den jüdischen Oberen und Schriftgelehrten (vgl. nur Mk 12,1–12Par und 12,38–40Par) und der Ankündigung des Gerichts über die unbußfertige Gottesstadt und den Tempel (vgl. Lk 13,34–35/Mt 23,37–39; Mk 13,1–2Par), bot ein Mann aus dem Zwölferkreis, Judas Ἰσκαριώθ (d.h. wahrscheinlich ‚Judas aus Kerioth‘, vgl. W. Bauer-K. u. B. Aland, Wb.[6], 771f.), den Hochpriestern an, bei der Ergreifung Jesu behilflich zu sein (Mk 14,10–11Par). Warum Judas dieses Anerbieten gemacht hat, läßt der älteste Text nicht erkennen.

Folgt man der synoptischen Chronologie, wurde Jesus in der Nacht des 15. Nisan von der jüdischen Tempelpolizei in Gethsemane, einem Gartengrundstück am Ölberg, verhaftet (vgl. Mk 14,43–52Par). Daß Jesus nach dem Abschieds(passa)mahl mit den Zwölfen nach Gethsemane und nicht, wie üblich (vgl. Mk 11,11bPar), nach Bethanien gegangen war, hängt damit zusammen, daß die Passanacht in Jerusalem zu verbringen war und der Westabhang des Ölbergs, an dem Gethsemane liegt, für diese eine Nacht noch zum Stadtbereich von Jerusalem gerechnet wurde (s.o. S. 142). Judas muß dieses Nachtquartier gekannt haben. Als er den Tempelpolizisten durch einen Willkommenskuß bedeutete, welchen Mann sie festzunehmen hatten, hat sich Jesus der Festnahme weder durch Flucht noch Gegenwehr entzogen.

4.3.3 Jesus wurde zunächst zum Haupt des hochpriesterlichen Clans, Hannas, gebracht, der von 6 bis 15 n.Chr. selbst Hochpriester gewesen und Schwiegervater des von 18 bis 36 n.Chr. amtierenden Hochpriester Kaiphas war. Nach Sondierungsgesprächen bei Hannas wurde Jesus in Fesseln zu Kaiphas gebracht und in dessen Palast im Kreise der rasch versammelten Synhedristen auf seine messianischen Ansprüche hin verhört (vgl. Mk 14,53–65Par mit Joh 18,13–24). Daß dieser Verdacht wohlbegründet war und daß Jesu Verhalten in den Augen seiner Gegner den Tatbestand von Dt 13,2–12; 17,12; 18,20 erfüllten, haben wir uns schon klargemacht. Nach Mk 14,61–62Par ist es Kaiphas gelungen, Jesus zum öffentlichen Messiasbekenntnis zu nötigen und ihn des lästerlichen Anspruchs zu überführen, als Sohn Gottes zum künftigen Menschensohn-Weltenrichter bestimmt zu sein (s.o. S. 115f.146). Aufgrund dieses Geständnisses konnten die jüdischen Oberen Anklage gegen Jesus erheben und ihn am frühen Morgen (zur römisch üblichen Gerichtszeit) dem Praefekten Pilatus mit der Anschuldigung überstellen, es handele sich um einen auch für Rom gefährlichen Messiasprätendenten (vgl. Mk 15,1–5Par). Die Übergabe an Pilatus war nötig, da das Synhedrium keine Todesurteile vollstrecken durfte (vgl. Joh 18,31).

Aufgrund der jüdischen Anklage sah sich der römische Statthalter genötigt, mit Jesus ein kurzes Coercitions-Verfahren (von coercitio = Strafgewalt) zu veranstalten. Jesus wurde des Hochverrats (perduellio) und der Beeinträchtigung der römischen Staatsgewalt (crimen maiestatis imminutae) bezichtigt. Während des Verhörs machte Jesus zur Verwunderung des Pilatus keine Anstalten, sich gegenüber diesen Anschuldigungen zu verteidigen. Da Pilatus offenbar nicht davon überzeugt war, daß Jesus schwere Schuld trug, machte er zunächst den Versuch, ihn als einen „für das öffentliche Leben gefahrlosen religiösen Schwärmer" darzustellen (Strobel, a.a.O, 117) und Jesus auszutauschen gegen Barabbas, der für die Passaamnestie vorgesehen gewesen war. Er wird in Mk 15,7 als στασιαστής = ‚Aufrührer' und in Joh 18,40 als λῃστής = ‚Räuber, Zelot' bezeichnet.

Die Passaamnestie war nach Mk 15,6Par ein fester Rechtsbrauch. Er wird durch Josephus, Ant 20,208ff. und mPes 8,6a (vgl. mit bPes 91a) bestätigt (vgl. Strobel, a.a.O., 118ff.). Sie ist eines der Hauptargumente zugunsten der johanneischen Passionschronologie. Doch bleibt natürlich die Möglichkeit bestehen, daß Pilatus den als ‚Aufrührer' für Rom besonders gefährlichen Barabbas über die Passanacht hinaus festgehalten und versucht hat, seine Freilassung durch das Angebot, Jesus statt seiner freizugeben, vollends zu verhindern.

Als dieses Manöver fehlschlug, sah sich Pilatus schließlich doch genötigt, Jesus zur Geißelung und anschließenden Kreuzigung zu verurteilen (Mk 15,6–15Par).

Die *Kreuzigung* war die im römischen Imperium übliche grausame Abschreckungsstrafe für politische Aufwiegler niederen Standes. Als solche ist sie auch gegen Jesus verhängt worden. Cicero bezeichnet sie als crudelissimum taeterritumque supplicium, d.h. „die grausamste und scheußlichste Todesstrafe", die gegen einen Menschen verhängt werden kann (Verr II 5,165), und Josephus sieht in ihr ebenfalls „die erbarmungswürdigste Todesart" (ϑανάτων τὸν οἴκτιστον), die jemand erleiden muß (Bell 7,203).

Der römisch und nicht christlich formulierte Titulus am Kreuz: ὁ βασιλεὺς τῶν Ἰουδαίων (eine christliche Fassung würde lauten: ὁ βασιλεὺς τοῦ Ἰσραήλ) läßt erkennen, daß Pilatus Jesus um (der möglichen politischen Folgen) seines messianischen Anspruches willen hat hinrichten lassen (vgl. Mk 15,26Par). Zeit und Ort der Kreuzigung waren römisch als Warnung gemeint, entsprachen de facto aber auch der Verfahrensregel von Dt 13,12 und mSanh 11,3f., nach welcher ein ‚Verführer' in Jerusalem am Wallfahrtsfest vor den Augen ganz Israels hingerichtet werden soll. Der Richtplatz Golgatha lag z.Z. Jesu inmitten eines aufgelassenen Steinbruchs für jedermann gut sichtbar unmittelbar vor den Toren der Stadt.

4.4 Jesus ist also gemeinsam von den jüdischen Oberen und von Pilatus zu Fall gebracht worden, und zwar um seines beiden Seiten unerträglich erscheinenden messianischen Sendungsanspruches willen. Pilatus machte einen verdächtigen messianischen Aufwiegler rechtzeitig unschädlich. Die Hochpriester und Synhedristen aber beseitigten einen Maddiaḥ/Mesit, der mit seinem

Wirken an den Fundamenten des traditionellen Glaubens Israels gerüttelt hatte. Nach allen vier Passionsberichten sind die jüdischen Oberen juristisch korrekt gegen Jesus vorgegangen, während Pilatus hin und her geschwankt und schließlich politischen Opportunitätserwägungen gefolgt ist. Jesus hat sich dem drohenden Ende nicht einmal versuchsweise entzogen. Bei seiner Hinrichtung am Kreuz handelt es sich also um die von ihm willentlich ertragene *Konsequenz seiner messianischen Sendung*. R. Bultmanns kritische Erwägung, Jesus könne angesichts des ihm drohenden Sterbens möglicherweise auch zusammengebrochen sein (s. o.), läßt sich nur dann begründen, wenn man alle Worte, in denen Jesus von seinem Tod und der Frucht seines Sterbens spricht, für sekundär und eine rechtshistorische Rekonstruktion des jüdischen und römischen Verfahrens gegen Jesus für unmöglich hält. Solch prinzipielle historische Skepsis ist weder dem synoptischen noch dem johanneischen Quellenmaterial gegenüber gerechtfertigt.

5. Gegen die bisherige Analyse könnte höchstens noch die in Mk 15,33–37Par beschriebene *Sterbeszene* Jesu ins Feld geführt werden. Jesu letztes Wort ist hier der in reinem Aramäisch wiedergegebene und anschließend für die Hörer bzw. Leser des Markusevangeliums ins Griechische übersetzte Klageruf: „Mein Gott, mein Gott, warum hast du mich verlassen?" (Mk 15,34Par). Er zeigt Jesus am Kreuz in der Gottesferne, d. h. in der tiefsten irdisch möglichen Einsamkeit. Dennoch signalisiert dieses letzte Wort kein Scheitern Jesu. Es lehnt sich nämlich an Ps 22,2 an und läßt Jesus in der Gottverlassenheit erscheinen, die der ‚leidende Gerechte' bis hin zum Verlust seines Lebens erdulden muß (vgl. Ps 22,3.12–16), aus der er aber durch Gottes königlichen Willen zu ewigem Leben vor und für Gott errettet wird (vgl. Ps 22,23–32). Jesus erscheint nach der kerygmatischen Darstellung von Mk 15,34–36Par nicht als der an seinem Auftrag und an Gott verzweifelnde Mensch, sondern als der gehorsam leidende Gerechte, der sich in der Todesnot ‚seinem Gott' betend anvertraut und hofft, der Errettung aus dem Todesgericht teilhaftig zu werden. Jesus stirbt m. a. W. nach Markus in der ‚getrosten Verzweiflung' des seinem himmlischen Vater bis zum Tode am Kreuz gehorsamen Gottessohnes.

Hält man sich statt an kritische Vermutungen an die biblischen Texte, ergibt sich also, daß *Jesus die Passion und Kreuzigung als Konsequenz seiner messianischen Sendung auf sich genommen hat, und zwar in der Absicht, kraft seines zur Sühne für ‚die Vielen' preisgegebenen Lebens selbst noch seinen Feinden den künftigen Zugang zu und ‚Frieden mit Gott' zu ermöglichen, der nach Röm 5,1–2.11 Quintessenz der* καταλλαγή *ist, d. h. der von Gott durch Jesu Opfergang gestifteten Versöhnung (Versühnung)*. In dieser Leidens- und Opferbereitschaft sah sich Jesus durch die ihm vorgegebenen israelitischen Glaubenstraditionen vom Leidensgeschick der Propheten und Gerechten (z. B. Ps 22;69), von dem durch Gott selbst zur Auslösung Israels aus dem Gericht aufgebrachten Lösegeld (Jes 43,3–5) und vom leidenden Gottesknecht (Jes 52,13–53,12) getragen. Es wäre historisch willkürlich anzunehmen, daß dieser ganze alttestamentlich-frühjüdische Traditionskomplex erst von Ostern her auf Jesu Geschick projiziert und nachträglich zur soteriologischen Sinndeutung seines Kreuzestodes eingesetzt worden ist.

6. Zuletzt stellt sich die Frage, wie die historischen Ereignisse von Jesu Kreuzigung und Tod auf seine Anhänger und Gegner gewirkt haben. Man kann diese Frage mit einem Satz beantworten: *Für Jesu Anhänger war der Kreuzestod Jesu ein Schreckensereignis sondergleichen, für Jesu Gegner dagegen der von der Tora vorgezeichnete verdiente Fluchtod eines pseudomessianischen ,Verführers' und Gotteslästerers.*

6.1 Wie tief die Verhaftung und Kreuzigung die Jünger und Anhänger Jesu getroffen hat, läßt sich am besten daran erkennen, daß sie ihn trotz aller Todesprophetien sämtlich verlassen haben und zum Teil sogar in ihre alte Heimat Galiläa geflohen sind (vgl. Mk 14,50.53–54.66–72Par). Die Jüngerflucht nach Galiläa wird durch die Ostererscheinung vor Petrus am See Genezareth (vgl. Joh 21) bestätigt (vgl. außerdem Mt 28,16–20). Als Jesus gekreuzigt wurde und starb, waren (nach Mk 15,40–41Par) nur noch Frauen aus seiner Umgebung in seiner Nähe, nämlich Maria von Magdala in Galiläa, Salome und Maria, die Mutter des Joses; nach Joh 19,25–27 kommen noch Maria, die Frau des Klopas, Jesu Mutter Maria und der ,Jünger, den Jesus liebte', hinzu. Ein Jesus wohlwollendes Mitglied des Synhedriums, Joseph von Arimathäa, erbat sich von Pilatus den Leichnam, bewahrte ihn vor Schändung und sorgte für seine eilige Bestattung in dem nahe bei Golgatha in einem Garten gelegenen Felsengrab, das Joseph für sich selbst hatte anlegen lassen (vgl. Mk 15,42–47Par mit Dt 21,23 und Josephus, Bell 4,317). Jesu Anhängerschaft hatte sich also bis auf ganz wenige zerstreut, und zwar aus Furcht vor eigener Verfolgung und aus Enttäuschung ihrer messianischen Ideale und Hoffnungen (vgl. Lk 24,21). Die synoptische und die johanneische Überlieferung verschweigen dieses Versagen der Jüngerschaft nicht und machen damit zugleich deutlich, daß Jesu μαθηταί vor Ostern der ihnen zuteilgewordenen Belehrung über Jesu stellvertretendes Sterben mit Einschluß der Abendmahlsworte noch nicht gewachsen waren. Mit dem Tode Jesu waren sie ihrer Kraft beraubt, und es schien ihnen nur noch der Weg zu bleiben, den die Jünger Johannes des Täufers bereits gegangen waren, nämlich den Toten als Märtyrer zu verehren, seine Taten und Worte im Gedächtnis zu behalten und angesichts seines Grabes auf seine Auferweckung am Jüngsten Tage zu hoffen.

6.2 Anders stand es dagegen mit den jüdischen Gegnern Jesu. Für sie hatte Jesus am Kreuz als von Gott Verfluchter (Dt 21,22–23) geendet; er war den verdienten Tod für seinen hybriden Versuch gestorben, Israel zu einer neuen Art von Glauben an Gott zu (ver-)führen.

Aller historischen Wahrscheinlichkeit nach ist die bei Paulus (Gal 3,13) und in den Predigten der Apostelgeschichte (vgl. Apg 5,30; 10,39; 13,29) nachweisbare Beziehung von Dt 21,22.23 auf Jesu Kreuzigung auf jüdische Wurzeln zurückzuführen. Dt 21,23 besagt (sowohl nach 𝔐 als auch nach LXX und Symmachus), daß jeder, der am Holz (= Kreuz) hängt, von Gott verflucht ist (vgl. G. Jeremias, Der Lehrer der Gerechtigkeit, 1963, 133 Anm. 6). Wie die Tempelrolle aus Qumran dokumentiert, wurde diese Schriftstelle schon im vorchristlichen Judentum auf die Kreuzigung von Juden bezogen, die ihr Volk verraten und ihm Böses zugefügt hatten; an das Kreuz geschlagen galten sie als „Verfluchte Gottes und der Menschen" (vgl. 11QTempel 64,6–13). Für die jüdischen Oberen mußte es sich nahelegen, auch die Kreuzigung des Maddiaḥ/ Mesit Jesus so zu sehen und den Gekreuzigten als von Gott Verfluchten zu erachten. Die jüdische Deutung des Kreuzestodes Jesu von Dt 21, 22.23 her ist uns denn auch bis in die Mitte des 2. Jh.s hinein bezeugt (vgl. Justin, Dialog mit Tryphon, 32,1 und 89,2).

6.3 Für die Römer schließlich war Jesu Hinrichtung eine sich politisch nahelegende Abschreckungsmaßnahme. Dies ergibt sich aus dem Kreuzestitulus. Man beseitigte einen gefährlich erscheinenden Messiasprätendenten aus Galiläa wie viele potentielle oder wirkliche Aufrührer vor und nach ihm (vgl. Apg 5,35–37), um dadurch die eigene Herrschaft in Palästina zu sichern.

Führt man sich diese dreifache Reaktion auf Jesu Kreuzigung vor Augen, wird erkennbar, daß Jesu Wirken eine frühjüdisch-prophetische Episode geblieben wäre, wenn die Osterereignisse nicht Jesu Todesprophetie und Erhöhungserwartung bestätigt und eine neue Sinndeutung der Passionsereignisse und der Sendung Jesu insgesamt ermöglicht und provoziert hätten.

§ 12 Wer war Jesus von Nazareth?

Literatur: O. Betz, Was wissen wir von Jesus?, 1991[2]; C. *Burchard*, Artikel: Jesus, KP II, 1344–1354; T. *Holtz*, Jesus aus Nazareth, 1979, 84–112; *J. Gnilka*, Jesus von Nazaret, 1990, 251 ff.; *E. Jüngel*, Jesu Wort u. Jesus als Wort Gottes, in: Unterwegs zur Sache (Ges.Aufs.), 1988[2], 126–144; *ders.*, Gott als Geheimnis d. Welt, 1986[5], 470–505; *W. G. Kümmel*, Dreißig Jahre Jesusforschung (1950–1980), hrsg. von H. Merklein, 1985; A. *Schlatter*, Der Zweifel an der Messianität Jesu, in: *ders.*, Zur Theologie d. NT u. zur Dogmatik, hrsg. von U. Luck, 1969, 151–202; *E. Schweizer*, Jesus als Gleichnis Gottes, in: Dialog aus d. Mitte christlicher Theologie, hrsg. von A. Bsteh, 1987, 85–103; G. *Stanton*, The Gospels and Jesus, 1989, 271 ff.; *P. Stuhlmacher*, Jesus als Versöhner, in: *ders.*, Versöhnung, Gesetz u. Gerechtigkeit, 1981, 9–26; *ders.*, Jesus von Nazareth – Christus des Glaubens, 1988.

Jesu irdische Wirksamkeit mündet in einer offenen Frage: Wer war dieser Mann und was soll man von ihm halten? Sie stellte sich für Jesu μαθηταί anders als für seine Gegner, war aber angesichts des Endes Jesu am Kreuz für beide Seiten unausweichlich. Unter diesen Umständen ist es sachgemäß, daß auch wir uns noch ein abschließendes Urteil über Jesu Person und Verkündigung bilden, ehe wir zu den Osterereignissen weitergehen.

Wir haben bisher nach Jesus in der Weise gefragt, daß wir der geschichtlichen Begründung der von Jesu Sendung und Weg erzählenden alten Christuspredigt aus Apg 10,34–43 nachgegangen sind (s.o. S. 50) und diese Fragestellung durch den auf Jesus vorausweisenden messianischen Erwartungshorizont des Alten Testaments und Frühjudentums ergänzt haben. Nun ist ein Fazit zu ziehen.

1. Im Rückblick auf Jesu Verkündigung und Werk ist festzustellen, *daß sich das erzählende Christuskerygma aus Apg 10 als geschichtlich wohlfundiert erwiesen hat.* Jesus wird in Apg 10, 36 von Ps 107,20; Jes 52,7; Nah 2,1 her als das Israel und den Völkern verheißene Wort Gottes in Person bezeichnet, durch das Gott selbst den endzeitlichen Frieden, d.h. das Heil und den Anbruch seiner Herrschaft, verkündigt. Sofern man sich nicht einer prinzipiellen Skepsis gegenüber den Quellen verschreibt, sondern ihrem Zeugnis mit ‚kritischer Sympathie‘ (W.G. Kümmel) nachgeht, erscheint diese Sicht Jesu nicht als willkürliche oder nachträgliche Glaubenssetzung, sondern als sachgemäße Antwort auf Jesu messianischen Sendungsanspruch und seine Verkündigung der Gottesherrschaft: Weil Jesus als messianischer Menschensohn, d.h. als Stellvertreter Gottes vor den Menschen und der Menschen vor Gott, gewirkt und den Kreuzestod erlitten hat, haben die Osterzeugen allen Anlaß gehabt, in ihm den von Gott gesandten messianischen Evangelisten des endzeitlichen Friedens zu sehen; sie tun dies auch deshalb mit Recht, weil Jesus selbst Jes 61,1 ff. und 52,7 auf seine messianische Sendung bezogen hat (vgl. Lk 4,16–21; Lk 7,18–23/Mt 11,2–6; Mk 1,14–15). Das aber bedeutet, daß die christliche Missions- und Gemeinde-Predigt geschichtlich legitimerweise Predigt von Jesus als dem Christus Gottes ist, oder mit A. Schlatter formuliert: *Der irdische Jesus war kein anderer als der Christus des Glaubens.*

2. Als zweites ist festzustellen, daß *Jesu Sendung und Werk im Schnittpunkt der messianischen Zukunftserwartung des Alten Testaments und des Frühjudentums stehen.* Diese Erwartung umschließt folgende fünf Komponenten: (1) Gott und seine Herrschaft; (2) den Mittler Gottes; (3) das Volk Gottes; (4) die Tora und (5) die Wohnung bzw. das Erbland Gottes. Geht man ihnen im Kontext der Verkündigung Jesu nach, lassen sich folgende Zusammenhänge erkennen:

2.1 Der Anbruch der Königsherrschaft Gottes und die βασιλεία selbst standen im Mittelpunkt der Verkündigung Jesu (Mk 1,14–15Par). Er hat in Jahwe, dem einen Gott Israels, den ‚Vater‘ (ἀββᾶ) gesehen und seine Jünger und Jüngerinnen gelehrt, um die Heiligung des Namens und um das Kommen der βασιλεία Gottes zu beten (vgl. Lk 11,2/Mt 6,9–10). Er hat gleichzeitig gewagt, die Gottesherrschaft zeichenhaft zu verlebendigen: Die βασιλεία greift Raum als die erbarmende Liebe und heilschaffende Gerechtigkeit Gottes, die den in Jes 61,1 f. exemplarisch aufgezählten ‚Armen‘ durch Jesu

Wort und Handeln zu neuem Leben vor und mit Gott verhilft. Die Gottesherrschaft findet ihre Vollendung in der messianischen Mahlgemeinschaft auf dem Zion (vgl. Lk 13,28–29/Mt 8,11–12; Mk 14,24Par mit Jes 25,6–8). Für sie hat Jesus die Zwölf (als Repräsentanten des neuen Gottesvolkes) durch seinen Opfertod geheiligt (Mk 14,22–25Par).

2.2 Die prophetischen Ankündigungen vom Kommen des messianischen ‚Sohnes Gottes' (2Sam 7,14; Ps 2,7; 89,27; Jes 11,1–8 usw.) und des Menschensohnes (vgl. Dan 7,13) waren Jesus aus den Hl. Schriften vertraut. Johannes der Täufer hatte in seiner Umkehrpredigt auf den nach ihm kommenden ἰσχυρότερος, d.h. den messianischen Menschensohn-Weltenrichter, hingewiesen. Seit seiner Taufe durch Johannes hat Jesus sich öffentlich mit diesem ἐρχόμενος identifiziert und dabei die frühjüdische Menschensohnerwartung entscheidend modifiziert: Er ist seinen irdischen Zeugnisweg gegangen als Gott ganz gehorsamer Sohn (vgl. Lk 4,8/Mt 4,10; Mk 14,36Par) und als Gottesknecht, der sein Leben aus Liebe zum Lösegeld für Israel und zur Schuldableistung für ‚die Vielen' einsetzt (vgl. Mk 10,45; 14,22–25Par). Jesu Antwort auf die Messiaserwartung seiner Zeit hieß also: Ich selbst bin der Verheißene, der sich selbst im Auftrag Gottes für Israel und die Völker preisgibt und dadurch Gottes Herrschaft über die gottferne Welt neu begründet (vgl. Mk 8,29–30; 9,9; 14,61–62Par).

2.3 Schon für das Alte Testament ist soteriologisch grundlegend, daß Gott sein Eigentumsvolk aus freier Gnade heraus erwählt und ihm trotz aller Untreue und allem Versagen die Treue nicht aufkündigt, sondern aus Liebe und Barmherzigkeit zur Erlösung und endzeitlichen Herrschaft verhilft (vgl. Hos 11,8–9; Jes 43,1–7; Dan 7,13–14.18.27). Indem Jesus eigens zwölf Jünger erwählte und sie an seinem Werk der Verkündigung der Gottesherrschaft beteiligte (Mk 3,13–19Par), indem er sie zu Regenten des endzeitlichen Zwölfstämmevolkes bestellte (Lk 22,28–30/Mt 19,28) und als Gottesknecht für sie (und für seine Feinde) sein ‚Bundesblut' vergoß (Mk 14,24), bekräftigte und verwirklichte er die alttestamentliche Rettungserwartung. In der Sendung Jesu und der Mission seiner Jünger war und bleibt Gott seinem Eigentumsvolk gnädig und treu. Zum Glauben berufene Heiden wurden von Jesus am Heil des endzeitlichen Zwölfstämmevolkes beteiligt (vgl. Mk 7,24–30Par; Lk 7,1–10/Mt 8,5–13; Mk 11,17), seine stellvertretende Lebenshingabe am Kreuz galt nach Jes 52,13–53,12 auch ihnen, aber sie waren vor Ostern nur erst indirekte Adressaten des Evangeliums von der Gottesherrschaft (vgl. Mt 10,5–6).

2.4 Jesus achtete die Tora vom Sinai und mit ihr den Willen Gottes denkbar hoch. Eben deshalb sah er sich nicht gesandt, das Gesetz aufzulösen, sondern es zu vollenden (Mt 5,17), und zwar im Doppelgebot der Gottes- und Nächstenliebe, die Jesus zur Liebe gegenüber den Feinden steigerte (Mt 5,17;

Lk 6,27–36/Mt 5,38–48). Auf diese Weise ging Gottes Weisung vom Sinai in die Tora des messianischen Menschensohnes ein.

2.5 Für Israel stand (und steht) fest, daß Gott und sein Eigentumsvolk in der Endzeit ihr Erbland besitzen werden. Gott wird Wohnung in Israel nehmen, und zwar in seinem Heiligtum auf dem Zion, und mit dieser ‚Einwohnung‘ wird sich die Landverheißung erfüllen (vgl. Ez 37,26 f.; 43,7.9; Sach 2,14–15; Sir 24,7–12). Die Völker werden zum Zion wallfahrten, von ihm wird Weisung in alle Welt ausgehen (Jes 2,2–4; Mi 4,1–4). Gott selbst wird auf diesem Berge das Völkermahl ausrichten und die über seiner Schöpfung liegende Decke des Todes zerreißen (Jes 25,6–8). Jesu Zuwendung zu Jerusalem (Lk 13,34/Mt 23,37), die Reinigung des Tempels als ‚Bethaus für alle Völker‘ gemäß Jes 56,7 (Mk 11,15–17) und seine Erwartung des Dankopfermahls auf dem Zion (Mk 14,25Par) sind nur aus dem Zusammenhang dieser Erwartung zu begreifen und zeigen, daß Jesus sie geteilt und bekräftigt hat.

Schaut man in dieser Weise auf Jesu Person und Werk zurück, zeigt sich, *daß die messianischen Erwartungen Israels in Jesu Verkündigung eine ganz spezifische Bestätigung gefunden haben.* Sie sollen in der von Jesus selbst erwarteten und von der Urchristenheit erhofften Parusie des Menschensohnes ihre endgültige Erfüllung finden.

3. Unter diesen Umständen kann es für die weitere Darstellung hilfreich sein, eine theologische Bezeichnung zu finden, unter der Jesu Sein und Werk fortan begriffen werden können.

Historisch bieten sich zunächst die traditionellen biblischen Begriffe *Messias* und *Menschensohn* an. Sie sind uns in der Evangelientradition vorgegeben und bringen gemeinsam zum Ausdruck, wer Jesus war und worum es in seiner irdischen Sendung ging. Das Problem an ihnen ist nur, daß beide Titel von Jesus gegenüber dem üblichen alttestamentlich-frühjüdischen Verständnis neu geprägt und insofern ‚gesprengt‘ worden sind (E. Schweizer). Indem Jesus seinen Weg vor Gott in konsequentem Sohnesgehorsam gegangen ist, als Menschensohn keine Huldigung begehrt, sondern sein Leben für Freunde und Feinde aufgeopfert und sich im jüdisch-römischen Verfahren als Messias ohne irdische Machtansprüche zu erkennen gegeben hat, ist er seinem Sendungsauftrag in einer Art und Weise gefolgt, die nicht geradlinig aus der alttestamentlich-frühjüdischen Tradition ableitbar ist. Jesus war mehr als ein von Gottes Geist erfüllter Prophet, mehr als der davidische Messias und auch mehr als der messianische Menschensohn der Henochüberlieferung. Er hat in unableitbarer göttlicher Vollmacht als *Sohn Gottes* (vgl. Mk 1,11; 9,7; Lk 10,21–22/Mt 11,25–27) gewirkt und als *Knecht Gottes* (Mk 10,45Par; 14,22–25Par) gelitten. Mit dieser Verbindung von Gottessohnschaft und Gottesknechtschaft hat er den Prädikaten Menschensohn und Messias eine neue Dimension gegeben. Was die beiden Titel besagen, bestimmt sich seither christlich nicht mehr nur von der alttestamentlich-jüdischen Tradi-

tion, sondern vor allem von Jesus her: *Er war in einer Person der Stellvertreter Gottes auf Erden und der Stellvertreter der Menschen vor Gott.*
Es ist Jesus darum gegangen, neue Gemeinschaft zwischen Gott und Israel zu stiften. Seine Sendung gipfelte in der stellvertretenden Lebenshingabe für ,die Vielen' am Kreuz auf Golgatha. Sie sollte Jesu Freunden und Feinden, Juden und Heiden, zugutekommen. Wenn man Sein und Wirken Jesu von seiner Passion und seinem Sühnetod her auf den Begriff bringen will, legt sich zur Bezeichnung seines Wesens und Wirkens der reformatorische Begriff ,Mittler und Versühner' (mediator et propitiator) nahe (vgl. BSLK 83b,4; 320,17; 366,57). *Die Jesus und sein Werk am genauesten erfassende Bezeichnung ist die des messianischen Versühners (Versöhners).* Jesus hat gewirkt und ist den Kreuzestod gestorben als messianischer Versöhner, der um seines Werkes willen irdisch umstritten war und stets umstritten bleiben wird.

4. Wenn wir Jesus als messianischen Versühner (Versöhner) bezeichnen, gewinnt seine Botschaft von der Gottesherrschaft mitsamt der ihr impliziten Lehre vom Willen Gottes klare Kontur. Für Jesus stand fest, daß die Menschen die Gottesherrschaft und das Heil nur empfangen können wie die Kinder (vgl. Mk 10,15 Par). Sie selbst können sie weder verwirklichen noch in zelotischem Eifer herbeizwingen, sondern ihr Kommen nur von Gott erbitten (vgl. Lk 11,2/Mt 6,9–10). Während es darum an Gott allein ist, das Heil der Welt heraufzuführen, hat er die von Jesus im Namen Gottes angenommenen Menschen darauf verpflichtet, dem Doppelgebot der Gottes- und Nächstenliebe zu folgen (vgl. Mk 12, 28–34Par). Mit dem Doppelgebot zielte Jesus ab auf die Verehrung des einen Gottes, den er seinen ,Vater' nannte, und auf die Praxis der (bis zur Feindesliebe gesteigerten) Nächstenliebe, in der die μαθηταί der ihnen widerfahrenen Güte und Barmherzigkeit Gottes entsprechen. Diejenigen, die Jesus nachfolgen, sollen nicht alles Mögliche, sondern das eine Notwendige tun: Sie sollen sich im Tun der Liebe als Jesu Zeugen und Kinder Gottes erweisen. Aus der von ihnen in und durch Jesus erfahrenen Versöhnung heraus sollen sie Versöhnung stiften und dadurch ein Zeichen dafür setzen, daß die Gottesherrschaft in Jesu Sendung bereits angebrochen ist. Die βασιλεία ist nicht das Handlungsziel, wohl aber das Handlungsmotiv und Hoffnungsgut der Jünger und Jüngerinnen Jesu.

5. Jesu eigene Anhänger sind bis auf ganz wenige Ausnahmen an seinem Todesgeschick in Jerusalem gescheitert, und Jesu Gegner haben den Gekreuzigten unter dem Fluch Gottes enden sehen. Es fragt sich deshalb gerade angesichts des Kreuzes, was aus Jesus und der von ihm gestifteten Versöhnung geworden ist. Die nachösterliche Gemeinde hätte der Welt nicht die Stirn bieten und Juden und Heiden für den Glauben an Jesus Christus gewinnen können, wenn ihr nur die Antwort geblieben wäre: Jesus war (und bleibt) ein vorbildlicher Zeuge von Glaubenstreue und Menschlichkeit, des-

sen ethische Sache wir nun weiterzuführen haben. So bedenkenswert solches Urteil über Jesus sein mag, so wenig reicht es hin, um das Werk der Weltmission in Angriff zu nehmen. *Das Urchristentum hat seine erstaunliche geschichtliche Stärke erst aus der Erfahrung heraus gewonnen, daß Jesus von Gott auferweckt und zu seiner Rechten erhöht worden ist.* Weil Jesus den μαθηταί nicht nur vor Ostern, sondern auch vom Ostertage an als der messianische Versühner (Versöhner) erschienen ist, mit dem sich Gott ein für allemal identifiziert hat, haben sie die Kraft gewonnen, ihn als „Herrn und Christus" zu bekennen und in Israel und der Völkerwelt auszurufen (vgl. Apg 2,36).

2. Die Verkündigung der Urgemeinde

Mit Jesus ist die Heilswirklichkeit, von welcher der christliche Glaube spricht, geschichtlich-verheißungsvoll in die Welt getreten. Dies wurde vollends deutlich, als kurz nach Jesu Kreuzigung auf Golgatha und seiner Grablegung historisch ganz unerwartete Entwicklungen eintraten.

Getragen von dem Bekenntnis, daß Gott Jesus von den Toten auferweckt und zum ‚Herrn und Christus gemacht' habe (Apg 2,36), kehrten die ehemaligen Jesusjünger nach Jerusalem zurück und bildeten unter Führung des Petrus in der Hl. Stadt, die zwar die Hochburg der Jesusgegner war, auf die sich aber auch alle Endzeithoffnungen Israels richteten (vgl. Jes 2,2–4; 25,6–26,6; Mi 4,1–4 usw.), die erste christliche Gemeinde. Seit dem ersten Wochenfest (vgl. Ex 23,14–17; 34,22; Lev 23,16; Dt 16,9) nach der Kreuzigung Jesu, seit ‚Pfingsten', entwickelte diese Gemeinde missionarische Impulse und wuchs rasch auf eine (vorwiegend) Aramäisch und Hebräisch und eine (vor allem) Griechisch sprechende Gruppe bekehrter Juden, die sog. ῾Εβραῖοι und ῾Ελληνισταί (vgl. Apg 6,1), an. Für ihr religiöses Gemeinschaftsleben benötigten beide Gruppen Bekenntnisse und Lerntexte, Gebete und liturgische Regeln für den Vollzug von Taufe und Mahlfeiern; sie mußten aber auch Lehraussagen und Kommunikationsformen für die Mission entwickeln. *Schon in der Jerusalemer Urgemeinde bedurfte es daher der gedanklichen Durchdringung des Glaubens auf seine wesentlichen Inhalte und Zielsetzungen hin, d.h. der theologischen Reflexion und der Ausbildung von christlicher Lehre.* Sie war für beide Gemeindegruppen und darum sowohl auf Aramäisch (Hebräisch) als auch auf Griechisch zu formulieren.

Nach dem Martyrium des Stephanus und der Vertreibung der um ihn gescharten ῾Ελληνισταί aus Jerusalem (vgl. Apg 7,54–8,3) wurde durch versprengte Glieder des Stephanuskreises die Missionsgemeinde in Antiochien am Orontes gegründet; dort wurden die an Jesus Christus Glaubenden zum ersten Mal ‚Christusleute' (Χριστιανοί) genannt (vgl. Apg 11,26). Von Jerusalem aus stieß die christliche Mission bis nach Rom vor (vgl. Apg 2,10 mit Röm 16,7), und <u>von Antiochien aus wurden Syrien, Kleinasien und Griechenland missioniert.</u> Wie die Jerusalemer, so bedurfte auch die antiochenische Gemeinde für sich selbst und ihre Mission theologischer Reflexion und christlicher Lehre.

Die meisten Missionare und Zeugen, die das christliche Leben und die Mission in Jerusalem und Antiochien getragen haben, sind uns nicht mehr bekannt. Ihr Zeugnis und die für die Anfangszeit maßgebliche διδαχὴ τῶν ἀποστόλων (Apg 2,42) spiegelt sich nur noch in den Berichten der Apostelgeschichte, den Briefen des Paulus, den drei synoptischen Evangelien, z. T. auch im Johannesevangelium und wahrscheinlich auch im Jakobusbrief. Weil die ‚Lehre der Apostel‘ das Fundament bildet, auf dem Petrus, Paulus, Johannes und alle Späteren aufgebaut und das sie theologisch weiterentwickelt haben, kann in einer Biblischen Theologie des Neuen Testaments nicht darauf verzichtet werden, die Tradition jener Frühzeit in den Grundlinien nachzuzeichnen.

Die folgenden drei Paragraphen haben die Auferweckung Jesu, die Anfänge der Christologie und das frühe Verständnis von Gemeinde zum Gegenstand. Methodisch und inhaltlich erfordern sie erhebliche Anstrengung, weil sämtliche Überlieferungen der Anfangszeit aus neutestamentlichen Büchern herausgeschält werden müssen, die erst Jahrzehnte nach den Gründungsjahren der Gemeinden von Jerusalem und Antiochien abgefaßt oder abschließend redigiert worden sind. Wenn aber die Theologie des Neuen Testaments nicht in eine disparate Sammlung von verschiedenen Glaubenszeugnissen zerfallen, sondern als ein von Jesus und seiner geschichtlichen Wirkung bestimmtes, zwar keineswegs homogenes, aber doch zusammengehöriges Ganzes verständlich werden soll, muß der Versuch einer Rekonstruktion der urchristlichen Lehranfänge gewagt werden.

§ 13 Jesu Auferweckung von den Toten

Literatur: J. E. Alsup, The Post-Resurrection Appearance Stories of the Gospel Tradition, 1975; *C. Barth,* Die Errettung vom Tode, 1987[2]; *J. Becker,* Das Gottesbild Jesu u. d. älteste Auslegung von Ostern, in: Jesus Christus in Historie u. Theologie, Ntl. FS für H. Conzelmann zum 60. Geburtstag, hrsg. von G. Strecker, 1975, 105–126; *K. Berger,* Die Auferstehung d. Propheten u. die Erhöhung d. Menschensohnes, 1976; *G. Bornkamm,* Jesus von Nazareth, 1968[8], 164 ff.; *H. v. Campenhausen,* Der Ablauf d. Osterereignisse u. d. leere Grab, 1966[3]; *K. M. Fischer,* Das Ostergeschehen, 1980[2]; *D. Flusser,* Die letzten Tage Jesu in Jerusalem, 1982, 134 ff.; *G. Friedrich,* Die Auferweckung Jesu, eine Tat Gottes oder ein Interpretament der Jünger?, KuD 17, 1971, 153–187; *H. Gese,* Der Tod im Alten Testament, in: *ders.,* Zur biblischen Theologie, 1989[3], 31–54; *H. Graß,* Ostergeschehen u. Osterberichte, 1962[2]; *G. Greshake-J. Kremer,* Resurrectio Mortuorum, 1986; *G. W. Ittel,* Ostern

u. d. leere Grab, 1967; *J. Jeremias*, Die Abendmahlsworte Jesu, 1967[4], 95 ff.; *ders.*, Heiligengräber in Jesu Umwelt, 1958, 114 ff. 126 ff.; *J. Kremer*, Das älteste Zeugnis von d. Auferstehung Christi, 1967[2]; *P. Lapide*, Auferstehung, 1978[2]; *W. Marxsen*, Die Auferstehung Jesu v. Nazareth, 1968; *ders.*, Die urchristlichen Kerygmata u. d. Ereignis Jesus von Nazareth, ZThK 73, 1976, 42–64; *W. Michaelis*, Artikel: ὁράω κτλ., ThW V, 315–381, bes. 355 ff.; *D. Müller*, Geistererfahrung u. Totenauferweckung, Diss.theol.Kiel, 1980; *W. Nauck*, Die Bedeutung d. leeren Grabes für d. Glauben an d. Auferstandenen, ZNW 47, 1956, 243–267; *G. v. Rad*, Theologie d. AT I, 1969[6], 416 ff.; *K. H. Rengstorf*, Die Auferstehung Jesu, 1967[5]; *L. Schenke*, Die Urgemeinde, 1990, 17 ff. 118 f.; *P. Seidensticker*, Zeitgenössische Texte zur Osterbotschaft d. Evangelien, 1967; *G. Stemberger* u. *P. Hoffmann*, Artikel: Auferstehung d. Toten: I/2 Judentum, I/3 Neues Testament, TRE IV, 443–450.450–467; *P. Stuhlmacher*, Das Bekenntnis zur Auferweckung Jesu von d. Toten u. die Bibl. Theologie, in: *ders.*, Schriftauslegung auf d. Wege zur bibl. Theologie, 1975, 128–166; *A. Vögtle-R. Pesch*, Wie kam es zum Osterglauben?, 1975; *J. Wanke*, Die Emmauserzählung, 1973; *U. Wilckens*, Auferstehung, 1970.

Historisch ist es bei der Enttäuschung und Furcht der Jesusjünger und beim Triumph seiner Gegner nicht geblieben. Vielmehr haben Frauen, die Jesus nachgefolgt waren, Maria von Magdala, Maria, die Mutter des Jakobus, Salome u. a. am dritten Tage nach Jesu Kreuzigung sein Grab leer aufgefunden (Mk 16,1–8; Joh 20,1–18). Vom selben Tage an sind so wohlbekannte μαθηταί wie Petrus und Johannes, aber auch Unbekannte wie die beiden nach Emmaus wandernden Jesusjünger (Lk 24,33–35), dann der von Petrus in Jerusalem neu konstituierte Kreis der Zwölf, anschließend eine Schar von mehr als fünfhundert Brüdern auf einmal, danach der Herrenbruder Jakobus (vgl. Mk 3,20 f.; Joh 7,5) und die (um ihn?) versammelte Schar ‚aller Apostel‘ und zuletzt auch Paulus mit dem Bekenntnis aufgetreten, Jesus von Nazareth sei ihnen in neuer himmlischer Lebendigkeit erschienen, Gott habe also den Gekreuzigten von den Toten auferweckt (vgl. 1 Kor 15,3–8; Joh 20,11–21,14).

Das alte Kerygma aus Apg 10,34–43, von dem wir uns schon bei der Darstellung der Verkündigung Jesu haben leiten lassen (s. o. S. 50), erzählt von den Zusammenhängen folgendermaßen:

(39) … Doch sie [sc. die Juden] haben ihn umgebracht *und ans Holz gehängt* (Dt 21,22 f.). (40) Ihn aber hat Gott auferweckt *am dritten Tage* (Hos 6,2) und ihm verliehen, offenbar zu werden, (41) nicht dem ganzen Volk, aber uns, den Zeugen, die von Gott zuvor dazu ausersehen worden sind: Wir haben nach seiner Auferstehung von den Toten zusammen mit ihm gegessen und getrunken. (42) Und er hat uns befohlen, dem Volk zu verkündigen und zu bezeugen, daß er es ist, den Gott zum Richter bestellt hat über Lebendige und Tote. (43) Alle Propheten zeugen für ihn: Wer immer an ihn glaubt, soll kraft seines Namens Vergebung der Sünden empfangen.

Diese Darstellung läßt dreierlei sehr schön erkennen: erstens, daß Jesu Offenbarwerden in neuer Lebendigkeit für die Jünger eine Gottestat war;

zweitens, daß Jesus nicht vor jedermann, sondern nur einem bestimmten Personenkreis erschienen ist, und drittens, daß eben diese Erscheinungen zur Mission geführt haben. Man kann an Apg 10,39–43 sehen, daß Ostern das entscheidende Datum der (Neu-)Erweckung des Glaubens, an Jesus als Herrn und Messias, der Bildung der (Mahl-)Gemeinschaft mit dem auferstandenen Jesus, d.h. der Gemeinde Jesu Christi, und der Impuls zur Ausbildung des christlichen Missionszeugnisses gewesen ist. *Erst die Osterereignisse haben aus dem erregenden, aber in dem dunklen Rätsel des Kreuzestodes endenden messianischen Werk Jesu die christliche Offenbarung werden lassen.* Im Lichte von Ostern haben die Verkündigung und die Passion Jesu ihr eigentliches Gewicht bekommen, und aufgrund seiner Auferweckung von den Toten durch Gott erschien Jesus nun endgültig als der allen Propheten und Märtyrern überlegene, zum endzeitlichen Retter und Richter eingesetzte ‚Sohn Gottes in Macht‘ (Röm 1,4). Ostern hat die Offenbarung Gottes in und durch Christus so ‚vervollständigt‘ (A. Vögtle), daß Jesus als der gekreuzigte und von Gott zu seiner Rechten erhöhte Christus zum wesentlichen Inhalt des Evangeliums wurde. Diese enorme Bedeutung von Ostern gibt Anlaß, sehr genau zu bedenken, was sich nach der Grablegung Jesu geschichtlich ereignet hat und wie die urchristliche Osterbotschaft beschaffen ist.

1. Um das Zeugnis der neutestamentlichen Ostertexte angemessen beurteilen zu können, muß man dreierlei beachten.

1.1 Kein neutestamentlicher Glaubenszeuge beansprucht, den Vorgang der Auferweckung Jesu selbst gesehen zu haben und als Augenzeuge beschreiben zu können. Erst im apokryphen Petrusevangelium (d.h. in der Mitte des 2. Jh.s) wird die Auferstehung legendarisch als Ereignis geschildert, das sich öffentlich vor den Augen der römischen Grabeswache (vgl. Mt 27,62–66) und der aus Jerusalem herbeigeeilten jüdischen Ältesten abgespielt hat. Daß es sich bei dieser Schilderung um eine späte apologetische Tendenzdarstellung handelt, leidet keinen Zweifel. Im Gegensatz zu ihr gilt für die Texte des Neuen Testaments, *daß sie die Auferweckung Jesu nicht als Beobachtung einer Tatsache ausgeben, sondern von ihr in Form des Bekenntnisses sprechen.*

1.2 Die von Jesu Auferweckung handelnden neutestamentlichen Texte lassen sich in drei Hauptgruppen aufteilen: In *Bekenntnisformulierungen* (vgl. z. B. Lk 24,34; 1Kor 15,3–5; Röm 4,25; 10,9 usw.), in *Berichte von der Auffindung des leeren Grabes* (vgl. Mk 16,1–8Par; Joh 20,1–13) und in *kurze Nachrichten oder ausgeführte Erzählungen von Erscheinungen Jesu* vor einzelnen früheren Jüngern und Begleiterinnen Jesu (vgl. 1Kor 15,5; Joh 20,11–29; 21,1–14), mehreren versammelten Jüngern (vgl. 1Kor 15,7; Lk 24,13–35.36–43; Joh 20,19–23.24–29; Mt 28,16–20), dem Herrenbruder Jakobus und Paulus (1Kor 15,7–8). Außerdem finden sich direkte und indirekte Zeugnisse über die Auferweckung noch in *Christusprädikationen* (vgl. z.B. Kol 1,18; Apk 1,5), in urchristlichen *Predigten* (vgl. z.B. 1Thess 1,10; Apg 2,31ff.; 5,30f.; 10,39ff.; 13,29ff.) und in den *Berufungsgeschichten des Paulus* (vgl. 1Kor 9,1; 15,8; 2Kor 4,1–6; Gal 1,12.15–16 und Apg 9,3ff.; 22,6ff.; 26,12ff.).

1.3 Dieses verschiedenartige Material unterliegt im Verlaufe der Bildung und Weitergabe der Auferstehungstraditionen bestimmten Darstellungstendenzen:

1.3.1 Die teils in Galiläa und außerhalb von Jerusalem, teils aber auch in der Gottesstadt lokalisierten Erscheinungen werden auf Jerusalem konzentriert, und damit wird das entscheidende Offenbarungsgeschehen an den von Gott besonders erwählten heiligen Ort verlagert (vgl. Lk 24,33–53; Apg 1,3–11; Joh 20,1–29).

1.3.2 Angesichts von Zweifeln unter den Christen (vgl.Lk 24,36ff.; Joh 20,24ff.; Mt 28,17) und von seiten der Christengegner (vgl. Mt 27,62–66) wird die Erscheinung Jesu geschichtlich konkretisiert und chronologisch fixiert: Während in Bekenntnis-, Lied- und Formeltexten wie 1Kor 15,3–5; Röm 1,3–4; Phil 2,6–11; Apg 2,32–36 usw. Auferweckung und Erhöhung Jesu zur Rechten Gottes von Ps 110,1 her zusammengesehen und die Erscheinungen Jesu vom Himmel her z.T. als visionäre Ereignisse gesehen werden (so z.B in 1Kor 15,5–8; Gal 1,12.16; 2Kor 4,5–6), werden sie in den Erzählungen der Evangelien materialisiert (vgl. vor allem Lk 24,33–53; Joh 20, 24–29) und bei Lukas außerdem noch in den Zeitraum zwischen Jesu Auferweckung und Himmelfahrt eingeordnet (vgl. Lk 24,33–53; Apg 1,1–11). Gegen den Verdacht einer eiligen und heimlichen Entwendung des Leichnams Jesu (vgl. Mt 27,64; Joh 20,13) weist man auf die säuberlich zusammengelegten Grablinnen hin (vgl. Joh 20,6–7) und verweist außerdem auf die Bewachung des Grabes durch römische Soldaten (Mt 27,62–66). Schließlich wird im Petrusevangelium der Vorgang der Auferweckung sogar den ungläubigen Jesusgegnern ad oculos demonstriert.

1.3.3 Zu bedenken ist schließlich, daß in die Erscheinungsgeschichten z.T. ausführliche Dialoge des Auferstandenen mit seinen μαθηταί eingefügt (vgl. z.B. Joh 20,15–17.27–29) und sie zum Rahmen kirchlichen Formelgutes gemacht werden (vgl. z.B. Mt 28,16–20 und Mk 16,9–20).
Die skizzierten Tendenzen der Überlieferung sind so unverkennbar, daß sie es ratsam erscheinen lassen, *bei der Darstellung der Osterereignisse und des ältesten Auferweckungszeugnisses vor allem von den Texten auszugehen, die noch keiner apologetischen Ausarbeitung unterworfen worden sind.* Dies sind die Bekenntnisaussagen in 1Kor 15,3–5 (vgl. mit Lk 24,34), der Bericht von der Auffindung des leeren Grabes in Mk 16,1–8 (vgl. mit Joh 20, 1–18) und die Nachrichten von den Erscheinungen Jesu vor vielen Zeugen, Jako-

165

bus, allen Aposteln und Paulus in 1Kor 15,6–8. Was die Überlieferung der Ostertexte angeht, muß man davon ausgehen, daß die Formeltexte in den Gemeinden von Jerusalem, Damaskus, Antiochien usw. durch die Ostergeschichten ergänzt und illustriert worden sind. Sie sind darum nicht alternativ zueinander, sondern *in gegenseitiger Verschränkung zu interpretieren.*

2. Verständlich werden all diese Texte in ihrer Besonderheit nur, wenn man sich zunächst die Eigenart der alttestamentlich-jüdischen Auferweckungserwartung verdeutlicht, in deren Horizont das christliche Bekenntnis von der Auferweckung Jesu von den Toten ausgebildet worden ist.

2.1 Die Geschichte der alttestamentlichen Überlieferung zeigt, daß Israel in den ersten Jahrhunderten seiner Geschichte ohne ausgeführte Auferstehungsanschauung ausgekommen ist. Die Traditionen der Frühzeit konzentrieren sich auf das mit der Erwählung Israels gesetzte exklusive Gegenüber des einen Gottes zu seinem Eigentumsvolk (vgl. z.B. Hos 11,1.3–4; Ex 20,2). Diese Konzentration war theologisch notwendig, weil die nach Kanaan einwandernden israelitischen Stämme die Welt des Todes besetzt fanden von kanaanäischen Anschauungen über die Geister des Todes und ihre rituelle Beschwörung. Die Israeliten mußten deshalb davor gewarnt werden, sich mit dieser götzendienerisch verwalteten Welt des Todes einzulassen (vgl. z.B. Lev 19,31; 20,6.27; Dt 18,11 usw.). Die Toten wurden nach israelitischer Anschauung zu ihren Vätern versammelt und waren damit aus der Gottesbeziehung und dem Gotteslob der Lebenden herausgerissen (vgl. Ps 88,11–13; 115,17–18; Jes 38,10–12). Obwohl auf diese Weise zunächst nur der Bereich des irdischen Lebens zum Ort der Verehrung Gottes wurde, sagte man von früh an dem kanaanäischen Geister- und Schattenglauben den Kampf an und pries den einen Gott, der die Welt geschaffen und Israel erwählt hat, als den Herrn über Leben und Tod. Im Lobgesang der Hanna (1Sam 2,1–10), der in Dt 32,39 fortgeführt und im Magnifikat (Lk 1,46–55) aufgenommen wird, heißt es z.B.: „... (6) Jahwe macht tot und macht lebendig, er stürzt in die Scheol und führt herauf. (7) Jahwe macht arm, er macht auch reich, er erniedrigt und erhöht. (8) Aus dem Staube richtet er den Schwachen auf und zieht den Armen aus dem Schmutz, um ihnen neben Fürsten einen Platz zu geben und ihnen Ehrenplätze anzuweisen. Jahwe gehören ja die Säulen dieser Erde, er hat den Erdkreis darauf gestellt." Neben diesem Lobpreis des allumspannenden Waltens Jahwes findet sich in vorexilischen Texten (nur) gelegentlich die Rede davon, daß einzelne Gerechte wie Henoch (vgl. Gen 5,24), und Propheten wie Elia (vgl. 2Kön 2,11), zu Gott entrückt und seiner ewigen Nähe gewürdigt werden, ohne den Tod zu schmecken.

2.2 Die Szene änderte sich erst mit dem babylonischen Exil. Hier vergleicht Ezechiel die Neuschöpfung des dahingestorbenen Volkes Israel mit der Auferstehung einer ganzen Ebene voller Totengebeine (vgl. Ez 37,1–14). Zur selben Zeit tauchen in den Psalmen Formulierungen auf, die von der unerschütterlichen Gottzugehörigkeit der Frommen und der Entrückung leidender Gerechter zu Gott (nach dem Vorbild Elias) sprechen. Dabei wird die Grenzlinie zwischen irdischem Leben und ewigem Sein bei Gott deutlich überschritten. Das biblisch bekannteste Beispiel ist Ps 73,24–26: „(24) Nach deinem Ratschluß wirst du mich leiten, und endlich nimmst du mich auf in die Herrlichkeit. (25) Wen hätte ich denn im Himmel? Und bin ich bei dir, so ersehne ich nichts mehr auf Erden." Daneben sind Ps 49,15–16 und die Klage aus Hi 19,25–27 zu nennen: „(25) Ich weiß gewiß, daß mir ein Anwalt lebt. Als Letzter tritt er auf dem Staube auf. (26) Bin ich erwacht, dann läßt er mich bei sich erstehen; ich werde Gott – aus meinem Fleische – schauen. (27) Ihn werd' ich schauen, er wird für mich sein; den meine Augen sehen, wird kein Fremder sein …"

2.3 In nachexilischer Zeit drang der Glaube Israels noch weiter vor. In der Jesajaapokalypse (Jes 24–27) wird der Sieg über den Tod als das höchste Werk der Heil und Wohlordnung schaffenden Gerechtigkeit Gottes gepriesen. In Jes 25,8 heißt es: „Er vernichtet den Tod auf immer, und der Herr Jahwe wischt ab die Tränen von jedem Angesicht und nimmt seines Volkes Schmach hinweg von der ganzen Welt. Denn Jahwe hat gesprochen." In Jes 26,19 folgt die Verheißung an Israel, die im Kontext der Jesajaapokalypse mehr ist als nur die Zusage der Fortexistenz des irdischen Volkes: „Doch deine Toten leben wieder auf, und ihre Leichen werden wieder auferstehen. Erwachet und jubelt, die ihr im Staube ruht! Denn Tau des Lichtes ist dein Tau, und die Erde wird Schatten gebären."

Israel hat nach dem Exil nicht einfach die persische Vorstellung von der Auferstehung übernommen, sondern sich die Hoffnung auf die Auferweckung der Toten durch Jahwe eigenständig erworben. Theologisch geht es dabei um das Vertrauen darauf, *daß die Gerechtigkeit und Treue Gottes nicht an den Grenzen der Schattenwelt (שְׁאוֹל) enden, sondern die ganze Welt umgreifen, und daß die Beziehung, in die Gott gegenüber seinem Volk und dem einzelnen eingetreten ist, über das irdische Leben hinausreicht.*

2.4 Als im 2. Jh. v. Chr. der Jahweglaube durch die syrische Religionsverfolgung bedroht war, nahmen die israelitischen Märtyrer ihren Tod in der Gewißheit auf sich, daß der eine Gott Israels den um ihrer Glaubenstreue willen getöteten Gerechten Anteil an seiner Herrlichkeit und ewiges Leben schenken, aber die Frevler und Feinde Israels richten und der ewigen Vernichtung preisgeben werde. Biblisch ist diese doppelte Erwartung vor allem in Dan 12,1–3 bezeugt: „(1) In jener (End-)Zeit erhebt sich Michael, der große Fürst, der einsteht für die Söhne deines Volkes; es ist eine Zeit der Bedrängnis, wie es keine je gab, seit Völker sind, bis zu jener Zeit; zu jener Zeit wird dein Volk gerettet, alle, die sich im Buche verzeichnet finden. (2) Viele von denen, die im Staub der Erde schlafen, werden aufwachen, die einen zu ewigem Leben, die anderen zu Schmach, zu ewiger Schande.(3) Da werden die Einsichtigen leuchten wie der Glanz des Firmamentes, und die, welche viele zur Gerechtigkeit geführt, (leuchten) wie die Sterne in Ewigkeit." Dieselbe Erwartung bestimmt die Martyriumsschilderungen in 2Makk 7 und kehrt in der im 1. Jh. v. Chr. (in Ägypten) entstandenen Weisheit Salomos wieder (vgl. Weish 2,21–3,12; 4,7–5, 23).

Was wir in diesen Formulierungen vor uns haben, ist eine Steigerung und Erweiterung des Jahweglaubens über die ihm anfänglich gesetzten Erfahrungshorizonte hinaus. In der skizzierten Entwicklung wird also kein ursprünglicher alttestamentlicher Ansatz (unter persischem Einfluß) synkretistisch verkehrt, sondern ein *theologischer ‚Sprachgewinn'* (E. Fuchs) erzielt: Am Leitfaden des alten Bekenntnisses aus 1Sam 2,6–8 hatte Israel im 1. Jh. v. Chr. gelernt, von Gott und seiner heilschaffenden Gerechtigkeit umfassender und vertiefter zu sprechen, als ihm dies in der Zeit vor dem babylonischen Exil möglich war.

2.5 In der ersten Hälfte des 1. Jh.s n. Chr. war die Auferweckungshoffnung im Frühjudentum noch nicht allgemein verbreitet. Einige jüdische Gruppen, unter ihnen

167

sicher die Sadduzäer, hielten die Erwartung der endzeitlichen Totenauferweckung für eine im Pentateuch noch nicht verankerte Neuerung (Mk 12,18). (Zu den Essenern vgl. jetzt das in BARev 17, 1991 [No. 6], 65 publizierte messianische Textfragment aus 4Q) Für die Pharisäer dagegen und die sich in den Synagogen versammelnden Juden war die Erwartung der Auferweckung der Toten Element ihres *Bekenntnisses*. In der zweiten Benediktion des 18-Bitten-Gebetes heißt es (nach der älteren palästinischen Rezension): „Du bist mächtig, erniedrigst Stolze, stark, und richtest Gewaltige, du lebst ewig, läßt Tote auferstehen, den Wind wehen, den Tau herabfallen, du ernährst die Lebenden und machst die Toten lebendig. In einem Augenblick möge uns Hilfe sprossen. Gepriesen seist du, Herr, der die Toten lebendig macht" (Übersetzung von P. Schäfer, a. a. O. [s. o. S. 67], 404).

Jesus selbst, seine Jünger und auch Paulus waren Juden. Sie haben das 18-Bitten-Gebet mitgesprochen und in der Auferweckungshoffnung gelebt (vgl. Mk 12,18–27Par; Röm 4,17.24). Für sie äußert sich im Bekenntnis zu Jahwe als dem Schöpfer und Erwecker der Toten das Vertrauen auf die alles Geschaffene in Wohlordnung erhaltende Gerechtigkeit Gottes.

Die hebräischen Ausdrücke für die Totenauferweckung sind הֵקִים (Hiphil von קום) und חִיָּה (Piel von חיה) mit den griechischen Äquivalenten ζωοποιέω, ἀνίστημι und ἐγείρω. Um Mißverständnissen vorzubeugen, muß man im Blick auf die christliche Bekenntnisrede von der Auferweckung Jesu hinzufügen, daß ‚Auferweckung' (ἔγερσις) und ‚Auferstehung' (ἀνάστασις) der Toten frühjüdisch *nicht* unterschieden werden, sondern beide als von Gott allein ermöglicht gelten (vgl. J. Jeremias, Theol. I[4], 264 Anm. 2). Außerdem ist zu bedenken, daß die Auferweckung der Toten für das Frühjudentum vor allem ein *Hoffnungsgut* war. Selbst an den Gräbern der Propheten und Märtyrer in Jerusalem, Antiochien und anderwärts hielt man nach ihrer Auferweckung erst noch Ausschau. Während die Seelen jener Gerechten bereits bei Gott weilten (vgl. Weish 3,1 mit Apk 6,9), ruhten ihre Leiber und Gebeine noch im Grabe und harrten dem Jüngsten Tage entgegen, um dann erst an der allgemeinen (doppelten) Totenauferweckung teilzuhaben (vgl. Dan 12,1–3; äthHen 51,1–5). Von der geschichtlich bereits geschehenen und von vielen bezeugten leiblichen Auferweckung eines (unter dem Fluch der Tora) Gekreuzigten, ist in frühjüdischen Texten nirgends die Rede.

3. Das neutestamentliche Auferstehungsbekenntnis vollzieht gegenüber der alttestamentlich-frühjüdischen Tradition einen kühnen Schritt. *Es nennt den einen Gott, der die Welt geschaffen und Israel zu seinem Eigentumsvolk erwählt hat, den Gott, ‚der Jesus, unseren Herrn, von den Toten auferweckt hat'* (Röm 4,24; 8,11; 10,9; 1Petr 1,21 u. ö.). Gott hat Jesus durch die Auferweckung in seinem Werk und Opfergang bestätigt, wie es dem Gottesknecht in Jes 52,13–53,12 verheißen und dem Messias in Ps 110,1 zugesagt ist. Indem sich Gott mit dem messianischen Menschensohn und Gottesknecht in solch einzigartiger Weise identifiziert, wird Jesus zum messianischen ‚Mittler und Versühner' für alle Zeiten. Dieses Bekenntnis der neutestamentlichen Zeugen ist analogielos.

Bei den *Gottesprädikationen* Röm 4,24; 8,11; 10,9; 1Petr 1,21 und bei der Rede von der Auferweckung Jesu (Lk 24,34; 1Kor 15,3b–5) handelt es sich um *Bekenntnisaussagen*. Sie gründen auf einer doppelten Beobachtung und einem Widerfahrnis: Die Frauen und Männer aus Jesu Umgebung hatten seine Kreuzigung und Grablegung vor Augen und entdeckten am Ostermorgen das leere Grab. Zugleich widerfuhren ihnen an verschiedenen Orten Erscheinungen Jesu. *Das Bekenntnis: ‚Gott hat Jesus von den Toten auferweckt' (Röm 10,9) ist unter dem Eindruck dieser Ostererscheinungen formuliert worden, und zwar angesichts der Kreuzigung und Grablegung Jesu einerseits und des in Jerusalem geöffnet und leer aufgefundenen Jesusgrabes andererseits.* Es handelt sich bei dem Bekenntnis also nicht einfach um die Wiedergabe einer beobachteten Tatsache, sondern um die wagemutige *Deutung von Erfahrungen und Tatbeständen auf dem Hintergrund des frühjüdischen Bekenntnisses zu Gott als dem Erwecker der Toten.*

3.1 Der in die Anfangsjahre der Jerusalemer Urgemeinde zu datierende älteste Ostertext, den wir besitzen, *1Kor 15,3b–5(+ 6–8),* gibt diese Deutungsstruktur des christlichen Auferweckungsbekenntnisses schön zu erkennen.

Die Formulierungen des Paulus in 1Kor 15,1–3a zeigen, daß wir in 3b–5 (+ 6–8) ein *Summarium urchristlicher Passions- und Auferweckungskatechese* vor uns haben:
„(3) Ich habe euch als Hauptstück überliefert, was auch ich übernommen habe, daß (nämlich): Christus starb für unsere Sünden nach den Schriften, (4) und daß er begraben wurde, und daß er auferweckt worden ist am dritten Tage nach den Schriften, (5) und daß er Kephas erschien, danach den Zwölfen; – (6) dann erschien er mehr als fünfhundert Brüdern auf einmal, von denen die Mehrzahl bis heute noch lebt, einige aber sind schon entschlafen; (7) dann erschien er dem Jakobus, danach den Aposteln insgesamt. (8) Als letztem von allen erschien er – wie der Fehlgeburt – auch mir."
Der *Struktur* nach besteht der Gesamttext aus folgenden Elementen: einer (paulinischen) Einleitungsformel in V.1–3a; an diese schließt sich in V.3b–5 ein im Parallelismus membrorum formulierter, aus vier ὅτι-Sätzen bestehender Formeltext an; die vier ὅτι-Sätze gehen mit V.6 in Hauptsätze über, die mit Zeitadverbien eingeleitet werden. V.3b–5 sind also um drei Sätze erweitert worden, in denen weitere Erscheinungszeugen aufgeführt werden. Die Einleitung in 1Kor 15,1–3a, der von Paulus im Ich-Stil formulierte V.8 und die Häufung paulinischer Lexeme in der Parenthese V.6b (οἱ πλείονες, μένω und κοιμάω werden in den Paulusbriefen häufig gebraucht) lassen vermuten, daß wir in V.3b–8 *einen in der ‚Schule' des Paulus (vgl. Apg 18,7.11) benutzten Lehrtext* vor uns haben: In V.3b–5. + 6a. 7 gibt er vorpaulinisches Traditionsgut wieder, das der Apostel in V.6b u. V.8 ergänzt und kommentiert hat.
Der *traditionelle Charakter von V.3b–5 + 6a.7* läßt sich aus folgenden Beobachtungen erschließen: (1) Die Verse 3b–5 + 6a. 7 sind *unpaulinisch formuliert:* In eigenständigen Aussagen verwendet Paulus nie den Plural ἁμαρτίαι, sondern den Singular; er gebraucht auch sonst niemals die generelle Wendung κατὰ τὰς γραφάς, sondern andere Zitationsformeln. Das perfektische Passivum divinum ἐγήγερται

gehört, wie 2Tim 2,8 zeigt, zum Bekenntnisstil. Der Aorist ὤφθη findet sich nur in 1Kor 15,5–8 und in dem Hymnusfragment 1Tim 3,16. Das Adverb ἐπάνω = ,mehr als' kommt in den Paulusbriefen sonst nicht vor, und ἐφάπαξ, das in V.6 ,auf einmal' heißt, wird in Röm 6,10 (und in Hebr 7,27; 9,12; 10,10) im Sinne von ,ein für allemal' verwendet. Die ἀπόστολοι πάντες sind die bereits vor Paulus berufenen ,Apostel insgesamt' (vgl. Röm 16,7), denen sich Paulus nur mit größter Mühe zurechnen konnte, weil er seinen Gegnern als ἔκτρωμα, d.h. als ,Fehlgeburt' im Kreise der Apostel erschien (vgl. V.8). – (2) V.3b–5 sind in *semitisierendem Stil* abgefaßt. Kennzeichen dessen sind der Parallelismus membrorum, die Nachstellung des Zahlwortes τῇ ἡμέρᾳ τῇ τρίτῃ, das Passivum divinum ἐγήγερται und der aramäische Name Κηφᾶς (כֵּיפָא) für Petrus. – (3) In V.3a betont Paulus, daß er das in V.3b–5 zitierte „Evangelium" selbst schon übernommen habe. In V.8 reiht er sich als zeitlich Letzten (und Unwürdigsten) in die Reihe der Osterzeugen ein, und in V.11 betont er, daß es sich bei dem angeführten εὐαγγέλιον um kerygmatisches Glaubensgut handelt, das alle apostolischen Zeugen hochhalten. Da die Jerusalemer Gemeinde zweisprachig war und sämtliche in V.5–7 aufgeführten Zeugen nach Jerusalem weisen, darf man damit rechnen, daß *in den Versen 3b–5 + 6a.7 alte Jerusalemer Bekenntnis- und Geschichtstradition vorliegt;* sie könnte z.B. unter den ,Hellenisten' in Gebrauch gewesen sein. Als Paulus zwei oder drei Jahre nach der Kreuzigung Jesu zum Apostel berufen wurde, hat er diese Tradition übernommen. Im Rahmen von 1Kor 15,1–11 erscheinen V.3b–5 als ein durch das viermalige ὅτι mnemotechnisch gegliedertes katechetisches ,Hauptstück', das Paulus zuerst selbst gelernt und dann in seinem eigenen Unterricht an die Korinther weitergegeben hat und um die in V.6–8 aufgeführte Zeugenreihe ergänzt hat. (Auf die dabei entstandene interessante Parallelität von V.5 und 7 [sowie von V.6a und 8] sei jetzt nur hingewiesen.)

Bedenkt man, daß die Formel nach 1Kor 15,1–3a.11 zusammenfaßt, was von Jerusalem bis hin zu Paulus als „Evangelium" gelehrt wurde, ist davon auszugehen, daß in 1Kor 15,3b–5(6–8) ein Summarium der Stoffe vorliegt, die im christlichen (Tauf-)Unterricht näher erläutert und besprochen worden sind. Nach V.3b–5 gehörten dazu die Passions- und Ostergeschichten sowie Berichte über die Ersterscheinung Jesu vor Petrus und dem Zwölferkreis. – Nach V.6–8 kommen noch folgende Nachrichten hinzu: die Erscheinung Jesu vor mehr als fünfhundert Brüdern auf einmal (= Pfingsten?), Jesu Erscheinung vor Jakobus und der Gesamtheit der Apostel und die Berufung des Paulus zum Zeugen des Evangeliums (vgl. Gal 1,22–23 mit Apg 9,1–29; 22, 3–21; 26,9–20).

3.2 Die Besonderheit und Sachaussage des viergliedrigen Summariums ergibt sich, wenn man 1Kor 15,3b–5 mit den beiden alten zweigliedrigen Formeln vergleicht, die dem Traditionstext am nächsten stehen, Röm 4,25 und Lk 24,34.

In Röm 4,25 zitiert Paulus eine auf dem hebräischen Text von Jes 53,11–12 fußende und in semitisierendem Stil abgefaßte Christusformel (vgl. J. Jeremias, Theologie I[4], 281 Anm. 80): „... der [von Gott] preisgegeben wurde wegen unserer Übertretungen/ und [von Gott] auferweckt wurde wegen unserer Rechtfertigung". – Bei Lk 24,34 handelt es sich um eine von Lukas reproduzierte judenchristliche Kurzformel: „Der Herr ist (wahrhaftig) auferweckt worden und Simon erschienen".

1 Kor 15,3b–5 *unterscheiden sich* von diesen beiden Formeln durch: (1) den Titel Χριστός; (2) die Rede vom Sterben Jesu ὑπὲρ τῶν ἁμαρτιῶν ἡμῶν; (3) die zweimalige Begründung κατὰ τὰς γραφάς; (4) die Feststellung: „er wurde begraben"; (5) die Datierung: Er wurde auferweckt „am dritten Tage" und (6) die Nachricht: Er ist zuerst Kephas und ‚dann den Zwölfen' erschienen. Die (oft vertretene) Ansicht, in V. 3b–5 gehe es um ein Osterbekenntnis, das unabhängig von der Passionstradition der Evangelien und ohne explizites Interesse an der Geschichtlichkeit von Jesu Sühnetod, Grablegung und Erscheinungen formuliert worden sei, ist nach dieser Übersicht unrichtig. Es handelt sich um ein Summarium mit ausdrücklichem geschichtlichen und theologischen Interesse an den von ihm aufgezählten Ereignissen!

3.2.1 In Lk 24,34 und in Röm 3,24–25 wird der gekreuzigte und von Gott auferweckte Jesus ὁ κύριος (ἡμῶν) genannt. In 1 Kor 15,3b wird er mit dem Χριστός-Titel bezeichnet; er verbindet den Rückblick auf die Passion, die Jesus als messianischer Menschensohn erlitten hat, mit dem Bekenntnis zu seiner Auferweckung und Erhöhung zur Rechten Gottes gemäß Ps 110,1. Wie eng κύριος und Χριστός von Ostern her zusammengehören, dokumentieren Apg 2,34–36 (vgl. mit Ps 110,1).

3.2.2 Während der *Tod Jesu* in Lk 24,34 einfach vorausgesetzt wird, wird er in Röm 4,25 von Jes 53,11–12 (𝔐) her als stellvertretender Opfertod gedeutet. In 1 Kor 15,3b wird Jesu Sterben unter Verweis auf die Hl. Schriften als stellvertretende Lebenshingabe des Messias Jesus von Nazareth interpretiert. Mit der Wendung ὑπὲρ (τῶν ἁμαρτιῶν ἡμῶν) wird dabei an die Abendmahlsparadosis, in der das ὑπέρ besonders verwurzelt ist (vgl. Mk 14,24; Lk 22,19–20; 1 Kor 11,24), und an Jes 53,11–12 erinnert.

3.2.3 Lk 24,34 und Röm 4,25 erwähnen das *Begräbnis Jesu* nicht, aber in 1 Kor 15,4 bildet καὶ ὅτι ἐτάφη ein besonderes Aussageelement des viergliedrigen ‚Hauptstücks'. Es handelt sich dabei nicht nur um eine Bestätigung der Realität des Todes Jesu (vgl. Lk 16,22). Bedenkt man nämlich die Jerusalemer Herkunft des Formeltextes und seinen allgemeinen Gebrauch durch die Apostel (vgl. 15,11), wird man mit einem summarischen Verweis auf die Grablegung Jesu rechnen müssen (vgl. Mk 15,42–47Par); außerdem scheint Jes 53,9 (𝔐) im Blick zu stehen: Der Christus Gottes hat nach seinem von Gott verfügten Sterben ‚für unsere Sünden' seine (der Gemeinde wohlbekannte) Grabstätte gefunden und in ihr geruht.

3.2.4 Die *Auferweckung Jesu* wird in Lk 24,34 mit dem Aorist ἠγέρθη als Tat Gottes (vgl. Röm 4,25) bekannt (das bekräftigende ὄντως = ‚in Wahrheit, wahrhaftig' ist vielleicht erst von Lukas hinzugefügt worden, vgl. Lk 23,47 mit Mk 15,39) und in Röm 4,25 von Jes 53,11–12 (𝔐) her soteriologisch gedeutet. Auch in 1 Kor 15,4b wird betont, daß Jesu Auferweckung

‚am dritten Tage' ein Werk Gottes war (vgl. 15,4 mit 15,15), das von den Hl. Schriften her zu verstehen ist.

3.2.5 Τῇ ἡμέρᾳ τῇ τρίτῃ ruft die Berichte von der Auffindung des leeren Grabes am dritten Tage nach Jesu Kreuzigung in Erinnerung (vgl. Mk 16,1–8Par) und spielt außerdem wörtlich auf Hos 6,2(LXX) an. Da Hos 6,2 in jüdischen Texten mehrfach auf die endzeitliche Auferweckung aller Toten bezogen wird (vgl. Bill I, 747.760), scheint die Formulierung andeuten zu wollen, daß Jesu Auferweckung der Beginn und die verheißungsvolle Vorausdarstellung der allgemeinen Totenauferweckung ist (vgl. so auch 1 Kor 15,20–22 und Röm 1,4).

3.2.6 Während in Röm 4,25 keine *Erscheinungszeugen* genannt werden, sprechen Lk 24, 34 und 1 Kor 15,5 unter gemeinsamer Verwendung des Aorist Passiv ὀφθῆναί τινι von der (Erst-)Erscheinung Jesu vor Petrus. In Lk 24,34 wird er mit seinem semitischen Namen Simon und in 1 Kor 15,5 mit dem ihn als Grundfelsen der Gemeinde ausweisenden Ehrentitel Κηφᾶς (כֵּיפָא) genannt (vgl. Mk 3,16; Mt 16,18 [s. o. S. 115] mit Jes 51,1–2). Die auf den Petrus-Felsen gebaute Gemeinde ist das von Jesus Christus angeführte Zwölfstämmevolk der Endzeit; in dem von Petrus in Jerusalem neu gesammelten Zwölferkreis hat es seinen durch eine weitere Ostererscheinung Jesu bestätigten endzeitlichen Regentschaftsrat (vgl. Lk 22,29–30/Mt 19,28).

In 1 Kor 15,3b–5 liegt also, wie eingangs herausgestellt, *ein viergliedriges Bekenntnis vor, das auf den Opfertod Jesu und seine Grablegung zurückblickt und durch den Hinweis auf die Erscheinungen Jesu vor Petrus und den Zwölfen gestützt wird.*

3.3 Der Gebrauch von ὀφθῆναί τινι für alle in 1 Kor 15,5–8 aufgezählten *Ostererscheinungen* ist wichtig, wenn man feststellen will, worum es sich bei den Erscheinungen Jesu gehandelt hat.

Ein ausgeführter Bericht über die Ersterscheinung Jesu vor Petrus ist uns bis auf die überlieferungsgeschichtlich junge, am See Genezareth in Galiläa spielende Erzählung von Joh 21 nicht erhalten. Mit Nachrichten über die Erscheinungen Jesu vor den Zwölfen, den fünfhundert Glaubensbrüdern, Jakobus und den Aposteln insgesamt steht es nicht viel besser; wir haben nur die späten Vergleichstexte aus Lk 24,36–43 und Joh 20,19–23.24–29. Über die Erscheinung Jesu vor Paulus sind wir dagegen besser unterrichtet, nämlich durch den Apostel selbst (vgl. Gal 1,12.16; 1 Kor 9,1; 15,8; 2 Kor 4,4–6) und die dreifache lukanische Darstellung in Apg 9,3 ff.; 22,6 ff. und 26,3 ff. – *Angesichts dieser Quellenlage kann man sich über den Charakter der Ostererscheinungen am besten mit Hilfe des Verbums ὀφθῆναί τινι und der paulinischen Zeugnisse über die dem Apostel zuteilgewordene Christuserscheinung informieren.*

3.3.1 Das *Verbum ὀφθῆναι* ist bereits in LXX feststehender Ausdruck für das Erscheinen Gottes selbst oder seiner Beauftragen, der Engel, vor Men-

172

schen. Es geht dabei nicht nur um den Vorgang des Sehens, sondern auch um die mit diesem Sehen verbundene verbale Offenbarung (vgl. z. B. die Erscheinung des ἄγγελος κυρίου in Ex 3,2.4 ff. und die häufig auftauchende Formel ‚der Herr erschien [ὤφθη] dem N.N. und sprach zu ihm' [Gen 12,7; 17,1 u. ö.]). Der griechische Aorist Passiv ist hier jeweils Äquivalent für Niphal-Formen von ראה und meint ein Sich-sehen-lassen bzw. ein Gesehenwerden des von Gott gesandten Boten bzw. Gottes selbst. Die Wahl von ὀφθῆναί τινι in unserer Überlieferung (und in 1Tim 3,16) ist nicht zufällig, sondern signalisiert, *daß der auferweckte Christus in göttlicher Autorität erschienen ist (und sich den Zeugen bei dieser Schau mitgeteilt hat).*

3.3.2 Die *Berichte des Paulus* über seine Christophanie und Berufung weisen auf denselben Sachverhalt hin. In 1Kor 9,1 betont er, er habe ‚Jesus, unseren Herrn, gesehen' (Ἰησοῦν τὸν κύριον ἡμῶν ἑόρακα). In Gal 1,12 schreibt er, er habe das Evangelium durch die ‚Offenbarung Jesu Christi' (ἀποκάλυψις Ἰησοῦ Χριστοῦ) empfangen, und in Gal 1,16, es habe Gott gefallen, „seinen Sohn an (in) mir zu offenbaren (ἀποκαλύψαι τὸν υἱὸν αὐτοῦ ἐν ἐμοί), damit ich ihn unter den Heiden verkündige". Bei dieser Offenbarung geht es um die Schau des von Gott auferweckten Sohnes Gottes, in der Paulus das εὐαγγέλιον erschlossen wurde. Paulus beschreibt das Widerfahrnis in 2Kor 4,5–6 als ein von Gott, dem Schöpfer, bewirktes „Erleuchtetwerden zur Erkenntnis der Herrlichkeit Gottes auf dem Angesicht Jesu Christi" (φωτισμὸς τῆς γνώσεως τῆς δόξης τοῦ θεοῦ ἐν προσώπῳ Ἰησοῦ Χριστοῦ). *Es ging also um einen von außen her an Paulus herangetragenen Erleuchtungs- und Erkenntnisvorgang: Der gekreuzigte Christus erschien Paulus als Träger der Herrlichkeit Gottes.* Die legendarisch ausgestalteten Bekehrungsberichte der Apostelgeschichte sprechen von einer Paulus ‚vom Himmel her' (ἐκ τοῦ οὐρανοῦ und οὐρανόθεν) überkommenden Christuserscheinung (Apg 9,3; 22,6; 26,13).

3.3.3 Wendet man diese Einsichten auf die in 1Kor 15,3–8 aufgezählten Erscheinungen an, handelt es sich jeweils um ein *In-Erscheinung-Treten des gekreuzigten Jesus vom Himmel her in göttlicher Herrlichkeit,* d. h. in der Seinsweise, die nach Dan 12,3 die Gerechten im ewigen Leben auszeichnen soll. Seine Erscheinung ἐν δόξῃ wies den Gekreuzigten als den von Gott bestätigten und mit ewigem Leben beschenkten ‚Gerechten' (Lk 23,4; Apg 22,14) aus. Dies geschah nicht vor jedermann, sondern nur vor bestimmten Zeugen (Apg 10,41). Zu ihnen gehörten ehemalige Jesusjünger wie Petrus und der Kreis der Zwölf, aber auch der Herrenbruder Jakobus, der Jesus vor Ostern kritisch gegenübergestanden hatte (vgl. Mk 3,21; Joh 7,5), ‚mehr als fünfhundert Brüder auf einmal', also Menschen, die vor Ostern z. T. noch gar nicht mit Jesus in Berührung gekommen waren, und schließlich sogar der die Christengemeinde bis nach Damaskus verfolgende Paulus.

173

Angesichts dieser Zeugenreihe sollte man in den Erscheinungen nicht nur eine Projektion jenes Glaubens sehen wollen, den schon (der irdische) Jesus in Petrus u. a. geweckt habe und der nach den Stunden des Versagens bei Jesu Verhaftung und Hinrichtung neu erstarkt sei (R. Schäfer, Jesus und der Gottesglaube, 1972[2], 91 ff.), aber auch keine fragwürdigen apologetischen Realitätsbeweise für Jesu Auferweckung im Stile des Petrusevangeliums anstrengen. Die Erscheinungen „vor uns, den zuvor von Gott dazu bestimmten Zeugen" (Apg 10,41) bzw. „an (in) mir" (Gal 1,16; 2 Kor 4,6) setzen bei den Betroffenen eine bestimmte, (natürlich auch religionspsychologischer Analyse offenstehende) ‚Disposition' voraus: Es handelt sich nicht um Unbeteiligte, sondern sämtlich um Menschen, die mit Jesus in intensiver, positiver oder negativer Beziehung standen oder sich mit dem Christuszeugnis der Missionsgemeinde auseinanderzusetzen hatten.

Bei den in 1 Kor 15,5–8 bezeugten Erscheinungen handelt es sich um lebensverändernde Erfahrungen, die weder objektiv ‚festgestellt' noch (historisch-)kritisch wegerklärt werden können. Sie nehmen eine Zwischenstellung ein zwischen von jedermann wahrnehmbaren historischen Fakten und rein subjektiven Visionen und Geisterfahrungen, wobei zu beachten ist, daß schon Paulus die ihm während seines apostolischen Wirkens zuteilgewordenen ὀπτασίαι καὶ ἀποκαλύψεις κυρίου (2 Kor 12,1–5) nicht zur Kategorie der Ostererscheinungen gerechnet hat. Bei diesen geht es um historisch ernstzunehmende Aussagen von erkenntnistheoretisch und ontologisch ‚drittweltlicher' (K. Popper) Natur.

3.3.4 In diesem Zusammenhang ist noch kurz auf die Frage einzugehen, weshalb in 1 Kor 15,3–8 *keine Frau als Erscheinungszeugin* genannt wird, obgleich Frauen aus Jesu Umgebung die Hauptzeuginnen der Hinrichtung und Grablegung Jesu gewesen sind und den Aposteln auch als erste Mitteilung vom leeren Grab Jesu gemacht haben. Liest man die Ostertexte genau, zeigt sich, daß in 1 Kor 15,3b–8 nur diejenigen Personen aufgelistet werden, die eine Erscheinung Jesu vom Himmel her in göttlicher Herrlichkeit erfahren haben. Frauen gehörten dazu nicht: Der Bericht von der Erscheinung Jesu vor Maria von Magdala in Joh 20, 11–18 spricht in V. 17 ausdrücklich von einer Erscheinung des noch nicht zu seinem Vater ‚aufgestiegenen' Jesus. Maria von Magdala gehört deshalb ebenso wenig in die Zeugenreihe von 1 Kor 15,3–8 hinein wie die in den Berichten von der Auffindung des leeren Grabes (Mk 16,1–8Par) namentlich genannten Frauen. Die Grabesgeschichten sind von Gewicht, aber sie konstituieren die christliche Osterbotschaft nicht allein. Da Maria von Magdala in Joh 20,17 nur den Auftrag erhält, den Jüngern die erst noch bevorstehende ‚Auffahrt' bzw. Erhöhung Jesu anzukündigen, bezieht sich ihr (mit 1 Kor 9,1 vergleichbares) ἑώρακα τὸν κύριον in V. 18 noch nicht auf den Erhöhten. Der Vorwurf der gezielten Unterdrückung der Osterzeugenschaft von Frauen ist darum gegenüber 1 Kor 15,5–8 (und Paulus) unberechtigt.

Bei dem urchristlichen Bekenntnis der Auferweckung Jesu von den Toten handelt es sich um eine kühne Deutung der Erscheinungen des erhöhten Christus vom Himmel her angesichts seiner Hinrichtung am Kreuz, seiner Grablegung und der Auffindung des leeren Jesusgrabes am Ostermorgen.

3.4 Bei der sprachlichen Ausformung dieser Deutung wurde das frühjüdische Bekenntnis zu Gott als dem Erwecker der Toten (s. o.) aufgenommen und weitergebildet. Der eine Gott, der die Welt aus dem Nichts heraus geschaffen und Israel zu seinem Eigentumsvolk erwählt hat, war für Jesus kein Gott der Toten, sondern der Lebenden (vgl. Mk 12,27Par) und für das Urchristentum der Gott, der die Toten auferweckt (Röm 4,17; 2Kor 1,9; Hebr 11,19). *Im Auferweckungsbekenntnis der ersten christlichen Zeugen wird die Erscheinung des gekreuzigten und ins Grab gelegten Jesus in himmlischer Herrlichkeit als Werk dieses einen Gottes gedeutet. Das alttestamentlich-jüdische Bekenntnis zu Jahwe als dem Schöpfer und Erwecker der Toten wird aufgenommen und christologisch präzisiert.* Damit wird dem Verständnis Gottes eine neue Dimension eröffnet. Gott ist nicht nur der Eine, der einst die Toten auferwecken wird, sondern der Gott, der den um seiner messianischen Sendung willen gekreuzigten Jesus bereits (drei Tage nach der Grablegung) von den Toten auferweckt hat (vgl. Röm 4,24; 8,11; 10,9; 1Kor 6,14; 1Petr 1,21 usw.). Wer der eine Gott ist, läßt sich abschließend und endgültig erst von Jesus, seiner messianischen Sendung, seinem Kreuzestod, seiner Erhöhung zum ‚Herrn und Christus' (Apg 2,36) und seiner Erscheinung vom Himmel her erkennen, und umgekehrt wird Jesus in seinem Sein und seiner Sendung nur und erst von diesem einen Gott her verständlich. Hat man diese wechselseitige hermeneutische Beziehung von Gott und Jesus im Auferweckungsbekenntnis erkannt, wird *das urchristliche Auferweckungsbekenntnis zu einem ganz entscheidenden Zentraldatum der Biblischen Theologie des Neuen Testaments.*

4. Es bleibt nun noch die *Tradition von der Auffindung des leeren Grabes Jesu* zu bedenken. Das Gewicht der Grabestradition bei den neutestamentlichen Hauptzeugen ist unterschiedlich. Während sie in der Erzähltradition der Synoptiker und des Johannesevangeliums von erheblicher Bedeutung ist, spielt sie in den Paulusbriefen bis auf 1Kor 15,4 (und die Anspielung auf diesen Satz in Röm 6,4) keine Rolle. Gleichwohl geht es nicht an, die Grabestradition (unter Berufung auf Paulus) pauschal als theologisch nebensächliche späte apologetische Legendenbildung abzutun.

4.1 Während für das Griechentum der menschliche Leib als ‚Grabmal der (unsterblichen) Seele' galt (vgl. Orph fr 8 und spätere Belege) und nur die Erwartung einer körperlosen Zukunftsexistenz der $\psi\upsilon\chi\alpha\acute{\iota}$ in der göttlichen Welt zuließ (vgl A. Dihle, ThW IX, 613, 8ff.), war die *frühjüdische Auferstehungsvorstellung* erstaunlich vielschichtig. Sie reichte von der Erwartung der Auferstehung zum Gericht in (restituierter) irdischer Leiblichkeit mit anschließender Verwandlung der Gerechten in die Lichtherrlichkeit und der Verurteilung der Ungerechten zu ewiger Schande und Schmach (Dan 12,2–3; äthHen 51,1–5; 4Esr 7,26–33; syrBar 49,1–51,10), über die Hoffnung auf Neuschöpfung (2Makk 7,22 f.) bis hin zu der hellenistisch anmutenden Erwartung, die jüdischen Märtyrer würden „dem Chor der Väter zugesellt und von

Gott mit unsterblichen Seelen ausgestattet" (4Makk 18,23). Die verschiedenen An-
schauungsweisen konnten auch so verbunden werden, daß man annahm, die Gebeine
der Toten würden bis zum Jüngsten Tage in der Erde ruhen bleiben, während ihre
,Geister' – getrennt in die der Gerechten und Ungerechten – in ,Kammern' auf den Tag
des Gerichtes hin ,versammelt' werden (äthHen 22) oder schon ,Freude' bei Gott
erfahren (Jub 23,31, vgl. mit Apk 6,9–11). Von der Henoch- und Elia-Tradition her lag
außerdem die Entrückungsvorstellung bereit (vgl. Gen 5, 24; 2Kön 2,11; Sir 48,9–11;
äthHen 70,1–2). Wo von der Entrückung einzelner Gerechter gesprochen wird, findet
man entweder ihr Grab gar nicht (vgl. TestHiob 39,12–13), oder der Gerechte stirbt,
(nur) seine Seele wird zu Gott entrückt, sein entseelter Leichnam aber wird bestattet
und seine Gebeine ruhen (unverweslich) in der Erde bis zum jüngsten Tage (so für
Mose, die Erzväter, Hiob und die Märtyrerpropheten bBB 17a; TestHiob 52,1–53,8
und weiteres Material bei J. Jeremias, Heiligengräber in Jesu Umwelt, 1958, 126 ff.).
Beherrschend war in der Volksfrömmigkeit und bei den Pharisäern die Vorstellung,
daß der irdische Leib in einen himmlischen Leib verwandelt und das neue Sein der von
den Toten Auferweckten und im Endgericht als gerecht Erfundenen der Herrlichkeit
der himmlischen Welt entsprechen werde (s. o.). Die Christen haben diese Erwartung
übernommen (vgl. Phil 3,20–21; 1Thess 4,15 ff.; 1Kor 15,35–57; Apk 20,11–15).

Setzt man diese frühjüdischen Anschauungshorizonte und die Grablegung Jesu
voraus, ergeben sich folgende Perspektiven: Für die jüdische Anhängerschaft Jesu
mußte es sich zunächst naheliegen, *Jesus als einen im Grabe ruhenden Märtyrer zu
verehren.* Während Jesu (Leichnam und) Gebeine im Grabe der endzeitlichen Auferweckung der Toten entgegenharrten, konnte man seine ψυχή schon bei Gott wissen
und ihn (wie andere jüdische Märtyrer auch) als himmlischen Fürbitter anrufen. Die
Sadduzäer hätten einen solchen Brauch mitsamt der ihn bestimmenden Auferwek-
kungsanschauung zwar als falsch angesehen, aber wohl ebenso hingenommen wie die
Heiligenverehrung an den Jerusalemer Märtyrer- und Prophetengräbern. Auch für die
Pharisäer und das jüdische Volk wäre ein solcher Brauch verständlich und akzeptabel
gewesen. Selbst ganz hellenisierte Juden aus der Diaspora hätten ihn gelten lassen
können. Aber es kam alles anders. *Die Ereignisse machten einen christlichen Märtyrer-
kult um den toten Jesus unmöglich und ließen sein Grab zum anstößigen Streitobjekt
werden!*

4.2 Für die *Grabestradition der Evangelien* gilt viererlei: (1) die von Josef aus
Arimathäa zur Verfügung gestellte Grabstätte Jesu war (in Jerusalem) bekannt; (2) das Grab wurde am Ostermorgen leer aufgefunden; (3) ein Märty-
rerkult an Jesu Grab kam deshalb nicht in Frage, und (4) ist von jüdischer Seite
gegen das leere Grab polemisiert und christlich darauf reagiert worden.

4.2.1 Gegen die Geschichtlichkeit der in Mk 15,42–47Par berichteten Grablegung
Jesu hat man wiederholt eingewandt, die Römer hätten gekreuzigte Übeltäter oft bis
zur Verwesung am Kreuz hängen lassen, und Jesus sei allenfalls in einem der in mSanh
6,5 erwähnten Verbrechergräber verscharrt worden; zum Beweis wird auf Apg 13,29
verwiesen: „Als sie (die Juden) alles vollbracht hatten, was über ihn geschrieben steht,
nahmen sie ihn vom Kreuzesholz und legten ihn ins Grab. (30) Gott aber hat ihn von
den Toten auferweckt."
Der Hinweis auf die Vorgehensweise der Römer ist richtig und wird z. B. durch

Philo bestätigt (vgl. Flacc 84 und J. Gnilka, Jesus von Nazaret, 1990, 314 Anm. 94).
Dies ist aber kein Grund die präzisen Angaben von Mk 15,42–47Par grundsätzlich
zu bezweifeln. In Apg 13,29 bezeichnet μνημεῖον kein Massen-, sondern ein Ein-
zelgrab (vgl. Lk 23,53 [Kodex D] und Mk 15,46; 16,2). Außerdem läßt sich die
Kurzformulierung des Verses ohne Schwierigkeiten von Lk 23,50–54 bzw.
Mk 15,42–47 her verstehen: Es waren Juden, die für Jesu Bestattung gesorgt haben,
und Joseph von Arimathäa war ein Angehöriger des Synhedriums. *Der Bericht
über die Bestattung Jesu in Mk 15,42–47Par hat also die geschichtliche Wahrscheinlichkeit für sich.*

4.2.2 Unter diesen Umständen verdient auch der den ältesten Text des Markusevangeliums abschließende Bericht über die Auffindung des Grabes Jesu durch (namentlich genannte) Frauen aus Jesu Umgebung, *Mk 16,1–8*, Beachtung. Es handelt sich bei
diesem Text keineswegs – wie sogar J. Jeremias R. Bultmann zugestanden hat (Theol.
I⁴, 289) und z.B. auch W. G. Kümmel meint (Theol.⁵, 88f.) – um eine sekundäre
Legende, sondern um einen in der Topik der Wundergeschichten erzählten, von
apologetischen Vergröberungen noch freien Text, der die Erstaunlichkeit des leeren
Grabes Jesu spiegelt.

Zur *Analyse* sei nur folgendes erwähnt: V.1 (vgl. mit 15,40.47) und V.7 (vgl. mit
14,28) verbinden den Bericht mit der (vor-)markinischen Passionstradition. Der Text
ist ganz ähnlich aufgebaut wie eine Wundergeschichte: V.1–4 bilden die sog. Exposition, V.5–7 deuten das wunderbare Phänomen des leeren Grabes durch die Engelbot-
schaft, und V.8 bildet den stilgerechten Schluß des Ganzen (vgl. 1Sam 3,15b; LibAnt
53,12). Am Ende des Markusevangeliums bietet der Text eine (indirekte) Auferwek-
kungsdemonstration; von Matthäus ist er so verstanden worden (vgl. Mt 28,1–8).

Ehe man Mk 16,1–8 wegen der Bemerkung in V.6c: ἴδε ὁ τόπος ὅπου ἔθηκαν αὐτόν
als apologetische Spätbildung beiseiteschiebt, sollte man beachten, daß *weder V.1–2
noch die Motivik des Textes insgesamt auf legendarische Apologetik hinweisen*: Die
drei Frauen wollten Jesus so ehrenvoll zur letzten Ruhe betten, wie das am Karfreitag
vor Beginn des Sabbats nicht mehr durchführbar gewesen war (vgl. 2Chron 16,14).
Der Akt der Salbung diente der Herrichtung des Leichnams; die ἀρώματα sind
wohlriechende Salböle, die den Leichengeruch neutralisieren sollen. Bei den in Jerusalem zur Osterzeit herrschenden kühlen Temperaturen (vgl. Mk 14,54Par; im Jahre
1983 lag in Jerusalem an Ostern sogar Schnee!), war die Salbungsabsicht knapp vierzig
Stunden nach Jesu Grablegung keineswegs widersinnig. Der Gang zum Grab bis zum
3. Tag war nach dem jüdischen Trauertraktat Semachot üblich, und zwar um zu
vermeiden, daß Scheintote begraben wurden, und weil man der Auffassung war, daß
die Seele des Toten noch drei Tage lang zum Grabe zurückkehrte (vgl. Bill I, 1048).

4.2.3 Es ist außerdem historisch zu bedenken, daß sich z.Z. Jesu gerade in Jerusalem
an den Gräbern des Königs David und der Märtyrerpropheten und -prophetinnen
Hulda, Jesaja, Sacharja ben Jodaja usw. ein regelrechter *Grabkult* entwickelt hatte:
Man rief die Propheten als Fürbitter an und hielt sie für wundertätig (s.o.). Diese
jüdische Sicht hätte es den μαθηταί in Jerusalem durchaus erlaubt, Jesus als Märtyrerpropheten zu verehren, während sein Leichnam und seine Gebeine im Grabe ruhten
(s.o.). Mk 16,1–8 steht aber diesem Anschauungskreis und Brauchtum seltsam sper-
rig gegenüber. Das Grab erscheint als Raum, der Jesus *nicht* hat halten können. *Statt
eine sekundäre Apologie zu sein, durchkreuzt der Text eine bloß martyrologische Sicht*

Jesu und zwingt die Zeugen zu einer jüdisch ganz unüblichen Auferweckungsverkündigung.

Mk 16,1–8 betonen *inhaltlich* dreierlei: (1) Als die Frauen am Morgen des ersten Wochentages an das mit einem großen Rollstein verschlossene Grab kamen, fanden sie das Grab geöffnet vor; der schwere Stein war bereits zur Seite gewälzt, und ihre Salbungsabsicht kam zu spät. (2) Was dies zu besagen hat, wird ihnen durch den Mund des Engels ‚bedeutet': Gott hat Jesus von den Toten auferweckt (ἠγέρθη in V.6 ist Passivum divinum); das Grab hat Jesus nicht halten können (vgl. Lk 24,5–6). (3) Das leere Grab ist nur ein indirekter Beweis für die Auferweckung. Die Frauen sollen Petrus und die (sich in Jerusalem verbergenden?) Jünger darauf hinweisen, daß sie Jesus in Galiläa ‚sehen' werden. Das ὄψεσθε von V.7 läßt sich gut mit Lk 24,23 und 1 Kor 15,5 verbinden: Nicht schon das leere Grab, sondern erst die Ostererscheinung Jesu vor Petrus und den Jüngern begründet die Osterbotschaft (vgl. 1 Kor 15,3b–5)! Die Frauen sind von dem Geschehen so tief betroffen, daß sie anfänglich nicht wagen, den Auftrag des Engels auszuführen (vgl. zu diesem Motiv 1 Sam 3,15; LibAnt 53,12). *Bei Mk 16,1–8 handelt es sich um einen altertümlichen Text, der noch die Schwierigkeiten erahnen läßt, die das Phänomen des leeren Grabes den urchristlichen Zeugen in Jerusalem und anderswo gemacht hat.*

4.2.4 Will man trotzdem bei der kritischen Annahme bleiben, daß es sich bei den Erzählungen von der Auffindung des leeren Grabes am Ostermorgen nur um späte apologetische Bildungen der Gemeinde handeln kann, muß man dreierlei erklären: (1) Wie es trotz des angeblich keine Rolle spielenden Grabes Jesu in Jerusalem selbst und in Palästina zur Ausbildung und Annahme der Botschaft von Jesu leiblicher Auferweckung von den Toten und seiner Erhöhung zur Rechten Gottes hat kommen können. Es wäre unmöglich gewesen, so zu reden, wenn in Jerusalem ein bloßer Gang zum (noch ungeöffneten) Grab Jesu diese Botschaft Lügen gestraft hätte. – (2) Wie die Entstehung der jüdischen Polemik gegen das leere Grab in Mt 27,62–66 zu erklären ist. Diese Polemik versteht sich dann am einfachsten, wenn man damit das erstaunliche Phänomen, auf das die Christen verwiesen, zu bestreiten suchte. – (3) Wie ohne die Tradition vom (leeren) Grabe Jesu die mit den Berichten der Evangelien auffällig übereinstimmenden archäologischen Befunde in der Jerusalemer Grabeskirche zu deuten sind (vgl. dazu C. Kopp, Die heiligen Stätten der Evangelien, 1964[2], 422 ff.; J. Wilkinson, Jerusalem as Jesus knew it, 1982[2], 155 ff.).

4.3 Das leere Grab Jesu war ein Juden und Christen in Jerusalem vorgegebenes Phänomen, das es zu bewältigen galt. Während die christlichen Zeugen lernten, es als Argument für die Auferweckung Jesu anzusehen, wurde von ihren Gegnern seine Zweideutigkeit herausgestellt. Die Mehrdeutigkeit des leeren Grabes ist auch von der christlichen Tradition nicht geleugnet worden (vgl. Joh 20,15).

5. Fassen wir zusammen: Das urchristliche Auferweckungsbekenntnis ist von der Grablegung und dem leeren Grab Jesu in Jerusalem ausgegangen und hat beides im Lichte der Erscheinungen des erhöhten Christus vom Himmel her gedeutet: *Auf der Grundlage des alttestamentlich-frühjüdischen Bekenntnisses zu Gott als dem Schöpfer und Erwecker der Toten wurden Jesus*

als der von Gott auferweckte und gemäß Ps 110,1 erhöhte ‚Herr und Christus' (Apg 2,36) und Gott als der Gott bekannt, der Jesus von den Toten auferweckt hat. Es handelt sich dabei um homologische Aussagen, die die innere Beteiligung der Bekennenden an dem Gegenstand des Bekenntnisses implizieren. Der auferweckte Christus und der eine Gott, der Jesus von den Toten auferweckt hat, lassen sich nur bekennen, indem man sie anerkennt und ihnen das Verfügungsrecht über die eigene Existenz einräumt. Indem das Auferweckungsbekenntnis zu dieser Art von (An-)Erkenntnis Jesu als des Christus Gottes und des einen Gottes als des Vaters Jesu Christi einlädt, hat es *missionarische Struktur.*

§ 14 Die Ausbildung des Christusbekenntnisses

Literatur: H. R. Balz, Methodische Probleme d. ntl. Christologie, 1967; *O. Betz*, Was wissen wir von Jesus?, 1991[2], 109ff.; *M. Black*, The Christological Use of the Old Testament in the New Testament, NTS 18, 1971/72, 1–14; *ders.*, An Aramaic Approach to the Gospels, 1967[3], 310ff.; *C. Breytenbach*, Versöhnung, 1989, 166ff.; *R. Brown*, The Birth of the Messiah, 1979; *O. Cullmann*, Die Christologie d. NT, 1975[5]; *G. Delling*, Der Kreuzestod in d. urchristl. Verkündigung, 1972, 9ff.; *J. D. G. Dunn*, Christology in the Making, 1989[2]; *G. Friedrich*, Die Verkündigung d. Todes Jesu im NT, 1985[2]; *J. A. Fitzmyer*, Der semitische Hintergrund d. ntl. Kyriostitels, in: Jesus Christus in Historie u. Theologie. FS für H. Conzelmann (s. zu § 2), 267–298; *H. Gese*, Natus ex virgine, in: *ders.*, Vom Sinai zum Zion, 1990[3], 130–146; *F. Hahn*, Christologische Hoheitstitel, 1974[4]; *ders.*, Methodenprobleme einer Christologie d. NT, VF 15/2, 1970, 3–41; *M. Hengel*, Christologie u. ntl. Chronologie, in: NT u. Geschichte, O. Cullmann zum 70. Geburtstag, 1972, 43–67; *ders.*, Der Sohn Gottes, 1977[2]; *ders.*, Die christologischen Hoheitstitel im Urchristentum, in: Der Name Gottes, hrsg. von H. von Stietencron, 1975, 90–111; *ders.*, Jesus als messianischer Lehrer der Weisheit u. d. Anfänge d. Christologie, in: Sagesse et religion, 1979, 147–188; *ders.*, The Atonement, 1981; *ders.*, Erwägungen zum Sprachgebrauch von Χριστός bei Paulus u. in d. ‚vorpaulinischen' Überlieferung, in: Paul and Paulinism. Essays in Honour of C. K. Barrett, edd. M. D. Hooker & S. G. Wilson, 1982, 135–158; *ders.*, The ‚Hellenization' of Judaea in the First Century after Christ, 1989; *T. Holtz*, Das AT u. d. Bekenntnis d. frühen Gemeinde zu Jesus Christus, in: Christus bezeugen. Für W. Trilling, hrsg. von K. Kertelge, T. Holtz u. C.-P. März, 1989, 55–66; *A. J. Hultgren*, New Testament Christology, 1988, 100ff. 118ff. 167ff.; *S. Kim*, The ‚Son of Man' as the Son of God, 1983; *H. Köster*, Grundtypen u. Kriterien frühchristl. Glaubensbekenntnisse, in: *H. Köster – J. M. Robinson*, Entwicklungslinien durch d. Welt d. frühen Christentums, 1971, 191–215; *I. H. Marshall*, Palestinian and Hellenistic Christianity, NTS 19, 1972/73, 271–287; *H. Merklein*, Studien zu Jesus u. Paulus, 1987, 221ff. 247ff.; *R. Pesch*, Das Evangelium Gottes über seinen Sohn. Zur Auslegung der Tradition in Röm 1,1–4; in: Christus bezeugen (s. o.), 208–217; *J. Roloff*, Artikel: ἱλαστήριον, EWNT II, 455–457; *L. Schenke*, Die Urgemeinde, 1990, 116ff.; *W. Schrage*, Das Verständnis d. Todes Jesu Christi im NT, in: Das Kreuz Jesu Christi als Grund d. Heils, Schriftenreihe d. theol.

Ausschusses d. EKU, hrsg. von Fr. Viering, 1969³, 49–90; *E. Schweizer,* Jesus Christus im vielfältigen Zeugnis d. NT, 1968; *P. Stuhlmacher,* Versöhnung, Gesetz u. Gerechtigkeit, 1981, 66 ff., 117 ff.; *ders.,* Sühne oder Versöhnung?, in: Die Mitte d. NT, FS für E. Schweizer, hrsg. von U. Luz u. H. Weder, 1983, 291–316; *ders.,* Jesus von Nazareth u. die ntl. Christologie im Lichte der Hl. Schrift, in: Mitte der Schrift? (s. § 10), 1987, 81–95; *W. Thüsing,* Erhöhungsvorstellung u. Parusieerwartung in d. ältesten nachösterlichen Christologie, 1969; *K. Wengst,* Christologische Formeln u. Lieder d. Urchristentums, 1973²; *U. Wilckens,* Der Brief an die Römer, EKK VI/1, 1987², 233 ff.

1. Will man sich die Ausbildung und die Strukturen des frühchristlichen Bekenntnisses zu Jesus Christus historisch genau vor Augen führen, muß man sich zunächst wieder über die methodischen Schwierigkeiten im klaren sein, die sich ergeben, wenn man diese Fragen wissenschaftlich exakt beantworten will; man muß außerdem einen Begriff von den historischen Bedingungen haben, unter denen die ältesten Christusbekenntnisse entstanden sind, und man muß die treibenden Motive für ihre Ausbildung angeben können.

1.1 Die Hauptschwierigkeit, die sich einer einfachen Antwort entgegenstellt, ist die Nötigung zum *Rückschlußverfahren*: Die apostolischen Briefe, die Evangelien und die Apostelgeschichte sind traditionskritisch auf Zitate und alte christologische Motive zu untersuchen. Wie die Analyse von 1 Kor 15,3b–5 + 6–8 (s. o. S. 169 ff.) gezeigt hat, ist dieses Verfahren nicht aussichtslos, aber hypothetisch und bleibt deshalb mit Unsicherheiten behaftet.

1.2 *M. Hengel* hat schon 1972 in einem Aufsatz über „Christologie und neutestamentliche Chronologie" darauf gedrungen, daß bei der Analyse der ältesten christologischen Bekenntnisse drei Regeln zu beachten sind: die Darstellung muß chronologisch exakt, religionsgeschichtlich genau und so beschaffen sein, daß die geschichtlichen Zusammenhänge, in denen die ersten Christengemeinden standen, Berücksichtigung finden.

1.2.1 Weil Paulus bereits zwei oder drei Jahre nach Jesu Kreuzigung und Auferweckung zum Apostel berufen worden und dann in Kontakt mit den Christen in Damaskus und Jerusalem getreten ist, besteht das *vorpaulinische Christentum* nur aus jenen Gemeinden, die sich vor und unabhängig von der Berufung des Paulus in Judäa und Galiläa, Samarien, Damaskus und Antiochien gebildet haben. Von einer bereits in vorpaulinischer Zeit existierenden Vielzahl christlicher ‚Kreise' in Syrien, Galiläa und anderswo wissen wir historisch nichts.

Apg 6,1–7 lassen erkennen, daß zur *Urgemeinde von Jerusalem* von früh an nicht nur ‚Hebräer' gehörten, d. h. bekehrte Juden, die Aramäisch (und Hebräisch) sprachen, sondern auch ‚Hellenisten', d. h. vorwiegend Griechisch sprechende Juden, die aus der Diaspora nach Jerusalem zurückgewandert und hier für den Glauben gewonnen worden waren. Beide Gruppen scheinen eigene Gemeindekreise gebildet und ihre Gottesdienste auf Griechisch und Aramäisch (Hebräisch) gefeiert zu haben. Die ‚Hebräer‘ standen unter der Leitung des Petrus und des von ihm neu konstituierten Zwölferkreises, während an der Spitze der ‚Hellenisten‘ Stephanus und das in Apg 6,5 erwähnte Kollegium der Sieben (Diakone) gestanden zu haben scheint. Das Martyrium des Stephanus und die Vertreibung der Hellenisten aus Jerusalem fallen noch in die Zeit, als Paulus Verfolger der Christengemeinde war. Die Verfolgung hatte darin ihren Grund, daß gerade die Ἑλληνισταί aus dem Bekenntnis zu Tod und Auferweckung Jesu gesetzes- und tempelkritische Folgerungen zogen, die dem fanatischen jungen Pharisäer und seinen jüdischen Auftraggebern religiös unerträglich erschienen (vgl. Apg 6,13–14). Die Ausdehnung der Verfolgung bis nach *Damaskus* signalisiert, daß die dortigen Christen mit den im Stephanuskreis vertretenen Überzeugungen übereinstimmten.

Die von den Franziskanern durchgeführten Ausgrabungen der Insula Sacra in *Kapernaum* (vgl. S. Loffreda, Recovering Capharnaum, 1985, 50ff., und J. E. Strange – H. Shanks, Has the House, Where Jesus Stayed in Capharnaum Been Found?, BARev 1982 [No. 6], 26–37) haben ergeben, daß das mutmaßliche Petrus-Haus schon vor 70 n. Chr. Versammlungsraum einer christlichen *Hausgemeinde* war. Wann sie gegründet worden ist, ist unbekannt. Mk 14,28Par; 16,7Par könnten aber als indirekte Hinweise auf diese Gemeinde zu lesen sein.

Eine der Folgen der Vertreibung der Hellenisten aus Jerusalem war die Gründung der *Gemeinde von Antiochien* am Orontes durch versprengte Mitglieder des Stephanuskreises (vgl. Apg 11,19–26). Auch diese Gemeinde bestand im Kern zunächst aus Judenchristen und stand nach Apg 11,22ff.27ff.; 12,24f.; 15,1ff. usw. in regem Kontakt mit Jerusalem. In Apg 11,20 wird erwähnt, daß zur antiochenischen Gemeinde gehörige bekehrte Diasporajuden aus Zypern und der Cyrenaika begonnen hätten, auch Griechisch sprechende Heiden zu missionieren. Trotzdem ist die Bezeichnung ‚hellenistische Gemeinde‘ für die Χριστιανοί von Antiochien (vgl. Apg 11,26) so lange irreführend, als man darunter eine sich vorwiegend aus bekehrten Heiden zusammensetzende Gemeinde versteht. Heidenchristliche Gemeinden in diesem Sinne hat es vor Paulus überhaupt nicht gegeben; sie sind erst nach seiner Wirksamkeit entstanden. Man muß nämlich beachten, daß die in Antiochien, Kleinasien, Griechenland und Rom zum Christusglauben übertretenden Heiden zunächst vorwiegend aus dem Kreis der ‚Gottesfürchtigen‘ stammten, die sich als unbeschnittene religiöse Hospitanten zu den (Diaspora-)Synagogen hielten und für die christlichen Missionare ein wohlvorbereitetes Publikum bildeten. *Die Trennung zwischen einer palästinischen Gemeinde hier und einer hellenistischen Gemeinde mit starkem heidnischem Einschlag dort ist für die Anfangszeit des Christentums irreführend (M. Hengel).*

1.2.2 Die ersten Bekenntnisse zu Jesus als dem ‚Herrn und Christus‘ (Apg 2,36) sind in judenchristlichen Gemeinden entstanden, in denen zwar nirgends ein hellenistisches Element fehlte, aber die alttestamentlich-frühjüdische Überlieferung und die Erinnerung an Jesu Person und Werk vorherrschend waren. Schon in Jerusalem benötigte man die παράδοσις für die ‚Hebräer‘ in Aramäisch und Hebräisch und für die ‚Hellenisten‘ in griechischer Sprache. Die Bekenntnis- und Geschichtsüberlieferung von Jesus Christus ist außerdem in Gemeinden formuliert und gebraucht worden, die miteinander in enger Verbindung standen. Kapernaum und Jerusalem hatten miteinander durch Petrus und die Zwölf Kontakt (vgl. Apg 1,1–26 mit Mk 14,28Par; 16,7Par; Mt 28,16–20; Joh 21,1–23), Jerusalem und Antiochien hielten durch Barnabas (Apg 4,36; 9,27; 11,22), Silas/Silvanus (Apg 15,22–40) und Wanderpropheten (Apg 11,27–28) Verbindung. Die von Philippus bekehrten Samaritaner (Apg 8,4–8) wurden durch Petrus und Johannes an die Traditionen der Jerusalemer Urgemeinde herangeführt (Apg 8,14–17) usw. *Die Ausbildung von disparaten und miteinander konkurrierenden Christologien in diesen Gemeinden ist unter diesen Umständen historisch unvorstellbar.*

1.3 Die *Ermächtigung zum christologischen Bekenntnis* lag für die ersten Zeugen in den Erscheinungen des verherrlichten Gekreuzigten vom Himmel her, im sperrigen, aber christologisch stimulierenden ‚Zeichen‘ des leeren Grabes und in der Erinnerung an Jesus, dem viele von ihnen nachgefolgt waren.

1.3.1 Einige Erscheinungsgeschichten erlauben es, dies noch zu präzisieren. Joh 21,1–14 und Lk 24,30–31 (vgl. mit Apg 10,41) lassen erkennen, daß die früheren μαθηταί Jesus z.T. beim gemeinsamen Mahl wiedererkannten und sich von ihm über den Abgrund des Kreuzes und des eigenen Scheiterns in der Verratsnacht und an Karfreitag hinweg neu angenommen erfuhren. Die Erscheinungen gaben den Gekreuzigten als den von Gott Auferweckten und in seiner messianischen Sendung Bestätigten zu erkennen, und die ‚*Erscheinungsmahle*‘ ließen ihn als den ‚Versöhner‘ (Versöhner) erfahren: Der Κύριος sprach den zum Mahl Versammelten sein „Friede sei mit euch!" (Joh 20,19.21.26) zu und nahm sie neu zur Tischgemeinschaft an. Christuserfahrung und Versöhnungserfahrung waren bei den Erscheinungsmahlen aufs engste miteinander verbunden.

1.3.2 Jesus von diesen Erfahrungen her zu bekennen, hieß im Blick auf seine *Person* zu sagen, wer er von Gott her war, gegenwärtig ist und zukünftig sein wird, und im Blick auf sein *Werk* zu bekunden, was er in Gott und Gott in ihm vollbracht hatte, was er gegenwärtig wirkt und was ihm künftig aufgetragen war. Beide Aussagenreihen verlangten nach einer theologisch angemessenen Sprache. Die Zeugen, die z.T. schon in der ‚Schule Jesu‘ gelernt hatten, die Hl. Schriften in Jesu Sinne zu deuten, fanden in ihnen auch die Sprache, derer sie bedurften. *Die alten christologischen Bekenntnisse sind in der Sprache des Alten Testaments und der von ihr herkommenden frühjüdischen Hymnen, Psalmen und Gebete formuliert.* Das ist mehr als ein bloß sprachgeschichtlicher Befund. Das Alte Testament galt Juden und Christen im 1. Jh. n. Chr. sowohl in seiner semitischen als auch griechischen Sprachgestalt als lebendiges, vom Hl. Geist erfülltes Wort Gottes; eben deshalb sprachen sie gemeinsam von den ,*Heiligen* Schriften' (Röm 1,2). Die ältesten Christusbekenntnisse bedienen sich ihres Wortes, um theologisch angemessen vom Handeln des einen Gottes in und durch Jesus und von Jesu Person, Werk und Geschick zu sprechen. Mit Hilfe der ,Hl. Schriften' und der frühjüdischen Liturgien konnten die Zeugen Gottes Offenbarungs- und Heilshandeln in und durch den Christus Jesus in Gottes Wort fassen und deutlich machen, *daß in der Erscheinung, dem Werk, dem Leiden, der Auferweckung, der Erhöhung und dem Zukunftsauftrag Jesu die Erfüllung der Israel und den Heiden von dem einen Gott verheißenen messianischen Erlösung zu sehen ist (vgl. 1Kor 15,4–5; Lk 24,26f.44f.).*

1.3.3 Die alten Christusbekenntnisse hatten den liturgischen, katechetischen und missionarischen Bedürfnissen der ersten Gemeinden zu genügen. Mit ihrer Hilfe mußten die Gemeindeglieder Gott loben und Christus bekennen, die Lehrer im Taufunterricht faßlich und lernbar von Gott und Jesus sprechen und die Apostel vor Ungläubigen einleuchtend von Gottes Werk in und durch den Messias Jesus reden können; die Bekenntnisse mußten auch Argumente für den kritischen Disput mit Gegnern der Gemeinden hergeben, die Jesu Messianität und Auferstehung leugneten. Die παραδόσεις konnten unter diesen Umständen keine bloßen Gelegenheitsäußerungen sein, sondern mußten sehr sorgfältig formuliert und mnemotechnisch stilisiert werden. 1Kor 15,3–5; Röm 1, 3–4; 4,25 bieten dafür gute Beispiele.

2. Einen ersten Eindruck vom Inhalt der ältesten vorpaulinischen Christusbekenntnisse vermittelt der in 1Kor 16,22 und Did 10,6 aramäisch erhaltene *Gebetsruf μαραναϑά.* Er wird in Apk 22,20 mit ἔρχου κύριε (᾽Ιησοῦ) = „Komm, Herr (Jesus)" übersetzt.

Wie H.P. Rüger (in TRE III, 607) gezeigt hat, ist der Ruf mit מָרַן אֲתָא oder auch מָרַן אֲתָא wiederzugeben. In dem z.Z. Jesu gesprochenen Aramäisch lautet die Suffixform der ersten Person Plural zumeist ן - und nicht נָא - und אתא kann entweder als Perfekt אֲתָא = „ist da/gekommen" oder als Imperativ bzw. Kohortativ אֲתָא = „komm!" gelesen werden. Apk 22,20 spricht für die kohortative Wiedergabe.

Schon die Aramäisch sprechende, vorpaulinische Gemeinde hat demnach den auferstandenen Jesus mit ,*unser Herr*' angerufen und um sein endzeitliches Kommen gebetet.

Hinter dieser Anrufung steht ein *dreifach gestaffelter Zusammenhang:*
2.1 „Herr" bzw. „mein Herr" (aramäisch: מַר und מָרִי) waren z.Z. Jesu sowohl Respektsanrede für Menschen wie Gebetsanrede Gottes; aramäische Texte aus Qumran lassen dies mit Sicherheit erkennen (vgl. für die Anrede von Menschen das sog. Genesis-Apokryphon 2,9.13.24; 22,18; und für die Anrede Gottes in derselben Schrift 2,4; 20,12f.15f.; 21,2 usw. sowie 11QtgHi 24,7). Daß Jesus schon zu seinen Lebzeiten gelegentlich respektvoll mit „Herr" angeredet worden ist, lassen Lk 6,46/

Mt 7,21; Mk 7,28Par; Lk 9,59/ Mt 8,21 usw. noch gut erkennen. Im Maranatha wirkt diese Anrede fort, ist jedoch nunmehr Ausdruck der göttlichen Würde Jesu.

2.2 Der Grund dafür, daß der von den Toten auferweckte Jesus schon in der ältesten Gemeinde als auferstandener ‚Herr‘ in himmlischer Machtposition vorgestellt wurde, liegt *im Verständnis der Auferweckung und Verherrlichung Jesu von Ps 110,1 her:* „Es sprach Jahwe zu meinem Herrn: ‚Setze dich mir zur Rechten! Und ich lege deine Feinde dir als Schemel zu Füßen!‘"

Während z.Z. Jesu das geläufige hebräische Q^{e}re für Jahwe אֲדֹנָי war, bei der Verlesung dieses Verses also zweimal אֲדֹנָי (für Jahwe und für den vom Psalmisten angerufenen Inthronisierten) eingesetzt wurde – aramäisch entspräche dies einem zweifachen מָרִי – , übersetzt die LXX beide Male mit κύριος: „Εἶπεν ὁ κύριος τῷ κυρίῳ μου Κάθου ἐκ δεξιῶν μου, ἕως ἂν θῶ τοὺς ἐχθρούς σου ὑποπόδιον τῶν ποδῶν σου." Ps 110,1 wird im Neuen Testament häufig auf die Einsetzung Jesu zum ‚Herrn‘ zur Rechten Gottes gedeutet. Zu den ältesten Belegen gehören Apg 2,34–35 (vgl. außerdem Röm 8,34; Eph 1,20; Kol 3,1; Hebr 1,3.13). Die Beziehung von Ps 110,1 auf Jesu Auferweckung und Erhöhung ist von zwei Seiten her vorbereitet gewesen: Schon in äthHen 61,8; 62,2 wird der Vers auf die Einsetzung des ‚Menschensohnes‘ zum Weltenrichter bezogen, und in der Jesustradition geschieht zweimal dasselbe (vgl. Mk 12,36Par und 14,62Par). Die Osterzeugen folgen also nicht nur bei der Anrede des Erhöhten mit ‚Herr‘, sondern auch beim Verständnis seiner Erhöhung der Vorgabe Jesu.

Der Bezug von Ps 110,1 auf den erhöhten Jesus macht auch verständlich, weshalb von Ostern her auch andere Schriftstellen, die ursprünglich allein Jahwe galten, auf Jesus als den Κύριος und Mandatsträger des einen Gottes bezogen werden konnten (vgl. Phil 2,10–11 mit Jes 45,23, und Röm 10,13 mit Joel 3,5).

2.3 Im Maranatha wird um das eschatologische ‚Kommen‘ des ‚Herrn‘ gebetet. Das ‚Kommen‘ ist frühjüdisch für alle endzeitlichen Ereignisse und Gestalten charakteristisch (vgl. J. Schneider, ThW II, 663,49ff.). Auch in den Evangelien wird geredet vom Kommen der Gottesherrschaft (Lk 11,2/Mt 6,10), vom Kommen Johannes des Täufers und Jesu selbst (Lk 7,33–34/Mt 11,18–19), vom Kommen des Messias gemäß Ps 118,25–26 (Mk 11,9–10Par) und vom Kommen des Menschensohnes mit den Wolken des Himmels nach Dan 7,13 (Lk 21, 27/Mt 24,30; 25,31; Mk 14,62Par). Im Maranatha geht es um die Parusie, d.h. das endzeitliche Kommen des messianischen Menschensohnes, das Jesus selbst in Mk 14,62Par angekündigt hat.

Am Maranatha wird konkret sichtbar, wie die sprachliche Vorgabe der Hl. Schriften, die frühjüdische Tradition, die Erinnerung an Jesu Person und Lehre und das Bedürfnis der Gemeinde, Jesus während ihrer Gottesdienste angemessen anzurufen, zusammenwirken und zu einer neuartigen Bekenntnisaussage führen.

1Kor 11,26; 16,22 und vor allem das eucharistische Dankgebet aus Did 10,1–6 lassen noch klar erkennen, daß das Maranatha seinen ‚Sitz im Leben‘ vor allem in den urchristlichen Abendmahlsfeiern gehabt hat. Es heißt in der (um ca. 120 n.Chr. verfaßten) Didache: „... (10,5) Gedenke, Herr, deiner Kirche, sie zu erretten von allem Bösen, und sie zu vollenden in deiner Liebe, und führe sie zusammen von den vier Winden (...) in dein Reich, das du ihr bereitet hast. Denn dein ist die Kraft und

184

die Herrlichkeit in Ewigkeit. (6) Es komme die Gnade, und es vergehe die Welt! Hosanna dem Gotte Davids! Wenn einer heilig ist, komme er. Wenn er (es) nicht ist, tue er Buße. Maranatha. Amen" (Übersetzung von K. Niederwimmer, Die Didache, 1989, 193).

Auch in dieser liturgischen Verwendung wird ein Rückblick auf Jesu Passion deutlich: Jesus hat beim Abschiedspassa in Jerusalem mit seinen Jüngern das Passa-Hallel gesungen (Mk 14,26Par), an dessen Ende der (frühjüdisch messianisch interpretierte) Ps 118 stand. Jetzt bittet die Gemeinde beim österlichen Neubegängnis dieses Abschiedsmahls ihren auferstandenen und erhöhten Herrn um sein in Ps 118,26 verheißenes endgültiges Kommen und damit zugleich die endgültige Aufrichtung der Gottesherrschaft.

3. Eine folgenreiche und zugleich höchst gewichtige Aussage über Jesus machte die vorpaulinische Christengemeinde, als sie ihn angesichts seines am Kreuz vollendeten messianischen Wirkens und seiner Auferweckung als *Christus* und *Sohn Gottes* bekannte. Mit diesen beiden Prädikaten wird die messianische Überlieferung des Alten Testament und Frühjudentums endgültig mit der Christologie verbunden und dieser eine heilsgeschichtliche Dimension erschlossen, die sie nur um den Preis der Verleugnung der Kontinuität des Heilswirkens Gottes vor und in Christus vernachlässigen kann.

3.1 Was zunächst den Titel Χριστός anbetrifft, muß man sich vor Augen halten, daß seine Beziehung auf den Auferstandenen alles andere als selbstverständlich war. Gleichwohl treffen wir ihn schon in 1Kor 15,3 und in Apg 2,36 an.

Das Bekenntnis zu Jesus als ‚dem Gesalbten' war nur im Kontext des Frühjudentums und Judenchristentums aussagekräftig; für die Griechisch sprechenden Heiden war der Titel sinnlos, weil sie ihn von χρίειν = ‚einreiben, salben' her nur im Sinne von ‚der (mit Öl oder Salbe) Eingeriebene' (miß-)verstehen konnten. In der frühjüdischen Tradition der Zeit Jesu war der Gedanke an einen Leidensmessias (s. o. S. 112) in den Hintergrund getreten. Er wird erst wieder im Dialog Justins mit dem Juden Tryphon (36,1; 39,7; 89,2; 90,1) ausführlich erörtert. Es lag daher keineswegs nahe, Jesus einfach von Ostern her als „für unsere Sünden" leidenden Messias zu bekennen.

Das Χριστός-Prädikat wird denn auch nicht erst von Ostern her neu und christlich-eigenmächtig auf den gekreuzigten und auferstandenen Jesus bezogen, sondern er wird aus der Rückerinnerung der Gemeinde an seinen messianischen Anspruch, das Bekenntnis vor dem Hochpriester (Mk 14,61–62Par) und den römischen Titulus am Kreuz: ὁ βασιλεὺς τῶν Ἰουδαίων (Mk 15,26Par) als der Christus bekannt. Apg 2,36 besagt, daß Gott den um seines messianischen Anspruchs willen gekreuzigten Jesus mit der Auferweckung gegenüber all seinen irdischen Bedrängern ins Recht gesetzt und ihn für Israel und die Heiden „zum Herrn und Christus" gemacht hat. *In Jesus, dem Christus, haben sich die messianischen Verheißungen erfüllt und werden sich vollends erfüllen; einen anderen Messias als den zur Rechten Gottes erhöhten Christus haben Israel und die Völker in Zeit und Ewigkeit nicht zu erwarten* (vgl. 2Kor 1,20).

185

Die sowohl in Apg 2,38; 3,6 usw. als auch in den Paulusbriefen immer wieder auftauchende ‚Namensformel' Ἰησοῦς Χριστός (z.B. Röm 1,1.4; 2,16; 3,22; 1Kor 2,2.16) stellt einen Nominalsatz dar und dürfte auf ein altes judenchristliches Bekenntnis zurückgehen: „Jesus (und kein anderer) ist der Messias!" (M. Hengel).

3.2 Häufiger noch als der Messias-Titel taucht in den christologischen Texten des Neuen Testaments der Titel Sohn Gottes (υἱὸς θεοῦ) für Jesus auf.

3.2.1 Jesus von Ostern her als den ‚Sohn Gottes' zu bekennen, legte sich aus der Erinnerung an sein irdisches Wirken und im Blick auf die messianische Tradition des Alten Testaments und Frühjudentums nahe. Jesus hatte sich selbst als den Gott in einzigartiger Weise nahestehenden ‚Sohn' gesehen (vgl. seinen Lobpreis des ‚Vaters' in Lk 10,21–22/Mt 11,25–27 und den neuartigen ἀββᾶ-Ruf Mk 14,36Par) und seine μαθηταί im Vaterunser (Lk 11,2–4/Mt 6,9–13) an seinem besonderen Gottesverhältnis beteiligt. Er hatte außerdem zu erkennen gegeben, daß er ‚Sohn Gottes' als messianischer Menschensohn sei (vgl. Mk 12,1–11Par; 14,61–62Par). Das österliche Bekenntnis zu ihm als dem υἱὸς θεοῦ nimmt diesen Anspruch Jesu auf und bestätigt ihn vor Gott und den Menschen als wahr.

3.2.2 Während der irdische Herrscher im Rahmen der hellenistisch-römischen Kaiserverehrung bereitwillig als ‚Sohn Gottes' bezeichnet wurde (vgl. W.v.Martitz, ThW VIII, 336, 20ff.), waren das Alte Testament und Frühjudentum in Hinsicht auf eine Messiastitulatur gleichen Wortlauts äußerst zurückhaltend. Als Söhne Gottes (υἱοὶ θεοῦ) werden im Alten Testament die Gott zugehörigen Engelwesen (z.B. Gen 6,2; Ps 29,1; 89,7), Israel (z.B. Ex 4,22; Jer 31,9) und die Israeliten (z.B. Jes 43,6; 45,11; PsSal 17,27), einzelne Gerechte (Weish 2,18) und der König aus der Sippe Davids angesprochen (vgl. 2Sam 7,14; Ps 2,7; 89,27). In frühjüdischer Zeit wurden diese vom davidischen Herrscher handelnden Belegstellen messianisch interpretiert; und dementsprechend ist der Messias aus der Sippe Davids als Gottes Sohn angesehen worden. Seine Gottessohnschaft wurde nie im Sinne einer physischen Abstammung des Messiaskönigs von Gott, sondern als Erwählung (von Urzeit an, vgl. Mi 5,1) und Einsetzung in das ‚Amt' des Repräsentanten und Sachwalters Gottes verstanden. 2Sam 7,11–14 werden z.B. in 4Qflor 1,10–11 auf den davidischen Messias bezogen; eine Messiastitulatur ‚Sohn Gottes' taucht aber auch hier nicht auf. Nur im Daniel-Midrasch 4Q 246 ist expressis verbis von einem „Sohn Gottes" (בְּרֵהּ דִּי אֵל) bzw. einem „Sohn des Höchsten" (בַּר עֶלְיוֹן) die Rede. Damit könnte der Menschensohn von Dan 7,13 gemeint sein, wahrscheinlicher aber ist dieser Gottessohn eine „antichristliche" Endzeitfigur (s.o. S. 116).

Mit den österlichen Bekenntnistexten des Neuen Testaments tritt gegenüber der alttestamentlich-frühjüdischen Sprachtradition ein deutlicher Wandel ein: Der Titel ‚Sohn Gottes' wird nunmehr offen und eindeutig für den gekreuzigten und auferweckten Jesus verwendet. Das klassische Beispiel liefert die von Paulus ins Präskript des Römerbriefes eingeflochtene Christusformel Röm 1,3–4.

3.2.3 Der (Traditions-)Text lautet: „... (3) von seinem Sohn, der stammt aus dem Samen Davids nach dem Fleisch, der eingesetzt wurde zum Sohn Gottes in Macht nach *dem Geist der Heiligkeit aufgrund der Auferstehung der Toten"*. Daß es sich um vorpaulinisch-judenchristliches Formelgut handelt, zeigen der semitisierende Parallelismus membrorum und die besondere Ausdrucksweise des Textes: Der Apostel spricht in seinen Briefen sonst nirgends von Jesu Davidsohnschaft und vom ‚Geist der Heiligkeit' (רוּחַ הַקּוֹדֶשׁ). Die Gegenüberstellung von κατὰ σάρκα und κατὰ πνεῦμα ἁγιωσύνης entspricht der Struktur des Christushymnus aus 1Tim 3,16: Irdische Niedrigkeitsexistenz und Gottessohnschaft in himmlischer Machtfülle werden einander in klimaktischem Parallelismus zugeordnet. Der irdische Davidide ist mit Ostern in die Machtposition des Gottessohnes eingesetzt worden. In seiner Erscheinung haben die messianischen Verheißungen ihre Erfüllung gefunden: Jesus entstammte der Sippe Davids und ist mit der Auferweckung in die von Gott für den Messias vorgesehene Sohneswürde eingesetzt worden (vgl. 2Sam 7,12–16; Ps 89,27–28 und Ps 110,1). In seinem Geschick hat sich aber noch mehr erfüllt als die davidischen Verheißungen (Jes 55,3). Von Jesus wird nicht einfach individualistisch gesagt: ἐγήγερται ἐκ νεκρῶν, sondern, er sei in die himmlische Sohneswürde eingesetzt worden ἐξ ἀναστάσεως νεκρῶν. Das bedeutet: Gott hat an Jesus die endzeitliche ἀνάστασις νεκρῶν schon jetzt verwirklicht. Der zum ‚Sohn Gottes in Macht' eingesetzte Christus ist der πρωτότοκος ἐκ τῶν νεκρῶν (Kol 1,18, Apk 1,5); in seiner Auferweckung von den Toten ist die Israel und allen Völkern in Hos 6,2 und Jes 25,8 verheißene Errettung vom Tode bereits angebrochen. In Röm 1,4 wird die Auferweckung Jesu in demselben zukunftsträchtigen Licht gesehen wie in 1Kor 15,4 (s. o. S. 171 f.).

Aus der Christusformel Röm 1,3–4 hat man immer wieder das Grundmodell einer frühen *Adoptionschristologie* herausgelesen: Der aus der Familie Davids stammende Mensch Jesus von Nazareth soll von Gott (erst) mit der Auferweckung von den Toten (gemäß Ps 110,1) zum ‚Sohn Gottes in Macht' eingesetzt worden sein. E. Schweizer spricht exemplarisch von einer Christologie, bei der „in eigentümlicher Weise die Titel Davidssohn und Gottessohn, die vom Alten Testament her identisch sind ... als zwei Stufen hintereinander (treten)" (ThW VIII, 368,5 ff.). Erst in der hellenistischen Gemeinde soll diese adoptianische Christologie aufgrund der (dann auch noch) auf Jesus übertragenen israelitischen Weisheitsspekulationen (vgl. Prov 8,22–31; Weish 9,1–2.9–10) um die Dimension der Präexistenz erweitert worden sein.

Dieses christologische Deutungsschema ist dreifach inkonsequent: (1) Es bedenkt zu wenig, daß der Messias nach Jes 11,2–3; äthHen 49,1–4 bereits als Träger der Weisheit Gottes gilt und Jesus als ‚messianischer Lehrer der Weisheit' aufgetreten ist. – (2) Nach Mi 5,1 geht der Ursprung des Messias „zurück bis in die Vorzeit, bis in längst entschwundene Tage", und nach äthHen 48,3.6 (vgl. auch 62,7) wurde nicht nur der Name des Menschensohn-Messias schon vor Erschaffung der Welt vor Gott genannt, sondern er war auch in Person bereits „auserwählt und verborgen vor Gott, bevor die Welt geschaffen wurde". Hier ist ganz deutlich von der *Präexistenz des Menschensohn-Messias* die Rede. Als Jesus den Anspruch erhob, eben dieser von Gott gesandte Menschensohn zu sein, hat er die Präexistenzvorstellung nicht ausgeklammert (vgl. Mk 12,35–37Par [s. o. S. 124] und Joh 8,58). – (3) Das frühe Judenchristentum hat Jesus als den von Gott in seiner messianischen Sendung bestätigten κύριος καὶ χριστός (Apg 2,36) bekannt, und Röm 1,3–4 gehen ebenfalls auf dieses Judenchristentum zurück. Es beschreibt in Röm 1,3–4 den Weg, den Gott seinen in die Welt gesandten Sohn hat gehen lassen, und zwar im Lichte von 2Sam 7,12–16 und Ps 89,27–28: Jesus ist der Verheißung gemäß aus der Sippe Davids hervorgegangen

187

(und hat seinen Sendungsauftrag in Niedrigkeit und Leiden erfüllt); nach Vollendung seines irdischen Weges hat Gott ihn von den Toten ,aufgerichtet' (vgl. 2Sam 7,12) und in die messianischen Rechte eingesetzt, die ihm seine Gegner auf Erden aberkannt hatten. Nach Paulus spricht die Formel von der Erniedrigung und Erhöhung des präexistenten Gottessohnes, und es besteht kein Anlaß, dem alten Formeltext eine andere Sicht unterzuschieben. *Die hinter Röm 1,3–4 vermutete adoptianische Zweistufenchristologie hat ebensowenig einen Sitz im Leben im Urchristentum wie der hinter Mk 1,9–11Par vermutete Adoptianismus* (s. o. S. 63 f.).

3.3 Ist man einmal auf diese traditionsgeschichtlichen Zusammenhänge aufmerksam geworden, erklärt sich, weshalb und mit welcher Absicht Ps 89,21 und 2Sam 7,12 z.B. auch in Apg 13,22–23 auf Jesu Sendung bezogen worden sind und die Auferweckung Jesu in Apg 13,32–37; Hebr 1,5 von Ps 2,6–7; 2Sam 7,12; Jes 55,3 und Ps 16,10 her als Erfüllung der an die Väter ergangenen messianischen Verheißungen gedeutet werden konnte.

3.4 Von Jesus, dem ,Sohn Gottes', ist im Judenchristentum vor (und neben) Paulus nicht nur im Blick auf seine Erhöhung und sein messianisches Zukunftswerk gesprochen worden, sondern man hat auch Jesu irdische Wirksamkeit und Herkunft unter dem Aspekt der messianischen Gottessohnschaft gesehen. Dies kommt vor allem in den nachösterlich ausgestalteten Berichten von Jesu *Taufe und Verklärung* (Mk 1,9–11Par; 9,2–10Par) sowie in den Erzählungen von der wunderbaren *Geburt Jesu aus der Jungfrau* in Lk 1,26–38 und Mt 1,18–25 zum Ausdruck.

Die Taufe Jesu durch Johannes markiert historisch seinen Eintritt in die öffentliche Wirksamkeit als messianischer Menschensohn (s. o. S. 63 f.), und im Hintergrund der Verklärung könnte eine Vision Jesu stehen, bei der er vor seinem letzten entscheidenden Zug nach Jerusalem in den himmlischen Thronrat (סוֹד) entrückt (vgl. Jer 23,18) und dort im Beisein der beiden Kronzeugen des alten Bundes, Mose und Elia, von Gott in seiner Sendung bestätigt wurde.

3.4.1 In den Erzählungen von Taufe und Verklärung wird Jesus zweimal durch eine Gottesstimme als Gottes ,*geliebter Sohn*' bezeichnet: „Du bist mein geliebter Sohn, an dir habe ich Wohlgefallen gefunden" (Mk 1,11) und: „Dieser ist mein geliebter Sohn, höret auf ihn!" (Mk 9,7). Der Wortlaut dieser umfassenden Prädikationen stützt sich auf Gen 22,2; Ps 2,7 und Jes 42,1; 44,2. Sie geben Jesus im Anschluß an das urchristliche Messiasbekenntnis unter Zitation der Hl. Schriften als den von Gott erwählten Messias und Gottesknecht zu erkennen. Da sie mit Jesu messianischem Sohnesbewußtsein übereinstimmen, sind die Prädikationen *Ausdruck einer sich mit Ostern bewahrheitenden christologischen Erkenntnis* und nicht Dokumentationen einer erst nach Ostern neu auf Jesus projizierten Gottessohnanschauung.

3.4.2 Die Bekenntnisrede von der *Geburt Jesu aus der Jungfrau* ist eine judenchristliche Besonderheit, die in den messianischen Texten des Alten Testaments und Frühjudentums zwar vorbereitet, aber noch nicht vorgegeben war.

Mt 1,18–25 sind auf Josef hin konzipiert und wehren den Verdacht ab, das Gotteskind sei aus einem ehebrecherischen Verhältnis der Maria hervorgegangen. Außerdem wird der Leser ausdrücklich auf die Erfüllung von Jes 7,14 (LXX) hingewiesen. Demgegenüber sind *Lk 1,26–38* noch ganz unapologetisch, nach alttestamentlichem Formgesetz und in stark semitisierendem Griechisch formuliert (vgl. bes. V.32.35 mit 4Q 246). Der Text ist darum *nicht als Spätbildung, sondern als frühe judenchristliche Tradition zu beurteilen*: Lk 1,30–33 bieten ein sog. ‚Sohnesverheißungsorakel‘ (vgl. Gen 16,11; Ri 13,3.5; Jes 7,14). Der Engel (Bote) Gottes, Gabriel, kündigt Maria die Geburt des in Jes 9,5–6 verheißenen Davidsohnes an. Sie soll ihn Gotthilf (= Ἰησοῦς bzw. יֵשׁוּעַ) nennen, und er wird μέγας = ‚mächtig‘ und υἱὸς ὑψίστου = ‚Sohn des Höchsten‘ genannt werden und den Thron Davids einnehmen. Es handelt sich also um den messianischen Heilskönig, der seinem Sein und Auftrag nach das dem alten Zacharias und seiner unfruchtbaren Frau Elisabeth von Gott wunderbar zugesagte Täuferkind überragen soll (vgl. Lk 1,13ff.). Auf den Einwand der Maria, sie erkenne keinen Mann (Lk 1,34), wird ihr mitgeteilt, der Leben schaffende Geist des Höchsten werde sie ‚überschatten‘. Ἐπισκιάζειν meint von Ex 40,35 her (vgl. mit Mk 9,7Par) das An- und Einwohnen Gottes in seiner Offenbarungs- und Schöpfermacht: Der Gottessohn tritt dadurch ins irdische Leben ein, daß Maria von Gottes schöpferischem Geist erfüllt und zur Stätte der An- und Einwohnung Gottes auf Erden wird. Durch diese Einwohnung kommt es zur Verwirklichung der in Ps 2,6–7; Ps 110,3 angekündigten Geburt des Messias aus Gott. Der messianische Erlöser Israels geht ohne Zutun eines Mannes aus Maria hervor. Sie erscheint in Lk 1,38 als die δούλη κυρίου, die Gott zum Ort seiner Einwohnung in Israel erwählt hat. Während in Lk 1,31 ein Bezug auf Jes 7,14 höchstens angedeutet wird, sieht die Matthäustradition Maria ausdrücklich als die הָעַלְמָה bzw. ἡ παρθένος von Jes 7,14 an. Beide Lexeme bedeuten ‚junge Frau, junges Mädchen‘, und nur vom jeweiligen Kontext her ist zu entscheiden, wie zu übersetzen ist (s. o. S. 52). (Lk 1,34 und) Mt 1,18ff. geben klar zu erkennen, daß παρθένος hier *Jungfrau* bedeutet.

Weder in Lk 1,26–38 noch in Mt 1,18–25 werden sprachliche Anleihen bei der griechischen Vorstellung gemacht, daß Heroen und große Philosophen von Göttern gezeugte Söhne irdischer Frauen seien (vgl. W. v. Martitz, ThW VIII, 338f.). Philo spricht in Cher 43–47 von der Erzeugung der Tugenden im Menschen durch Gott und begründet diese Lehre mit einer Allegorese der von Gott bewirkten Erschaffung Isaaks aus Sarah (nach Gen 21,1), Jakobs aus Rebekka (nach Gen 25,21) und Rubens aus Lea (nach Gen 29,31). Auch diese Allegorie hat keinen erkennbaren Einfluß auf die Formulierung der neutestamentlichen Texte gehabt. Wir stehen vor einer judenchristlichen Redeweise, die zu ihrer Zeit zwar mannigfache religionsgeschichtliche Assoziationen möglich gemacht hat, aber in sich ganz eigenständig ist. Welche geschichtlichen Tatbestände ihr zugrundeliegen, läßt sich nicht sagen; sie hat nur immer wieder gegen den Vorwurf verteidigt werden müssen, Jesus sei aus einem Ehebruch der Maria hervorgegangen (vgl. das Material bei R. Brown, The Birth of the Messiah, 1979, 534ff.).

In Lk 1,26–38 und Mt 1,18–25 wird die Geburt Jesu ins Licht der messianischen Verheißungen gerückt und von ihnen her ‚drittweltlich‘ gedeutet. Nachdem die Osterzeugen in dem Erhöhten den Χριστός und ‚Sohn Gottes in Macht‘ zu sehen gelernt hatten, wurde auch seine irdische Herkunft von den Verheißungstexten her ausgeleuchtet und eine kühne neue Bekenntnisrede geschaffen: *Jesus ist als der messianische Gottessohn der Sohn der von Gott gemäß Jes 7,14 erwählten Jungfrau.* Nicht erst seit seiner Taufe, sondern von Anbeginn seines irdischen Daseins an war er mehr als nur ein menschlicher Abkömmling der Davidssippe. Er war (und ist) der in Jes 7,14 angekündigte „Immanuel", in dem Gott selbst sein Volk aufgesucht und die endzeitliche Erlösung Israels heraufgeführt hat. Die Bekenntnisrede von der Geburt Jesu aus der Jungfrau Maria transzendiert bewußt die alttestamentlich-jüdischen Aussagen über die Herkunft des Messias. Sie hebt das Jesuskind deutlich von Johannes dem Täufer ab und steht ganz entschieden der Auffassung entgegen, Jesus sei als Sproß der Davidsfamilie nur ein eschatologischer jüdischer Prophet gewesen.

Das Urchristentum hat von der neuartigen judenchristlichen Redeweise nur sehr sparsamen Gebrauch gemacht. Paulus und das Johannesevangelium sprechen zwar mit Nachdruck von der Präexistenz Jesu und seiner wahren Menschlichkeit (vgl. Phil 2,6–11; Röm 8,3; Joh 1,1–18), lassen aber nicht erkennen, ob in ihren ‚Schulen‘ auch von Jesu Herkunft aus der παρθένος gesprochen worden ist. Gal 4,4 kann zwar, muß aber nicht in diesem Sinne verstanden werden, und bei Johannes bleibt es bei dem paradoxen Nebeneinander von Joh 1,1–18; 8,58 einer- und 6,42 andererseits. Wir haben deshalb davon auszugehen, daß es sich bei der Bekenntnisrede von der Jungfrauengeburt um eine *judenchristliche Spezialdeutung* von Jesu irdischer Herkunft handelt, die sie als messianisches Erfüllungsgeschehen durchsichtig machen will.

3.5 An der Prädikation Jesu als ‚Christus‘ und ‚Gottessohn‘ kann man insgesamt sehen, wie die älteste Christenheit durch die Osterereignisse zu ihrer von der Erinnerung an Jesu Erdenwirken getragenen christologischen Erkenntnis geführt worden ist. Die Hl. Schriften boten die Möglichkeit, diese Erkenntnis angemessen zu formulieren. Man konnte nun mit einigen wenigen Titeln sagen, wer Jesus von Gott her war, wer er durch Gottes Handeln geworden ist und wie er die Israel und den Völkern verheißene Erlösung vollends heraufführen werde. Mit Hilfe der Rede von Jesus als dem ‚Christus‘ und ‚Sohn Gottes‘ gewannen die vorpaulinischen Gemeinden auch die Möglichkeit, mit ihren jüdischen Zeitgenossen missionarisch verständlich und apologetisch wirksam über Jesus und seine Sendung sprechen zu können.

4. Hält man sich das zu den Christustiteln Κύριος (מָרֵי/מַר), Χριστός und υἱὸς θεοῦ Gesagte vor Augen, wird verständlich, wie es unter den Jerusalemer (Juden-)Christen zu der Anschauung kommen konnte, daß im *Namen* Jesus Christus (dem ὄνομα Ἰησοῦς Χριστός) alles Heil (σωτηρία) versammelt und wirksam ist (vgl. Apg 4,12 mit 2,21.38; 3,6.16; 4,7.10 usw.). Wie der Name Gottes יהוה nach Ex 3,14–15 und Jes 42,8 Gottes Einzigkeit, Selbsterweis und Mit-Gehen mit Israel umgreift, faßt sich in dem Namen des von seinen Gegnern gekreuzigten, aber durch Gott von den Toten auferweckten Christus das ganze endzeitliche Heilswirken Gottes für sein erwähltes Volk zusammen. Der Bekenntnisname Ἰησοῦς Χριστός verdrängt den Namen Got-

tes nicht, aber er präzisiert ihn heilsgeschichtlich und soteriologisch zugleich. Nach Apg 11,26 hat der Gebrauch dieses ungewöhnlichen Namens den Gemeindegliedern von Antiochien die Bezeichnung Χριστιανοί eingetragen.

5. Die Anrufung des gekreuzigten und erhöhten Christus als Herr, Messias und Sohn Gottes sowie die Rede von seinem rettenden Namen vermitteln einen Eindruck vom Denk- und Aussagenreichtum der ältesten Christologie. Es ist nun noch darzustellen, *wie das grauenvolle Faktum des Kreuzestodes Jesu in den vorpaulinischen Gemeinden gedeutet worden ist.*

5.1 Auf die jüdische These, Jesus sei ans Holz gehängt worden, um den Fluchtod zu erleiden, der dem ‚Verführer‘ gebührt (Dt 21,22–23), hat man zunächst mit dem *Kontrastschema* reagiert. Es findet sich in Apg 2,36; 5,30; 10,39–40 und stellt jener Ansicht die Interpretation der Auferweckung Jesu aufgrund von Ps 110,1 entgegen: „Ihr (Juden) habt Jesus ans Kreuz gebracht, Gott aber hat ihn von den Toten auferweckt und zu seiner Rechten erhöht." Bei dieser Gegenüberstellung wird das Kreuz noch nicht ausgelegt, sondern nur erst in den Schatten der Heilstat Gottes in Form der Auferweckung und Erhöhung Jesu gestellt.

5.2 Interpretiert und soteriologisch bewältigt war das Kreuz Jesu erst in dem Moment, wo man über das Kontrastschema hinauszugehen und zu sagen wagte, daß Gott durch den σταυρός Heil und Erlösung heraufgeführt habe. Dies geschah in den Formeln: Christus ist *für uns/euch* (ὑπὲρ ἡμῶν / ὑμῶν) oder auch *für (wegen) unsere(r) Sünden* (ὑπὲρ τῶν ἁμαρτιῶν ἡμῶν bzw. διὰ τὰ παραπτώματα ἡμῶν) gestorben (vgl. 1Kor 15,3b; Röm 4,25 mit Jes 53,5.10–12).

Daß diese Deutung des Kreuzestodes Jesu schon vor Paulus ausgebildet worden ist, beweist die Traditionsanalyse von 1Kor 15,3–5 (s. o. S. 169ff.). Das ὑπὲρ τῶν ἁμαρτιῶν ἡμῶν von *1Kor 15,3* ist die von Ostern her möglich gewordene Antwort der Gemeinde auf Jesu Todesverständnis und Kreuzigung: *Jesus ist als Χριστός stellvertretend ‚für uns‘ gestorben.* – *Röm 4,25* formulieren christologisch und soteriologisch noch genauer: ὃς παρεδόθη διὰ τὰ παραπτώματα ἡμῶν / καὶ ἠγέρθη διὰ τὴν δικαίωσιν ἡμῶν. Die beiden Passiva divina besagen, daß Gott selbst es war, der Jesus gemäß Jes 53,5.10–12 dem Tode preisgegeben und seinen stellvertretenden Tod gewollt hat (vgl. Röm 8,32). Mit der Auferweckung Jesu von den Toten hat er den Opfergang Jesu als in seinem Auftrag vollbrachte Heilstat bestätigt; kraft seiner stellvertretenden Lebenshingabe verschafft der auferstandene Christus den ‚Vielen‘ nunmehr Rechtfertigung, indem er vor Gott für sie eintritt (Jes 53,11–12). Die ἡμεῖς, die diese Bekenntnisformeln (nach-)sprechen und auf sich beziehen, sind die Glieder der Gemeinde; sie wissen sich durch Jesu Sühnetod und Auferweckung von ihren Sünden befreit und vor Gott gerechtfertigt. Sündenvergebung und Rechtfertigung kraft des stellvertretenden Opfertodes und der Auferweckung Jesu sind nicht erst von Paulus entwickelte Theologumena, sondern bereits vorpaulinische Grunderfahrungen und Bekenntnisinhalte.

191

Mit den Glaubensformeln von 1 Kor 15,3–5 und Röm 4,25 hat die vorpauli-
nische Gemeinde Jesu eigenes, von Jes 43,3–4 und 52,13–53,12 geprägtes
Todesverständnis aufgenommen und den Gedanken der stellvertretenden
Sühne (s. o. S. 137ff.) zu einem Grundelement der Christologie gemacht. Das
sühnetheologisch gefüllte ὑπὲϱ ἡμῶν/ὑμῶν ist dann für die Christologie des
Paulus, der Johannesschule und des Hebräerbriefes grundlegend geworden
(vgl. 1Thess 5,10; Gal 1,4; 2,20; 2Kor 5,14.15.21; Röm 5,8; 8, 32; 14,15;
1Joh 3,16; Joh 6,51; 10,11.15; 15,13; Hebr 2,9; 9,24; 10,12 usw.).

5.3 Wahrscheinlich war es der Stephanuskreis, der die sühnetheologische
Deutung des Todes Jesu noch ein (entscheidendes) Stück weiter vorangetrie-
ben hat (s. u.). Schon angesichts der Formeln von 1Kor 15,3b–5 und
Röm 4,25 erhebt sich die Frage, wie sich der von Gott gewollte und bestätigte
Sühnetod Jesu zu dem Sühnekult im Jerusalemer Tempel verhält, der trotz
Jesu ‚Tempelreinigung' (s. o. S. 150f.) bis ins Jahr 70 n. Chr. ungebrochen
fortgeführt worden ist. Eine Gemeinde, die Vergebung der Sünden und
Rechtfertigung kraft des Sühnetodes des Messias Jesus erlangt, benötigt
keinen Sühnopferkult mehr, sondern braucht den Tempel nur noch als Haus
des Gebetes, des Gottesdienstes und der Lehre.

5.3.1 Erinnern wir uns ausdrücklich noch einmal (s. o. S. 137ff.) des *Sühnebegängnis-*
ses am Großen Versöhnungstag nach Lev 16: Das in Schuldverstrickung geratene
Volk Israel darf sich kraft der Erlaubnis Gottes durch den Hochpriester mit dem
Sündopferbock identifizieren lassen (der Vorgang dieser Identifikation wird in Lev
1,4 genau beschrieben). Dann wird das Tier geschlachtet und sein Blut in einer Schale
aufgefangen. Der Hochpriester begibt sich mit diesem Blut und einer Räucherpfanne
ins Allerheiligste. Dort befindet sich die Bundeslade mit ihrem Aufsatz, der כַּפֹּרֶת
(griechisch τὸ ἱλαστήϱιον). Auf ihr sind symmetrisch zwei Keruben als Träger des
unsichtbaren Gottesthrones angebracht (vgl. Ex 25,17–21). Nach Lev 16,13–17 und
Ex 25,22 hat die *kapporæt* eine Doppelfunktion: Der Hochpriester vollzieht vor ihr
den Sühneritus und von ihr her will Gott Israel begegnen. Im Allerheiligsten verhüllt
der Hochpriester die *kapporæt* mit Rauch und sprengt das Blut des Opferbocks mit
dem Finger siebenmal vor und an die *kapporæt* hin (Lev 16,14–15). Damit wird kult-
symbolisch das (im Blut des Opfertieres beschlossene) Leben Israels an Jahwe hingegeben und zugleich mit ihm verbunden: Israel gewinnt durch seinen symbolischen
Tod hindurch neue Gemeinschaft mit Gott und ein neues, von Sünden unbelastetes
Leben. Zum Zeichen dieser Neuwerdung und Sündenvergebung empfängt das Volk
zum Beschluß des ganzen Kultaktes durch den Hochpriester den Segen Gottes, und
zwar so, daß dieses eine Mal im Jahr der Gottesname יהוה vernehmlich ausgesprochen wurde. Auf seine Nennung respondieren Priester und Volk mit „Gepriesen sei
der Name der Herrlichkeit seiner Königsherrschaft für immer und ewig" (mYom
4,1–3; 6,2).
   Es ist ausdrücklich anzumerken, daß der eben skizzierte Sühneritus *nicht* mit dem
in Lev 16,10.20–22 geschilderten Sündenbock-Ritus gleichzusetzen ist. Bei dem
Sündenbockritus handelt es sich um einen zusätzlichen ‚Eliminationsritus', der mit
Sühne nichts zu tun hat. Der Hochpriester lädt dem ‚Sündenbock' unter Aufstemmen

der Hände die Sünden Israels auf, und dann wird das Tier aus dem Tempel hinaus in die Wüste geführt, um dort umzukommen. Bei diesem anschaulichen Zusatzritus werden die Sünden nur beseitigt, ohne daß das Sein der Sünder in den Tod gegeben und neugeschaffen wird (= exkludierende Stellvertretung), während der Sühneritus eben dies mitumschließt (= inkludierende Stellvertretung). Die Unterscheidung von (das Sein der Sünder) inkludierender Sühne und der dieses Sein nur mittelbar berührenden exkludierender Sündenbeseitigung ist für das theologische Verständnis der christologischen Sühnetexte wichtig: Bei der inkludierenden Sühne sind der Gedanke und die Wirklichkeit des *Opfers* und der *Stellvertretung* (= das Leben des Opfertieres tritt an die Stelle des Lebens Israels), der *Nichtung (Tötung) des Unheiligen* (= der Opferbock wird statt des Volkes getötet), der *Hingabe des Lebens an Gott* (= im Blut des Opferbocks wird das Leben Israels vor und an die Stätte der Präsenz Gottes gesprengt), der *Neuschöpfung* des Lebens durch die *Vergebung der Sünden* (= das Blut benetzt die Stätte der Gottesgegenwart und der Hochpriester legt dem Volk unter Nennung des Jahwe-Namens den Segen Gottes auf, vgl. Sir 50,20) aufs engste verbunden. Es ist daher historisch und biblisch-theologisch gleich widersinnig, bei der Rede vom stellvertretenden Sühnetod Jesu Sühne, Sühnopfer, Stellvertretung, Todesgericht, Neuschöpfung und Sündenvergebung auseinanderzudividieren oder gar gegeneinander auszuspielen!

5.3.2 Während Jesus im Kelchwort (Mk 14,24Par) von der (außerkultischen) inkludierenden Sühnewirkung seines Todes gesprochen hat (s. o. S. 136ff.), ist der kultische Sühneritus des Großen Versöhnungstages in Hebr 9,1–15 und Röm 3,25–26 zum Deutungsmuster des Kreuzestodes Jesu erhoben worden.

5.3.2.1 Der von Paulus in *Röm 3,25–26* aufgenommene (Formel-)Text scheint auf antiochenische Tradition zurückzugehen, die dem Stephanuskreis zu verdanken ist. Die von Paulus übernommenen Formulierungen sagen aus, wie Gott die Erlösung durch Christus Jesus heraufgeführt hat; sie haben vermutlich so gelautet: ὃν προέθετο ὁ θεὸς ἱλαστήριον ἐν τῷ αὐτοῦ αἵματι εἰς ἔνδειξιν τῆς δικαιοσύνης αὐτοῦ διὰ τὴν πάρεσιν τῶν προγεγονότων ἁμαρτημάτων ἐν τῇ ἀνοχῇ τοῦ θεοῦ … = „ihn (= den gekreuzigten Christus) hat Gott öffentlich eingesetzt zum ‚Sühnmal‘ (*kapporæt*) kraft seines Blutes zum Erweis seiner (= Gottes) Gerechtigkeit, um des Erlasses der zuvor unter der Geduld Gottes geschehenen Sünden willen".

Die bei Paulus unübliche Ausdrucksweise (nur hier gebraucht der Apostel die Lexeme προτίθεσθαι = ‚öffentlich aufstellen‘, ἱλαστήριον = ‚Sühnmal‘, ἔνδειξις = ‚Erweis‘, πάρεσις = ‚Erlaß‘, προγίγνεσθαι = ‚vorher geschehen‘ und den Plural ἁμαρτήματα = ‚Verfehlungen‘) und der überladene Stil von Röm 3,25–26 erklären sich am besten, wenn der Apostel hier – ähnlich wie in Röm 1,3–4 – vorformulierte Tradition aufnimmt und kommentiert.

Die Aussagen sind sehr kühn! Der am Kreuz auf Golgatha öffentlich hingerichtete Jesus wird mit dem ἱλαστήριον, d. h. mit der vor den Augen der Menschen im Allerheiligsten des Tempels verborgenen כַּפֹּרֶת, identifiziert.

J. Roloff hat in EWNT II 455–457 mit Recht herausgestellt, daß das vom Adjektiv ἱλαστήριος = ‚zur Begütigung/Sühne gehörig' herzuleitende Nomen τὸ ἱλαστήριον in griechischen Texten zumeist eine Weihe- oder Sühnegabe, z.B. eine der Gottheit geweihte Stele, meint und nur einmal die Bedeutung ‚Sühnopfer' hat (PapFayyûm Nr. 313). In der LXX und bei Philo bezeichnet ἱλαστήριον öfters die *kapporæt* (vgl. Ex 25,17ff.; Lev 16,2ff.; Philo, Cher 25 u. VitMos 2,95ff.). Die in der Literatur zu Röm 3,25 öfters gewählte Übersetzung von ἱλαστήριον mit ‚Sühne' oder ‚Sühnopfer' kann nur hypothetisch von dem eben genannten, erst aus dem 2. Jh. n. Chr. stammenden ägyptischen Papyrus und von 4Makk 17,22 (Kodex א, nicht aber A) her erschlossen werden. Sie stößt sich mit dem kultischen Lexem προτίθεσθαι = (die Schaubrote) ‚öffentlich auflegen' (vgl. Ex 29,23; 40,23; Lev 24,8; 2Makk 1,8.15) und macht die Wendung ἐν τῷ αὐτοῦ αἵματι zur redundanten Floskel, während beide Aussagen bei einer Gleichsetzung von ἱλαστήριον mit der *kapporæt* sinnvoll und aussagekräftig sind. Es ist darum exegetisch von dieser Gleichsetzung auszugehen.

Um seine durch das Todesgericht hindurch Heil und Wohlordnung schaffende (nicht etwa: strafende!) Gerechtigkeit zu erweisen und von sich aus den Erlaß der Übertretungen zu erwirken, die von Israel vor der Erscheinung Jesu begangen worden sind und deren Folgen Gott in seiner gnädigen Geduld noch nicht hat über Israel kommen lassen, hat er den Gekreuzigten öffentlich zum ‚Sühnmal' eingesetzt und ein für allemal Sühne durch sein Blut erwirkt. Gott selbst hat an die Stelle des von ihm gestifteten und vor der *kapporæt* alljährlich zu wiederholenden kultischen Sühnerituals die durch Jesu stellvertretende Lebenshingabe am Kreuz ein für allemal vollbrachte Sühne gesetzt. Aus ihr wird das Gottesvolk der Endzeit, die christliche Gemeinde, neu geboren. Nach Röm 3,25–26 „ist der Karfreitag zum eschatologischen Großen Versöhnungstag geworden" (J. Roloff, EWNT II, 456f.).

Die Gleichsetzung von Christus auf Golgatha mit der kapporæt impliziert eine radikale Kritik am Sühnopferkult im Jerusalemer Tempel: Der von Gott gewollte Sühnetod Jesu am Kreuz hebt den Sühnekult auf dem Zionsberg auf (vgl. so auch Mk 15,38Par).

Fragt man, wer der Urheber solcher Kritik sein könnte, drängt sich von Apg 6,13–14 her die Vermutung auf, daß sie auf Stephanus und den Kreis der Hellenisten zurückzuführen ist. Nach Apg 6,13–14 ist sie einer der entscheidenden Gründe für das Martyrium des Stephanus und die Vertreibung seiner Anhänger aus Jerusalem gewesen. Durch die versprengten Mitglieder des Stephanuskreises ist die Tradition dann nach Antiochien gelangt und dort von Paulus (und später auch von dem Auctor ad Hebraios) übernommen worden.

Setzt man Christus mit der *kapporæt* (und nicht nur mit einem ‚Sühnopfer') gleich und bedenkt deren Doppelfunktion als Ort der Sühne und der Begegnung Gottes mit Israel, ergibt sich eine umfassende christologische Sicht, die im Selbstverständnis Jesu als messianischem Menschensohn schon vorgezeichnet ist: *Wie der Menschensohn-Messias zugleich der Stellvertreter Gottes vor den Menschen und der Menschen vor Gott war, so ist Christus am Kreuz auf Golgatha gleichzeitig der dem Gottesvolk gnädig begegnende Gott*

und der stellvertretend für die Sünder leidende Gottesknecht, wahrer Gott
und wahrer Mensch in einer Gestalt und an einem Ort.

5.3.2.2 Wenn diese kühne Christologie bereits im Stephanuskreis lebendig war, kann man auch die von Paulus in *2Kor 5,21* angeführte sühnetheologische Christusformel in der Tradition der vorpaulinischen Hellenisten verankert sehen. Sie hat Gott zum Subjekt und den Χριστός zum Objekt: τὸν μὴ γνόντα ἁμαρτίαν ὑπὲρ ἡμῶν ἁμαρτίαν ἐποίησεν, ἵνα ἡμεῖς γενώμεθα δικαιοσύνη θεοῦ ἐν αὐτῷ = „Er hat ihn, der Sündenschuld nicht kannte, für uns zu(m Träger de)r Sündenschuld (= Sündopfer) gemacht, damit wir durch ihn zur Gerechtigkeit Gottes würden".

Der Satz spricht die sühnetheologische (Fach-)Sprache der LXX. Sie übersetzt den terminus technicus für ‚Sündopfer' חַטָּאת mit: τὸ περὶ τῆς ἁμαρτίας δῶρον, kann diesen langen Fachausdruck aber auch abkürzen und entweder περὶ ἁμαρτίας (vgl. Lev 5,6.7.11 u. ö.) oder auch nur ἁμαρτία sagen (vgl. Lev 4,21.24; 5,12). Da ποιεῖν opfertechnisch ‚verfahren mit/behandeln als /darbringen als' heißt (vgl. Lev 4,20; 5,10; 9,7; 16,15), gewinnt die Wendung ἁμαρτίαν ἐποίησεν in 2Kor 5,21 klaren Sinn: Gott hat den schuldlosen Jesus zum Träger der Sündenschuld bzw. *zum Sündopfer gemacht*, damit ‚wir' durch seine Preisgabe an den Tod ein neues Sein in Gerechtigkeit gewinnen.

Wie in Röm 4,25 wird auch in 2Kor 5,21 die Entsühnung der Sünder durch die von Gott ins Werk gesetzte stellvertretende Lebenshingabe Jesu von Jes 53,5.11−12 her als Akt der seinsgründenden Rechtfertigung interpretiert: Die Sünder gewinnen durch die vom Gottesknecht vollbrachte Opfertat ein neues Sein, das sie an der Gerechtigkeit Gottes partizipieren läßt. Wie nahe diese Aussage dem frühjüdischem Denken liegt, belegt 1QS 11,11−15.

5.4 Der mit dieser sühnetheologischen Deutung des Todes Jesu schon vor Paulus in Jerusalem (und Antiochien) erzielte theologische Sprachgewinn war auch missionarisch bedeutsam.

Wie M. Hengel (The Atonement, 1981, 6−18) gezeigt hat, hatte das ‚Sterben für' (= ὑπεραποθνῄσκειν) z. Z. des Neuen Testaments in der griechisch-römischen Welt einen guten Klang. Die Lebenshingabe für die Freunde, das Vaterland oder auch die gerechte Sache galten als vorbildlich. Man denke zur Illustration nur an das Sterben des Sokrates für die Sache der Gerechtigkeit in Platons Apologie (32a−c) oder den bekannten Satz des Horaz (Oden 3,2.13): „dulce et decorum est pro patria mori" = „Es ist süß und ehrenvoll für's Vaterland zu sterben". Die von den frühchristlichen Zeugen aufgrund von Jes 53,5.11−12 geprägte Rede von Jesu Sterben ὑπὲρ ἡμῶν/ ὑμῶν traf also auch unter Griechen und Römern auf einen Rezeptionshorizont, der das christliche Zeugnis positiv verständlich, aber auch interpretationsbedürftig machte, weil Jesu Opfertod von dem ruhmvollen Sterben der Krieger, Philosophen und Märtyrer zu unterscheiden war.

6. Schauen wir zurück, ergibt sich eine klare Perspektive: Von der Aufer-weckungserfahrung getragen, haben die ersten christlichen Zeugen schon in Jerusalem, Damaskus und Antiochien begonnen, den gekreuzigten und auf-erweckten Jesus als ‚Herrn‘, ‚Messias‘ und ‚Sohn Gottes‘ zu bezeugen. Sie haben auch schon Modelle dafür entwickelt, vom (Kreuzes-)Tod Jesu sote-riologisch präzis und missionarisch verständlich zu sprechen. In der Erinne-rung an Jesu eigenes Todesverständnis und unter Rückgriff auf das Gottes-wort der Hl. Schriften haben sie das Sterben Jesu als von Gott ins Werk gesetztes, ein für allemal gültiges (inkludierendes) Sühnegeschehen begriffen. Die Deutung des Kreuzes von Lev 16 her in Röm 3,25–26 und das Verständ-nis der Lebenshingabe und Auferweckung Jesu von Jes 53,5.10–12 aus in 1 Kor 15,3b–5; Röm 4,25 und 2 Kor 5,21 verschränken und ergänzen sich dabei gegenseitig. Nicht nur das Auferweckungsbekenntnis, sondern auch die Anfänge der Christologie werden erst im Rahmen eines biblisch-theolo-gischen Denkansatzes voll verständlich.

Was die Deutung von Tod und Auferweckung Jesu als Vollzug der Ver-söhnung Gottes mit den Menschen theologisch bedeutsam macht, ist vor allem zweierlei: erstens die Kontinuität, in der sie zum Leidens- und Todes-verständnis Jesu steht, und zweitens der missionarische Gewinn dieser Deu-tung. Sobald das Urchristentum Christus bekennen, präzis von ihm reden und deutlich machen konnte, daß das Kreuz kein endgültiges Scheitern Jesu bedeutet, sondern ein von Gott verfügtes Heilsereignis war, war es zur Mission unter Juden und Heiden fähig und konnte auch Kritikern dieser Mission mit Argumenten (aus der Schrift) entgegentreten.

§ 15 Die Bildung der ersten Gemeinden, ihr Zusammenhalt und ihre Mission

Literatur: K. Aland, Taufe u. Kindertaufe, 1971; *G. Barth,* Die Taufe in frühchrist-licher Zeit, 1981; *E. Brandenburger,* Pistis und Soteria. Zum Verstehenshorizont von ‚Glaube‘ im Urchristentum, ZThK 85, 1988, 165–198; *R. Bultmann* und *A. Weiser,* Artikel: πιστεύω, πίστις κτλ., ThW VI, 174–230; *H. v. Campenhausen,* Kirchliches Amt u. geistliche Vollmacht in d. ersten drei Jahrhunderten, 1953; *R. G. Beasley-Murray,* Die christliche Taufe, 1968; *N. A. Dahl,* Das Volk Gottes, 1963², 175ff.; *G. Delling,* Die Taufe im NT, 1963; *E. Dinkler,* Die Taufaussagen d. NT, in: Zu K. Barths Lehre von der Taufe, hrsg. von F. Viering, 1971, 60–153; *H. Gese,* Psalm 22 u. d. NT, in: *ders.,* Vom Sinai zum Zion, 1990³, 180–201; *ders.,* Die Herkunft d. Herrenmahls, in: Zur biblischen Theologie, 1989³, 107–127; *ders.,* Ps 50 u. d. atl. Gesetzesverständnis, in: *ders.,* Atl. Studien, 1991, 149–169; *F. Hahn,* Das Verständ-nis d. Mission im NT, 1963; *ders.,* Der urchristliche Gottesdienst, 1970; *ders.,* Die Taufe im NT, in: Calwer Predigthilfen, Taufe, 1976, 9–28; *ders.,* Exegetische Beiträge zum ökumenischen Gespräch, Ges. Aufs. I, 1986, 116ff.185ff.232ff.242ff.; *S. Heine,* Frauen d. frühen Christenheit, 1986, 96ff.; *M. Hengel,* Die Ursprünge d. urchristli-chen Mission, NTS 18, 1971/72, 15–38; *ders.,* Eigentum und Reichtum in d. frühen Kirche, 1973; *ders.* Zwischen Jesus u. Paulus, ZThK 72, 1975, 151–206; *H.-J. Hermis-*

son-E. *Lohse*, Glauben, 1978; *O. Hofius*, Herrenmahl u. Herrenmahlsparadosis, in: *ders.*, Paulusstudien, 1989, 203–240; *J. Jeremias*, Die Abendmahlsworte Jesu, 1967[4], 196–252; *ders.*, Die Kindertaufe in d. ersten vier Jahrhunderten, 1958, 28ff.; *ders.*, Nochmals: Die Anfänge der Kindertaufe, 1962; *H. Kasting*, Die Anfänge d. urchristlichen Mission, 1969; *K. Kertelge*, Gemeinde u. Amt im NT, 1972; *H.-J. Klauck*, Hausgemeinde u. Hauskirche im frühen Christentum, 1981; *W. G. Kümmel*, Kirchenbegriff u. Geschichtsbewußtsein in d. Urgemeinde u. bei Jesus, 1968[2]; *O. Kuß*, Zur vorpaulinischen Tauflehre im NT, in: *ders.*, Auslegung u. Verkündigung I, 1963, 98–120; *S. Loffreda*, Recovering Capharnaum, 1985, 50ff.; *G. Lohfink*, Der Ursprung d. christlichen Taufe, ThQ 156, 1976, 35–54; *U. Luz*, Unterwegs zur Einheit: Gemeinschaft der Kirche im NT, in: C. Link, U. Luz, L. Vischer, Sie aber hielten fest an der Gemeinschaft …, 1988, 43–183; *H. Merklein*, Die Ekklesia Gottes, in: *ders.*, Studien zu Jesus u. Paulus, 1987, 296–318; *O. Michel*, Das Zeugnis d. NT von d. Gemeinde, 1986[3]; *R. Riesner*, Jesus als Lehrer, 1988[3], 18–70; *J. Roloff*, Exegetische Verantwortung in d. Kirche, 1990, 171ff.201ff.279ff.; *L. Schenke*, Die Urgemeinde, 1990, 66–115.157–185; *A. Schlatter*, Der Glaube im NT, 1982[6], 235ff.; *K. L. Schmidt*, Artikel ἐκκλησία, ThW III, 502–539; *H. Schürmann*, Die Gestalt d. urchristlichen Eucharistiefeier, in: *ders.*, Ursprung u. Gestalt 1970, 77–99; *W. Schrage*, „Ekklesia" u. „Synagoge", ZThK 60, 1963, 178–202; *E. Schweizer*, Gemeinde u. Gemeindeordnung im NT, 1962[2], 28ff.; *P. Stuhlmacher*, Jesus von Nazareth – Christus des Glaubens, 1988, 65–105; *G. Theißen*, Studien zur Soziologie d. Urchristentums, 1983[2], 79ff.106ff.160ff.; *A. Vögtle*, Messiasbekenntnis u. Petrusverheißung, in: *ders.*, Das Evangelium u. d. Evangelien, Ges. Aufs., 1971, 137–170.

In diesem Paragraphen sind drei Hauptfragen zu stellen: 1. Unter welchen Voraussetzungen sind die ersten christlichen Gemeinden entstanden? 2. Wie haben Gottesdienst und Gemeinschaftsleben in diesen Gemeinden ausgesehen? 3. Wodurch ist die Mission dieser Gemeinden motiviert und was sind deren Grundgedanken?

1. Nach Lk 24,34 und 1 Kor 15,5 ist die *Erscheinung Jesu vor Petrus* für die Begründung der Urgemeinde ausschlaggebend gewesen.

1.1 Während Lk 24,34 und Joh 20,19–23 nahelegen, die Erscheinung Jesu vor Petrus in Jerusalem zu lokalisieren, wird aus Joh 21 deutlich, daß sie in Galiläa stattgefunden hat. Die Protophanie des erhöhten Christus vor Petrus hat nachhaltige geschichtliche Folgen gehabt: Petrus hat sich trotz seines Versagens in der Nacht der Auslieferung (vgl. Mk 14,53–65 Par) erneut von dem Κύριος Ἰησοῦς angenommen und zum Apostel berufen gesehen, und sein Haus in Kapernaum ist zum Treffpunkt einer ersten christlichen Hausgemeinde geworden (s. o. S. 181). Er ist aber nicht in Galiläa geblieben, sondern hat in Jerusalem den Zwölferkreis neu konstituiert und ihn zum Kern der Urgemeinde gemacht (vgl. Apg 1,12–26).

1.2 Die *Jerusalemer Urgemeinde* dürfte anfänglich nur klein gewesen sein. Nach Apg 1,15 haben ihr anfänglich nur etwa 120 Personen angehört, die als

Hausgemeinschaft zusammenkamen (Apg 2,2.46). Zu ihnen haben außer den früheren μαϑηταί und Begleiterinnen Jesu auch Angehörige der Jesusfamilie gehört, und zwar der einer speziellen Ostererscheinung gewürdigte Herrenbruder Jakobus (1Kor 15,7), andere Brüder Jesu und Jesu Mutter Maria (Apg 1,14). Da sie alle Jesus während seines irdischen Wirkens skeptisch gegenüberstanden hatten (Mk 3,21; Joh 7,5), setzt ihre Zugehörigkeit zur Gemeinde einen grundlegenden Sinneswandel voraus, der wahrscheinlich mit der Erscheinung vor Jakobus zusammenhängt.

Was die Urgemeinde zusammenhielt, war das gemeinsame Bekenntnis zu Jesus als dem erhöhten ‚Herrn und Christus' (Apg 2,36) und die damit Hand in Hand gehende Überzeugung, daß Gott das mit Jesu Sendung und Sühnetod begonnene und durch seine Auferweckung bestätigte Heilswerk an Israel und den Heidenvölkern in Bälde vollenden werde, und zwar in und von Jerusalem aus. Die Hl.Stadt galt den Juden um des Zionberges und Tempels willen als Mittelpunkt allen endzeitlichen Handelns Gottes (vgl. Jes 2,2–4; 66,18–24; Mi 4,1–4; Mal 3,1–3; äthHen 27) und war deshalb auch für die Urchristenheit der Ort, an dem man die Parusie zu erwarten hatte. Παρουσία meint die *endzeitliche Ankunft des messianischen Menschensohnes* zum Vollzug des Weltgerichts und zur endgültigen Aufrichtung der Gottesherrschaft (vgl. Mt 24,3.27.37–39; 1Thess 4,15–17). Die (Nah-)Erwartung der Parusie ist eine Implikation sowohl der vorösterlich-jesuanischen Menschensohntradition (vgl. nur Lk 12,8–9Par und Lk 12,32), als auch der von Ostern her inspirierten christologischen Exegese der messianischen Weissagungen von Ps 89,27–28 und 110,1.

Jesus hatte mit der Bildung des Zwölferkreises und der Aussendung der Zwölf zur Mission (vgl. Mk 6,7–12Par; Mt 19,28; Lk 22,29f.) Anspruch auf das endzeitliche Zwölfstämmevolk Israel erhoben, von dem realiter „nur noch zweieinhalb Stämme …, nämlich Juda, Benjamin und die Hälfte von Levi" existierten (J. Jeremias, Theol I[4], 225); die Sammlung und Rückkehr der restlichen neuneinhalb Stämme erwartete man in der Endzeit. Daß das endzeitliche ‚Kommen' des Menschensohnes (Mk 14,62Par; Mt 24,27.37–39) in Jerusalem stattfinden und die Endereignisse vom erhöhten Zion aus in die Völkerwelt hinauswirken würden, war Jesus gewiß (vgl. seine Bezugnahmen auf Jes 25,6–8 in Lk 13, 29/Mt 8, 11–13; Mk 14, 25Par).

Petrus, die Zwölf und die um sie herum gruppierte Urgemeinde haben in Jerusalem den Anspruch ihres erhöhten Herrn auf das eschatologische Zwölfstämmevolk verlebendigt und mit ihrem ‚Maranatha' um sein endzeitliches ‚Kommen mit den Wolken des Himmels' (vgl. Mk 14,62Par mit Dan 7,13) gefleht (s. o. S. 183ff.).

1.3 Man kann das endzeitliche Selbstverständnis der Urgemeinde noch besser erkennen, wenn man ihrer in Apg 5,11; 8,1.3; 9,31; 1Kor 15,9; Gal 1,13.22 bezeugten *Selbstbezeichnung* ἐκκλησία (τοῦ ϑεοῦ) nachgeht.

1.3.1 Wie oben schon angedeutet (s. o. S. 115) schieben sich in dem *Petrus-wort aus Mt 16,16–19* vorösterliche Tradition und österliche Fortschreibung derselben ineinander:

Während das Wort ursprünglich davon sprach, daß Petrus – dem Abraham ver-gleichbar (vgl. Jes 51,2) – bei der von Jesus mit den Zwölfen begonnenen Sammlung des endzeitlichen Zwölfstämmevolkes eine buchstäblich ‚grundlegende‘ Rolle spielen sollte, wird diese Rolle seit der Protophanie Jesu vor Petrus in der Begründung und Führung der Urgemeinde von Jerusalem gesehen. Der nachösterlichen Überarbei-tung des Textes entstammt sicherlich das volltönende Jesusprädikat: „Sohn des lebendigen Gottes". Außerdem wird die Prophetie von V. 19 auf die Gemeindegrün-dung in Jerusalem bezogen und als ἡ ἐκκλησία μου die Gemeinde in der Hl. Stadt (samt ihren Tochtergemeinden) angesehen. Die Bildworte vom Binden und Lösen meinen schon jüdisch die Vollmacht, ein für allemal Sünden zu vergeben oder zuzuschreiben (vgl. Bill I, 738 ff.) und in Mt 16,18 f. „(ist) die Vollmacht der Sünden-vergebung … Petrus übertragen, weil sie so der auf ihm als dem ‚Felsen‘ erbauten Kirche insgesamt zukommt" (F. Hahn, Ges. Auf. I, 196).

Nach Mt 16,16–19 hat Petrus die Rolle des durch die Ersterscheinung Jesu berufenen Hauptapostels und Grundfelsens der Urgemeinde in Jerusalem inne.

1.3.2 Es ist leider nicht mehr mit Sicherheit zu entscheiden, welches aramäische oder hebräische Äquivalent in Mt 16,18 für ἐκκλησία einzusetzen ist. In Frage kommen עֵדָה (vgl. 4QPs37 3,16) oder קָהָל. In der Septuaginta wird עֵדָה meist mit συναγωγή und קָהָל mit ἐκκλησία wiedergegeben. Ἐκκλησία meint im Griechischen die Volks-versammlung und συναγωγή die Vereinszusammenkunft. עֵדָה ist im Alten Testament die Kult- und Rechtsgemeinde Israels (z. B. Num 27,17; Jos 22,16; Ps 74,2), während קָהָל das zu besonderen Anlässen zusammengerufene ‚Aufgebot‘, z. B. von Männern im Krieg (z. B. Ri 20,2; 1Sam 17,47), oder die von Gott zum Sinai beschiedene und auf das Gesetz verpflichtete israelitische Glaubensgemeinde (vgl. z. B. Dt 5,22; 9,10; 10,4; 23,2 ff. usw.) meint. – Jesus kann für das von ihm angeführte und irdisch auf Petrus gegründete endzeitliche Zwölfstämmevolk sowohl עֵדָה (bzw. עֵדָתִי) als auch קָהָל (bzw. קְהָלִי) gebraucht haben; vom Wortgebrauch der LXX her geurteilt liegt die zweite Möglichkeit näher als die erste.

1.3.3 Klarheit darüber, wie die Jerusalemer Gemeinde sich verstanden hat, ist erst zu gewinnen, wenn man beachtet, daß die Gemeinde von Jerusalem mitsamt ihren Tochtergemeinden von Paulus und Lukas gemeinsam immer wieder ἡ ἐκκλησία (τοῦ θεοῦ) genannt wird. Das semitische Äquivalent für ἐκκλησία τοῦ θεοῦ ist in den Qumrantexten greifbar geworden (1QM 4,10, vgl. auch 1QSa 1,25). Es lautet dort קְהַל אֵל und meint die Gemeinde Israels als ‚Aufgebot‘ Gottes im letzten Kampf gegen die Gottesfeinde. Mit ihrer Selbstbezeichnung ἐκκλησία τοῦ θεοῦ knüpft die Urgemeinde an der Jesus-tradition von Mt 16,18 an und sieht sich selbst als die von Gott durch den Messias Jesus aufgebotene Heilsgemeinde in Israel an. Nimmt man diesen Sachverhalt mit der (von Jesus her vorgegebenen und durch Petrus erneuerten) Institution des Zwölferkreises als den zukünftigen Regenten des Zwölf-stämmevolks und der Wahl des Standortes Jerusalem zusammen, bestätigt sich, daß sich die Jerusalemer Urgemeinde als Kern des endzeitlichen Zwölfstämmevolks verstanden hat. Anders als die Essener von Qumran (vgl. CD 1,4 f.; 2,6; 1QH 6,8; 1QM 13,8) bildete die Urgemeinde aber nicht nur den Hl.Rest (vgl. Am 5,15; Jes 4,3; 6,13; 10,20 ff.; Zeph 3,12 u. a.), aus dem heraus Gott Israel neu aufbaun wird. Als Jesu Eigentum stellte sie am Ort der Parusie *den irdischen Vorposten des endzeitlichen Israel* dar, das Jesus mitsamt den Zwölfen bereits zu sammeln begonnen hatte und das nunmehr (von Jerusalem aus) vollends zu sammeln war.

1.3.4 Hält man sich an die Bezeichnung αἱ ἐκκλησίαι τοῦ θεοῦ, dürften sich die auf Jerusalem hin orientierten Gemeinden Gottes in Judäa (= ganz Palästina, vgl. O. Betz, EWNT II, 469 f.), von denen Paulus in 1 Thess 2,14 und Gal 1,22 schreibt, nicht anders verstanden haben als die Jerusalemer Muttergemeinde auch.

1.4 Mit dem Selbstverständnis der Urgemeinde stimmt aufs beste überein, daß sie sich vom Hl.Geist erfüllt und eben dadurch zur Mission (zunächst nur unter Juden und Proselyten) legitimiert sah. Nach Apg 2 waren die Begabung mit dem Hl.Geist und der Aufbruch zur Mission mit dem ersten *Pfingstfest* nach Jesu Kreuzigung und Auferweckung verbunden.

Beim *Pfingstfest* handelt es sich um das fünfzig Tage nach Passa-Mazzot zum Beschluß der Getreideernte zu feiernde Wochenfest. Es wurde griechisch ἡ πεντη-κοστή genannt (vgl. Ex 23,14–17; 34,22; Tob 2,1; 2 Makk 12,32) und war eines der großen israelitischen Wallfahrtsfeste (vgl. Dt 16,16). Im Frühjudentum wurde es als Fest der Erinnerung an Gottes Bundesschluß mit Noah und die Gesetzesproklamation am Sinai gefeiert (vgl. Jub 6). Rabbinische Traditionen verbinden die Verlautbarung der Tora mit der Vorstellung, daß sich Gottes Stimme zuerst in sieben und dann in siebzig ‚Zungen' (Sprachen) aufgeteilt habe, so daß die Tora jedem Volk in seiner Sprache mitgeteilt werden konnte (vgl. Bill II, 604 f.). Die Inspiration mit dem Hl. Geist, der das Gottesvolk zum Lob Gottes und zur vollen Erkenntnis seines Willens befähigt, wird in Jer 31,31–34; Ez 36,24–28 und Joel 3,1–5 als Heilsereignis der Endzeit angekündigt (vgl. zu dieser Erwartung auch 1 QS 4,20 ff.).

Mit der Auferweckung Jesu, seinen Erscheinungen vom Himmel her und der Begabung mit dem πνεῦμα Χριστοῦ sah sich die Urgemeinde in die Situation der Erfüllung dieser Verheißungen gestellt.

In der von Lukas übernommenen Erzählung vom *Pfingstereignis* in Apg 2,1–13 wird Pfingsten auf dem Hintergrund der mit dem Wochenfest verbundenen Traditionen und der Geistverheißungen geschildert: Der versammelten Urgemeinde wird ein endzeitliches Erfüllungsgeschehen zuteil. In dem Lobpreis der ‚Großtaten Gottes' (Apg 2,11, vgl. mit Dt 11,2; Ps 71,19) durch die christlichen Zeugen wird die Gesetzesproklamation vom Sinai im doppelten Sinn des Wortes ‚aufgehoben'. Die Reihe der μεγαλεῖα Gottes wird gekrönt von der Sendung und Auferweckung Jesu von den

Toten; das allen Juden in ihrer Sprache verkündigte Christusevangelium tritt an die Stelle der Sinaioffenbarung und die Befähigung zur Zungenrede macht jedermann sichtbar, daß die ἐκκλησία τοῦ θεοῦ vom Geist ergriffen und befähigt ist, in das himmlische Gotteslob einzustimmen.

Die Angabe von Apg 2,41, auf die Pfingstpredigt des Petrus hin hätten sich an einem einzigen Tag „annähernd dreitausend Menschen" taufen lassen, ist auch dann stark übertrieben, wenn man bedenkt, daß das Wochenfest eines der drei jüdischen Pilgerfeste war. Die Einwohnerzahl von Jerusalem belief sich zur Zeit Jesu auf ca. 25000–30000 Menschen (vgl. J. Jeremias, Abba, 1966, 335–341), und es ist sehr unwahrscheinlich, daß mit einem Schlag (mehr als) zehn Prozent der Jerusalemer Gesamtbevölkerung Christen geworden sind! Die von Paulus in 1 Kor 15,6 genannten „mehr als fünfhundert Brüder auf einmal" kommen der Wahrheit wesentlich näher, obwohl es sich auch bei ihnen nicht nur um Einwohner Jerusalems allein gehandelt haben kann.

Der *Heilige Geist,* der teils als die Menschen erfüllende und sie inspirierende Kraft (vgl. z.B. Apg 1,8; 2,1–21; 11,28), teils aber auch als personale Macht (z.B. Apg 5,32; 8,29; 10,19; 15,28) und in beiden Fällen als *Gabe und Erscheinung des erhöhten Christus* gedacht wurde (vgl. Lk 24,49; Apg 5,9; 8,39; 16,7; 1 Kor 15,6), befähigte die Gemeinde zu drei Verhaltensweisen: (1) zu ihrem Gotteslob und Christusbekenntnis sowie zum neuen Verständnis der Person und Sendung Jesu im Lichte der Hl. Schriften (vgl. Lk 24, 25 ff. 44 ff.; Apg 2,22–36); – (2) zum Handeln im Namen des Auferstandenen, also z.B. zur Wahrnehmung des ‚Schlüsselamtes' in Form der Vergebung oder des Behaltens von Sünden (vgl. Mt 16,19; 18,18 mit Apg 5,1–11) und zum Vollbringen von ‚Zeichen und Wundern' (Apg 3,1–10; 5,12); – (3) zum missionarischen Zeugnis, bei dem der neue Gehorsam des Glaubens alle Furcht und Eigeninteressen überwog (vgl. Lk 21,12–19/Mt 10,17–22; 24,9–14 mit Apg 2,14–36; 3,12–4,31).

2. Die Urgemeinde wurde (mitsamt ihren Tochtergemeinden) zusammengehalten durch ihren Glauben und die Lehre der Apostel, ihren Gottesdienst und ihr religiöses Gemeinschaftsleben.

2.1 Was zunächst den *Glauben* der Urgemeinde anbelangt, ist auf folgende Tatbestände zu achten:

2.1.1 Während im Alten Testament, Frühjudentum und in der Jesusüberlieferng von πίστις und πιστεύειν bzw. ihren semitischen Äquivalenten אֱמוּנָה und הֶאֱמִין, dem Hiphil von אמן, verhältnismäßig selten die Rede ist, wird eben diese Wortgruppe in der Apostelgeschichte, den Paulusbriefen und dem Schrifttum der johanneischen Schule ausgesprochen häufig gebraucht. Es handelt sich m.a.W. um *christliche Vorzugsworte,* die für die Haltung der frühchristlichen Missionsgemeinden kennzeichnend waren. Der Aufbruch zu einem neuen, spezifisch christlichen Glaubensverständnis ist nicht erst bei Paulus und in der Schule des Johannes, sondern bereits in den vorpaulinischen Gemeinden erfolgt. Anders könnten die Glieder der Jerusalemer Gemeinde in der Apostelgeschichte nicht einfach οἱ πιστεύοντες = ‚die Glaubenden‘, oder auch οἱ πιστεύσαντες = ‚die zum (christlichen) Glauben Gekommenen‘ genannt werden (vgl. Apg 2,44; 4,32; 5,14). Außerdem war der Aufruf zum Glauben ein fester Bestandteil der frühchristlichen Missionspredigt zuerst gegenüber Juden (vgl. Apg 2, 38–39; 3,16) und später auch vor Heiden (vgl. Apg 8,12; 10,43; 1Thess 1,9–10).

2.1.2 Um festzustellen, worauf sich der christliche Glaube gründete und wie er sich ausdrückte, muß man sich zunächst an den alttestamentlich-frühjüdischen und dann an den neuartigen jesuanischen Gebrauch von ‚Glauben‘ erinnern (s. o. S. 90 ff.).

Im Alten Testament meint ‚Glaube(n)‘ in Gen 15,1–6; Jes 7,4–9; 28,16; 30,15 und Hab 2,2–4 das vertrauensvolle und zugleich gehorsame Sich-Gründen auf den einen Gott allein, der sich aus frei erwählender Treue heraus Abraham und dem Hause Davids zugewandt und den Menschen geboten hat, sich auf ihn zu verlassen. Das Frühjudentum hat unter πίστις und πιστεύειν dann vor allem die Gottesfurcht verstanden, die sich im Festhalten an der Tora erweist (vgl. Sir 44,19–21; 1QpHab 7, 17–8,3). Demgegenüber liegt in der Jesustradition eine neuartige Rede von ‚Glaube(n)‘ vor. Jesus hat in seinen Worten vom Berge versetzenden bzw. Bäume entwurzelnden Glauben (Mk 11,22–24Par; Mt 17,20/Lk 17,6) von der πίστις (θεοῦ) als einer Gabe Gottes gesprochen, die den Betern zuteil wird und sie erfahren läßt, daß Gott in seiner Allmacht für sie handelt. In einigen Heilungsgeschichten bahnt sich außerdem bereits ein Überschritt vom theozentrischen Glauben an Gott (Mk 11,22Par) zum Glauben an Jesus als den Heilsmittler Gottes an (vgl. Mk 2,5Par; 5,34Par; Lk 7,1–10/Mt 8,5–13).

Dem vom irdischen Jesus selbst gelehrten und teilweise bereits auf ihn selbst als den göttlichen Helfer zum Leben gerichteten Glauben (an Gott) entspricht in den frühen nachösterlichen Gemeindetexten die πίστις (θεοῦ), die sich auf den Gott richtet, der Jesus von den Toten auferweckt und zum „Herrn und Christus“ (Apg 2,36) gemacht hat. In Apg 3,16 ist davon die Rede, daß der Glaube an den das ganze Heilswerk vergegenwärtigenden und selbst Glauben eröffnenden ‚Namen‘ Jesu Heilung wirkt, und in Apg 10,43 wird expressis verbis davon gesprochen, daß das πιστεύειν bzw. die πίστις εἰς Ἰησοῦν Χριστόν endzeitliche Sündenvergebung erfährt. Nimmt man das Summarium des bereits von den Jerusalemer Zeugen verkündigten, Glauben schaffenden ‚Evangeliums‘ von 1Kor 15,3b–5 hinzu, wird vollends erkennbar, daß der Glaube schon in der Urgemeinde auf Gottes Heilstat im Sühntod und in der Auferweckung Jesu gerichtet war. *Beim urchristlichen Glauben handelt es sich um das vom auferstandenen Christus in seiner Geistesgegenwart (mittels der apostolischen Verkündigung) geweckte Vertrauen auf und den Gehorsam gegenüber dem Gott, der sich in der Sendung, im Leidensgeschick und in der Auferweckung Jesu als derjenige offenbart hat, der die*

Sünder nicht ewig verstoßen, sondern mitsamt der Schöpfung zur endzeitlichen Rettung (σωτηρία) führen will. Angesichts des Gebetsrufes μαραναθά (s. o. S. 183 f.) darf man hinzufügen, daß der Glaube sich auch schon in vorpaulinischer Zeit auf die Person des Κύριος Ἰησοῦς Χριστός gerichtet hat. Als ein πιστεύειν τῷ κυρίῳ (Apg 5,14) oder ἐπὶ τὸν κύριον Ἰησοῦν Χριστόν (Apg 9,42; 11,17.21) und εἰς αὐτόν (Apg 10, 43) hat es *ein personales Vertrauens- und Gehorsamsverhältnis gegenüber dem auferstandenen Christus* mitumschlossen.

2.2 Bei der *Lehre der Apostel* (Apg 2,42) handelt es sich um ein komplexes Phänomen. Sie umfaßte sowohl die in § 14 dargestellten Bekenntnistraditionen als auch die ersten Grundelemente einer urchristlichen Liturgie (s. u.), die für die nachösterliche Situation aktualisierte Lehre Jesu und die Auslegung der Hl. Schriften auf Jesus und die endzeitlichen Ereignisse hin (vgl. Lk 24,25–27.44–45 mit dem κατὰ τὰς γραφάς von 1 Kor 15,3–4).

Petrus und denjenigen Aposteln, die Jesus schon vor Ostern nachgefolgt und seine ‚Schüler‘ (μαθηταί) gewesen waren, verdankt die Urchristenheit die Bewahrung, Fixierung und Weitergabe der *Evangelientradition*. Sie haben die ihnen anvertraute Lehre Jesu nicht nur in die Urgemeinde von Jerusalem eingebracht, sondern auch von Jerusalem aus den Prozeß ‚gepflegter Überlieferung‘ in Gang gesetzt, in dem sie von besonders autorisierten Überlieferungsträgern (διδάσκαλοι) mnemotechnisch aufbereitet und weitergegeben worden ist. Im Verlauf dieses von den (Jerusalemer) Aposteln angestoßenen Prozesses der Weitergabe der παράδοσις kam es zu einer (z. B. am Vergleich von Mk 8,27–30 mit Mt 16,13–19 [s. o.]) deutlich erkennbaren Aktualisierung und Weiterinterpretation von Jesu Lehre. Da der Überlieferungsprozeß aber von den Aposteln auch kontrolliert wurde und die Gemeinden vor dem Auftreten von Falschpropheten gewarnt waren (vgl. Mk 13,5–6.21–23Par), schloß er ein wildes Weiterwuchern der Tradition und ihre Durchsetzung mit sekundären und tertiären Bildungen von Jesusworten aus (s. o. S. 43 ff.).

Das ‚einmütige Beharren‘ der Urgemeinde bei der Lehre der Apostel (Apg 2,42) weist auf „das beharrliche und hingebungsvolle *Bleiben* bzw. *Festhalten* einer in sich geschlossenen und an gemeinsamen Zielen orientierten Gruppe" hin (H. R. Balz, EWNT III, 415; kursiv bei B.). Die Urgemeinde bildete also eine feste Lern- und Lebensgemeinschaft.

2.3 Über den *Gottesdienst und die Zusammenkünfte* der Gemeinde(n) der Frühzeit kann man angesichts der Spärlichkeit von Nachrichten nur folgendes sagen: Die Christen haben sich nicht grundsätzlich vom *Tempel* ferngehalten, sondern dort regelmässig gebetet und an den Gottesdiensten teilgenommen (Apg 2,46; 3,1); ob sie auch den Sühnopferkult (am Großen Versöhnungstag) noch ungebrochen auf sich bezogen haben, ist angesichts ihres Bekenntnisses zur endzeitlichen Sühnewirkung des Kreuzestodes Jesu fraglich. Außer im Tempel sind ‚die an Jesus Christus Glaubenden‘ in *Privathäusern* vermögender(er) Gemeindeglieder (vgl. Apg 12,12–17) zusammengekommen. Schon die Jerusalemer Gemeinde hat also ‚Hausgemeinden' gebildet und damit den Missionsgemeinden ein wichtiges Vorbild für die gemeinsame Lebensform der Christen gegeben (vgl. Apg 1,13–14; 2,1–4.46; 12,12 mit Röm 16,5).

Diese Hausgemeinden waren je nach den räumlichen Verhältnissen (sehr) klein. Im Petrus-Haus im Kapernaum konnten sich ca. 30–40 Personen versammeln. Die Häuser in Jerusalem waren z.T. größer als in Kapernaum, faßten aber auch keine Menschenmassen. Die in Apg 1,15 erwähnte Zahl von ca. 120 Personen ist als äußerster Grenzwert aufzufassen.

Im Mittelpunkt der Zusammenkünfte der Hausgemeinden standen nach Apg 2,42 die διδαχὴ τῶν ἀποστόλων (s. o.), die κοινωνία, die κλάσις τοῦ ἄρτου und αἱ προσευχαί.

2.4 Die Ansätze des *Gemeinschaftslebens* der Urgemeinde werden aus der Apostelgeschichte in Umrissen erkennbar. Der Kreis derer, die die ersten (Haus-)Gemeinden bildeten, lebte geistlich von der διδαχὴ τῶν ἀποστόλων (s. o.). Folglich wird man annehmen dürfen, daß in diesen Gemeinden die Weisungen Jesu galten und mit ihnen der Dekalog. Für die Weisung Jesu sind das Doppelgebot der Gottes- und Nächstenliebe (vgl. Mk 12,28–34Par) und die Ausdehnung der Nächstenliebe auch auf die Feinde der Gemeinde (Lk 6,27–36/Mt 5,38–48) besonders charakteristisch. Erinnert man sich außerdem an die Spruchreihe aus Mk 10,42–44Par, werden die Umrisse einer κοινωνία sichtbar, die nach innen von der Nächsten- und nach außen von der Feindesliebe bestimmt war und in deutlichem *Kontrast* zu dem (religiösen) Leben derer stand, die den Glauben an Jesus als Herrn und Messias nicht teilten oder gar verfolgten.

2.4.1 Dieser Eindruck wird bestärkt durch die drei *summarischen Berichte über die vita communis der Urgemeinde* in Apg 2,42–47; 4,32–35 und 5,12–16; hinter ihnen steht (von Lukas überarbeitete) vorlukanische Überlieferung (vgl. J. Roloff, Die Apostelgeschichte, 1988[2], 89–91).

Die Summarien bieten das Bild einer Lebensgemeinschaft von Glaubenden, die sich aus den (freiwilligen) Zuwendungen ihrer vermögenden Mitglieder erhält, da diese je nach Bedarf ihre ‚Mobilien' (ὑπάρξεις, Apg 2,45) und ‚Immobilien' (κτήματα, Apg 2,45) spontan und freiwillig veräußern, um mit dem Verkaufserlös den Unterhalt aller Glaubensgenossen zu ermöglichen; Apg 4,36–37 nennen als Musterbeispiel den Grundstücksverkauf des Barnabas. Solches Vorgehen ist für die Frühzeit der Gemeinde, die Jesu Parusie in nächster Zukunft erwartete, durchaus glaubhaft.
In der griechischen und hellenistisch-jüdischen Literatur finden sich enge Parallelen zu der von Lukas beschriebenen *urchristlichen Gütergemeinschaft*. Sie gilt schon in Platons ‚Kritias' als Idealgemeinschaft der (versunkenen) Frühzeit, und in derselben idealtypischen Weise schildern Philo und Josephus ihren griechischen Lesern das Leben der Essener, deren Originalschriften in Gestalt der sog. Damaskusschrift und der Texte aus den Höhlen von Qumran auf uns gekommen sind. Um des

ekklesiologischen Interesses willen, das der in Apg 2,42 ff.; 4,32 ff. beschriebene urchristliche *Liebeskommunismus* immer wieder findet, sei einer der Essener-Berichte Philos im Wortlaut zitiert: er schreibt in den §§ 84–87 seiner Schrift ‚Quod Omnis Probus liber sit': „(84) … Ihre Liebe zu den Menschen zeigen sie durch Wohlwollen, Gleichberechtigung (ἰσότης) und durch das Gemeinschaftsleben (κοινωνία), das über jedes Lob erhaben ist, über das aber doch hier kurz einige Worte angebracht sind: (85) Zuerst also, kein Haus ist das Eigentum einer einzelnen Person, ohne daß es nicht in der Tat das Haus aller wäre; denn, außer daß sie in Bruderschaften gemeinsam leben (κατὰ θιάσους συνοικεῖν), steht ihre Wohnung auch den Mitgliedern derselben Sekte offen, die von anderswoher kommen. (86) Folglich haben sie eine einzige Kasse für alle und gemeinsame Ausgaben. Gemeinsam sind die Kleider und gemeinsam die Lebensmittel; auch haben sie den Brauch der gemeinschaftlichen Mahlzeiten (συσσίτια) angenommen. Das Teilen desselben Daches, derselben Lebensweise und desselben Tisches findet man tatsächlich nirgends besser verwirklicht. Und das ist der Grund dafür: Alles, was sie als Lohn für ihr Tagwerk verdienen, behalten sie nicht für sich selbst, sondern legen es vor allen nieder (εἰς μέσον προτίθεσθαι), damit es zur gemeinsamen Verfügung (κοινὴ ὠφέλεια) stehe für die, welche sich davon bedienen wollen. (87) Die Kranken vernachlässigt man nicht deswegen, weil sie nichts hervorbringen können, denn das, was sie brauchen, um für die Kranken zu sorgen, steht ihnen ja durch ihr gemeinsames Vermögen (τὰ κοινά) zur Verfügung, so daß sie sich nicht zu scheuen brauchen, dafür große Ausgaben aufzuwenden. Den Greisen erweisen sie ihrerseits Achtung und Sorge, wie leibliche Kinder ihre Eltern im Alter mit größter Freigebigkeit unterstützen, und leisten ihnen Hilfe mit ihren Händen und umhegen sie mit tausend Aufwartungen." Philo schildert hier eine klar organisierte, auf längere Überlebenszeit eingestellte Gemeinschaftsorganisation, und seine Darstellung wird durch die Originaltexte von Qumran (am deutlichsten in 1QS 1,11 f.; 5,1–6,24 und CD 13,11–16) bestätigt.

2.4.2 Interessanterweise sind die lukanischen Berichte über die κοινωνία der Christen in Jerusalem mit Philos Essenerbericht *nicht* deckungsgleich! Es handelte sich in Jerusalem nur erst um eine vita communis auf der Basis geistlicher Spontaneität und Freiwilligkeit ohne die Bildung eines festen Gemeindevermögens und den Gedanken an einen Broterwerb der Gemeindeglieder zugunsten einer gemeinsamen Kasse. Es scheint auch noch kein fest organisiertes Fürsorgewesen gegeben zu haben, wie es die Essener und jüdischen (Synagogen-)Gemeinden schon in neutestamentlicher Zeit vorbildlich entwickelt hatten. Anders hätte es kaum über der Versorgung der mittellosen christlichen Witwen zu Streitigkeiten zwischen den ‚Hellenisten' und ‚Hebräern' kommen können (vgl. Apg 6,1 ff.). Die ‚Glaubenden' kamen in den zur Verfügung stehenden Einzelhäusern zusammen (Apg 2,46; 12,12), aus den Verkäufen des Vermögens einiger Reicher wurden die mittellosen Gemeindeglieder miterhalten und das ganze Lebensinteresse war auf das Gebet und das im μαραναθά erflehte endzeitliche Kommen des ‚Herrn' ausgerichtet.

Bei den *Gebeten* der Urgemeinde hat man an das von den Synagogen übernommene Psalmgebet, das Vaterunser und die in Lk 1,46–55.68–79; 2,29–32 überlieferten sog ‚Cantica' zu denken; ‚adaptierbare' jüdische Gebete wie das Kaddisch kamen hinzu.

Es gibt unter diesen Umständen keinen Grund, der Darstellung des Lukas zu mißtrauen, zumal er in Apg 11,27–30 berichtet, daß die Urgemeinde und ihre Tochtergemeinden in Judäa (= Palästina) nach einiger Zeit durch Hungersnöte, die über das Land hereinbrachen, in wirtschaftliche Not geraten sind und der Unterstützung durch die Christen von Antiochien bedurften; auch die 48 n. Chr. auf dem sog. Apostelkonzil in Jerusalem vereinbarte Kollekte der Heidenchristen für die Jerusalemer Urgemeinde war nach Gal 2,10 und Röm 15,26–27 noch „für die Armen der Heiligen" bestimmt. Es läßt sich also erkennen, daß die Urgemeinde nach Ostern einen ersten Versuch gemacht hat, direkt von Jesu Weisung her (vgl. Lk 12,22–32/ Mt 6,25–34) *eine Lebensgemeinschaft zu bilden, die sich ganz auf die kommende Gottesherrschaft ausrichtete.*

2.4.3 Aber es ist hinzuzufügen, daß dieses erste Modell christlicher χοινωνία mit dem Verlauf der Zeit zu (weitgehenden) Modifikationen gezwungen war, um überlebensfähig zu werden; die Gemeinschaft der Essener war auf Dauer angelegt, das Gemeindeleben der von Petrus und dem Zwölferkreis angeführten πιστεύοντες in Jerusalem noch nicht. Als der jüdische König Agrippa I 42 n. Chr. den Zebedaiden Jakobus hinrichten ließ und Petrus ihm nur durch eine besondere Fügung entkam (vgl. Apg 12,1–19), ist der Zwölferkreis nicht noch einmal ergänzt worden. Die Leitung der Urgemeinde ist vielmehr an den Herrenbruder Jakobus übergegangen, und er hat ihr nunmehr zusammen mit einem Presbyterium vorgestanden (vgl. Apg 15,2.4.6). *Erst diese presbyterial verfaßte Gemeinde hat sich bis zum Martyrium des Herrenbruders im Jahre 62 n. Chr. (vgl. Josephus, Ant 20,200) in Jerusalem halten können.*

2.5 Die χοινωνία der πιστεύοντες wurde durch gemeinsame *Mahlfeiern* in den Häusern immer neu bestätigt. Nach Apg 2,42.46 waren diese Mahlfeiern Sättigungsmahlzeiten, bei denen man unter ‚Jubel' (ἀγαλλίασις) und in ‚Schlichtheit des Herzens' (ἀφελότης καρδίας) Gott lobte und Nahrung (τροφή) zu sich nahm. Der ‚Jubel' meint von Ps 16,9; Jes 25,9 und Lk 1,47 her die freudige Danksagung an Gott, der Heil und Rettung gestiftet hat. Mit dem seltenen Wort ‚Schlichtheit des Herzens' ist die ungeheuchelte und ungekünstelte Hingabe an das Gotteslob gemeint. Der Ausdruck Brotbrechen bezieht sich auf den mit dem Tischsegen verbundenen Eröffnungsritus einer jüdischen Mahlzeit, bei der Brot das Hauptnahrungsmittel war.

Vergleicht man Apg 2,42.46 mit 20,7.11 und 1 Kor 10,16; 11,23–25, wird man von der κλάσις τοῦ ἄρτου zu dem von Paulus in 1 Kor 11,20 so genannten *Herrenmahl* (χυριαχὸν δεῖπνον) geführt, das urchristlich bis hin in die Gemeinde von Korinth hinein als Sättigungsmahl der Gemeinde gefeiert worden ist. Da Jesus schon in Jerusalem im μαραναθά als erhöhter ‚Herr' angerufen wurde, ist die Rede von einem bereits in Jerusalem gefeierten ‚Herrenmahl' kein Anachronismus. *Im Mittelpunkt der häuslichen Zusammenkünfte der Gemeinde in Jerusalem scheint die von Jubelrufen und Gotteslob begleitete gemeinsame Feier des Herrenmahls gestanden zu haben.*

2.5.1 Hans Lietzmann hat in seiner Monographie „Messe und Herrenmahl" (1955[3]) und in seinem Kommentar „An die Korinther I/II" (1949[4]) die These aufgestellt, daß „das ‚Brotbrechen' der Urgemeinde eine Wiederholung der täglichen Tischgemeinschaft mit Jesus", das von Paulus als ‚Herrenmahl' bezeichnete Mahl aber ein christliches Analogon zu den heidnischen antiken Totengedächtnismahlen sei, das als „Nachbildung speziell des letzten Mahles Jesu" verstanden werden sollte (a.a.O., 58). Lietzmann hat mit dieser Sicht bis in die Gegenwart herein Nachfolger gefunden (vgl. z.B. B. Kollmann, Ursprung u. Gestalten d. frühchristlichen Mahlfeier, 1990). Die Überlieferungszusammenhänge und die einschlägigen Texte weisen aber in eine andere Richtung als Lietzmann annahm: *Das „Brotbrechen" und das (paulinische) „Herrenmahl" entstammen einer gemeinsamen Wurzel und meinen dasselbe Mahl, das auf Jesu Abschieds(passa)mahl in Jerusalem zurückgeht.*

2.5.2 In § 10 haben wir versucht nachzuvollziehen, was Jesus bei dem Abschieds(passa)mahl in Jerusalem zu den Zwölfen gesagt und mit ihnen gefeiert hat (s.o. S. 133ff.): Auf der Grenzlinie zwischen seinem bevorstehenden Tod und dem neuen Leben vor und bei Gott hat er mit den Zwölfen als Repräsentanten des Zwölfstämmevolkes nicht nur Passa gefeiert, sondern ihnen während der Passa(haupt)mahlzeit Anteil an der Sühnewirkung seines bevorstehenden Sühnetodes gegeben. Er hat sie auf diese Weise zu Teilhabern des (neuen) Bundes gemacht, der dem Sinaibund endzeitlich entspricht, und ihnen den Zugang zu der endzeitlichen Mahlgemeinschaft auf dem Zion eröffnet, auf die er selbst vorausschaute (vgl. Mk 14,25Par mit Jes 25,6–8). Die von Paulus auf den ‚Herrn' zurückgeführte Herrenmahlsparadosis aus 1Kor 11,23–25(26) belegt, daß das Reden und Handeln Jesu am Abschiedsabend in Jerusalem für die Herrenmahlsfeiern der Christengemeinde konstitutiv geblieben ist. *Beim urchristlichen Herrenmahl geht es nicht darum, Jesu Tischgemeinschaften mit Zöllnern und Sündern wieder aufzunehmen, sondern es geht um die Wiederaufnahme der Tischgemeinschaft Jesu mit den Zwölfen am Vorabend seines Todes, und zwar in österlicher Perspektive.*
Das mit ‚Brotbrechen' bezeichnete Herrenmahl ist von hier aus gesehen mehr als eine bloße Kopie des Abschieds(passa)mahles Jesu in Jerusalem. Während das Passa nur einmal im Jahr gefeiert wurde (und wird), feierte die Gemeinde das Herrenmahl nach Apg 2,46 καθ᾽ ἡμέραν, d.h. Tag für Tag, oder wenigstens allsonntäglich am Tage der Auferstehung des Herrn (vgl. Apg 20,7). Kennzeichnend für die gemeinsame Mahlfeier war nunmehr nicht mehr nur das Passahallel, sondern die ἀγαλλίασις (s.o.), und Mahlgenossen waren nicht bloß die Zwölf, sondern alle πιστεύοντες.

2.5.3 Zu der neuen urchristlichen Herrenmahlsfeier kam es von Ostern her in zwei Schritten. Der erste und entscheidende liegt vor in den sog. ‚Erscheinungsmahlen‘, im zweiten wurden aus der bei diesen Mahlgemeinschaften gemachten Versöhnungserfahrung die Konsequenzen gezogen.

2.5.3.1 Nachdem Jesus den beiden am Ostertag nach Emmaus wandernden Jesusjüngern (Lk 24,13–35) und den aus Enttäuschung und Furcht nach Galiläa zurückgekehrten Jüngern beim Brotbrechen und Mahl am See Genezareth (Joh 21) in neuer Lebendigkeit erschienen war und von sich aus die durch Angst, Flucht und Verzweiflung der Jünger zerbrochene Gemeinschaft mit ihnen neu aufgenommen hatte (s. o. S. 182), ließ eben diese Erfahrung des neuen Angenommenseins durch den auferstandenen Christus auch das Abschiedsmahl am Passaabend in Jerusalem in neuem Licht erscheinen.

2.5.3.2 Am Vorabend des Kreuzestodes waren Augen und Sinne der Zwölf durch Unverständnis und Erschrecken über Jesu Todesansage gehalten gewesen und anschließend war die Nacht des Unglaubens über die Jüngerschar hereingebrochen. Seit dem Erscheinen des Auferstandenen aber und der neuen österlichen Mahlgemeinschaft mit ihm verstanden die wiederangenommenen μαθηταί den soteriologischen Gehalt des symbolträchtigen Redens und Handelns Jesu während des Abschiedsmahles umso besser: Der Herr hatte ihnen durch seinen Sühntod die Gottesgemeinschaft des neuen Bundes (nach Jer 31,31–34) eröffnen und sie zu Teilhabern der messianischen Mahlgemeinschaft auf dem Zion machen wollen. Mit dem Erscheinen beim Mahl in Emmaus und am See Genezareth hatte er diesen Willen bekräftigt. Das Brot in der Gegenwart des Auferstandenen zu brechen hieß nun, Tischgenossen des gekreuzigten und auferstandenen Herrn zu sein und das Mahl zu begehen in Erinnerung an seine vollendete Passion, in der Freude über seine Auferweckung und in der Erwartung seiner baldigen παρουσία als Menschensohn-Weltenrichter. Ganz folgerichtig wurde diese Art von österlicher Mahlgemeinschaft von Petrus und den Aposteln neu benannt und bewertet. Sie nannten das Mahl am Tisch des auferstandenen Herrn das ‚Herrenmahl‘ (1 Kor 11,20) und gaben ihm österlichen Freudenglanz (vgl. Apg 2,46–47 mit Jes 25,9).

Die Bestimmungen über das Dankopfermahl (Lev 7,11–12) und die persönliche *Todafrömmigkeit* der nachexilischen Zeit, in der die Klagelieder des Einzelnen und die Danklieder (mitsamt ihrer Kombination in einem einzigen Psalm, vgl. Ps 22; 69 u. a.) verankert sind, gaben den festen rituellen Rahmen vor, um durch ein Mahlopfer die Errettung eines Menschen aus Todesnot zu feiern: „das neugeschenkte Leben wird durch das heilige Mahl, das der Beter im Kreise seiner Mitmenschen … vollzieht, kultisch begründet, in dem … Gottes rettende Heilstat bekannt und gepriesen wird" (H. Gese, Ps 50 u. d. atl. Gesetzesverständnis, 163). Die Anamnese von Jesu Abschieds(passa)mahl wurde von den μαθηταί aufgrund der Ostererfahrungen im Rahmen dieses „(sich) im privaten Bereich vollziehenden Opferkultes" (a. a. O., 164), von dem auch in der Mischna noch oft die Rede ist (vgl. z.B. Pes 1,5; 2,5; Men 3,6; 6,5; 7,1–6 u.ö.), begangen und das Mahl als das von dem durch Gott wunderbar erretteten und zu seiner Rechten erhöhten Κύριος eingesetzte *Dankopfermahl des Auferstandenen* (H. Gese) verstanden und gefeiert. Bei diesem Mahl war der Κύριος Ἰησοῦς selbst der Tischherr und reichte persönlich das die Mahlgenossen mit ihm und untereinander verbindende Brot und den durch seine Lebenshingabe geweihten Wein, und zwar im Vorgriff auf die seinerzeit den Zwölfen verheißene messianische Mahlgemeinschaft auf dem Zion (vgl. Lk 22,30 mit Apk 3,20).

Die Feier dieses κυριακὸν δεῖπνον war natürlicherweise nicht mehr auf den einen Passaabend im Jahr beschränkt, sondern zu seiner Feier bot sich der Sonntag als Tag der Auferstehung des Herrn förmlich an (vgl. Apg 20,7). Im Rahmen der hochgespannten Naherwartung der Parusie stand aber auch einem täglichen Begängnis nichts im Wege.

2.5.3.3 Bedenkt man, daß schon in der Paulus „vom Herrn her vorgegebenen" Herrenmahlsparadosis der feiernden Gemeinde die ἀνάμνησις der Worte und Gesten Jesu beim Abschiedsmahl anbefohlen wird (vgl. 1Kor 11,24–25 mit Lk 22,19), gewinnt das Ganze heilsgeschichtliche Kontur. In der *Herrenmahlsanamnese* setzt die Gemeinde die jüdische Passaanamnese fort und ergänzt sie um die Erinnerung an die von Gott für Israel und die Völkerwelt durch Jesu Sühntod und Auferweckung verheißungsvoll verwirklichte ἀπολύτρωσις. Die Wendung εἰς τὴν ἐμὴν ἀνάμνησιν hat mit heidnischem Totengedächtnis nichts zu tun, sondern überträgt den זִכָּרוֹן des Passa (vgl. Ex 12,14; 13,3–10; Dtn 16,3) mitsamt seinen ‚Ausführungsbestimmungen' in mPes 10,5 auf das Herrenmahl: Die Mahlteilnehmer sollen feiern, als lägen sie mit Jesus ‚in der Nacht, in der er ausgeliefert wurde' zu Tisch, empfingen kraft seines Wortes und seiner stellvertretenden Lebenshingabe in Brot und Wein Vergebung ihrer Sünden und würden von ihm zu Tischgenossen des messianischen Dankopfermahles auf dem Zion erhoben. Im μαραναθά flehte die zur Feier des κυριακὸν δεῖπνον versammelte Gemeinde ihren erhöhten Herrn an, die bereits ins Werk gesetzte Erlösung durch die Parusie zu vollenden. Die Herrenmahlsfeier wurde auf diese Weise zur *heilsgeschichtlichen Standortbestimmung der Gemeinde* als ἐκκλησία τοῦ θεοῦ und zum immer neuen Quellort ihrer Endzeithoffnungen.

2.5.3.4 Daß das Herrenmahl als *Sättigungsmahl* der Gemeinde gefeiert wurde, erklärt sich einfach: Jesus hatte das Brot- und das Kelchwort zu Beginn und zum Beschluß der Passahauptmahlzeit gesprochen. Der Ablauf dieser Mahlzeit aber war mit der einer jüdischen Haupt- oder auch Festmahlzeit identisch: Beide wurden durch den Tischherrn dadurch eröffnet, daß er das (als Hauptnahrungsmittel geltende) Brot nahm, darüber den Lobspruch sprach, es brach und jedem Tischgenossen davon reichte. Dann schloß sich die Mahlzeit an. Zu ihrem Beschluß ergriff der Hausherr selbst oder einer seiner Gäste den sog. ‚Segensbecher' (τὸ ποτήριον τῆς εὐλογίας, vgl. 1Kor 10,16) mit Wein und sprach darüber das Dankgebet, die jüdisch so genannte בִּרְכַּת הַמָּזוֹן (vgl. zu diesem Ablauf Bill IV/2, 611–639, und O. Hofius, Herrenmahl u. Herrenmahlsparadosis, 211–212). Nachdem schon die Gemeinde von Jerusalem den einmaligen Passatermin für die Feier des Herrenmahls hinter sich gelassen hatte, hat sie sich bei ihrem ‚Brotbrechen' an die zu jeder jüdischen Mahlzeit passenden Stiftungsworte Jesu gehalten und ihr Sättigungsmahl mit Jesu Brotwort begonnen und seinem Kelchwort abgeschlossen.

2.5.4 Das ‚Herrenmahl' im Sinne von Apg 2,42.46; 20,7.11; 1 Kor 11,20 ist also weder nur eine christliche Fassung des Passamahles noch wächst es einfach aus den vorösterlichen Tischgemeinschaften Jesu mit Zöllnern und Sündern heraus, sondern es handelt sich um das im Zeichen der Auferwekkung Jesu gefeierte Dankopfermahl des Κύριος Ἰησοῦς Χριστός. Eben dieses Mahl war schon in Jerusalem der entscheidende Kristallisationspunkt, der die Glaubenden immer aufs neue in die κοινωνία mit dem Κύριος stellte (vgl. Apg 2,42 mit 1 Kor 10,15–16) und sie zur ἐκκλησία τοῦ θεοῦ zusammenschloß.

2.6 Lukas hebt mehrfach hervor, daß durch die Apostel *Wunder und Zeichen* getan worden sind (Apg 2,43; 5,12), und illustriert dies durch die Erzählung von der wunderbaren Heilung des lahmen Bettlers an der ‚Schönen Pforte' des Tempels (Apg 3,1–10).

Um die Bedeutung dieser Hinweise zu verstehen, muß man sich dreierlei vor Augen halten: (1) Aus den synoptischen Aussendungsreden ergibt sich klar, daß die Befähigung zu Heilungswundern und Exorzismen schon vor Ostern zur ‚Berufsausstattung' der Apostel gehört hat (vgl. Mk 6,7.12–13 Par.; Lk 10,9/Mt 10,7–8). – (2) Von der Bevollmächtigung eines Apostels zur Verkündigung des Evangeliums und zum Vollbringen von ‚Zeichen und Wundern und Machttaten' spricht auch noch Paulus in 2 Kor 12,12. – (3) Es kann daher kein Zweifel sein, daß Lukas zu Recht auf die σημεῖα καὶ τέρατα der (Jerusalemer) Apostel verweist. Sie waren fester Bestandteil der urchristlichen Bezeugung des Evangeliums durch das Wort und die heilende Tat. J. Roloff hat sicherlich recht, wenn er darauf hinweist, daß gerade die geistgewirkten Phänomene das Bild der Urgemeinde „nach außen hin entscheidend bestimmt haben" (Die Apostelgeschichte, 1988[2], 67). *Die Gemeinde in Jerusalem (und ihre Tochtergemeinden) haben nicht nur durch die Botschaft ihrer Zeugen Aufsehen erregt, sondern zugleich und in eins damit durch deren geistliche Handlungsvollmacht und die Form ihres gemeinsamen Lebens.*

3. Die *Missionstätigkeit* der ersten Christengemeinden nötigt zur Klärung von drei Fragen: Was hat sowohl die ‚Hebräer' als auch die ‚Hellenisten' in Jerusalem zur Mission veranlaßt? Wer waren ihre Träger und wie groß war ihre Reichweite? Schließlich ist zu untersuchen, wie die Taufe ausgesehen hat, die die Missionare geübt haben.

3.1 Der *Aufbruch zur Mission* wird verständlich, wenn wir uns noch einmal in die Situation der ersten Erscheinungszeugen versetzen. Wie sowohl der Bericht des Paulus über die ihm zuteilgewordene Christuserscheinung in Gal 1,15–16 als auch seine Bemerkung über die Sendung der Apostel in Röm 10,14–17, aber auch Überlieferungen wie Joh 20,19–23; Mt 28,16–20 (und Mk 16,14–18) erkennen lassen, *gehörten die Ostererscheinungen des erhöhten Jesus vom Himmel her und die Sendung zur Mission aufs engste zusammen.*

Hinter der in 1Kor 15,6 erwähnten Erscheinung Jesu vor „mehr als fünfhundert Brüdern auf einmal" steht wahrscheinlich das Pfingstereignis (s.o.). L. Schenke, Die Urgemeinde, 1990, 23.78.219, will dagegen auch diese Erscheinung in Galiläa lokalisieren. Außerdem vermutet er, daß „sie die nachösterliche Geburtsstunde der Wandermissionare" (220) gewesen sein könnte, die s.M.n. nach Ostern in großer Zahl in Palästina gewirkt haben (vgl. 217–238). In welchem Maße *charismatische Wanderpropheten* an der Mission beteiligt waren, läßt sich schwer sagen. Die Missionstätigkeit solcher ‚Wanderradikalen' (G. Theißen) ist nur in 2Joh 10; 3Joh 5–8 und Did 11,3–12, d.h. in Texten bezeugt, die aus dem späten ersten und dem zweiten Jh.n.Chr. stammen. Ihre Existenz in der Frühzeit des Urchristentums läßt sich nur indirekt aus den synoptischen Sendungsregeln Lk 10,2–12; Mt 10,5–16; Mk 6,6–11Par, aus der Existenz der sog. Logienquelle und ihren radikalen Nachfolgesprüchen (vgl. z.B. Lk 9,57–62/Mt 8,18–22) sowie solchen synoptischen Texten heraus erschließen, die den μαθηταί Jesu ein (Wander-)Leben für die βασιλεία τοῦ θεοῦ in Besitz- und Heimatlosigkeit vorschreiben (vgl. z.B. Mt 13,44–46; 19,12; Mk 10,23–31Par). Mt 7,21–23; 10,40–42 weisen auf wandernde urchristliche Propheten hin, aber wir wissen leider nicht, in welchem Maße sich ihr Wirken mit dem der Apostel überschnitten oder in Konkurrenz dazu gestanden hat. Von einer *Sondermission* der Wanderradikalen im palästinischen Raum sollte man darum nur mit größter Zurückhaltung sprechen, und daß ihre Zahl ‚mehr als fünfhundert Brüder' (1Kor 15,6) betrug, ist unbeweisbar.

Für die ehemaligen Jesusjünger, Petrus voran, erklärt sich die Verbindung von Erscheinung und Sendung leicht. Petrus und sein Bruder Andreas waren bereits vom irdischen Jesus berufen worden, um, wie Mk 1,17Par formulieren, ‚Menschenfischer' zu werden, d.h. um Menschen für das Evangelium Jesu zu gewinnen. Der von Jesus gesammelte Zwölferkreis ist dann insgesamt ausgesandt worden, um wie Jesus selbst die Botschaft von der Gottesherrschaft zu verkündigen und sie durch Exorzismen und Heilungswunder zu bekräftigen (vgl. Mk 3,14–15Par). Für sie mußten die Ostererscheinungen, die sie erfuhren (vgl. 1Kor 15,5–7), nicht nur die Auferweckung und Erhöhung Jesu zum Herrn und Messias dokumentieren, sondern auch den alten Sendungsauftrag erneuern. Die Ostererscheinungen hatten für Petrus und die Zwölf den Charakter der ‚apostolischen Legitimation' (U. Wilckens, Auferstehung, 1970, 24–29): *Vor Ostern waren sie Sendboten Jesu auf Zeit gewesen, nun wurden sie*

ἀπόστολοι des erhöhten Κύριος bis zum Tage seiner (in Bälde erhofften) Parusie.

3.2 Schon zu Jesu Lebzeiten war der Kreis der von Jesus erwählten und ausgesandten Jünger größer als die Schar der Zwölf gewesen (vgl. Lk 10,1–12; Apg 1,21–26). Entsprechend ist auch mit und nach Ostern der Sendungsauftrag des erhöhten Christus nicht auf den Zwölferkreis beschränkt geblieben, sondern auf die in 1Kor 15,7 erwähnten ‚Apostel insgesamt‘ ausgedehnt worden. Zu ihnen haben z. B. auch Josef mit dem Beinamen Barnabas (vgl. Apg 4,36; 9,27; 11,22–30 mit 1Kor 9, 6) und das von Paulus in Röm 16,7 erwähnte, noch vor ihm zum Glauben gekommene judenchristliche Apostel(ehe)paar Andronikus und Junia gehört (s. u.).

Wie G. Klein, Die Zwölf Apostel, 1961, 40–43, gezeigt hat, war die Gruppe der ἀπόστολοι πάντες sicher vorpaulinisch, weil Paulus zeit seines Lebens darum ringen mußte, diesem Kreis der vor ihm berufenen Apostel noch als vollgültiger ἀπόστολος Ἰησοῦ Χριστοῦ hinzugezählt zu werden (vgl. 1Kor 9,1–18; 15,8–10; 2Kor 11,5–10).

3.3 Zu dem schon vor Paulus berufenen Kreis der ‚Apostel insgesamt‘ haben auch bekehrte Diasporajuden wie der aus Zypern stammende Levit Barnabas und das ihren Namen nach ebenfalls dem hellenistischen Judentum entstammende Apostel(ehe)paar Andronikus und Junia gezählt.

In Röm 16,7 ist der Namensakkusativ Ἰουνιᾶν mit den griechischen Kirchenvätern am besten in den häufig bezeugten Frauennamen ‚Junia‘ aufzulösen, weil es für einen Männernamen ‚Junias‘ in neutestamentlicher Zeit (noch) keine Belege gibt (B. Brooten). Ob Andronikus und Junia ein Ehepaar waren, wie die Väterauslegung meint, wissen wir nicht. Wir können aus dem historisch unverdächtigen Gruß des Paulus aber klar ersehen, daß *auch Frauen zum Kreis der Apostel gehört* haben. Ohne ihre aktive Mitwirkung in der Mission wären bei den antiken Gesellschaftsverhältnissen Frauen nur schwer für den Glauben an Christus zu gewinnen gewesen.

Daß Frauen und Männer zum Kreis der ἀπόστολοι πάντες gehörten, die vor Ostern noch keine μαθηταί Jesu gewesen waren, ist wichtig, wenn man festzustellen versucht, wozu sich die Apostel durch den erhöhten Christus berufen sahen. Diese Frage stellt sich nicht nur im Blick auf die Missionstätigkeit des Petrus, der nach und nach auch Samaritaner und Heiden für den Glauben gewann (vgl. Apg 8,14–17; 10,1–48), sondern auch angesichts der missionarischen Aktivitäten des Stephanuskreises. Stephanus hat unter den hellenistischen Juden in Jerusalem missioniert (vgl. Apg 6,5.8–7,60), der zu seinen Anhängern zählende Philippus ist nach dem Stephanusmartyrium als Evangelist in Samarien und von Gaza über Aschdod bis hin nach Cäsarea aktiv gewesen (vgl. Apg 6,5; 8,4–13.26–40; 21,8), und schließlich haben bekehrte Diasporajuden aus dem Kreis der ‚Hellenisten‘ in Antiochien den Aufbruch zur Heidenmission gewagt (vgl. Apg 11,19–20).

3.3.1 *Für die wiederberufenen Jesusjünger stand zunächst die Mission der Juden im Mittelpunkt.* Jesus hatte sich mit seinem Umkehrruf faktisch nur an Israel gewandt, obwohl er in konkreten Einzelfällen auch Samaritanern (Joh 4,7–42) und Heiden wie dem Hauptmann von Kapernaum (Lk 7,1–10/ Mt 8,5–13/Joh 4,46–54) und der Syrophönizierin (Mk 7,24–30Par) die Zuwendung nicht versagt hat. Auch Jesu vorösterlicher Sendungsauftrag an die Jünger aus Mt 10,5–6.23 war eindeutig formuliert: Sie sollten nur zu ‚den verlorenen Schafen aus dem Hause Israel‘ gehen und sie mit seinem εὐαγγέλιον τῆς βασιλείας konfrontieren. Die Heiden lagen außerhalb des missionarischen Blickfeldes, weil Jesus die eschatologische Wallfahrt der (Heiden-) Völker zum Zion erwartete (vgl. Mt 8,11–12 mit Mi 4,1–4; Jes 2,2–4; äthHen 57; 90,33; PsSal 17,32–35; 4Esra 13,13) und den einst herzuströmenden Heiden als der sich für ‚die Vielen‘ aufopfernde und anschließend von Gott erhöhte Menschensohn ein gnädiger Richter sein wollte (Mt 25,31–46). Angesichts der Hoffnung auf die endzeitliche Völkerwallfahrt und die baldige Parusie des Κύριος bestand für Petrus und den Zwölferkreis sowie einen Teil der ‚Apostel insgesamt‘ nach Ostern kein zwingender Anlaß, die auf die Sammlung des endzeitlichen Zwölfstämmevolkes konzentrierte Missionsperspektive aufzugeben.

3.3.2 Dagegen bahnte sich im Kreis der ‚Hellenisten‘ eine folgenreiche *Erweiterung der Missionsperspektive* an. In der jüdischen Anklage gegen Stephanus (Apg 6,11–14) und in dessen Verteidigungsrede vor dem Synhedrium (Apg 7,1–53) werden Töne laut, die *die Mission über Jerusalem hinaus in die Welt hineinweisen*: Der eine Gott, der die Welt geschaffen und Israel zu seinem Eigentumsvolk erwählt hat, wohnt nicht in einem von Menschen errichteten Tempelgebäude (vgl. Apg 7,48–50 mit Jes 66,1–2); der Sühnopferkult im Jerusalemer Tempel hat für die Christen keine Bedeutung mehr (vgl. Apg 6,13 mit der Paradosis von Röm 3,25–26, s. o. S. 193 ff.), und die Tora vom Sinai geht in der Tora des Messias Jesus Christus auf (vgl. Apg 6,11.13 mit der bei Paulus in Gal 6,2; 1Kor 9,21 hervortretenden, vermutlich von den Hellenisten übernommenen Rede vom νόμος τοῦ Χριστοῦ). Christus ist der von Gott gemäß Ps 110,1 erhöhte Menschensohn-Messias, dem alle Gottesfeinde zu Füßen liegen sollen; als Träger des Gottesnamens Κύριος hat er den Rechtswillen Gottes gegenüber dem ganzen κόσμος wahrzunehmen (vgl. Apg 7,55–56). Stephanus hat um dieser Anschauungen willen das Martyrium erlitten und sein Kreis ist aus Jerusalem vertrieben worden. Aber er hat sich an die neuen Perspektiven gehalten: Philippus hat alsbald (nach dem Vorbild Jesu?) unter den Samaritanern Mission getrieben (Apg 8,4–8) und einen gottesfürchtigen äthiopischen Kastraten für den Glauben an Christus gewonnen und getauft, der um seiner körperlichen Versehrtheit willen nach Dt 23,2 kein Vollmitglied der jüdischen Glaubensgemeinde hatte werden können (Apg 8,26–39). Nimmt man den weiteren Missionsweg des Philippus

(Apg 8,40) und den der bis Phönizien, Zypern und Antiochien vorstoßenden anderen Hellenisten hinzu (Apg 11,19), steht man vor revolutionären geographischen und ethnischen Grenzüberschreitungen. Sie scheinen mit Jes 8,23–9,6; 56,3–8 (vgl. mit Mk 11,17Par) und 66,18–21 zu tun zu haben: *Die aus Jerusalem vertriebenen und der Verfolgung ‚entronnenen‘ (Jes 66,19) Hellenisten haben sich aufgemacht, um selbst die Glieder des unter die Völker versprengten Zwölfstämmevolkes nach den von Gott (in den Hl. Schriften) gesetzten sachlichen und geographischen Maßstäben zu sammeln.*

3.3.3 Aber auch diese Sammlungsperspektive ist noch einmal überschritten worden; in Apg 11,19–21 heißt es:

„(19) Jene nun, die sich wegen der Verfolgung gegen Stephanus ringsum verstreut hatten, drangen bis nach Phönizien, Zypern und Antiochia vor, und sie verkündigten das Wort niemandem außer Juden. (20) Einige von ihnen jedoch, Männer aus Zypern und der Zyrenaika, sprachen, nachdem sie nach Antiochia gekommen waren, auch zu den Griechen und predigten ihnen die Heilsbotschaft von Jesus, dem Herrn. (21) Und die Hand des Herrn war mit ihnen, und eine große Zahl kam zum Glauben und bekehrte sich zum Herrn" (Übersetzung von J. Roloff, Die Apostelgeschichte, 1988², 176).

Die Aussagen von V.19 lassen sich noch in dem eben genannten Rahmen verstehen, aber der in V.20 beschriebene *Übergang zur Heidenmission* war eine ganz entscheidende Neuerung! Auch sie erklärt sich von der Christologie und den Hl. Schriften her: Der erhöhte Κύριος Ἰησοῦς Χριστός ist nach Ps 110,1 der von Gott zum Weltenherrscher eingesetzte messianische König (vgl. so auch Ps 89,28); nach Dt 32,43; Am 9,11–12; Jes 11,10; Ps 18,50; 117,1 ist er auch die Hoffnung der Heiden (vgl. Apg 15,16–17; Röm 15,9–12). Offenbar hat diese christologische Einsicht die in Apg 11,20 genannten zum Christusglauben bekehrten Diasporajuden veranlaßt, den Schritt von der reinen Judenmission zur Völkermission zu wagen und das Evangelium von dem Κύριος Ἰησοῦς auch den Heiden zu verkündigen. *Die Hellenisten in Antiochien haben begonnen, die in Jes 56,3–8; 60; 66,18–21 angekündigte Wallfahrt der Heidenvölker zum Zion dadurch in Gang zu setzen, daß sie nicht mehr nur Juden aus der Diaspora, sondern auch Heiden ihrem in Bälde erwarteten und dann ‚von Zion aus‘ (Ps 110,2) herrschenden Christuskönig zuführten.* In diese neuartige Missionskonzeption ist Paulus durch Vermittlung des Barnabas einbezogen worden (vgl. Apg 11,22–26).

Petrus ist nach Apg 8,14–17; 10,1–11,18 dem Vorbild der Hellenisten gefolgt und hat die Völkermission bis hin zum Apostelkonzil unterstützt; auch danach ist er ein Grenzgänger zwischen Juden- und Heidenmission geblieben (vgl. Gal 2,7–8 mit Gal 2,11–21 und 1Kor 1,12; 9,5). Er hat allerdings auch den bitteren Preis für seine offene Haltung entrichten müssen: Als seine Sympathie mit der Haltung der Hellenisten ruchbar wurde, wurde er von Herodes Agrippa I, dem Schutzherrn des Tempels, zusammen mit dem Zebedaiden Jakobus verfolgt und mußte 42. n. Chr. aus Jerusalem

weichen (vgl. Apg 12,1–17). Die Leitung der Urgemeinde ist damals an den Herrenbruder Jakobus übergegangen.

3.3.4 Von Ostern her ist es also zu zwei recht unterschiedlichen Missions-
konzeptionen und -strategien gekommen. Sie sind 48 n. Chr. auf dem (von
Paulus in Gal 2,1–10 und von Lukas in Apg 15, 1–29 beschriebenen) *Apostelkonzil* zusammengeprallt, und zwar über der Frage, ob man bei der Heidenmission auf die Beschneidung verzichten dürfe oder die Heiden mittels der
Beschneidung förmlich in den Abrahambund aufzunehmen habe (vgl. Gen
17,9–14). Die Jerusalemer ‚Säulen‘, d. h. der Herrenbruder Jakobus, Petrus
und der Zebedaide Johannes, haben damals eine missionsgeschichtlich weg-
weisende Grundsatzentscheidung getroffen: Sie haben entschieden, daß die
(weltweite) Judenmission, bei der die Beschneidung selbstverständlich vorgegeben war, durch Petrus fortgeführt werden solle, gleichzeitig aber haben
sie die von Antiochien ausgehende, vor allem durch Barnabas und Paulus
betriebene Heidenmission ohne nachträgliche Beschneidung der Betroffenen
als christlich legitim anerkannt (Gal 2,6–9). Die στῦλοι haben sich damit
gegen die Gruppe von Judenchristen gestellt, die forderte, auch die bekehrten
Heiden zu beschneiden und ihnen eine gewisse rituelle Gesetzesobservanz
abzufordern (vgl. Apg 15,1–2; Gal 2,3–5). Obwohl diese ‚Judaisten‘ Paulus
auch noch nach dem Apostelkonzil beargwöhnt und seine Mission konterka-
riert haben, ist die grundsätzliche Entscheidung der ‚Säulen‘ für die missionarische Doppelstrategie wirksam geblieben.

Fragt man nach ihrem *theologischen Recht*, ist noch einmal auf Jesu Heilstod für die Vielen, d. h. für Israel *und* die Völkerwelt, sowie an seine Erhöhung zum Κύριος πάντων zu verweisen. *Die Herrschaft des Christus Jesus
und das durch seine Sendung und seinen Sühnetod von Gott erwirkte Heil
betreffen nicht nur das erwählte Gottesvolk Israel allein, sondern darüber
hinaus alle Völker der Welt.* Es ist deshalb theologisch angemessen, daß alle
einschlägigen Missionstexte des Neuen Testaments der Entscheidung des
Apostelkonzils gefolgt sind und neben der Juden- auch die Heidenmission
bejahen. Dies gilt für den Pfingstbericht aus Apg 2,1–13 und Röm 10,14–17
nicht weniger als für Joh 20,19–23 und den berühmten Missions- und Tauf-
befehl in Mt 28,16–20.

3.3.5 So gewichtig *Mt 28,16–20* im Matthäusevangelium ist, so klar muß man sehen,
daß der Befehl des erhöhten Christus zur Mission und Taufe der ἔθνη den Aposteln
nicht von Anfang an den Weg gewiesen hat, sondern erst das Ergebnis von vierzig
(oder mehr) Jahren kontroverser urchristlicher Missionsgeschichte zusammenfaßt.
Dies dokumentieren folgende Beobachtungen: (1) Nach Mt 28,16–17 geht die Sendung der Apostel zur Völkermission nicht mehr von Jerusalem aus (wie in der
Pfingstgeschichte, auf dem Apostelkonzil [vgl. Gal 2,9; Röm 15,19–21] und nach
Joh 20,21–23), sondern von Galiläa. Das entspricht spezieller matthäischer Typologie
(vgl. Mt 28,16 mit 4,15 und Jes 8,23–9,1): Die Völkermission wird vom ‚erhöhten

Christus' im ‚Galiläa der Heiden' propagiert. Zugleich ist ‚der Berg', von dem aus dies geschieht, kein geographischer Ort, sondern – wie in Mt 5,1; 17,1 auch – die Stätte der Offenbarung, die dem Sinai entspricht. – (2) Jesus erteilt den Missionsbefehl als der erhöhte und mit Macht ausgestattete Menschensohn (vgl. Dan 7,14), der seine μαθηταί als eben der ‚Immanuel' begleitet, als der er in Mt 1,23 (vgl. mit Jes 8,8.10) durch den ἄγγελος κυρίου angekündigt wurde. Auch diese Beziehung von Mt 1,23; 11,27 und 28,18.20 ist eine speziell matthäische (Ring-)Komposition. – (3) Von der auf dem Apostelkonzil vereinbarten Heiden- *und* Judenmission wird in Mt 28,19–20 nicht (mehr) gesprochen. Die elf Apostel werden nur noch zu den Heidenvölkern gesandt, während Israel, das nach Mt 10,5–6.23 der Hauptadressat der vorösterlichen Sendung der Zwölf war, unter dem Gericht der Gottes- und Christusferne steht (vgl. Mt 21,43; 23,37–39; 27,25) Man kann sich fragen, ob Juden von der ‚allen Völkern' geltenden Mission prinzipiell ausgeschlossen sind, aber von ihrem heilsgeschichtlichen Vorzug gegenüber den Heiden bei der Mission (vgl. Röm 1,16) oder wenigstens der Gleichstellung von Juden- und Heidenmission (vgl. Gal 2,7–8) ist in Mt 28,16–20 nicht mehr die Rede. – (4) Auch die triadische Taufformel von Mt 28,19 steht nicht am Anfang der Tauftradition des Urchristentums, das hauptsächlich auf das ὄνομα Ἰησοῦ Χριστοῦ getauft hat, sondern entspricht erst ihrem Reifestadium (vgl. Did 7,3, s. u.).

3.3.6 Angesichts dieses Gesamtbefundes ist biblisch-theologisch noch folgendes anzufügen: Am Anfang der urchristlichen Missionsgeschichte stand die Judenmission als die elementarste Art und Weise, nach Ostern Jesu messianisches Werk der Sammlung des endzeitlichen Zwölfstämmevolkes fortzuführen und zu vollenden. Die Völkermission soll(te) dieses Werk Jesu nicht ersetzen, sondern vervollständigen. Es gibt keinen theologisch gewichtigen Grund, den dreifachen Stufenweg zu verdunkeln, den Gott nach Mk 12,1–12; Apg 2,14–36 und Röm 11,1–32 zur Errettung von Juden und Heiden durch Christus gegangen ist und gehen wird. Er hat Israel aus den Völkern heraus erwählt und ihm aus freier Liebe und Barmherzigkeit heraus die endzeitliche Erlösung verheißen (vgl. Jes 43,22–25; 51,1–3; 55,3 u. a.). Er hat Jesus dann zuerst zu Israel gesandt und die Heiden indirekt in diese Sendung mit einbezogen. Das Evangelium von Jesus Christus gilt auch nach Ostern zuerst den Juden, zusätzlich aber auch den Heidenvölkern (vgl. Röm 1,16–17) und dementsprechend waren (und sind) Juden und Heiden gemeinsam Adressaten der Christusmission. Diese zweifache Mission aufzugeben, würde heißen, den der Kirche Jesu Christi erteilten Sendungs- und Zeugnisauftrag zu verleugnen und damit auch das Wesen der Kirche selbst zu verändern. *Die Kirche der Heiden ist weder allein das neue Gottesvolk noch auch das alleinige Ziel der Heilsgeschichte, sondern dieses wird erst erreicht sein, wenn Gott sich aller der Heiden und Juden erbarmt haben wird, die er gemeinsam in den Unglauben eingeschlossen hat, um sich ihrer in und durch Christus zu erbarmen (Röm 11,32).*

4. Es sind nun noch *Herkunft und Bedeutung der Taufe* zu bestimmen. Der erste Hinweis auf die christliche Missionstaufe findet sich in Apg 2,38–41: Viele Juden, die die Pfingstpredigt des Petrus gehört haben, nehmen den Umkehrruf des Apostels an; sie lassen sich auf den Namen Jesu Christi taufen, empfangen Vergebung der Sünden, die Gabe des Hl. Geistes und werden Glieder der Urgemeinde. Nach Apg 8,12 haben sich auf die Verkündigung des Philippus hin Männer und Frauen in Samarien der Taufe unterzogen. Der äthiopische Eunuch wird von Philippus an der Straße von Jerusalem nach Gaza getauft (Apg 8,36–38). Petrus hat in Cäsarea den gottesfürchtigen Centurio Cornelius und sein ,Haus', d. h. seine Sippe, getauft (Apg 10,1–48). Paulus hat nach der ihm zuteilgewordenen Christuserscheinung in Damaskus die Taufe empfangen (vgl. Apg 9,17–18 mit 1 Kor 12,13); für ihn gehörte die Taufe fest zur Missionspraxis (1 Kor 12,13). Schließlich bestätigen Mt 28,19–20 (und Mk 16,14–18) den festen Zusammenhang von Taufe und Mission.

4.1 Fragt man nach den *Ursprüngen der christlichen Taufe*, fällt der Blick zunächst auf Johannes den Täufer und seine Bußtaufe zur Vergebung der Sünden, die nicht nur die Evangelien (Mk 1,4–6 Par; Joh 1,32–34), sondern auch Josephus (Ant 18,116–117) erwähnen. Johannes übte sie am Jordan von Ez 36,24–28 her in bewußter typologischer Anknüpfung an Tracht und Verhalten des Propheten Elia (s. o. S. 58 f.)

4.2 Jesus (und nach Joh 1,35–40 auch einige seiner späteren Jünger) haben sich der Johannestaufe unterzogen. Die Jesus dabei zuteilgewordene Geisterfahrung markiert die Bevollmächtigung zum öffentlichen Wirken als Gottes- und Menschensohn (Mk 1,9–11 Par). Jesus hat seine messianische Legitimation (Mk 11,27–33 Par) und wahrscheinlich auch seinen Leidensauftrag (Mk 10,38; Lk 12,50) unter Verweis auf seine Taufe begründet (s. o. S. 146). Seine ganze Sendung läßt sich also als ein ,in seine Taufe gefaßtes' messianisches Wirken begreifen. Deshalb konnte dann auch von Ostern her *die Taufe mit Wasser und Geist, die an Jesus vollzogen worden war, zum Urbild der christlichen Taufe erhoben werden* (vgl. Mt 3,15).

4.3 Im Rückblick auf die mit der Passion und Erhöhung zur Rechten Gottes vollendete Sendung Jesu und ergriffen von dem ihnen durch den erhöhten Christus verliehenen Hl. Geist begannen nach Ostern die neu in den Dienst Jesu berufenen Apostel auf den Namen Christi zu taufen. Sie taten dies *in österlicher Entsprechung zur Taufe des Johannes*, die Jesus und ein Teil von ihnen selbst empfangen hatten. *Die Taufe auf den Namen Jesu Christi sollte Anteil geben an dem im Namen des Κύριος Ἰησοῦς beschlossenen, unüberbietbaren Rettungswerk Gottes und in die messianische Erfüllung der bereits den Täufer bestimmenden Verheißung von Ez 36,24–28 stellen.*

217

Wenn man Joh 3,22; 4,1–2 und Apg 19,1–7 historisch mit in Rechnung stellen darf, ergäben sich Indizien dafür, daß schon „zu Lebzeiten Jesu im Kreis seiner Jünger die Wassertaufe zur Vergebung der Sünden geübt wurde" (K. Aland, Taufe u. Kindertaufe, 1971, 10). Von hier aus würde sich die nachösterliche Wiederaufnahme und Neufassung des Taufbrauchs durch die μαθηταί noch besser und einfacher erklären als ohne die genannten Belege.

Spezifisches Kennzeichen der christlichen Taufe war das ὄνομα κυρίου, in dem sich das ganze Heilsgeschehen zusammenfaßte. Die Taufe ἐπὶ τῷ ὀνόματι Ἰησοῦ Χριστοῦ (Apg 2,38) oder auch ἐν τῷ ὀνόματι Ἰησοῦ Χριστοῦ (Apg 10,48) erfolgte auf das Werk und die pneumatische Gegenwart des gekreuzigten und auferweckten Christus hin. Kraft der Taufe wurden die Täuflinge dem Κύριος Ἰησοῦς Χριστός zugeeignet, von ihren Sünden gereinigt, mit dem Hl.Geist beschenkt und dem neuen Gottesvolk eingegliedert, dessen endzeitlicher Vorort die christliche Gemeinde in Jerusalem war (vgl. Apg 2,37–41).

Nachdem Philippus auch Samaritaner und den verschnittenen Äthiopier getauft hatte, wurde die Taufe durch Petrus und die antiochenischen Missionare auch Heiden gewährt (vgl. Apg 10,48; 11,20). Der in Damaskus getaufte Paulus wurde von Barnabas nach Antiochien geholt und in das Werk der Heidenmission einbezogen. Er verkündigte und lehrte das allen Aposteln gemeinsame ‚Evangelium' (1Kor 15,3–5) und taufte wie sie ‚auf den Namen' des gekreuzigten und erhöhten Christus (1Kor 1,13.15; 6,11). Nach der von Paulus in 1Kor 6,11 wiedergegebenen (antiochenischen?) Tauftradition gewährt die Taufe die Abwaschung der Sünden, Heiligung und Rechtfertigung. Sie löste die Täuflinge aus ihrer Sünderexistenz heraus und ließ sie eintreten in ein neues, durch Christi Opfertod eröffnetes Gottesverhältnis; sie gab ihnen Anteil am Hl.Geist und gliederte sie ein in die Gemeinde, die Paulus den ‚Leib Christi' nennt (1Kor 12,13).

Für die vor Paulus berufenen Apostel, ihn selbst und ihre Täuflinge waren in der missionarischen Pioniersituation, in der sie lebten, die Taufe auf den Namen Jesu Christi und die Tauferfahrung „das zentrale ‚Datum' des Anfangs, das *alles* christliche Leben und Denken bestimmte" (U. Wilckens, Der Brief an die Römer, EKK VI/2, 1987[2], 23; kursiv bei W.). Die Kinder- und Säuglingstaufe stand ihnen selbst bei der Taufe ganzer ‚Häuser', d.h. (Groß-)Familien (vgl. Apg 10,44–48; 16,14–15.30–34; 18,8; 1Kor 1,16), noch nicht eigens vor Augen.

4.4 Um das Bild von den Anfängen der christlichen Taufe zu vervollständigen, muß man sich noch folgende Tatbestände vor Augen halten:

4.4.1 Die Apostelgeschichte läßt noch erkennen, daß sich *ein einheitliches Verständnis der christlichen Taufe erst nach und nach herausgebildet hat*:

In der Erzählung von der Taufe des äthiopischen Eunuchen durch Philippus ist von der Anteilhabe am Hl.Geist noch keine Rede (vgl. Apg 8,36–39; erst spätere Handschriften haben in Apg 8,37.39 ein der Taufe vorangehendes förmliches Glaubensbekenntnis des Äthiopiers und seine Begabung mit dem Hl.Geist nachgetragen). Bei der Taufe des Cornelius durch Petrus geht die Geistbegabung der Taufe voran (vgl. Apg 10,44–48). Die enge Verbindung von Taufe und Mitteilung des Geistes, von der Apg 2,37–41 ausgehen, ist offenbar erst zur beherrschenden Anschauung geworden, als die Juden- und Heidenmission in feste Bahnen gekommen und die Eingliederung der Täuflinge in eine Gemeinde die Regel geworden war. Nachdem sie dies aber geworden ist (vgl. Apg 2,38; 1Kor 6,11; 12,13; Gal 3,26–28; 4,6; Eph 4,4–6; Mt 28,19–20), lassen sich Wasser- und Geisttaufe nur noch trennen, wenn man die genannten Texte und die hinter ihnen stehende Geschichte rückgängig machen will.

4.4.2 Das *Verhältnis von Missionspredigt, Glaube und Taufe* stellt sich nach allen entscheidenden Tauftexten so dar, wie es in Eph 1,13–14 skizziert wird: Frauen und Männer ließen sich taufen, weil sie vom Kerygma der Missionare ergriffen worden waren. Nach der Taufe und Eingliederung in die Gemeinde wuchsen sie dann vollends in die πίστις hinein, die ihnen durch das Evangelium eröffnet worden war (vgl. Apg 2,37–47; 8,12–17.26–39; 10, 1–48; 16,14–15.30–34; Gal 3,1–5.26–28; 1Kor 12,3.13; Röm 6,3–10.17–18; Eph 4,4–6; Mt 28,19–20 usw.).

4.4.3 Der konstante Gebrauch des Passivs βαπτίζεσθαι = ‚getauft werden, sich taufen lassen‘ (vgl. Apg 2,38.41; 8,12.16.36; 9,18; 10,47.48; 16, 15.33; 18,8; Gal 3,27; 1Kor 12,13; Röm 6,3), die Formel ‚auf den Namen Jesu taufen‘, die Rede von der mit der Taufe zu erlangenden Sündenvergebung (Apg 2,38; Kol 2,13) und die von Paulus in 1Kor 6,11 übernommenen Formulierungen vom ‚Abgewaschen-, Geheiligt- und Gerechtfertigtwerden‘ dokumentieren, daß die Taufe nicht als menschlicher Bekenntnisakt, sondern als *eine symbolisch-rituelle Form der Heilsmitteilung* angesehen wurde, die von der Lehre des Evangeliums und dem Bekenntnis der Täuflinge zu Jesus Christus flankiert wurde.

Auf diesen Umstand weist auch der *Taufvollzug* selbst hin. Die Taufe wurde nach Apg 8,38 und den offenkundig altes Brauchtum zusammenfassenden Anweisungen aus Did 7,1–4 durch Untertauchen in fließendem oder stehendem Wasser und nur ausnahmsweise durch dreimaliges Übergießen des Kopfes vollzogen. Did 7,1–4 lauten (in der Übersetzung von K. Niederwimmer, Die Didache, 1989, 158 f.): „(7,1) Was aber die Taufe betrifft, so tauft folgendermaßen: nachdem ihr das alles vorher mitgeteilt habt, tauft auf den Namen des Vaters und des Sohnes und des Heiligen Geistes in fließendem Wasser. (2) Wenn du aber kein fließendes Wasser (zur Verfügung) hast, so taufe in anderem Wasser. Wenn du nicht in kaltem Wasser (taufen kannst), dann (taufe) in warmem (Wasser). (3) Wenn du aber beides nicht (zur Verfügung) hast, dann gieß auf das Haupt dreimal Wasser aus auf den Namen des Vaters und des Sohnes und des Heiligen Geistes. (4) Vor der Taufe soll aber der Taufende und der Täufling fasten… .“

219

4.4.4 Die Taufe gab den Täuflingen in einer über die reine Wortverkündigung hinausreichenden Art und Weise an dem in Jesu Sendung verwirklichten und in seinem Namen gegenwärtigen Heilsgeschehen Anteil: Da Paulus in Röm 6,3–7.17 voraussetzt, daß die Christen von Rom in der Taufe an dem Evangelium Anteil gewonnen haben, das ihnen von ihren Missionaren und dem sie bei der Taufe ‚übergeben‘ wurde(n) (vgl. 1Kor 15,1–5), kann man auch schon im Blick auf die vorpaulinische Tauftradition davon ausgehen, daß sich in der Taufe *ein endzeitlicher Herrschaftswechsel ereignete und die Täuflinge in das Heilsgeschehen eingestiftet wurden, von dem das Evangelium spricht.* Die urchristliche Taufe wird deshalb erst dann richtig gewürdigt, wenn man ihr die charakteristische Einmaligkeit und die ebenso kennzeichnende ontologische Sonderstellung zwischen verkündigendem Wort und empfangendem Glauben beläßt.

Welch buchstäblich *fundamentale Bedeutung* die Taufe im urchristlichen Missionsraum gehabt hat, kann man sehr schön an der dreimal in den Paulusbriefen(vgl. Gal 3,26–28; 1Kor 12,13; Kol 3,9–11) auftauchenden, vermutlich aus der Gemeinde von Antiochien stammenden *Taufformel* erkennen, deren Struktur und Aussage J. Becker, Der Brief an die Galater, 1990[4], 44–46, und U. Mell, Neue Schöpfung, 1989, 303–315, herausgearbeitet haben. Geht man von Gal 3,26–28 aus, hatte die Formel folgenden Wortlaut: „Alle seid ihr Söhne Gottes in Christus Jesus: denn alle, die ihr auf Christus getauft seid, seid mit Christus bekleidet worden. Da gibt es nicht Jude oder Grieche, Sklave oder Freier, männlich und weiblich, denn alle seid ihr einer in Christus Jesus" (Übersetzung von U. Mell, a.a.O., 308). Die Bedeutung und Tragweite dieser Formel wird erhellt aus dem Kontrast, in dem sie stand: In den Synagogen dankten (auch in Antiochien) die freien jüdischen Männer Gott täglich in drei Lobsprüchen dafür, daß er sie nicht als Heiden, nicht als Ungebildete (und als Sklaven) und nicht als Frauen geschaffen habe (vgl. tBer 7,18). Ganz ähnlich „(hatte) der hellenistische Mann [nach Thales und Platon] drei Gründe zur Dankbarkeit, nämlich erstens, daß er als Mensch und nicht als Tier geboren worden war, zweitens als Mann und nicht als Frau, drittens als Grieche und nicht als Barbar" (S. Heine, Frauen der frühen Christenheit, 1986, 94). Im Gegensatz zu dieser Grundhaltung bei Juden und Griechen wurde den vor ihrer Taufe als ‚Gottesfürchtige‘ im Umkreis der Synagogen lebenden oder im religiösen Hellenismus beheimateten Frauen und Männern bei ihrem βάπτισμα auf den Namen Jesu Christi zugerufen, daß für sie die bisher von Schöpfung, Geburt und sozialer Stellung her scheinbar unwiderruflich festliegenden religiösen Vor- und Minderrechte von Juden und Heiden, Freien und Sklaven, Männern und Frauen aufgehoben und ihnen allen in der Gemeinde durch Christus ein und dieselbe Gotteskindschaft eröffnet worden sei. An die Stelle der bislang feststehenden religiösen Erwählungs- und Standesrechte trat für die Getauften die durch Christus heraufgeführte Gleichberechtigung aller Glaubenden vor Gott. Oder mit U. Mell formuliert: „Die Taufe des Menschen auf den Namen von Jesus Christus markiert den Beginn der neuen *soteriologischen Egalität* des Menschen in der Heilsgemeinde" (a.a.O, 315; kursiv bei M.). Mit ihrer Taufe sahen sich die an Jesus Christus Glaubenden in ein neues Sein und eine neue Lebensgemeinschaft versetzt (vgl. 2Kor 5,17; Kol 3,9–11).

4.4.5 Das Verhältnis von einmaliger Taufe und immer neu gestifteter κοινωνία mit Christus im Herrenmahl (s. o.) stellte sich in frühchristlicher
Zeit so dar, daß nur und erst die Getauften, d. h. kraft ihres Bekenntnisses
zur ἐκκλησία τοῦ θεοῦ Gehörigen, auch Mahlgenossen am Tisch des
Herrn sein und werden konnten. Aus Apg 2,41–47 geht dies ebenso hervor wie aus Apg 20, 7–12 (vgl. auch 1 Kor 11,18–34 und Did 10,6; 14,2).

5. Schauen wir zurück und voraus: Das im strengen Sinne vorpaulinische
Christentum umfaßt zwar nur die Gemeinden in Judäa (Palästina), Damaskus und (der Anfangszeit von) Antiochien. Aber in ihnen ist der
Grund gelegt worden für die Mission, in die Paulus eintrat. Man darf deshalb den Apostel und seine Theologie nicht losgelöst von den Überlieferungen interpretieren, die in den voranstehenden drei Paragraphen skizziert worden sind. Das Urchristentum wurde aber nicht von diesem einen
Apostel allein bestimmt. Vielmehr waren vor, neben und auch noch nach
ihm Petrus, Jakobus und Johannes, ihre Schüler und die Missionare Antiochiens am Werk. Auch sie waren von den theologischen Grundanschauun-
gen bestimmt, die wir uns vor Augen geführt haben.
  Ohne die Kenntnis der Jesusüberlieferung und der schon vor Paulus
von den Jerusalemer Aposteln, vom Stephanuskreis und den Antiochenern
gelegten theologischen Fundamente zerfällt die (Biblische) Theologie des
Neuen Testaments in lauter unverbundene Einzelpositionen. Wenn aber
jene Fundamente mitbedacht werden, werden inmitten der unterschiedlichen Bezeugungen der πίστις εἰς Ἰησοῦν Χριστόν auch Einheitslinien
sichtbar, die begreiflich machen, weshalb man in der Alten Kirche wagen
konnte, das Ganze der kirchlichen Glaubenstradition in der einen ‚Glau-
bensregel‘ und im Kanon der biblischen Schriften zusammengefaßt zu sehen.

3. Die Verkündigung des Paulus

Neben der Darstellung der Verkündigung und des Wirkens Jesu bildet
eine Beschreibung der Missionstheologie des Apostels Paulus einen
Schwerpunkt jeder und auch unserer (Biblischen) Theologie des Neuen
Testaments, und zwar aus den folgenden drei Gründen.

1. Wir kennen keinen Glaubenszeugen des Urchristentums historisch genauer als Paulus. Während wir von Jesus nur aus der traditionsgeschichtlich mehrschichtigen Überlieferung seiner Anhänger wissen, haben wir
von Paulus authentische Briefe, in denen er die Grundlinien seines theologischen Denkens darlegt. Nehmen wir zu diesem genuin paulinischen Material die aus der Schule des Paulus hervorgegangenen Briefe und die Be-

richte über den Apostel aus der Apostelgeschichte hinzu, läßt sich die Missionstheologie des Paulus viel genauer nachzeichnen als die anderer neutestamentlicher Zeugen.

2. Wir haben uns bereits vor Augen geführt, in welch hohem Maße die Lehre Jesu und die Bekenntnis- und Lehrüberlieferungen der vorpaulinischen Gemeinden theologisch reflektiert und von der messianischen Interpretation der Hl. Schriften geprägt sind. Die Theologie als Glaubensreflexion setzt nach dem Neuen Testament nicht erst mit Paulus, sondern schon vor ihm ein. Gleichwohl hat der Apostel dadurch eine einzigartige Stellung im Urchristentum, daß er, der Diasporapharisäer aus Tarsus in Kilikien, schon eine jüdisch-theologische Ausbildung im Lehrhaus Rabban Gamliels I hinter sich hatte, ehe er zum Apostel Jesu Christi berufen wurde (vgl. Apg 22,3), und daß er nach seiner Berufung zum apostolischen Zeugendienst die ihm vorgegebenen christlichen Glaubenstraditionen grundlegend durchdacht und auf ihrer Basis eine eigenständige und prinzipielle Missionstheologie entworfen hat. Paulus geht dabei von der Grunderfahrung aus, daß der eine Gott, der Jesus von den Toten auferweckt hat, der Gott ist, der aus freier Gnade und Barmherzigkeit heraus den gottlosen Frevler allein durch Christus und nur durch den Glauben an ihn rechtfertigt (Röm 4,5). Die Theologie des Paulus erscheint umso bedeutsamer, je klarer man sieht, daß in ihr die wesentlichen Intentionen des Werkes und der Lehre Jesu aufgegriffen und von Ostern her begrifflich durchdacht werden. Von hier aus kommt Paulus im Rahmen einer neutestamentlichen Theologie eine Schlüsselstellung zu.

3. Diese Schlüsselposition bestätigt sich auch von der schon im Neuen Testament selbst erkennbaren theologischen Wirkung des Apostels her. Paulus hat die Kirche bleibend auf den Weg der Heidenmission gewiesen, diesen Weg aber stets nur als Ergänzung und nicht als Ersatz der Judenmission gesehen. Seine theologische Leistung besteht darin, daß er den einen Gott, der die Welt erschaffen und Israel zu seinem Eigentumsvolk erwählt hat, die Sendung Jesu Christi zu Israel und den Völkern und die christliche Heilsgemeinde aus Juden und Heiden theologisch prinzipiell aufeinander bezogen hat. Damit hat er der Kirche ihre theologische Existenzgrundlage gegeben. Die Paulusbriefe sind schon in neutestamentlicher Zeit gesammelt und ausgelegt worden (vgl. 2Petr 3,15−16). Ohne sie verlöre das Neue Testament einen seiner theologischen Eckpfeiler. Die Missionstheologie des Paulus ist also für eine biblische Theologie, die sich ihren Gegenstand vom Neuen Testament selbst her geben läßt, von großem Gewicht. Zusammen mit der Verkündigung Jesu bildet sie die Achse, an der sich die Theologie des Neuen Testaments zu orientieren hat.

Die theologische Bedeutung des Paulus ist in der Forschung unumstritten. Umstritten sind aber einzelne Themen der paulinischen Theologie und die Frage, wo ihr Ursprung und ihre Hauptstoßrichtung liegen. Diese Forschungskonstellation hat den Vorteil, daß man nicht eigens begründen muß, ob die Glaubensbotschaft des Apostels in der Theologie des Neuen Testaments berücksichtigt werden muß, aber sie nötigt dazu, sowohl den Ansatz als auch die Einzelthemen des paulinischen Kerygmas sorgsam zu bedenken.

§ 16 Quellen, Chronologie und Eigenart des paulinischen Wirkens

Literatur: J. Becker, Paulus, 1989, 6–59; *G. Bornkamm*, Paulus, 1987[6], 11–120; *R. Bultmann*, Artikel: Paulus, RGG[2] IV, 1019–1045; *C. Burchard*, Der dreizehnte Zeuge, 1970; *L. Goppelt*, Die Apostolische u. Nachapostolische Zeit, 1966[2], 41–73; *J. D. G. Dunn*, The Incident at Antioch (Gal 2,11–18), in: *ders.*, Jesus, Paul and the Law, 1990, 129–182; *K. Haacker*, Die Gallio-Episode u. d. paulinische Chronologie, BZ (N.F.) 16, 1972, 252–255; *M. Hengel*, Zur urchristlichen Geschichtsschreibung, 1984[2]; *ders.*, Der vorchristliche Paulus, ThBeitr 21, 1990, 174–195; *ders.*, The Pre-Christian Paul, 1991; *H. Hübner*, Paulusforschung seit 1945, ANRW II 25,4, 1987, 2649ff.; *T. Holtz*, Der antiochenische Zwischenfall, NTS 32, 1986, 344–361; *W. G. Kümmel*, Einleitung in d. NT, 1978[19], 214–219; *O. Kuß*, Paulus, 1971, 16–228; *G. Lüdemann*, Paulus, d. Heidenapostel I, 1980; *O. Merk.*, Paulus-Forschung 1936–1985, ThR 53, 1988, 1–81; *R. Riesner*, Die Frühzeit d. Paulus, Habil. theol. Tübingen, 1990 (Masch.); *J. Roloff*, Die Apostelgeschichte, 1988[2], 1–16; *ders.*, Die Paulus-Darstellung d. Lukas, in: *ders.*, Exeget. Verantwortung in der Kirche, 1990, 255–278; *E. P. Sanders*, Paul, 1991, 8ff.; *A. F. Segal*, Paul the Convert, 1990, 3ff.; *H. Stegemann*, War der Apostel Paulus ein römischer Bürger?, ZNW 78, 1987, 200–229; *C.-J. Thornton*, Der Zeuge des Zeugen. Lukas als Historiker d. Paulusreisen, 1991; *W. C. van Unnik*, Tarsus or Jerusalem, in: *ders.*, Sparsa Collecta I, 1973, 259–320; *ders.*, Once Again: Tarsus or Jerusalem, a. a. O., 321–327.

Die Missionstheologie des Paulus läßt sich nicht vom Leben und vom Schicksal des Apostels trennen. Sie ist vielmehr ein klassisches Beispiel dafür, daß das Evangelium durch einen Kreis von erwählten Zeugen ausformuliert worden ist, deren Geist und Lebenserfahrung maßgeblichen Anteil an der Formulierung des Kerygmas hatten und behalten. Das Verständnis der paulinischen Theologie hängt sehr stark davon ab, welche Quellen man der Darstellung zugrundelegen darf und in welchem geschichtlichen Rahmen das Leben des Apostels zu sehen ist. Schon bei der Auswahl der Quellen und bei der geschichtlichen Rekonstruktion des paulinischen Wirkens fallen theologische Grundentscheidungen.

1. Als *Quellen* stehen die 13 kanonischen Briefe des Paulus, die Apostelgeschichte und eine (leider nur sehr allgemeine) Notiz über das Martyrium des Apostels aus 1Clem 5,5–6,1 zur Verfügung. Keines dieser Dokumente läßt sich unbesehen für eine historisch reflektierte Rekonstruktion verwerten; die Briefe nicht, weil sich unter ihnen nicht nur von Paulus selbst geschriebene, sondern auch Schülerbriefe (sog. Deuteropaulinen) befinden; die Apostelgeschichte nicht, weil ihre theologische Geschichtsdarstellung zwar von

einem mit Paulus sympathisierenden, aber auch stark von ihm abweichenden Standpunkt aus verfaßt ist; die Notiz über das Paulusmartyrium aus dem 1Clemensbrief schließlich ist bereits im Blick auf die Sammlung der Paulusbriefe entworfen und führt nicht weiter als bis zu der Christengemeinde von Rom. Sie hat um ca. 95/96 n. Chr. gewußt, daß die Apostel Petrus und Paulus (unter Nero in Rom) als Märtyrer des Glaubens gestorben sind.

1Clem 5,2–6,1 lauten: „(2) Wegen Eifersucht und Neid [in der römischen Gemeinde? P. St.] wurden die größten und gerechtesten Säulen verfolgt und kämpften bis zum Tode. (3) Halten wir uns die tapferen Apostel vor Augen:(4) Petrus, der wegen unberechtigter Eifersucht nicht eine oder zwei, sondern vielerlei Mühseligkeiten erduldete und so, nachdem er Zeugnis abgelegt hatte, an den gebührenden Ort der Herrlichkeit gelangte. (5) Wegen Eifersucht und Streit zeigte Paulus den Kampfpreis der Geduld; (6) siebenmal in Ketten, vertrieben, gesteinigt, Herold im Osten wie im Westen empfing er den echten Ruhm für seinen Glauben; (7) er lehrte die ganze Welt Gerechtigkeit, kam bis an die Grenze des Westens und legte vor den Machthabern Zeugnis ab; so schied er aus der Welt und gelangte an den heiligen Ort, das größte Beispiel der Geduld. (6,1) Diesen Männern mit ihrem heiligen Wandel wurde eine große Menge Auserwählter zugesellt, die wegen Eifersucht unter vielen Martern und Foltern gelitten haben und zum schönsten Beispiel bei uns geworden sind...". (Die Apostolischen Väter, hrsg. von J. A. Fischer, 1976, 31–33)

2. Die uns im Neuen Testament erhaltenen *13 Paulusbriefe* stellen nur eine Auswahl aus dem Briefverkehr des Apostels dar. Dies ergibt sich zwingend aus 1Kor 5,9; 2Kor 2,4 und Kol 4,16, wo jeweils Paulusbriefe erwähnt werden, die uns nicht überliefert sind. (Briefteilungs- und Kompositionshypothesen, die davon ausgehen, daß Fragmente der verschollenen Briefe in andere Paulusbriefe eingearbeitet worden und so erhalten geblieben seien, haben sich mangels historischer Analogien nicht bewährt.) Die erhaltenen Briefe des Apostels geben also nur noch einen Ausschnitt aus dem paulinischen Briefwechsel und seinem Denken zu erkennen; *Paulus hat mit Sicherheit noch mehr gesagt und gelehrt, als wir heute in seinen Briefen finden.* Außerdem ist bei den Paulusbriefen zu unterscheiden zwischen Schreiben, die vom Apostel selbst verfaßt wurden, und Briefen, die nach antikem Vorbild noch zu Lebzeiten und nach dem Tode des Lehrers von Paulusschülern abgefaßt worden sind (vgl. in diesem Zusammenhang auch den apokryphen Briefwechsel zwischen Seneca und Paulus aus dem 3. Jh. n. Chr., bei E. Hennecke-W. Schneemelcher, Ntl. Apokryphen II, 1989⁵, 44–50).

Die *Kriterien*, zwischen Proto- und Deuteropaulinen zu unterscheiden, liegen in (1) chronologischen und zeitgeschichtlichen, (2) philologischen und (3) theologischen Feststellungen. Das bedeutet: Deuteropaulinen liegen (vermutlich) dort vor, wo die von ihnen vorausgesetzte Situation im Leben des Paulus, soweit uns dies geschichtlich bekannt ist, nicht (mehr) unterzubringen ist, wo ihre Ausdrucksweise deutlich und durchgängig von Sprache und Stil der älteren Paulusbriefe abweicht und wo mit der andersartigen Sprache auch Inhalte mitgeteilt werden, die mit den Aussagen der Protopaulinen kaum oder gar nicht zusammenhängen.

Wendet man diesen dreifachen Maßstab an, sind als Deuteropaulinen anzusehen: (1) Die Pastoralbriefe (1/2 Tim, Tit), weil Sprache, briefstellerische Absicht und missionarische Situation deutlich von den älteren Paulusbriefen abweichen. (2) Der Epheserbrief, weil er ein für die Verlesung in verschiedenen Gemeindeversammlungen bestimmtes und (deshalb) in schwebendem liturgischen Stil gehaltenes Rundschreiben gewesen zu sein scheint, dem die spezielle Adresse ἐν Ἐφέσῳ (1,1) erst nachträglich zugewachsen ist; außerdem werden in Eph die Inhalte von Kol in einem über Paulus weit hinausgehenden Maße fortgeschrieben. (3) Vielleicht auch der Kolosserbrief. Der Brief ist an eine Gemeinde gerichtet, die der Apostel selbst nie besucht hat, und die Theologie des Paulus ist auch hier schon über das Stadium hinausentwickelt, das seine großen Briefe belegen. Es bleibt aber zu beachten, daß W.-H. Ollrog (Paulus u. seine Mitarbeiter, 1979, 236ff.) und E. Schweizer (Der Brief an d. Kolosser, 1989³, 20ff.) unabhängig voneinander den Brief mit beachtlichen Argumenten als ein noch zu Lebzeiten des Apostels abgefaßtes und in 4,18 von ihm ‚gegengezeichnetes‘ Schülerschreiben zu verstehen suchen. Umstritten ist (4) auch die Authentizität des 2Thessalonicherbriefes. Sprachlich unterscheidet er sich nicht grundlegend von den anerkannt echten Paulusbriefen. Ob er genuin paulinisch ist oder nicht, entscheidet sich vor allem an der Interpretation von 2Thess 2,1–12. Der Verfasser präzisiert hier in hochapokalyptischer Art und Weise die vom Apostel in 1Thess 4,13–5,11 entwickelte Parusieerwartung und tritt der von Enthusiasten unter Berufung auf Äußerungen des Apostels vertretenen Meinung entgegen, der Tag des Herrn sei schon da (2Thess 2,2). Von Röm 11,25–31 (vgl. mit Mk 13,10Par); 15,16 her kann solche Korrektur durchaus paulinisch sein. Da die exegetischen Urteile über den 2Thess extrem schwanken, wird der Brief von uns vorsichtshalber erst unter der Verkündigung der Paulusschule behandelt.

Es verbleiben damit als sichere Grundlage für die Darstellung der Theologie des Apostels folgende Paulusbriefe: 1Thess, 1/2Kor, Phil, Phlm, Gal und Röm; zu ihnen kommen eventuell noch Kol und 2Thess hinzu. All diese Schreiben stammen aus der Wirkungszeit des Paulus nach dem Jerusalemer Apostelkonzil, das nach den sichersten Berechnungen im Jahre 48 n.Chr. stattgefunden hat. Sie sind nacheinander in einem Zeitraum von etwa 6–8 Jahren verfaßt worden. *Die in engem zeitlichen Abstand geschriebenen sieben (oder neun) Paulusbriefe lassen sich gut aufeinander beziehen und gegenseitig interpretieren.*

Diese gegenseitige Interpretationsmöglichkeit wird immer wieder bestritten und die These vertreten, in den echten Paulusbriefen werde eine *grundlegende Entwicklung des paulinischen Denkens* sichtbar, die von der Naherwartung der Parusie (vgl. 1Thess 4,13–5,11) zur Annahme führt, die παρουσία werde erst nach dem Tode des Paulus stattfinden (vgl. Phil 1,21–26; 2Thess 2,3–12); außerdem sei Paulus anfänglich von einer noch offenen christologischen Heilslehre ausgegangen (vgl. 1Thess 1,10; 4,14; 5,9–10) und habe sie erst im Galater-, Römer- und Philipperbrief zur Rechtfertigungslehre zugespitzt.

Angesichts dieser Doppelthese ist auf die Frage der *Reihenfolge* der sieben (neun) Paulusbriefe ausdrücklich einzugehen. Daß die Reihe der Paulusbriefe mit dem um 50 n. Chr. verfaßten 1Thess beginnt und entweder mit dem um 56 n. Chr. verfaßten Römer- oder dem (vielleicht erst in Rom abgefaßten) Philipperbrief schließt, wird selten bestritten. Meistens werden auch der Galater- und der Römerbrief zeitlich sehr eng zusammengesehen. W. G. Kümmel (Einleitung in d. NT, 1978[19], 265f.272) datiert beide Briefe zwischen 54–56 n. Chr., während J. Becker (Paulus, 1989, 32. 287.359) annimmt, sie seien (erst) im Jahr 56 n. Chr. geschrieben worden.

Diese *Spätdatierung des Galaterbriefes* ist nur möglich, wenn man der sog. ,nordgalatischen Hypothese' (auch ,Landschaftshypothese' genannt) folgt. Paulus hätte danach ,die Gemeinden von Galatien' (Gal 1,2) erst im Verlauf der sog. zweiten Missionsreise (vgl. Apg 15,36–18,20) in der Landschaft Galatien begründet (vgl. Apg 16,6), auf der dritten Missionsreise wiederbesucht (vgl. Apg 18,23) und den Galaterbrief (von Ephesus aus) in dem Moment geschrieben, als er Kunde von Agitationen judenchristlicher Paulusgegner in den galatischen Gemeinden erhielt. Gegen diese heute sehr geläufige Sicht der Dinge sprechen aber gewichtige geographische und missionsgeschichtliche Gründe. Die Landschaft Galatien ist weithin ein unfruchtbares Steppengebiet. Es war in der Zeit des Apostels von Kelten bewohnt, die keltische und phrygische Stammesdialekte sprachen. Die antiken Straßenverbindungen durch diese Region waren schlecht, und von jüdischen Ansiedlungen, die Paulus normalerweise als Anlaufpunkte seiner Mission benutzte, wissen wir so gut wie nichts. Lukas berichtet auch weder in Apg 16,6 noch 18,23 von Gemeindegründungen durch den Apostel. Anders steht es dagegen mit den von Paulus und Barnabas auf der sog. ersten Missionsreise (vgl. Apg 13,1–14,28) durchzogenen Gebieten der römischen Provinz Galatien. Sie umfaßte die Landschaften „Pisidien, Phrygien, Teile von Lykaonien und Pamphylien, Isaurien, Paphlagonien und das ,rauhe Kilikien'." (H. Schlier, Der Brief an d. Galater, 1962[12], 15). Hier gab es seit 200 v. Chr. starke jüdische Gemeinden, gute Straßenverbindungen, und Griechisch war die allgemeine Verkehrssprache. Auch erzählt die Apostelgeschichte, Barnabas und Paulus hätten gemeinsam im pisidischen Antiochien (Apg 13,14ff.), in Ikonion (Apg 14,1ff.), Lystra und Derbe (Apg 14,6ff.) christliche Gemeinden begründet. Schon vor dem Apostelkonzil haben Judenchristen in Antiochien von Barnabas und Paulus verlangt, die von ihnen auf dieser ersten Reise bekehrten und getauften Heiden müßten noch beschnitten werden (vgl. Apg 15,1–2; Gal 2,4). Auf dem daraufhin einberufenen Apostelkonzil in Jerusalem haben sie sich mit dieser Forderung nicht durchsetzen können (vgl. Gal 2,6–10; Apg 15,19–20.28–29). Erst als sich Paulus aber nach dem Apostelkonzil mit Petrus, Barnabas und den Judenchristen von Antiochien (über der Frage der Durchsetzung des sog. Aposteldekrets aus Apg 15,28–29) entzweit hatte (vgl. Gal 2,11ff.; Apg 15,36ff.), nahmen die ,Judaisten' einen neuen Anlauf und konnten mit ihren Forderungen in den von Barnabas und Paulus gemeinsam begründeten südgalatischen Gemeinden sehr viel leichter Fuß fassen als unter den Kelten im unzugänglichen fernen Anatolien. *Es ist unter diesen Umständen historisch ratsam, der ,südgalatischen Hypothese' (auch ,Provinzhypothese' genannt) zu folgen.*

Ordnet man die im Galaterbrief dokumentierte (Rechtfertigungs-)Lehre des Apostels der ersten Missionsreise zu und reiht den Galaterbrief chronologisch nach dem 1Thess und vor 1/2 Kor ein, ergibt sich eine wichtige Konsequenz: Paulus hat schon vor dem Apostelkonzil die Lehre von der Rechtfertigung und in 1Thess 5,9 die

Überzeugung vertreten, daß „Gott uns nicht zum Zorngericht, sondern zum Gewinn der Rettung (σωτηρία) durch unseren Herrn Jesus Christus bestimmt hat". Im Galaterbrief verteidigt er seine Rechtfertigungsverkündigung gegen die judaistischen Agitatoren, faßt sie vier oder fünf Jahre später im Römerbrief noch einmal zusammen und gibt sie einige Zeit später ein letztes Mal in Phil 3 zu erkennen. *Die Rechtfertigungslehre kennzeichnet demnach das paulinische Evangelium von früh an und ist von Paulus nicht erst in der Spätzeit seines Wirkens ausgebildet worden.* Mit dieser Feststellung sollen Entwicklungen, Präzisierungen und auch Neuerkenntnisse innerhalb des paulinischen Denkens weder geleugnet noch ausgeblendet werden; sie lassen sich z. B. in Hinsicht auf die Frage nach dem Zukunftsgeschick Israels klar aufzeigen (vgl. 1Thess 2, 14–16 mit 2Kor 3,4–18 und Röm 9–11). Aber es ist sowohl dem Versuch, das theologische Denken des Apostel als sprunghaft und inkonsequent darzustellen (H. Räisänen), ein erster Riegel vorgeschoben, als auch der Meinung gewehrt, die Rechtfertigungslehre des Apostels sei nur eine speziell im Blick auf die Heiden ausformulierte Spät- (und Neben-)Perspektive seiner Missionsverkündigung (K. Stendahl, E. P. Sanders).

3. Die *Apostelgeschichte* hat für die Darstellung von Leben und Werk des Apostels Paulus größte Bedeutung. Lukas hat sie nicht zuletzt dazu verfaßt, um die bleibende Bedeutung des Paulus für die Kirche aufzuzeigen. Dies zeigt sich daran, daß er der Gestalt des Paulus mehr als die Hälfte seiner Gesamtdarstellung widmet und seine besondere missionarische Sendung zu den Heiden ins Licht von Jes 42,7.16; 49,6 stellt (vgl. Apg 13,47; 26,16–18). Nach Apg 26,16–18 ist Paulus der vom auferstandenen Christus besonders erwählte ‚Diener und Zeuge‘, den der Κύριος vor den Nachstellungen des jüdischen Volkes und der Heiden erretten und „senden will, um ihre Augen zu öffnen, so daß sie sich von der Finsternis zum Licht wenden und von der Macht des Satans zu Gott und Vergebung der Sünden und Erbteil unter den Heiligen durch den Glauben an mich empfangen" (vgl. Jer 1,8.19; Jes 42, 7.16 und Gal 1,15–16). Was die Herkunft des Paulus aus der Handels- und Kulturmetropole Tarsus in Kilikien, seine Erziehung und Ausbildung in Jerusalem, seine Missionsreisen und das Ende der Wirksamkeit des Apostels anbetrifft, bieten die Acta Berichte, auf die kein Historiker des Urchristentums verzichten kann. Wenn nicht alles trügt, hat Lukas auch in der Apostelgeschichte das in Lk 1,1–4 für sein Doppelwerk gegebene Versprechen durchgehalten, die ihm zur Verfügung stehenden Traditionen genau und der Reihe nach darzustellen (M. Hengel).

Lukas gilt von Phm 24; Kol 4,14; 2Tim 4,11 her zwar schon altkirchlich als Mitarbeiter und Reisebegleiter des Paulus, doch wird dieser Ansicht heute nur noch selten historische Bedeutung beigemessen. Eine Wende deutet sich erst in der profunden Studie von C.-J. Thornton, Der Zeuge des Zeugen. Lukas als Historiker d. Paulusreisen, 1991, an. Bedenkt man außerdem, daß Λουκᾶς die griechisch übliche Koseform von Λούκιος war (vgl. W. Bauer/K. u. B. Aland, Wb. z. NT[6], 974), bietet sich eine weitere Möglichkeit, die altkirchliche Identifikation zu präzisieren. In Apg 13,1 werden nebeneinander Niger, Λούκιος aus der Cyrenaica, Manahem, der

Jugendgefährte des Herodes Antipas, und Saulus (= Paulus) als christliche προφῆται καὶ διδάσκαλοι von Antiochien genannt. Nach Röm 16,21 befindet sich ein gewisser Λούκιος zusammen mit Jason und Sosipater bei Paulus (in Korinth) und grüßt die Christen von Rom; die drei Männer scheinen Paulus auf seiner bevorstehenden Jerusalemreise begleiten zu wollen. Wenn (!) man Λούκιος in Apg 13,1 und Röm 16,21 mit Λουκᾶς gleichsetzen darf, ergibt sich, daß Lukas ein bekehrter Diasporajude und christlicher Lehrer in Antiochien war, dort mit Paulus zusammentraf und den Apostel zeitweise auf seinen Missionsreisen begleitet hat. Die auffälligen und jeweils ganz unvermittelt im Textzusammenhang einsetzenden ‚Wir-Berichte‘ in Apg 16,10–17; 20,5–15; 21,1–18; 27,1–28,16 fänden dann eine einfache Erklärung: In ihnen käme dann nicht nur irgendein (literarisch fingierter) Paulusbegleiter zu Wort, sondern Lukas selbst. Die Tradition, daß Lukas Paulus von Antiochien aus begleitet und als christlicher διδάσκαλος eine gewisse Zeit mit ihm zusammengearbeitet hat, ist also *nicht* ohne weiteres von der Hand zu weisen.

Gleichwohl sind die Acta kritisch zu lesen, weil Lukas über Paulus nicht als Paulinist, sondern als antiochenischer Lehrer und Historiograph berichtet hat. Er hat bei seiner Darstellung von den Paulusbriefen keinen Gebrauch gemacht und Paulus eben den Aposteltitel vorenthalten, um den dieser nach dem Zeugnis von Gal, 1/2 Kor und Röm zeitlebens gerungen hat.

Nach lukanischer Sicht sind nur die Zwölf die grundlegenden Apostel und Traditionsträger der Kirche (vgl. Lk 6,13–16; 22,28–30; 24,33–53; Apg 1,2.13.21–26), und zu ihnen hat Paulus nicht gehört (vgl. so auch Paulus selbst in 1 Kor 15,5–8). Wenn Lukas Barnabas und Paulus in Apg 14,14 einmal ἀπόστολοι nennt, denkt er nicht an ihre Ebenbürtigkeit zu den Zwölfen, auf die es Paulus nach 1 Kor 9,1–2; 15,8–10 ankam, sondern daran, daß die beiden als missionarische ‚Gesandte‘ der Christengemeinde von Antiochien (vgl. Apg 13, 2–3) nach Lystra gekommen sind (vgl. die Rede von den ἀπόστολοι ἐκκλησιῶν in 2 Kor 8,23).

Auch die dreifache Schilderung der Berufung des Paulus in Apg 9,1–22; 22,4–16; 26,9–18 (vgl. mit Gal 1,15–16; 2 Kor 4,5–6; Röm 1,1–7), von wichtigen Stationen in seinem Leben (vgl. die lukanische mit der paulinischen Schilderung des Apostelkonzils in Apg 15,1–34 und Gal 2,1–10) und seiner Rechtfertigungsverkündigung (vgl. Apg 13,16–41 mit Gal 3,1–4,11; Röm 1,18–3,31) weichen stark von den Äußerungen in den Paulusbriefen ab. Lukas hat sich von der Gestalt und Botschaft des Apostels sein eigenes Bild gemacht. Als er die Apg (in Fortsetzung seines Evangeliums) schrieb, war Jerusalem bereits von den Römern zerstört (vgl. Lk 21,20.24) und lag das Martyrium des Paulus unter Nero schon geraume Zeit zurück. In der Konsequenz dieser Einsichten *ist mit der Verwendung lukanischer Nachrichten immer dann besonders vorsichtig umzugehen, wenn paulinische Parallel- und Originalberichte vorliegen.* So wenig einer pauschalen Kritik aller lukanischen Angaben das Wort zu reden ist, so sehr besteht die Notwendigkeit, das Selbstzeugnis des Paulus und das lukanische Paulusbild kritisch ins Verhältnis zu setzen.

4. Die *Chronologie* von Leben und Werk des Apostels ist nach alledem aus der kritischen Kombination genuin paulinischer, deuteropaulinischer und lukanischer Nachrichten zu gewinnen.

Die wichtigsten, von Paulus jeweils zur Verteidigung seines Apostolates vorgetragenen autobiographischen Nachrichten findet man in Gal 1,10 -2,21; 2Kor 2,14–6,10; 10,1–12,21; Röm 1,1–7; 15,14–33 und in Phil 3, 2–11. Hinzuzunehmen sind die Berichte der Apostelgeschichte von Erziehung und Ausbildung des Paulus in Jerusalem (Apg 22,3), seiner von Jerusalem aus ansetzenden Verfolgung der christlichen Gemeinde und seiner Bekehrung (Apg 8,3; 9,1–29; 22,3–21; 26,9–20), seiner Anfangstätigkeit als erwählter Zeuge des Evangeliums, seinen Missionsreisen, seiner Gefangennahme beim letzten Besuch in Jerusalem, der Gefangenschaft in Cäsarea, der Appellation an das kaiserliche Gericht und der Überstellung nach Rom (Apg 21, 15 ff.) und vieles andere Einzelmaterial.

Bei der Auswertung dieses Quellenmaterials sind die sog. *,relative' und die ,absolute' Chronologie* voneinander zu unterscheiden. Die relative Chronologie ordnet zunächst nur die in den Paulusbriefen und bei Lukas bezeugten verschiedenen Phasen des paulinischen Wirkens einander zu, während die absolute Chronologie eben diese relativen Daten mit Hilfe von historisch allgemein nachprüfbaren Daten urchristentumsgeschichtlich genau zu datieren sucht. Das entscheidende Datum für die Verzahnung von relativer und absoluter Chronologie ergibt sich aus dem Bericht von der Anklage, die Juden aus Korinth gegen Paulus vor dem römischen Prokonsul Lucius Junius Gallio Annaeanus, einem jüngeren Bruder des stoischen Philosophen Seneca, erhoben haben (Apg 18,12–17). Das Prokonsulat des Gallio läßt sich mit Hilfe der 1905 erstmalig veröffentlichten Gallio-Inschrift aus Delphi auf die Zeit zwischen Mai 51 und Mai 52 n.Chr. datieren. Innerhalb dieses Zeitraumes muß Paulus also in Korinth vor Gallio gestanden haben und freigesprochen worden sein. Rechnet man von hier aus (vor allem mit Hilfe der Zeitangaben von Gal 1,15–2,1; 2Kor 12,2) rückwärts und vorwärts, ergibt sich folgendes chronologisches Gerüst für das Wirken des Paulus (vgl. J. Becker, Paulus, 32, und R. Riesner, Die Frühzeit des Paulus, 268–271):

Paulus wurde im ersten Jahrzehnt christlicher Zeitrechnung in Tarsus als Kind einer strenggläubigen jüdischen Familie geboren. Von seinem Vater her besaß er sowohl das römische als auch das tarsische Bürgerrecht. Schon als Kind scheint er nach Jerusalem gebracht worden zu sein und hat hier in der jüdischen Schule und im Lehrhaus Rabban Gamliels I seine Erziehung genossen (Apg 22,3).

Der *Quellenwert von Apg 22,3* : „Ich bin Jude, geboren in Tarsus in Zilizien, doch aufgewachsen in dieser Stadt, zu den Füßen des Gamaliel streng nach dem väterlichen Gesetz ausgebildet, ein Eiferer für Gott…" (Übersetzung von J. Roloff, Die Apostelgeschichte, 1988[2], 318) ist immer wieder (unter Hinweis auf Gal 1,22–23) bestritten und statt dessen angenommen worden, Paulus habe seine Jugend- und Lehrzeit in Tarsus verbracht, dort eine solide hellenistische Ausbildung erhalten und sei erst als Christ mit der Urgemeinde von Jerusalem in Verbindung gekommen (vgl. z.B. E. Haenchen, Die Apostelgeschichte, 1977[7], 596–597). Diese Kritik hält den

Fakten nicht stand. In Gal 1,22 meint Ἰουδαία ganz Palästina (s. o.). Nach W. C. van Unniks Nachweis (s. o. unter Lit.) werden in Apg 22,3 nach klassischem Muster drei Phasen der Jugendentwicklung unterschieden: die γέννησις des Paulus in Tarsus, die τροφή als Kleinkind und die daran anschließende παιδεία (in der jüdischen Elementarschule und) „zu den Füßen Gamaliels". Rabban Gamliel I hat zwischen 25 und 50 n. Chr. in der Hl. Stadt gelehrt und war zu seiner Zeit ein hochangesehener pharisäischer Schriftgelehrter aus der Schule und Familie Hillels. Die Angaben von Apg 22,3 stimmen außerdem mit Phil 3,4–6 und Gal 1,13–14 überein: Vor 70 n. Chr. konnten sich junge Juden am besten in Jerusalem zum Schriftgelehrten ausbilden lassen und hier auch ein Leben nach den strengen Reinheitsvorschriften der Pharisäer führen. Von einer hellenistischen Ausbildung des Paulus in Tarsus wissen wir nichts, wohl aber von der Vertrautheit des Apostels mit den Hl. Schriften (vor allem auf Griechisch, aber auch Hebräisch), seiner Handhabung rabbinischer Auslegungsregeln, seiner Beherrschung des Aramäischen (Hebräischen) und Griechischen sowie seiner Befähigung, selbst Unterricht zu erteilen und rhetorisch ausgefeilte Briefe zu verfassen, die sogar von seinen Gegnern anerkannt wurden (vgl. 2Kor 10,10). Dies alles weist auf eine gute *jüdische* Schulbildung hin. Es *ist daher ratsam, Paulus als (vor allem) in Jerusalem ausgebildeten Diasporapharisäer anzusehen.*

In Apg 7,58 wird ‚Saulus' als νεανίας, d. h. als junger Mann zwischen 26 und 40 Jahren, bezeichnet. Setzt man den Tod Jesu auf das Jahr (27 n. Chr. oder) 30 n. Chr. an (s. o. S. 55), ist Paulus nur wenige Jahre nach Jesu Tod, d. h. etwa 32 n. Chr., auf dem Wege zur Christenverfolgung in Damaskus zum Apostel berufen worden. Anschließend hat er ca. zwei Jahre lang als Missionar in Arabien, d. h. im Nabatäerreich, und in Damaskus gewirkt (vgl. Gal 1, 17; 2Kor 11,32–33). Nach einem kurzen ersten Jerusalembesuch im Jahre 34 ist er dann insgesamt 14 Jahre lang in Tarsus und Syro-Kilikien tätig gewesen (vgl. Gal 1,21–2,1; Apg 9,30). Gegen Ende dieser Zeit wurde Paulus von Barnabas nach Antiochien geholt und am Missionswerk dieser Metropole der Heidenmission beteiligt (vgl. Apg 11,22–26). Als Barnabas und Paulus schon auf der ersten von Antiochien über Zypern bis in die römische Provinz Galatien führenden Missionsreise (vgl. Apg 13,1–14,28) auf die Beschneidung der von ihnen bekehrten Heiden verzichteten und Judenchristen gegen diese Unterlassung protestierten, kam es im Jahre 48 zum ‚Apostelkonzil' in Jerusalem. Barnabas und Paulus konnten dort die Anerkennung der gesetzes- und beschneidungsfreien Heidenmission durch die Jerusalemer ‚Säulen' erreichen (vgl. Gal 2,6–10). Nach dem Apostelkonvent ist es aber über dem Versuch des Herrenbruders Jakobus, in Antiochien und Umgebung nachträglich die Bestimmungen des sog. ‚Aposteldekrets' (vgl. Apg 15,20.29) einzuführen, zur Auseinandersetzung und Entzweiung zwischen Paulus und Petrus, Barnabas und den Judenchristen von Antiochien gekommen (vgl. Gal 2,11–21; Apg 15,36–40).

Paulus hat von etwa 49/50 n. Chr. an die ihm auf dem Apostelkonzil übertragene Heidenmission in eigener Verantwortung betrieben und noch zwei große Missionsreisen durchgeführt, die ihn durch Kleinasien hindurch

bis nach Achaia, Athen und Korinth führten. Auf diesen Reisen hat er sich
bemüht, die auf dem Konzil vereinbarte Kollekte der Heidenchristen
(Gal 2,10) „für die Armen unter den Heiligen in Jerusalem" (Röm 15,26)
zusammenzubringen. Als er die gesammelten Gelder vor dem Aufbruch
nach Rom der Urgemeinde in Jerusalem überbrachte, ist er ca. 56/57 n. Chr.
im Tempel von jüdischen Gegnern ergriffen, aber ehe sie ihn umbringen
konnten, von den Römern in Schutzhaft genommen worden. Paulus ist
anschließend zwei Jahre lang in Cäsarea in Haft gehalten und 59 n. Chr. auf
sein eigenes Rechtsbegehren hin nach Rom gebracht worden. Dort hat er um
das Jahr 60 n. Chr. herum (oder später) unter Nero (54–68 n. Chr.) den
Märtyrertod erlitten (vgl. 1 Clem 5,7; 6,1).

5. Dieses Datengerüst ist historisch wichtig und läßt sich auch theologisch
auswerten.

5.1 Gerade am Leben des Paulus kann man einsehen lernen, was K. Barth
generell von den Aposteln sagt:

> „In ihnen, in ihrem Sein und Tun, soll und darf die Kirche als die Versammlung der
> Erwählten zu allen Zeiten sich selbst wiedererkennen und in ihnen jedes einzelne
> Glied der Kirche den Sinn und die Absicht seiner eigenen Erwählung" (Kirchliche
> Dogmatik II/2, 1981[6], 498).

Die Grunderfahrung, von der Paulus als Apostel Jesu Christi ausgeht, ist
die ihm selbst vor Damaskus zuteilgewordene *Rechtfertigung des Gottlosen*
(Röm 4,5; 5,6), d. h. des sich Gottes Willen in Christus widersetzenden
Frevlers, der wider alles religiöse Erwarten nicht dem Gericht überantwortet, sondern begnadigt und zum apostolischen Dienst im Glauben an Christus erwählt wird (vgl. 1 Kor 9,16; 15,8–10; 2 Kor 2,14–17).

Der Apostel wird mit dieser seiner Grunderfahrung erst dann im Sinne Barths
begriffen, wenn man sich *seine Person und Botschaft wirklich mit all den geschichtlichen Eigentümlichkeiten vor Augen führt, die sie haben.* Als (in Jerusalem) ausgebildeter Diasporapharisäer mit dem tarsischen und römischen Bürgerrecht (s. o.) gehörte Paulus zur jüdischen Oberschicht. Wie viele Diasporajuden trug auch er einen
Doppelnamen, nämlich Σαῦλος bzw. שָׁאוּל nach dem ersten israelitischen König aus
dem Stamme Benjamin, und zusätzlich den lautverwandten römischen Beinamen
Paulus (= der Kleine). In 2 Kor 11,22 und Phil 3,5 betont er, daß er vollbürtiger Jude,
Same Abrahams, Benjaminit und bereits am 8. Lebenstage beschnitten worden sei.
Außerdem nennt er sich einen Ἑβραῖος ἐξ Ἑβραίων, d. h. den Abkömmling Hebräisch und Aramäisch sprechender Juden, der außer Griechisch auch noch diese beiden
Sprachen spricht. Nach Gal 1,14 und Phil 3,5 hat er sich bewußt der Gemeinschaft der
Pharisäer angeschlossen und bei der Wahrung der pharisäischen Glaubensnormen
besonderen militanten Eifer an den Tag gelegt. Wie viele andere Schriftgelehrte hat
auch Paulus ein Handwerk, die Zeltmacherei und Sattlerei, erlernt (vgl. Apg 18,3) und
war deshalb in der Lage, im Bedarfsfalle selbst für seinen Lebensunterhalt zu sorgen
(vgl. 1 Kor 9,6; 2 Kor 11,7; 12,13). In Jerusalem hat Paulus das letzte Auftreten Jesu,

seine Hinrichtung und die Bildung der Urgemeinde miterlebt, ohne sich bereits zum christlichen Glauben zu bekennen.

5.2 Diese Umstände werden bedeutsam, sobald man erkennt, daß die das Leben des Paulus von Anfang bis zum Ende bestimmenden zwei religiösen Mächte *Tora und Christusevangelium* heißen. *Die angemessene Verhältnisbestimmung von Gesetz und Evangelium ist dementsprechend das große Hintergrundsthema der paulinischen Theologie.*

Für den in Jerusalem lebenden und nach Gal 5,11 vielleicht auch schon in den griechischsprechenden Synagogen lehrenden Juden Paulus war die Tora vom Sinai Lebensinhalt schlechthin. In seiner Verteidigung hat er von Jerusalem an bis hin nach Damaskus die sich zu dem gekreuzigten Jesus als Herrn und Messias bekennende gesetzeskritische Sekte der Christen verfolgt. Mitten aus der Verfolgungstätigkeit heraus ist er dann zum Glauben und Sendboten des Christusevangeliums berufen worden. Nach seiner Berufung galt das ganze Leben des Paulus dem Evangelium, und über dem Dienst am Evangelium hat er schließlich Freiheit und Leben verloren. – Paulus hat sowohl die Tora als auch das Evangelium als Offenbarung des einen Gottes begriffen, der die Welt geschaffen und Israel zu seinem Eigentumsvolk erwählt hat (vgl. Röm 1,1; 2,20; 7,12.14; 9,4). Deshalb konnte er als Apostel nicht einfach bei der ihn vor seiner Berufung bestimmenden Antithese von Gesetz und Evangelium stehenbleiben und sie unter dem Vorzeichen des Glaubens weiterführen, sondern mußte sich bemühen, beide Offenbarungsweisen des einen Gottes theologisch zusammenzudenken.

5.3 Die oben als authentisch bezeichneten Paulusbriefe (d. h. 1Thess; Gal; 1/ 2Kor; Röm; Phil und Phlm), stammen sämtlich aus der Zeit der zweiten und dritten Missionsreise sowie der Gefangenschaft des Paulus in Cäsarea und Rom. Sie sind alle getragen von der globalen Missionskonzeption, die Paulus in Röm 1,1–7; 11,13–32; 15,15–24 skizziert hat. Die in diesen Briefen bezeugte Theologie des Paulus stellt natürlicherweise keinen systematisch geschlossenen Entwurf dar, sondern eine aus praktischen Bedürfnissen heraus (oft nur rasch) skizzierte *Missionstheologie mit universalem Horizont.*

Leider haben wir aus der zeitlich längsten Phase der Paulusmission, den 14 bzw. 16 Jahren zwischen Berufung und Apostelkonvent, nur spärliche Nachrichten. Aus 2Kor 11,24–25.32–33 ergibt sich, daß Paulus, von seiner Berufung vor Damaskus an, um seiner Christuspredigt willen verfolgt und fünfmal in den Synagogen als Übertreter des Gesetzes ausgepeitscht worden ist. Von dem Moment an, da er mit Barnabas von Antiochien aus missionierte, hat er die Heidenmission ohne Beschneidung und Gesetzesauflagen prinzipiell verfochten. Auch auf dem Jerusalemer Apostelkonzil ist Paulus für die von Auflagen freie Heidenmission eingetreten. Diese Daten weisen darauf hin, *daß die paulinische Missionsverkündigung durchgängig von dem Grundsatz der Rechtfertigung des Gottlosen durch Christus allein (Röm 4,5; 5,6) geprägt war.* Als sich nach dem Konzil sowohl Petrus als auch Barnabas und die Judenchristen von Antiochien in der Gesetzesfrage wankelmütig zeigten, hat sich Paulus von ihnen getrennt und ist zusammen mit Silas (Silvanus) und anderen Mitarbeitern missionsstrategisch eigene Wege gegangen, um die Heiden mit dem Evangelium zu konfrontieren. Er folgte dabei der in Röm 11, 13–32 und 15,16 dargelegten Leitidee, als ‚Diener Christi Jesu für die Heiden‘ der endzeitlichen Heilsgemeinde die von Gott bestimmte „Vollzahl der Heiden" zuführen und so mithelfen zu dürfen, den Tag der Errettung ganz Israels durch den vom Zion her erscheinenden Erlöser-Christus näherzubringen. *Seit dem Apostelkonzil hat sich Paulus als Apostel der Heiden um Israels willen verstanden und seine Mission in buchstäblich ökumenischem Horizont betrieben.*

Die aus dieser Hochphase der Paulusmission stammenden Briefe des Apostels verdanken sich sämtlich speziellen Missionsumständen. Sie bringen deshalb nur zur Sprache, was in der jeweilig aktuellen Situation zu sagen war und schweigen über all das andere, das für Paulus und seine Adressaten unumstritten und selbstverständlich gewesen ist. *Die Paulusbriefe müssen deshalb so auf die Theologie des Paulus abgehorcht werden, daß sowohl die Eigenart des paulinischen Denkens als auch seine Übereinstimmung mit der den Apostel und die Empfänger seiner Briefe tragenden Gemeindetradition sichtbar werden.* Paulus greift diese Tradition z. B. in 1 Kor 15,3–8; 11,23–26; Röm 3,25–26; 4,25 auf und sieht in ihr maßgebliches Glaubensgut (vgl. 1 Kor 15,1–3; Röm 6,17). Sie reicht z. T. zurück bis in die Anfänge der Jerusalemer Gemeinde und verbindet Paulus z. B. in der Gesetzesfrage, in der Abendmahlstradition und in der Lehre vom stellvertretenden Sühnetod Christi mit Jesu eigener Lehre. *Man kann von hier aus wagen, in Paulus ‚den Boten Jesu‘ (A. Schlatter) zu sehen.*

5.4 Alle echten Paulusbriefe (mit Einschluß des Kolosser- und 2 Thessalonicherbriefes) dokumentieren, daß Paulus zeit seines apostolischen Wirkens ein höchst umstrittener Mann und seine Lehrverkündigung keineswegs allgemein anerkannt war. Paulus hat das ihm anvertraute Evangelium nur unter großen persönlichen Leiden und in beständigem Kampf gegen Ablehnung, Verleumdung und Irrtum bezeugen können. *Die Lehre des Paulus ist deshalb auch nur dann theologisch mit Gewinn zu rezipieren, wenn sie nicht einfach als vorgegeben hingenommen, sondern in sachkritischer Stellungnahme zu den Problemen und Anfragen nachvollzogen wird, mit denen der Apostel konfrontiert war.*

Das biblische Traditions- und Wahrheitsverständnis ist ganzheitlich und nicht selektiv. Dies bedeutet für die Paulusinterpretation, daß nicht nur das Zeugnis des Apostels selbst auszuarbeiten, sondern auch die Position der (zumeist judenchristlichen) *Paulusgegner* zu skizzieren ist. Sofern deren Stimme z. B. im Jakobusbrief (vgl. Jak 2,14–26), in Traditionen des Matthäusevangeliums (vgl. Mt 5,18–19) oder auch im Hebräerbrief laut wird, ist sie ernstzunehmen und kritisch zu bedenken. *Die Paulusbriefe sind angesichts dieses gegnerischen Zeugnisses zu lesen, und der Jakobusbrief, das Matthäusevangelium und der Hebräerbrief sind mit der Lehre des Paulus zu konfrontieren.* Erst wenn und wo dies geschieht, hat man sich im biblischen Wahrheitsverständnis eingeübt und erkannt, daß das christliche Glaubenszeugnis nur im begründeten Widerspruch zu gegensätzlichen Auffassungen durchzuhalten war und ist.

Literatur: J. Becker, Paulus, 1989, 1ff.60ff.; *J.C. Beker*, Paul the Apostle, 1982²; *ders.*, Paul's Apocalyptic Gospel, 1982; *R. Bell*, The Origin and Purpose of the Jealousy Motif in Romans 9–11, Diss. theol. Tübingen, 1991 (Masch.); *M.N.A. Bockmühl*, Revelation and Mystery, 1990; *G. Bornkamm*, Artikel: Paulus, RGG³ V,166–190; *ders.*, Paulus, 1987⁶, 36ff.121ff.; *R. Bultmann*, Theologie d. NT, 1984⁹,187ff.; *H. Conzelmann*, Grundriß d. Theologie d. NT, 1992⁵, 178ff.192ff.; *C. Dietzfelbinger*, Die Berufung d. Paulus als Ursprung seiner Theologie, 1985; *J.D.G. Dunn*, The New Perspective on Paul, in: *ders.*, Jesus, Paul and the Law, 1990, 183–214; *G. Eichholz*, Die Theologie d. Paulus im Umriß, 1991⁷, 7–40; *E.E. Ellis*, Paul's Use of the Old Testament, 1981²; *ders.*, Pauline Theology, 1989; *A.T. Hanson*, The Living Utterances of God, 1983; *R.B. Hays*, Echoes of Scripture in the Letters of Paul, 1989; *M. Hengel*, Die Ursprünge d. christlichen Mission, NTS 18, 1971/72, 15–38; *H. Hübner*, Bibl. Theologie d. NT I, 1990; *E. Käsemann*, Eine paulinische Variation d. ‚amor fati‘, in: *ders.*, Exegetische Versuche u. Besinnungen II, 1964, 223–239; *ders.*, Paulus u. d. Frühkatholizismus, a.a.O., 239–252; *ders.*, Gottesgerechtigkeit bei Paulus, a.a.O., 181–193; *ders.*, Paulinische Perspektiven, 1969; *S. Kim*, The Origin of Paul's Gospel, 1984²; *D.-A. Koch*, Die Schrift als Zeuge d. Evangeliums, 1986; *W.G. Kümmel*, Die Theologie d. NT nach seinen Hauptzeugen, 1987⁵, 121–134; *O. Kuß*, Paulus, 1971, 45ff.331f.333ff.; *D. Lührmann*, Das Offenbarungsverständnis bei Paulus u. in paulinischen Gemeinden, 1965; *O. Michel*, Paulus u. seine Bibel, 1972²; *H. Räisänen*, Paul and the Law, 1987²; *ders.*, Paul's Conversion and the Development of his View of the Law, NTS 33, 1987, 404–419; *E.P. Sanders*, Paul and Palestinian Judaism, 1977 (deutsche Ausgabe: Paulus u.d. palästinische Judentum, 1985); *ders.*, Jesus, Paul and Judaism, ANRW II 25,1, 1982, 390–450; *ders.*, Paul, the Law, and the Jewish People, 1983; *ders.*, Paul,1991, 8ff.; *A. Schweitzer*, Die Mystik d. Apostels Paulus, 1954²; *A.F. Segal*, Paul the Convert, 1990,34ff.117ff.; *K. Stendahl*, Paul among Jews and Gentiles, 1976 (deutsche Ausgabe: Der Jude Paulus u. wir Heiden, 1978); *G. Strecker*, Befreiung u. Rechtfertigung, in: *ders.*, Eschaton u. Historie, 1979, 229–259; *P. Stuhlmacher*, Versöhnung, Gesetz u. Gerechtigkeit, 1981, 87ff.166ff.; *ders.*, Vom Verstehen d. NT, 1986², 52ff.66ff.; *ders.*, Zur hermeneutischen Bedeutung von 1Kor 2,6–16, ThBeitr 18, 1987, 133–158; *ders.*, Adolf Schlatter als Paulusausleger – ein Versuch, ThBeitr 20, 1989, 176–190; *W. Wrede*, Paulus, 1907².

Noch immer ist die Frage nach Ursprung und Ansatz der paulinischen Theologie umstritten, und zwar vor allem aus zwei Gründen: Die Briefe des Paulus sind aktuelle Missionsdokumente, aus denen heraus das paulinische Denken rekonstruiert werden muß (s.o.); als solche beziehen sie sich auf ganz unterschiedliche (Konflikt-)Situationen in den Missionsgemeinden, spielen auf christliche Lehrtraditionen an und sind in ihrer assoziativen Denk- und Ausdrucksweise oft nur mühsam zu verstehen (vgl. 2Petr 3,16). Von hier aus sind schon historisch verschiedene Möglichkeiten gegeben, sich dem Denken des Paulus zu nähern. Außerdem hat Paulus von Augustin über die Reformation bis in die Gegenwart herein nachhaltige theologische Wirkung auf die Lehre der (westlichen) Kirchen ausgeübt. Jede Darstellung der paulinischen Theologie steht deshalb implizit und explizit unter dem Anspruch, auch gegenwärtiges kirchlich-theologisches Denken zu legitimieren oder zu kritisieren.

Um ein eigenes Urteil über Ansatz und Ursprung der Theologie des Paulus zu gewinnen, sind drei Schritte zu gehen: Es sind zunächst die Haupttypen heutiger Paulusinterpretation zu skizzieren, dann sind sie zu werten und zuletzt sind aus dieser Wertung Konsequenzen für die weitere Darstellung zu ziehen.

1. In der deutschen Paulusforschung konkurrieren noch immer zwei Grundtypen des Paulusverständnisses miteinander: das von R. Bultmann programmatisch ausgearbeitete soteriologisch-anthropologische und das im Gegenzug zu Bultmann von E. Käsemann entworfene apokalyptisch-christologische Paulusbild. Es sind aber auch schon Möglichkeiten aufgezeigt worden, über den bloßen Gegensatz dieser beiden Verstehensweisen hinauszukommen. Außerdem unterliegt speziell die deutsche Paulusauslegung, in deren Zentrum die Rechtfertigungsbotschaft des Apostels steht, so massiver Kritik, daß eine Reaktion unvermeidbar ist.

1.1 *R. Bultmann* hat sein Paulusbild im Rahmen seines systematisch-hermeneutischen Gesamtansatzes ausgeformt. Historisch ist er dabei von seiner Neuentdeckung der paulinischen Anthropologie ausgegangen. Bultmann hat erkannt, daß bei Paulus anthropologische Begriffe wie Leib (σῶμα), Fleisch (σάρξ), Verstand (νοῦς), Herz (καρδία), Gewissen (συνείδησις) usw. deutlicher hervortreten als in allen anderen neutestamentlichen Büchern und in erster Linie den Menschen ganz als Leib, Fleisch, Verstand, Herz, Gewissen usw. bezeichnen, und zwar vor Gott und vor den Menschen gleichermaßen. In und hinter dieser theologischen Anthropologie hat Bultmann ein theologisches Programm des Paulus gesehen: Der Apostel durchdenkt seine Botschaft in bewußter anthropologischer Zuspitzung, weil er ihre Konsequenzen für den einzelnen Menschen herausarbeiten will. Bultmann hat aus diesem Befund gefolgert, daß die paulinische Theologie am besten als theologische Anthropologie darzustellen sei:

„Die paulinische Theologie ist ... kein spekulatives System. Sie handelt von Gott nicht in seinem Wesen an sich, sondern nur so, wie er für den Menschen, seine Verantwortung und sein Heil bedeutsam ist. Entsprechend handelt sie nicht von der Welt und dem Menschen, wie sie an sich sind, sondern sie sieht Welt und Mensch stets in der Beziehung zu Gott. Jeder Satz über Gott ist zugleich ein Satz über den Menschen und umgekehrt. Deshalb und in diesem Sinne ist *die paulinische Theologie zugleich Anthropologie. ...* Unter diesem Gesichtspunkt steht auch die Christologie des Paulus, die nicht das metaphysische Wesen Christi, sein Verhältnis zu Gott und seine ,Naturen' spekulierend erörtert, sondern von ihm als dem redet, durch den Gott zum Heil von Welt und Mensch wirkt. So ist auch jeder Satz über Christus ein Satz

235

über den Menschen und umgekehrt; und *die paulinische Christologie ist zugleich Soteriologie.* Sachgemäß wird deshalb die paulinische Theologie am besten entwickelt, wenn sie als die Lehre vom Menschen dargestellt wird, und zwar 1. vom Menschen vor der Offenbarung der πίστις und 2. vom Menschen unter der πίστις. Denn auf diese Weise kommt die anthropologische und soteriologische Orientierung der paulinischen Theologie zur Geltung." (R. Bultmann, Theologie des NT[9], 191–192; kursiv bei B.)

Nach Bultmann steht der Gedanke der Rechtfertigung des einzelnen Sünders im Mittelpunkt der paulinischen Theologie. In der Sache bedeutet Rechtfertigung, daß der einzelne Mensch aus Gottes freier und allen menschlichen Werken zuvorkommender Gnade heraus von seinen Sünden freigesprochen wird. Der Begriff ‚Gottesgerechtigkeit‘ (δικαιοσύνη θεοῦ), der in den Paulusbriefen öfters vorkommt (vgl. Röm 1,17; 3,5.21–26; 10,3; 2Kor 5,21; Phil 3,9), meint nach Bultmann (zumeist) die dem einzelnen Glaubenden „von Gott geschenkte, zugesprochene Gerechtigkeit" (a. a. O., 285).

1.2 Diesem geschlossenen Entwurf gegenüber hat *E. Käsemann* im Verlauf seiner vor allem Paulus geltenden exegetisch-theologischen Arbeit drei Einwände formuliert, die das Grundgerüst seiner Paulusdeutung bilden: (1) Die paulinische Anthropologie ist nicht – wie Bultmann meint – am menschlichen Individuum interessiert, sondern am Menschen, der sich immer schon in Lebensbeziehungen vorfindet und von Gott, den Mitmenschen, aber auch von Mächten beansprucht wird. (2) Die Rechtfertigungslehre ist Mittel- und Höhepunkt der paulinischen Theologie. Sie spricht aber nicht nur von dem Freispruch des einzelnen Sünders vor Gott, sondern auch und vor allem von dem in Christus verkörperten Rechtsanspruch Gottes auf die ganze (menschliche und außermenschliche) Schöpfung. Das Lexem ‚Gottesgerechtigkeit‘ drückt Macht und Gabe Gottes gleichzeitig aus. Es ist deshalb nach dem Kontext der einschlägigen Stellen (s. o.) einerseits als Gottes Recht und Bundestreue (z. B. Röm 3,25–26), andererseits als Gabe der Gerechtigkeit an den gottlosen Sünder zu verstehen (z. B. Phil 3,9). (3) Während bei Bultmann die endzeitlichen Geschichts- und Schöpfungshorizonte des paulinischen Denkens auf die für die eschatologische Existenz des einzelnen Menschen bedeutsamen Aspekte reduziert und (auf diese Weise) entmythologisierender Kritik unterzogen werden, muß man nach Käsemann historisch sehen und theologisch bedenken, daß Paulus den alsbaldigen Anbruch der Herrschaft Gottes über die Welt und die Erneuerung der ganzen Schöpfung erhofft hat; der Apostel hat nicht nur vom Weg und Werk des Christus (1Kor 15,20–28) und von der Erlösung ganz Israels in apokalyptischen Kategorien gesprochen (Röm 11,1–36), sondern er hat auch seinen eigenen Missionsauftrag in diesen globalen endzeitlichen Koordinaten gesehen (vgl. Röm 11,13–32; 15,14–24).

Aufgrund dieser dreifachen Kritik an Bultmanns Paulusdarstellung ergibt sich für E. Käsemann die Konsequenz, daß der Apostel nicht von seiner theologischen Anthropologie, sondern von seiner Christologie und Endzeithoffnung her verstanden werden muß, die beide auf die Wiederherstellung der Herrschaft Gottes über die ganze Welt abzielen. Anthropologie und Soteriologie bilden nach Käsemann nicht den Schwerpunkt, sondern (nur) die ‚Tiefendimensionen' des paulinischen Denkens.

1.3 Die wissenschaftlich fruchtbare Alternative zwischen R. Bultmanns und E. Käsemanns Paulusverständnis ist mittlerweile durch verschiedene Diskussionsbeiträge soweit ergänzt und aufgelockert worden, daß ein neues Diskussionsstadium erreicht ist.

1.3.1 H. Conzelmann und G. Bornkamm haben der Paulusinterpretation ihres Lehrers R. Bultmanns theologisch zugestimmt. Sie haben deshalb beide gegen E. Käsemann eingewandt, daß seine Betonung der apokalyptischen Naherwartung, seine christozentrische Interpretation der Rechtfertigungslehre und seine Sicht der Anthropologie die spezifisch soteriologische Akzentsetzung des Apostels verdunkele und die von Paulus besonders hervorgehobene Bedeutung des Glaubens des einzelnen Christen ungebührlich vernachlässige. Trotz dieser Kritik an Käsemann haben beide Exegeten aber auch R. Bultmanns Paulusdeutung modifiziert und weitergeführt.

1.3.1.1 *H. Conzelmann* hat vor allem die Abhängigkeit des Paulus von der ihm bereits vorgegebenen urchristlichen Bekenntnisüberlieferung hervorgehoben und darauf hingewiesen, daß Paulus seine Glaubenslehre durch (existentiale) Interpretation vorpaulinischer Credosätze gewinnt. Er hat damit die Paulusinterpretation R. Bultmanns *traditionsgeschichtlich* vertieft.

1.3.1.2 *G. Bornkamm* hat die systematisch orientierte Paulusdarstellung Bultmanns dadurch fortgeführt, daß er den Apostel wieder aus dem *geschichtlichen Zusammenhang* seines Lebens und Werkes begreifen gelehrt hat. Damit tritt auch bei Bornkamm das epochale, die ganze antike Welt in den Blick fassende Missionskonzept des Apostels in den Blick; unter Verweis auf Röm 15,23–24 spricht er von einem „ökumenischen", „geradezu in Hemisphären sich bewegenden" Missionsdenken des Paulus (RGG[3] V,172f.) und bestätigt damit indirekt, daß E. Käsemanns apokalyptische Sicht der paulinischen Eschatologie durchaus berechtigt ist.

1.3.2 *Georg Eichholz* und *Otto Kuß* haben gegenüber H. Conzelmann darauf hingewiesen, daß die urchristliche Bekenntnisüberlieferung für den Apostel nicht einfach Traditionsmaterial darstellt, das existential interpretiert wird. *Die von ihm zitierte Tradition hat für Paulus normative Bedeutung.* Die ihm aus den Gemeinden von Damaskus, Jerusalem und Antiochien zufließende Lehrüberlieferung ist nirgends Gegenstand paulinischer Kritik, sondern die vom Apostel bewußt gewählte und theologisch bejahte Grundlage seiner Lehre. *Deren Zentrum ist nach G. Eichholz und O. Kuß die Christologie, und die paulinische Rechtfertigungslehre ist von dieser Christologie her zu verstehen.* Die Frage nach dem einzelnen Menschen, seinem Glauben und seinem Heil lassen sich als soteriologische Konkretion der Christologie des Paulus begreifen, und von ihr her wird auch der universale Horizont der paulinischen Mission einsichtig. Eichholz und Kuß sind mit dieser Sicht E. Käsemanns Paulusverständnis sehr nahegekommen, haben aber auch schon darüber hinausgeführt.

1.3.3 E. Käsemanns Paulusbild ist auch von *W. G. Kümmel* und *L. Goppelt* bestätigt und modifiziert worden. Beide Ausleger haben betont, daß Paulus mit seiner Christologie und Rechtfertigungslehre *eine Traditionslinie fortsetzt, deren Ursprünge im Christusverständnis der Urgemeinde von Jerusalem liegen.* Sie haben außerdem die Verkündigung des Apostels mit der Botschaft des irdischen Jesus verglichen und sind zu dem Ergebnis gelangt, daß Jesu Botschaft von der Gottesherrschaft in der Christusverkündigung des Paulus ihre nachösterlich angemessene theologische Entsprechung findet.

1.3.4 W. G. Kümmel ist zu seiner Sicht durch eigenständige Erforschung der Verkündigung Jesu, der Geschichte des Urchristentums und des urchristlichen Traditionsverständnisses gelangt. L. Goppelt hat ähnlich selbständig gearbeitet und Einsichten verarbeitet, die schon für die Jesus- und Paulusinterpretation *A. Schlatters* charakteristisch waren. Da Schlatter auch im Hintergrund von E. Käsemanns schöpfungstheologischer und christozentrischer Sicht der ‚Gottesgerechtigkeit‘ bei Paulus steht, sind die positiven Berührungen zwischen Goppelt und ihm kein Zufall.

Die zunächst starr erscheinende Alternative zwischen der Paulusinterpretation R. Bultmanns und E. Käsemanns ist mittlerweile so aufgelockert worden, daß man es nicht mehr einfach dabei bewenden lassen muß, sich entweder auf die eine oder die andere Seite zu schlagen. *Es geht nunmehr um ein urchristentums- und traditionsgeschichtlich fundiertes, theologisches Paulusverständnis, das sich die Kontroverse innerhalb der Bultmannschule zunutzemacht, aber nicht bei ihr stehenbleibt, sondern über sie hinausführt.*

1.4 Den ersten großen Vorstoß in diese Richtung hat *J. Becker* in seinem 1989 erschienenen Buch „Paulus – Der Apostel der Völker" unternommen.

Auf den Spuren G. Bornkamms entwickelt Becker das Grundthema und die Einzelaussagen der Theologie des Apostels aus dem Durchgang durch die Lebensgeschichte des Paulus, die Stationen seiner Mission und die geschichtliche Stufenfolge seiner Briefe heraus. Paulus erscheint dabei als ein urchristlicher Zeuge, der aufgrund seiner Berufung zum Apostel Jesu Christi „von der Erfahrung des Evangeliums her denkt und lebt" (a. a. O., 397), und zwar in der eschatologischen Situation „unmittelbar vor dem Ende der Geschichte" (398). „Seine vordringliche Sorge ist es, wie er den im Evangelium nahen Christus alles bestimmen und werten lassen kann" (396). Das Evangelium ist das von Paulus in 2Kor 5,19–6,2 explizierte Wort von der Versöhnung; im Römerbrief erscheint es als die in Röm 4,5; 5,6 zusammengefaßte Botschaft von der Rechtfertigung des Gottlosen, die „Gottes gnädigen Triumpf über die Sünder" beschreibt (394). Beckers Sicht ist des kritischen Nach- und Mitdenkens wert!

1.5 Solches Nach- und Mitdenken ist vor allem deshalb erforderlich, weil mittlerweile gegen die (deutsche) Paulusinterpretation, die in der Lehre von der Rechtfertigung des Gottlosen das Zentrum paulinischer Theologie erblickt und der reformatorischen Glaubenstradition verpflichtet ist, massive Einwände vorgetragen worden sind, auf die entgegnet werden muß.

1.5.1 In seinem 1976 erschienenen Sammelband „Paul among Jews and Gentiles" (deutsch: „Der Jude Paulus und wir Heiden", 1978) hat *K. Stendahl* gegen die exemplarisch von R. Bultmann und E. Käsemann vertretene rechtfertigungstheologisch orientierte Paulusauslegung eingewandt, es sei exegetisch irrig, Paulus und seine Theologie aus der Perspektive Luthers heraus zu verstehen und die Rechtfertigung ins Zentrum des paulinischen Denkens zu stellen.

Anders als Luther habe Paulus keine Probleme mit der Einhaltung des Gesetzes gehabt (vgl. Phil 3,6). Die Gewissensängste des Reformators seien ihm fremd gewesen, und der Apostel habe zeit seines Lebens ein recht robustes Gewissen an den Tag gelegt (vgl. 1Kor 4,4). Die paulinische Lehre von der Rechtfertigung bedenke auch keineswegs grundsätzlich die Position des Menschen vor Gott. Es gehe in ihr nur um die für den Missionar Paulus akute Frage, wie die Heiden Zugang zur σωτηρία erlangen können. Das erwählte Eigentumsvolk Israel werde von Gott zu seiner Zeit und auf eigenem Wege zum Heil geführt werden. Wer (wie E. Käsemann) die Rechtfertigung des Gottlosen allein durch den Glauben an Christus als für Heiden *und* Juden soteriologisch gültig erachte und dem Frühjudentum vorwerfe, es lehre die Rechtfertigung des Frommen, leiste der Auffassung Vorschub, daß „das Judentum ein ewig verdammter und falscher Weg zu Gott" sei, und rechtfertige auf diese Weise zumindest implizit noch nachträglich „die Pogrome und den Holocaust" während der Nazizeit (Der Jude Paulus, 141).

1.5.2 *E. P. Sanders* ist dieser Sicht in seinem 1977 erschienenen großen Werk „Paul and Palestinian Judaism" (deutsch: „Paulus und das palästinische Judentum", 1985) in wesentlichen Punkten beigetreten. Er hat seine Auffassung 1983 in der Studie „Paul, the Law, and the Jewish People" noch einmal präzisiert und 1991 in einem kleinen, nur historisch argumentierenden Paulusbüchlein „Paul" zusammengefaßt. Er verficht insgesamt eine Doppelthese: (1) Aus seiner besonderen historischen Situation und Frontstellung heraus hat Paulus nur ein Zerrbild des palästinischen Judentums und seines Gesetzesverständnisses überliefert. Um dem Frühjudentum gerecht zu werden, darf man nicht dem Urteil des Apostels folgen und den Juden pauschal eine Lehre von der Werkgerechtigkeit unterstellen, sondern muß sehen, daß die maßgebliche frühjüdische Religionsstruktur der *Bundesnomismus* (covenantal nomism) gewesen ist:

„Die ‚Struktur‘ (das ‚Pattern‘) dieses Bundesnomismus besteht in Folgendem: 1) Gott hat Israel erwählt und 2) das Gesetz gegeben. Das Gesetz beinhaltet zweierlei: 3) Gottes Verheißung, an der Erwählung festzuhalten, und 4) die Forderung, gehorsam zu sein. 5) Gott belohnt Gehorsam und bestraft Übertretungen. 6) Das Gesetz sieht Sühnmittel vor, und die Sühnung führt 7) zur Aufrechterhaltung bzw. Wiederherstellung des Bundesverhältnisses. 8) All jene, die durch Gehorsam, Sühnung und Gottes Barmherzigkeit innerhalb des Bundes gehalten werden, gehören zur Gruppe derer, die gerettet werden. Eine wichtige Interpretation des ersten und des letzten Punktes besteht darin, daß Erwählung und letztliche Errettung nicht als menschliches Werk, sondern als Taten der Barmherzigkeit Gottes verstanden werden." (Paulus u. das palästinische Judentum, 400)

(2) Den Hauptfehler der von R. Bultmann und E. Käsemann verkörperten deutschen Paulusauslegung sieht Sanders darin, daß der frühjüdische ‚Bundesnomismus‘ verkannt und im Gefolge Luthers die Lehre von der Rechtfertigung in den Mittelpunkt des paulinischen Denkens gerückt wird. Damit werde verkannt, daß *die Mitte der Theologie des Apostels nicht die Rechtfertigung, sondern das Sein der Glaubenden ‚in Christus‘ sei.*

Die juristisch gedachte Rechtfertigungslehre wird von Paulus vor allem im Galater- und Römerbrief vorgetragen. Sie beantwortet nach Sanders die spezielle Frage, wie auch die zum Glauben gekommenen Heiden zu Gliedern der christlichen Heilsgemeinde werden und so am endzeitlichen Heil teilhaben können. Dem Apostel aber geht es nicht nur um dieses Problem: „... the deeper levels of Paul's thought are not found in the judicial categories, but in those which express the participation of the faithful in Christ or in the Spirit, a participation which produces a real change..." (Paul, 74). Weil es Paulus schon im Galaterbrief (vgl. Gal 3,23–28) und dann vollends im Römerbrief um das neue Sein der Glaubenden in Christus geht (vgl. vor allem Röm 6–8) und Sanders die rechtlich strukturierte Rechtfertigung nicht mit dem In-Christus-Sein der Glaubenden zusammendenken kann, hält er die Rechtfertigungslehre für ein bloßes Teilelement des paulinischen Denkens. Aus Glauben gerechtfertigt zu werden, bedeutet nach Sanders nur „‚being transferred from the group which will be destroyed to that which will be saved‘" (a.a.O., 76). Noch wichtiger als dieser ‚Transfer‘ von der einen zur anderen Gruppe ist dem Apostel die Seinsveränderung, die mit ihm verbunden ist und die Existenz der Glaubenden betrifft: „This transfer involves a change in the person, so that Christ lives in and through the believer. The deeper meaning of Paul's difficult passive verb, ‚be righteoused‘, is that one dies with Christ and becomes a new person" (a.a.O., 76).

Sanders erneuert damit auf seine Weise die seinerzeit von *A. Schweitzer* vertretene These, bei Paulus sei „die Lehre von der Gerechtigkeit aus dem Glauben" nur „ein Nebenkrater, der sich im Hauptkrater der Erlösungslehre der Mystik des Seins in Christo bildet"; eine „Nebenlehre", mit der der Apostel sich von der überlieferten

Vorstellung vom Sühnetod Christi aus mit Hilfe des Schriftbeweises mit dem Gesetz *Schweitzer·* *Wrede* auseinandersetzen kann (A. Schweitzer, Die Mystik des Apostels Paulus, 1954², 220). Schweitzer verdankt den Ansatz zu dieser kritischen Bewertung der Rechtfertigung dem Paulusbuch von *W. Wrede* „Paulus" (1907²). Wrede war aus historischen und religionsgeschichtlichen Gründen zu der Auffassung gelangt, daß die Rechtfertigungslehre keineswegs die theologische „Hauptlehre" des Apostels ist. Aus dem Umstand, daß sie in den Paulusbriefen nur dort zu Wort kommt, „wo es sich um den Streit gegen das Judentum handelt" (a. a. O., 72), schließt Wrede: „Damit ist aber auch die wirkliche Bedeutung dieser Lehre bezeichnet; sie ist die *Kampfeslehre* des Paulus, nur aus seinem Lebenskampfe, seiner Auseinandersetzung mit dem Judentum und Judenchristentum verständlich und nur für diese gedacht, – insofern dann freilich geschichtlich hochwichtig und für ihn selbst charakteristisch" (a. a. O., 72; kursiv bei W.). Wichtiger als diese Kampfeslehre ist nach Wrede die in der Christologie zentrierte Erlösungsanschauung des Apostels, die eine geistgewirkte „naturhafte Veränderung der Menschheit" mit sich bringt, „aus der sich dann die ethische... ergibt" (a. a. O., 67).

Der enorme Nachhall, den die Arbeiten von E. P. Sanders in den U.S.A. und in England gefunden haben und finden, nötigt dazu, das Recht einer von der Rechtfertigung ausgehenden theologischen Paulusdeutung noch einmal neu zu begründen.

1.5.3 *H. Räisänen* hat Sanders in einer minutiösen kritischen Untersuchung über „Paul and the Law" (1987²) beigepflichtet, und sein Buch ist dann wieder von Sanders als eine der wichtigsten Paulusstudien der Gegenwart begrüßt worden ist (vgl. Sanders, Paul, 131). Anders als man vor allem in der von der Reformation herkommenden Paulusauslegung meint(e), ist die paulinische Gesetzestheologie nach Räisänen kein gedanklich kohärenter und theologisch wegweisender, sondern nur ein in sich unstimmiger und letztlich aporetischer Versuch des Apostels, das ihn zeitlebens umtreibende Problem des Gesetzes mit seinem Christusglauben in Einklang zu bringen. Da Paulus zu keiner schlüssigen Lösung dieser Grundfrage gelangt ist, ist es nach Räisänen nicht ratsam, die inkonsistente paulinische Gesetzestheologie weiterhin zur Basis theologischer Entwürfe zu machen.

1.5.4 Die von Stendahl und Sanders vorgetragene Kritik an der reformatorisch orientierten Paulusinterpretation hat *J. D. G. Dunn* veranlaßt, das Frühjudentum uneingeschränkt als Religion des ‚Bundesnomismus‘ zu sehen und eine „new perspective on Paul" zu entwerfen, in der Paulus nicht mehr durch „Reformation spectacles" gelesen wird.

Gal 2,16 ist nach Dunn zu übersetzen: „a man is not justified by works of law *except* through faith in Jesus Christ" (Jesus, Paul and the Law, 1990, 195). Paulus geht es nicht darum, das Gesetz und seine Einhaltung grundsätzlich abzuweisen. Er lehnt die „Werke des Gesetzes" nur insofern ab, als die Teilhabe an Gottes Bund von seiten der Juden partikularistisch auf diejenigen eingeschränkt wird, die sich der Beschneidung unterziehen, die Speisegebote einhalten und den Sabbat heiligen. „It is the law understood in terms of *works*, as a Jewish prerogative and national monopoly, to which he takes exception. The law understood in terms of the command ‚love your neighbour as yourself‘ is another matter (Gal. 5,14)“ (a. a. O., 200). Auch in Röm 3,20 fällt Paulus nach Dunn kein theologisches Grundsatzurteil über den homo religiosus, der sich Gott durch Werke verpflichten will, wie E. Käsemann (An d. Römer, 1980[4], 82 f.) meint, sondern er hat wieder nur das Problem des jüdischen Partikularismus vor Augen, nach welchem Teilhaber des Bundes und Empfänger der heilschaffenden Gottesgerechtigkeit nur der ist, der sich des speziellen, Israel von den Heiden unterscheidenden Lebensstils befleißigt (vgl. J. D. G. Dunn, Romans 1–8, 1988, 153–155). Dunn gibt K. Stendahl insoweit recht, als „Paul's doctrine of justification by faith should not be understood primarily as an exposition of the individual's relation to God, but primarily in the context of Paul the Jew wrestling with the question of how Jews and Gentiles stand in relation to each other within the covenant purpose of God now that it has reached its climax in Jesus Christ. It is precisely the degree to which Israel had come to regard the covenant and the law as coterminous with Israel, as Israel's special prerogative, wherein the problem lay. Paul's solution does not require him to deny the covenant, or indeed the law as God's law, but only the covenant and the law as ‚taken over‘ by Israel“ (Jesus, Paul and the Law, 202).

In seinem zweibändigen Römerbriefkommentar (Romans 1–8 + 9–16, 1988) hat Dunn diese ‚neue Perspektive‘ umfassend entfaltet, aber zugleich klargemacht, daß Paulus das Frühjudentum viel besser verstanden hat, als Sanders meint. Auch will er – anders als Stendahl – die paulinische Lehre von der Rechtfertigung allein aus Glauben nicht generell abwerten, sondern theologisch weiter hochhalten. Wie E. Käsemann versteht Dunn die δικαιοσύνη θεοῦ in Röm 1,17 als „God's righteousness which enables and in fact achieves man's righteousness“ und fügt hinzu: „… for Paul justification is always by faith in the sense that the correlative of God's creative and sustaining power is always the human creature's dependent trust (faith), of which justification (of Jew and Gentile equally) by faith is a specific expression, and which indeed provides the existential context in and through which Paul's understanding of God's righteousness comes to clarity and focus“ (Romans 1–8, 42). Da Dunn sich in seinem Kommentar auch bemüht, die von Sanders neu aufgebrachte Alternative von Rechtfertigung und neuem Sein der Glaubenden in Christus zu vermeiden, führt seine ‚neue Perspektive‘ nicht weiter als bis zu einem historisch neu gesehenen Paulus, der die Ethik nicht um der Rechtfertigung willen abschwächt.

1.5.5 Das kenntnisreiche Buch des jüdischen Religionshistorikers *A. F. Segal* „Paul the Convert“ (1990) nimmt die von A. Schweitzer, K. Stendahl, E. P. Sanders und H. Räisänen gestellten Fragen sowie Anregungen von J. Dunn auf und geht kritisch auf sie ein. Im Zentrum von Segals Darstellung steht die Lebenswende des Paulus vor Damaskus und ihre Folgen für Denken und Leben des Apostels. Segal beurteilt die ‚conversion‘ des Apostels aus historisch-religionssoziologischer und religionspsychologischer Perspektive heraus. *Wie einst A. Schweitzer sieht er in Paulus einen frühjü-*

disch-apokalyptischen Mystiker. Er rät, in der Bekehrung des Apostels eine mystische Metamorphose mit sozialen Folgen zu sehen, die das Glaubensleben und die Missionstheologie des Paulus nachhaltig prägt.

Über die paulinische *Rechtfertigungsanschauung* urteilt der Jude Segal wesentlich reflektierter als K. Stendahl und E. P. Sanders: Die Sprache der Rechtfertigung hat Paulus aus dem zeitgenössischen Judentum und der urchristlichen Tauftradition übernommen. Er benützt sie, um den Überschritt von Juden und Heiden zu einem neuen Leben im Glauben „not based on fleshly observances" zu beschreiben (a. a. O., 182). In der für den Apostel typischen Antithese von Rechtfertigung nicht durch Werke des Gesetzes, sondern allein aus Glauben, spiegelt sich zwar die Bekehrungserfahrung des Paulus, aber das Ereignis der Rechtfertigung ist für ihn nicht nur von subjektiver, sondern von grundsätzlicher Bedeutung für alle glaubenden Juden und Heiden: „Having begun with his personal experience, Paul thereafter expands the theory not simply to involve his own salvation, and the salvation of the gentiles, but also the entire history of humanity, from Adam through the rapidly approaching eschaton. Justification becomes the merciful acquittal of all humanity, equally guilty at first, of which he is one example, though he himself claims to have done no sin according to Jewish law" (a. a. O.,183).

Nimmt man die kritischen Einwände von K. Stendahl, E. P. Sanders, H. Räisänen und J. Dunn gegen die an der Reformation orientierte Paulusauslegung in Deutschland zusammen und ergänzt man sie durch die These Segals, der Apostel sei ein apokalyptischer Mystiker gewesen, ergibt sich die *Notwendigkeit zur Neubesinnung auf Paulus*: Es ist zu prüfen, wie sich die entscheidenden Komponenten im Leben und Denken des Paulus, sein Sein als Jude und berufener Apostel Christi Jesu, seine pharisäische Treue zur Tora und seine apostolische Verpflichtung auf das Evangelium Gottes von Jesus Christus zueinander verhalten und welche theologischen Konsequenzen diese Verhältnisbestimmung hat.

2. Läßt man sich auf diese Prüfung ein, sind die Ergebnisse aus dem voranstehenden Paragraphen (s. o. S. 231 ff.) von großer Bedeutung. Sie besagen, daß das Hintergrundsthema des Lebens des Paulus die angemessene Verhältnisbestimmung von Tora und Christusevangelium und die Theologie des Apostels als Missionstheologie zu verstehen ist.

Paulus stellt sich zu Beginn von Gal, 1/2 Kor, Röm, Kol (und Eph) seinen Adressaten als von Gott berufener Apostel Jesu Christi vor. Der sorgsam strukturierte Eingang des Römerbriefes, Röm 1,1–7, lautet:

„(1) Paulus, Knecht Christi Jesu, berufener Apostel, ausgesondert für das Evangelium Gottes, – (2) das er im voraus verheißen hat durch seine Propheten in (den) heiligen Schriften, (3) (das handelt) von seinem Sohn, der hervorgegangen ist aus dem Samen Davids nach dem Fleische, (4) der eingesetzt wurde zum Sohn Gottes in Macht nach dem Geist der Heiligkeit auf Grund der Auferweckung der Toten, (von) Jesus Christus, unserem Herrn, (5) durch den wir empfangen haben Gnade und Sendungs-

243

auftrag zum Gehorsam des Glaubens unter allen Heidenvölkern im Auftrag seines Namens, (6) unter denen auch ihr seid als Berufene Jesu Christi, – (7) an alle Geliebten Gottes, berufenen Heiligen, die sich in Rom befinden: Gnade (sei) mit euch und Friede von Gott, unserem Vater, und dem Herrn Jesus Christus."

Aus diesem Text ist beispielhaft zu ersehen, daß das Apostelamt des Paulus in der Berufung und Sendung durch den auferstandenen Christus gründet. Paulus hat das ‚Evangelium Gottes' im Auftrag des erhöhten Christus allen Heidenvölkern zu verkündigen. *Um den Ursprung und Ansatz der paulinischen (Missions-) Theologie zu erfragen, müssen wir uns also jenen paulinischen Texten zuwenden, in denen der Apostel von seiner Berufung spricht.*

2.1 Paulus schildert seine Berufung in folgenden Texten: Gal 1,11–24; 1 Kor 15,8–10; 2 Kor 4,3–6 (vgl. mit 2 Kor 5,16); Röm 1,1–7 (s. o.) und Phil 3,4–11.

Die drei *lukanischen Berichte aus Apg 9,1–29; 22,3–21 und 26,9–20* ergänzen die paulinischen und unterscheiden sich von ihnen. Wie C. Dietzfelbinger, Die Berufung des Paulus als Ursprung seiner Theologie, 1985, 75 ff., herausgearbeitet hat, geben sie einen Eindruck davon, wie man sich in den frühen Gemeinden von der Wende im Leben des Paulus erzählt hat (vgl. Gal 1,23). Nach Apg 8,1–3; 9,1–2 hat Paulus schon in Jerusalem begonnen, die christliche Gemeinde zu verfolgen, und sich dann, mit Empfehlungsbriefen des Hochpriesters versehen, nach Damaskus aufgemacht, um die Christen in den dortigen Synagogen ausfindig zu machen und sie (zur Aburteilung) in Fesseln nach Jerusalem zu bringen. Unterwegs ist er durch eine Christuserscheinung vom Himmel her zum Glauben an Jesus Christus überwunden worden. Das Ereignis dieser Bekehrung wird dreimal in bewegenden Szenen dargestellt, die jeweils ein Zwiegespräch zwischen Paulus und dem erhöhten Κύριος enthalten. Vorbild für die Schilderungen ist die (hellenistisch-)jüdische Heliodor-Legende aus 2 Makk 3.

Auch Paulus selbst weiß sehr wohl, daß er der von Gott durch Christus überwundene, im Triumphzug mitgeführte und statt zum Tode verurteilte zur Verkündigung des Evangeliums begnadigte Gottesfeind ist (vgl. 2 Kor 2,14–16 mit 1 Kor 9,16). Trotzdem spricht er in seinen Briefen nirgends von seiner ‚Bekehrung', sondern stets nur von seiner ‚Berufung' (κλῆσις) zum Apostel.

In *Gal 1,11–24* stellt Paulus seine Berufung zum Apostel am detailliertesten dar: „(11) Ich tue euch nämlich kund, Brüder, daß das von mir verkündigte Evangelium nicht nach Menschenmaß ist. (12) Denn auch ich habe es nicht von einem Menschen überliefert bekommen, noch bin ich (es) gelehrt worden, sondern durch Offenbarung Jesu Christi (ist es mir zuteil geworden). (13) Ihr habt ja gehört von meinem einstigen Wandel im Judentum: daß ich die Gemeinde Gottes im Übermaß verfolgte und ausrottete (14) und im Judentum über viele Altersgenossen in meinem Volk hinaus Fortschritte machte, der ich ein besonderer Eiferer für die mir von den Vätern her überkommenen Überlieferungen war. (15) Als es aber dem, der mich von Mutterleib an ausgesondert und durch seine Gnade berufen hat, wohlgefallen hat, (16) an (in) mir seinen Sohn zu offenbaren, damit ich ihn unter den Heiden verkündige, da habe ich mich nicht gleich mit Fleisch und Blut beraten, (17) und bin auch nicht erst nach Jerusalem hinaufgezogen zu den vor mir (berufenen) Aposteln, sondern ich bin fortgezogen nach Arabien und dann wieder nach Damaskus zurückgekehrt. (18) Dann erst, nach drei Jahren, bin ich hinaufgezogen nach Jerusalem, um Kephas zu besuchen, und bin vierzehn Tage bei ihm geblieben. (19) Einen anderen von den Aposteln habe ich nicht gesehen, nur noch Jakobus, den Bruder des Herrn. (20) Was ich aber euch schreibe, siehe vor Gott ist (offenbar), daß ich nicht lüge. (21) Danach bin ich in die Gegenden von Syro-Kilikien gezogen. (22) Ich war aber persönlich den christlichen Gemeinden in Judäa unbekannt. (23) Sie hatten nur gehört, daß der, der uns verfolgt, jetzt auf einmal den Glauben predigt, den er einst ausrottete, (24) und sie priesen Gott meinetwegen."

2Kor 4,3–6 bieten gleichsam die paulinische Innenschau des in Gal 1,11–24 Berichteten: „(3) Wenn aber unser Evangelium trotzdem verhüllt ist, so ist es nur bei denen verhüllt, die zugrundegehen, (4) bei den Ungläubigen, denen der Gott dieser Weltzeit die Sinne verblendet hat, daß sie nicht sehen das Leuchten des Evangeliums von der Herrlichkeit Christi, der das Abbild Gottes ist. (5) Wir verkündigen uns nämlich nicht selbst, sondern Jesus Christus als den Herrn, uns aber als eure Sklaven um Jesu willen. (6) Denn Gott, der sprach: Aus der Finsternis leuchte das Licht!, ist aufgeleuchtet in unseren Herzen, zum Aufstrahlen der Erkenntnis der Herrlichkeit Gottes auf dem Angesichte Jesu Christi."

In *2Kor 5,16* schreibt Paulus: „... wir verstehen von jetzt an niemanden mehr auf fleischliche Weise; auch wenn wir Christus [einst] auf fleischliche Weise verstanden haben, so verstehen wir ihn [jetzt] nicht mehr so."

Zu diesen Zeugnissen kommen noch die Parallelberichte aus 1Kor 15,8–10 und Phil 3,4b–11 hinzu; in 1Kor 15,8–10 stellt sich Paulus (unter Aufnahme eines ihm von seinen Gegnern angehängten Schimpfwortes) als die ‚Fehlgeburt' (ἔκτρωμα) und den Letzten der Apostel dar, der es nicht wert ist, Apostel genannt zu werden, weil er die Gemeinde Gottes verfolgt hat, und in Phil 3,4b–11 schildert er seine Berufung in den Kategorien der Rechtfertigung. All diese faszinierenden und vielschichtigen Texte sind (mehr als) zwanzig Jahre nach der tatsächlichen Berufung des Paulus abgefaßt. Das macht sie aber solange historisch nicht unglaubwürdig, als nicht frühere, bessere und anderslautende Quellen zur Verfügung stehen. Da dies nicht der Fall ist, können wir uns nur an das halten, was der Apostel schreibt.

2.2 Angesichts dieser Berufungsberichte stellen sich drei Fragen: Was hat Paulus zur Verfolgung der christlichen Gemeinde veranlaßt? Was hat sich ihm in der Erscheinung Jesu erschlossen? Wie stellen sich für ihn auf Grund dieser Ereignisse sein Apostolat und das ‚Evangelium Gottes' dar?

2.2.1 Fragt man nach den Gründen, die den von Rabban Gamliel I in Jerusalem ausgebildeten Schriftgelehrten und Pharisäer zur *Verfolgung der christlichen Gemeinde* von Jerusalem bis Damaskus veranlaßt haben, ergibt sich eine geschichtlich einleuchtende Antwort, wenn man die Paulus- und Lukasberichte kombiniert. Paulus ist genau durch den Umstand zur Verfolgung bewegt worden, der Angehörige der griechischen Synagogen von Jerusalem und Mitglieder des Synhedriums veranlaßt hatte, gegen Stephanus vorzugehen (vgl. Apg 6,8–7,60): Beide Male ging es um das Bekenntnis zu Jesus als dem von Gott auferweckten und (gemäß Ps 110,1) zu seiner Rechten erhöhten messianischen Menschensohn (Apg 7,56) und die von den Ἑλληνισταί unter Berufung auf die Lehre dieses (Pseudo-)Messias geübte Kritik am Tempel und am Gesetz (vgl. Apg 6,8–15 u. o. S. 193 f.).

Nachdem Stephanus der Steinigung zum Opfer gefallen war, ist Paulus in Jerusalem gegen den Stephanuskreis insgesamt vorgegangen. Apg 8,3; 26,10 f. verallgemeinern diese Verfolgung zu sehr, denn nach Apg 8,14; 9,26–31 usw. sind die christlichen Ἑβραῖοι von der Verfolgung nicht betroffen gewesen. Die Nachstellungen galten zunächst nur den Ἑλληνισταί.

Wie die Verfolgung konkret ausgesehen hat, läßt sich aus Justin, Apol. I 31,6 und Apg 26,11 entnehmen (W. Horbury). Justin erzählt in seiner sog. ersten Apologie, Bar Kochba habe während des von ihm 132–135 n. Chr. angeführten jüdischen Aufstandes gegen Rom „die Christen zu furchtbaren Folterstrafen abführen lassen, wenn sie Jesus Christus nicht verleugneten und lästerten". Daß es sich dabei um eine bereits angestammte Verfolgungsmaßnahme handelte, zeigt Apg 26,11. Lukas berichtet hier natürlich unabhängig von Justin, aber unter Verwendung ganz ähnlicher Worte wie er, Paulus habe die von ihm verfolgten Christen in den Synagogen unter Androhung von (Folter-) Strafen gezwungen, (Christus) zu „lästern". Unter diesen Strafen hat man wahrscheinlich die Züchtigungen zu sehen, die Paulus nach seiner Berufung selbst (mehrfach) in den Synagogen erduldet hat (vgl. 2Kor 11,24–25): Auspeitschung und Steinigung. Auspeitschung und vorübergehender Ausschluß aus der jüdischen Gemeinde standen auf Mißachtung des Gesetzes in leichteren Fällen (vgl. mMak 3,1 ff.); in schweren Fällen aber wurde auf dauernden Ausschluß aus der Synagoge erkannt (vgl. Bill IV/1, 293–333) und bei Gotteslästerung auf Steinigung (mSan 7,4).

Mit hochpriesterlichen Empfehlungsbriefen versehen wollte Paulus auch in Damaskus zur Bestrafung der Abtrünnigen schreiten (Apg 9,1–2). Da es in Apg 9,2 heißt, er habe sie gebunden nach Jerusalem bringen wollen, ist kritisch anzumerken, daß Damaskus damals eine juristisch selbständige „römische Freistadt" war (R. Riesner, Die Frühzeit des Paulus, 77). Paulus konnte aus ihr schwerlich jüdische Religionsgefangene gefesselt abführen lassen. Er konnte aber veranlassen, daß die Häretiker in Damaskus selbst vor ein Synagogengericht gestellt wurden. Es ist missionsgeschichtlich interessant, daß Paulus im Jahre 32 n. Chr. unter den zahlreichen Juden in Damaskus auch schon zum Glauben an Christus bekehrte Anhänger der Lehren des Stephanus angetroffen hat.

Paulus hat bei dem Stephanuskreis in Jerusalem und seinen Parteigängern in Damaskus die Kultordnung des Jerusalemer Tempels und die umfassende Gültigkeit des mosaischen Gesetzes als unumstößlicher Lebensordnung Israels angetastet gesehen, und zwar unter Berufung auf die Lehre des Jesus von Nazareth, der kurz zuvor vor den Toren Jerusalems als Verführer zum Falschglauben und Gotteslästerer unter dem Fluch Gottes gekreuzigt worden war. Die jüdische Deutung der Kreuzigung Jesu aufgrund von Dt

21,22–23 (s.o. S. 155 f.) hat Paulus vor seiner Berufung zum Apostel mitver-
fochten.

2.2.2 Im Zentrum der paulinischen Berufungstexte (und der drei lukanischen
Bekehrungsberichte) steht die Paulus vor Damaskus ,vom Himmel her‘
(Apg 9,3; 22,6; 26, 13) widerfahrene *Christuserscheinung*; sie hat Paulus zu
der Erkenntnis geführt, wer Jesus Christus in Wahrheit von Gott her war und
ist (vgl. Gal 1,12.16; 1 Kor 15,8; 2 Kor 4,6; 5,16; Röm 1,4–5; Phil 3,7–10).

Wie den vor ihn berufenen Aposteln (vgl. 1 Kor 15,5–7) ist auch Paulus ein
Sichtbarwerden des gekreuzigten und auferweckten Jesus in der Herrlichkeit
und Macht des von Gott zu seiner Rechten erhöhten Gottessohnes (Röm 1,4)
zuteilgeworden. Die besonderen Umstände, unter denen das geschah, geben
dieser Erscheinung besondere Bedeutung. Paulus war unterwegs, um Judenchristen in Damaskus vor das Synagogengericht zu bringen und sie zur
Lästerung ihres Herrn zu nötigen. In dem Κύριος Ἰησοῦς Χριστός, den die
von ihm Verfolgten bekannten, sah er den zu Recht als ,Verführer‘ ans Kreuz
geschlagenen und dort am Holz von Gott verfluchten Pseudomessias. Eben
dieser Christus erschien ihm nun aber im Strahlenglanz göttlicher Herrlichkeit. In 2 Kor 4,6 charakterisiert Paulus selbst diese von Gott gewirkte ἀποκάλυψις Ἰησοῦ Χριστοῦ (Gal 1,12.16) als Erleuchtung, genauer: als die ihm
kraft des Schöpferwillens Gottes aufleuchtende Erkenntnis, daß Gottes
Machtglanz (δόξα; hebräisch כָּבוֹד) auf dem Angesicht Jesu Christi ruht.

In Phil 3,7–11 bekennt Paulus, daß diese γνῶσις Ἰησοῦ Χριστοῦ für ihn
buchstäblich umstürzende Folgen hatte. Während für den Verfolger Paulus
die Tora alles bedeutete und Jesus Christus zu lästern war, leuchtete ihm mit
der Christuserscheinung vor Damaskus die Erkenntnis auf, daß nach dem
Willen Gottes Christus alles war und er mit seinem militanten Eifer für das
Gesetz vom Sinai zum Frevler an Gottes Heilsweg geworden war. Gleichwohl
wurde er nicht dem Vernichtungsgericht überantwortet, sondern begnadigt
und berufen, der Zeuge und Diener eben des Christus zu sein, den er bisher
verkannt und nur der Lästerung wert befunden hatte. *Paulus hat vor Damaskus die Kehre seines Christusverständnisses erfahren.* Als Verfolger der Gemeinde hatte er Christus in fleischlicher Weise, d.h. als von Gott verfluchten
Verführer Israels, angesehen, nun aber verstand er ihn nicht mehr so, sondern
als den von Gott in seiner messianischen Sendung bestätigten und zum ,Sohn
Gottes in Macht‘ (Röm 1,4) eingesetzten Κύριος (2 Kor 5,16).

Diese Begegnung mit dem Κύριος Ἰησοῦς Χριστός hat Paulus als *Gnadenakt* empfunden, weil er von ihm statt des Gerichtes Annahme und Versöhnung
erfuhr. Kraft seiner Berufung erschien Paulus als der gerechtfertigte und in den
Christusdienst gestellte Frevler schlechthin (vgl. 1 Kor 15,10; 2 Kor 2,14;
Röm 15,7 mit 1 Tim 1,12–17). *Ehe Paulus die Rechtfertigung des Gottlosen
lehrte (vgl. Röm 4,5; 5,6), hatte er sie vor Damaskus am eigenen Leibe
erfahren!*

247

Ein weiterer Erfahrungsaspekt seiner Berufung kommt hinzu: Vor Damaskus ist Paulus deutlich geworden, daß nicht er, sondern die von ihm verfolgten ‚Hellenisten‘ und ihre Gesinnungsfreunde mit ihrem Bekenntnis und ihrer Lehre vor Gott recht hatten. Durch diese Einsicht wurde für Paulus *das Verhältnis von Tora und Evangelium umgekehrt.* Die vor Gottes Gerichtsthron ausschlaggebende Gerechtigkeit war nicht durch noch so treue und eifrige Gesetzesobservanz zu erhalten und zu gewinnen, sondern nur durch das Bekenntnis zu und den Glaubensgehorsam gegenüber dem Κύριος Ἰησοῦς. Oder mit einem (bis zur Stunde exegetisch umstrittenen) paulinischen Spitzensatz aus Röm 10,4 formuliert: *Von Damaskus her hat Paulus in dem gekreuzigten und von Gott auferweckten Christus das Ende des Gesetzes (als Heilsweg) sehen gelernt.* Die ihm zuteilgewordene österliche Erscheinung Jesu hat Paulus nicht nur veranlaßt, in das Auferweckungsbekenntnis der von ihm bislang verfolgten Christen einzustimmen, sondern sie hat ihn außerdem aufgrund seiner besonderen Lebenssituation zu der offenbarungsgeschichtlich revolutionären Einsicht geführt, daß Christus vor Gott und für Gott mehr gilt als das mosaische Gesetz; der Machtglanz Gottes auf dem Angesicht des erhöhten Christus überstrahlt die Herrlichkeit, die der Tora eignet (vgl. 2Kor 3,7–11). *Diese Einsicht hat Paulus für die Christusmission unter den Heiden qualifiziert.*

2.2.3 Nach den Berufungstexten des Paulus bestehen zwischen der ihm zuteilgewordenen Christuserscheinung und der Bestellung zum Apostel denkbar enge Beziehungen (vgl. Gal 1,12.16; 1Kor 9,1; 15,8–11; 2Kor 4,3–6; Röm 1,1–7; 15,15–16).

Aufgrund seiner spektakulären Berufung stellte sich für Paulus seine ἀποστολή als eigenständig und einzigartig dar. Unter Verweis darauf, daß auch er den Herrn gesehen habe (1Kor 9,1) bzw. daß der auferstandene Christus auch ihm erschienen sei (1Kor 15,8), beanspruchte Paulus, ein den vor ihm berufenen Aposteln ebenbürtiger ἀπόστολος zu sein. Mochten Petrus und die Zwölf dadurch ausgezeichnet sein, daß sie schon vom irdischen Jesus erwählt und mit der ihnen gewährten Ostererscheinung zu Sendboten des Κύριος Ἰησοῦς Χριστός bis zum Tage seiner Parusie berufen worden waren (s.o. S. 211f.), Paulus hatte von Gott her durch den erhöhten Christus in aller Klarheit offenbart bekommen, daß der Heilswille Gottes im Kreuzestod und in der Auferweckung Jesu auf die endzeitliche Errettung von Juden *und* Heiden durch den einen Κύριος zielte. Eben diese Offenbarungserkenntnis machte ihn allen anderen Aposteln gegenüber ebenbürtig und eigenständig.

Es ist historisch durchaus glaubhaft, wenn Paulus in Gal 1,16–17 berichtet, er sei nach seiner Berufung spontan und ohne erst Rückendeckung bei den Aposteln in Jerusalem zu suchen, in das Missionswerk der Gemeinde von Damaskus eingetreten und habe sogleich begonnen, Christus als Herrn und Messias zu verkündigen (vgl.

Apg 9,19–22). Es konnte ja kaum einer geeigneter sein als der bekehrte Pharisäer und Schriftgelehrte Paulus, um mit den sich in den Synagogen versammelnden vollbürtigen Juden, den Proselyten und den Gottesfürchtigen über die πίστις εἰς ᾽Ιησοῦν Χριστόν zu disputieren! Es ist geschichtlich auch verständlich, daß Paulus von aufgebrachten Juden alsbald vor die Synagogengerichte gebracht und zur Auspeitschung mit den ‚Vierzig-weniger-einen‘ (Geißelhieben) verurteilt worden ist (2Kor 11,24) und daß diese schließlich versucht haben, ihn durch den „Ethnarchen des Königs Aretas“ – nach R. Riesner (Die Frühzeit des Paulus, 73ff.) handelte es sich dabei um den nabatäischen Konsul in Damaskus – gefangennehmen und umbringen zu lassen (vgl. 2Kor 11,32–33; Apg 9,23–25). Die Juden haben mit diesen Nachstellungen nur versucht, Paulus mit denselben Mitteln mundtot zu machen, mit denen er selbst zuvor die ῾Ελληνισταί verfolgt hatte.

Kraft seiner Damaskusepiphanie war Paulus zum Evangelisten des Glaubens berufen worden, der das Heil nicht mehr von jüdischer Gesetzesobservanz abhängig machte, sondern nur noch von dem Bekenntnis zu dem ‚für uns‘ gekreuzigten und von Gott auferweckten Κύριος ᾽Ιησοῦς (vgl. Röm 10,9).

Paulus signalisiert selbst (und Lukas bestätigt), daß er in diesen Sendungsauftrag erst in jahrzehntelanger Missionsarbeit hineingewachsen ist (vgl. Gal 1,18–24 und Apg 11,25–26). Dieses Hineinwachsen sollte aber nicht gegen die Tatsache ausgespielt werden, daß dem Apostel die wesentlichen Komponenten des Evangeliums von der Rechtfertigung des Gottlosen bereits von seiner Berufungserfahrung und den Bekenntnistraditionen der Christen in Damaskus (und Jerusalem) her vorgegeben waren (vgl. 1Kor 15,3b–5; Röm 3,25–26; 4,25; 2Kor 5,21).

2.2.4 *Apostolat und Evangelium waren für Paulus untrennbar.* Er hat sein Rechtfertigungsevangelium stets als Offenbarungsvorgabe angesehen, der er auf Gedeih und Verderb zu dienen hatte (vgl. 1Kor 9,16).

Dies zeigt sich schon an der Formulierung aus Gal 1,16, es habe Gott gefallen, ihm „seinen Sohn zu offenbaren, damit ich ihn unter den Heiden verkündige“. Es zeigt sich weiter an der den Römerbrief einleitenden Formel, Paulus sei „berufener, für das Evangelium Gottes ausgesonderter Apostel“ (Röm 1,1), an der Angabe von Röm 15,16, er sei „ein Diener Christi Jesu für die Heiden, der das Evangelium Gottes priesterlich zu verwalten habe“, und schließlich an dem berühmten Rechenschaftsbericht über die Führung des Apostolates in 1Kor 9,15–23. Paulus versichert hier in V.16: „... wenn ich nämlich das Evangelium verkündige, so bedeutet das keinen Ruhm für mich; denn es liegt eine Schicksalsmacht auf mir; denn wehe mir, wenn ich das Evangelium nicht verkündigte“. Der Apostel steht und fällt mit dem ihm anvertrauten Evangelium. Aber – so ist hinzuzufügen – das Evangelium steht und fällt nicht mit ihm. Hält man sich an die Formulierungen in Gal 1,12.16 (vgl. mit 2Kor 11,4); 2Kor 4,4–6 und Röm 1,1–7 läßt sich sehen, daß der entscheidende Inhalt des Paulus anvertrauten ‚Evangeliums Gottes‘ der ihm auf dem Wege nach Damaskus erschienene Christus ist. Der Apostel steht und fällt mit diesem Christus, aber dieser ist unendlich viel mehr als er.

Sieht man näher zu, erscheint das Evangelium immer wieder als eine Paulus vorgegebene, ihn in Dienst stellende *Heilsmacht* (vgl. 1Kor 9,16; Röm 1,16). Das Evangelium geht nicht einfach in der Predigt des Apostels auf, sondern es ist die δύναμις θεοῦ, die das Zeugnis des Paulus konstituiert.

Schon 1Kor 15,1–11 dokumentieren, daß man das Evangelium nicht mit der Botschaft nur des Paulus gleichsetzen darf, sondern daß es die Verkündigung der Apostel insgesamt trägt und ausmacht, und von Röm 10,5–17 (vgl. mit Dt 30,11–14) her erscheint das εὐαγγέλιον vollends als der dem Glauben nahe, der Tora vom Sinai endzeitlich entsprechende und kraft des Hl.Geistes Glauben wirkende *Befehlsruf des Κύριος*, den alle Apostel (mit Einschluß des Paulus) auszurichten haben und der ihre ἀκοὴ πίστεως erfüllt.

Paulus ist vor Damaskus mit der Verkündigung des Evangeliums betraut worden, und der Dienst am εὐαγγέλιον füllt seither sein Leben aus. In 2Kor 3,8.9 bezeichnet er diesen Dienst als διακονία τοῦ πνεύματος und τῆς δικαιοσύνης, und in 2Kor 5,18 nennt er ihn die von Gott selbst gegebene διακονία τῆς καταλλαγῆς: *Dem Apostel ist vor Damaskus Versöhnung widerfahren, und seither dient er dem Evangelium als dem von Gott (gegenüber der Tora neu) aufgerichteten ,Wort von der Versöhnung' (2Kor 5,19).*

3. Von seiner Berufungserfahrung her bestimmt sich für Paulus auch seine Sicht der *Offenbarung*. Sie besteht in dem soteriologisch unüberbietbaren ,Selbsterweis' Gottes in der Sendung, dem Sühnetod und der Auferweckung Jesu von den Toten, der dem Apostel mit der Erscheinung des Κύριος Ἰησοῦς vor Damaskus erschlossen worden ist.

Vom heilschaffenden *Selbsterweis* des einen Gottes muß man sprechen, weil Paulus mit der alttestamentlich-jüdischen Tradition Gott als den Einen bekennt (vgl. 1Kor 8,6; Röm 3,30 mit Dt 6,4) und davon ausgeht, daß er sich in seinem Namen יהוה (griechisch: Κύριος) offenbart. Diese Namensoffenbarung besteht nach Ex 3,14 in dem immer neuen geschichtlichen Selbsterweis Gottes gegenüber Israel. In welchem Maße dieser Selbsterweis *Heilserweis* für Israel und die ganze Schöpfung ist, läßt sich klassisch und ergreifend zugleich an Hos 11,1–11; Jes 43,16–25; 66,18–20 und Hiob 42,2–5 ablesen (vgl. H. Hübner, Biblische Theologie des NT I, 1990, 103–172).

3.1 Seit der Wende seines Lebens vor Damaskus bekannte Paulus mit den Christen vor und neben ihm den einen Gott als den, „der Jesus, unseren Herrn, von den Toten auferweckt hat" (Röm 4,24; vgl. auch Röm 8,11; 2Kor 4,14; Gal 1,1 u.a.), und mit dem Philipperhymnus, Phil 2,6–11, war er der Glaubensüberzeugung, daß Gott Jesus nach der Vollendung seiner heilschaffenden Sendung mit dem Gottesnamen Κύριος belehnt hat. Gott war also nicht nur in Christus, als er die Welt mit sich versöhnte (2Kor 5,19), sondern er begegnet und erweist sich stets neu in dem erhöhten und verherrlichten Κύριος Ἰησοῦς. Diesen Κύριος hat Gott dem Paulus vor Damaskus offenbart (Gal 1,16). Seither war Paulus δοῦλος Ἰησοῦ Χριστοῦ (Gal 1,10; Röm 1,1) und galt von ihm:

> „Nun aber lebe nicht mehr ich, sondern Christus lebt in mir; was ich jetzt im Fleisch lebe, lebe ich im Glauben an den Sohn Gottes, der mich geliebt und sich selbst für mich dahingegeben hat." (Gal 2,20)

3.2 Seit seiner Indienstnahme durch Christus vor Damaskus wußte sich Paulus auf Gedeih und Verderb der Verkündigung des Evangeliums Gottes von Jesus Christus verpflichtet (Röm 1,1–6; 1Kor 9,16; 2Kor 2,14–16). Das Evangelium, das Paulus verkündigt, begegnet den Hörern als Rede Gottes, die in ihnen durch den Hl. Geist Glauben wirkt und sie auf diese Weise zum Bekenntnis und Verständnis der Heilsoffenbarung befähigt (vgl. 1Thess 2,13; Gal 3,2; Röm 1,16–17). Nach 2Kor 4,3–6 geht vom εὐαγγέλιον des Paulus für die Hörer, die nicht verblendet sind, dieselbe „Erleuchtung von der Herrlichkeit Christi, der das Ebenbild Gottes ist" aus, die Gott dem Apostel vor Damaskus hat aufleuchten lassen.

Offenbarung ist für Paulus die vorgängig in der Selbsterschließung Gottes in Christus gründende Selbstmitteilung Gottes im Wort des Evangeliums, das durch den Hl. Geist Glauben wirkt und im Glauben verstanden und beherzigt wird.

Wie 1Thess 4,15 (vgl. mit 1Kön 13,1; 20,35 und 1Chron 15,15LXX [O. Hofius]) und 1Kor 15,51; 2Kor 12,1.8–9 und 1Kor 12,7 belegen, kannte Paulus auch Offenbarungsworte Gottes, Visionen, Auditionen und Manifestationen des Geistes, die über die Offenbarung vor Damaskus hinausgingen. Er stellt sie jedoch nirgends dem Berufungsereignis gleich, sondern mißt ihnen maßgeblichen Rang nur insofern bei, als sie sich κατὰ τὴν ἀναλογίαν τῆς πίστεως (Röm 12,6) gültig erweisen, d.h. der Glaubenstradition und dem Zeugnis der Hl. Schriften entsprechen (vgl. M. Bockmühl, Revelation and Mystery, 1990, 225ff.).

3.3 Die Offenbarung Gottes in und durch Christus wird bezeugt (und im Detail erschlossen) durch die γραφαὶ ἅγιαι.

Paulus hat die γραφαί im Lehrhaus Rabban Gamliels I auszulegen gelernt (vgl. Apg 22,3) und die seinerzeit praktizierten rabbinischen Auslegungsmethoden zeit seines Lebens angewandt. Den jüdischen Ausdruck *Heilige* Schriften (Röm 1,2) benutzte er auch als Apostel, weil er die γραφαί mit der jüdischen Tradition sowohl in ihrer hebräischen (und aramäischen) als auch in der von ihm hauptsächlich benutzten griechischen Sprachgestalt für vom Geist Gottes inspiriert erachtete (vgl. 1Kor 2,6 16; 10,11; Röm 15,4; 2Tim 3,16 mit Philo, VitMos 2,37ff.187ff.290f. und mSan 10,1).

3.3.1 Seit Damaskus verstand Paulus den Geist, der die Schriften durchweht, als „den Geist dessen, der Jesus von den Toten auferweckt hat" (Röm 8,11). *Nur in diesem Geist können die Hl. Schriften sachgemäß verstanden werden.*

Das bedeutet zweierlei: (1) Paulus unterscheidet in 2Kor 3,6–18 und Röm 7,6 zwischen *Schrift* (γραφή) und *Buchstabe* (γράμμα). Die biblischen Texte öffnen sich als auf Christus und das Evangelium weisende γραφή erst und nur den Glaubenden. Für das noch im Unglauben verharrende Israel und die ungläubigen Heiden haben sie dagegen die Gestalt des γράμμα, d.h. des (durch die Gesetzesforderung) tötenden *Buchstabens*. – (2) Die vom Geist Gottes inspirierten γραφαί werden nur von den mit dem Hl. Geist beschenkten Glaubenden, dem Apostel selbst voran, sachgemäß verstanden und ausgelegt (1Kor 2,6–16). – So wichtig und charakteristisch diese geistliche Hermeneutik für das theologische Denken des Paulus ist, so deutlich steht er mit ihr in einem breiten urchristlichen Kontext und Konsens (Lk 24,25–27; 24,44; Apg 10,43; Joh 5,39; 14,26 [vgl. mit Joh 2,22; 20,9]; 2Tim 3,16; Hebr 3,7–11; 10,15–18 und 2Petr 1,20–21).

3.3.2 *Die γραφαί bezeugen das Evangelium* (D.-A. Koch). Sie lassen es als im voraus verheißenen, gültigen Heilswillen Gottes erscheinen (vgl. Röm 3,21 mit 1Kor 15,3–4; Röm 1,1–2) und geben zu erkennen, welchen Weg Gott mit seinem erwählten Eigentumsvolk Israel gegangen ist und noch gehen will, damit es zusammen mit den Heiden durch Christus zu der ihm verheißenen σωτηρία gelangt (vgl. Röm 9–11 mit Dt 32 [R. Bell]).

3.3.3 *Die Hl. Schriften sprechen als lebendiges Gotteswort unmittelbar in die Gegenwart herein.* Der Apostel hebt diesen Gegenwartsbezug in 1Kor 10,11; Röm 4,23–24 und 15,4 ausdrücklich hervor. Er leitet Schriftzitate wiederholt mit λέγει κύριος (1Kor 14,21; Röm 12,19) und καθὼς εἶπεν ὁ θεός (2Kor 6,16) aus und ein, und er hebt das in und mit der Schrift redende Ich Gottes immer wieder hervor (vgl. 1Kor 14,21; 2Kor 6,2.16.18; Röm 9,25.33; 10,19–21; 11,4; 14,11 u.a.). Die Hl. Schriften werden von Paulus also nicht nur einem vorgefaßten (Christus-)Bekenntnis unterworfen, sondern sie verhelfen ihm auch zur Erkenntnis der Wege, die Gott gegangen ist und gehen wird, um in und durch Christus seine Königsherrschaft durchzusetzen (vgl. 1Kor 15,23–28).

4. Bedenkt man die Kehre der religiösen Erfahrung, des Denkens und des Lebens, in die Paulus durch seine Berufung zum Apostel Jesu Christi gestellt worden ist, läßt sich seine Missionstheologie am besten aus dem Gegenüber und Miteinander von Gesetz Gottes (Röm 8,7) und Evangelium Gottes (Röm 1,1) begreifen.

In der nachfolgenden Darstellung ist deshalb zuerst zuzusehen, was die Tora für Paulus bedeutet (hat), dann ist zu zeigen, wie das Evangelium Gottes die Offenbarung des Gesetzes überbietet, und schließlich ist auf die Konsequenzen dieser Überbietung einzugehen.

Literatur: *J. Becker*, Paulus, 1989, 409 ff.; *G. Bornkamm*, Paulus, 1987⁶, 131 ff.; *A. van Dülmen*, Die Theologie d. Gesetzes bei Paulus, 1968; *H. Gese*, Der Dekalog als Ganzheit betrachtet, in: *ders.*, Vom Sinai zum Zion, 1990³, 63–80; *ders.*, Das Gesetz, in: *ders.*, Zur biblischen Theologie, 1989³, 55–84; *ders.*, Ez 20,25 f. u. die Erstgeburtsopfer, in: *ders.*, Atl. Studien, 1991, 72–83; *E. Gräßer*, Der Alte Bund im Neuen, 1985, 1–134; *F. Hahn*, Das Gesetzesverständnis im Römer- u. Galaterbrief, ZNW 67, 1976, 29–63; *O. Hofius*, Das Gesetz d. Mose u. d. Gesetz Christi, in: *ders.*, Paulusstudien, 1989, 50–74; *ders.*, Gesetz u. Evangelium nach 2.Kor 3, a. a. O., 75–120; *H. Hübner*, Das Gesetz bei Paulus 1982³; *M. Hengel*, Judentum u. Hellenismus, 1988³, 307 ff.; *E. Jüngel*, Das Gesetz zwischen Adam u. Christus, in: *ders.*, Unterwegs zur Sache, 1988², 145–172; *E. Käsemann*, Der Ruf d. Freiheit, 1972⁵, 115 ff.; *G. Klein*, Artikel: Gesetz II, NT, TRE XIII, (58–75) 64–72; *K. Koch*, Artikel: Gesetz I, AT, TRE XIII, 40–52; *O. Kuß*, Nomos bei Paulus, MThZ 17, 1966, 173–227; *ders.*, Paulus, 394 ff.; *E. Kutsch*, Neues Testament – Neuer Bund?, 1978; *F. Lang*, Gesetz u. Gerechtigkeit in biblisch-theologischer Sicht, ThBeitr 22, 1991, 195–207; *H. Lichtenberger*, Paulus u. d. Gesetz, in: Paulus u. d. antike Judentum, hrsg. von M. Hengel u. U. Heckel, 1991, 361–374; *N. Lohfink*, Kennt d. AT einen Unterschied von ‚Gebot‘ u. ‚Gesetz‘?, JBTh 4, 1989, 63–89; *J. Maier-J. Neusner*, Die gesetzlichen Überlieferungen, in: Literatur u. Religion d. Frühjudentums, hrsg. von J. Maier u. J. Schreiner, 1973, 57–72; *H. Merklein*, Studien zu Jesus u. Paulus, 1987, 64 ff.; *M. Noth*, Die Gesetze im Pentateuch, in: *ders.*, Ges. Studien zum AT, 1966³, 9–141; *G. v. Rad*, Theologie d. AT II, 1968⁵, 413 ff.; *H. Räisänen*, Paul and the Law, 1987²; *ders.*, Zionstora u. Biblische Theologie, in: *ders.*, The Torah and Christ, 1986, 337–365; *E.P. Sanders*, Paul, the Law, and the Jewish People, 1983 (vgl. dazu die Besprechung von *E. Schweizer*, ThLZ 109, 1984, 666–668); *ders.*, Paul, 1991, 84 ff.; *A.F. Segal*, Paul the Convert, 1990, 187 ff. 224 ff.; *P. Schäfer*, Die Torah d. messianischen Zeit, in: *ders.*, Studien zur Geschichte u. Theologie d. rabbinischen Judentums, 1978, 198–213; *W.H. Schmidt*, Atl. Glaube in seiner Geschichte, 1987⁶, 82 ff. 129 ff.; *G. Stemberger*, Der Dekalog im frühen Judentum, JBTh 4, 1989, 91–103; *P. Stuhlmacher*, Das Gesetz als Thema biblischer Theologie, in: *ders.*, Versöhnung, Gesetz u. Gerechtigkeit, 1981, 136–165; *ders.*, Der Brief an d. Römer, 1989, 112 ff.; *F. Thielman*, From Plight to Solution, 1989; *H. Weder*, Gesetz u. Sünde, NTS 31, 1985, 357–376; *N.T. Wright*, The Climax of the Covenant, 1991; *W. Zimmerli*, Das Gesetz im AT, in: *ders.*, Gottes Offenbarung, 1963, 249–276.

Die paulinische Lehre vom Gesetz gilt nicht ohne Grund als der schwierigste Teil der Theologie des Apostels. Dies liegt nicht nur an der unsystematischen Darstellungsweise der Paulusbriefe als apostolischer Gelegenheitsschreiben, sondern auch an der Vielschichtigkeit der Paulus überkommenen und von ihm zu verarbeitenden alttestamentlich-jüdischen, jesuanischen und urchristlichen Gesetzestraditionen.

Die Auffassungen vom Verständnis des Gesetzes bei Paulus divergieren denn auch in extremer Weise. H. Conzelmann konnte im Gefolge R. Bultmanns pointiert formulieren: „Die ganze Gesetzes-Lehre ist … nichts als ein theologisches Interpretament. Sie wird verständlich, wo sie am Menschen exemplifiziert wird als Enthüllung dessen, wo er steht und woher er kommt" (Grundriß d. Theol. d. NT, 1987[4], 253). Während G. Klein diese Ansicht in TRE XIII, 66, bejaht, schreibt E. Käsemann: „Die spezifisch theologische und für den Apostel grundlegende Betrachtungsweise erblickt im Gesetz die mosaische Dokumentation des göttlichen Heilsanspruches auf sein Bundesvolk" (Der Ruf der Freiheit, 1972[5], 123). H. Hübner vertritt in seiner Monographie über „Das Gesetz bei Paulus" (1982[3]) die These, daß Paulus erst nach mehreren Anläufen im Römerbrief zu einer dauerhaften theologischen Lösung des Gesetzesproblems gelangt sei. H. Räisänen dagegen hat am Umgang des Paulus mit dem Thema ‚Gesetz' massive Kritik geübt und die paulinische Gesetzestheologie insgesamt für disparat und unabgeschlossen erklärt (Paul and the Law, 1987[2], 199–202).

Angesichts der kaum mehr zu überbietenden Divergenz der Meinungen ist es ratsam, zunächst zusammenfassend darzustellen, wie im Alten Testament und Frühjudentum das Gesetz verstanden worden ist. Paulus hat als jüdischer Schriftgelehrter die alttestamentlich-frühjüdischen Gesetzestraditionen gekannt, und in seiner Person wurde der Pharisäismus gewissermaßen exemplarisch vor den gekreuzigten und auferweckten Christus gestellt. Es ist dann daran zu erinnern, wie Jesus von der Tora gesprochen hat. Schließlich und vor allem ist die Lehre des Apostels vom Gesetz zu erheben und zu fragen, wo ihre Schwerpunkte liegen.

1. Will man die Grundlinien des alttestamentlichen und frühjüdischen Gesetzesverständnisses nachzeichnen, muß man zuerst bereit sein, Abschied zu nehmen von dem negativen Zerrbild des Gesetzes, das sich in langer (heiden-)christlicher Tradition kirchlich und theologisch eingeprägt hat, und anzuerkennen, daß sich das Alte Testament und Frühjudentum immer wieder von *tiefer Freude und Dankbarkeit für die Gabe des Gesetzes* erfüllt erweisen (vgl. z. B. Ps 1,1–2; 19,9; 119,14.24.77.92 usw. und bei Paulus selbst Röm 2,17–18; 7,22).

Die Freude am Gesetz resultiert vor allem daraus, daß sich Israel von Gott erwählt, aus der Sklaverei in Ägypten erlöst und am Sinai mit der Tora betraut sah. Als das erwählte Volk Gottes war es dankbar dafür, aus Gottes eigenem Mund zu erfahren, welchen Weg es vor Jahwe gehen sollte, um im Schalom-Zustand mit seinem Gott bewahrt zu bleiben. Das Gesetz gilt alttestamentlich-jüdisch primär als *geoffenbarte Lebensordnung,* die Gott seinem Eigentumsvolk aus Gnade heraus gegeben hat, um ihm ein gedeihliches Leben vor Gott und den Menschen zu ermöglichen. Der enge Zusammenhang von Israels Erwählung, Befreiung, Bundes-Verpflichtung und Wandel nach den Geboten Gottes wird beispielhaft belegt durch Dt 4,7–18.32–40. Von einer Erarbeitung des Heils durch menschlichen Gesetzesgehorsam reden die Gesetzestexte nirgends; wohl aber davon, daß die Abweichung vom Weg des Gesetzes Fluch und Tod nach sich ziehen wird (vgl. Dt 30,15–18).

Das von E. P. Sanders in die Debatte eingeführte Stichwort ‚covenantal nomism' bzw. ‚*Bundesnomismus*' (s. o. S. 239 f.) will zum Ausdruck bringen, daß Israel sich die

Teilhabe an Gottes ‚Bund' weder erwerben konnte noch auch eschatologisch durch Einhaltung der Gebote verdienen kann. Dies ist im Grundsatz richtig, aber schon lange vor Sanders z.B. von H. Conzelmann (Grundriß d. Theologie d. NT, 1987⁴, 23) und M. Noth (Die Gesetze im Pentateuch, Ges.Studien zum AT, 1966³, 9–141) herausgestellt worden. Die Wortbildung ‚Bundesnomismus' aber ist irreführend. E. Kutsch hat nämlich in einer ganzen Anzahl von Veröffentlichungen (vgl. vor allem „Neues Testament – Neuer Bund? Eine Fehlübersetzung wird korrigiert", 1978) gezeigt, daß die übliche Übersetzung von בְּרִית und διαθήκη mit ‚Bund' sowohl für das hebräische Alte Testament als auch die Septuaginta unzureichend ist. Die beiden Worte meinen vor allem die ‚Bestimmung' oder ‚Verpflichtung': „Wo von Gottes bᵉrit die Rede ist, wo Gott die bᵉrit ‚setzt', ist sie ... als Gottes Zusage, Verheißung oder als Gottes Verpflichtung für die Menschen, als sein Gebot, Gesetz verstanden" (a.a.O., 85). Als Belege nennt Kutsch u.a. Ex 19,5; 24,7–8; Jer 31,31–34, und W.H. Schmidt (Atl. Glaube in seiner Geschichte, 1987⁴, 132) fügt hinzu: Dt 4,13 (!); 2Kön 23,2–3 (vgl. mit 2Kön 22,8.11); Jer 11,3–4; Ps 78,10 u.a. Der Befund hält sich durch bis in das nachneutestamentlich-rabbinische Schrifttum, wo z.B. in der MekhY zu Ex 12,6 formuliert wird: „... mit Bund ist nichts anderes gemeint als die Tora." *Der Begriff ‚Bundesnomismus' ist eine Tautologie und zu undifferenziert, um über das alttestamentlich-jüdische Verständnis der Tora genaue Auskunft zu geben.*

2. Hat man diesen allgemeinen Befund vor Augen, muß man sich ferner damit vertraut machen, daß *die eine Tora erst nach und nach in der Geschichte Israels ausformuliert worden ist.*

Folgt man *H. Gese* (Das Gesetz, in: ders., Zur bibl. Theologie, 1989³, 55–84) und *K. Koch* (Artikel: Gesetz I. AT, TRE XIII, 40–52), lassen sich mehrere Entwicklungsstadien des Gesetzesverständnisses unterscheiden:

2.1 Das älteste und früheste Stadium alttestamentlichen Gesetzesverständnisses wird im *Dekalog* (Ex 20,2–17; Dt 5,6–21) und seinen Vorformen faßbar. Die ‚Zehn Worte' (Ex 34,28) waren ursprünglich in fünf Gebotspaaren angeordnet, die sich auf Gott (1. und 2. Gebot), den Bereich des Heiligen (3. und 4. Gebot), die Familie (5. und 7. Gebot), das Humanum (6. und 8. Gebot) und den Nächsten (9. und 10. Gebot) beziehen. In ihnen wurde die Lebensordnung Israels vor Gott umrissen und unter den Schutz Gottes gestellt. Charakteristisch für den Dekalog ist es, daß das in den Geboten angeredete ‚Du (sollst...)' Israel vor seinem Gott ist. Die religiöse und politische Größe ‚Israel' liegen noch ungetrennt ineinander.

2.2 Als eben diese Einheit in den geschichtlichen Wirren des 9. und 8. Jh.s zerbrach und die Gerichtspropheten Hosea, Amos, Micha und Jesaja die geschichtlichen Katastrophen, die über das Nord- und Südreich kamen, als Gottesgericht deuteten, aus dem (nur) ein gläubiger Rest Israels geläutert hervorgehen durfte, wandelte sich auch das Gesetzesverständnis. *Im 7. Jh. trat die Tora in Gestalt des Deuteronomiums in Erscheinung.* Die zehn Worte des Dekalogs gelten hier als Israel unmittelbar von Gott zugesprochen; sie leiten in Dt 5,1–21 das deuteronomische Gesetzbuch ein, in das all die Weisungen eingegangen sind, die bisher einzeln tradiert worden waren. Dieses Gesetzbuch ist jetzt die eine geoffenbarte Lebensordnung, die es Israel erlaubt, „das Leben und das Heil" zu erkennen (Dt 30,15), und dem

Volk zumutet, dieser Erkenntnis gemäß vor Jahwe zu leben und sich so von all den Völkern zu unterscheiden, die nicht Israel sind.

2.3 Als Juda im 6. Jh. v. Chr. seine Eigenstaatlichkeit verlor und die tragenden Bevölkerungsschichten ins babylonische Exil gehen mußten, wurde inmitten dieser Katastrophe auch das Gesetzesverständnis des Deuteronomiums noch einmal überboten. Ziel des nun ausgebildeten *priesterschriftlichen Gesetzes* ist es, dem Volk die Begegnung mit Jahwes Heiligkeit im *Kult* zu ermöglichen, damit es ein Gott geheiligtes Leben führen kann (vgl. Lev 17–26). Sühnekult und Sühnopfer sind nach Lev 10,17;17,11 die entscheidenden, von Jahwe gestifteten Institutionen, mit deren Hilfe die Priester für den einzelnen Israeliten und das Volk insgesamt, Sühne und Sündenvergebung erwirken und auf diese Weise neues Leben in Heiligkeit vor Gott eröffnen können. Der Priester-Prophet Ezechiel kritisiert in Ez 20,25–26 die vorexilische Kultgesetzgebung radikal als Gesetzesoffenbarung, die in Unheiligkeit und Gottesferne geführt hat; in Ez 36,24–28; 37,21–28 schaut er auf eine endzeitliche Wende voraus, nach der das Volk kraft der Gabe des Hl. Geistes endlich imstande sein wird, Gottes Weisungen gemäß zu leben, und entwirft in Ez 40–48 die Tora für das heilige Gottesvolk der Zukunft, das sich um den (in Jerusalem neu zu erbauenden) Tempel scharen wird. Für die nach Babylon Deportierten, die den Jerusalemer Tempelkult entbehren mußten, wurde in den Jahren des Exils der *Sabbat* zu dem Tag, an dem Israel zeichenhaft an der Ruhe der vollendeten Schöpfung partizipieren und in der Anbetung seines Gottes aufgehen durfte (vgl. Ex 20,8–11; 35,1–3; Dt 5,12–15 und Jub 2).

2.4 Schaut man das Deuteronomium und die priesterliche Heiligkeitstora zusammen, erscheint es als konsequent, daß *in der Weisheitstradition der nachexilischen Zeit die Tora universalisiert und zugleich ontologisch verstanden wurde.* Israel war durch sein geschichtliches Schicksal vom 5. Jh. v. Chr. an zum Blick auf die gesamte antike Welt genötigt und vom 4. Jh. v. Chr. an mit den kosmopolitischen Problemen und kulturellen Entwicklungen des (mit den Eroberungszügen Alexanders des Großen [336–323 v. Chr.] beginnenden) ‚Hellenismus' konfrontiert. Es hat auf diese Herausforderungen mit der Überzeugung reagiert, in der Tora die Schöpfungsordung des Kosmos erkennen und ihr gemäß leben zu dürfen. Kennzeichen dieses umfassenden Gesetzesverständnisses ist die z. B. in Ps 19, Bar 3,9–4,4 und Sir 24 hervortretende Identifikation von präexistenter Schöpferweisheit und Tora (vgl. auch Prov 8,22–31; Weish 9,1–19). Geht man von Sir 24 aus, kann man sagen, daß durch den von Gottes Offenbarungsweisheit gelenkten Kult auf dem Zion die Wohlordnung der ganzen Welt zeichenhaft gestiftet und bewahrt wird; Israel darf durch das Erlernen und die Bewahrung des Gesetzes an dieser Wohlordnung teilhaben. (Nach Sir 15,14–15 hat der Mensch durchaus die Macht der freien Entscheidung und die Möglichkeit, die Gebote Gottes zu halten: „Wenn du willst, kannst du die Gebote halten, und Treue zu üben liegt in deiner Macht.")

2.5 Auch inmitten des nachexilischen sapientialen Gesetzesverständnisses haben sich noch *Erwartungen auf eine Toraoffenbarung artikuliert, die über die im Pentateuch zusammengefaßte (und z. Z. Esras kanonisierte) Tora hinausgehen.* Sie werden nicht nur in den eben genannten Texten Ezechiels, sondern auch in der (deuterojeremianischen) Überlieferung von Jer 31,31–34, ferner in Jes 2,2–5; Mi 4,1–5 und z. B. auch in Ps 50 greifbar. Nach K. Koch „(weissagt) die späte Prophetie eine endzeitliche, universale Tora, vom Zion ausgehend, ... die internationale Konflikte regelt und den Völkerfrieden heraufführt (Jes 2,2–5; Mi 4,1–5)" (TRE XIII, 46), und H. Gese unterscheidet (a. a. O., 74 f.) im Blick auf Jes 2,2 ff.; Mi 4,1 ff. und Ps 50 zwischen Sinai- und Zionstora.

Das Kunstwort *Zionstora* bündelt die genannten Erwartungen biblisch-theologisch und umschließt vier Komponenten: Erstens geht es um die, sowohl in Ez 36,24–28 als auch in Jer 31,31–34 und in Ps 50 + 51 dokumentierte Einsicht, daß Israel nur kraft einer von Gottes Geist heraufgeführten Personverwandlung und Neuschöpfung zum wahren Gehorsam gegenüber dem Gesetz gelangen kann. Dem entspricht zweitens die Hoffnung, daß das Gottesvolk einst wird in Frieden wohnen und in Gerechtigkeit nach Gottes Satzungen wandeln dürfen (Ez 37,21–28; Jer 30,18–24). Drittens hofft man, daß dann auch die Sinai-Offenbarung der Tora (deren Vorläufigkeit in Ez 20,25–26 klar herausgestellt wird) überboten werden wird durch eine *Neuoffenbarung des Gesetzes*: Die Tora wird den Menschen nicht mehr nur geschrieben gegenüberstehen, sondern ihnen neu von Gott selbst ins Herz geschrieben werden, sie ganz durchdringen, von äußerer Belehrung über den Willen Gottes unabhängig machen und zur spontanen Gotteserkenntnis befähigen (vgl. Jer 31,31–34). Die vierte Komponente ist schließlich die Erwartung, daß die Friedensexistenz Israels unter dem messianischen Herrscher ihr Zentrum in Jerusalem haben und daß Neuoffenbarung der Tora mit dem Zion in Jerusalem verbunden sein wird. Schon in Ps 50 offenbart Gott seinen Willen nicht mehr vom Sinai, sondern vom Zion aus; die Offenbarung der ‚neuen Verpflichtung' von Jer 31,31–34 steht dem Kontext nach im Zusammenhang mit dem Wiederaufbau Jerusalems (vgl. Jer 30,18; 31,23.38–40), und nach Jes 2,2–5; Mi 4,1–5 soll in der Endzeit von dem zum Weltenberg erhöhten Zion Tora ausgehen und nicht nur Israel selbst, sondern auch die Völker friedensfähig machen. – *Die ‚Zionstora' entspricht also inhaltlich dem Gesetz vom Sinai.* Der Wille des einen Gottes bleibt derselbe vom Sinai bis zum Zion, aber es wechseln seine Offenbarungsweisen und mit ihnen ändert sich auch die Lebenssituation Israels unter der Tora; diesem doppelten Wechsel entsprechend werden dann auch die Einzelweisungen neu und anders gewichtet.

Bedenkt man, daß im 2./1. Jh. v. Chr. sowohl die Tempelrolle aus Qumran (11 QTempel) als auch das Jubiläenbuch „eine neue, das Deuteronomium überbietende Gottestora vortragen wollen, die Israel zu einem heiligeren Volk als bisher werden läßt und dadurch seinem Gott näher bringt" (K. Koch, a. a. O., 49), hat man Grund genug, H. Geses Theorie von der ‚Zionstora' aufzunehmen. H. Räisänen dagegen lehnt sie ab, weil die angeführten Texte zu heterogen seien, um sie perspektivisch zu verknüpfen, und der Begriff von Tora, der der Theorie zugrundeliegt, zu vage sei, um präzise Vorstellungen damit zu verbinden (Zionstora und Biblische Theologie, 337–365).

2.6 Die Grundzüge des *pharisäischen Gesetzesverständnisses*, in welchem Paulus anfänglich selbst lebte (vgl. Phil 3,6) und mit dem er sich zeitlebens auseinanderzusetzen hatte, werden von der skizzierten Entwicklung her einsichtig:

2.6.1 Die Tora ist der am Sinai geoffenbarte heilige Wille Gottes, und durch die Zueignung der Tora ist Israel vor allen anderen Völkern ausgezeichnet. Ein berühmter Spruch Rabbi Akibas aus mAv 3,14 nimmt Dt 4,8.32–37; Bar 4,4 auf und lautet: „... Geliebt sind die Israeliten; denn sie sind Kinder Gottes genannt. Mehr Liebe ist:

257

Es ist ihnen kundgetan, daß sie Kinder Gottes genannt wurden. Denn es ist gesagt: ‚Ihr seid Kinder Jahwes eures Gottes‘ (Dt 14,1). – Geliebt sind die Israeliten; denn es ist ihnen ein Werkzeug gegeben worden, mit dem die Welt geschaffen wurde. Mehr Liebe ist: Es ist ihnen kundgetan, daß ihnen ein Werkzeug gegeben wurde, mit dem die Welt geschaffen worden ist. Denn es ist gesagt: ‚Denn eine gute Lehre habe ich euch gegeben, meine Tora verlasset nicht!‘ (Prov 4,2)." (Übersetzung von K. Marti, 'Abôt, Gießener Mischna IV,9, 1927, 83)

Zu 2.6.1: Auch Paulus setzt voraus, daß die Tora der Israel am Sinai geoffenbarte heilige Wille Gottes ist und daß die Gabe der Tora ein unverlierbarer Vorzug Israels vor den Heiden bleibt: Röm 2,17–20; 3,2; 9,4.

2.6.2 Die Tora gilt gleichzeitig als das Israel (erst) am Sinai durch Mose geoffenbarte Gesetz und als die mit der präexistenten Weisheit identische, schon vor der Erschaffung der Welt von Gott geschaffene Ordnung des Kosmos. Die Weite dieses *sapientalen Gesetzesverständnisses* macht es möglich, von der bereits den Vätern Israels bekannten Tora zu sprechen (vgl. Sir 44,19–21; Jub 6,11–14; 21,1–25; syrBar 57,2) und doch darauf stolz zu sein, daß die Tora Israel (erst) am Sinai offenbart worden ist. Außerdem kann das eine Adam im Garten Eden gegebene Gebot von Gen 2,15–17 mit der Tora insgesamt gleichgesetzt werden (vgl. TgNI und TgJerI zu Gen 2,15; VitAd 32.37; 4Esra 3,7; 7,11; Josephus, Ant 1,41–47 und Philo, Leg All 1,90–97).

Zu 2.6.2: Auch der Apostel kann in der Tora sowohl die mit der (Schöpfer-)Weisheit Gottes identische Seinsordnung sehen, die sich in den Werken der Schöpfung und im Gewissen der Heiden manifestiert (vgl. 1Kor 1,21; Röm 1,18–20; 2,12–16), als auch die erst am Sinai geoffenbarte Manifestation des Willens Gottes (vgl. Gal 3,17.19; Röm 5,13.20); das eine Adam im Garten Eden gegebene Gebot von Gen 2,15–17 ist auch nach Paulus mit dem Dekalog (und der Tora insgesamt) identisch (vgl. Röm 7,7–12).

2.6.3 Nach schriftgelehrter Zählung besteht die Tora aus 613 Geboten, und zwar 248 Geboten und 365 Verboten. Das TJI zu Gen 1,27 und andere rabbinische Quellen lassen den Menschen aus 248 Gliedern und 365 Adern erschaffen sein. Man kann daher sagen, daß das Frühjudentum die Welt und den Menschen von der Tora her und auf sie hin geschaffen angesehen hat, und mit M. Hengel (Judentum u. Hellenismus, 1988[3], 210.311 ff.) von jüdischer *Toraontologie* sprechen. Die 613 Einzelgebote wurden vor 70 n. Chr. noch nicht als gleichgewichtig angesehen, sondern es wurde zwischen Haupt- und Nebengeboten unterschieden. Der wichtigste Teil der Tora war der Dekalog; er galt sowohl im jüdischen Mutterland als auch in der Diaspora als „Inbegriff der jüdischen Religion" (G. Stemberger, Der Dekalog im frühen Judentum, 99).

Zu 2.6.3: Auch für Paulus war der Dekalog von sehr großer Bedeutung (vgl. Röm 2,21–22; 7,7–12; 13, 8–10), und Elemente der ‚Toraontologie‘ treten bei ihm in Röm 2,14–15; 7,18–25 zutage.

2.6.4 Die das Leben bis ins einzelnste hinein bestimmende Tora gilt grundsätzlich als *praktikabel* (vgl. Sir 15,15; PsSal 9,4–7.; 4Esra 8, 56–61). In mAv 3,15 heißt es (als Lehre Rabbi Akibas): „Alles ist vorhergesehen, und doch ist die Wahlfreiheit gegeben; mit Güte wird die Welt gerichtet, und doch kommt alles auf die Menge der Tat an" (Übersetzung von K. Marti, a. a. O., 83). Die Überzeugung von der Praktikabilität des Gesetzes ist dabei nicht so zu verstehen, als hätte das antike Judentum nichts von Versuchlichkeit, Schwachheit und Sünde gewußt. Es ist genau umgekehrt: Die Praktikabilität wird festgehalten in der Gegenwehr gegen die Sünde und in dankbarer Anerkenntnis des Umstands, daß Gott Gelegenheit zur Buße gibt und an ihr Wohlgefallen hat.

Zu 2.6.4: Nach Phil 3,6–7 hat sich Paulus vor seiner Berufung zum Apostel für einen tadellosen pharisäischen Gerechten gehalten, ist also davon ausgegangen, daß die Tora praktikabel sei; in Röm 2,17–20 setzt er diese Denkweise für die jüdische Mission insgesamt voraus.

2.6.5 Die *Umkehr* hatte im Frühjudentum hohen Stellenwert. Im 18-Bitten-Gebet lauten die 4. und 5. Benediktion (nach der älteren palästinischen Rezension): „4. Begnade uns, unser Vater, mit Erkenntnis von dir her und mit Einsicht und Verständnis von deiner Torah. Gepriesen seist du, Herr, der mit Erkenntnis begnadet. 5 Führe uns, Herr, zu dir zurück, daß wir umkehren; erneuere unsere Tage wie einstmals. Gepriesen seist du, Herr, der an Buße Wohlgefallen hat" (Übersetzung von P. Schäfer, a.a.O., 404). Auf der von Gott gewollten und gewährten Umkehr, den sie begleitenden Werken der Buße, und dem die Umkehr gnädig ansehenden Gott beruht die jüdische Heilsgewißheit. Das gilt sowohl für die einzelnen (vgl. z.B. Sir 17,24–26; VitAd 4ff.27f.) als auch für das Volk insgesamt (vgl. PsSal 8,31–36; 9,6–11; 4Esra 8,31–36). Israels besonderes Privileg ist es, daß Gott mit seinem erwählten Volk in Langmut und Barmherzigkeit verfährt, so daß ihm auch dann noch Zeit zur Umkehr bleibt, wenn die Heiden schon das Gericht erleiden müssen (vgl. Weish 11,10; 15,1–3). Die geistliche Doppelbewegung der Buße ist schon in den biblischen Bußgebeten (Neh 9,1–37; Dan 9,4–19) und Bußpsalmen (z.B. Ps 51) zu beobachten: Im Bewußtsein der Erwählung Israels wird angesichts des geoffenbarten Gotteswillens die eigene Verfehlung und Nichtigkeit offen eingestanden und Gott um Vergebung angefleht; wenn er sie gewährt hat, wird Gott gepriesen und erhebt man sich wieder zu neuem und besserem Gehorsam (um im Falle neuer Verschuldung dieselbe Bußbewegung aufs neue zu vollziehen). In nachneutestamentlicher Zeit ist die frühjüdische Lehre von der Buße noch umfassend ausgestaltet worden (vgl. bPes 54a).

Zu 2.6.5: Röm 2,4, das Zitat aus Ps 51,6 in Röm 3,4 und die in Röm 7,13ff. aufgenommene frühjüdische Bußtradition dokumentieren, daß der Apostel die Lehre von der Umkehr gut gekannt hat.

2.6.6 Die Pharisäer lebten nach dem Ideal, Gott im Alltag treu zu sein und hier ein Leben in priesterlicher Reinheit und Heiligkeit zu führen. Um dies zu gewährleisten, bedurfte die schriftlich fixierte Tora der *mündlichen Weiterinterpretation*. Sie wurde der Tora vom Sinai gleichgeachtet und wie diese in ununterbrochener Tradentenkette auf Mose zurückgeführt. Der Mischnatraktat Abot (= ‚Väter') beginnt mit dem Spruch (1,1a): „Mose erhielt die Tora vom Sinai und überlieferte sie Josua, und Josua den Ältesten, und die Ältesten den Propheten, und die Propheten überlieferten sie den Männern der Großen Synagoge. Diese stellten drei Sätze auf: Seid vorsichtig beim Richten! Stellt viele Schüler auf! Macht einen Zaun um die Tora!" (Übersetzung von K. Marti, a.a.O., 3/5). Bei der ‚Großen Synagoge' handelt es sich um eine aus Neh 8–10 herausgedeutete Gelehrtenversammlung, der neben Esra und Nehemia auch die Propheten Haggai, Sacharja und Maleachi angehört haben sollen. Von ihr setzt sich die Traditionskette über Schammai (um 30 v. Chr.) und Hillel (um 20 v. Chr.) fort zu jedem einzelnen Rabbinen, der nach seiner Lehrzeit durch Ordination bestätigt und mit Lehrvollmacht ausgestattet wird. – Der ‚Zaun um die Tora' meint vorsorgliche Zusatzbestimmungen, die eine Gebotsübertretung verhindern sollen. In mMak 3,10 wird z. B. die Regelung getroffen, daß einem Delinquenten nicht vierzig, sondern nur ‚Vierzig-weniger-einen' (Geißelhiebe) verabreicht werden dürfen, um die in Dt 25,3 angegebene Höchstzahl von vierzig Schlägen ja nicht zu überschreiten.

Zu 2.6.6: In Gal 1,14 nimmt Paulus expressis verbis auf die πατρικαὶ παραδόσεις, d. h. auf die von den Vätern her (mündlich) überlieferte Auslegungtradition, Bezug; nach 2Kor 11,24 ist er selbst von Juden fünfmal zu den ‚Vierzig-weniger-einen' verurteilt worden.

2.6.7 Die Tora ist Israel verliehen, damit es *vor Gott am Leben bleiben* kann und sich nicht in der Gottlosigkeit verliert. Zeugnisse für diese Anschauung gibt es von früh an (vgl. Lev 18,5; Ez 20,11; Neh 9,29). In Sir 17,11 wird die Tora νόμος ζωῆς genannt, PsSal 14,2 spricht vom Gesetz, „das Gott uns zum Leben (εἰς ζωὴν ἡμῶν) geboten hat", syrBar 38,2 werden Gesetz und Leben identifiziert, und in bQid 30b heißt es: „Der Heilige, gepriesen sei sein Name, sprach zu Israel: Meine Kinder, ich habe den bösen Trieb erschaffen, und ich habe die Tora als Mittel gegen ihn erschaffen. Wenn ihr euch mit der Tora befaßt, so werdet ihr nicht in seine Hand ausgeliefert."

Zu 2.6.7: In Gal 3,21; Röm 7,10 geht auch der Apostel auf die Anschauung ein, daß die Tora Israel/Adam εἰς ζωήν gegeben worden ist.

2.6.8 Die Tora ist der Maßstab, nach welchem Israel und die Völker *im Endgericht* beurteilt werden (vgl. 4Esra 7,37.70–73; syrBar 48,27.38–40.46–47). Im Gericht kommt es nach mAv 3,15 auf Gottes Barmherzigkeit und die nach Maßstab der Tora vollbrachten „Werke der Gebote" (syrBar 57,2) an. Die Gemeinde von Qumran bringt Gott wohlgefällige Rauchopfer in Form von „Taten/Werken des Gesetzes" (מַעֲשֵׂי תוֹרָה) dar (4Qflor 1,6–7), und nach dem Fragment eines Briefes des die Gemeinde anführenden ‚Lehrers der Gerechtigkeit' an den sog. ‚Frevelpriester' in Jerusalem sollen solche Werke dem Täter von Gott zur Gerechtigkeit angerechnet werden (vgl. 4QMMT 21,3.8 mit Gen 15,6; Ps 106,31; Text bei C. K. Barrett-C. J. Thornton, Texte zur Umwelt d. NT, 1991², Nr. 233, S. 261f.). Rabbi Akiba hat vom Endgericht folgendermaßen gelehrt: „Alles ist auf Bürgschaft gegeben und das Netz über alle Lebenden ausgebreitet. Der Laden steht offen, der Krämer leiht aus, die Schreibtafel ist aufgeschlagen und die Hand schreibt, und jeder, der borgen will, kommt und borgt, und die Einnehmer gehen beständig an jedem Tag herum und machen sich von dem Menschen bezahlt mit seinem Wissen und ohne sein Wissen, und sie haben, worauf sie sich stützen, und das Gericht ist ein gerechtes Gericht, und alles ist zum Mahle bereitet" (mAv 3,16; Übersetzung von K. Marti, a. a. O., 83/85). Die Einhaltung der Tora ist also gerichtsrelevant, und nach dem Targum zu Jes 26,2–3 werden sich die Tore der endzeitlichen Gottstadt nur den Gerechten öffnen, „die das Gesetz mit vollkommenem Herzen gehalten haben".

Zu 2.6.8: Auch für Paulus ist nach Gal 5,19–21; 1Kor 6,9–10; Röm 2,12–13; 14,10–12 die Tora Maßstab des Endgerichts, von den Gesetzeswerken (ἔργα νόμου) ist bei ihm allenthalben die Rede (vgl. nur Gal 2,16; Röm 3, 20) und vor seiner Berufung hielt er sich für einen tadelsfreien Gerechten (Phil 3,6).

An den skizzierten acht Grundsätzen hat man im jüdischen Mutterland und in der griechischsprechenden *Diaspora* festgehalten, in der die Mehrheit des antiken Judentums lebte. Die direkte Konfrontation mit dem aufgeklärten Geist der hellenistischen

Zeit ließ für Diasporajuden wie Aristobul die Tora als Grundordnung der wahren Philosophie erscheinen. Die kultischen Gebote wurden z. T. allegorisch als Verschlüsselungen ethischer oder philosophischer Grundsätze verstanden. Während für Philo, Josephus und im LibAnt (11,1; 44,6) der Dekalog noch „Inbegriff der göttlichen Weisung" ist (G. Stemberger, a. a. O., 95), fällt die Unterscheidung von schweren und leichten Geboten in 4Makk 5,20–21 bereits dahin.

Kommt man von dieser reichen und differenzierten alttestamentlich-frühjüdischen Gesetzesüberlieferung zu Paulus, wird die enorme geistige Herausforderung deutlich, vor der er stand, als er die ihm überkommene Lehre vom Gesetz im Lichte seiner Berufung zum ἀπόστολος Ἰησοῦ Χριστοῦ neu zu überdenken hatte.

3. Paulus hatte nicht nur das frühjüdische Gesetzesverständnis neu zu bedenken, sondern auch die *Lehre Jesu*. Mit ihren Auswirkungen auf die Wertschätzung der Tora war er schon bei der Verfolgung des Stephanuskreises konfrontiert gewesen und nach seiner Berufung ist er in Damaskus, Jerusalem und Antiochien auch noch direkt mit Jesu Lehre vom Willen Gottes bekannt geworden.

Wie wir in § 8 (s. o. S. 102 ff.) gesehen haben, hat Jesus das mosaische Gesetz nicht abgeschafft, sondern sich selbst als den messianischen Vollender der Tora verstanden (vgl. Mt 5,17). In den Antithesen der Bergpredigt hat er der Lehre Gottes durch Mose seine eigene Auslegung des Willens Gottes gegenübergestellt. Den Willen Gottes hat er mit Hilfe einer neuartigen Zusammenordnung des Gebotes der Gottes- und Nächstenliebe zusammengefaßt (vgl. Mt 22,34–40Par). Am Sabbat hat er zeichenhaft Heilungen vollzogen, eine formalisierte Gesetzespraxis hat er scharf kritisiert, und über die pharisäische Reinheitsgesetzgebung hat er sich in messianischer Vollmacht hinweggesetzt (vgl. Mk 7,15Par). Nimmt man die Abendmahlsüberlieferung mit ihrer Rede vom Bundesblut Jesu (Mk 14,24Par) hinzu, kann man biblisch-theologisch wagen, Jesu Lehre vom Willen Gottes mit der Hoffnung auf die Vollendung der Toraoffenbarung zu verbinden, auf die in Jer 31,31–34 vorausgeschaut wird. Oder im Anschluß an H. Geses Theorie von der ‚Zionstora‘ (s. o.) formuliert: *In Jesu messianischer Lehre vom Willen Gottes ist die ‚Zionstora‘ geschichtlich in Erscheinung getreten.*

4. Will man feststellen, wie Paulus vom Gesetz spricht und denkt, muß man zunächst die *paulinische Gesetzesterminologie* kennen.

Während Philo (DeusImm 69; VitMos 2,51 u. a.) und Josephus (z. B. Bell 3,356) auch den Plural οἱ νόμοι gebrauchen, *spricht Paulus immer nur im Singular von ὁ νόμος*; gleiches gilt (mit Ausnahme von 1Kor 7,19) auch von ἡ ἐντολή.
Inhaltlich unterscheidet er *vier Bedeutungsnuancen* von ὁ νόμος:
Ὁ νόμος bezeichnet bei Paulus – erstens – die Hl. Schriften, d. h. *das Alte Testament* insgesamt (1Kor 14,21; Röm 3,19 u. a.). Diese Redeweise erklärt sich von daher, daß die Tora im Frühjudentum als der bestimmende Hauptteil der Bibel galt, zu dem die ‚Propheten‘ und ‚Schriften‘ nur als Auslegung der Tora hinzutreten.

ʿO νόμος bezeichnet bei Paulus – zweitens – den Pentateuch, d. h. *die fünf Bücher Mose* (1 Kor 9,7–8; Röm 3,21 u. a.). Auch dies ist eine jüdisch eingebürgerte Redeweise, weil die (schriftlich überlieferte) Tora in den fünf Büchern Mose ihre kanonische Fixierung erlangt hat.

ʿO νόμος bezeichnet bei Paulus – drittens und vor allem – das durch die Mittlerschaft des Mose *geoffenbarte Gesetz* als Inbegriff des Willens Gottes für Juden und Heiden (Gal 3,17–18; Röm 2,12–13; 4,15; 5,13.20 usw.).

Manchmal kann Paulus ὁ νόμος auch *übertragen* im Sinne von *Weisung, Regel* oder *Vorschrift* verwenden. Dieser Sprachgebrauch taucht jeweils als inhaltliche oder stilistische Komplementärformulierung zum terminologischen Gebrauch von ὁ νόμος = ‚das (mosaische) Gesetz‘ auf (vgl. Gal 6,2; Röm 2,14b; 7,21.23.25; 8,2).

Vergleicht man diese paulinische Redeweise mit dem frühjüdischen Sprachgebrauch, zeigt sich eine weitgehende Gemeinsamkeit. (Neu sind im Grunde nur der Ausdruck ὁ νόμος τοῦ Χριστοῦ in Gal 6,2 und ἔννομος Χριστοῦ in 1 Kor 9,21 sowie die Rede vom Gesetz als πνευματικός in Röm 7,14 [H. Lichtenberger]). Der gemeinsamen Sprache entspricht die Tatsache, daß sich die acht Charakteristika der frühjüdischen Lehre vom Gesetz sämtlich auch in den Paulusbriefen nachweisen lassen (s. o.).

5. Paulus setzt also die vielschichtige pharisäische Gesetzestheologie voraus, aber er übernimmt sie keineswegs unbesehen! Er ist seit seiner Berufung zum Apostel Jesu Christi vor Damaskus nicht zuletzt darin ‚mehr als ein Pharisäer‘, daß er die ihm überkommene jüdische Lehre vom Gesetz angesichts der ihm zuteilgewordenen Christusoffenbarung neu wertet.

Ein (erst) im Römerbrief zum Ziel kommender Stufenweg der paulinischen Reflexionen auf die Tora (H. Hübner) ist in den Paulusbriefen ebensowenig aufweisbar wie ein aporetisches Neben- und Gegeneinander verschiedener, sachlich unbefriedigender Reflexionsversuche (H. Räisänen). Wenn man der ‚südgalatischen Hypothese‘ folgt, den Gal entsprechend (früh) datiert (s. o. S. 226) und die in diesem Brief auftauchenden Äußerungen über das Gesetz mit denen im Röm vergleicht, zeigt sich eine erstaunliche Kohärenz und Konstanz der Gedankenführung (vgl. z. B. Gal 2,16 mit Röm 3,20; Gal 3,19–22 mit Röm 5,20; Gal 5,14 mit Röm 13,8–10 usw.). Gesteht man dem Apostel seine judenchristlich-aspektbezogene und offene Rede- und Denkweise zu, ergeben seine Ausführungen über die Tora also ein durchaus stimmiges, biblisch-theologisch einleuchtendes Ganzes.

Paulus geht bei seiner neuen Wertung des Gesetzes von der Erwartung aus, daß die Parusie des Christus und in ihrem Gefolge das Weltgericht nahe bevorstehen (vgl. nur 1 Thess 4,13–5,11; Röm 8,31–39; 13,11–14). Im Gericht muß sich jeder Jude und Heide unverwechselbar einzeln vor Gottes Richterstuhl verantworten (vgl. 1 Kor 3,11–15; 2 Kor 5,6–10; Röm 14,10–12). Die endzeitlich über Leben und Tod entscheidende Frage ist deshalb die, ob und unter welchen Umständen diese Verantwortung vor Gott gelingen kann (oder scheitern wird). *Das Problem des Gesetzes stellt sich für den Apostel dementsprechend in forensisch-apokalyptischem Horizont.*

Der Apostel vertritt in seiner Lehre vom Gesetz Einsichten, die ihm erst aufgrund seiner Berufung von Christus her aufgeleuchtet sind; sie haben ihn in den Augen der weiterhin auf die Tora vertrauenden gläubigen Juden zum Apostaten und auch für viele am Gesetz festhaltenden Judenchristen zum Irrlehrer gemacht. Paulus hat die Tora im Lichte der Erkenntnis bewertet, daß Gottes Herrlichkeit auf dem Angesicht des erhöhten Christus ruht (2Kor 4,6). Dieser Christus aber ist der von Gott mit seinem Namen belehnte Κύριος, dem sich in Bälde alle Kreaturen auf, unter und über der Erde beugen sollen (Phil 2,9–11). Damit hat die Offenbarung Gottes in Christus die Offenbarung vom Sinai abgelöst und in den Schatten gestellt. *Paulus geht deshalb davon aus, daß die Tora vom Sinai seit Jesu Kreuz und Auferweckung vor Gott keinen unüberbietbaren Rang mehr besitzt.* Diese Einsicht arbeitet er in vierfacher Weise aus:

5.1 Das Gesetz begegnet den Menschen seit dem Sündenfall Adams als eine *heilige Macht des Fluches und der Verurteilung.* Die ursprünglich zum Schutz des Lebens erlassene, gerechte und gute Weisung Gottes begegnet den Sündern als Anklage, die sie vor Gott als Übertreter des Gotteswillens brandmarkt, die des Todesgerichts schuldig sind. Die Tora macht die Sünde erkenn- und einklagbar, sie ist aber aus sich selbst heraus zu schwach, um ihr wirksam zu wehren.

Was aus dem ursprünglich zum Schutz des Lebens gegebenen Gesetz geworden ist und wie es dem Menschen seit Adams Fall begegnet, kann man am besten aus Gal 3,10–22 und Röm 7,7–25 ersehen. Röm 7,7ff. schildern am ‚Jedermann‘-Typus Adams, wie die Sünde im Garten Eden den Menschen verleitet hat, das schützende ‚Gebot‘ Gottes (von Gen 2,15–17, das Paulus mit der frühjüdischen Tradition mit dem Dekalog und der Tora insgesamt gleichsetzt) zu übertreten. Die ἐντολή behaftet nun den Menschen bei seiner Gesetzesübertretung, schließt ihn vom Leben in der Nähe Gottes aus, in dem sie ihn ursprünglich bewahren sollte, und bereitet ihm den (Gerichts-)Tod. Aber mehr noch: Das sich wider den Sünder kehrende Gesetz gewährt das Leben in der Nähe und unter dem Segen Gottes nur noch dem, der gerecht ist, d.h. die Forderungen des Gesetzes befolgt, und zwar ganz (vgl. Gal 3,10–12; Röm 2,13). Ist das nicht der Fall, bleibt es trotz aller Einzelanstrengungen doch dabei, daß die Tora den Menschen als Frevler anklagt. Das heilige, gerechte und gute Gesetz Gottes kann nur das Gute gebieten und das Böse verbieten, aber es kann nicht gerecht und lebendig machen. Die Tora ist in sich selbst zu schwach, um den der Sünde verfallenen Menschen aus der Herrschaft der ἁμαρτία zu befreien und ihm das Leben in Gerechtigkeit und Herrlichkeit vor Gott zu eröffnen (Gal 3,21–22; Röm 8,3). Die Sünde hat schon im Garten Eden das Gebot Gottes benutzt, um Adam zu Fall zu bringen; sie bedient sich der Tora auch nach Adams Fall und beherrscht den Menschen auf diese Weise total. Nach Gal 3,22 und Röm 7,13–25 sieht Paulus die ἁμαρτία als so mächtig an, daß sich kein Mensch durch eigenen Willensentschluß und ethische Anstrengung ihrem Zugriff entziehen und aus seinem Sündersein befreien kann.

Der Apostel weiß als einstiger ‚Eiferer für die väterlichen (Gesetzes-) Überlieferungen' (Gal 1,14) und tadelloser pharisäischer Gerechter (Phil 3,6) aus eigener Erfahrung, in welcher Weise die Tora zu ‚Werken des Gesetzes' ansportnt. Er hat aber vor Damaskus erfahren, daß solcher Eifer nichts zu seiner Begnadigung und Berufung beigetragen hat. Seither hält er das, was ihm früher als im Endgericht vorzuweisender ‚Gewinn' erschien, für ‚Verlust' (Phil 3,7). Das Paulus bis zu seiner Berufung tragende Vertrauen auf das Gesetz und die Fähigkeit des Menschen zur Gesetzeserfüllung erscheinen ihm von Damaskus her als Einstellungen, in denen weder die Sünde noch Gottes hl. Wille wirklich ernst genommen werden. Zwischen der Gesetzesbetrachtung des fanatischen jungen Pharisäers und der des Christusapostels Paulus liegt ein qualitativer Sprung (H. Weder). In Röm 7,13–25 skizziert er das vergebliche Bemühen eines (jüdischen) Frommen um Taten des Guten nach Maßgabe des Gesetzes, und in Gal 2,16 und Röm 3,20 formuliert er von Ps 143,2 her grundsätzlich: Aufgrund von Werken des Gesetzes wird kein Fleisch vor Gott gerechtfertigt; durch das Gesetz kommt es vielmehr nur zur Erkenntnis der Sünde. Es kann keine Rede davon sein, daß Gal 2,16 und Röm 3,20 nur auf die jüdischen Speise- und Reinheitspraktiken gemünzt sind und keine tiefere rechtfertigungstheologische Bedeutung hätten, wie J. Dunn meint (s. o. S. 241 f.). Der oben (S. 260) erwähnte Brief des Lehres der Gerechtigkeit an den Frevelpriester belegt die frühjüdische Erwartung, daß ἔργα νόμου ihren Tätern im Endgericht zur Gerechtigkeit angerechnet werden.

5.2 Das die Sünde aufdeckende und die Sünder verklagende Gesetz Gottes steht der Gnade Gottes in Christus nicht entgegen, sondern hat ihr zu dienen. Die Tora ist Gottes Hand mit dem Sündenfall Adams nicht etwa entglitten, sondern sie bleibt vom Sinai her heilige Offenbarung des Willens Gottes und läßt die Sünder des Todesgerichts schuldig erscheinen. Da die ἁμαρτωλοί der Verurteilung im Gericht nur kraft des Bekenntnisses zu Christus und seiner Fürsprache entgehen können, treibt die Tora die Sünder mit ihrem Schuldspruch dem Christus zu und dient auf diese Weise dem Heilswillen Gottes, der sich der ἁμαρτωλοί in und durch Christus erbarmen will.

Paulus formuliert diese Einsicht im Galater- und Römerbrief betont heilsgeschichtlich. In Gal 3,23–24 schreibt er: „(23) Vor dem Kommen des Glaubens wurden wir in Haft gehalten unter dem Gesetz, gemeinsam eingekerkert auf den Glauben hin, der zukünftig offenbar werden sollte. (24) Also ist das Gesetz unser Aufseher geworden auf Christus hin, damit wir auf Grund von Glauben gerechtfertigt würden." In Röm 5,13.20–21 heißt es nicht minder pointiert: „(13) Bis hin zum Gesetz nämlich war die Sünde schon in der Welt, Sünde wird aber nicht angerechnet, wenn kein das Gesetz da ist. ... (20) Das Gesetz aber ist zwischenhineingekommen, damit die Verfehlung wachse. Wo aber die Sünde gewachsen ist, ist die Gnade noch viel reichlicher geworden, (21) damit, wie die Sünde durch den Tod zur Herrschaft gelangt ist, auch die Gnade zur Herrschaft gelange durch Gerechtigkeit zum ewigen Leben(, und zwar) durch Jesus Christus, unsern Herrn." Nimmt man beide Äußerungen zusammen, ergibt sich folgende Gedankenführung: Das Gesetz ist zwischen Adam und Christus zwischenhineingekommen; es ist (nach Ex 12,40 LXX und rabbinischen Berechnungen) erst

430 Jahre nach der Verheißung an Abraham am Sinai geoffenbart worden, und zwar von Gott durch Engel und die Vermittlung des Mose. Es macht durch seine klaren Gebote und Verbote die Sünde (im Gericht) einklagbar, und es provoziert außerdem zu Übertretungen. Diese Präzisierung und Mehrung der Sünde durch die Tora ist für die ἁμαρτωλοί tödlich, aber sie ist von Gott gewollt und dient den Zwecken und Zielen seiner Gnade in Christus.

Gal 3,19 wird immer wieder im Sinne einer Abwertung des Gesetzes durch Paulus verstanden: Von Engeln durch die Hand eines Mittlers (= Mose) verordnet, „stammt (es) also nicht von Gott und nicht von Christus" (H. Schlier, Der Brief an die Galater, 1989[15], 155); oder: Paulus führe in Gal 3,19b die als Stimulans der Sünde wirksame „Perversionsform" des Gesetzes auf „Engelmächte" zurück, die als „widergöttliche Macht (figurieren)" (G. Klein, TRE XIII, 67); oder: In Gal 3,19 lasse der Apostel seine wahre (negative) Meinung vom Gesetz erkennen: „Paul appears for the moment to regard angels as the originators of the law, thus denying its immediately divine origin" (H. Räisänen, Paul and the Law, 1987[2], 131). All diese Urteile werden der Aussage des Apostels *nicht* gerecht: Keine (!) der alttestamentlich-jüdischen und neutestamentlichen Parallelen zu Gal 3,19 sieht in der Gabe der Tora durch die Engel (und durch Mose) etwas Negatives (vgl. Dt 33,2 LXX; Jub 1,29; Philo, Som 1,140–143; Josephus, Ant 15,136; Apg 7,53; Heb 2,2). Auch bei Paulus ist dies nicht der Fall. In Gal 3,20 wird nicht die Tora abgewertet, sondern Mose dem einzig wahren Mittler Gottes, Christus, unter- und nachgeordnet.

5.3 Der Gottessohn Jesus war als Jude unter das Gesetz gestellt. Anders als Adam hat er aber Gottes Willen gehorsam erfüllt und ist selbst dann noch seiner Sendung treu geblieben, als ihn die verblendeten jüdischen ἄρχοντες (1Kor 2,6) unter Berufung auf das Gesetz zum Tode verurteilten und (durch die Römer) kreuzigen ließen. Durch diesen ohne eigene Sündenschuld erduldeten Kreuzestod hat Jesus den Heilswillen Gottes erfüllt; er hat die Sünder stellvertretend *vom Fluch des Gesetzes erlöst und die Herrschaft der Sünde zerbrochen* , die sich seit dem Sündenfall des Gesetzes bedient hatte, um die Sünder zu beherrschen und in den Tod zu führen.

Der Sohn Gottes wurde nach Gal 4,4 und Röm 8,3–4 von Gott in die Welt gesandt, als Mensch geboren und (als Jude) unter das Gesetz gestellt. Im Gegensatz zu Adam ist er dem Willen des Vaters gehorsam geblieben bis zum Tode am Kreuz (Phil 2,8). Indem er so handelte, hat er im Auftrag Gottes stellvertretend den Platz der Sünder eingenommen und für sie den Fluch des Gesetzes getragen (Gal 3,13). Wenn Jesu Tod im Gericht für sie geltend gemacht wird, werden sie vor den Folgen des (Todes-) Urteils bewahrt, das die Tora über sie ausspricht. Damit hat Jesus die Sünder auch aus der Herrschaft der Sünde ,losgekauft' (Gal 4,5). Sie hat ihre Macht über die Sünder verloren, weil sie ihnen nicht mehr mittels des Gesetzes den (Gerichts-)Tod bereiten kann.

Gal 5,14; 6,2; 1Kor 9,20–21 und Röm 7,7–8,11 nötigen dazu, das Verhältnis von Jesu Sendung, Heilstod und Tora noch weiter zu bedenken.

5.4 Der im Gesetz geoffenbarte heilige Wille Gottes ist von Christus nicht abgetan, sondern erfüllt, dem Zugriff der Sünde entzogen und neu in Kraft gesetzt worden. *In der ‚Tora des Christus' (Gal 6,2) gewinnt Gottes heiliges, gerechtes, gutes und geistliches Gebot (Röm 7,12.14) seine vollendete Offenbarungsform.* Sie geht kraft des Hl.Geistes in die Herzen der an Jesus Christus Glaubenden ein und macht sie zu Taten der Liebe fähig.

In Röm 7,12 bezeichnet Paulus die ἐντολή Gottes als „heilig und gerecht und gut", und in 7,14 fügt er (unter Anspielung auf gemeinchristliches Wissen) hinzu, der νόμος sei πνευματικός. Diese positive Äußerung geht noch über die frühjüdische Rühmung der Tora hinaus! „Sprachlich und sachlich ist die Wendung ‚Das Gesetz ist geistlich' außergewöhnlich. Eine echte Analogie, die mehr als Annäherungswert hätte, zu finden, ist bisher nicht geglückt; doch bieten jüdische Aussagen über göttliche und himmlische Welt für Wesen, Herkunft und Dauer des Gesetzes enge Parallelen (Jos, Ap II 277; Bar 4,1; Jos, Ant 3,286; 12,37f.)" (H. Lichtenberger, Paulus u. d. Gesetz, 364). Unter deutlichem Rückbezug auf 7,12 heißt es dann in Röm 8,2–4: „(2) Denn das Gesetz des Geistes des Lebens in (durch) Christus Jesus hat dich befreit von dem Gesetz der Sünde und des Todes. (3) Was das Unvermögen des Gesetzes betrifft, weil es durch das Fleisch geschwächt war, hat Gott seinen Sohn gesandt in der Gleichgestalt des Fleisches der Sünde, und zwar als Sündopfer, und hat die Sünde im Fleisch verurteilt, (4) damit die Rechtsforderung des Gesetzes erfüllt werde in uns, die (wir) nicht nach dem Fleische wandeln, sondern nach dem Geist." Nach diesem Text ist das klagende Ich von Röm 7,7–25 durch den Sühnetod Jesu befreit worden vom ‚Gesetz der Sünde und des Todes', d. h. von der Herrschaft der Sünde, die mittels des Gesetzes in ‚Adam' zuerst alle verbotene Begierde geweckt und ihn dann als Gesetzesübertreter unter dem Urteil des Gesetzes in tödlicher Gefangenschaft gehalten hatte (Röm 7,23). An die Stelle dieser mittels des Gesetzes etablierten Herrschaft der Sünde ist für das Ich ‚das Gesetz' getreten, das durch den ‚Geist des Lebens' in (durch) Christus bestimmt ist. Der ‚Geist des Lebens' ist nach Ez 37,5–6 und äth Hen 61,7 der das endzeitliche Gottesvolk mit Gotteserkenntnis erfüllende, lebenschaffende Geist Gottes; Paulus sieht in ihm die Anwesenheit und Wirksamkeit Christi (Röm 8,9–10; 2 Kor 3,17). Der ganze Ausdruck ‚Gesetz des Geistes des Lebens in (durch) Christus Jesus' nimmt die Rede vom νόμος πνευματικός aus 7,14 auf und erinnert an Jer 31,31–34 (vgl. auch äthHen 61,7.11 ff.; Jub 1,15 ff. 23 ff.; TestLev 18,11–14).

Paulus erklärt in Röm 8,2–4, daß die (auf die Tora gestützte) Herrschaft der Sünde abgelöst wurde von der neuen geistlichen Lebensordnung, deren pneumatische Kraft Christus selbst ist. Die ‚nach dem Geist wandelnden' Christen sind durch den stellvertretenden Sühnetod Jesu nicht nur von der Sündenherrschaft befreit, sondern zugleich in die aktive Erfüllung der Rechtsforderung des Gesetzes (δικαίωμα τοῦ νόμου) gestellt worden. Kraft des sie beseelenden Geistes Christi sind sie ‚dem Gesetz Gottes' untertan und leben so, wie es Gott gefällt (Röm 8,5–9). *Denn auch das Gesetz Gottes (Röm 8,7), dessen sich die Sünde schon im Garten Eden bemächtigt hatte, ist durch den Sühnetod Jesu der Macht der Sünde entrissen und zu jener Funktion entbunden worden, die es schon Adam gegenüber einnehmen sollte. Als ‚Gesetz des Geistes des Lebens in (durch) Christus Jesus' (Röm 8,2) bzw. als ‚Gesetz des Christus' (Gal 6,2) zeigt es den guten, heiligen und gerechten Willen Gottes auf und leitet die Christen an, diesen Willen in der Kraft des Geistes Christi spontan zu erfüllen.*

Die Äußerungen des Paulus zum Gesetz in Röm 7,7–8,11 sind kompliziert und umstritten. Sie nötigen aber dazu, die paulinischen Antithesen von Mose und Christus (Gal 3,19–20), von Dienst des Todes und der Verurteilung nach dem auf steinerne Tafeln eingegrabenen Gesetz vom Sinai und Dienst der Gerechtigkeit in der Freiheit des Geistes Christi (2 Kor 3,4–18), von Rechtfertigung durch Werke des Gesetzes und Rechtfertigung allein durch Glauben an Jesus Christus (Gal 2,16; Röm 3,20–31), von Sklavendienst unter dem Gesetz und Freiheit des Glaubens unter der Herrschaft des Christus (Gal 4,21–5,12) mit den ebenfalls paulinischen Aussagen von der Erfüllung des Liebesgebotes als Summe des Gesetzes durch die Glaubenden in der Kraft des Geistes Christi (Gal 5,14; 5,22–23; Röm 13,8–10), von der ‚Tora des Christus' (Gal 6,2; 1 Kor 9,21) und der neuen Inkraftsetzung des Gesetzes Gottes durch die Sendung und den Opfertod Christi (Röm 8,3–4) zusammenzudenken. Im Lichte von Jer 31,31–34, der Theorie von der ‚Zionstora' und Jesu Lehre vom Willen Gottes ist dies durchaus möglich (s. u.).

Oft wird der Unterschied zwischen ungläubigen Sündern und glaubenden Christen nur darin gesehen, daß die einen das Gesetz unter der Herrschaft der Sünde zur Selbstrechtfertigung mißbrauchen (müssen) und deshalb nicht erfüllen (können), während die anderen kraft der ihnen zuteilgewordenen Sündenvergebung und Mitteilung des Geistes zur Erfüllung des Gesetzes imstande seien. Für die Sünder und die Glaubenden stellt sich nach dieser Gedankenführung das Gesetz vom Sinai nur unterschiedlich dar, nämlich als die den Sünder brandmarkende Rechtsinstanz einerseits und als Anleitung zur Liebe andererseits (vgl. z. B. G. Klein, TRE XIII, 71–72). Diese Deutung ist zwar theologisch üblich, aber noch zu ungenau, weil sie die *Modifikation der Gesetzeswirklichkeit in Christus* zu wenig beachtet (s. u.).

6. Die vier skizzierten Grundsätze lassen klar erkennen, daß *Paulus vom Gesetz anders spricht und denkt, als er es als Pharisäer getan hat.*

6.1 Paulus schweigt sich in seinen Briefen über die den Pharisäern hochwichtige *kultische Tora* fast vollständig aus. Sie stellt für den Apostel nur noch dort ein Problem dar, wo rituell denkende Judenchristen auf Einhaltung der Speisegebote drängen (vgl. Gal 2,11–21; 1 Kor 10,23–11,1; Röm 14,1–15,13). Dieser Sachverhalt erklärt sich, wenn Paulus mit den Jerusalemer und Antiochener Hellenisten davon ausgeht, daß die kultischen Opferbestimmungen durch Jesu Sühnetod an ihr Ziel und Ende gekommen sind (vgl. Röm 3,25–26 u. o. S. 193 ff.).

6.2 Paulus sieht sich nach 2 Kor 3,4–18 (antitypisch zu Mose!) mit der διακονία τῆς δικαιοσύνης in der von Gott durch Christus heraufgeführten καινὴ διαθήκη betraut. Nach dem paulinischen Herrenmahlsformular aus 1 Kor 11, 23–26 wird die Gemeinde bei jeder Mahlfeier neu in die durch Jesu Sühnetod eröffnete neue ‚Verpflichtung' von Jer 31,31–34 eingestiftet. Nimmt man diese Aussagen ernst, gewinnt auch die komplexe Redeweise des Apostels vom Gesetz Gottes und Gesetz Christi in Gal 6,2; 1 Kor 9,21; Röm 7,7–8,11 klaren Sinn und wird sogar die schwierige Aussage aus Röm 9,31 deutbar, daß Israel, obwohl es auf das Gesetz der Gerechtigkeit aus ist, in seinem verblendeten Eifer für Gott noch nicht zum Gesetz gelangt sei.

6.2.1 Paulus kennt die Verheißung von Jer 31,31–34 und die Lehre Jesu vom Willen Gottes. Nach seiner Auffassung ist für die Gemeinde Jesu Christi bereits die Zeit und Wirklichkeit der καινὴ διαϑήκη angebrochen und die Christen sind schon in die Vergebung der Sünden und die durch den Geist Christi bestimmte Neuoffenbarung der Tora hineingestellt, die bei Jeremia verheißen ist. Für das im Unglauben verharrende Israel gilt das noch nicht, es ist zur Neuoffenbarung des Gesetzes noch nicht gelangt (Röm 9,31).

6.2.2 Der in der ‚Tora des Christus‘ zusammengefaßte Wille Gottes ist kein anderer als der im Gesetz vom Sinai offenbarte, aber er ist neu gewichtet (vgl. Mt 22,34–40Par) und bestimmt die Christen von innen her. Kraft des Sühnetodes Jesu, des Glaubens und der Taufe sind sie in diesen Willen eingestiftet und mit dem Hl. Geist begabt. Ebenso wie Paulus sind sie ἔννομοι Χριστοῦ (1 Kor 9,21) und erfüllen das Gesetz Gottes in der Kraft des sie beseelenden Geistes Christi (vgl. Röm 8,9–14 mit Gal 2,20 und 1 Kor 13). Die vom νόμος τοῦ Χριστοῦ bzw. der ‚Ordnung des Geistes des Lebens in (durch) Christus Jesus‘ (Röm 8,2) bestimmten Glaubenden sind keine unter dem Gesetz stehenden Juden mehr, noch auch gesetzlose Frevler, sondern bilden Heiden und Juden gegenüber eine neue dritte Gruppe, die Χριστιανοί (vgl. 1 Kor 9,20–21 mit Apg 11,26).

6.2.3 Wie die verschiedenen Hinweise des Paulus auf das Vorbild Jesu (Phil 2,5–11; Röm 15,2–3.7) und die Anspielungen auf Lk 6,27–28 und Mt 5,44 in Röm 12,14 belegen, bezieht sich der Apostel bei seinen Ausführungen über den Willen Gottes auch auf die Lehre Jesu. Seine Rede vom νόμος τοῦ Χριστοῦ in Gal 6,2; 1 Kor 9,21 ist daher bewußt gesetzt und keine bloße rhetorische ad-hoc-Bildung. Paulus scheint sich an eine von den Jerusalemer Hellenisten geprägte Tradition anzuschließen, die dann auch in Barn 2,6 hervortritt (vgl. M. Hengel, Between Jesus and Paul, 1983, 151).

6.3 Gottes geistlicher Wille (Röm 7,14) tritt für Paulus erst in und mit Christus vollendet zutage. Um diese Erkenntnis des Apostels nicht abzuschwächen, sollte man nicht nur von einer dialektischen Betrachtungsweise des mosaischen Gesetzes bei Paulus sprechen, sondern biblisch-theologisch präziser von einander dialektisch zugeordneten Offenbarungsstufen des einen Willens Gottes, der vom Garten Eden über den Sinai bis hin zu Christus derselbe bleibt und in der ‚Tora des Christus‘ seine gültige Zusammenfassung erfahren hat.

§ 19 Welt, Mensch und Sünde

Literatur: H. R. Balz, Heilsvertrauen u. Welterfahrung, 1971; K.-A. Bauer, Leiblichkeit – d. Ende aller Werke Gottes, 1971; J. Becker, Paulus, 1989, 409 ff.; G. Bornkamm, Paulus, 1987⁶, 131–144; E. Brandenburger, Adam u. Christus, 1962; O. Betz-P. Schäfer, Artikel: Adam I/II, TRE I, 414–427; R. Bultmann, Römer 7 u. d.

Anthropologie d. Paulus, in: *ders.*, Exegetica, 1967, 198–209; *H.-J. Eckstein*, Der Begriff Syneidesis bei Paulus, 1983; *G. Eichholz*, Die Theologie d. Paulus im Umriß, 1991[7], 63–100; *W. Gutbrod*, Die paulinische Anthropologie, 1934; *T. Holtz*, Artikel: αἰών, EWNT I, 105–111; *R. Jewett*, Paul's Anthropological Terms, 1971; *W. Joest*, Paulus u. d. Luthersche Simul Iustus et Peccator, KuD 1, 1955, 269–320; *E. Käsemann*, Zur paulinischen Anthropologie, in: *ders.*, Paulinische Perspektiven, 1969, 9–60; *ders.*, Das theologische Problem d. Motivs vom Leibe Christi, a. a. O., 178–210; *K. Koch*, Gibt es ein Vergeltungsdogma im AT?, in: *ders.*, Spuren d. hebräischen Denkens, Ges. Aufs. I, 1991, 65–103; *W. G. Kümmel*, Römer 7 u. d. Bild d. Menschen im NT, 1974; *O. Kuß*, Paulus, 1971, 342 ff. 400 ff.; *E. Kutsch*, Das posse non peccare u. verwandte Formulierungen als Aussagen biblischer Theologie, ZThK 84, 1987, 267–278; *H. Merklein*, Studien zu Jesus u. Paulus, 1987, 1 ff. 376 ff.; *G. Röhser*, Metaphorik u. Personifikation d. Sünde, 1987; *U. Schnelle*, Ntl. Anthropologie, 1991; *E. Schweizer* (zusammen mit F. Baumgärtel und R. Meyer), Artikel: σάρξ κτλ., ThW VII, 98–151; *ders.* (zusammen mit F. Baumgärtel), Artikel: σῶμα, ThW VII, 1024–1091; *K. Stendahl*, Der Jude Paulus u. wir Heiden, 1978, 37 ff. 58 ff.; *N. Walter*, Gottes Zorn u. das „Harren d. Kreatur", in: Christus bezeugen, FS für W. Trilling zum 65. Geburtstag, hrsg. von K. Kertelge, T. Holtz u. C.-P. März, 1989, 218–226; *U. Wilckens*, Christus, der ‚letzte Adam' u. d. Menschensohn, in: Jesus u. der Menschensohn, FS für A. Vögtle zum 65. Geburtstag, hrsg. von R. Pesch u. R. Schnackenburg, 1975, 387–403.

Von der alttestamentlich-frühjüdischen Tradition her überschneiden sich in der paulinischen Gesetzestheologie Tora und Weisheit; sie faßt daher *das Ganze der Welt* in den Blick. Das dabei zutage tretende Bild von der Schöpfung, dem Menschen und der Sünde verhilft dazu, die scheinbar abstrakten Reflexionen des Apostels auf das Gesetz zu konkretisieren und den Hintergrund für die Evangeliumsverkündigung des Paulus zu erkennen. Der Apostel betrachtet die Welt, den Menschen und die Sünde vom Evangelium aus. Er zeichnet also keine wertneutrale Kosmologie und Anthropologie, sondern seine Darstellung ist aus der Betroffenheit des Glaubens an Christus heraus entworfen.

1. Eine vom Menschen losgelöste *Welt* kennt Paulus ebensowenig wie ein von der Welt losgelöstes Geschöpf Mensch. Beide gehören für Paulus zusammen und stellen sich seinem Blick vor allem als erlösungsbedürftig dar. Die vier Hauptausdrücke des Apostels für die (Menschen-)Welt sind ἡ κτίσις, ὁ κόσμος, τὰ πάντα und ὁ αἰών.

Κτίσις bezeichnet den Schöpfungsakt (Röm 1,20), den Menschen (2Kor 5,17; Gal 6,15), die Menschenwelt (Kol 1,23) und die dem Menschen gegenüberstehende Kreatur (Röm 1,25; 8,19–22.39). – Κόσμος steht bei Paulus für die den Menschen umgebende Welt (1Kor 3,22; 8,4; Gal 4,3), die ihn einschließende Welt (Röm 1,20; 1Kor 6,2) und nur die Menschenwelt (Röm 1,8; 3,19; 5,12f.; 1Kor 1,21; 2Kor 5,19 usw.). – Ebenso steht τὰ πάντα für das von Gott geschaffene All insgesamt (Röm 11,36 ; 1Kor 8,6; Kol 1,15–17) und für die Menschenwelt allein (Gal 3,22). – Ὁ αἰών steht bei Paulus für den Zeitraum und die zeitlich bestimmte Welt. Mit dem Frühjudentum spricht er von dem (negativ qualifizierten) αἰὼν οὗτος bzw. ἐνεστώς (Gal 1,4; 1Kor 2,6; 2Kor 4,4 u. a.); der (positiv qualifizierte) Komplementärbegriff αἰὼν μέλλων kommt nur in Eph 1,21 (und Hebr 6,5) vor.

2. Paulus bekennt mit dem Alten Testament und Frühjudentum Gott als den Schöpfer (1Kor 8,6) und sieht die Welt als *Gottes Schöpfung* an (Röm 1,20.25).

2.1 Seit Adams Fall ist sie unter die Gewalt der Sünde, des Todes und der Vergänglichkeit geraten; sie steht in der Gottesferne und unter dem Gericht Gottes.

Untrügliches Kennzeichen dieses kritischen Urteils über die Welt sind 1Kor 1,21 und Röm 1,19–25. Der Apostel führt hier jeweils aus, daß die Menschen (Heiden) die ihnen ursprünglich gebotene Möglichkeit, Gott aus den Werken der Schöpfung zu erkennen, verfehlt haben. Paulus verarbeitet an beiden Stellen Motive der frühjüdischen Weisheitstheologie (vgl. vor allem Weish 13,1–14,31). Anders als Lukas Paulus auf dem Areopag in Athen reden läßt (Apg 17,22–31), benutzt der Apostel in 1Kor 1,21 und Röm 1,19–25 den Topos von der durch Gottes Schöpferweisheit gestifteten Wohlordnung der Welt nicht als positiven Anknüpfungspunkt für seine Missionspredigt, sondern er setzt ihn kritisch ein, und zwar zum Aufweis der von den Menschen (Heiden) schuldhaft versäumten Möglichkeit der Gotteserkenntnis. Paulus leugnet damit den Schöpfungscharakter der Welt keineswegs, sondern betont unüberhörbar, daß die in der Welt allenthalben sichtbare chaotische Unordnung Folge der Sünde und des Gerichtes über die Menschen ist, die Gott ins Angesicht abgesagt haben. Die Folgen der Sünde zeigen sich sowohl in den das Zusammenleben der Menschen zersetzenden Lastern und asozialen Verhaltensweisen (Röm 1,24–31) sowie ihrer Unfähigkeit zur Erkenntnis des Guten, das Gottes Wille ist (1Kor 1,20–21; Röm 1,28), als auch an der Nichtigkeit, der die ganze menschliche und außermenschliche Schöpfung unterworfen ist (vgl. Röm 8,20), und an der bis zum Jüngsten Tage andauernden Herrschaft des Todes über die Welt (1Kor 15,26; Röm 5,14).

2.2 Im Zusammenhang der paulinischen Darstellung begegnet auch der (jüdische) Topos vom Verfall und Niedergang der Welt auf Grund der Sünde Adams.

Wenn Paulus in Röm 5,12–21 (und in 1Kor 15,26) von dem seit Adams παράβασις auf der Welt lastenden Todesgeschick schreibt und wenn er in Röm 8,20 darauf hinweist, die Welt sei von Gott ohne ihren Willen der Nichtigkeit unterworfen worden, bezieht er sich auf Gen 3,17–19. Die Gedankenführung des Apostels läßt sich aufs schönste aus frühjüdischen Texten heraus erläutern. In 4Esr heißt es z.B.: „(3,7) Du legtest ihm (= Adam) ein einziges Gebot von dir auf; er aber übertrat es. Alsbald verordnetest du über ihn den Tod, wie über seine Nachkommen"; 7,10–14 ergänzen dies: „... als aber Adam meine Gebote übertrat, ward die Schöpfung gerichtet. Da sind die Wege in diesem Äon schmal und traurig und mühselig geworden, elend und schlimm, voll von Gefahren und nahe an großen Nöten..."; in

7,65–66 werden schließlich die wilden Tiere und das vom Menschen domestizierte Vieh glücklich gepriesen, „weil sie kein Gericht zu erwarten (haben)" und „sie nichts von einer Pein, noch von einer Seligkeit (wissen), die ihnen nach dem Tode verheißen wäre". Im Gegensatz zu den unwissenden Tieren leben die Menschen in der ständigen Sorge und Angst, im Endgericht verworfen zu werden. Als rettender Ausweg wird ihnen in 8,46–61; 9,7–13; 13,22–24 die unbedingte Treue gegenüber der Tora empfohlen, weil Gott die Frommen, die „Werke haben und Glauben an den Allerhöchsten und Allmächtigen", bewahren wird (13,23). Solcher Rat zählt für den Apostel nicht mehr.

Nach Paulus kann und soll sich die Erlösungshoffnung der Sünder und der Schöpfung, die mit Adams Falls der Nichtigkeit verfallen ist (Röm 8,20), einzig auf Christus richten. Er hat durch seinen Gehorsam der Sünde Einhalt geboten und die Herrschaft der Gnade aufgerichtet (Röm 5,19.21). Als ‚Sohn Gottes in Macht' (Röm 1,4) und ‚Erstgeborener von den Toten' (Kol 1,18) wird er auch die Erlösung vom Todesgeschick, nach der sich die κτίσις mitsamt der Gemeinde Jesu Christi sehnt (Röm 8,19–23), heraufführen (1 Kor 15,25–26) und die der φθορά unterworfene Schöpfung an der „herrlichen Freiheit der Kinder Gottes" partizipieren lassen (Röm 8,21). Paulus denkt dabei an die künftige Erscheinung der von Christus angeführten und in die himmlische Lichtherrlichkeit verwandelten Heilsgemeinde aus Juden und Heiden (1 Thess 4,14–18; 1 Kor 15,50–57; Phil 3,20–21). Sie wird inmitten der erneuerten Schöpfung den Schöpfer loben dürfen (vgl. Röm 8,19–22 und 1 Kor 15,28 mit Apk 21,1–22,5).

A. *Schlatter* wollte κτίσις in Röm 8,19–21 nicht auf „die untermenschliche Kreatur", sondern höchstens auf die Schöpfung mit Einschluß der Menschen und am liebsten nur auf die Menschen allein beziehen (Gottes Gerechtigkeit, 1991[6], 269 f.). N. *Walter* hat kürzlich diese Position erneuert. Für ihn meint κτίσις in Röm 8,19–21 nur „die nicht vom Evangelium erreichte, nicht an Christus glaubende Menschheit (unter Absehung von den nicht gläubig gewordenen Juden und ihrer besonderen Problematik, die Paulus … in Röm 9–11 behandelt)" (Gottes Zorn und das „Harren der Kreatur", 220). Zur Begründung weist Walter darauf hin, daß κτίσις (nach rabbinischem Vorbild) auch in 2 Kor 5,17; Gal 6,15 (und Kol 1,23) nur auf die Menschen bezogen werde und daß die anthropologische Deutung besser zu dem Gedanken der Teilhabe an der herrlichen Freiheit der Kinder Gottes passe; am Zukunftsgeschick der außermenschlichen Schöpfung habe der Apostel nach 1 Kor 9,9 ebensowenig theologisches Interesse wie 4 Esr 7,65–66 (a. a. O., 221 f.). – Diese Auslegung wird sich kaum halten lassen: Da Paulus im Römerbrief κτίσις nirgends speziell mit den Menschen identifiziert (vgl. Röm 1,20.25; 8,19–22.39), widerspricht sie dem Kontext. Anders als die Juden spielen die vom Evangelium nicht erreichten Heiden in den Paulusbriefen nirgends eine Rolle. Walter bedenkt außerdem viel zu wenig, daß der Apostel in Röm 8,20 auf Gen 3,17–19 rekurriert. Dort ist ausdrücklich von der Verfluchung der Erde um Adams willen die Rede; die Folgen dieses Fluches werden in V.20 mit ματαιότης bezeichnet (vgl. zu diesem Stichwort Koh 1,2). Ebensowenig wird in Rechnung gestellt, daß die Schöpfungs- (und die Neuschöpfungs-)Mittlerschaft Christi das All (τὰ πάντα) umfaßt (1Kor 8,6; Kol 1,16.20) und den Christen nach Röm 8,32 mit Christus τὰ πάντα, d. h. Anteil an der Christusherrschaft über das All (vgl. 1Kor 6,2), geschenkt wird. Schließlich blendet Walter den apokalyptischen Erwartungshorizont aus, der Röm 8,18–30 (und 1Kor 15,23–28) mit Apk 20, 1–22,5; Jes 11,1–9;25,6–8 verbindet. Von diesen Parallelen her ist dann auch die Frage zu beantworten, wie der Apostel sich das Sein der erneuerten Schöpfung vorgestellt hat.

3. Die kritische Sicht von Schöpfung und Welt aus 1Kor 1,21 und Röm 1,19–25 darf nicht unter der Hand zum Ganzen der paulinischen Schöpfungslehre gemacht werden. Für den Apostel ist der gegenwärtig noch andauernde Äon zwar böse (Gal 1,4), aber die Welt liegt keineswegs pauschal im Argen! Die Heiden haben die natürliche Erkenntnis Gottes schuldhaft versäumt und sind von Gott zur Strafe mit einem zur Erkenntnis des Guten unfähigen νοῦς geschlagen worden (Röm 1,28); die Juden können das Gute zwar mittels des Gesetzes erkennen, sind aber unter der Herrschaft der Sünde zu schwach, es in die Tat umzusetzen (Röm 2,17–24; 7,18–24). Aber die an Christus glaubenden Χριστιανοί sind in einer anderen Lage als die ungläubigen Heiden und Juden. Sie haben die Gabe des Hl. Geist empfangen und sind, kraft ihrer in den Gehorsam Christi überführten und dadurch erneuerten Vernunft, zur Erkenntnis Christi und Gottes des Schöpfers sowie des Guten, (Gott) Wohlgefälligen und Vollkommenen befreit und befähigt (1Kor 2,10.16; 2Kor 10,3–6; Röm 12,1–2).

3.1 Wie 1Kor 1,28–30; 8,6 und der in der Schule des Paulus entstandene Hymnus aus Kol 1,15–20 zeigen, hat der Apostel seine Gemeinden ausdrücklich dazu angehalten, Christus als den Mittler der alten und neuen Schöpfung zu bekennen. Ihnen bleibt daher nicht nur die asketische Weltflucht (1Kor 7,29–31), sondern sie dürfen und sollen auch schon inmitten der vom Satan beherrschten (2Kor 4,4) und auf das Zorngericht zugehenden alten Welt(-Zeit) Gott als den Schöpfer und Christus als Schöpfungsmittler und Erlöser preisen. Sie bekennen (in ihren Gottesdiensten), daß der heilsame und Wohlordnung stiftende Schöpferwille Gottes die Welt in und durch Christus schon von Uranfang an bestimmt hat, und daß an ihm, der durch seinen gehorsamen Opfergang die Herrschaft der Sünde über die Welt zerbrach und von Gott zum Ebenbild seines wahren Wesens (1Kor 11,3; 2Kor 4,4; Kol 1,15) und πρωτότοκος ἐκ τῶν νεκρῶν gemacht wurde (Kol 1,18; Apk 3,14), sichtbar geworden ist, worauf Gottes Schöpfung zielt.

3.2 Nimmt man die kühne soteriologische Aussage von 2Kor 5,17 (vgl. mit Jes 43,18–19) noch hinzu, ergibt sich eine theologisch bemerkenswerte Perspektive: Paulus sieht mit dem apokalyptisch denkenden Frühjudentum die Welt sehr nüchtern und kritisch an, aber er kontrastiert diese Sicht durch ein christologisch verankertes Schöpfungsbekenntnis. *Die Gestalt dieser gegenwärtigen Welt vergeht (1Kor 7,31), aber sie ist von der uranfänglichen Schöp-*

fungsmittlerschaft Christi her dazu bestimmt, durch den Κύριος Ἰησοῦς Χριστός vom Tode befreit und verherrlicht zu werden (1 Kor 15,25–26.50–57; Röm 8,18–25). Die Christen sind es, die dies der Welt kundtun dürfen; in ihrem Schöpfungslob wird der ‚zukünftige Äon‘ schon Gegenwart.

> „Der ‚zukünftige Äon‘ ist als Zeit und Bereich der Herrschaft Gottes auch für jeden Juden immer schon existent, aber er ist nicht die Wirklichkeit dieser Welt. Für die Christen aber ist er schon Wirklichkeit im Wirken Jesu Christi geworden, obwohl sie zeitlich auch noch in ‚dieser Welt‘ leben, freilich am Ende dieses Äons 1 Kor 10,11 (vgl. TestLev 14,1)… .“ (T. Holtz, EWNT I, 110)

4. Die *paulinische Anthropologie* ist Teil der Schöpfungsaussagen des Apostels. Der Mensch ist nach Paulus das Geschöpf, das Gott die Sendung und Aufopferung seines eigenen Sohnes wert war; er ist dazu bestimmt, von Gott um Christi willen gerechtfertigt und verherrlicht zu werden.

4.1 Die Menschheit teilt sich für Paulus auf in *Juden und Heiden* (Gal 2,15; Röm 2,9–10). Er hat diese gut alttestamentlich-frühjüdische Sicht auch als Apostel Jesu Christi beibehalten, weil sie von Gott durch die Erwählung Israels zu seinem Eigentumsvolk gesetzt ist (vgl. Gal 2,15–16; Röm 3,1–2; 9,3–5; 11,1–2.28).

Die Unterscheidung ist für Paulus sogar endgeschichtlich relevant: Die von Gottes unverbrüchlichem Verheißungswort bestimmte (Heils-)Geschichte (Röm 9,6; 11,28–29; 15,8) kann und wird erst zu Ende kommen, wenn Jesus Christus (in Erfüllung der Heilsverheißungen Gottes für Israel) am Tage der Parusie als endzeitlicher Erlöser vom Zion her erscheinen und (auch) das bis dahin noch (mehrheitlich) verstockte Gottesvolk in ihm den verheißenen messianischen Erlöser erkennen wird, den Paulus schon vor Damaskus als solchen erkannt hat (Röm 11,25–32).

Der in der Erwählung begründete Unterschied zwischen Juden und Heiden wird dadurch überdeckt, daß *sie gleichermaßen von Adams Fall bestimmt und der Sünde verfallen* sind, und zwar die Juden, weil und obwohl sie das Gesetz kennen (Röm 2,17–24), und die gesetzlosen Heiden, weil und obwohl ihnen ihr Gewissen Vorhaltungen macht, die denen des Gesetzes analog sind (Röm 2,14–15). Rettung erwächst ihnen nur durch den Sohn Gottes, der durch seinen Leidensgehorsam und Sühnetod einen neuen Anfang für die Menschheit gesetzt hat und deshalb von Paulus (in Anlehnung an Gen 1,26–27; 2,7 und Mk 10,45Par) in 1 Kor 15,22.45 und Röm 5,12–21 der ‚letzte Adam‘ und neue ‚Mensch Jesus Christus‘ genannt wird.

4.2 Während Paulus von Welt und Schöpfung nur in generellen Texten spricht, sind seine Äußerungen über den Menschen ungewöhnlich detailliert und soteriologisch engagiert. Man kann deshalb im Anschluß an E. Käsemann *die paulinische Anthropologie als die Tiefendimension der paulinischen Theologie* bezeichnen.

Ein klassisches, auch wirkungsgeschichtlich hochbedeutsames Dokument dessen ist die (auf der Basis frühjüdischer Bußtexte wie Ps 51; Dan 9,4–19; 1QS 11,9–11; 4Esr 8,20–36) gestaltete Skizze von der ausweglosen Lage des adamitischen Ich unter der Herrschaft der Sünde in *Röm 7,7–25*, der Paulus in Röm 8 die Beschreibung der Situation der gerechtfertigten und auf die Enderlösung hoffenden Christen gegenüberstellt.

Die *anthropologische Begrifflichkeit des Apostels* ist besonders ausgearbeitet. Mit ihrer Hilfe kann Paulus von der menschlichen Verfallenheit an die Sünde und vom neuen Sein der Christen genauer als alle anderen Autoren des Neuen Testaments sprechen.

Den Forschungen *R. Bultmanns* ist die Erkenntnis zu verdanken, daß die anthropologischen Begriffe bei Paulus z.T. ganz ungriechisch „nicht eigentlich einen Teil, sondern den ganzen Menschen (bezeichnen), wenn auch jeweils unter wechselnden Aspekten" (G. Bornkamm, Paulus[6], 140). Die Richtigkeit dieser Feststellung wird z.B. durch den Wechsel von τὰ σώματα ὑμῶν in 1Kor 6,15 und ὑμεῖς in 1Kor 12,27 oder von τὸ σῶμα ὑμῶν, τὰ μέλη ὑμῶν, ἑαυτοί und ὑμεῖς in Röm 6,12–14 belegt. Die „Anthropologie des Alten Testaments" von H.W. Wolff (1990[5]) erlaubt es, die Wurzeln dieser Ausdrucksweise des Apostels im Alten Testament zu finden. *Paulus ist in seiner Anthropologie ein biblischer Denker.* Er erweist sich als solcher auch darin, daß er die anthropologischen Begriffe nicht in terminologischer Strenge, sondern aspektbezogen und entsprechend flexibel einsetzt.

4.2.1 *Der wichtigste anthropologische Begriff bei Paulus ist* τὸ σῶμα = Leib.

In 1Kor 15,39–49 bezeichnet σῶμα zwar die Körpersubstanz, aber aufgrund der überwiegenden Mehrzahl aller Stellen, an denen der Apostel τὸ σῶμα gebraucht, kann man (mit R. Bultmann) sagen: „... der Mensch *hat* nicht ein σῶμα, sondern er *ist* σῶμα." (Theologie d. NT, 1984[9], 195 [kursiv bei B.]).

Für das von E. Schweizer, ThW VII, 1043,9ff. zusammengestellte Stellenmaterial über den Gebrauch von σῶμα in der Septuaginta gilt Bultmanns Definition auch (vgl. nur Lev 19,28; Num 8,7; Hi 7,5; Dan 1,15 usw.). In der Septuaginta ist τὸ σῶμα Übersetzungswort von בָּשָׂר (Fleisch), שְׁאֵר (Leib, Fleisch und Blutsverwandter), גְּוִיָּה und גּוּפָה (Leib, menschlicher Körper) u.a. Ausdrücke; Paulus lehnt sich an diesen komplexen Sprachgebrauch an.

Zum σῶμα des Menschen gehören die Glieder (τὰ μέλη). Daher können in den Paulusbriefen τὰ μέλη und τὸ σῶμα miteinander abwechseln (vgl. 1Kor 6,15–17; 12,12–27; Röm 6,12–19; 12,4–5).

Der Apostel gebraucht τὸ σῶμα sowohl in Zusammenhängen, die von den Menschen ohne Glauben sprechen (z.B. Röm 1,24; 7,24), als auch in Aussagen über das Dasein der Glaubenden (1Kor 6, 12–16; Röm 12,1) und außerdem im Kontext der Auferstehungserwartung (1Kor 15,35–49; Röm 8,11; Phil 3,21).

4.2.1.1 Fragt man, wie τὸ σῶμα inhaltlich zu fassen ist, stößt man auf zwei unterschiedliche Akzentsetzungen: *R. Bultmann* hat definiert: „… der Mensch … heißt σῶμα, sofern er sich selbst zum Objekt seines Tuns machen kann oder sich selbst als Subjekt eines Geschehens, eines Erleidens erfährt. Er kann also σῶμα genannt werden, sofern er ein Verhältnis zu sich selbst hat" (a. a. O.,196). *E. Käsemann* bestreitet nicht, daß der Mensch bei Paulus als auf sich selbst reflektierendes Wesen beschrieben werden kann, aber die für Paulus charakteristische Sicht von σῶμα scheint ihm eine andere zu sein: „Gewöhnlich nimmt man selbstverständlich an, ‚Leib' umschreibe primär das menschliche ‚Selbst' als Person. Ich setze dem entgegen, damit sei <u>der Mensch als nicht isolierbare Existenz, nämlich in der Notwendigkeit und Wirklichkeit der Kommunikation in freundlichem und feindlichem Sinne</u> gemeint, als Wesen, das sich jeweils in einer vorgegebenen Welt und in der Abhängigkeit von Mächten und Gewalten befindet und dessen innewird" (Paulinische Perspektiven, 1969, 198). Die Sicht Käsemanns hat sich mittlerweile als die exegetisch angemessenere durchgesetzt, weil sie dem mehrschichtigen Gebrauch von σῶμα bei Paulus besser gerecht wird als Bultmanns Definition.

J. Becker hat gegen E. Käsemanns Definition von σῶμα eingewandt, sie habe „zeitgeschichtliche Wurzeln …, nämlich das Aufkommen sozialgeschichtlicher Fragestellungen in der Theologie der jüngsten Zeit", außerdem sei sie noch zu unspezifisch, denn „nicht Kommunikation überhaupt ist des Paulus Sache, sondern der Stand des Menschen vor Gott ist sein Thema" (Paulus, 1989, 408). Beide Einwände werden gegenstandslos, wenn man beachtet, daß Käsemanns Sicht von σῶμα längst vor der von Becker genannten theologischen Entwicklung ausgebildet worden ist. Seit seiner 1933 erschienenen Dissertation über „Leib u. Leib Christi" ist es Käsemann darum gegangen, die paulinische Sicht vom Menschen in der Welt im Gegenüber zu Gott, den Mächten und den Menschen exegetisch angemessener zu beschreiben, als dies von R. Bultmanns Definition her möglich war bzw. ist. Die Ergebnisse seiner Untersuchungen hat Käsemann dann vor allem ekklesiologisch (und nicht sozialkritisch) ausgewertet (vgl. seine Definition von ‚Leib Christi' in: Paulinische Perspektiven, 1969, 204).

4.2.1.2 Der Mensch ist nach Paulus als σῶμα in die Welt gestellt und hier seit Adams Fall an die Sünde und ihren ‚Stachel', den Tod (1 Kor 15,56), ausgeliefert. Aus dieser Herrschaft wird er von Christus befreit und in den Dienst an der Gerechtigkeit, die Gottes Wille ist, gestellt (Röm 6,1–23; vgl. auch 1 Kor 6,12–17). Der Mensch begegnet seinen Mitmenschen leiblich als Mann und Frau (1 Kor 7,4). Er ist Heimsuchungen und Krankheiten ausgesetzt (Gal 6,17; 2 Kor 4,7–12) und sehnt sich nach der Erlösung des Leibes von diesen Übeln (Röm 8,23). Als σῶμα schließlich steht er vor Gott und ist dazu bestimmt, sein ganzes leibliches Sein dem Lob und Dienst Gottes zu weihen (1 Kor 6,18–20; 9,24–27; Röm 6,12–14; 12,1–2). Wenn Paulus von der leiblichen Auferweckung Jesu und der Toten spricht (1 Kor 15,20–22.35–49;

Röm 6,5–8; Phil 3,20–21), geht es ihm darum, daß das geschöpfliche Dasein des Menschen seine endzeitliche Erfüllung finden soll in der Anbetung Gottes in der vom Tode befreiten und verwandelten Schöpfung.

4.2.2 *Der Begriff* ἡ σάρξ = Fleisch gehört bei Paulus eng mit σῶμα zusammen. Auch er hat alttestamentlich-jüdische Wurzeln.

Der semitische Ausdruck für σάρξ ist בָּשָׂר. Es meint im Alten Testament sowohl die Fleischessubstanz von Mensch und Tier (Lev 26,29; Jes 22,13) als auch den Menschen in seiner irdischen Kreatürlichkeit und Hinfälligkeit vor (und im Unterschied zu) Gott (vgl. z. B. Dt 5,26; Ps 56,5; 78,38–39; Hi 34,14–15 und H. W. Wolff, a. a. O., 49 ff.).

Paulus bezeichnet mit σάρξ zwar auch die Fleischessubstanz von Mensch und Tieren (1Kor 15,39), aber vor allem *den Menschen als irdisches Geschöpf vor Gott,* und zwar sowohl in der Auflehnung gegen den Schöpfer (Gal 5,13; Röm 7,18.25), als auch in seiner vergänglichen Geschöpflichkeit vor ihm (2Kor 10,3; 12,7; Phil 1, 22–24).

Πᾶσα σάρξ in 1Kor 1,29; Gal 2,16 und Röm 3,20 meint – gut alttestamentlich – alle lebendigen Menschen; in der Sintflutgeschichte (Gen 6–9) ist der Ausdruck stereotyp, kommt aber auch sonst oft vor. Der Apostel kann dafür auch σάρξ καὶ αἷμα sagen (Gal 1,16; 1Kor 15,50). ‚Fleisch und Blut' ist in Sir 14,18; 17,31, bei Philo (Her 57) und im Rabbinat (בָּשָׂר וָדָם) stehender Ausdruck für den (die) vergänglichen (und bösen) Menschen. Daß sich σάρξ und σῶμα bei Paulus z. T. überschneiden (vgl. Röm 8,9–10), wird verständlich, wenn man bedenkt, daß beide Worte in der Septuaginta für בָּשָׂר stehen können (s. o.).

Paulus versteht unter σάρξ nicht nur den (die) Menschen als irdische Kreatur(en), sondern auch die das menschliche Leben insgesamt bestimmende *Seins- und Lebensweise.* Auf diese Weise kann σάρξ zum Inbegriff der Auflehnung des (der) Menschen gegen Gott (und sein Werk in Christus) werden (vgl. Gal 6,7–8; Röm 8,7). Κατὰ σάρκα leben und denken, hat daher oft die negative Bedeutung von Gott-zuwider-leben (vgl. z. B. 2Kor 10,2; Röm 8,4–5), obwohl die Wendung auch einfach die irdisch-vorfindliche Seinsweise und Herkunft bezeichnen kann (vgl. Gal 4,29; 1Kor 1,26; 10,18; Röm 1,3; 9,5). Um auszudrücken, wo und wie sich die Gott mißfallende Existenz der Sünder abspielt, setzt Paulus in Röm 7,5; 8,8.9 u. ö. statt κατὰ σάρκα die Wendung ἐν σαρκί ein; mit ihrer Hilfe kann er allerdings in 2Kor 4,11; 10,3; Phil 1,22 aber auch das irdische Leben des Gott gehorsamen und für das Evangelium leidenden Glaubenszeugen charakterisieren.

Wie pointiert und zugleich differenziert Paulus mit Hilfe seiner anthropologischen Terminologie vom menschlichen Wandel sprechen kann, zeigt besonders schön 2Kor 10,2–6. Der Apostel muß sich hier mit gegnerischen Vorwürfen auseinandersetzen und beschreibt sich (im Anschluß an Prov 21,22) als im Dienst Christi stehenden Weisheitslehrer: „(2) Ich bitte euch, daß ihr mich nicht zwingt, bei meinem Kommen so mutig und entschlossen aufzutreten, wie ich gegen einige vorzugehen gedenke, die von uns meinen, wir wandelten nach dem Fleisch (κατὰ σάρκα). (3) Denn wir wandeln zwar im Fleisch (ἐν σαρκί), aber wir kämpfen nicht auf fleischliche Weise (κατὰ σάρκα). (4) Denn die Waffen unseres Kampfes sind nicht fleischlich (σαρκικά), sondern mächtig durch Gott (δυνατὰ τῷ θεῷ) zur Zerstörung von Bollwerken: Wir zerstören damit Vernünfteleien (5) und alles Hochragende, das sich erhebt gegen die Erkenntnis Gottes, und nehmen alles Denken gefangen in den Gehorsam gegenüber Christus; (6) so sind wir bereit, allen Ungehorsam zu strafen, sobald ihr wirklich gehorsam geworden seid" (Übersetzung nach F. Lang, Die Briefe an d.Korinther, 1986, 328).

Von der *Auferstehung des Fleisches* spricht der Apostel nie; der Ausdruck begegnet im vollen Wortlaut erstmals bei Justin, Dial 80,5, und gehört zu einer anderen Auferstehungsanschauung, als sie bei Paulus vorherrscht. Während für ihn die Auferweckung (und Verwandlung) der σώματα vor allem ein christliches Hoffnungsgut ist, geht es bei der ἀνάστασις τῆς σαρκός um die doppelte Auferstehung aller Toten einerseits zum Vernichtungsgericht und andererseits zur Begnadigung und Verherrlichung (vgl. Dan 12,2; syrBar 50 + 51; Joh 5,28–29; Apk 20,12–14).

4.2.3 Anthropologischer Komplementärbegriff zu σάρξ ist τὸ πνεῦμα. Das Wort meint die dem Menschen von Gott verliehene *Lebenskraft* (vgl. z.B. 1 Thess 5,23; 1 Kor 7,34; 2 Kor 7,1; Röm 1,9; 8,15) und ist ψυχή eng verwandt (s.u.).

Πνεῦμα kann aber auch die den Menschen ergreifende heilige Kraft Gottes (und seines Christus), den *Heiligen Geist* (bzw. den Geist Christi), meinen (Gal 4,6; 1 Kor 2,12; 3,16; 12,4–11; 2 Kor 1,22; Röm 8,15–16 u.ö.) und dann in Opposition zu σάρξ treten (vgl. Gal 5,16–25; 6,8; Röm 8,6–9 u.a.). Das Leben κατὰ πνεῦμα ist im Unterschied zum Wandel κατὰ σάρκα ein Leben aus der Kraft und nach dem Willen Gottes und seines Christus (Röm 8,4–6). Deshalb kann der Apostel statt κατὰ πνεῦμα gelegentlich auch κατὰ κύριον sagen (2 Kor 11,17).

Das Bestimmtsein vom Geist Gottes und seines Christus bedeutet weder für den einzelnen Glaubenden noch die Gemeinde Christi insgesamt, daß sie der irdischen Existenz auf Erden schon enthoben wären. Sie müssen ihr Leben in irdischer Kreatürlichkeit vor Gott weiterführen bis zu ihrem physischen Tode oder zur Parusie und können nur erst auf ihre (leibliche) Auferweckung oder Seinsverwandlung in die Unsterblichkeit und das sich anschließende ewige Leben in der Gemeinschaft mit dem erhöhten Christus hoffen (vgl. 1 Thess 4,13–18; 1 Kor 15, 50–51; 2 Kor 5,1–10).

4.2.4 Paulus spricht in seinen Briefen mehrfach vom *Gewissen* des Menschen (ἡ συνείδησις). Das Wort kommt in der Septuaginta erst in den Weisheitsbüchern vor (vgl. Koh 10,20; Sir 42,18 v.l. und Weish 17,10), während im hebräischen (und aramäischen) Alten Testament ein genaues begriffliches Äquivalent noch fehlt. Dafür hat συνείδησις in der griechischen (und conscientia in der lateinischen) Literatur eine bereits im 5. Jh. v.Chr. einsetzende (Sprach-)Geschichte. Mit der Aufnahme des Wortes συνείδησις erweist sich

Paulus als hellenistischer Jude bzw. Judenchrist. Das Lexem bezeichnet bei ihm die kritische ‚Instanz‘ des menschlichen Wissens um Gut und Böse oder moderner ausgedrückt: das kritische Verantwortungsbewußtsein des Menschen (1Kor 8,7–12; 10,25–29; Röm 2,15; 9,1; 13,5).

4.2.5 Andere anthropologische Begriffe bei Paulus sind folgende:

4.2.5.1 Ἡ ψυχή entspricht dem alttestamentlichen נֶפֶשׁ und meint den Menschen in seiner (ihm von Gott verliehenen) kreatürlichen Lebendigkeit und seinen emotionalen Regungen (vgl. 1Thess 2,8; 2Kor 1,23; 12,15; Röm 2,9; 13,1; 16,4).

4.2.5.2 Ὁ νοῦς und τὸ νόημα meinen den kritisch abwägenden Verstand, die Vernunft des Menschen. Sie kann verblendet (2Kor 4,4; Röm 1,28) oder zu schwach sein, dem Willen Gottes zu folgen (Röm 7,23.25), sie kann aber auch in den Dienst Christi gestellt werden (2Kor 10,5) und ist dann zur Erkenntnis des Guten (Röm 12,2) und einem entsprechenden Wandel fähig (1Kor 14,14–19).

4.2.5.3 Ἡ καρδία bezeichnet bei Paulus wie im Alten Testament das Herz als Personzentrum des Menschen bzw. den Menschen als Person. Die καρδία gibt den Menschen vor Gott, ‚der die Herzen erforscht‘, unverhüllt zu erkennen (1Thess 2,4; 1Kor 4,5; Röm 8, 27) und ist Sitz des Willens (1Kor 4,5; 2Kor 8,16) sowie der Gemütsregungen (2Kor 2,4; 6,11; Phil 1,7; Röm 9,2). Lebt der Mensch im Unglauben, ist seine καρδία uneinsichtig und voller Begierden (Röm 1,21.24), verhärtet und unbußfertig (Röm 2,5), während sie bei den Glaubenden vom Hl.Geist und der Liebe zu Gott erfüllt (Gal 4,6; 2Kor 1,22; Röm 5,5) und Ort des Glaubens ist (Röm 6,17; 10,9–10).

Mit Hilfe aller genannten anthropologischen Termini kann Paulus sehr viel genauer als andere neutestamentliche Autoren vom Menschen als dem besonderen Geschöpf Gottes sprechen, das erst durch die Befreiung von der Macht der Sünde zu seiner wahren geschöpflichen Bestimmung gelangt.

5. *Der paulinische Begriff von der Sünde ist für das Verständnis seiner Theologie grundlegend.* Die besondere Reflexion des Apostels auf Phänomen und Begriff der Sünde hat eine dreifache Wurzel: (1) Paulus hatte den schon im Frühjudentum intensiv durchdachten biblischen Erzählungszusammenhang von Adams Fall, Gen 3,1–24, (und andere von der Sünde handelnden Texte wie Ps 51 [vgl. Röm 3,4]) vor Augen. (2) Die Tora galt dem Apostel ebenso wie dem Frühjudentum als Maßstab des Endgerichts (Röm 2,12–13); nach Röm 5,13.20 macht sie die Sünde als Übertretung des Willens Gottes erst eigentlich erkennbar und justiziabel. (3) Vor allem aber hat Paulus an sich selbst erfahren, daß sogar der heilige Eifer für das Gesetz (der nach Gal 1,14 ihn selbst und nach Röm 10,2 die Juden allgemein auszeichnet[e]), Auflehnung gegen Gottes Heilswerk in Christus sein kann.

Sünde ist darum für den Apostel noch wesentlich mehr als nur Gebotsübertretung; er spricht von ihr nicht mehr nur als Pharisäer, sondern als Apostel Jesu Christi. Paulus hat aus eigener Erfahrung und den biblischen Texten heraus erkannt, daß die Sünde überindividuellen Machtcharakter hat, und er war kühn genug, dies auch noch zu formulieren: *Sünde ist nach den Paulusbriefen das von Adam wissentlich eingegangene und seit seiner παράβασις von allen Menschen willentlich übernommene Geschick, den Willen Gottes zu mißachten und ihr Leben eigenmächtig in der Gottferne zu führen; Sünde ist Schuld und Schicksal zugleich, und zwar mit unverkennbaren und unheilvollen Tatfolgen.*

In Anlehnung an die ihm vorgegebene Gemeindetradition kann der Apostel Einzelverstöße gegen den Willen Gottes αἱ ἁμαρτίαι (1Thess 2,16; Gal 1,4; 1Kor 15,3), τὰ ἁμαρτήματα (Röm 3,25), τὰ παραπτώματα (2Kor 5,19; Röm 4,25) oder auch αἱ παραβάσεις (Gal 3,19; Röm 2,23; 4,15) nennen. *Die für Paulus eigentlich charakteristische Redeweise von Sünde aber ist der metaphorische Gebrauch von ἡ ἁμαρτία im Singular, d.h. die Personifikation der Sünde als Macht* (vgl. Gal 3,22 und durchgängig Röm 5,12–8,10).

5.1 Um den Tatbestand und Sachverhalt der Sünde zu verdeutlichen, greift Paulus wiederholt auf die biblische Erzählung vom Sündenfall (παράπτωμα) Adams zurück (vgl. vor allem Röm 5,12–21; 7,7–25; 8,20). Dabei handelt es sich um einen ätiologischen Rückgriff: Die urzeitliche ‚Sage‘ macht begreiflich und aussagbar, was gegenwärtig begegnet, nämlich die Herrschaft des Todes über alle Kreatur und die faktische Ferne von Heiden und Juden zu dem sich in Christus offenbarenden Gott.

5.1.1 Röm 5,12–21 explizieren an der Gebotsübertretung (παράβασις) Adams, daß Sünde nicht nur die bewußte Tat des einzelnen Menschen, sondern zugleich ein überindividuelles Schuldverhängnis ist. Grammatisch bildet der Eingangssatz des Abschnitts ein Anakoluth, das erst in V.18–21 zu Ende geführt wird: „(12) Deshalb: Wie durch einen Menschen die Sünde in die Welt hineingekommen ist und durch die Sünde der Tod und so der Tod zu allen Menschen gelangte, weil sie alle sündigten – (13) Bis hin zum Gesetz nämlich war die Sünde schon in der Welt, Sünde wird aber nicht angerechnet, wenn kein Gesetz da ist.(14) Aber der Tod herrschte von Adam bis zu Mose auch über die, die nicht gesündigt haben nach dem Abbild der (Gebots-) Übertretung Adams, der das (Gegen-)Bild des Kommenden ist …“ Paulus spricht hier (von Gen 3,14–18 her) mit der frühjüdischen Tradition (4 Esra 3,7 u.a.) davon, daß der Tod als Folge der Sünde in die Welt kam. Er bestimmt alle Menschen, weil alle an der Sünde Anteil haben, indem sie das Gebot Gottes bewußt übertreten haben (wie Adam, die nach syrBar 57,2 bereits vor der Sinaioffenbarung mit dem Gesetz vertrauten Erzväter und die Israeliten seit Offenbarung der Tora am Sinai) oder indem sie, ohne das Gesetz zu haben oder zu kennen, faktisch gegen Gottes Willen verstoßen haben (wie z.B. die Sintflutgeneration und die Heiden).

5.1.2 Trotz dieser komplexen Sicht von Sünde und Tod *spricht Paulus in Röm 5,12–21 noch nicht von Erbsünde und Erbtod*. Die Rede davon taucht erst tastend bei den griechischen Kirchenvätern von Irenäus an auf und wird bei den Lateinern vom 4. Jh. an fester Bestandteil der Exegese von Röm 5,12–21. In der lateinischen Bibel war das paulinische ἐφ᾿ ᾧ πάντες ἥμαρτον (= weil sie alle sündigten) mit „in quo omnes peccaverunt" übersetzt worden. Augustin hat diese vier Worte in der Auseinandersetzung mit Pelagius, der die Erbsünde massiv bestritt, relativisch auf Adam bezogen und gefolgert, daß alle Menschen in Adam gesündigt hätten und die Sünde von ihnen durch Geburt ererbt werde (vgl. Contra duas Epistolas Pelagianorum IV 4,7). Dieses Verständnis von Röm 5,12 blieb so lange gültig, bis man in der Zeit des Humanismus wieder auf den griechischen Urtext des Neuen Testaments zurückgriff und erkannte, daß sich Augustins Interpretation grammatisch nicht halten ließ. Mittlerweile aber war die Lehre von Erbsünde und Erbtod bereits zum kirchlichen Dogma aufgerückt. Sie ist sowohl in die Confessio Augustana (Artikel 2: „Von der Erbsünde") als auch in den Heidelberger Katechismus (Fragen 7–10) aufgenommen worden, wird aber von Paulus noch nicht vertreten. Der Apostel spricht nirgends von einer Vererbung von Sünde und Tod, sondern nur erst von einem alle Menschen seit Adam schuldhaft überkommenen Sündenverhängnis.

5.1.3 Es ist von dieser Sicht der Dinge her konsequent, wenn Paulus in Röm 5,21 metaphorisch davon spricht, daß die Sünde alle Menschen mittels des Todes beherrscht, und sie in Gal 3,22; Röm 6,16.20; 7,14 als Sklavenhaltermacht beschreibt, an die alle verkauft sind. Anders als gewichtige frühjüdische Zeugnisse (vgl. Sir 15,14–15; Weish 10,1; PsSal 9,4–5; 4Esra 9,7; syrBar 85,3–4; mAv 3,14–15) war Paulus seit der Kehre seines Lebens vor Damaskus nicht mehr der Meinung, daß den Menschen nach Adams Fall noch der freie Wille und genügend Kraft gegeben sei, um der Sünde durch Umkehr und gehorsame Erfüllung der Tora zu entgehen. *Sünde ist nach paulinischer Glaubenseinsicht ein Schicksals- und Tatzusammenhang, aus dem nur Christus befreien kann, weil nur er die Herrschaft der Sünde überwunden hat (Röm 5,15–21; 8,3–4).*

In Röm 7,7–25 macht der Apostel am Fall Adams deutlich, daß und wie die Sünde den Menschen mittels des Gebotes unentrinnbar in ihren Bann schlägt, so daß er die Möglichkeit und Kraft verliert, seine verlorene Gerechtigkeit vor Gott wiederzugewinnen. Da Paulus die eine ἐντολή Gottes von Gen 2,15–17 mit der Tora im Ganzen identifiziert (s.o. S. 258), kann er als Musterbeispiel des von Adam übertretenen Gesetzes das οὐκ ἐπιθυμήσεις aus Ex 20,17 (Dt 5,21), d.h. den Beginn des (neunten und) zehnten Gebots, zitieren. Das letzte Gebot steht dabei als Zusammenfassung des ganzen Dekalogs. Dementsprechend meint die als ἐπιθυμία in Erscheinung tretende Sünde nicht nur die sexuelle Gier allein, sondern *das Gott widerstrebende Trachten nach dem ewigen Leben (Gen 3,22) und allen im (neunten und) zehnten Gebot genannten Gütern.*

5.2 Ausdruck der Verfallenheit an die Sünde sind nach Paulus die *Nichtigkeit* und das *Todesgeschick*, das seit Adams Fall über alle Kreatur gekommen ist (vgl. 1Kor 15,26.56; Röm 5,12–21; 8, 20). Sie sind *Vorzeichen des Zorngerichts* (Ps 90,9.11; Jes 66,15–17), das der Apostel in Bälde über die ganze Welt kommen sieht (vgl. 2Kor 5,10; Röm 2,16; 14,10 mit Dan 7,26–27; 12,2–3; äthHen 91, 11–14).

Die Vorzeichen dieses Gerichts denkt der Apostel in Röm 1,18–32 von dem besonders für die alttestamentlich-frühjüdische Weisheitstheologie charakteristischen *Tat-Folge-Zusammenhang* her (vgl. Prov 26,27; Ps 7,13–17; 38,5; 40,13): Gott hat die Heiden bereits an die Folgen ihrer Gottlosigkeit preisgegeben, so daß sie sich in Erfüllung ihrer Begierden gegenseitig schänden und im Ausleben von Lastern sozial schädigen und ruinieren (müssen). Das dreifache παρέδωκεν αὐτοὺς ὁ θεός (Röm 1,24.26.28) belegt, daß Paulus in dem Tun-Ergehen-Zusammenhang nicht einfach ein automatisch wirksames Seinsgesetz sieht, sondern die von Gott in Kraft gesetzte Folgewirkung der Sünde. Die ἁμαρτία erscheint in Röm 1,18–32 (und z.B. auch in Gal 6,7–8; 1Kor 11,29–30 und Röm 6,20–23; 7,5) als „Inbegriff menschlicher Tatverfehlungen, die mit vernichtender Gewalt auf den Menschen zurückschlagen" (G. Röhser, Metaphorik u. Personifikation d. Sünde, 1987, 177).

5.3 Die Sünder stehen Gott, dem Richter, als *Feinde* (ἐχθροί) gegenüber (vgl. Röm 5,10 mit Ps 37,20; 68,22; 74,18; 92,10 u.a.), und das Trachten des von der Sünde beherrschten Fleisches ist Feindschaft gegen Gott schlechthin (Röm 8,7). Die Sünde bringt nicht nur ins Gericht, sondern sie macht die Sünder dort auch zu Prozeßgegnern Gottes. Sofern Christus die gegen die Sünder im Gericht vorgebrachte Anklage nicht durch seine Fürsprache gegenstandslos macht (Röm 8,33–34), werden die Sünder des Todes schuldig befunden und erfahren das ewige Vernichtungsgericht (vgl. Apk 20,14–15). In ihm besteht der schreckliche ,Sold', mit dem die Sünde ihre Sklaven entlohnt (Röm 6,23).

Sublime subjektive Gestalt gewinnt die Sünde dort, wo Heiden oder Juden sich vor Gott mit dem Ziel *rühmen*, von sich aus Anerkennung im Gericht zu erlangen (1Kor 1,29; Röm 3,27). Solche καύχησις (Röm 3,27) oder solches καύχημα (1 Kor 5,6; Röm 4,2) kann sich – wie Paulus aus eigener Erfahrung weiß – auf die Tora (Röm 2,23) und ,Werke des Gesetzes' (vgl. Phil 3,5–6 mit Röm 4,2) gründen, es kann seinen Grund aber auch in überlegener Weisheit (1Kor 1,18–19.27; 2Kor 10,4–5) und Anmaßungen des Fleisches haben (2Kor 11,18). Rühmen soll man sich nach Paulus nur des Herrn (1Kor 1,30–31; 3, 21–23; 2Kor 10,17; Phil 3,3f.) und dessen, was der Κύριος Ἰησοῦς in den und durch die Glaubenden auf Erden wirkt (2Kor 12,5–9, Röm 5,2.3.11; 15,17).

5.4 Wenn Paulus von der Sünde und den Sündern spricht, hat er vornehmlich die noch unbekehrten Heiden und Juden im Blick (vgl. Gal 2,15; 1Kor 6,9–10; Röm 1,18–3,20). Was ihn selbst und die Christen anbetrifft, spricht er von ihrer rettungslosen Verfallenheit an die Sünde nur im Blick auf die Zeit des Unglaubens (vgl. 1Kor 15,9–10; Phil 3,4–6; 1Kor 6,9–11). Das Phänomen und Problem der *Christensünde* tritt in den Paulusbriefen noch nicht in der Schärfe hervor, die es z. B. in 1Joh 1,8–9; 3,19–20; 5,16–17 und in der Geschichte der Kirche gewonnen hat.

5.4.1 Wie z. B. 1Kor 5,1–13; 6,1–8; 11,27–31 zeigen, kannte Paulus das Problem der Christensünde durchaus, und alle drei Texte dokumentieren, daß er der Sünde auch in der und für die Gemeinde tödliches Gewicht beigemessen hat. Das Vorgehen und den Standpunkt seiner (juden-)christlichen Gegner hält er vollends für gerichtswürdig und belegt sie selbst mit dem Anathema (Gal 1,8; 2Kor 11,13–15; Röm 3,8; Phil 3,18–19). Gleichwohl hat Paulus noch nicht im Stil des 1Johannesbriefes von den Verfehlungen der Christen gesprochen, und auch in Röm 7,7–25 + 8,1–17 noch kein bis zum Tode unaufhebbares Zugleich von Sünde und Gerechtigkeit im Leben der Christen vor Augen gehabt.

Luther hat Röm 7,7–25 (z. B. in der „Vorrede auf die Epistel S. Pauli an die Römer" im ,Septembertestament' von 1522) als Selbstbekenntnis des Paulus gedeutet und deshalb in dem Text einen paulinischen Beleg für seine Anschauung von dem irdisch unaufhebbaren ,Simul peccator et iustus' der christlichen Existenz gesehen. Von J. D. G. Dunn (Romans 1–8, 1988, 374ff.) und A. F. Segal (Paul the Convert, 1990, 224ff.) werden die Verse ähnlich verstanden. Die Textstruktur von Röm 7 und 8 läßt aber klar erkennen, daß diese Auffassung unhaltbar ist: Paulus gibt in Röm 7,5–6 die Thematik von Röm 7,7–8,17 an, und dann erläutert er 7,5 durch 7,7–25 und 7,6 durch 8,1–17. Das ἡμεῖς in 7,5–6 zeigt außerdem, daß es in Röm 7,7–25 und 8,1–17 nicht um eine spezielle Lebensbeichte des Apostels geht (der sich nach Phil 3,5–6 vor seiner Berufung für einen tadelsfreien Gerechten vor Gott gehalten hat!), sondern um eine Darstellung, die *jeden* Christen (mit Einschluß des Paulus) betrifft. Röm 7,7–25 handeln von dem noch nicht zum Glauben gelangten adamitischen Ich, dessen verzweifelter Zustand erst dem glaubenden Christen voll bewußt wird und bleibt. Ebenso klar wie Röm 7,5 und 7,6 durch ὅτε und νυνὶ δέ voneinander unterschieden werden, sind auch Röm 7,7–25 und 8,1–17 voneinander abzuheben, denn das νυνὶ δέ von 7,6 wird im νῦν von 8,1 wiederaufgenommen. Röm 7,7–8,17 beschreiben demnach keine dauernde christliche Existenzdialektik, sondern das *Nacheinander* von vorgläubiger und gläubiger Existenz jedes Christen.

5.4.2 Aus Gal 3,26–28; 4,4–6; 1Kor 6,11; 12,13; 2Kor 5,17 und Röm 8,3–4 ergibt sich, daß Paulus *die durch Glaube und Taufe unter die Herrschaft Christi gestellten Christen in einer grundsätzlich anderen Position vor Gott sieht als die Ungläubigen.* Sie leben zwar noch im Widerstreit von Fleisch und Geist und sie sind dementsprechend versuchlich, schwach und angefochten. Aber Sünde und Tod haben über sie keine Macht mehr (Röm 6, 9.14), und um der Fürsprache Christi willen stehen sie bis ins Endgericht hinein anders dar als die ungläubigen ἁμαρτωλοί (vgl. 1Kor 3,15; 5,5; Röm 8,31–39). So mächtig und gewichtig für den Apostel die Sünde ist, so entschieden erklärt er sie durch Christus für überwunden und hält auch die in und durch Christus neu gewordenen Christen für fähig, sich aus der Kraft des Hl.Geistes heraus der Versuchung zu sündigen zu erwehren (Röm 8,9–13; Phil 2,12–13).

Paulus kannte den 51. (Buß-)Psalm sehr wohl (vgl. Röm 3,4), aber die Frage der Sünde stellt sich für ihn noch anders als für Luther, der während seiner Klosterzeit gehalten war, den 51. Psalm täglich siebenmal in den Horen-Gebeten zu beten (vgl. O. Bayer, Aus Glauben leben, 1990², 80). Der Apostel dachte im Horizont von Röm 8,1–17. Im Rückblick auf die nur dank der Sendung und des Sühnetodes Jesu überwundene Situation tödlicher Gefährdung durch die Sünde (Röm 7,7–24) dankt Paulus Gott durch Jesus Christus, betont, daß es keine Verurteilung mehr für die in und durch Christus Lebenden gibt, und spricht von der Befreiung durch das Gesetz des Geistes des Lebens in (durch) Christus Jesus (7,25–8,2). Der (Rück-) Blick auf die überwundene Lebenssituation unter der Macht der Sünde läßt nach Paulus jeden Christen seine eigene Gefährdung und die Größe der Befreiungstat Christi erkennen, aber sie schmälert den christlichen Gehorsamsauftrag keineswegs (vgl. Röm 8,3–17). In Hinsicht auf die Fähigkeit der Christen zur Erkenntnis und zum Tun des Guten äußert sich Paulus in Röm 8,4; 12,1–2 und z.B. Phil 2,12–16 ausgesprochen positiv. Der Unterschied des Apostels zu Luther wird besonders daran deutlich, daß er sich selbst zwar wegen seiner Verfolgertätigkeit für einen des Todesgerichts schuldigen und wider alles Erwarten zur Verkündigung des Evangeliums begnadigten Sünder hielt (1Kor 9,16; 2Kor 2,14–16), aber überzeugt war, seit seiner Berufung zum Apostel aus der Kraft des Hl.Geistes heraus von Tatsünden frei geblieben zu sein (vgl. Gal 2,19–21; 1Kor 4,3–4; 9,15–18; 15,10; Röm 15,17; Phil 3,12–16; 4,13). Nur aus dieser Selbsteinschätzung heraus konnte er die Christen in Korinth (1Kor 4,16; 11,1) und Philippi (Phil 3,17) aufrufen, seine μιμηταί, d.h. seine Nachahmer, zu werden. Daß sie bei dieser μίμησις (Nachahmung) einen asketischen Kampf um ein vor Gott untadeliges Leben und darum würden führen müssen, ihr Heil nicht zu verlieren, hat er in beiden Gemeinden nicht verschwiegen (vgl. 1Kor 5,6–8; 6,18–20; 7,8.29–32; Phil 2,12–16; 3,12–21).

§ 20 Christus – das Ende des Gesetzes

Literatur: J. Blank, Paulus u. Jesus, 1968; O. Betz, Jesus – Der Herr der Kirche, Aufs. zur bibl. Theologie II, 1990, 114–128; J. Becker, Paulus, 1989, 119ff.423ff.; *ders.*, Die ntl. Rede vom Sühnetod Jesu, in: Die Heilsbedeutung d. Kreuzes für Glaube u. Hoffnung des Christen, BZThK 8, 1990, 29–49; C. Breytenbach, Versöhnung, 1989 (vgl. dazu die Besprechungen von O. Hofius in ThLZ 115, 1990, 741–745, und P. Stuhlmacher in JBTh 6, 1991, 339–354); G. Bornkamm, Paulus, 1987⁶, 121ff., 249ff.; R. Bultmann, Die Bedeutung d. geschichtlichen Jesus für d. Theologie d. Paulus, in: *ders.*, Glaube u. Verstehen I, 1980⁸, 188–213; R. Deichgräber, Gotteshymnus u. Christushymnus in d. frühen Christenheit, 1967; G. Delling, Der Kreuzestod Jesu in d. urchristlichen Verkündigung, 1972, 9–45; J. D. G. Dunn, Christology in the Making, 1989², 98ff.163ff.; *ders.*, Paul's Knowledge of Jesus Tradition, in: Christus bezeugen, FS für W. Trilling zum 65. Geburtstag, hrsg. von K. Kertelge, T. Holtz u. C.-P. März, 1989, 193–207; G. Eichholz, Die Theologie d. Paulus im Umriß, 1990⁷,

101 ff.; *G. Friedrich*, Die Verkündigung d. Todes Jesu im NT, 1985²; *H. Gese*, Die Sühne, in: *ders.*, Zur biblischen Theologie, 1989³, 85–106; *ders.*, Der Messias, a. a. O., 128–151; *W. Haubeck*, Loskauf durch Christus, 1985, 136 ff.; *M. Hengel*, Der Sohn Gottes, 1977²; *ders.* Crucifixion, 1977; *O. Hofius*, Der Christushymnus Philipper 2,6–11, 1991²; *ders.*, Paulusstudien, 1989; *ders.*, „Unbekannte Jesusworte", in: Das Evangelium u. die Evangelien, hrsg. von P. Stuhlmacher, 1983, 355–382; *A. J. Hultgren*, New Testament Christology, 1988, 296 ff.; *E. Käsemann*, Die Heilsbedeutung d. Todes Jesu bei Paulus, in: *ders.*, Paulinische Perspektiven, 1969, 61–107; *ders.*, Erwägungen zum Stichwort „Versöhnungslehre im NT", in: Zeit u. Geschichte, Dankesgabe an R. Bultmann zum 80. Geburtstag, hrsg. von E. Dinkler, 1964, 47–59; *W. G. Kümmel*, Heilsgeschehen u. Geschichte (Ges. Aufs. I), 1965, 81 ff. 169 ff. 439 ff.; *R. P. Martin*, Reconciliation, 1981; *H. Merklein*, Studien zu Jesus u. Paulus, 1987; *F. Neirynck*, Paul and the Sayings of Jesus, in: L'Apôtre Paul, 1986, 265–321; *E. P. Sanders*, Paul, 1991, 77 ff.; *J. M. Scott*, Adoption as Sons of God, 1992; *G. Schimanowski*, Weisheit u. Messias, 1985; *W. Schmithals*, Einleitung in die drei ersten Evangelien, 1985, 99–126; *W. Schrage*, Das Verständnis d. Todes Jesu Christi im NT, in: Das Kreuz Christi als Grund d. Heils, hrsg. von F. Viering, 1967, 49–89; *E. Schweizer*, Zum religionsgeschichtlichen Hintergrund d. „Sendungsformel" Gal 4, 4 f; Röm 8,3 f; Joh 3,16 f; 1 Joh 4,9, in: *ders.*, Beiträge zur Theologie d. NT, 1970, 83–95; *ders.*, Was meinen wir eigentlich, wenn wir sagen „Gott sandte seinen Sohn…"?, NTS 37, 1991, 204–224; *ders.*, Jesus Christus, 1968, 68–122; *P. Stuhlmacher*, Versöhnung, Gesetz u. Gerechtigkeit, 1981, 209 ff.; *ders.*, Sühne oder Versöhnung?, in: Die Mitte d. NT, FS für E. Schweizer zum 70. Geburtstag, hrsg. von U. Luz u. H. Weder, 1983, 291–316; *ders.*, Jesustradition im Römerbrief?, ThBeitr 14, 1983, 240–250; *ders.*, Zur Predigt an Karfreitag, in: Anfänge d. Christologie, FS für F. Hahn zum 65. Geburtstag, 1991, 447–472; *E. Synofzik*, Die Gerichts- u. Vergeltungsaussagen bei Paulus, 1977; *N. Walter*, Paulus u. d. urchristliche Jesustradition, NTS 31, 1985, 498–522; *U. Wilckens*, Der Brief an d. Römer I, 1987², 233–243; *W. Thüsing*, Gott u. Christus in d. paulinischen Soteriologie, 1986³; *A. J. M. Wedderburn* (Hrsg.), Paul and Jesus, 1989; *K. Wengst*, Christologische Formeln u. Lieder d. Urchristentums, 1973²; *N. T. Wright*, The Climax of the Covenant, 1991; *A. F. Zimmermann*, Die urchristlichen Lehrer, 1988².

1. *Die Christologie bildet das Zentrum der paulinischen Theologie.* Fragt man nach ihren entscheidenden Akzenten, muß man zweierlei im Auge behalten: die spezifische Christuserfahrung des Apostels vor Damaskus und den Umstand, daß Paulus mit seiner Berufung Anschluß an die schon vor ihm ausgebildete Christologie der christlichen Gemeinden von Damaskus, Jerusalem und Antiochien gewann. Auch bei der Analyse der paulinischen Christologie ist darum zwischen Tradition und Interpretation zu unterscheiden.

1.1 Inmitten seiner Verfolgertätigkeit und seinem militanten Eintreten für das mosaische Gesetz ist der erhöhte Christus dem Pharisäer Paulus in der Herrlichkeit Gottes erschienen (Gal 1,11–17). Derselbe gekreuzigte Jesus von Nazareth, den die Christen zur Empörung des Paulus als von Gott auferweckten Herrn und Messias bekannten und dessen Lehre für den Stephanuskreis Anlaß gewesen war, Kritik am Tempel und an der Tora zu üben (vgl. Apg 6,11–14), wurde dem Christenverfolger Paulus vor Damaskus als ‚Sohn Gottes in Macht' (Röm 1,4) offenbar. Paulus wurde damit zu der Erkenntnis genötigt, daß Gottes Herrlichkeit auf dem Angesicht des erhöhten Christus die Herrlichkeit der Tora (vgl. 4Esr 9,37), der Paulus bisher gedient hatte, in den Schatten stellt (vgl. 2Kor 3,7–18; 4,5–6). Unter diesen Umständen konnte nicht mehr der von Paulus gegen die Christen verfochtene Weg des Gesetzes zum Heil führen, sondern nur der Glaube der verfolgten Χριστιανοί an den Κύριος Ἰησοῦς Χριστός. *Seit dieser für ihn grundlegend neuen Offenbarungserkenntnis verkündigte Paulus Christus als ‚das Ende des Gesetzes für jeden, der glaubt' (Röm 10, 4).*

1.2 Wie Christus im einzelnen als Wegbereiter der Gnade Gottes, als Herr und als τέλος νόμου zu verkündigen war, entschied sich für den Apostel nicht nur von seiner Christusschau vor Damaskus (1Kor 9,1) her, sondern auch dadurch, daß die von ihm verfolgte, nun aber in ihrer Mission unterstützte Gemeinde bereits christologisches Bekenntnisgut besaß und außerdem die Lehre Jesu hochhielt. Beide Traditionskomplexe gingen nunmehr an Paulus über und wurden von ihm kerygmatisch und katechetisch verarbeitet. Von diesen Voraussetzungen her erklärt sich, daß die Spitzensätze der paulinischen Christologie gesetzeskritisch akzentuiert sind, seine christologische Lehre sich aber aus den Lehrüberlieferungen speist, die er von den Christen in Damaskus, Jerusalem und Antiochien übernommen hat.

Angesichts der christologischen Lehrtraditionen in den Paulusbriefen muß man sich vor einem *modernen Fehlurteil* hüten, das bis in das Paulusbuch von E. P. Sanders hinein die historisch angemessene Würdigung der Christologie des Apostels behindert. Die Breite, in der Paulus gerade christologische Überlieferungen aufgreift, hat zu der Annahme verleitet, daß die Inhalte der Christologie für den Apostel bloße Tradition seien und sein eigentliches Interesse erst bei den soteriologischen Konsequenzen dieser Inhalte liege. Diese Annahme wird dadurch korrigiert, daß Paulus wiederholt Wert und Rang christologischer Paradosis betont (vgl. 1Kor 11, 23ff.; 15,1ff.; Röm 6,17; 10,9f.) und die von ihm zitierte Tradition nirgends förmlich kritisiert, sondern stets nahtlos in seine Darstellung einfließen läßt. Wie die (jüdischen und) urchristlichen Lehrer seiner Zeit denkt und argumentiert der Apostel *mit* der ihm überlieferten παράδοσις und nicht gegen sie (G. Eichholz). Für eine traditionsgeschichtlich reflektierte Paulusexegese bedeutet dies, daß sie nicht nur auf die soteriologische Rahmung der vom Apostel angeführten Traditionstexte abheben darf, sondern auch zeigen muß, daß und warum Paulus die Inhalte dieser Texte bejaht und Christus von ihnen her als ‚das Ende des Gesetzes' verstehen konnte.

2. Die vom Apostel übernommene, teils in Anspielungen und Einzelmotiven, teils aber auch in regelrechten Zitaten wiedergegebene christologische Überlieferung ist *inhaltlich reich und formal vielgestaltig.*

Es finden sich in den Paulusbriefen zahlreiche *soteriologische Formeltexte*, die von der Heilsbedeutung des Todes und der Auferweckung Jesu sprechen (z. B. 2 Kor 5,14.21; Gal 1,4; Röm 3,25–26; 4,25; 5,8–9; 14,15 u. a.); ein- oder auch mehrgliedrige christologische *Bekenntnisformeln* (1 Thess 4,14; 5,10; 1 Kor 1,30; 8,6; 12,3; Röm 10,9–10); *Christusformeln*, die ihn als Träger und Erfüller der Verheißungen kennzeichnen (Röm 1,3–4; vgl. mit Röm 15,8 und 2 Kor 1,20); christologische *Sendungsformeln* (Gal 4,4–5; Röm 8,3–4; vgl. mit Joh 3,16–17; 1 Joh 4,9); *Hymnen* auf Christus als den menschgewordenen, gehorsam in den Kreuzestod gehenden und erhöhten Κύριος (Phil 2,6–11) und als den Mittler der alten und neuen Schöpfung (Kol 1,15–20; vgl. auch Hebr 1,3–4); *Lehrüberlieferungen* von der endzeitlichen Ankunft des erhöhten Christus und seinem Zukunftswerk (1 Thess 1,10; 1 Kor 15,23–28; Röm 8,34–35; Phil 3,20–21); *Lehrsummarien*, die das Evangelium zusammenfassen (1 Kor 15,3–5); aber auch Zitate von und Anspielungen auf *Jesusworte* (vgl. z. B. 1 Kor 7,10–11; 9,14; 11,23–25; Gal 4,6; Röm 8,15; 12, 14; 14,14 usw.), *Jesu Vorbild* (Phil 2,5; Röm 15,3) und *Jesu Passion* (1 Kor 2,8; 11,23; 2 Kor 13,4; Gal 3,1).

All diese christologischen Traditionen stammen aus dem (griechischsprechenden) Judenchristentum. Nur dort konnte in der kurzen Zeit des vorpaulinischen Christentums ein christologisches Aussagegut entstehen, das im Rekurs auf das Alte Testament von Jesus als dem Χριστός, dem Gottesknecht und dem zur Rechten Gottes erhöhten Κύριος sprach, der die Gottesherrschaft vollends durchsetzen werde. In seiner Christologie fußt Paulus nicht nur auf den christologischen Überlieferungen der judenchristlichen Gemeinden von Damaskus, Jerusalem und Antiochien, sondern er ist (neben Lukas) auch der wichtigste Tradent ihrer Christusanschauungen.

3. Sobald man die Fülle und Differenziertheit der christologischen Traditionen bei Paulus vor Augen hat, muß man versuchen, sie theologisch zu ordnen.

3.1 Die Schau des erhöhten Christus vor Damaskus war für Paulus vorgängig mit der Erfahrung der gnädigen ‚Annahme‘ (Röm 15,7) und Berufung zum Aposteldienst verbunden (vgl. 1 Kor 15,10; 2 Kor 2,14; Röm 1,5); noch ehe der Apostel begann, Christus (auch) als (seinen) Herrn zu bekennen und das Evangelium als den λόγος τῆς καταλλαγῆς (2 Kor 5, 19) zu verkündigen, hatte er am eigenen Leibe erfahren, daß und wie Gott in und durch Christus die Welt mit sich versöhnt und die Gottlosen rechtfertigt (s. o. S. 249). Mit dieser Grunderfahrung war aber die Aufgabe der öffentlichen Verkündigung und Lehre des Evangeliums noch nicht gelöst, sondern erst gestellt. Um sie zu bewältigen, mußte Paulus seine eigene Christuserfahrung mit der ihm nunmehr aus den christlichen Gemeinden heraus zugänglich werdenden Christustradition zusammendenken. Die Christologie des Apostels ist das Ergebnis dieses Bemühens.

3.2 Am Offenbarungsdenken des Apostels (s. o. S. 249 ff.), an seiner Lehre von Sühne und Rechtfertigung durch Christus (vgl. vor allem 2 Kor 5,14–21; Röm 3,21–26) und an seinen Ausführungen über das endzeitliche Werk des erhöhten Christus (z. B. 1 Kor 15, 23–28; Röm 8,18–39; 11,25–32) kann man erkennen, *daß für Paulus das Heilsgeschehen im Wirken des einen Gottes in und durch Christus für Juden, Heiden und die Schöpfung insgesamt besteht.* Die paulinische Christologie folgt diesem Grundgedanken.

Der eine Gott erweist sich der Schöpfung gegenüber von Uranfang an durch den Schöpfungsmittler Christus (1 Kor 8,6). Er sendet zur gegebenen Zeit seinen Sohn in die Welt, um sie durch dessen Opfergang zu retten (Gal 4,4). Versöhnung und Rechtfertigung durch den Sühnetod Jesu sind ganz Werk Gottes: „Gott war in Christus und versöhnte die Welt mit sich selber" (2 Kor 5,19); er hat den Christus „wegen unserer Übertretungen dahingegeben und wegen unserer Rechtfertigung auferweckt" (Röm 4,25); er hat den Gekreuzigten erhöht und mit seinem Herrennamen belehnt (Phil 2,9–11). Gott hat Paulus vor Damaskus den erhöhten Christus offenbart und ihn durch seinen Sohn zum Apostel berufen (Gal 1,15–16; 2 Kor 2,14–16; 4,5–6); von daher ist die Paulus aufgetragene Heilsbotschaft das ,Evangelium Gottes von Jesus Christus' (Röm 1,1–6). Durch den erhöhten Κύριος wird die βασιλεία τοῦ θεοῦ vollends durchgesetzt (1 Kor 15,23–28). In der Parusie des Christus vom Zion her kommen Gottes Heilsverheißungen für Israel zur Erfüllung (Röm 11,25–32), und im Endgericht tritt Christus nach dem Willen des Gottes, der die Gottlosen rechtfertigt (Röm 4,5; 5,6), für die Glaubenden ein (Röm 8,33–34). Wenn der Sohn Gottes sein messianisches Zukunftswerk vollendet haben wird, wird er die Heilsgemeinde all derer, deren sich Gott in und durch Christus erbarmt hat (Röm 11,32), anführen im Lob Gottes, der ,alles in allem' ist (1 Kor 15,28). *Die Christologie des Paulus umfaßt das ganze Heilswerk Gottes; sie ist gleichzeitig theozentrisch und soteriologisch strukturiert.*

4. Von dieser Grundstruktur her *läßt sich die paulinische Christologie auffächern in einen Ausgangs- und Endpunkt, zwischen denen eine dreifache Bewegung stattfindet:* Ausgangspunkt ist die Präexistenz und Schöpfungsmittlerschaft Jesu. Von dort setzt die erste Bewegung an, die Sendung des Gottessohnes in die Welt. Die zweite Bewegung umfaßt den Vollzug von Versöhnung und Rechtfertigung durch den Kreuzestod und die Auferweckung Jesu. Die dritte Bewegung hat die Erhöhung und das Werk zum Inhalt, das der erhöhte Κύριος Ἰησοῦς bis zum Tage der Parusie zu vollbringen hat. Der Ziel- und Endpunkt der Sendung und des Werkes Christi besteht in der Anbetung Gottes in der vollendeten Gottesherrschaft. Nimmt man das Ganze zusammen, lehrt Paulus, *in Jesus Christus den messianischen Gottessohn und Versöhner zu sehen, der die Heil und Wohlordnung schaffende Gottesgerechtigkeit für Israel, die Heiden und die ganze Schöpfung durchsetzt.*

4.1 1Kor 8,6, das vom Apostel bereits übernommene Christuslied Phil 2,6–11 (und der erst in seiner ‚Schule‘ [vgl. Apg 18, 7–11; 19,9–10] ausgebildete Hymnus Kol 1,15–20) dokumentieren, daß die paulinische Christologie einsetzt mit der *Präexistenz und Schöpfungsmittlerschaft Jesu.*

4.1.1 Die genannten drei Texte haben nicht zufällig homologische und hymnische Gestalt. Sie argumentieren nicht, sondern leiten zur Anbetung an und bieten eine Ganzheitsschau von Sein und Werk des Gottessohnes. Auch andere Christushymnen wie 1Tim 3,16; Hebr 1,1–4; Joh 1,1–18 und Apk 5,9–10 sprechen solch liturgische Sprache. *Mit der Rede von der Präexistenz des Gottessohnes stimmt Paulus ein in die vom Hl.Geist getragene Anbetung Christi durch die judenchristliche Gemeinde.*

Schon die vorpaulinischen Gemeinden haben von Ostern her das Messiasbekenntnis Jesu (vgl. Lk 10,21–22/ Mt 11,25–27; Mk 14,61–62Par, aber auch Joh 8,56–58) nachgesprochen und in Erinnerung daran, daß er schon irdisch als ‚messianischer Lehrer der Weisheit‘ (M. Hengel) gewirkt hat, Prädikate und Funktionen der *Weisheit* auf Sein und Wirken Christi übertragen: In den späten Schichten des Alten Testaments (und im Frühjudentum) wird von der präexistenten Schöpferweisheit Gottes gesprochen, Sie wird mit Gottes Schöpferwort gleichgesetzt (vgl. Prov 8,22–31; Sir 24,1–22; Weish 7,22–8,1; 9,1–2) und in Sir 24,23–34; Bar 3,32–4,4 mit der Tora identifiziert. Nach Jes 11,1–5 soll aber auch der Messias Träger der Weisheit (und Wahrer der Gerechtigkeit Gottes) sein. Dan 7 zeigt, daß sich schon im 2. Jh. v.Chr. diese Messiaserwartung mit der prophetischen Menschensohnanschauung (vgl. Ez 3,17–19; 33,7–9) verbunden hat (H. Gese). In der Henochüberlieferung des 1.Jh.v./n.Chr. bilden sie gemeinsam ein transzendentes und universales messianisches Erwartungsmuster. Der von Gott ‚Erwählte‘ (vgl. äthHen 39,6; 45,3–4; 49,2 u.ö. mit Jes 41,8.9; 42,1) ist zugleich der ‚Menschensohn‘ (vgl. äthHen 46,1–4; 48,2; 62,5–6; 71,14 mit Dan 7,13) und der ‚Gesalbte‘ (Messias) Gottes (äthHen 48,10; 52,4). Er ist von Urzeit an bei Gott (vgl. äth Hen 48,2–6 mit Mi 5,1) und steht in Herrlichkeit vor ihm (vgl. äthHen 49,2 mit Dan 7,13). Gott setzt ihn auf seinen Richterthron (vgl. äthHen 61,8; 62,2 mit Ps 110,1), der Geist der Weisheit und der Gerechtigkeit wird über ihn ausgegossen (vgl. äthHen 49,3–4; 62,2; 71,14 mit Jes 11,2–5) und er vollzieht das Weltgericht. Die Gerechten, die im Gericht angenommen worden sind, dürfen mit dem Menschensohn ewige Mahlgemeinschaft vor Gott halten (äthHen 62,13–16). Diese Menschensohnerwartung ist Jesus durch Johannes den Täufer nahegebracht worden, und er hat sie in neuartiger Weise auf sich bezogen: Er wollte irdisch nur der den Vielen durch sein Leiden dienende messianische Menschensohn und Gottesknecht sein und sah seiner Erhöhung zur Rechten Gottes und dem endzeitlichen Richteramt erst nach dem Durchgang durch das Leiden entgegen (s.o. S. 120–124). Die Repräsentanten der durch Jesu ‚Schule‘ gegangenen und von den Ostererfahrungen herkommenden judenchristlichen Gemeinde(n) sind in ihrer Christologie von diesem messianischen Erwartungshorizont bestimmt. Er prägt auch die Christologie des Paulus.

4.1.2 Nach der Glaubensüberzeugung schon der vorpaulinischen Gemeinden und vollends des Apostels selbst gab es nichts Ursprünglicheres, Grundlegenderes und Umfassenderes als die Heil und Wohlordnung schaffende Gnade Gottes in und durch Christus. Deshalb *bekannten sie Sein und Wirken des Christus im Stil der Weisheit und sahen in ihm das Ebenbild und den Sohn Gottes von Ewigkeit her* (vgl. 2Kor 4,4; Kol 1,15; Hebr 1,3 mit Prov 8,22.30; Weish 7,25–26.29; Sir 24,9–11 usw.). Als solcher war er der *Schöpfungsmittler*, der das All in Wohlordnung geschaffen hat und erhält (vgl. 1Kor 8,6; Kol 1,15–17; Hebr 1,3 mit Prov 8,23–29; Weish 7,27; 9,1–2; Sir 24,3–6). Ihm schulden auch die Engelmächte Gehorsam, die nach frühjüdischer und urchristlicher Überzeugung den κόσμος durchwalten und zusammenhalten (Kol 1,16).

4.1.3 Paulus griff diese hymnische Redeweise von Christus auf und führte sie weiter, weil sie dreierlei leistete: (1) Sie verhalf ihm, die unüberbietbare Qualität seiner Christusschau vor Damaskus herauszustellen. Der Apostel war vor Damaskus in Christus Gott selbst begegnet (vgl. 1Kor 8,6 mit Gal 1,1; 2Kor 4,4–6). (2) Mit Hilfe der sapiential formulierten Christologie konnte Paulus Christus als heilschaffende Weisheit Gottes in Person der Sinaioffenbarung gegenüber- und der Weisheit der Welt entgegenstellen (vgl. 1Kor 1,18–31; 2Kor 3,4–18; 10,3–6). (3) Dieselbe Tradition ermöglichte es dem Apostel schließlich, dem jüdischen und paganen (Aber-)Glauben an die Bedeutung der (Engel-)Mächte mit dem Bekenntnis zu Jesus Christus als dem Schöpfungsmittler zu begegnen (vgl. 1Kor 8,5–6 und Kol 1,15–20; 2,6–23).

4.2 Jesu Präexistenz und Schöpfungsmittlerschaft war nach der Lehre des Paulus kein Selbstzweck, sondern Wirkursprung seiner *Sendung* durch Gott in die Welt. Von ihr sprechen die christologischen Sendungsformeln (Gal 4, 4–5; Röm 8,3–4 und 1Joh 4,9–10; Joh 3, 17), die sich ebenfalls an die Weisheitstradition anlehnen (vgl. Weish 9,10). Nach diesen Formeln hat die Sendung Jesu umfassende Heilsbedeutung. Paulus spricht von der Sendung Jesu unter dem Doppelaspekt des Handelns Gottes durch den Sohn und des Gehorsams des Sohnes gegenüber dem Willen seines himmlischen Vaters.

4.2.1 Sendung und Fleischwerdung Jesu haben für Paulus heilsgeschichtlich epochale Bedeutung. Nach Gal 4,4–5 sandte Gott seinen Sohn ὅτε δὲ ἦλθεν τὸ πλήρωμα τοῦ χρόνου, d. h. „als die Zeit ihr Vollmaß erreicht hatte" (vgl. Eph 1,10; Hebr 9,26). *Gott führt mitten in der Menschheitsgeschichte das Heil herauf, indem er seinen Sohn Mensch werden läßt; in und mit Christus bricht in die noch andauernde alte Weltzeit die neue Zeit des Heils herein.*

Fortan leben die an Christus Glaubenden in zwei Zeiten gleichzeitig; sie leben noch in dem (rasch zu Ende gehenden) alten Äon und schon im Zeichen des Anbruchs der ἡμέρα σωτηρίας (vgl. 1Kor 7,29–31 mit 2Kor 6,2 u. o. S. 281 ff.).

4.2.2 Die Bezeichnung des Gottessohnes als γενόμενος ἐκ γυναικός in Gal 4,4 entspricht der frühjüdischen Rede vom Menschen als dem ‚Frauenge-borenen‘ (4Esr 7,46.65) und betont das wahre Menschsein des Christus. Zusammen mit dem parallel anschließenden γενόμενος ὑπὸ νόμον (= [von Gott] unter das Gesetz gestellt) sagt der Text aus, daß der υἱὸς θεοῦ als wahrer Mensch und Jude geboren worden ist.

Bedenkt man die messianische Konnotation des Titels υἱὸς θεοῦ (s.o. S.74), erinnert Gal 4,4–5 an Röm 9,5 (vgl. mit Röm 1,3–4; 15,8). Es ist deshalb möglich, die Sendungsformel erwählungsgeschichtlich zu verstehen: Gott hat seinen Sohn, der messianischen Verheißung von 2Sam 7,14; Ps 89,27–28 entsprechend, in Israel als wahren Menschen aus der εὐλογημένη ἐν γυναιξίν (Lk 1,42) hervorgehen lassen. J. Becker schreibt in seinem Galaterkommentar: „Mit Sicherheit hat die Aussage ‚von einer Frau geboren‘ in diesem Textzusammenhang kein Gewicht. Das spricht für vorpaulinisches Alter… . Damit weist er auf eine Inkarnationslehre, die die Vorstel-lung einer ‚Jungfrauengeburt‘ ebensowenig für ihr Christusbild auswertet wie z.B. Joh 1,14; Phil 2,7“ (NTD 8, 1990[4], 49). Auf die Parthenogenese gemäß Jes 7,14 wird in Gal 4,4–5 (und bei Paulus sonst) in der Tat nicht ausdrücklich abgehoben. Aber angesichts der messianischen Konnotation der Formel und des hohen Alters der judenchristlichen (Sonder-)Tradition von der Jungfrauengeburt (s.o. S.52f.188ff.) sollte man beide auch nicht zu scharf trennen; sie können (z.B. in der judenchristli-chen Gemeinde von Antiochien) durchaus gemeinsam tradiert und Paulus dort übermittelt worden sein.

4.2.3 Nach Gal 4,4–5 ist der Gottessohn gesandt und Mensch geworden, um die Sünder aus der Schuldknechtschaft loszukaufen, die die Sünde (mittels des Gesetzes) über sie aufgerichtet hat (Gal 3,22–24). Paulus gebraucht die Metapher vom *Loskauf*, um den Herrschaftswechsel hervorzuheben, der den Sündern widerfährt: Durch (den Kreuzestod des) Christus werden sie aus der Versklavung unter dem Gesetz befreit und gewinnen den υἱὸς θεοῦ zum neuen Herrn (vgl. Gal 3,13; 1Kor 6,20; 7,23).

Der Kontext von Gal 4,4–5 (vgl. Gal 4,2 mit Ex 1,11; TgJerI zu Gen 31,35; MekhY zu Ex 14,5) und die Nähe des Loskaufmotivs zur (vor-)paulinischen Rede von der Erlösung (ἀπολύτρωσις) in 1Kor 1,30; Röm 3,24–26; Kol 1,14 usw. machen es wahr-scheinlich, daß der durch Christi Fleischwerdung und Opfergang bewirkte Loskauf und die ἀπολύτρωσις ἐν Χριστῷ Ἰησοῦ *in typologischer Entsprechung zum Loskauf Israels aus der Schuldsklaverei in Ägypten und zu Ex 19,5; Dt 7,6; 14,2 zu sehen sind* (vgl. Tit 2,14 und W. Haubeck, Loskauf durch Christus, 1985, 295ff.). Wie Israel durch den Exodus aus der Sklaverei in Ägypten erlöst und zum Eigentumsvolk Gottes wurde, so wird das neue Gottesvolk aus Juden und Heiden aus dem Loskauf und der Erlösung heraus geboren, die Gott in und durch Christus heraufgeführt hat. Daß dies tatsächlich Implikat der Sendungsformel ist, zeigt ihr Fortgang in Gal 4,5.

4.2.4 Durch die Übereignung an den Gottessohn empfangen die Glauben-den nach Gal 4,5 die υἱοθεσία. J.M. Scott hat in seiner Dissertation über ΥΙΟΘΕΣΙΑ (1992) gezeigt, daß damit nicht einfach die ‚Sohnschaft‘ gemeint ist, sondern die rechtswirksame *Annahme an Sohnes Statt.* Die von Christus Losgekauften gewinnen durch ihren neuen Herrn Anteil an dessen Rechts- und Würdestellung als messianischer Gottessohn und dürfen mit ihm in der Kraft des Hl. Geistes zu Gott rufen: ἀββᾶ ὁ πατήρ (Gal 4,6); durch Christus sind sie zu ‚Kindern Gottes‘ geworden (Röm 8,14–16).

Der Grundgedanke der Partizipation der Glaubenden an den Rechten und der Herrschaft des Gottessohnes (vgl. 1Kor 6,2; Röm 5,17) geht auf die alttestamentlich-frühjüdische Auslegung von 2Sam 7,14 zurück: Die dem davidischen Messias in 2Sam 7,14 (und Ps 89,27–28) zugesprochene Gottessohnschaft ist von Jes 55,3 an auf das Gottesvolk insgesamt ausgedehnt worden (vgl. Jub 1,23–25; 4Qflor 1,10–13). Schon im vorpaulinischen Judenchristentum wurde 2Sam 7,14 auf die messianische Sendung Jesu bezogen (vgl. Röm 1,3–4; s.o. S. 186ff.). Gal 4,4–5; Röm 8,3–4.14–16 stehen in derselben Tradition. Sie gibt dem Apostel die Möglichkeit, die υἱοθεσία als ein Heilsgut zu bezeichnen, dessen die Glaubenden durch die Sendung und den Opfergang des Gottessohnes Jesus teilhaftig werden.

4.2.5 Die Sendungsformel von Gal 4,4–5 wird durch Röm 8,3–4 ergänzt. Beide Texte bieten komplementäre Aussagen und machen deutlich, daß die Sendungstradition für den Apostel christologisch hohe Bedeutung hat und prinzipiell auf Gottes Heilstat in Kreuz, Tod und Auferweckung Jesu abzielt. Statt darauf abzuheben, daß die Glaubenden kraft der Sendung des Gottessohnes aus der Schuldsklaverei unter dem Gesetz losgekauft werden und die Annahme an Sohnes Statt erfahren, wird in Röm 8,3–4 die Sendung mit der Sühnetradition verknüpft und als ihr Ziel die Erfüllung der Rechtsforderung des Gesetzes durch die in der Kraft des Geistes Christi lebenden Glaubenden bezeichnet.

Verständnis und Übersetzung von Röm 8,3–4 sind umstritten. Von Röm 7,7–8,2 her faßt man den Eingang von 8,3 am besten als Beziehungsakkusativ auf: „In Hinsicht auf das Unvermögen des Gesetzes, weil es durch das Fleisch geschwächt war, hat Gott seinen eigenen Sohn gesandt... .“ Wie in Gal 4,4 folgen dann zwei sachlich zusammengehörige attributive Näherbestimmungen zu τὸν ἑαυτοῦ υἱόν: (1) (Gott sandte seinen eigenen Sohn) ἐν ὁμοιώματι σαρκὸς ἁμαρτίας = „in der Gleichgestalt des Fleisches der Sünde“; d.h. der Sohn kam ins Fleisch (vgl. 1Joh 4,2; Joh 1,14), blieb aber auf Erden ohne Sündenschuld (vgl. so auch 2Kor 5,21 [und Phil 2,7]). (2) καὶ περὶ ἁμαρτίας = „und zwar (sandte Gott seinen eigenen Sohn) als Sündopfer“. Da die Septuaginta das hebräische Wort für Sündopfer, חַטָּאת, teils mit περὶ ἁμαρτίας (vgl. Lev 5,6.7.11 u.ö.), teils sogar mit bloßem ἁμαρτία übersetzt (vgl. z.B. Lev 4,21.24; 5,12), ergibt die Gesamtaussage guten Sinn: Gott hat seinen eigenen Sohn zum fehllosen Sündopfer für die Sündenschuld der Welt bestimmt und der Sünde im Fleisch (Jesu) ihr Urteil gesprochen. Die Formeltradition von 2Kor 5,21 dürfte im selben Sinn zu verstehen sein (s.o. S. 195).

In Röm 8,4(5–8) macht Paulus deutlich, daß die Sendung den Sohn Gottes gerade nicht zum διάκονος ἁμαρτίας werden läßt, wie ihm judenchristliche Gegner in Galatien und Rom vorgeworfen haben (vgl. Gal 2,17 mit Röm 3,8).

Vielmehr werden die Sünder durch Jesu Sendung und Opfergang aus der Herrschaft der Sünde befreit und in die Erfüllung des Gesetzes Gottes gestellt. Kraft des Geistes Christi, dessen sie teilhaftig geworden sind, sind sie Täter des Willens Gottes und rufen zu Gott wie Jesus selbst: ἀββᾶ ὁ πατήρ (Röm 8,15).

4.2.6 Wie die messianischen Implikationen in Gal 4,4–5 und Röm 8,3–4 zeigen und Röm 1,1–5; 9,5.32–33; 15,8–12; 2Kor 1,20 bestätigen, *sieht Paulus in der Sendung des Sohnes Gottes in die Welt die messianischen Heilsverheißungen für Israel und die Völker zur Erfüllung kommen.*

4.2.7 Während die Sendungsformeln von der Heilsabsicht sprechen, die Gott mit der Sendung seines Sohnes verfolgt, hebt die Eingangsstrophe des Philipperhymnus (Phil 2,6–11), den *vorbildlichen und heilschaffenden Gehorsam* hervor, in dem Jesus seine Sendung ausgefüllt hat.

Phil 2,6–8 lauten in der Übersetzung von O. Hofius (Der Christushymnus Philipper 2,6–11, 1991[2], 137): „(6a) Er, der in Gottesgestalt war, (b) hielt nicht fest wie einen Raub das Gottgleichsein, (7a) sondern er machte sich selbst arm, (b) Knechtsgestalt annehmend. (c) Den Menschen gleich werdend (d) und der Erscheinung nach erfunden als ein Mensch, (8a) erniedrigte er sich selbst, (b) sich gehorsam erzeigend bis zum Tod, (c) ja zum Tod am Kreuz." – Die Traditions- und Stilanalyse des Hymnus durch Hofius hat ergeben, daß im Hintergrund des Textes Jes 52,13–53,12 und Jes 45,22–24 stehen. Phil 2,8c (= θανάτου δὲ σταυροῦ) ist ursprünglicher Bestandteil des Hymnus und kann aus dem Text nur unter Zerstörung seiner kunstvollen, mit Hebr 12,2 vergleichbaren Gesamtstruktur herausgebrochen werden. Damit ist die von E. Lohmeyer (Der Brief an die Philipper, 1974[14], 96) und E. Käsemann (Kritische Analyse von Phil 2,5–11, in: ders., Exegetische Versuche u. Besinnungen I, 1960, [51–95] 82) vertretene und vielfach übernommene Annahme hinfällig geworden, daß V. 8c dem Christuslied erst von Paulus eingefügt worden ist, um ihm kreuzestheologische Kontur zu geben.

Das Lied vom leidenden Gottesknecht, Jes 52,13–53,12, läßt erkennen, wie Phil 2,6–8 zu verstehen sind: Christus hat die ihm als Sohn Gottes und Schöpfungsmittler eignende himmlische Machtstellung freiwillig aufgegeben (vgl. 2Kor 8,9). Er ist den Weg der Selbsterniedrigung gegangen und hat ihn gehorsam durchgehalten bis zum Tode am Kreuz. *Das Kreuz ist der äußerste Kontrast zur Präexistenz und zugleich das unverwechselbare und anstößige Erkennungsmerkmal der Sendung Jesu zur Rettung der Welt*: Am Kreuz ist der ins Fleisch herabgekommene Gottessohn den Augen der Welt in tiefster Schwäche und Ohnmacht erschienen (2Kor 13,4) und von den jüdischen Archonten und Pilatus in Verkennung seines göttlichen Seins und Auftrages hingerichtet worden (vgl. 1Kor 2,8 mit Apg 3,17; 13,27). Aber er hat am σταυρός durch seine stellvertretende Lebenshingabe das Heil der Welt heraufgeführt. Zum Zeichen dessen hat ihn Gott in seiner Schöpfermacht von den Toten auferweckt (2Kor 13,4) und zum Κύριος erhöht, dem einst die ganze Schöpfung huldigen soll (Phil 2,9–11).

Als Ort der für den ganzen κόσμος Heil schaffenden Machtentäußerung und Existenzstellvertretung Jesu bestimmt der σταυρός auf Golgatha nach Paulus das Sein und die Lebensführung all derer, die im Glauben an Jesu Tod partizipieren, paulinisch ausgedrückt: die mit Christus gekreuzigt worden sind (Gal 2,19; 6,14; Röm 6,6). Der Apostel hat sich zeit seiner apostolischen (Leidens-)Existenz als den ersten dieser Mit-Christus-Gekreuzigten erfahren (2Kor 4,10; 13,4; Phil 3,10; Kol 1,24) und aus dieser Erfahrung heraus seine *Kreuzestheologie* entworfen (s. u.).

4.2.8 Indem Jesus den Tod am Kreuz ἐν ὁμοιώματι σαρκὸς ἁμαρτίας, d. h. in menschlicher Existenz, aber ohne eigene Sündenschuld, gehorsam erduldete (Röm 8,3), hat er die Herrschaft der Sünde zerbrochen, die durch Adams Ungehorsam über den κόσμος gekommen ist (Röm 5,12–21). Der Leidensgehorsam Jesu hat also zuerst und vor allem Heilsbedeutung (auf seinen vorbildlichen Charakter hebt Paulus in Phil 2,5; Röm 15,3 und Gal 6,2 ab).

4.2.9 Paulus betont in 1Kor 15,44–49 und Röm 5,12–21, daß die Glaubenden durch Christus, den Gott wahrhaft gehorsamen *neuen Adam*, an der Auferstehung der Toten, dem himmlischen Sein und der Herrschaft der Gnade beteiligt werden (vgl. 1Kor 15,22–23.48–49; Röm 5,17.21).

Die Parallelität dieser Partizipationsaussagen zu Gal 4,5; Röm 8,4–17 (s. o.) erklärt sich, wenn man die Traditionslinien bedenkt, die in der paulinischen Rede von Christus als dem ἔσχατος Ἀδάμ (1Kor 15,45) zusammenlaufen: Es sind (1) die (Jesus-) Tradition vom gehorsam leidenden, seiner Erhöhung zur Rechten Gottes entgegensehenden und mit den Wolken des Himmels kommenden *messianischen Menschensohn* (Mk 10,45; 14,61–62Par). Paulus nennt den Menschensohn auf dem hellenistischen Missionsfeld um der besseren Verständlichkeit willen den ἄνθρωπος ἐξ οὐρανοῦ (1Kor 15,47; vgl. auch 1Tim 2,5, wo der υἱὸς τοῦ ἀνθρώπου von Mk 10,45Par der ἄνθρωπος Χριστὸς Ἰησοῦς genannt wird). Dazu kommt (2) die frühjüdische Spekulation über die Erschaffung und den Sündenfall *Adams* nach Gen 1–3. Gegenüber dem nach Gen 2,7 aus Erde erschaffenen Adam, der durch seinen Fall den Tod über die Welt gebracht hat (1Kor 15,22; Röm 5,12), ist Christus nach Paulus „der zweite Mensch vom Himmel her" (1Kor 15,47), der den Glaubenden kraft seines Leidensgehorsams und seiner Erhöhung zum Κύριος Anteil an der durch ihn heraufgeführten βασιλεία und ewiges Leben verschafft (1Kor 15,22–24.49; Röm 5,17.21). (3) Eine weitere Entsprechung zwischen dem alten und neuen Adam deutet Paulus in 1Kor 15 und Röm 5,12 ff. nur an: Wie Adam der Stammvater und Schicksalsträger der sündigen Menschheit ist (vgl. 4Esr 7,118; syrBar 54,15–19), aus seinem Leibe das (alte) Gottesvolk hervorging (vgl. Gen 2,21–24 mit 4Esr 6,54 und Pseudo-Philo, LibAnt 32,15) und mit ihm der Tod in die Welt kam (4Esr 7, 119–126), so geht aus der Lebenshingabe, Auferweckung und Erhöhung des Menschen(sohn-Messias) Jesus Christus die Auferstehung der Toten (1Kor 15,21) und die Gemeinde als ‚Leib Christi' hervor, die mit dem Κύριος verbunden ist wie Haupt und Glieder und Mann und Frau nach Gen 2,21–24; 3,16 (vgl. 1Kor 6,13.16–17; Gal 3,27–28; Kol 1,18; Eph 5,21–33).

4.3 In der Jesustradition (vgl. Mk 10,45; 12,6–9Par) und in Joh 3,16–17 gehören die von Gott verfügte Sendung des Sohnes und seine stellvertretende Lebenspreisgabe untrennbar zusammen. Phil 2,6–11 und Röm 8,3–4 dokumentieren, daß es bei Paulus genauso ist. Die christologischen Sendungsformeln werden in den Briefen des Apostels durch zahlreiche Traditionsstücke und Aussagen ergänzt, die vom Heilstod Jesu sprechen. Auf diese Weise wird die Sendung des Gottessohnes in die *zweite christologische Bewegung* überführt, die *das Heilswerk der eschatologischen Sühne und Rechtfertigung beschreibt, das Gott durch Jesu Kreuzestod vollbracht hat.* Der Apostel arbeitet sie so genau aus, daß man hier den *Hauptakzent der paulinischen Christologie* zu sehen hat.

Diese Akzentuierung ist nicht zufällig. Als Verfolger der Gemeinde hatte Paulus am Bekenntnis der Christen zu Jesus als dem gekreuzigten und von Gott erhöhten Messias besonderen Anstoß genommen (vgl. 1Kor 1,23). Vor Damaskus aber war ihm der Gekreuzigte als der von Gott auferweckte und verherrlichte Gottessohn selbst erschienen und hatte ihn zum Apostel berufen. Von dieser ἀποκάλυψις Ἰησοῦ Χριστοῦ her hat sich Paulus die Heilsbedeutung des Kreuzestodes und der Sendung Jesu insgesamt erschlossen. Eben deshalb stellt er den gekreuzigten Christus und das, was Gott durch ihn ‚für uns‘ erwirkt hat, in den Mittelpunkt seiner Lehre (vgl. Gal 3,1.13: 6,12–16; 1Kor 1,23–25; 2,2.8; 2Kor 13,3–4; Phil 2,6–11, aber auch 2Kor 5,21; Röm 3,24–26).

Die zweite christologische Bewegung ist auch biblisch-theologisch von besonderer Bedeutung. Paulus flicht in seine Darstellung all die soteriologischen Christusformeln ein, denen wir bereits bei der Analyse des Christusbekenntnisses der vorpaulinischen Gemeinden begegnet sind. Die Hauptaussagen dieser Formeln speisen sich aus den Hl. Schriften und gehen teilweise auf Jesu eigene Lehre zurück (s. o. S. 191 ff.). Indem sie bei Paulus an prominenter Stelle wiederkehren, wird erkennbar, daß die soteriologischen Kernsätze des paulinischen Christusevangeliums in Traditionskontinuität zum Bekenntnis der vorpaulinischen Gemeinden und der Lehre des irdischen Jesus stehen. *Dementsprechend ist die Lehre des Apostels über Jesu Lebenshingabe, über Sühne, Versöhnung und Rechtfertigung durch Christus von biblisch-theologisch grundsätzlicher Bedeutung.*

4.3.1 Es ist zweckmäßig, sich bei der Darstellung der paulinischen Soteriologie an den sog. *Dahingabeformeln* zu orientieren. Sie gehen von Jes 53,6.12 aus und stellen Christus als den stellvertretend leidenden Gottesknecht dar. Ähnlich wie in der Rede von der Sendung Jesu kann auch in diesen Formeln Gott oder Jesus Subjekt der Dahingabe sein. Röm 4,25 und 8,32 sprechen von der Preisgabe des Sohnes durch den Vater, während sich nach Gal 1,4; 2,20 und Eph 5,2.25 der Sohn für uns/mich (dahin-)gegeben hat. Da diese doppelte Redeweise schon in der Jesusüberlieferung auftaucht, und zwar ebenfalls mit Bezug auf Jes 53 (vgl. Mk 9,31Par einer- und Mk 10,45Par andererseits), wird in den Dahingabeformeln die *Überlieferungskontinuität zwischen Jesustradition und Paulus* sichtbar.

4.3.1.1 Nach Röm 8,32 hat Gott seinen eigenen Sohn nicht verschont, sondern ihn für uns alle dahingegeben. Während das Verbum παραδιδόναι auf Jes 53,6.12 zurückweist, scheint sich die Gesamtaussage an Gen 22,16 anzulehnen: In der Aufopferung seines eigenen und einzigen Sohnes für die in die Gottesferne geratene Welt hat Gott Abraham noch übertroffen und sich in unüberbietbarer Weise als der Gnädige und Barmherzige erwiesen. Er hat den Menschen in ihrer Verlorenheit buchstäblich alles geschenkt, was er als der Schöpfer und Erhalter des Alls in Zeit und Ewigkeit zu geben hat, und sich durch die Hingabe (und Auferweckung) seines Sohnes ein für allemal als ‚Gott für uns‘ definiert.

4.3.1.2 Die Rede von der Preisgabe oder dem Sterben des Gottessohnes *für uns* (ὑπὲρ ἡμῶν) oder auch *für unsere Sünden* (ὑπὲρ τῶν ἁμαρτιῶν ἡμῶν) ist bei Paulus formelhaft.

Interessanterweise ist das soteriologische ὑπέρ c. Gen. (= zugunsten, für) nicht nur durch Rückverweis auf Jes 53,6.12 zu erklären, denn in Jes 53,12LXX ist von der Preisgabe des Gottesknechtes διὰ τὰς ἁμαρτίας die Rede (vgl. Röm 4,25). Das ὑπέρ dürfte auch auf das Kelchwort aus Mk 14,24/Lk 22,20 zurückgehen, das auf Jes 43,3–4 + 53,12 fußt. Von diesem doppelten Hintergrund aus ist das ὑπέρ zunächst in das katechetische Summarium des Evangeliums, das Paulus in 1Kor 15,3–5 zitiert, aufgenommen und urchristlich dann in vielerlei Variationen gebräuchlich geworden. „In christologischen Aussagen wird mit Hilfe von ὑπέρ die Hinwendung der Heilstat ausgedrückt...: das Leiden und Sterben Christi geschieht *für* die Menschen und kommt ihnen *zugute*" (H. Riesenfeld, ThW VIII, 511, 30–32; kursiv bei R.). Bei Paulus taucht das ὑπέρ z.B. in Gal 1,4; 2,20; 3,13; 1Kor 11,24; 2Kor 5,14–15; Röm 5,6–8 u.ö. auf.

Soteriologisch bedeutsam ist das ὑπέρ aus drei Gründen: (1) In ihm werden Sinn und Ziel des in der Passion gipfelnden messianischen Versöhnungswerkes Jesu prägnant erfaßt (vgl. Mk 10,45 und 14,24Par). (2) Die christologische Rede vom Sterben Jesu für uns macht das anstößige Rätsel des Kreuzestodes Jesu soteriologisch begreifbar und führt über das sog. Kontrastschema aus Apg 2,36; 10,39f. hinaus (s. o. S. 191). Und es erlaubt (3) Christologie und Rechtfertigung zu verbinden (vgl. 2Kor 5,21; Röm 4,25).

4.3.1.3 An Röm 4,24–25; 2Kor 5,20–21 und Röm 3,24–26 kann man sehen, daß das ὑπέρ und die Paulus vorgegebene Formeltradition dem Apostel *zur christologischen Begründung der Rechtfertigung dienen.*

In *Röm 4,24–25* wird als entscheidende Heilstat des einen Gottes, „der Jesus, unseren Herrn von den Toten auferweckt hat", gerühmt, daß er Jesus „wegen unserer Übertretungen" preisgegeben und „wegen unserer Rechtfertigung" auferweckt hat.

Bei Röm 4,25 handelt es sich – wie wir sahen (s. o. S. 170) – um eine über die LXX hinaus auf den hebräischen Text von Jes 53,11–12 zurückgehende Christusformel. Der Tod Jesu wird in ihr als אשׁם, d. h. als von Gott aufgebrachte Ersatzleistung bzw. ‚Schuldtilgung‘ (B. Janowski) für die Sünden der ‚Vielen‘ verstanden. Jesu Auferweckung erscheint als die Erhöhung, die dem Gottesknecht, der stellvertretend die Sünden der Vielen getragen hat, das Recht gibt, als von Gott bestätigter Gerechter fürbittend für sie einzutreten (vgl. Jes 53,11 und TgJes 53,12).

Die von ihm aufgenommene Formeltradition hat Paulus die Möglichkeit gegeben, von dem gekreuzigten und erhöhten Christus als dem Sohn Gottes sprechen, der den an ihn Glaubenden kraft seines Sühnetodes und seiner Fürbitte in Zeit und Ewigkeit vor Gottes Richterthron Gerechtigkeit verschafft (vgl. Röm 5,9; 8,34).

In *2Kor 5,19–21* spricht Paulus von der ihm (und den Aposteln insgesamt) durch Gott aufgetragenen Ausrichtung des Evangeliums als des λόγος τῆς καταλλαγῆς. 5,21 führt aus, was die Versöhnung ausmacht: Gott hat „den, der Sünde(nschuld) nicht kannte, für uns zu(m Opfer fü)r (die) Sünde gemacht, damit wir Gottes Gerechtigkeit würden in (durch) ihm (ihn).“

Bei 2Kor 5,21 handelt es sich möglicherweise um eine bereits von den Hellenisten im Blick auf Jes 53,6.11–12 geprägte Christusformel, in der der Kreuzestod Jesu als göttliches Werk der inkludierenden Sühne gedeutet wird und ἁμαρτίαν ἐποίησεν mit ‚er machte zum Sündopfer‘ zu übersetzen ist (s. o. S. 195). O. Hofius möchte die Wendung zwar lieber im Sinne einer „Metonymie“ deuten, „derzufolge das Abstraktum ‚Sünde‘ für das Konkretum ‚Sünder‘ steht“ (Paulusstudien, 1989, 47), aber dieses Verständnis schließt eine opfertheologische Bedeutung von ἁμαρτία nicht aus. Man kann nämlich die Darbringung eines Tieres als Sündopfer gemäß Lev 5,7 mit K. Koch (ThWAT II,867) folgendermaßen verstehen: „… durch die Darbringung in der wirksamen Gegenwart JHWHs (wird) das Tier im wörtlichen Sinne zur Sünde, d. h. die *ḥaṭṭā’t* – Sphäre konzentriert sich auf ihm und wird gleichsam Fleisch in einem tierischen Wesen…“; genau diese Anschauung wird in 2Kor 5,21 auf Christus übertragen.

Auch in 2Kor 5,21 erscheint Christus als der Grund unserer Rechtfertigung, weil sein Tod (wie in Röm 8,3) als von Gott dargebrachtes Sühnopfer verstanden und auf dem Hintergrund von Jes 53,6.11–12 dargestellt wird, was dies für die Glaubenden bedeutet: Der schuldlose Gottessohn trägt stellvertretend die Sünden der Sünder und stirbt an ihrer Stelle den Tod, den sie verdient haben; die Sünder bleiben auf diese Weise vor dem Vernichtungsgericht bewahrt und gewinnen durch die Teilhabe an der durch Christus erwirkten Gerechtigkeit neues Leben vor Gott. ‚Gerechtigkeit Gottes‘ ist in 2Kor 5,21 eine mit καινὴ κτίσις (2Kor 5,17) gleichzusetzende Seinsbestimmung. Der Apostel macht sich die Traditionsaussagen von 2Kor 5,21 voll zu eigen. *Die Sühne- und Versöhnungstat Gottes in und durch Christus ist der entscheidende Rechtsgrund der Rechtfertigung, die neues Leben vor Gott begründet.*

In *Röm 3,24–26* stehen wir vor demselben Sachverhalt. Bei dem Text handelt es sich um das rechtfertigungstheologische Zentralstück des Römerbriefes.

Wahrscheinlich ist es der Stephanuskreis gewesen, der noch in Jerusalem die Paradosis von Röm 3,25.26a geformt hat und das Wagnis eingegangen ist, antitypisch zum höchsten jüdischen Sühnebegängnis am großen Versöhnungstag von der alle kultische Sühne überbietenden und hinfort erübrigenden öffentlichen Einsetzung Jesu zum ἱλαστήριον (כַּפֹּרֶת) auf Golgatha zu sprechen. Mit Röm 3,25–26a wird Karfreitag zum Großen Versöhnungstag des neuen Gottesvolkes aus Juden und Heiden (s. o. S. 193 f.).

Paulus nimmt die Paradosis der Hellenisten in Röm 3,24–26 auf, weil sie für ihn das Kernstück der ἀπολύτρωσις ἐν Χριστῷ Ἰησοῦ beschreibt, durch die Gott den Grund für die Rechtfertigung der Sünder gelegt hat. Der Apostel geht mit der Überlieferung davon aus, daß Gott mit der öffentlichen Einsetzung Jesu zum ἱλαστήριον den eschatologischen Taterweis seiner (durch das Todesgericht hindurch) Heil schaffenden Gerechtigkeit erbracht hat: Er hat selbst durch das Blut Christi ein für allemal (inkludierende) Sühne geleistet und damit den Grund für die Rechtfertigung der Sünder durch Christus gelegt.

Der Apostel hat die Aussagen der Paradosis noch dreifach weitergeführt: (1) In V. 25 fügt er διὰ τῆς πίστεως ein und bringt damit zum Ausdruck, daß Christus als ἱλαστήριον *nur durch den Glauben* zugänglich wird und die von Gott durch seine Preisgabe erwirkte Sühne nur im Glauben angeeignet werden kann. Die nach Röm 3,23 aus ihrer geschöpflichen Ursprungsherrlichkeit herausgefallenen Sünder haben zu Gottes Heilstat nichts eigenes beizutragen vermocht, sondern können sie nur nachträglich anerkennen und annehmen. (2) Indem Gottes eschatologische Sühnetat nur διὰ τῆς πίστεως angeeignet werden kann, wird ihre Reichweite ausgedehnt; es geht nicht mehr nur um ein Heilsgeschehen in und für Israel, sondern *für alle Glaubenden* (Röm 3,22.30). (3) Die Einsetzung Jesu zum ἱλαστήριον ist für Paulus auch nicht nur ein Heilsereignis der Vergangenheit, sondern es besitzt zeitlich *fortwirkende Gültigkeit*. Der Apostel bringt dies dadurch zum Ausdruck, daß er den Formeltext in V. 26b fortschreibt: Gott hat seine Heil schaffende Gerechtigkeit erwiesen ἐν τῷ νῦν καιρῷ, d. h. zu der inmitten der Geschichte mit der Sendung Jesu angebrochenen neuen Zeit des Heils (vgl. Röm 3,21 mit Gal 4,4 und 2 Kor 6,2). Warum Gott dies tat, lassen die paulinischen Schlußworte des Verses erkennen: εἰς τὸ εἶναι αὐτὸν δίκαιον καὶ δικαιοῦντα τὸν ἐκ πίστεως Ἰησοῦ. Die im Präsens gehaltene Aussage ist soteriologisch von gleicher Bedeutung wie Röm 8,31–32. *Kraft seiner Sühnetat in und durch Christus will Gott der Gerechte in der Weise sein, daß er jeden, der an Jesus glaubt, rechtfertigt*, d. h. ihn um des Sühnetodes Christi willen von seiner Sünde losspricht und dadurch zu einem neuen Geschöpf macht.

Die im Stephanuskreis nur erst im Blick auf Israel entwickelte judenchristliche Paradosis von Röm 3,25.26a wird von Paulus also bejaht und universal gefaßt. Für ihn ist Gott der Eine, der Juden und Heiden um Christi willen rechtfertigt, und der auf Golgatha gekreuzigte und von Gott auferweckte Χριστός ist nicht nur der Messias Israels. Er ist wahrer Gott und wahrer Mensch in einer Person, Herr und Versöhner der Welt.

Mit den Formulierungen von Röm 3,26 hat Paulus ein rechtfertigungstheologisches Grundproblem gelöst, das aus der Formulierung πάρεσις τῶν προγεγονότων ἁμαρτημάτων in Röm 3,25 erwächst. Der Ausdruck kann sich sinnvoll nur auf die Verfehlungen beziehen, die der in Röm 3,25.26a proklamierten Heilstat Gottes in Christus vorangehen. Die judenchristliche Paradosis meinte mit den „zuvor geschehenen Sünden" wahrscheinlich die von Israel bis zur Kreuzigung und Auferweckung Jesu begangenen und von Gott geduldig hingenommenen Sünden (vgl. Röm 2,4), und sie ließ offen, ob und wie die Sühnetat Gottes auf Golgatha auch solche Sünden zudeckt, die nach Christi Heilstod und seiner Erhöhung zur Rechten Gottes begangen werden. Auf diese soteriologisch wichtige Frage hat Paulus in Röm 3,26b (vgl. mit 4,25 und 8,31–34) klar geantwortet: Kraft seines Sühnehandelns in Christi Kreuz und Auferweckung *ist und bleibt* Gott derjenige, der die an Jesus Glaubenden rechtfertigt, und der von ihm zur Sühne für die Sünden der Vielen in den Tod gegebene und erhöhte Gottesknecht Jesus *ist und bleibt* bis ins Endgericht hinein der Christus, der vor Gottes Richterthron für die Glaubenden und ihre Rechtfertigung eintritt.

Die Rechtfertigung ist nach 2Kor 5,20–21; Röm 3,24–26; 4,25 und 8,32–34 das endzeitliche Heilshandeln Gottes, das in der von ihm selbst veranlaßten stellvertretenden Lebenshingabe Jesu am Kreuz gründet und bleibende Bedeutung besitzt. Es kann daher keine Rede davon sein, daß die von hier aus gesehene Rechtfertigungslehre des Apostels nur eine Nebenlehre (W. Wrede) oder bloß eine theologische Theorie wäre, mit deren Hilfe die Teilhabe (auch) der Heiden am Gottesbund sichergestellt werden soll (K. Stendahl und E. P. Sanders).

4.3.2 *Die Tradition von Jesu Sühnetod und Existenzstellvertretung wird von Paulus in Gal 3,13; Röm 8,3 und 10,4 noch gesetzeskritisch zugespitzt.*

Von seiner Berufung her war Paulus die Erfahrung eingeprägt, daß selbst ein frommer Jude, der sich ganz der Tora geweiht und ein Leben in tadelsfreier Gerechtigkeit geführt hat (Phil 3,6), mittels des Gesetzes vor dem einen Gott, der Jesus von den Toten auferweckt hat, nicht zur Gerechtigkeit gelangen kann, sondern ein Frevler bleibt, der ohne die Fürsprache des Christus im Endgericht verloren ist. Die Tora ist für den Apostel zwar Gottes gutes, heiliges und gerechtes Gebot, aber sie kann aus Menschen, die durch und seit Adam Frevler sind, keine Gerechten machen, von denen mit dem Tg zu Jes 7,3; 10,21–22; 26,2 gesagt werden könnte, daß sie „,nicht gesündigt' und ,die Tora mit vollkommenem Herzen gehalten'" haben (O. Hofius, Paulusstudien, 127). Erst und nur durch Christus wird von Gott Sühne für die Sünder erwirkt und denen, die dieses Gotteshandeln im Glauben empfangen und annehmen, ein neues Sein in Gerechtigkeit eröffnet, in dem sie zu freiem und dankbarem Gehorsam fähig sind. Der Apostel bringt diese Erkenntnis mehrfach pointiert zur Geltung.

4.3.2.1 In *Gal 3,13* schreibt er, daß Christus den Fluch Gottes, der nach Dt 21,22–33 auf einem Gekreuzigten lastet, (schuldlos und) stellvertretend für diejenigen getragen hat, die vom Gesetz als Frevler gebrandmarkt werden. Der von Jesus stellvertretend ‚für uns‘ getragene Todesfluch stellt das entscheidende Gegengewicht gegen den tödlichen Schuldspruch des Gesetzes über alle Sünder dar.

Die Kühnheit dieses Gedankenganges ist beachtlich. Wir können im Blick auf die Tempelrolle von Qumran und die weite Streuung der Deutung des Kreuzestodes Jesu von Dt 21,22–23 her nicht nur bei Paulus, sondern auch in Apg 5,30; 10,39 und Justin, Dial 89,2 mit einiger Sicherheit sagen, daß Jesus seinen jüdischen Gegnern als der mit Recht am Kreuz hingerichtete pseudomessianische ‚Verführer‘ erschienen ist, der gemäß Dt 21, 22–23 als ein ‚Verfluchter Gottes und der Menschen‘ (11QTempel 64,12) anzusehen war (s. o. S. 147ff.155f.). Paulus hat diese Ansicht geteilt. Zum Apostel Jesu Christi berufen wendete er sie ins Positive und erklärte, Jesus habe den Fluch am Kreuz schuldlos und stellvertretend „für uns" getragen, um durch diesen Akt der Existenzstellvertretung die tödliche Herrschaft zu Ende zu bringen, die die Sünde mittels des Gesetzes über Juden und Heiden aufgerichtet hat. Dies hatte vor Paulus noch keiner zu denken gewagt, und der Apostel ist auch erst aufgrund seiner Berufungserfahrung zu dieser Deutung des Kreuzestodes Jesu vorgestoßen. Sie ist ihm so wichtig, daß er sie noch mehrfach vorträgt.

4.3.2.2 In Röm 8,3–4 formuliert Paulus seine soteriologische Erkenntnis so: Gott hat der Herrschaft, die die Sünde mittels des Gesetzes über alle Sünder aufgerichtet hat, dadurch Einhalt geboten, daß er die Sünde ein für allemal verurteilte, als sie sich an der irdischen Existenz Jesu, seiner σάρξ, vergriff (s. o. S. 291 f.).

4.3.2.3 Dieses Handeln Gottes führt nach Paulus zu einer doppelten Konsequenz: Für jeden, der an den gekreuzigten und erhöhten Gottessohn als seinen Retter und Herrn glaubt, ist *Christus das Ende des mosaischen Gesetzes* (Röm 10,4), und zwar in dem Sinne, daß nach Jesu Sühnetod und Auferweckung niemand mehr mittels der Tora seine eigene Gerechtigkeit vor Gott begründen und damit selbst auf seinen Freispruch im Endgericht hinwirken kann; der jüdische Versuch, es dennoch zu tun, ist ebenso verblendet und nutzlos (vgl. Röm 10,1–4 mit 4QMTT 21,3.7). Es kann aber keine Rede davon sein, daß der Christus Gottes die durch seinen Sühnetod aus der Herrschaftsgewalt der Sünde Losgekauften (vgl. Gal 4,5) in die Freiheit zum Sündigen entließe. Nach Röm 8,3–17 gilt das genaue Gegenteil: Die Sendung des Sohnes Gottes und sein Opfergang haben das Ziel, die πιστεύοντες zu Tätern des Willens Gottes zu machen, wie er in der Tora offenbar geworden ist. *Christus ist für Paulus gleichzeitig ‚das*

Ende des Gesetzes' und der erhöhte Herr, der Gottes Hl.Willen neu in Geltung setzt und kraft des von ihm ausgehenden Geistes auch für die Erfüllung dieses Willens sorgt.

4.3.3 Die für den Apostel so entscheidend wichtige zweite christologische Bewegung läßt sich durch Verweis auf Röm 5,6–10 und 8,31–39 zusammenfassen: In der Sendung und dem Opfergang des Christus kommt die *Liebe Gottes* in unerhörter Weise zur Durchsetzung: Indem Gott aus freier Gnade heraus seinen eigenen Sohn in die Welt sendet und für die Gottlosen dahingibt, stellt er alle Formen des (der Antike wohlbekannten) Heroismus in den Schatten und führt eine Zeit und Situation herauf, in der die Glaubenden durch keine Gegenmacht mehr von der Liebe Gottes getrennt werden können, die in Christus, ihrem Herrn, lebendig ist.

4.4 Da Paulus auf die zweite Bewegung den Hauptakzent seiner Christologie legt, ist hier auch auf das *Verhältnis von Paulus und Jesus* einzugehen.

4.4.1 Auf den ersten Blick stellen sich Verkündigung und Lehre Jesu und die in Briefen überlieferte Botschaft des Paulus als zwei ganz unterschiedliche Überlieferungskomplexe dar. Im Zentrum der Verkündigung Jesu steht die Gottesherrschaft, von der Rechtfertigung ist nur andeutungsweise die Rede (vgl. Lk 18,9–14), und die Sinndeutung des Leidens und Sterbens Jesu war nur erst Gegenstand interner Jüngerbelehrung. Die Jesustradition ist von den μαθηταί in Form von Sprüchen, Gleichnissen und Geschichtserzählungen weitergegeben worden. Bei Paulus ist es umgekehrt: Seine Botschaft und Lehre ist in Form von (authentischen und sekundären) Briefen überliefert, das paulinische Evangelium hat die Gottesgerechtigkeit zum Gegenstand, Kreuz und Auferweckung Jesu stehen im Zentrum der Christologie, und von der βασιλεία τοῦ θεοῦ wird nur gelegentlich gesprochen (vgl. 1Thess 2,12; Gal 5,21; 1Kor 4,20; 6,9–10; 15,24.50; Röm 14,17). Der Apostel ist Jesus persönlich nicht begegnet, hat aber wahrscheinlich in Jerusalem Verurteilung und Kreuzigung Jesu aus der Ferne miterlebt (vgl. Apg 22,3). Nach Ostern hat er gegen den Stephanuskreis und dessen Tochtergründungen Front gemacht und ist erst nach seiner Berufung durch die Christen von Damaskus, Jerusalem und Antiochien direkt mit der Lehre und Verkündigung Jesu konfrontiert worden. *Zwischen Jesus und Paulus bestehen also markante überlieferungsgeschichtliche und theologische Unterschiede.*

4.4.2 Die in die Paulusbriefe eingewobenen Verweise auf Jesusworte (1Kor 7,10–11; 9,14; 11,23–25), auf den vorbildlichen Leidensgehorsam Jesu (2Kor 8,9; Röm 15,3; Phil 2,5) und auf seine im Kreuz gipfelnde Passion (Gal 3,1; 1Kor 1,23–24; 2,2.8; 11,23; 15,3–4) zeigen aber, *daß Paulus ein durchaus profiliertes Bild von Lehre, Wirken und Leiden Jesu hatte und daß die Worte des Κύριος für den Apostel hohe Autorität besessen haben.*

Man sollte dem Apostel ein solches Jesusbild nicht länger unter Verweis auf *2Kor 5,16* bestreiten: Der Vers belegt keineswegs, daß nach Paulus „selbst Christus nicht in seiner weltlichen Vorfindlichkeit ins Auge gefaßt werden (darf)" (R. Bultmann, Der zweite Brief an die Korinther, hrsg. von E. Dinkler, 1988[2], 158); in ihm ist auch keine erst nachträglich in den Text eingerückte „unpaulinische Glosse" zu sehen, „die im Sinne des gnostischen Dualismus den irdischen, leiblichen Jesus verwirft" (W. Schmithals, Einleitung in die drei ersten Evangelien, 1985, 109), und der Apostel wendet sich in 2Kor 5,16 auch nicht gegen christliche Gegner, die Jesus zum θεῖος ἀνήρ erhoben haben, um solche Auffassung als Propagierung eines bloßen ‚Christus nach dem Fleisch' zu kritisieren (H. Köster, Einführung in das NT, 1980, 561). *2Kor 5,16 bezieht sich auf die Kehre im Christusverständnis des Apostels selbst*: Als Verfolger der christlichen Gemeinde hat er in Jesus den ‚Verführer' Israels gesehen, der unter dem Fluch Gottes am Kreuz geendet hat (Dt 21,23); aber seit und aufgrund der ihm vor Damaskus von Gott eröffneten neuen Christuserkenntnis (2Kor 4,4–6; Phil 3,8) bekennt er ihn als messianischen Gottessohn und Herrn. 2Kor 5,16 ist darum (mit F. Lang, Die Briefe an die Korinther, 1986, 293f.) zu übersetzen: „Daher kennen wir von jetzt an niemanden mehr auf fleischliche Weise; und auch wenn wir Christus (früher) auf fleischliche Weise gekannt haben, so kennen wir ihn doch nicht mehr so."

4.4.3 Wenn man das Verhältnis von Paulus und Jesus von hier aus weiterbedenkt, muß man im Auge behalten, daß der Apostel das Evangelium nicht nur öffentlich verkündigt, sondern auch über Jahre hinweg *Gemeindeunterricht* erteilt hat. Die Nachrichten der Apostelgeschichte über den Unterricht des Paulus in Antiochien, Korinth und Ephesus (vgl. Apg 11,26; 15,35; 18, 7–11; 19,9–10) werden durch eigene Hinweise des Apostels auf seine Lehrtätigkeit bestätigt (vgl. z.B. 1Thess 4,1–2; 1Kor 4,17; 11,23; 15,1–2). Paulus war als Apostel auch urchristlicher Lehrer.

4.4.3.1 Eben diese Tatsache erlaubt eine plausible Antwort auf die immer neu gestellte Frage, weshalb sich in den Paulusbriefen *nur ganz wenige ausdrückliche Verweise auf Jesusworte finden und auch Anspielungen auf Herrenworte kaum oder gar nicht gekennzeichnet werden.*

Auf *Worte des Κύριος* verweist der Apostel ausdrücklich nur in 1Kor 7,10–11 (vgl. mit Mk 10,11–12Par), 1Kor 9,14 (vgl. mit Lk 10,7/ Mt 10,10) und in 1Kor 11,23–25 (vgl. mit Lk 22,19–20). – In 1Thess 4,15 leitet ἐν λόγῳ κυρίου wahrscheinlich kein Herrenwort ein, sondern es ist (parallel zum Sprachgebrauch in 1Kön 13,1; 21,35; 1Chron 15,15 LXX) an ein Paulus vom erhöhten Κύριος eröffnetes Offenbarungswort zu denken; darauf weist auch das Stichwort μυστήριον in 1Kor 15,51–52 hin (O. Hofius). Der Apostel erläutert das Offenbarungswort in V.16–17 mit Hilfe von apokalyptischer Jesustradition, die an Mt 24,30–31 erinnert. *Anspielungen auf Jesusworte* finden sich bei Paulus sehr viel häufiger (vgl. z.B. 1Thess 4,16–17; 5,1–2 mit Mt 24,30–31.36.43; Gal 6,2 mit Mt 5,43–48; 22,37–40; 1Kor 6,2 mit Lk 12,32 und 22,28–30; 1Kor 6,7 mit Mt 5,39–40; 1Kor 10,16–17 mit Mk 14,22–24; 1Kor 13,2 mit Mt 17,20; 1Kor 15,51–52 mit Mt 24,30–31 [und 1Thess 4,15–17, s.o.]; 2Kor 1,17 mit Mt 5,37; 2Kor 5,14 mit Mk 10,45Par; 2Kor 6,2 mit

Lk 4,19.21; 2Kor 13,1 mit Mt 18,16; Gal 4,6 und Röm 8,15 mit Mk 14,36; Röm 12,14 mit Lk 6,28/Mt 5,44; Röm 13,7 mit Lk 20,25; Röm 13,8–10 mit Mt 22,37–40; Röm 14,10 mit Lk 6,37/Mt 7,1; Röm 14,14 mit Mk 7,15.20Par; Röm 14,20 mit Lk 11,41; Röm 15,7 mit Lk 15,2; Phil 2,15 mit Lk 9,41/Mt 17,17 usw.). Da all diese Anspielungen nicht als solche gekennzeichnet werden, ist umstritten, ob dem Apostel und seinen Adressaten die Berührungen mit der Jesusüberlieferung überhaupt bewußt gewesen sind.

L. Goppelt hat darauf aufmerksam gemacht, daß die Spärlichkeit von Zitaten und Verweisen auf Jesusworte kein alleiniges Merkmal der Paulusbriefe ist.

„Lukas z.B. weist in keiner Missionspredigt der Apostelgeschichte auf Inhalte seines Evangeliums zurück; das einzige Jesuswort, das er in der Apostelgeschichte zitiert (Apg 20,35) ist ein Agraphon! Genausowenig führt der Verfasser des 1.Johannesbriefes das 4. Evangelium an. Selbst der 2.Clemensbrief, eine gegen Mitte des 2. Jh.s niedergeschriebene Homilie, verwendet die ihm zweifellos bekannte Evangelienüberlieferung kaum. Demnach kann auch Paulus die später in den synoptischen Evangelien niedergelegte Jesusüberlieferung gekannt haben, obgleich er sie nicht zitiert.“ Der von Goppelt skizzierte Befund ist auch für den Jakobusbrief und den ersten Petrusbrief gültig. Goppelt erklärt ihn aus dem Unterschied der vor und nach Ostern gegebenen hermeneutischen Situation: Das Wirken des irdischen Jesus und seine Weisungen waren „strikt auf seine besondere eschatologische Situation bezogen“, und es bedurfte jeweils erst einer Transformation, um Jesu Worte in die Situation der Gemeinde zu übertragen, „die für alle Richtungen vom Ostergeschehen ausgeht“ (Theologie d.NT, II, 370).

Versucht man den von L. Goppelt aufgewiesenen Befund zu erklären, scheidet angesichts der bis in den 2.Klemensbrief hinaufreichenden spärlichen Zitate von Jesusworten die Hypothese von W. Schmithals aus, „daß die synoptische Tradition über mehr als 100 Jahre frühkirchlicher Entwicklung eine im wesentlichen apokryphe Tradition war“ (Einleitung in die drei ersten Evangelien, 1985, 125). Wäre es so, würden die ausdrücklichen Verweise auf Evangelientradition im 1Klemensbrief, in 2Petr 1,16–17, in der Didache und bei Justin völlig unerklärlich; keiner dieser Zeugen läßt den Schluß zu, er nähme bei seinen Zitaten aus den Evangelien apokryphe Tradition auf! Statt die These von Schmithals weiterzuverfolgen, ist vielmehr zu bedenken, *daß die Evangelienüberlieferung einerseits und die apostolischen Briefe andererseits zu verschiedenen Textsorten gehören und unterschiedliche Funktion hatten.* Der apostolische Brief spricht seine Empfänger in aktueller Situation an und bot nur dann Anlaß, auf die Evangelientradition zu verweisen, wenn die Lage dies erforderte. Die Evangelientradition (und andere Lehrüberlieferungen) wurde(n) vor allem im urchristlichen Gemeindeunterricht gepflegt und durch διδάσκαλοι (vgl. Gal 6,6; 1Kor 12,28; Röm 12,7; Apg 13,1 usw.) weitergegeben. Auch Paulus war (zeitweilig) als solcher tätig. Er geht auf die Inhalte des von ihm (oder anderen Aposteln) erteilten Unterrichts nur dort ausdrücklich ein, wo sie strittig geworden, in Vergessenheit geraten oder zusätzlich zu erläutern waren (vgl. z.B. in 1Thess 4,1–2; 4,13–5,11; 1Kor 7,10–11; 9,14; 11,23–25; 15,1–11). Im Normalfall begnügt er sich mit bloßen Anspielungen an die Lerninhalte, und zwar in der Erwartung, daß sie von den Empfängern seiner Briefe erkannt und (in Erinnerung an den Gemeindeunterricht) entziffert werden; dazu laden z.B. Verweisformeln wie (ἀκριβῶς) οἴδατε (vgl. 1Thess 4,2; 5,2; 1Kor 6,2–3), ἢ ἀγνοεῖτε ὅτι (Röm 6,3) und οἴδαμεν γάρ (Röm 7,14) ausdrücklich ein.

Daß man die strittigen Befunde tatsächlich am besten unter Verweis auf das Gemeindekatechumenat erklären kann, belegen folgende Beispiele aus den Paulusbriefen: (1) Die ausführliche Paraklese von 1Thess 4,15–18, zu deren Entfaltung Paulus nachweislich (vor-)synoptische Tradition heranzieht (s. o.), wird vom Apostel in 1Kor 15,51–52 in ein Offenbarungswort (μυστήριον) zusammengefaßt, das von solcher Tradition ganz unabhängig zu sein scheint; die Korinther müssen es selbst in den katechetischen Zusammenhang einrücken, aus dem es erwachsen ist. – (2) Auf die katechetische Formel von 1Kor 15,3–5 verweist Paulus in Röm 6,17 nur mit dem Stichwort τύπος διδαχῆς in der Erwartung, daß die Christen in Rom von ihrem Taufunterricht her verstehen, welche ‚Gestalt von Lehre‘ der Apostel meint. – (3) Mit Anspielungen auf die Weisheitslehre, die ebenfalls Gegenstand des Gemeindeunterrichts gewesen ist, macht es Paulus genauso (vgl. 1Kor 1,21 und Röm 1,18–32 mit Weish 13–15). – (4) Auch Begründungen aus den Hl. Schriften macht der Apostel das eine Mal deutlich, das andere Mal nicht (vgl. 1Kor 7,39 mit Röm 7,1–3 [und Ps 88,6]; Phil 2, 10 mit Röm 14,11 usw.). – Bei der Entzifferung von Traditionen und Anspielungen in den Paulusbriefen ist in höherem Maße als bisher in der Forschung üblich auf das Faktum des urchristlichen Gemeindeunterrichts und die Kenntnisse zu reflektieren, die die Adressaten im Gemeindekatechumenat erworben haben.

Man kann erwägen, ob der Befund in den Paulusbriefen nicht auch aus der besonderen Situation des Apostels heraus zu erklären ist: Seit dem sog. antiochenischen Zwischenfall (vgl. Gal 2,11–21; Apg 15,36–41) bestanden zwischen Paulus, Petrus und den antiochenischen Missionaren Spannungen und war der Apostel ständigen Angriffen durch judenchristliche Gegenmissionare ausgesetzt, die die Lehre der Jerusalemer Altapostel höher schätzten als das paulinische Evangelium von der Rechtfertigung des Gottlosen. Paulus könnte angesichts des Streites mit diesen Gegnern betont selten auf Jesusüberlieferung zurückgegriffen haben, um sich möglichst unabhängig von der Lehre und Tradition der Jerusalemer Apostel zu erweisen. Da aber auch im Jakobus- und 1Petrusbrief keine direkten Verweise auf Jesusworte vorliegen, ist die angestellte Erwägung historisch nicht sehr wahrscheinlich.

4.4.3.2 Löst man Lehre und Leben des Paulus nicht künstlich aus ihrem historischen Wirkungsrahmen heraus, sondern läßt den Apostel wirklich den urchristlichen Zeugen und Lehrer sein, der er seit Damaskus war, und stellt man außerdem in Rechnung, daß er in Jerusalem und Antiochien in ständigem Kontakt mit Petrus und den anderen Kronzeugen der Jesustradition stand, kann man unmöglich von Unkenntnis oder gar Geringschätzung der Jesusüberlieferung bei Paulus sprechen. *Vielmehr gibt er in 1Kor 11, 23–25 und 15,1–11 direkt zu erkennen, daß er mit seiner Lehre vom Herrenmahl und vom Evangelium in einer Lehr- und Traditionskontinuität stand, die zu den vor ihm berufenen (Jerusalemer) Aposteln und von diesen zu Jesus selbst zurückreichte.*

Nimmt man 1Thess 4,16–5,2 (s.o.); Gal 3,1; 6,2; 1Kor 2,8; 7,10–11; 9,14; 10,16–17; 1Kor 15,22–28.45–49; 2Kor 8,9; 13,4 und Röm 5,12–21; 15,3 noch hinzu, zeigt sich, daß der Apostel nicht nur einzelne Jesusworte und Elemente der synoptischen Menschensohntradition, sondern auch die Grundzüge der Passionsüberlieferung (mit Einschluß der hinter 1Kor 15,4 stehenden Jerusalemer Grabestraditionen, s.o. S. 171ff.) gekannt hat. Er hat sogar über Traditionen von Jesu Erscheinungen sowie seiner Parusie verfügt, die über die synoptische (und johanneische) Überlieferung hinausgehen: Die Erscheinungsberichte in 1Kor 15,5–7 und die Schilderung der Parusie in 1Thess 4,16–17 haben in der Evangelienüberlieferung z.T. keine Entsprechungen. Wie Paulus die Worte Jesu für die Situation seiner Gemeinden aktualisiert hat, zeigen beispielhaft 1Thess 4,15–17 und 1Kor 7,10–11; 9,14.

In diesem Zusammenhang ist auch auf die interessanten *Querverbindungen* hinzuweisen, die *zwischen Paulus und der von Lukas* (s.o. S. 227f.) in seinem Evangelium und der Apostelgeschichte *gesammelten Tradition* bestehen: Zuerst fällt auf, daß sich der paulinische Abendmahlsbericht aus 1Kor 11,23–25 aufs engste mit Lk 22,19–20 berührt; es handelt sich offenbar um einen zur ‚Kultätiologie‘ umgebildeten Ausschnitt aus der (vor-)lukanischen Passionsgeschichte. Nicht minder auffällig ist, daß der Apostel bei seiner Anspielung auf Jesu Kreuzigung in 1Kor 2,6ff. genau dem Darstellungsschema und der Ausdrucksweise folgt, die sich auch in Apg 3,17; 13,27–28 findet (vgl. außerdem Lk 23,13.35; 24,20). Die Lehrüberlieferung von 1Kor 15,3–8 läßt sich von keinem anderen Textkomplex her besser illustrieren, als von Lk 24 und der Apostelgeschichte her. Röm 1,3–4 (s.o. S. 186ff.) gehen genauso wie Apg 13,23ff.32ff. davon aus, daß Jesu Weg von der Geburt bis zur Erhöhung zum ‚Sohn Gottes in Macht‘ im Lichte der Erfüllung von 2Sam 7,12.14 zu sehen ist. Röm 12,14 berührt sich dem Wortlaut nach besonders eng mit Lk 6,27–28Par. Wenn Paulus in Röm 13,1–7 überhaupt eine der synoptischen Versionen des Wortes Jesu von der Kaisersteuer im Blick gehabt hat, kommt einzig Lk 20,20–26 in Frage, weil nur Lk 20,22 eine Parallele zu φόρος in Röm 13,7 bietet. Röm 14,20 berührt sich ganz auffällig mit Lk 11,41 usw.- Man gewinnt von diesen Berührungen her den Eindruck, *daß Paulus seine Briefe in Kenntnis der im antiochenischen Missionsunterricht gebräuchlichen Jesustradition geschrieben hat, wie sie heute vor allem in den Lukasschriften zutagetritt.* Der Apostel ist aber nicht auf die (vor-)lukanischen Traditionen allein fixiert. Dies zeigen die oben zusammengestellten Zitate von und Anspielungen auf Jesusworte(n), die sich eng mit (vor-)markinischer und (vor-)matthäischer Tradition berühren (vgl. vor allem 1Thess 4,16–17; 5,1–2 mit der Textsequenz Mt 24,30–31.36.43–44 und dazu F. Neirynck, Paul and the Sayings of Jesus, 280).

4.4.3.3 Von Gal 3,1; 1Kor 1,23–24; 2,8; 11,23–25; 15,1–11 und 2Kor 13,4 her ist unverkennbar, daß der Apostel auch im Gemeindeunterricht sein christologisches Hauptaugenmerk auf Jesu Passion, Kreuzigung und Auferweckung gerichtet hat. Diese Akzentuierung erklärt sich einerseits daraus, daß Paulus die Heilsbedeutung der Sendung Jesu vor Damaskus erst und vor allem durch die Begegnung mit dem von Gott erhöhten Gekreuzigten erschlossen worden ist und er deshalb den Hauptinhalt des ihm anvertrauten Evangeliums in dem Χριστὸς ἐσταυρωμένος sah. Sie ergibt sich andererseits aber auch aus dem Umstand, daß die gesetzeskritische Christusverkündigung des Paulus von früh an durch Juden und Judenchristen scharf kritisiert worden ist, so daß er bis in den Römerbrief hinein immer neuen Anlaß hatte, auf ihre Hauptpunkte zurückzukommen.

4.5 Nach Paulus endet das Heilswerk Gottes in und durch Christus nicht mit dem Sühnetod und der Auferweckung Jesu. Vielmehr setzt mit der an Jesus im voraus verheißungsvoll verwirklichten ἀνάστασις νεκρῶν (vgl. 1Kor 15,4.20; Röm 1,4) *die dritte christologische Bewegung* ein. Sie beschreibt das Werk des erhöhten Christus bis zur Parusie.

4.5.1 Der Apostel kann sich auch bei der Skizzierung dieser dritten Bewegung auf alte Gemeindetraditionen stützen: Nach Röm 1,3–4 wurde Jesus mit der Auferweckung zum ‚Sohn Gottes in Macht‘ eingesetzt, und nach Röm 4,25 wurde er von Gott auferweckt διὰ τὴν δικαίωσιν ἡμῶν (s.o. S. 191). Auch die zweite Strophe des Philipperhymnus, Phil 2,9–11, spricht von der Erhöhung und dem Zukunftswerk Christi.

Die Verse lauten: „(9a) Darum auch hat Gott ihn zur höchsten Höhe erhoben (9b) und ihm geschenkt den Namen über alle Namen, (10a) damit unter Anrufung des Namens Jesu (10b) jedes Knie sich beuge der Himmlischen und Irdischen und Unterirdischen (11a) und jede Zunge lobpreisend bekenne: (11b) ‚Herr ist Jesus Christus!‘ (11c) – zur Ehre Gottes des Vaters" (Übersetzung von O. Hofius, Der Christushymnus Phil 2,6–11, 1991², 137).

Die Erhöhungsaussage von Phil 2,9 ist genauso in Jes 52,13–15; 53,11b–12 vorgezeichnet wie in Röm 4,25. Mit der Erhöhung seines zuvor in die Tiefe gesandten und am Kreuz dahingegebenen Sohnes richtet Gott seine Herrschaft auf: Der Gekreuzigte wird zum *Weltenherrscher* erhoben, und Phil 2,6–11 besingen „die Offenbarung der eschatologischen Königsherrschaft Gottes in der Erhöhung des gekreuzigten Jesus Christus" (O. Hofius, a.a.O., 65).

Kennzeichen dessen ist die Belehnung des Erhöhten mit dem Gottesnamen Κύριος und ihre an Jes 45,23 orientierte eschatologische Zielbestimmung. Mit dem ‚Namen über alle Namen‘ (Phil 2,9) ist die schon hellenistisch-jüdisch geläufige Wiedergabe von יהוה mit κύριος gemeint (vgl. Jes 42,8 und z.B. Dt 28,58; Ps 99,2–3; Tob 3,11; 2Makk 8,14–15; Jub 36,6–7). Als Träger dieses Namens ist der Κύριος Ἰησοῦς Χριστός Herrscher des Kosmos. Seine Herrschaft zielt darauf ab, daß die ἐπουράνιοι (d.h. die Engel), die ἐπίγειοι (d.h. die auf Erden lebenden Menschen) und die καταχθόνιοι (d.h. die Toten in der Unterwelt) zu seiner Anbetung geführt werden. Umfassender als in solch ungeschützter hymnischer Sprachform können Sein und Werk des erhöhten Christus nicht mehr beschrieben werden. An Phil 2,6–11 wird ein weiteres Mal deutlich, daß die Hl. Schriften des Alten Testaments den neutestamentlichen Zeugen die Dimensionen ihrer Christusverkündigung vorgegeben haben.

4.5.2 Will man sich im einzelnen vor Augen führen, worum es bei der Herrschaft des erhöhten Christus geht, lassen sich folgende Strukturmomente seiner κυριότης hervorheben:

4.5.2.1 Der gekreuzigte und erhöhte Christus ist zunächst und vor allem *Herr der Gemeinde*. Sie bekennt und betet ihn im Hl. Geist bereits gegenwärtig als den Κύριος an (1 Kor 8, 6; 12,3; Phil 2,6–11) und stellt damit jenen Teil des Kosmos dar, in dem die neue Zeit des Heils und die Herrschaft Gottes bereits angebrochen sind. Dem Herrn, der sie unter Aufopferung seines Lebens aus der Schuldknechtschaft unter der Sünde und dem Gesetz losgekauft hat, schuldet die Gemeinde überall und zu jeder Zeit Gehorsam (1 Kor 6,9–20; Röm 6,12–23), und sie ist zusammen mit ihm unterwegs auf seine (nahe) ἡμέρα, den Gerichtstag, zu (1 Thess 5,4–10; 1 Kor 7,29–31; Röm 13,11–14). Während der Κύριος im Geist bei ihr auf Erden ist (Röm 8,4–11), erflehen die Glaubenden bei den Feiern des Herrenmahls mit dem Gebetsruf μαραναθά bzw. ἔρχου κύριε Ἰησοῦ (vgl. 1 Kor 16,22; Apk 22,20; Did 10,6) Jesu endzeitliche Ankunft, die Parusie. Bei der παρουσία sollen die Glaubenden vor dem Gerichtsthron des Κύριος offenbar und in die ihm schon gegenwärtig eignende Lichtherrlichkeit verwandelt werden (2 Kor 5,10; Phil 3,20f.). Anschließend werden sie an der eschatologischen Herrschaft des Herrn teilhaben (Röm 5,17) und zusammen mit ihm das Weltgericht vollstrecken (1 Kor 6,2–3).

4.5.2.2 Nach 1 Kor 15,23–28 ist der auferstandene Christus der gemäß Ps 110,1 erhöhte, zur Rechten Gottes sitzende Κύριος und der (Menschen-) Sohn, dem Gott alles unterworfen hat (Ps 8,5–7). Sein Herrschaftsauftrag ist es, *alle Feinde Gottes zum Schemel seiner Füße zu machen*, und dieser Auftrag wird erst dann vollendet sein, wenn auch der ‚Erzfeind Gottes‘, der Tod, vernichtet und auf diese Weise die Verheißung von Jes 25,8; Hos 13,14 erfüllt sein wird (vgl. 1 Kor 15,26.54–57). Wenn der Tod in den Sieg des Christus hinein verschlungen sein wird, wird er Gott das All befriedet übergeben und sich selbst als Sohn dem Vater neu unterordnen (1 Kor 15,28). Die alttestamentlichen Präformationen dieser christologischen Lehre sind erneut mit Händen zu greifen. *Christus ist für Paulus der von Gott erhöhte und designierte Herr der Welt, dessen Herrschaft noch in der Entfaltung ist.* Seit seiner Auferweckung und Erhöhung ist er unterwegs, um die gottfeindlichen Mächte niederzuwerfen und die βασιλεία τοῦ θεοῦ vollends durchzusetzen.

Der Apostel nimmt in 1 Kor 15,23–28 Elemente aus Jesu eigener Lehre auf: Die Verbindung von Ps 110,1 mit Ps 8,7 ist dieselbe wie in Mk 12,36–37Par, und die Erwartung der Erhöhung und Bestellung zum messianischen Menschensohn-Weltenrichter gemäß Ps 110,1 ist für Jesu Zukunftserwartung ebenso charakteristisch wie die Ankündigung seiner Parusie. Besonders klar ist die Parallelität zwischen Jesu Parusieankündigung und der des Apostels in 1Thess 3,13; 4,16–17 (s. o. S. 122 ff.).

4.5.2.3 Die *Parusie* meint die endzeitliche Ankunft des erhöhten Christus. Die παρουσία τοῦ κυρίου wird sich am ‚Tage des Herrn' ereignen, der kommen wird ‚wie ein Dieb in der Nacht' (vgl. 1Thess 5,2 mit Mt 24,42–44). Bei der Parusie wird der Κύριος von ‚allen seinen Heiligen', d. h. den Engeln, begleitet (1Thess 3,13), und nach 1Thess 4,15–17 wird sie mit der ἀπάντησις, d. h. der feierlichen Einholung des aus den Himmeln herabkommenden Herrschers durch die Gemeinde, verbunden sein. Paulus erwartet die Parusie in Kürze (vgl. nur 1Thess 4,13–5,11; Röm 13,11–14) und sieht in ihr vor allem ein *Heilsereignis* mit umfassenden Konsequenzen: Für diejenigen Glaubenden, die sie noch zu Lebzeiten erfahren, wird sie die Verwandlung in die Lichtherrlichkeit mit sich bringen, und die bereits verstorbenen Christen werden am Tage des Herrn die leibliche Auferweckung von den Toten in Herrlichkeit erfahren (vgl. 1Thess 4,14–5,11; 1Kor 15, 50–57; Phil 3,20–21). *In und mit der Parusie wird sich also für die πιστεύοντες als wahr erweisen, daß Christus tatsächlich die ἀπαρχὴ τῶν κεκοιμημένων (1Kor 15,20) bzw. der πρωτότοκος ἐκ (τῶν) νεκρῶν (Röm 8,29; Kol 1,18; Apk 1,5) ist, an dessen Sein in Gottebenbildlichkeit sie teilhaben dürfen.*

4.5.2.4 In Röm 11,25–32 gibt Paulus zu erkennen, daß der (nach Abschluß der Völkermission) ‚vom Zion her' kommende Christus auch *die Errettung ganz Israels heraufführen und damit die messianische Heilsgemeinde aus Juden und Heiden vollenden* wird. Der Apostel stützt sich bei seiner kühnen Darstellung auf Gottes unverbrüchliche Heilsverheißungen in den Hl. Schriften (vgl. Röm 11,29).

Aus Dt 32,20–21.36.39.43 konnte Paulus erschließen, daß Gott nach dem über Israel verhängten Verstockungsgericht die Zeit der Errettung seines Volkes und der gemeinsamen Anbetung durch Juden und Heiden heraufführen werde (R. Bell). Die Errettung ‚ganz Israels' durch den ῥυόμενος und die Vergebung der Sünden für das Gottesvolk werden in Jes 45,17.25; 59,20; 27,9 angekündigt (vgl. auch TBenj 10,11 und mSan 10,1). Für den Apostel ist der Erlöser mit dem aus den Himmeln kommenden Gottes- (bzw. Menschen-)Sohn Jesus Christus identisch (vgl. 1Thess 1, 10). Auch der Ort der Parusie entspricht der Israel gegebenen (Land-)Verheißung: Wie Gott nach Röm 9,33; 15,12 mit der Sendung seines Sohnes zu Israel (und den Völkern) die Verheißung von Jes 8,14; 11,10; 28,16 erfüllt hat, werden sich mit der Parusie des Erlöser-Christus ἐκ Σιών Ps 50,2; Jes 2,2ff.; Mi 4,1ff. und die frühjüdische Erwartung erfüllen, daß der messianische Erlöser „auf den Gipfel des Zionberges treten" und dabei „Zion erscheinen und allen vollkommen erbaut offenbar werden wird" (vgl. 4Esr 13,35–36; Apk 21,2).

Der *messianischen Heilsgemeinde* werden all diejenigen angehören, die Gott in den Unglauben eingeschlossen hat, um sich ihrer in und durch Christus zu erbarmen (Röm 11,32). Das sind zuerst die zu dem von Gott zum Glauben erwählten πλήρωμα ἐθνῶν gehörigen Heiden (Röm 11,25), dann die Juden, die in Jesus Christus schon vor der Parusie den messianischen Erlöser erkannt haben (Röm 11,1–5), und schließlich jene Israeliten, von denen die Decke der Verstockung (erst) am Tage der Parusie des Christus genommen werden wird (vgl. Röm 11,25 mit 2Kor 3,14); sie werden dann Christus in derselben Weise als Herrn und Messias schauen und anerkennen können, wie Paulus ihn schon vor Damaskus hat schauen und anerkennen dürfen.

4.5.2.5 Da Christus von Gott gemäß Ps 110,1 und 8,7 zum Herrn und Richter der Welt bestellt ist (1Kor 15,25–28), wird mit seiner Parusie auch das *eschatologische Zorngericht* verbunden sein. Auf das Endgericht ist im Zusammenhang der paulinischen Christologie einzugehen, weil der Apostel in Röm 2,16 ausdrücklich betont, daß auch und gerade nach seinem Evangelium Gott die Welt am Jüngsten Tage durch Christus richten werde (zum Überlieferungscharakter von Röm 2,16 s. u. S. 324 f.).

Die Erwartung des Gerichts prägt die Paulusbriefe durchgängig (vgl. 1Thess 1,10; 5,9; Gal 6,7–8; 1Kor 3,12–15; 4,4–5; 2Kor 5,10; Röm 2,1–16; 14,10–12). Typisch biblisch ist dieses Gericht für Paulus kein Selbstzweck oder bloßer göttlicher Racheakt, sondern das am ,Tage des Herrn' (vgl. 1Thess 5,2; 1Kor 5,5; 2Kor 1,14; Phil 1,6.10; 2,16 mit Jl 4,14–17) stattfindende *Ereignis der endgültigen Durchsetzung der Heil und Wohlordnung schaffenden Gerechtigkeit Gottes gegenüber allen Mächten des Bösen,* die Gott die Herrschaft über die κτίσις streitig machen, ohne die er nicht Gott sein will (vgl. 1Kor 6,1–2.9–10; 15,24–28.54–57; Röm 8,38–39 u. a.).

Was *Zeitpunkt und Charakter des Endgerichts* anbetrifft, stellt die unsystematische Terminologie und Darstellungweise des Apostels in seinen (Gelegenheits-)Briefen vor ein kaum lösbares Interpretationsproblem: Paulus spricht nicht nur gleichzeitig vom Richterstuhl Christi *und* vom βῆμα τοῦ θεοῦ (2Kor 5,10; Röm 14,10), von dem zur Rechten Gottes sitzenden Christusrichter *und* dem als Fürsprecher für die Glaubenden vor Gott eintretenden Christus (Röm 8,33–34), sondern auch davon, daß die Christen dem Gericht unterliegen *und* zusammen mit den Engeln aktiv an ihm beteiligt sein werden: In 1Kor 6,2–3 erinnert er die Korinther daran, daß die Heiligen zusammen mit Christus „die Welt" bzw. die (gefallenen) „Engel richten werden" (vgl. Jud 6–7; 2Petr 2,4 und Gen 6,1–2), betont dann aber in 2Kor 5,10, daß „wir alle vor dem Richterstuhl des Christus offenbar werden müssen, damit jeder (Lohn) empfange für das, was er durch den Leib getan hat, es sei gut oder böse". Vollends kompliziert werden die Dinge, wenn der Apostel in 1Kor 15,23–24 verschiedene τάγματα (= Ränge, Gruppen) unterscheidet, die nacheinander der Auferstehung teilhaftig werden sollen: „(23)... als Erstling Christus; dann die, die zu Christus gehören, bei seiner Ankunft; (24) danach das Ende, wenn er die Herrschaft Gott, dem Vater, übergibt, wenn er alle Herrschaft und alle Gewalt und Macht vernichtet haben wird."

Den damit gegebenen Verständnisproblemen kann man nicht allein mit den (sachlich zutreffenden) Hinweisen begegnen, daß Paulus keine zusammenfassende Lehre vom Gericht entworfen hat, daß er nur aspektbezogen denkt und mit der frühjüdischen Überlieferung sowie der Jesustradition davon ausgeht, daß Gott den messianischen Menschensohn auf seinen Richterstuhl setzt, damit er in seinem Namen das Endgericht vollstreckt (vgl. äthHen 61,8; 62,2; Mt 25,31–46; Röm 2,16). Da Paulus im Gemeindeunterricht auch über die Endereignisse gesprochen hat – anders könnte er nicht gut in 1Thess 5,2 (mit αὐτοὶ γὰρ ἀκριβῶς οἴδατε) und 1Kor 6,2–3 (mit ἢ οὐκ οἴδατε ὅτι) an das Wissen seiner Adressaten appellieren – wird man auch zu bedenken haben, daß nach einigen frühjüdischen Texten und der Johannesoffenbarung dem Weltgericht eine messianische Heilszeit, an der nur erst die besonders Erwählten teilhaben dürfen, vorgeschaltet und das Endgericht erst auf den Zeitpunkt nach Ablauf dieser Zeit angesetzt wird (vgl. 4Esr 7,26–36; syrBar 29,1–30,5; Apk 20,1–15). Die Äußerungen des Apostels aus 1Thess 4,13–5,11; 1Kor 6,2–3 und 15,23–24 lassen sich befriedigend nur deuten, wenn Paulus diese gestaffelte Sicht der Endzeit gekannt und gutgeheißen hat. Paulus könnte demnach (wie Apk 19,19–20,10) mit der Parusie des Christus nur erst die Erwartung der Auferweckung der Glaubenden, ihrer Prüfung, Verwandlung und den Beginn des Bei-Christus-Seins (vgl. 1Thess 4,17; 1Kor 1,9; Phil 1,23) sowie die endgültige Konstitution der messianischen Heilsgemeinde aus Heiden und Juden (Röm 11,25–32) verbunden haben; und er wäre dann auch (wie Apk 20,11–15) davon ausgegangen, daß die Auferweckung aller Toten und das Weltgericht erst nach Abschluß der messianischen Heilszeit stattfinden werden. Man könnte dann sogar erwägen, Texte wie 1Thess 1,10; 3,13; 4,14–5,11; 1Kor 1,8–9; 4,4–5; 5,5; 2Kor 5,10; Röm 11,26–28 auf die Parusie und 1Kor 6,2–3; 15,25–28; Röm 2,1–16; 8,31–39; 14,10 u.a. erst auf die Endgerichtsereignisse zu beziehen. Aber ob dies richtig ist und die Gesamtsicht wirklich zutrifft, läßt sich angesichts der sporadischen Äußerungen des Apostels zum Thema nicht mit Sicherheit sagen.

Die wiederholte Rede von Christus als dem messianischen Weltenrichter schließt aus, daß Paulus die Erwartung einer kosmischen Allversöhnung gehegt hat, die am Ende der Zeiten alle Menschen und alle Kreatur mit Gott vereint. *An Christus vorbei und unabhängig von ihm kann nach dem Apostel niemand und nichts die βασιλεία ererben.* Die Christen dürfen bereits gegenwärtig im Geiste Christi Gott als ἀββᾶ anrufen und darauf vertrauen, daß ihre Bittgebete Gott durch den Erhöhten nahegebracht werden (Röm 8,15–16.26–27); dies gibt ihnen auch im Blick auf das noch bevorstehende Endgericht Heilsgewißheit: Sie dürfen hoffen, daß Christus auch dort vor Gott für sie eintreten und deshalb keine Macht der Welt mehr in der Lage sein wird, sie von Gottes Liebe in Christus zu trennen (Röm 8,28–39). Im Endgericht kann vor dem Gerichtsthron Gottes nur bestehen, wer an den erhöhten Christus glaubt und ihn von daher zum Fürsprecher hat. Den Ungläubigen und Feinden Gottes droht dagegen die Vernichtung (vgl. 1Kor 6,9–10; Röm 2,1–11 usw.).

4.6 Die dritte christologische Bewegung schwingt darin aus, daß der erhöhte Κύριος, wenn sein messianischer Herrschaftsauftrag vollendet ist, das All befriedet an Gott übergeben und sich selbst dem Vater neu unterordnen wird. Nach Phil 2,11 wird Christus alle geschaffenen Wesen zur Anerkennung seiner Herrschaft führen und eben damit der δόξα seines Vaters dienen, und nach 1Kor 15,28 liegt das eschatologische Ziel von Jesu κυριότης darin, daß Gott (τὰ) πάντα ἐν πᾶσιν sein wird.

Paulus gebraucht in 1Kor 9,22; 10,33; Kol 3,11 verwandte Formulierungen, die jeweils die umfassende Ganzheit eines Tuns oder Seins ausdrücken. 1Kor 15,28 erinnert außerdem an Allprädikationen aus hellenistisch-jüdischen Gebeten und Hymnen, in denen Gott als der παντοκράτωρ gerühmt wird (vgl. z.B. 1Chron 29,11.12.14.16; 2Esr 19,6 [= Neh 9,6]; grHen 9,5–6), und berührt sich inhaltlich mit Röm 11,36 und Kol 1,19–20. Von hier aus wird man das (τὰ) πάντα ἐν πᾶσιν ebenfalls in hymnischem Sinne verstehen dürfen. Grammatisch könnte (τὰ) πάντα Nominativ sein; dann würde Gott mit dem All in eins gesetzt. Solche Identifikation wäre zwar stoisch gut möglich, widerspräche aber der gesamtbiblischen und paulinischen Unterscheidung von Schöpfer und Schöpfung. (Τὰ) πάντα könnte auch adverbial verstanden werden; dann wäre gemeint, daß Gott ganz und gar bzw. allenthalben über alle Dinge herrscht. Das gäbe zwar sehr guten Sinn, doch ist solch adverbialer Gebrauch bei Paulus selten (vgl. nur noch Eph 4,15). Am besten faßt man deshalb (τὰ) πάντα (wie in 1Kor 10,33) als Beziehungsakkusativ auf und versteht 1Kor 15,28 in dem Sinne, „daß Gott in bezug auf alles in allem herrscherlich wirksam ist – in allem, d.h. in den πάντα, die nach Röm 11, 36 auf diese Vollendung seiner Schöpfung und seiner Heilsführung angelegt sind" (W. Thüsing, Gott u. Christus in d. paulinischen Soteriologie I, 1986[3], 246).

Wenn es um die kosmische Vollendung der Anbetung Gottes geht, gewinnt auch die Rede von der Unterordnung des Sohnes in 1Kor 15,28 klaren Sinn: Wenn das ihm von Gott übertragene messianische Zukunftswerk vollendet sein wird, wird der erhöhte Christus keine mit Gott konkurrierende Sonderstellung beanspruchen, sondern in Vollendung seines in Phil 2,6–11 besungenen Gehorsams den Lobpreis der Engel anführen, mit dem der Vater als der παντοκράτωρ in der vollendeten Schöpfung gepriesen wird (vgl. Jes 6,3 mit Apk 4,8; 11,15–19). *Von Phil 2,11 und 1Kor 15,28 her steht die gesamte Christologie des Apostels unter doxologischem Vorzeichen. Christus ist Sohn Gottes und wirkt als solcher nicht um seiner selbst, sondern um des Vaters willen, der ihn gesandt, ans Kreuz gegeben, erhöht und mit der Herrschaft über das All betraut hat.*

4.7 Wenn man die Christologie des Apostels insgesamt vor Augen hat und nachvollzieht, wie sie sich von der Präexistenz in drei großen Bewegungen bis zur doxologischen Subordination des Sohnes unter den Vater spannt, kann man versuchen, theologisch auf den Begriff zu bringen, worauf sie abzielt. Dabei ist zu bedenken, daß Christus nach Paulus sowohl das Werk der Schöpferweisheit Gottes (1Kor 1,30; 8,6), als auch des für Israel und die

Völker leidenden Gottesknechtes (Phil 2,6–11; 2Kor 5,21; Röm 4,25) sowie des messianischen Menschensohnes (1Kor 15,23–28) übertragen ist und Paulus vor Damaskus als ‚das Ende des Gesetzes' (Röm 10,4) begegnete. Die σοφία, der παῖς θεοῦ und der υἱὸς τοῦ ἀνθρώπου haben nach alttestamentlich-frühjüdischem Verständnis die Heil und Wohlordnung schaffende Gerechtigkeit Gottes ins Werk zu setzen. Diese Perspektive ist auch in der Verkündigung Jesu und der vorpaulinischen Christologie durchgehalten worden. Paulus hat sie aufgenommen und im Lichte der ihm zuteilgewordenen Christusoffenbarung umfassend ausgearbeitet. *Die Christologie des Apostels ist auf die Durchsetzung der Gerechtigkeit Gottes durch den Κύριος Ἰησοῦς Χριστός konzentriert. 1Kor 1,18–30; 15,1–11; 2Kor 5,18–21; Röm 1,1–6; 1,16–17; 3,21–26; 4,5.17.24–25; 5,6–11; 8,2–39; 9,30–10,17; 15,15–21 lassen erkennen, daß das Paulus anvertraute Evangelium Gottes von Jesus Christus genau hier sein Zentrum hat.* In der Christologie bündeln sich alle Einzelthemen der paulinischen Theologie, und sie umspannt alles, was der Apostel zu verkündigen und zu lehren hat. *Eine von der Christologie ablösbare und in sich selbständige Lehre von der Schöpfung, der Erlösung und den letzten Dingen (Eschatologie) kennt Paulus nicht.*

§ 21 Evangelium – Rechtfertigung – Glaube

Literatur: O. Betz, Jesus – Der Messias Israels, Ges. Aufs. I, 1987, 39–58; *J. Becker*, Paulus, 1989, 437ff.; *G. Bornkamm*, Paulus, 1987[6], 146–160; *ders.*, Der Lohngedanke im NT, in: *ders.*, Studien zu Antike u. Urchristentum, Ges. Aufs. II, 1959, (69–92) 90ff.; *C. Breytenbach*, Versöhnung, 1989; *R. Bultmann*, Artikel, πιστεύω, πίστις κτλ. ThW VI, 174–182.197–230; *ders.*, ΔΙΚΑΙΟΣΥΝΗ ΘΕΟΥ, in: *ders.*, Exegetica, 1967, 470–475; *H. Conzelmann*, Die Rechtfertigungslehre d. Paulus: Theologie oder Anthropologie? in: *ders.*, Theologie als Schriftauslegung, 1974, 191–206; *A. v. Dobbeler*, Glaube als Teilhabe, 1987; *G. Eichholz*, Die Theologie d. Paulus im Umriß, 1991[7], 215–236; *K. Hj. Fahlgren*, Şedaqa nahestehende und entgegengesetzte Begriffe im AT, 1932; *D. B. Garlington*, The Obedience of Faith, 1991; *J. M. Gundry Volf*, Paul and Perseverance, 1990; *K. Haacker*, Artikel: Glaube im AT u. NT, TRE XIII, 277–304; *F. Hahn*, Genesis 15,6 im NT, in: Probleme biblischer Theologie (G. v. Rad zum 70. Geburtstag), hrsg. von H. W. Wolff, 1971, 90–107; *R. Heiligenthal*, Werke als Zeichen, 1983; *O. Hofius*, Paulusstudien, 1989, 121ff.148ff.; *E. Jüngel*, Gottes umstrittene Gerechtigkeit, in: *ders.*, Unterwegs zur Sache, 1988[2], 60–79; *E. Käsemann*, Gottesgerechtigkeit bei Paulus, in: *ders.*, Exegetische Versuche u. Besinnungen II, 1964, 181–193; *ders.*, Rechtfertigung u. Heilsgeschichte im Römerbrief, in: *ders.*, Paulinische Perspektiven, 1969, 108–139; *K. Kertelge*, „Rechtfertigung" bei Paulus, 1971[2]; *ders.*, Artikel δικαιοσύνη, δικαιόω, δικαίωμα, EWNT I, 784–796. 796–807.807–810; *G. Klein*, Gottes Gerechtigkeit als Thema d. neuesten Paulus-Forschung, in: *ders.*, Rekonstruktion u. Interpretation,1969, 225–236; *K. Koch*, Wesen u. Ursprung d. „Gemeinschaftstreue" im Israel d. Königszeit, in: *ders.*, Spuren d. hebräischen Denkens, Ges. Aufs. I, 1991, 107–127; *ders.*, Artikel: ṣdq,

THAT II, 507–530; *K. Th. Kleinknecht,* Der leidende Gerechtfertigte, 1988²; *E. Lohse,* Die Gerechtigkeit Gottes in d. paulinischen Theologie, in: *ders.,* Die Einheit d. NT, 1973, 209–227; *H.-J. Hermisson – E. Lohse,* Glauben, 1978; *D. Lührmann,* Glaube im frühen Christentum, 1976; *U. Luz,* Theologia crucis als Mitte d. Theologie im NT, EvTh 34, 1974, 116–141; *H. Merklein,* Studien zu Jesus u. Paulus, 1987, 39ff.; *O. Michel,* Artikel: Evangelium, RAC VI, 1107–1160; *Chr. Müller,* Gottes Gerechtigkeit u. Gottes Volk, 1964; *G. v. Rad,* Theologie des ATs I, 1969⁶, 382ff.; *G. Nebe,* „Hoffnung" bei Paulus, 1983; *J. Reumann,* „Righteousness" in the NT, 1982; *E. P. Sanders,* Paul, 1991, 44ff.65ff.; *A. Schlatter,* Der Glaube im NT, 1982⁵, 323–418; *H. H. Schmid,* Gerechtigkeit als Weltordnung, 1968; *ders.,* Schöpfung, Gerechtigkeit u. Heil, ZThK 70, 1973, 1–19; *ders.,* Rechtfertigung als Schöpfungsgeschehen, in: Rechtfertigung, FS für E. Käsemann, hrsg. von J. Friedrich, W. Pöhlmann u. P. Stuhlmacher, 1976, 403–414; *U. Schnelle,* Gerechtigkeit u. Christusgegenwart, 1983; *W. Schrage,* Leid, Kreuz u. Eschaton, EvTh 34, 1974, 141–175; *G. Strecker,* Eschaton u. Historie, 1979, 183ff.229ff.; *P. Stuhlmacher,* Gerechtigkeit Gottes bei Paulus, 1966²; *ders.,* Das paulinische Evangelium I, 1968, 63–108; *ders.,* Das paulinische Evangelium, in: *ders.* (Hrsg.), Das Evangelium u. d. Evangelien, 1983, 157–182; *ders.,* Artikel: Evangelium, EKL I, 1217–1221; *ders.,* Versöhnung, Gesetz u. Gerechtigkeit, 1981, 87ff.166ff.; *ders.,* Sühne oder Versöhnung?, in: Die Mitte des NT, FS für E. Schweizer zum 70. Geburtstag, hrsg. von U. Luz und H. Weder, 1983, 291–316; *ders.,* Zur Predigt an Karfreitag, in: Anfänge d. Christologie, für F. Hahn zum 65. Geburtstag, hrsg. von C. Breytenbach u. H. Paulsen, 1991, 447–472; *ders.,* Adolf Schlatter als Paulusausleger – ein Versuch, ThBeitr 20, 1989, 176–190; *S. Vollenweider,* Freiheit als neue Schöpfung, 1989; *N. Walter,* Gottes Erbarmen mit „allem Fleisch" (Röm 3,20/Gal 2,16), BZ NF 35, 1991, 99–102; *H. Wildberger,* Artikel, 'mn, THAT I, 177–209; *M. Wolter,* Rechtfertigung u. zukünftiges Heil, 1978; *W. Zimmerli,* Atl. Prophetie u. Apokalyptik auf d. Wege zur „Rechtfertigung des Gottlosen", in: Rechtfertigung (s. o.), 575–592.

Mit den drei Begriffen Evangelium – Rechtfertigung – Glaube wird das Kernstück der paulinischen Missionstheologie bezeichnet. Εὐαγγέλιον, δικαίωσις und πίστις konstituieren gemeinsam das Heil, das Paulus zu verkündigen hat.

Die Beziehung von Evangelium, Rechtfertigung und Glaube ist auch von der Reformation als theologisch zentral bewertet worden und bestimmt seither die protestantische Theologie und Kirche in besonderer Weise. Angesichts dieser reformatorischen Hochschätzung der Relation von Wort und Glaube einerseits und der massiven Kritik, der die an der Reformation orientierte Paulusauslegung heute begegnet, andererseits (s. o. S. 239ff.) ist bei der Darstellung dessen, was Paulus unter Evangelium, Rechtfertigung und Glaube versteht, besondere Sorgfalt (und eine gewisse Ausführlichkeit) am Platze. Es ist nicht nur zuzusehen, welchen Rang und Inhalt das paulinische Evangelium, welche Dimensionen die Rechtfertigung und welche Eigenart und Bedeutung der Glaube an Jesus Christus nach Paulus haben, sondern es ist auch zu begründen, weshalb die Trias von Evangelium, Rechtfertigung und Glaube im Zentrum der paulinischen Theologie steht und daß es bei ihrer hohen Bewertung keineswegs um die Projektion reformatorischer Anschauungen ins Historische geht, die man heute besser hinter sich läßt, sondern daß die Reformatoren von Paulus gelernt haben, wie εὐαγγέλιον, δικαίωσις und πίστις zu bewerten sind.

Bei der Darstellung können wir uns bereits auf zwei Ergebnisse der vorangehenden Paragraphen stützen: Paulus ist während der Verfolgung der Gemeinde vor Damaskus dem erhöhten Christus als dem ‚Ende des Gesetzes' (Röm 10,4) begegnet, von ihm zum Apostel berufen und mit der Verkündigung des Evangeliums betraut worden (Röm 1,5). Seither steht und fällt er mit der Ausrichtung des εὐαγγέλιον (vgl. 1Kor 9,16). Von seiner Berufungserfahrung her legt Paulus bei der Verkündigung des Evangeliums den Hauptakzent auf die soteriologische Sinndeutung des Kreuzestodes und der Auferweckung Jesu. Er schließt sich dabei inhaltlich wiederholt dem Bekenntnis und Formelgut der vorpaulinischen Gemeinden an, gibt aber seiner gesamten Christusverkündigung einen speziellen gesetzeskritischen Akzent.

1. In Gal 1,11–23; 2Kor 4,1–6 und Röm 1,1–5 stellt Paulus heraus, daß ihm das *Evangelium* nicht durch menschliche Vermittlung zugekommen, sondern unmittelbar von Gott durch die Erscheinung Jesu Christi offenbart worden ist. Der Apostel darf und muß dem ihm offenbarten Evangelium dienen (Röm 15,16); es steht nicht zu seiner Disposition. Das εὐαγγέλιον ϑεοῦ (Röm 1,1) geht zwar in das menschliche Wort des Apostels ein und läßt es als Wort Gottes begegnen (1Thess 2,13; 2Kor 4,4–6; 5,20), geht aber nicht in der Predigt des Paulus auf. Sollte er jemals die Verkündigung des Evangeliums versäumen, würde er dem Fluch Gottes verfallen (1Kor 9,16), unter dem er bereits die Pseudoapostel stehen sieht, die ein anderes Evangelium und damit auch einen anderen Christus verkündigen als Gott offenbart hat (vgl. Gal 1,6–9; 2Kor 11,2–4.13–15). Während es im hellenistischen Kaiserkult immer neue εὐαγγέλια gibt (s.u.), kennen Paulus und die vor ihm berufenen Apostel nur das eine Evangelium Gottes von Jesus Christus, zu dessen Verkündigung sie durch die Erscheinung des erhöhten Christus berufen worden sind (vgl. 1Kor 15,1–11).

1.1 Paulus gibt der *Einsetzung des Evangeliums* durch Gott und der Berufung der Apostel zu seiner Verkündigung spezielle heilsgeschichtliche Tiefe und Kontur.

1.1.1 Die Einsetzung des Evangeliums ist nach Paulus ein *heilsgeschichtlicher Gnadenakt Gottes, der dem Glauben und der Heilserkenntnis der Gemeinde Jesu Christi vorangeht.* Man kann dies schön aus 1Kor 2,6–8 und Röm 1,1–5; 5,6–8; 16,25–26 ersehen: Gott hat von Uranfang an den Heilsratschluß gehegt, die Welt in und durch Christus zu retten (1Kor 2,7; Röm 16,25). Er hat ihn dann durch seine Propheten in den Hl. Schriften ankündigen lassen (Röm 1,2; 16,26). Als die Zeit dafür reif war, hat er ihn durch die Sendung seines Sohnes, dessen Preisgabe an den Kreuzestod und

Erhöhung zum ‚Sohn Gottes in Macht' ins Werk gesetzt (Gal 4,4–5; Röm 1,3–4; 15,8; 2 Kor 1,20). Diese Grundlegung des Evangeliums ereignete sich, als die Juden und Heiden, für die das göttliche Heilswerk geschah, noch in Unkenntnis Gottes und Frevel dahinlebten (1 Kor 2,8; Röm 5,6–8). Erst als der erhöhte Christus die Apostel berief und sie mit der Verkündigung des Glauben und Heilserkenntnis schaffenden Evangeliums betraute (Röm 1,5; 10,14–17), konnte und sollte das μυστήριον des Heilsratschlusses Gottes offenbar werden (Röm 16,26; 1 Kor 2,9–10).

1.1.2 Die Einsetzung des Evangeliums und die Berufung der Apostel gehören nach Paulus aufs engste zusammen (vgl. 1 Kor 1,17–25 und o. S. 243 ff.); in Röm 10,14–17 gibt er ihrer Sendung zur Verkündigung der Glaubensbotschaft heilsgeschichtliche Tiefe.

Röm 9,30–10,21 handeln von Israels Auflehnung gegen die Gottesgerechtigkeit in Christus. Von Röm 10,5 an stellt Paulus gegenüber, was Mose von der Gesetzesgerechtigkeit schreibt und was die Christus als Herrn bekennende Glaubensgerechtigkeit sagt: Während Mose vor die Forderung des Gesetzes stellt, erkennt die Glaubensgerechtigkeit in Dt 30,12–14 das heilschaffende Befehlswort Gottes in Christus. Es ergeht gegenwärtig in Form des ῥῆμα τῆς πίστεως, d. h. der Glaubenspredigt der Apostel (10,8). Sie weckt den Glauben und leitet die Gemeinde zum Bekenntnis an, daß Christus der Herr ist, den Gott von den Toten auferweckt hat. Dieses Bekenntnis führt zur endzeitlichen Errettung der Glaubenden (10,9–13).

Nachdem Paulus in 10,13 mit dem griechischen Bibeltext von Joel 3,5 festgestellt hat, daß jeder (Jude und Grieche), der den Namen des Herrn – d. h. für Paulus: den Namen des Κύριος ᾿Ιησοῦς Χριστός – anruft, gerettet werden wird, fährt er in 10,14–17 mit Blick auf die sich der apostolischen Glaubenspredigt verschließenden Juden in Form eines Kettenschlusses fort: „(14) Wie sollen sie nun freilich (den) anrufen, an den sie nicht geglaubt haben? Wie aber sollen sie (an den) glauben, auf den sie nicht gehört haben? Wie aber sollen sie hören, ohne einen, der verkündigt? (15) Wie aber sollen sie verkündigen, wenn sie nicht gesandt sind? Wie geschrieben steht: ‚Wie hochwillkommen sind die Füße derer, die Gutes verkündigen!' (Jes 52,7). (16) Aber nicht alle haben dem Evangelium gehorcht. Denn Jesaja sagt: ‚Herr, wer hat unserer Botschaft geglaubt?' (Jes 53,1). (17) (Es gilt) also: Der Glaube (kommt) aus der Botschaft, die Botschaft aber durch das Befehlswort Christi." Dem genauen Leser dieses Kettenschlusses fällt auf, daß Paulus in dem Zitat von Jes 52,7 in 10,15 gegen den hebräischen und griechischen Jesajatext nicht nur von einem, sondern von *mehreren* Freudenboten spricht, die Gutes verkündigen. Diese Abweichung hat Methode! Sie erklärt sich daraus, daß der von Paulus in 10,13 zitierte Vers Joel 3,5 in der LXX von mehreren εὐαγγελιζόμενοι spricht, οὓς κύριος προσκέκληται. Weil Paulus diese Aussage auf die Apostel bezieht und sich nach seinem rabbinisch-exegetischen Verständnis Joel 3,5 und Jes 52,7 gegenseitig erläutern, setzt er in 10,15 ebenfalls den Plural εὐαγγελιζόμενοι ein und bezieht damit auch Jes 52,7 auf die ἀπόστολοι. *Die Apostel sind also für Paulus die von Gott in Joel 3,5 LXX; Jes 52,7 angekündigten εὐαγγελιζόμενοι, und einer von ihnen ist Paulus selbst (Röm 1,5).* Das ihnen anvertraute Evangelium ist nach dem Zitat von Jes 53,1 in Röm 10,16 die ἀκοή

(Botschaft) von Christus als dem leidenden und erhöhten Gottesknecht, die Israel bisher (mehrheitlich) nicht annimmt. Röm 10,17 stellt einen apostolischen Lehrsatz dar und besagt, daß diese Botschaft den Aposteln vorgegeben wurde; sie ist ihnen διὰ ῥήματος Χριστοῦ, d.h. durch das Auftragswort des erhöhten Christus, eröffnet worden. Der erhöhte Christus hat sein ῥῆμα an die Apostel ergehen lassen, dieses Wort ist in ihre Glaubenspredigt (τὸ ῥῆμα τῆς πίστεως ὃ κηρύσσομεν 10,8) eingegangen, und diese wird von der Glaubensgerechtigkeit als das in Dt 30,14 gemeinte ‚nahe Wort' vernommen (vgl. 10,8 mit 10,17).

Im Evangelium faßt sich für Paulus der endgültige Heilswille Gottes in Christus zusammen. Gott hat das εὐαγγέλιον in der Sendung, im Leidensweg und der Erhöhung seines Sohnes begründet, und dieser hat die Apostel selbst mit seiner Verkündigung betraut. Durch das Auftragswort des erhöhten Christus geht das Evangelium in die Glauben schaffende Predigt der Apostel ein und läßt jeden Menschen am endzeitlichen Heil teilgewinnen, der Christus als Herrn und Retter bekennt.

Die Sprache des Apostels in Röm 10,14–17 rückt das paulinische Verständnis von Evangelium und Apostolat in einen bis in die Jesuszeit zurückreichenden Traditionszusammenhang ein und läßt damit auch den entscheidenden Unterschied zwischen dem urchristlich-apostolischen Gebrauch von (τὸ) εὐαγγέλιον und den Evangeliumsbotschaften im hellenistisch-römischen Kaiserkult erkennen. In den Kaiserinschriften sind τὰ εὐαγγέλια die guten Nachrichten von der Geburt, dem Herrschaftsantritt, den Siegen und Wohltaten des Kaisers, für die man Dankopfer darbringt (vgl. z.B. die Kalenderinschrift von Priene, Suppl. Epigr. Graec.4, 1930, 90 Nr. 490). Für Paulus und die vor ihm berufenen Apostel steht es ganz anders! Nach Jes 52,7 (und Nah 2,1) kündigt der von Gott gesandte Freudenbote (מְבַשֵּׂר) Israel und der Welt den nahe bevorstehenden Anbruch der Gottesherrschaft an (vgl. Jes 40,9); Träger dieser Botschaft kann nach Jes 61,1–3 auch der mit dem Geist Gottes gesalbte Prophet sein. Jes 52,7 (Nah 2,1) und 61,1–3 sind im Frühjudentum z.T. endzeitlich-messianisch interpretiert worden (vgl. 11QMelch 2,6.15ff. und das Fragment aus 4Q in BARev 17, 1991 [No. 6], 65). Nach Mk 1,14–15Par; Lk 4,16–21; 7,18–23Par hat Jesus Jes 52,7 und 61,1–2 auf seine eigene Person und Botschaft von der Gottesherrschaft bezogen. An der Verkündigung dieser Botschaft hat er vor Ostern seine Jünger (auf Zeit) beteiligt (Lk 9,1–6Par). Seinen Opfergang hat er ihnen von Jes 43,3–4 und 53,11–12 her zu verdeutlichen gesucht (vgl. Mk 9,31; 10,45; 14,24Par). Mit den Ostererscheinungen sind dieselben Jünger von dem zur Rechten Gottes erhöhten Christus zu Aposteln bis zur Parusie, d.h. auf Lebenszeit, berufen worden. Ihre Botschaft ist nun nicht mehr nur Jesu εὐαγγέλιον τῆς βασιλείας (vgl. Mt 4,23; 9,35; 24,14), sondern das Evangelium von Gottes Herrschaft, die er durch die Sendung, den Opfergang und die Erhöhung Jesu zum Herrn und Christus bereits verheißungsvoll aufgerichtet hat. Dieses Evangelium ist schon in Jerusalem in einer Lernformel zusammengefaßt worden. Paulus sah sich durch seine Damaskusepiphanie in die Reihe der apostolischen εὐαγγελιζόμενοι gestellt, denen vom erhöhten Christus aufgetragen worden ist, das Evangelium zu verkündigen (Röm 10,14–17), und er hat nach 1Kor 15,1–11 die Jerusalemer Formel übernommen.

1.1.3 Während 1 Kor 15,1–11 und Röm 10,14–17 der Einsetzung des Evangeliums heilsgeschichtliche Tiefe geben, erhält sie von 2 Kor 3,4–18 und 5,18–21 her erwählungsgeschichtliche Kontur. *Paulus sieht in der Einsetzung des Evangeliums ein buchstäblich epochales Ereignis: Gott löst mit der Aufrichtung des ‚Wortes von der Versöhnung‘ die am Sinai erlassene alte ‚Verpflichtung‘ ab und bringt Jer 31,31–34 zur Erfüllung. Gesetz und Evangelium stehen sich darum gegenüber wie* παλαιὰ διαθήκη *und* καινὴ διαθήκη.

O. Hofius hat in seinem Aufsatz: „Gott hat unter uns aufgerichtet das Wort von der Versöhnung" (2 Kor 5,19), in: *ders.*, Paulusstudien, 1989, 15–32, herausgearbeitet, daß man 2 Kor 5,19 nicht, wie oft versucht, von Ps 104,27(LXX) her deuten kann (vgl. z. B. H. Windisch, Der zweite Korintherbrief, 1924, 194), weil dort aller Wahrscheinlichkeit nach nicht von der Einsetzung der Verkündigung, sondern von der Verwirklichung der durch Mose und Aaron angekündigten Wunderzeichen die Rede ist, die in Gestalt der Plagen über die Ägypter kamen. Die paulinische Formulierung καὶ θέμενος ἐν ἡμῖν τὸν λόγον τῆς καταλλαγῆς läßt sich nach Hofius besser in Entsprechung zu Ps 77,3–7(LXX) verstehen. In Ps 77,5(LXX) heißt es: „Er (= Gott) stellte ein Zeugnis auf in Jakob, eine Weisung richtete er auf in Israel." Genau parallel dazu redet Paulus in 2 Kor 5,19 von der Aufrichtung des Evangeliums als dem ‚Wort von der Versöhnung‘: „Wenn Paulus in 2 Kor 5 von der ‚Aufrichtung‘ des λόγος τῆς καταλλαγῆς in der Kirche und von seiner Verkündigung durch die Apostel spricht, so geschieht das in bewußter Antithese zu der ‚Aufrichtung‘ des Gesetzes in Israel und seiner Kundgabe durch Mose und die Väter. Damit wird im Hintergrund von 2 Kor 5,18–21 noch einmal jene Gegenüberstellung sichtbar, die im Rahmen der Darlegungen von 2 Kor 2,14–4,6 expressis verbis zur Sprache gekommen ist: die Gegenüberstellung von παλαιὰ διαθήκη und καινὴ διαθήκη, von Tora und Evangelium, von mosaischer διακονία und apostolischer διακονία" (Hofius, a. a. O., 27). C. Wolff, Der zweite Brief des Paulus an die Korinther, 1989, 130 f., hält es für sachlich kaum möglich, daß Paulus in 2 Kor 5,19 von der Einsetzung des Evangeliums in Analogie zu der klassisch-griechisch und hellenistisch-jüdisch feststehenden Wendung νόμον τιθέναι bzw. τίθεσθαι = ‚ein Gesetz geben‘ spricht. Er verweist statt dessen (mit M. Wolter, Rechtfertigung u. zukünftiges Heil, 1978, 82 f.) auf die Wendung τιθέναι τοὺς λόγους ἐν τῷ στόματι in 2 Reg 14,3.19; 2 Esr 8,17 (= 2 Sam 14,3.19; Esr 8,17) und kommentiert: „Paulus erwähnt den Mund nicht, sondern schreibt: ‚in uns‘ und bringt damit zum Ausdruck, daß die anvertraute Botschaft sein ganzes inneres Wesen erfaßt hat (vgl. ähnlich Jes 63,11)." So wertvoll dieser Hinweis ist, so wenig sollte man die antithetische Entsprechung von Gesetzgebung (am Sinai) und Einsetzung des Evangeliums durch Gott abschwächen (s. u.).

In 2 Kor 3,4–18 unterscheidet Paulus auf dem Hintergrund von Jer 31,31–34; Ez 37,26 und – vor allem – Ex 34,29–35 zwischen der διακονία der ‚alten Verpflichtung‘, mit der Mose, und dem Dienst der ‚neuen Verpflichtung‘, mit dem er selbst von Gott betraut worden ist. Mose ist Mittler des Gesetzes, und Paulus der Apostel, der dem Evangelium zu dienen hat (vgl. auch Röm 15,16). Beide διακονίαι unterscheiden sich fundamental. Das

γράμμα der Tora, dem Mose dient, tötet, indem es die Sünder der κατάκρισις, d.h. dem endzeitlichen Verdammungsurteil, zuführt. Aber das dem
Evangelium innewohnende πνεῦμα, dem Paulus dient, schafft ewiges Leben,
weil Christus mit ihm identisch ist (2Kor 3,17). Er bewahrt die Sünder vor
der κατάκρισις, indem er sie vor Gott in die Gerechtigkeit und Freiheit stellt.
Sowohl der διακονία des Mose als auch der des Apostels eignet von Gott her
δόξα, aber die Herrlichkeit der die παλαιὰ διαθήκη ablösenden und (ewig)
bleibenden neuen διακονία überstrahlt die der alten, von Gott selbst zum
Vergehen bestimmten, bei weitem und stellt sie regelrecht in den Schatten
(2Kor 3,10).

Bis zum Tage der Parusie laufen die beiden διακονίαι noch nebeneinander her und
vertiefen damit das uns schon bekannte Schema der christlichen Existenz in zwei
Zeiten (s.o. S.289): Während die Glaubenden die vom Evangelium ausgerufene
Versöhnung bereits empfangen haben, in der Freiheit stehen und dem Κύριος ’Ἰησοῦς Χριστός dienen, wird in den Synagogen noch die Tora verlesen und liegt die
Decke des Unverständnisses und der Verstockung auf den Sinnen derer, die der
ἀνάγνωσις (Verlesung) des Mose lauschen. Sie können daher das Evangelium noch
nicht verstehen und stehen der Botschaft des Apostels, die die Herrlichkeit Christi
widerstrahlt (2Kor 3,18; 4,4–6), unverständig und widerwillig gegenüber.

1.2 *Inhalt des Evangeliums* ist nach Paulus der von Gott gesandte, dem
Kreuzestod überantwortete und erhöhte Christus. Dies ergibt sich aus
Gal 1,16 ebenso klar wie aus 1Kor 1,18–25; 2,2; 15,1–5; 2Kor 4,4–6;
5,18–21; Röm 1,1–5.16–17; 3,21–26; 10,16; 15,16–19. Paulus spricht daher
abwechselnd von ‚das Evangelium verkündigen‘ (1Kor 1,17; 15,1) und von
‚Christus verkündigen‘ (1Kor 1,23; 15,12). Bei der Angabe des Inhalts des
Evangeliums schließt sich der Apostel teilweise bewußt an vorpaulinische
Formeltraditionen an, prägt aber auch eigene Formulierungen, in denen sein
Verständnis von Evangelium besonders deutlich zum Ausdruck kommt.

1.2.1 Wenn der Apostel in 1Kor 15,1–5 das Evangelium mit der Jerusalemer
Lehrtradition von V.3–5 gleichsetzt, wenn er den Inhalt des Evangeliums
Gottes in Röm 1,3–4 mit Hilfe einer judenchristlichen Christusformel be-
schreibt und wenn er in Röm 10,16–17 auf die vom erhöhten Christus
autorisierte ἀκοή von Jes 53,1 abhebt (s.o.), bringt er zum Ausdruck, daß er
kein anderes Evangelium als alle anderen Apostel verkündigt. Auch er pre-
digt den einen Christus, in dessen Sendung die Verheißungen Gottes zur
Erfüllung kommen (Röm 15,8; 2Kor 1,20), der als Gottesknecht für unsere
Sünden gestorben ist, der begraben, am dritten Tage auferweckt und zum
Sohn Gottes in Macht erhöht wurde und der dem Kephas und allen anderen
Aposteln mit Einschluß des Paulus vom Himmel her erschien, um sie neu in
Dienst zu nehmen und mit der Verkündigung des Evangeliums zu betrauen.

1.2.2 An anderen Stellen formuliert Paulus eigenständiger. Für ihn ist das von Gott gegenüber der Tora vom Sinai neu aufgerichtete Evangelium ‚das Wort von der Versöhnung' (2Kor 5,19), ‚das Wort vom Kreuz', an dem die Weisheit dieser Welt zuschanden wird (1Kor 1,18–25), oder die Gottesmacht, durch die Gottes Gerechtigkeit für jeden, der glaubt, offenbar wird (Röm 1,16–17). Diese drei Definitionen von εὐαγγέλιον interpretieren einander wechselseitig.

1.2.2.1 Nach *2Kor 5,19* ist das Evangelium Gottes der λόγος τῆς καταλλαγῆς, d.h. das *‚Wort von der Versöhnung'*.

Die Verben καταλλάσσειν = versöhnen (1Kor 7,11; 2Kor 5,18–20; Röm 5,10), ἀποκαταλλάσσειν = versöhnen (Eph 2,16; Kol 1,20.22) und das Nomen καταλλαγή = Versöhnung (2Kor 5,18–20; Röm 5,11; 11,15) werden im Neuen Testament erst und nur in den Paulusbriefen theologisch gebraucht. Diese neue Begrifflichkeit signalisiert ein spezifisch paulinisches Interesse: Der Apostel und seine Schüler verwenden sie, um *die Gottestat der Versöhnung und den gegenwärtigen Heilsgewinn zu bezeichnen, der für die Glaubenden aus dieser Gottestat erwächst.* - In der außerbiblischen Gräzität und im hellenistischen Judentum wird von „Versöhnung" vor allem in Texten gesprochen, in denen es um den privaten oder politischen Friedensschluß zwischen bislang verfeindeten Menschen(gruppen) geht (vgl. so auch 1Kor 7,11). In hellenistisch-jüdischen Texten ist aber auch schon die Rede davon, daß Gott durch die Fürbitte von Menschen bewegt wird, von seinem Zorn abzulassen und sich mit einzelnen Menschen oder Israel insgesamt zu versöhnen (vgl. z.B. 2Makk 7,33; Philo, VitMos 2,166; Josephus, Ant 3,315; JA 11,18). Während hier von einer Versöhnung die Rede ist, die durch menschliche Einwirkung auf Gott angestoßen und bewirkt wird, sprechen die neutestamentlichen Versöhnungstexte von der durch Gott selbst aus freier Gnade heraus ins Werk gesetzten Versöhnung; *nicht Menschen versöhnen sich mit Gott, sondern sie werden mit ihm versöhnt, indem Gott durch Christi Sühnetod Rechtfertigung und Versöhnung für die Gottlosen heraufführt* (2Kor 5,18–19).

C. Breytenbach hat in seiner Monographie: Versöhnung, 1989, den gesamten antiken, hellenistisch-jüdischen und neutestamentlichen Gebrauch von δι- und καταλλάσσειν, καταλλαγή usw. untersucht. Nach seiner Sicht hat Paulus mit dem hellenistisch-jüdischen Wortgebrauch wenig gemein, vielmehr nimmt er in 2Kor 5,18–21; Röm 5,1–11 die profanpolitische Rede von Versöhnung auf, um sein (umstrittenes) Apostelamt und das Evangelium in neuem Licht erscheinen zu lassen. Außerdem muß man nach Breytenbach beachten, daß „trotz der gegenteiligen Annahme zahlreicher Studien zur neutestamentlichen soteriologischen Terminologie ἱλάσκεσθαι und καταλλάσσειν keine sinnverwandten Wörter (sind)" (a.a.O., 99). Man darf sich deshalb nicht dazu verleiten lassen, die mit ἱλάσκεσθαι, ἱλασμός und ἱλαστήριον κτλ. ausgedrückte Sühne (unter dem Einfluß der deutschen Worte ‚Versöhnung' [Versühnung] und ‚versöhnen' [versühnen]) ohne weiteres mit der καταλλαγή gleichzusetzen. Sühne und Versöhnung sind vielmehr zunächst semantisch und überlieferungsgeschichtlich zu unterscheiden, und erst wenn dies geschehen ist, ist kritisch zu fragen, ob und auf welche Weise Paulus beide in 2Kor 5,18–21; Röm 5,1–11 (und Kol 1,20) miteinander verbindet.

Der λόγος τῆς καταλλαγῆς gründet nach 2Kor 5,18–21 in Gottes endzeitlicher Versöhnungstat: Gott war in Christus und hat die Welt mit sich versöhnt (5,19), und zwar dadurch, daß er seinen Sohn in die Welt sandte und ihn, der keine Sündenschuld trug, für uns zum Träger der Sünde (d. h. zum Sündopfer) gemacht hat, damit wir kraft dieser (inkludierenden) Sühnetat an der Gerechtigkeit Gottes teilgewinnen (5,21 [s. o. S. 195]; vgl. auch Röm 8,3). *Das Evangelium ist ‚Wort von der Versöhnung‘, indem es von dieser göttlichen Versöhnungstat heilswirksam Kunde gibt.* Eine Trennung von Sühne und Versöhnung nimmt Paulus in 2Kor 5,18–21 nicht vor. Er ruft seine Adressaten als apostolischer Gesandter (πρεσβευτής) des erhöhten Christus dazu auf, sich mit Gott versöhnen zu lassen, d. h. sich dem Evangelium zu öffnen und die von Gott ohne ihr Zutun durch Jesu Sühnetod gewirkte Versöhnung im Glauben zu empfangen (vgl. 2Kor 5,18.20 mit Röm 5,6–11).

C. Breytenbach (Versöhnung, 80) hält es für wahrscheinlich, „daß die Verwendung der Versöhnungsterminologie bei Paulus eine Übertragung einer ursprünglich diplomatischen Vorstellung auf das Verhältnis Gott-Mensch bzw. Gott-Apostel ist". Er möchte 2Kor 5,18–6,2 ganz von der hellenistischen Vorstellung des Friedensschlusses zwischen kriegerisch verfeindeten Parteien her deuten: Paulus will sich nach Breytenbach den Korinthern in seinem apostolischen Amt als Friedensgesandter Christi darstellen, der die Aussöhnung zwischen Gott und den Menschen heraufzuführen sucht, die sich als Feinde gegenüberstehen (vgl. Röm 5,10). Der Apostel unterbreitet seinen Hörern im ‚Wort von der Versöhnung‘ das göttliche Friedensangebot und ruft sie zur Annahme dieses Angebots mit dem Versprechen auf, daß Gott jeden, der es annimmt, neu schaffen werde (a. a. O., 65.179f.). – Diese Auslegung wird sich aus zwei Gründen nicht halten lassen. (1) Breytenbach läßt bei seiner Deutung außer acht, daß sowohl von Philo (VitMos 2,166; QuaestEx 2,49) als auch von Josephus (Ant 3,315) *Mose* als μεσίτης und καταλλάκτης zwischen Gott und dem Volk Israel dargestellt wird. Da Paulus in 2Kor 2,14–7,4 seinen Dienst am Evangelium in antitypische Beziehung zum Amt des Mose setzt und Gesetz und Evangelium wie παλαιὰ διαθήκη und καινὴ διαθήκη gegenüberstellt, ist auch seine Selbstdarstellung in 2Kor 5,18–6,2 zuerst auf diesem Hintergrund zu verstehen. Er sieht sich (und alle Apostel) mit einer διακονία beauftragt, die der des Mose vergleichbar ist, sie aber ablöst und übertrifft. Während Mose Gott für das (nach Ex 32) von Gott abgefallene Volk um Vergebung und Versöhnung bitten mußte, dienen Paulus und die ἀπόστολοι dem erhöhten Christus in der Weise, daß sie zum Empfang der von Gott durch Christus bereits verwirklichten Versöhnung einladen. (2) Die καταλλαγή ist nach Paulus weit mehr als nur ein Versöhnungsangebot Gottes, das erst mit seiner Annahme durch die Menschen rechtskräftig wirksam wird. Nach Röm 5,6–11 hat Gott die Versöhnung bereits zu einer Zeit heraufgeführt, als ihre Empfänger noch gottlose Sünder waren. Sie war als Gottes Tat und Werk bereits vor der πίστις ihrer Adressaten auf dem Plan und bleibt von Gott her eschatologisch gültig, ob sie durch Menschen angenommen wird oder nicht. Für die Menschen geht es nur darum, ob sie im Glauben an das Evangelium gegenwärtig schon an der καταλλαγή Anteil gewinnen, oder ob sie im Unglauben das Evangelium abweisen und so im Stand des Unversöhntseins mit Gott verharren.

319

Von Versöhnung spricht Paulus auch in Röm 5,1–11, und zwar so, daß καταλλαγή das Ergebnis der Rechtfertigung der Glaubenden durch den Sühnetod Jesu bezeichnet. Das εἰρήνην ἔχειν πρὸς τὸν θεόν von Röm 5,1 wird in 5,11 mit καταλλαγὴν λαβεῖν gleichgesetzt. Nimmt man 2Kor 5,18–6,2 und Röm 5,1–11 zusammen, ist καταλλαγή für Paulus zusammenfassender Ausdruck (1) für die geschichtliche Gottestat der Sendung Christi als Sühnopfer und der mit diesem Opfer begründeten Rechtfertigung und (2) für das Resultat jener Gottestat, die das Evangelium den Glaubenden darreicht: Sie erfahren die endzeitliche Erneuerung ihres Gottesverhältnisses und stehen (als Glieder der Gemeinde Jesu Christi) Gott schon gegenwärtig nicht mehr als noch abzuurteilende, feindliche Sünder, sondern als δικαιωθέντες im Frieden gegenüber. Der Empfang dieser Versöhnung erfüllt sie im Blick auf das Endgericht mit der Hoffnung, auch dann durch den lebendigen Christus vor der Nichtung durch den Zorn Gottes bewahrt zu werden. *Die καταλλαγή hat also für Paulus umfassende soteriologische Bedeutung. Der Apostel faßt Sühne und Rechtfertigung unter dem Vorzeichen der Versöhnung zusammen und prägt damit einen theologischen Begriff von hoher biblisch-theologischer Integrationskraft.* In der Tat sind (ἐξ)ἱλάσκεσθαι und ἱλαστήριον (mit C. Breytenbach) semantisch von καταλλαγή und καταλλάσσειν zu unterscheiden, aber die deutschen Worte Versöhnung (Versühnung) und versöhnen (versühnen) drücken trotzdem sehr präzis aus, worum es nach Paulus (und Kol 1,15–20) von Gott her bei der Sendung Jesu gegangen ist und geht: um die endzeitliche Neubegründung der εἰρήνη zwischen der Schöpfung und ihrem Schöpfer durch den Sühnetod und die Auferwekkung Christi.

1.2.2.2 In *1Kor 1,18–25* nennt Paulus das ihm anvertraute Evangelium den λόγος τοῦ σταυροῦ, das Wort vom Kreuz. Der Apostel hat bei dieser Begriffsbildung zwei Aspekte des Kreuzesgeschehens im Auge, die gemeinsam *die paulinische Kreuzestheologie* ausmachen. Er denkt zunächst an das Ereignis der Kreuzigung Jesu, durch das Gott die ἀπολύτρωσις der endzeitlichen Heilsgemeinde aus Juden und Heiden (und der Schöpfung insgesamt) verheißungsvoll heraufgeführt hat; dieses Ereignis wird im Evangelium als endzeitliche Heilstat Gottes schlechthin ausgerufen (vgl. 1Kor 1,13.30; 2,2.7–8.12 usw.). Paulus hat aber auch die diakritische Wirkung des Kreuzes und der apostolischen Verkündigung des gekreuzigten Messias im Blick. Am Evangelium als dem Wort vom Kreuz scheiden sich die Geister in zwei Gruppen: in solche, die den λόγος τοῦ σταυροῦ abweisen und daraufhin im Endgericht zugrundegehen, und solche, die ihn gehorsam annehmen und auf diese Weise endzeitliche Rettung erfahren (vgl. 1Kor 1,18.23–24). Die Heils- und Unheilsfolgen der Kreuzespredigt werden von Paulus so genau ausgearbeitet, daß von einem für Paulus charakteristischen theologischen Interesse zu sprechen ist.

1.2.2.2.1 Das Kreuz galt den Gegnern Jesu als Ort und Inbegriff des über den ‚Verführer' verhängten Gottesfluches (Dt 21,22–23) und die christliche Predigt von dem gekreuzigten, aber von Gott erhöhten Messias Jesus Christus war für viele Juden ein Ärgernis, das sie am Glauben hinderte. Paulus ist selbst durch diese Erfahrung hindurchgegangen. Für die hellenistisch Gebildeten – Griechen und Römer – waren Kreuz und Kreuzespredigt eine widersinnige Abscheulichkeit, von der man sich abwandte. Man braucht nur an Ciceros Rede von der Kreuzigung als dem „crudelissimum taeterritumque supplicium" (Verr 2.5.165), d. h. der grausamsten und scheußlichsten Todesstrafe, die überhaupt verhängt werden kann, zu erinnern, um zu ermessen, wie das Stichwort σταυρός und die Rede vom Χριστὸς ἐσταυρωμένος auf die Hellenen gewirkt hat. Das Wort vom Kreuz erschien also vielen Juden und Griechen nicht als Heilsbotschaft, sondern als eine Gottes Wesen und Heilswillen verfehlende Torheit (μωρία) und ein abscheulicher Un-Sinn.

1.2.2.2.2 Nach Paulus sollte es diese Wirkung haben! Nachdem die Welt versäumt hatte, Gott mit Hilfe der ihr eingestifteten Weisheit zu erkennen und ihn als Schöpfer zu ehren (vgl. 1Kor 1,21 mit Röm 1,18–23), sollte sie in ihrer eigenmächtigen Weisheit an der unsinnig erscheinenden Kreuzesverkündigung zuschanden werden (1Kor 1,19.21). Nur denen wird der Heilssinn der μωρία τοῦ κηρύγματος offenbar, die fähig und bereit sind, dieses von Gott gewollte Zuschandenwerden an sich selbst zu erleiden, d. h. all ihre vorgefaßten religiösen und ästhetischen Maßstäbe von Gott und dem Heil aufzugeben und die Botschaft vom Kreuz, die sie vernehmen, an sich wirken zu lassen. In solchem Erleiden dürfen sie dann in dem anstößigen Kreuzesgeschehen Gottes Kontrastweisheit zur σοφία τοῦ κόσμου (1Kor 1,20), seinen Heilsplan zur Errettung der in die Gottesferne geratenen Welt, entdecken, und an sich selber erfahren, daß Gott ihnen mittels des Kreuzes Jesu zum neuen und ewigen Leben verhilft. Ihnen erscheint gerade der gekreuzigte Christus als Offenbarung und Inbegriff von Gottes Macht und Weisheit, die denen, die vor der Welt nichts sind, den Leidenden, Schwachen und Niedriggeborenen, zur Einsicht und zur Gerechtigkeit, Heiligung und Erlösung verhilft (1Kor 1,23–30).

So eigenständig die Formulierungen und Einsichten des Paulus von 1Kor 1,18–30 sind, so deutlich ist ihre Parallelität zu Mt 11,25–30Par. Auch Jesus lehrt die ihm von Gott „übergebene" Kontrastweisheit, die der Weisheit der Weisen und Einsichtigen entgegensteht und nur denen einleuchtet, die sein sanftes Joch auf sich nehmen, d. h. mit ihm Gottes wahren Willen tun (s. o. S. 79).

1.2.2.2.3 Während Paulus seinen Gemeinden den gekreuzigten Christus mit Hilfe der Passionserzählungen und Christusformeln ‚vor Augen malen' (Gal 3,1) konnte, die ihm christlich schon vorgegeben waren, hat er den diakritischen und leidenstheologischen Aspekt seiner Kreuzestheologie wesentlich aus eigener Offenbarungserkenntnis und Lebenserfahrung heraus entwickelt: Von Beginn seiner apostolischen Wirksamkeit an ist Paulus von ungläubigen Juden und Heiden verfolgt und nach kurzer Wirkenszeit außerdem noch lebenslang von (juden-)christlichen Gegnern angegriffen und verleumdet worden (vgl 2Kor 11,23–29). Aus diesem Erleben und Erleiden heraus hat er die sog. *Peristasenkataloge* entworfen.

Περίστασις bedeutet den äußeren Umstand, vor allem von Not, Gefahr und Mißgeschick. Solche Heimsuchungen begegnen nach dem Alten Testament und Frühjudentum den um ihrer Gottesfurcht und Treue verfolgten Gerechten (vgl. nur Weish 2,10–20), nach Paulus aber auch und vor allem den um des Evangeliums willen verfolgten Aposteln und Christen insgesamt (vgl. die autobiographischen Kataloge des Apostels in 1Kor 4,9–13; 2Kor 4,7–12; 6,4–10 und die für alle Christen gültige Aufstellung in Röm 8,35–39).

Paulus macht in diesen berühmten Texten deutlich, daß die ihm (und anderen Aposteln) aufgenötigten Verfolgungsleiden nicht gegen ihre Vollmacht und Verkündigung sprechen, sondern die Situation bilden, in der Gottes Heilshandeln durch das Kreuz Christi erst wahrhaft deutlich wird: Die δύναμις des in Schwachheit gekreuzigten, aber aus der Macht Gottes heraus lebenden Christus (2Kor 13,4) kommt gerade an denen zur vollendeten Wirkung, die um Christi und des Evangeliums willen leiden müssen. Der lebendige Kommentar für die rettende Kraft, die vom Evangelium als dem Wort vom Kreuz ausgeht, war Paulus selbst in seiner (den Korinthern als zu wenig vollmächtig erscheinenden) Leidensexistenz (vgl. 2Kor 12,9). Nach Röm 8,35–39 gilt die von ihm gemachte Erfahrung für die Christen insgesamt.

1.2.2.2.4 Erst wenn man bedenkt, daß Paulus in 1Kor 1,18–25 sowohl die Jesu Kreuz darstellende Rede als auch die diakritischen und leidenstheologischen Folgen dieser Rede im Blick hat, hat man seine Kreuzestheologie ganz vor Augen. Seit den Tagen des Apostels läßt sie die Lehre des Paulus in ihrer Paradoxie und Erfahrungstiefe entweder als viel zu rigoros und einseitig oder als Höhepunkt und Prüfstein aller sachgemäßen Theologie überhaupt erscheinen.

Luther hat seine berühmte *theologia crucis* auf der Heidelberger Disputation von 1518 vor allem von 1Kor 1,18–25 her entfaltet und sie einer theologia gloriae entgegengestellt. In den von Luther für diese Disputation verfaßten Thesen 19 und 20 heißt es: „Nicht der darf verdientermaßen ein Theologe genannt werden, welcher Gottes unsichtbares Wesen am Geschaffenen innewird und anschaut, sondern derjenige, welcher das unsichtbare Wesen und die Rückseite Gottes [vgl. Ex 33,23] durch Leiden und Kreuz anschaut und in sich aufnimmt." (WA 1, 354, 17ff.; Übersetzung nach H. Fausel, D. Martin Luther, Leben u. Werk 1483 bis 1521, Siebenstern TB 63, 1966, 111; zu Luthers Kreuzestheologie insgesamt vgl. W.v.Loewenich, Luthers theologia crucis, 1982[6]).

1.2.2.3 Schon in 1Kor 1,18.24 betont Paulus, daß das Wort vom Kreuz denen, die gerettet werden, eine δύναμις θεοῦ ist, d. h. ein Wort, in dem der gekreuzigte Christus heilschaffend in Erscheinung tritt. In *Röm 1,16–17* wiederholt er diese Aussage. Das dem Apostel anvertraute Evangelium Gottes von Jesus Christus ist „(16) ... eine Macht Gottes zur Rettung für jeden, der glaubt, für den Juden zuerst, aber auch den Griechen. (17) Denn Gottes Gerechtigkeit wird in ihm offenbart aus Glauben auf Glauben hin, wie geschrieben steht: ‚Der Gerechte aber aus Glauben wird leben'" (Hab 2,4). Aus dieser dichten Formulierung heraus hat sich Luther einst der soteriologische Sinn des Begriffs ‚Gerechtigkeit Gottes' erschlossen (vgl. WA 54, 185, 14 ff.). Im Kontext des Römerbriefes fassen sich in ihr mehrere Tatbestände zusammen:

1.2.2.3.1 Das Evangelium ist *wirksame Heilsmitteilung von Gott her.* Paulus kann deshalb sagen, mit dem Evangelium verkündige er Gottes eigenes Wort (vgl. 1Thess 2,2.13–14; 2Kor 5,20).

Da der Apostel seine Sendung in Gal 1,15–16 im Lichte von Jes 49,1–6; Jer 1,5 sieht und auch nach Röm 1,1–2 mit seinem Verkündigungsauftrag in der Nachfolge der Propheten steht, darf man sich das Wirken des Evangeliums als δύναμις θεοῦ von Jes 55,10–11 her verdeutlichen: „(10) Denn wie der Regen und der Schnee vom Himmel herabkommt und nicht wieder dorthin kommt, sondern die Erde benetzt und sie fruchtbar macht und sie sprossen läßt, daß sie Samen dem Säenden und Brot dem Essenden gibt, (11) so ist mein Wort, das von meinem Munde ausgeht. Es kehrt nicht wieder leer zu mir zurück; sondern es tut das, was ich will und läßt gelingen, wozu ich es sende" (Übersetzung von C. Westermann, Das Buch Jesaja. Kap. 40–66. 1966, 230).

1.2.2.3.2 Nimmt man die beiden Definitionen von εὐαγγέλιον in Röm 1,1–4 und 1,16–17 zusammen, ist Inhalt des Evangeliums die heilvolle Verwirklichung der Gerechtigkeit Gottes in der Sendung Jesu; in ihr sieht Paulus die Erfüllung aller Israel gegebenen messianischen Heilsverheißungen (2Kor 1,19–20; Röm 15,8–12). Das Evangelium ist deshalb *Heilsbotschaft zuerst für Israel und zusätzlich auch für die Heiden, weil auch sie in Jesus Christus ihren Retter erkennen dürfen.*

1.2.2.3.3 Das Evangelium ist göttliche Heilsmacht *für jeden, der glaubt* ; in ihm wird die Gottesgerechtigkeit ἐκ πίστεως εἰς πίστιν offenbart, und zwar gemäß der prophetischen Verheißung von Hab 2,4. Um bei seinen Adressaten heilschaffend ans Ziel zu kommen, muß das Evangelium im Glauben angenommen werden, während es an den Ungläubigen vorübergeht und sie für das Gericht qualifiziert. *Das Evangelium ist die im Wort des Apostels ergehende, zugleich aber in dieses Wort hinein verborgene Heilsmitteilung Gottes.* Ihre befreiende Wahrheit besteht darin, daß Gott in und durch Christus die Rettung für Juden und Heiden vollgültig heraufgeführt hat

(Gal 2,5.14; 2Kor 4,2). Diese ἀλήθεια erfahren nur erst die Glaubenden; für sie ist und wird Gott schon kraft des Evangeliums der ihnen in Christus nahe und gnädige Gott. Den Ungläubigen aber bleibt das Evangelium und mit ihm auch die εἰρήνη πρὸς τὸν θεόν (Röm 5,1) verschlossen.

Paulus hat den Sachverhalt dieser verborgenen Offenbarung schon in 2Kor 4,1–6 herausgestellt. Gegnerischer Kritik zum Trotz empfiehlt er sich hier zunächst als ein Verkündiger, der das Wort Gottes nicht verfälscht, sondern die Heilswahrheit offen darlegt. Dann fährt er fort: „(3) Wenn aber unser Evangelium dennoch verhüllt ist, so ist es nur bei denen verhüllt, die verlorengehen, (4) bei den Ungläubigen, denen der Gott dieser Weltzeit die Sinne verblendet hat, daß sie nicht sehen das Leuchten des Evangeliums von der Herrlichkeit Christi, der das Ebenbild Gottes ist. (5) Denn wir verkündigen nicht uns selbst, sondern Jesus Christus als den Herrn, uns aber als eure Knechte um Jesu willen. (6) Denn Gott, der sprach: ‚Aus Finsternis leuchte Licht hervor!‘, der ist aufgeleuchtet in unseren Herzen, damit wir erleuchtet werden zur Erkenntnis der Herrlichkeit Gottes auf dem Angesicht Jesu Christi" (Übersetzung von F. Lang, Die Briefe an d. Korinther, 1986, 276f.). Das Evangelium eröffnet den Glaubenden die Erkenntnis der Herrlichkeit Gottes auf dem Angesicht des gekreuzigten und erhöhten Christus. Es ist darum für Paulus eine Offenbarungs- und Heilsmacht ohne gleichen, obwohl die paulinische Verkündigung dieses Evangeliums in Galatien, Philippi, Korinth und Rom von judenchristlichen Kritikern angezweifelt und von Ungläubigen ganz in den Wind geschlagen wurde. Diese Kritik und Ablehnung schlägt nach Paulus auf ihre Vertreter zurück, so daß sie von der Erkenntnis der Offenbarung ausgeschlossen bleiben.

Auch für dieses Evangeliums- und Wortverständnis gibt es eine prophetische Analogie. In 4Esra 9,5–6 heißt es von der prophetischen Ankündigung der kommenden Heilszeit (nach der von H. Gunkel bei E. Kautzsch, Die Apokryphen u. Pseudepigraphen des ATs II, 1900, 383, zugrundegelegten äthiopischen Textversion): „(5) Denn wie alles, was in der Welt geschehen ist, einen [verborgenen] Anfang hat im Wort, aber ein offenkundiges Ende, (6) so sind auch des Höchsten Zeiten: ihr Anfang in Wort und Vorzeichen, ihr Ende aber in Taten und Wundern."

Die vierfache Relation von (1) Grundlegung des Evangeliums in der geschichtlichen Heilstat Gottes in Christus, (2) Beauftragung der Apostel mit der Verkündigung des Evangeliums durch den erhöhten Christus, (3) Zuspruch dieser Heilstat durch die apostolische Glaubensbotschaft und (4) Glaube an die Botschaft als Art und Weise und Bedingung der Möglichkeit des Heilsempfangs ist nach Paulus *soteriologisch konstitutiv*. Sie läßt sich vor der Parusie nicht durch unmittelbare Schau und Erfahrung des Heils unterlaufen.

1.2.2.3.4 Die pointierte Äußerung des Apostels in Röm 2,16: „Gott wird [am Gerichtstag] das Verborgene der Menschen richten nach meinem Evangelium durch Christus Jesus" darf bei der Erörterung dessen, was Paulus unter Evangelium versteht, nicht ausgespart werden.

Während R. Bultmann (Exegetica, hrsg. von E. Dinkler, 282f.) und G. Bornkamm (Ges. Aufs. II, 116f.) Röm 2,16 als nachträglich in den Text eingefügte Glosse eines Redaktors beurteilen, hat E. Käsemann (An die Römer, 1980⁴, 62f.) den Vers als genuin paulinisch verteidigt und hinzugefügt, in Röm 2 werde pointiert herausgestellt, „daß und inwiefern die Verkündigung des Gerichts untrennbar zum Evangelium gehört". Vom Textbefund her und in der Sache hat E. Käsemann recht: Die Textüberlieferung läßt die Annahme einer Glosse nicht zu, und nach dem Kontext wendet sich Paulus in Röm 2,16 gegen die judenchristlichen Kritiker, die ihm bis nach Rom hinein die Verkündigung der billigen Gnade für die Heiden vorwerfen (vgl. Röm 3,8). Dieser Kritik hält der Apostel (in Übereinstimmung mit seinen Äußerungen in 1Kor 4,4–5 und 2Kor 5,10) entgegen, daß nach seinem Evangelium Christus nicht nur der Retter, sondern zugleich auch der Richter ist, der das Jüngste Gericht nach den von der Tora gesetzten Maßstäben durchführen wird.

Ein Christusevangelium ohne die Lehre, daß der von Gott in den Sühnetod gesandte und zu seiner Rechten erhöhte Christus auch der Weltenrichter ist, ist für Paulus unmöglich und undenkbar. Das Evangelium ruft den Christus Gottes als den Κύριος aus, und dieser ist für die Glaubenden (und alle Welt) Retter und Richter in einer Person.

Von hier aus erhalten auch die Sendungsformel von Röm 8,3–4 (s. o. S. 291) und die Gegenüberstellung von Tora und Evangelium als alter und neuer ‚Verpflichtung' (s. o. S. 316f.) eine zusätzliche Pointe: In der ihnen eröffneten Zeit und Situation der καινὴ διαθήκη leben die Glaubenden nicht in zügelloser ἀνομία (mit der die Gerechtigkeit nichts zu tun hat, vgl. 2Kor 6,14), sondern – wie Paulus selbst – als ἔννομοι Χριστοῦ (1Kor 9,21; Gal 6,2; Röm 8,1–2), d.h. als von der Macht der Sünde befreite Kinder Gottes, denen Gottes Hl. Wille durch Christus neu offenbart und ins Herz geschrieben worden ist (vgl. Jer 31,33–34 u. o. S. 266f.). *Gesetz und Evangelium lassen sich nach Paulus nur so gegenüberstellen, daß der Gegensatz von νόμος und ἀνομία ausgeschlossen bleibt.* Nicht nur die Tora vom Sinai, sondern auch das Evangelium Gottes ist Offenbarung des Willens Gottes, der die Glaubenden durch Christus in die Freiheit von der Sünde *und* in den neuen, geistgewirkten Gehorsam stellt. Deshalb bringt Paulus als der Mose gegenüberstehende Gesandte des erhöhten Christus (s. o.) in seinen ausführlichen Gemeindeparaklesen mit dem Evangelium auch den Willen Gottes zur Geltung (vgl. z.B. 1Thess 2,9–13; 4,1–2) und ruft dazu auf, einen des εὐαγγέλιον würdigen Wandel zu führen (vgl. Phil 1,27; Kol 1,10). Gleichzeitig damit stellt er sich selbst als einen vorbildlichen Zeugen dar, der über der ihm aufgetragenen Verkündigung des Evangeliums weder verwerflich werden darf noch geworden ist (vgl. 1Kor 9,27 mit Phil 3,12–15).

Man muß sich in diesem Zusammenhang klarmachen, daß Röm 2,16 und die enge Verbindung von Evangeliumsverkündigung und Paraklese in allen Paulusbriefen ein Evangeliumsverständnis bezeugen, das soteriologisch noch anders akzentuiert ist als bei Luther. Für Luther ist ‚Evangelium' im strengen Sinne nur das Kommen und

Wirken des rechtfertigenden Christus durch das mündlich verkündigte Wort, das im Glauben empfangen wird (vgl. z.B. WA DB VI 6,22–10,6); für Paulus trägt das Evangelium auch Züge der von Gott in Christus heraufgeführten ‚neuen Verpflichtung' von Jer 31,31–34, und dementsprechend erscheint der νόμος Χριστοῦ (Gal 6,2) bzw. der νόμος τοῦ πνεύματος τῆς ζωῆς ἐν Χριστῷ Ἰησοῦ (Röm 8,2) als eine mit dem Evangelium verbundene heilsame Gabe Gottes, die die Glaubenden in die Erfüllung des Willens Gottes einweist. Der aus dem Hören des Evangeliums heraus erwachsende Glaubensgehorsam ist nach Paulus unlösbar mit der Heiligung verbunden (Röm 6,15–23).

2. Wenn man den Programmsatz von Röm 1,16–17 mit 3,21–26, dem paulinischen Kommentar zu 1,16–17, verbindet, erscheint das Evangelium als heilswirksame Botschaft von der *Rechtfertigung des Gottlosen* (Röm 4,5; 5,6). Sie entspricht der Berufungserfahrung des Apostels und ist für seine Missionstheologie besonders kennzeichnend. Traditionsgeschichtlich wurzelt sie in der Glaubenstradition der vorpaulinischen Christengemeinden und geht von hier aus zurück auf die Verkündigung Jesu und das Zeugnis der Hl. Schriften.

2.1 Der endzeitliche Vorstellungshorizont und die Terminologie der (paulinischen) Rechtfertigunglehre haben sich binnen Jahrhunderten aus dem Alten Testament und der frühjüdischen Endzeiterwartung heraus aufgebaut.

2.1.1 Der Erfahrung, daß Israel und in ihm auch der einzelne Mensch vor Gott schuldig geworden sind und immer neu schuldig werden, weil und indem sie vom Willen Gottes abweichen, entspricht im Alten Testament die Erfahrung und Vorstellung des über Israel (und die ganze Welt) kommenden *Gerichtes Gottes*. Die großen Gerichtspropheten haben dieses Gericht bereits innerweltlich über Israel kommen sehen, während seit dem babylonischen Exil die Erwartung des eschatologischen Endgerichts über die ganze Welt am ‚Tage Jahwes' entwickelt wurde. In Zeph 1,14–18; Joel 4,1–21; Dan 7,9–14; äthHen 61,1–62,12; 4Esr 7,26–44 usw. finden sich umfassende Gerichtsschilderungen. Gott selbst oder der von ihm mit richterlichen Vollmachten ausgestattete Messias (oder auch der Menschensohn) werden allen Mächten, die sich wider Gott und sein Volk erhoben haben, und allen Übertretern des Willens Gottes den Prozeß machen. Maßstab des Endgerichts wird der Wille Gottes sein, wie er in der Tora vom Sinai offenbart worden ist (vgl. 4Esr 7,72; 8,56–60). Im Gericht werden die (in den Himmeln genau verzeichneten) *Werke* zählen, die ihre Täter als gottlos oder gerecht ausweisen (vgl. Ps 62,13; Prov 24,12; Hi 34,11; Sir 16,14; Jub 5,15; äthHen 100,7). Das Neue Testament hat diese Erwartung bis in die Einzelheiten der Terminologie hinein übernommen (vgl. nur Mt 25,31–46; Röm 2,1–16; Joh 5,24–29; Apk 20,11–15). Die auch von Paulus (in Gal 2,16; Röm 3,20.28) erwähnten *Werke des Gesetzes* meinen nach 4Qflor 1,6–7; 4Q MMT 21,1–8 und syr Bar 57,2 die einzelnen Gebotserfüllungen, von denen die jüdischen Frommen hoffen, daß sie am Ende der Tage „(von Gott) angerechnet werden zur Gerechtigkeit" (4QMMT 21,3.7). In Gal 2,16 und Röm 3,20 hat der Apostel diese endgerichtliche Anrechnung der ἔργα νόμου im Blick.

Aus Jes 25,6–9; 26,20–27,5; Joel 4,15–21; Dan 7,14.26–27 und äthHen 62,8.13–15 kann man sehr schön sehen, daß das Endgericht kein Selbstzweck ist, sondern ein über den Gerichtsakt hinausweisendes positives Ziel hat: Gottes Herrschaft und Recht sollen endgültig durchgesetzt, Israel von seinen Bedrängern erlöst, der Tod vernichtet und die messianische Heilsgemeinde gestiftet werden. Mt 25,31–46; 1 Kor 15,23–28; Röm 2,1–16 und Apk 20,11–21,8 lassen erkennen, daß auch diese positive Zielsetzung des Gerichts von den neutestamentlichen Zeugen übernommen worden ist.

Paulus sieht nach 2Kor 5,10; Röm 14,10 das Endgericht nahe bevorstehen, und die Rechtfertigungslehre des Apostels ist in diesem endzeitlichen Erwartungshorizont zu sehen. In ihm ist sie sogar von höchster soteriologischer Bedeutung, weil sie deutlich macht, wie Juden und Heiden im Endgericht vor Gottes Gerichtsthron bestehen und durch das Gericht hindurch an der βασιλεία τοῦ θεοῦ teilgewinnen können.

2.2 Nicht nur der endgerichtliche Rahmen, sondern auch die Terminologie der (paulinischen) Rechtfertigungslehre stammt aus dem Alten Testament und Frühjudentum.

2.2.1 *Gerechtigkeit* ist im Alten Testament vor allem ein Begriff, der ein gedeihliches und geordnetes Verhältnis zwischen Personen oder auch Gott und seinem Volk (oder der Schöpfung insgesamt) beschreibt. Seine semitischen Äquivalente sind צֶדֶק und צְדָקָה.

Folgt man K. Koch (Artikel צדק im THAT II, 507–530), meinen die beiden hebräischen Nomina die *Gemeinschaftstreue*, in der Menschen zueinander oder Gott zu seinen Geschöpfen steht; H. H. Schmid (Gerechtigkeit als Weltordnung, 1968, 182–186) möchte sie in Ergänzung von Kochs Definition als *Ordnungsbegriffe* fassen, die aussagen, was recht und in Ordnung ist.
Von Gott und seinem Walten ausgesagt, ist Gerechtigkeit stets ein Heilsbegriff: Mit Gottes Königtum sind Recht und Gerechtigkeit im ganzen Kosmos verbunden (vgl. z. B. Ps 97,2; 98,2.9; Jes 9,6; 45,8–9); er verlobt sich seinem Eigentumsvolk Israel in Recht und Treue (Hos 2,21–22) und verschafft ihm Rettung und Heil (Jes 45,8; 46,12–13; 51,8); Gott ist gegenüber allen, die mit ihm rechten wollen, im Recht (Jer 12,1; Jes 41,26; Ps 50,6) und richtet so, daß den Rechtlosen ihr Recht zuteil wird (Ps 35,23–24.28; 82,1–4; nach Ps 72 hat der [Heils-]König im Auftrag Gottes für den צֶדֶק in der Welt zu sorgen). Von Gott gehen Recht und Wohlordnung aus (Ps 48,11–12; 65,2–5; Mal 3,20 und 1 Q 27 1,6–8). Die Erweise von Gottes Gerechtigkeit in der Geschichte Israels, die sog. צִדְקֹת יְהֹוָה, meinen die göttlichen Heilstaten, durch die Israel Rettung erfahren hat und deren sich das Gottesvolk dankbar erinnert (vgl. Ri 5,11; 1 Sam 12,7; Mi 6,5; Ps 103,6; Dan 9,16). In seiner Theologie des AT I (1969[6], 389) hat G. v. Rad aufgrund dieser Belege definiert: „Von den ältesten Zeiten an hat Israel Jahwe als den gefeiert, der seinem Volk die universelle Gabe seiner Gerechtigkeit zuwendet. Und diese Israel zugewendete צְדָקָה ist immer Heilsgabe. Unvollziehbar die Vorstellung, daß Israel von ihr zugleich auch bedroht würde. Der Begriff einer strafenden צְדָקָה ist nicht zu belegen; er wäre eine contradictio in adiecto."
Ausgesprochen selten erscheint Gottes Gerechtigkeit im Alten Testament als ein das

327

Gericht auslösendes Verhalten (vgl. Jes 1,27–28; 5,16; 10,22). An jeder dieser Stellen soll aber durch das Gericht hindurch die verläßliche Ordnung der Welt gewährleistet oder neu hergestellt werden. Die wenigen Belege dürfen also nicht zum Anlaß genommen werden, Gottes Gerechtigkeit abstrakt im Sinne einer unparteiischen (Straf-)Gerechtigkeit zu deuten.

Täte man dies, würde unbegreiflich, weshalb die Büßer in alttestamentlichen und frühjüdischen Bußgebeten gerade an Gottes Gerechtigkeit als Inbegriff seiner Gnade und Barmherzigkeit appellieren (vgl. Neh 9,8. 17. 33; Dan 9,7.16). Gerade die Bußtexte aus Qumran und 4 Esr kommen Paulus terminologisch und inhaltlich sehr nahe. In 1QS 11,11–15 heißt es z. B.: „(11) Alles, was ist, lenkt er (= Gott) nach seinem Plan, und ohne ihn geschieht nichts. Ich aber, (12) wenn ich wanke, so sind Gottes Gnadenerweise meine Hilfe auf ewig. Und wenn ich strauchle durch die Bosheit des Fleisches, so steht mein Recht bei der Gerechtigkeit Gottes (בְּצִדְקַת אֵל) in Ewigkeit. (13) Und wenn er meine Bedrängnis löst, so wird er meine Seele aus der Grube ziehen und meine Schritte auf den Weg lenken. Durch sein Erbarmen hat er mich nahe gebracht, und durch seine Gnadenerweise kommt (14) mein Recht (מִשְׁפָּטִי). Durch die Gerechtigkeit seiner Wahrheit (בְּצִדְקַת אֲמִתּוֹ) hat er mich gerichtet, und durch den Reichtum seiner Güte sühnt er alle meine Sünden, und durch seine Gerechtigkeit (וּבְצִדְקָתוֹ) reinigt er mich von aller Unreinheit (15) des Menschen und von der Sünde der Menschenkinder, um Gott zu loben für seine Gerechtigkeit (צִדְקוֹ) und den Höchsten für seine Majestät." (Übersetzung nach E. Lohse, Die Texte aus Qumran, 1986[4], 41/43). Parallel dazu heißt es in 4 Esra 8,34–36, und zwar wiederum in einem Bußgebet: „(34) Was ist aber der Mensch, daß du ihm zürnen solltest, was das sterbliche Geschlecht, daß du ihm so grollen könntest? (35) Denn in Wahrheit niemand ist der Weibgeborenen, der nicht gesündigt, niemand der Lebenden, der nicht gefehlt. Denn dadurch wird deine Gerechtigkeit und Güte (iustitia tua et bonitas tua), Herr, offenbar, daß du dich derer erbarmst, die keinen Schatz von guten Werken haben."

In diesen Texten bezeichnet ‚*Gerechtigkeit Gottes' die verläßliche Macht Gottes, die auch im Gericht und durch dieses hindurch Heil und Wohlordnung schafft.* Angesichts der Verwandtschaft von 1QS 11,11–15 und 4 Esr 8,34–36 mit paulinischen Texten legt es sich nahe, δικαιοσύνη θεοῦ bei Paulus von dem skizzierten alttestamentlich-jüdischen Hintergrund und nicht vom griechischen Begriff der Gerechtigkeit her zu interpretieren, wonach δικαιοσύνη die Königin der Tugenden (Aristoteles, EthNic V 3 p1129b) und die δικαιοσύνη δικαστική die richterliche Bereitschaft und Fähigkeit ist, jedem unbestechlich das Seine zukommen zu lassen (EthNic V 7 p1132a).

2.2.2 Der Gerechtigkeit Gottes steht alttestamentlich und frühjüdisch der *Zorn Gottes* gegenüber. Hebräisches Äquivalent ist sehr häufig אַף יְהוָה; in den Qumrantexten steht dafür אַף אֵל (vgl. 1QS 2,15; 4,12 u. ö.).

Der Zorn Gottes kann sowohl die Veranlassung für das Gericht (vgl. z. B. Hos 8,5; Dt 7,4; 9,7–8; Ps 7,7; 1QS 2,15; äth Hen 99,16) als auch Inbegriff des Gerichtes sein, das am ‚Tage des Zornes' stattfinden wird (vgl. z. B. Zeph 1,14–18; Jes 2,6–21; 66,15–16; Ez 22, 31; 1QS 4,11–14; Jub 24,30; äthHen 91,7).

Der *Unterschied* zwischen Gottes Zorn und seiner Gerechtigkeit wird alttestamentlich darin greifbar, daß „die Gerechtigkeit Jahves ... niemals ausdrücklich mit seinem Zorn verbunden (wird)" (J. Fichtner, ThW V, 409, 18 f.); außerdem vergeht der Zorn Gottes jeweils nach kurzer Zeit, während seine Gnade und Gerechtigkeit bis in Ewigkeit währt (vgl. Ex 20,5–6; Jes 26,20; 54,7–10; Ps 30,6; 103,8–17).

Paulus und das Neue Testament haben sich auch diesem Sprachgebrauch angeschlossen. In Röm 1,16–17 und 1,18 stellt der Apostel Gottes Gerechtigkeit und Gottes Zorn gegeneinander; die ἡμέρα ὀργῆς ist für ihn der Tag des Zorngerichts (Röm 2,5; vgl. Apk 6,17) und die ὀργή Gottes das (kommende) Gericht selbst (1 Thess 1,10; 5,9; Röm 2,8; 5,9; Apk 11,18).

2.2.3 Das Verbum צדק bedeutet im Qal gemeinschaftstreu, richtig und heilvoll sein; im Hifil (הִצְדִּיק), das zumeist in Rechtszusammenhängen gebraucht wird, meint es Recht verschaffen, gerecht machen.

Diese forensische Bedeutung liegt auch vor, wo Gott Subjekt des הִצְדִּיק ist: In 1 Kön 8,32; 2 Chron 6,23 wird Gott angefleht, er möge in besonderen Rechtsfällen, „den Schuldigen gemäß der Verfluchung sein Tun erleiden lassen, den Gerechten aber für gerecht erklären" (E. Würthwein, Die Bücher der Könige. 1 Kön 1–16, 1985², 98). Im dritten Gottesknechtslied, Jes 50,4–9, fordert der heimgesuchte Knecht Gottes seine Peiniger vor Gott in die Schranken, und zwar in der Gewißheit, daß Gott ihm Recht verschaffen wird: „(7) Aber der Herr Jahwe hilft mir, darum werde ich nicht zuschanden. Darum mach ich mein Gesicht wie Kiesel und weiß, daß ich nicht beschämt werde. (8) Nah ist, der mir Recht schafft (מַצְדִּיקִי); wer will mit mir streiten? Laßt uns zusammen vortreten! Wer ist mein Rechtsgegner? Er trete zu mir heran! (9) Siehe: der Herr Jahwe hilft mir; wer ist da, der mich verdammen will?" (Übersetzung von C. Westermann, Das Buch Jesaja. Kap. 40–66, 1986⁵, 183). Die Szene weist auf Röm 8,31–39 voraus. Das Hifil kann auch gebraucht werden, wenn der Gottesknecht im Auftrag Gottes ‚den Vielen' vor Gott Recht verschafft. Dies geschieht dadurch, daß der Knecht das Verschulden der Vielen stellvertretend auf sich nimmt und mit seiner Fürbitte für sie eintritt: „(Jes 53,11) Recht verschaffen wird der Gerechte (יַצְדִּיק צַדִּיק), mein Knecht, den Vielen, und ihre Sünden – er schleppt sie. (12) Darum gebe ich ihm Anteil unter der Vielen, und mit Zahlreichen wird er Beute teilen, dafür, daß er sein Leben dem Tod ausgeschüttet hat und zu den Frevlern gerechnet wurde. Er aber trug die Schuld der Vielen und trat für die Frevler ein." (Übersetzung nach H.-J. Hermisson). Die LXX übersetzt das Hifil הִצְדִּיק an allen vier Stellen mit dem Aktiv δικαιοῦν. – Wenn und wo Gottes Rechtshilfe ausbleibt, verfallen die Betroffenen dem Gericht. In der LXX wird die forensische Situation verstärkt hervorgehoben: Sie übersetzt den hebräischen Text von Ps 143,2: כִּי לֹא־יִצְדַּק לְפָנֶיךָ כָל־חָי = („Mit deinem Knechte gehe nicht ins Gericht,) ist doch keiner der Lebenden vor dir gerecht" folgendermaßen: „Und gehe nicht ins Gericht mit deinem Knecht, denn nicht wird gerechtfertigt vor dir jedweder Lebendige (ὅτι οὐ δικαιωθήσεται ἐνώπιόν σου πᾶς ζῶν)". Auch in Ps 51,6 verstärkt die LXX den hebräischen Text „An dir allein habe ich mich versündigt und getan, was böse ist in deinen Augen; auf daß du recht behältst in deinem Spruch, rein bleibst in deinem Gericht" (Übersetzung von H.-J. Kraus, Psalmen I Ps 1–59, 1978⁵, 539) forensisch, indem sie das hebräische Qal תִּצְדַּק passivisch mit δικαιωθῇς wiedergibt; Paulus zitiert diese Textversion in Röm 3,4.

Paulus gebraucht das Aktiv δικαιοῦν von Gottes Rechtfertigungstat am Menschen (vgl. Röm 3,26.30; 4,5; 8,33 u. ö.) und das Passiv δικαιοῦσθαι vom Empfang dieser Rechtfertigungstat durch den Menschen (vgl. Gal 2,16; Röm 3,20.24.28 u. ö.). Der Apostel schließt sich also auch mit dem verbalen Gebrauch von *rechtfertigen* (δικαιοῦν und διακοῦσθαι) an den ihm vorge gebenen alttestamentlich-frühjüdischen Sprachgebrauch an.

Dies gilt auch für die Wendung und Vorstellung des *Anrechnens des Glaubens zur Gerechtigkeit* aus Gen 15,6 in Gal 3,6; Röm 4,3.9.11.22–24 (vgl. auch Jak 2,23). Die Redewendung geht wahrscheinlich auf das deklaratorische Urteil der Priesterschaft zurück, die den Reinheitszustand und das Verhalten von Kultteilnehmern als צַדִּיק, d. h. vor Gott heilsfähig und in Ordnung, zu beurteilen hatten (vgl. Lev 13; Ez 18,5–9 und die sog. Torliturgien Ps 15 und 24). In Gen 15,6 geht es nicht mehr um eine solch kultgesetzliche Deklaration, sondern die Gerechtsprechung „ist in den Raum des freien und ganz persönlichen Verhältnisses Gottes zu Abraham hinausverlagert. Vor allem aber geschieht die Gerechterklärung nicht auf Grund von Leistungen, weder von Opfern noch von Gehorsamsakten, sondern es wird in programmatischer Weise gesagt, daß allein der Glaube den Abraham ins rechte Verhältnis zu Gott gesetzt habe. Gott hat seinen Geschichtsplan angedeutet, nämlich den Abraham zum großen Volk zu machen; Abraham hatte sich darin ‚fest gemacht‘, d. h. er hatte das ernst genommen und sich darauf eingestellt. Damit hat er sich nach Gottes Urteil in das einzig richtige Verhältnis zu Gott gesetzt" (G. v. Rad, Das erste Buch Mose, 1987[12], 143). Gen 26,2–5 und Sir 44,20 zeigen jedoch, daß Abrahams Glaube schon in spätalttestamentlicher Zeit von Gen 17,10–14; 22,1–19 her als verdienstliche Gehorsamstat vor Gott verstanden worden ist (vgl. so auch 1Makk 2,52; Jub 14,6; Philo Abr 262; Jak 2,21–23; Hebr 11,8–12.17–19 u. a.), und nach Ps 106,31 wurde Pinchas seine Eifertat (vgl. Num 25,7–8) zur Gerechtigkeit angerechnet. 4QMMT 21,7 und rabbinische Belege wie bQid 30b zeigen vollends, daß man die ‚Anrechnung zur Gerechtigkeit‘ frühjüdisch auf die Wertung verdienstlichen Verhaltens im Endgericht bezogen hat. Paulus kennt zweifellos diesen forensischen Sprachgebrauch, stellt sich ihm aber insofern radikal entgegen, als er in der Anrechnung des Glaubens Abrahams zur Gerechtigkeit gerade kein Vorgehen κατὰ ὀφείλημα, sondern eine Tat Gottes κατὰ χάριν versteht (Röm 4,3–5).

2.2.4 Um die Bedeutung der paulinischen Rede von der *Rechtfertigung des Gottlosen* (Röm 4,5; 5,6) zu ermessen, muß man sich noch einen letzten dialektischen Traditionsbefund vor Augen führen: *Die paulinische Gottesprädikation hat vom Alten Testament her semantisch negativen Klang und entspricht dennoch dem Gottesverständnis der Hl. Schriften!*

2.2.4.1 In Ex 23,7; Jes 5,23; Prov 17,15 und CD 1,19 wird der Freispruch eines Schuldigen, das הַצְדִּיק רָשָׁע bzw. δικαιοῦν τὸν ἀσεβῆ, als juristische Untat vor Gott gebrandmarkt. Die von Paulus in Röm 4,5 gebrauchte Formulierung ὁ δικαιῶν τὸν ἀσεβῆ hat von daher eine semantisch denkbar negative Konnotation. Ὁ ἀσεβής meint in ihr nicht den Atheisten im modernen Sinn des Wortes, sondern den des Gerichtes schuldigen Sünder.

Ihn ins Recht zu setzen bzw. zu rechtfertigen, und damit zugleich den wahrhaft Gerechten seines Rechts zu berauben, ist nach Jes 5,23 Anlaß für das göttliche Zorngericht.

Gleichwohl kennt und bezeugt die alttestamentliche Tradition die Rechtfertigung der Gottlosen sehr wohl, und zwar als Tat Gottes, zu der er sich aus freier Liebe und Barmherzigkeit gegenüber seinem schuldbeladenen Eigentumsvolk Israel durchringt. In Hos 11,8–9 (vgl. mit 14,2–9) wird diese Gottestat theologisch eindrücklich bezeugt.Die Verse lauten in der Übersetzung von Jörg Jeremias (Die Reue Gottes, 1975, 53): „(8)Wie könnte ich dich preisgeben, Ephraim, dich ausliefern, Israel, wie könnte ich dich preisgeben wie Adma, dich Zeboim gleichmachen? Gegen mich selbst kehrt sich mein Herz, mit Macht mein nihûmîm (= meine Reue, P. St.); (9) meinen glühenden Zorn kann ich nicht vollstrecken, kann Ephraim nicht wiederum verderben; denn Gott bin ich, nicht Mensch, in deiner Mitte der Heilige!" Jeremias kommentiert: Nach Hosea „(besteht) der eigentliche Abstand zwischen Gott und Menschen ... in Gottes Selbstbeherrschung, im Sieg über seinen Zorn, in seiner Sorge um das abtrünnige Volk, in seinem Willen, sein schuldiges Volk zu verschonen, das ohne dieses Verschonen dem Untergang preisgegeben wäre" (a.a.O., 58). Auch nach Jer 31,20 und Jes 43,1–5.22–25; 52,13–53,12 ringt sich Gott aus freier Gnade und Barmherzigkeit zur Errettung seines Eigentumsvolkes durch, obgleich es ihn mit seinen Sünden beschwert hat und aus eigener Kraft nicht zu ihm zurückfinden kann. Nach Hosea, Jeremia und Deuterojesaja kommt Gottes Gnade darin zur Vollendung, daß er sich aus Liebe des schuldbeladenen Gottesvolkes erbarmt; hier ist die Rechtfertigung des Gottlosen aus Gottes freier Gnade und Barmherzigkeit heraus deutlich bezeugt.

In die spätisraelitischen Bußgebete ist diese Bezeugung nur gebrochen eingegangen. Hier sehen sich die Beter einerseits ganz auf Gottes gnädiges Erbarmen geworfen (vgl. z.B. Ps 51,3–7; Neh 9,33–35; Dan 9,5–9; 1QS 11,9–12; 4Esr 8,31–36 usw.). Andererseits aber bemühen sie sich nach Empfang der Vergebung der Sünden dann doch wieder mit asketischer Strenge um ein gerechtes Leben und sehen sich durchaus in der Lage, vor Gott gemäß der Tora heilig und vollkommen zu wandeln. Besonders deutlich ist dies in den Qumrantexten, wo Schuldbekenntnis und (Neu-)Verpflichtung zu vollkommenem Wandel Hand in Hand gehen (z.B. 1QS 3,6–12; 5,1–10), und im 4Esra, wo die Bußklage von 8,31–36 von Gott (!) mit der Auskunft beantwortet wird, daß nur die im Endgericht bestehen werden, die kraft ihres treuen Festhaltens an der Tora „Werke haben und Glauben an den Allerhöchsten und Allmächtigen" (13,23, vgl. mit 8,55–60; 9,7–8 und Jak 2,22–24). Die anthropologische Grundlage dieser Position wird deutlich in Sir 15,11–17 und PsSal 9,4–5. Sir 15,11–15 lauten: „(11) Sage nicht: Vom Herrn kommt meine Sünde; denn was er haßt, bewirkt er nicht. (12) Sage nicht: Er hat mich zu Fall gebracht; denn er bedarf der schlechten Menschen nicht. (13) Allen Greuel haßt der Herr und gar keinen lieben die, die ihn fürchten. (14) Er schuf am Anfang den Menschen und überließ ihn der Macht der eignen Entscheidung (ἀφῆκεν αὐτὸν ἐν χειρὶ διαβουλίου αὐτοῦ). (15) Wenn du willst, kannst du die Gebote halten, und Treue zu üben, liegt in deiner Macht." Ganz ähnlich wird in den frühpharisäischen Psalmen Salomos geurteilt; in PsSal 9,4–5 heißt es: „(4) Unser Tun (geschieht) nach Wahl und Willen unserer Seele, daß wir Recht und Unrecht tun mit unserer Hände Werk, und in deiner Gerechtigkeit suchst du die Menschenkinder heim. (5) Wer Gerechtigkeit übt, sammelt einen Schatz von Leben für sich beim Herrn, aber wer Unrecht tut, verwirkt selbst sein Leben in Verderben, denn die Gerichte des Herrn (ergehen) in Gerechtigkeit gegen Person und Haus." (Übersetzung nach R. Kittel, Kautzsch II, 140). Auf dieser anthropologischen Basis ist es frühjüdisch zu keiner echten Heilsgewißheit gekommen.

2.3 In der *Jesustradition* erscheint zwar das Verbum δικαιοῦσθαι nur einmal im Sinne von ‚Vergebung der Sünden empfangen, neu von Gott angenommen werden‘ (Lk 18,14), aber Jesus hat bezeugt und vorgelebt, daß Gott sich (durch ihn) der Gottlosen (Frevler) erbarmt und sie neu in seine Gemeinschaft aufnimmt (Lk 15,2 vgl. mit Röm 15,7). Man kann dies sowohl an Jesu Tischgemeinschaften mit Zöllnern und Sündern erkennen (vgl. Mk 2,15–17Par; Lk 19,2–10 u. o. S. 72 f.) als auch an seinen Gleichnissen vom Verlorenen Sohn (Lk 15,11–32), den Arbeitern im Weinberg (Mt 20,1–16) und von Pharisäer und Zöllner (Lk 18,9–14). Vor allem aber läßt es sich aus seiner Bereitschaft entnehmen, als leidender Gottesknecht zugunsten der Vielen in den Tod zu gehen und ihnen so Rechtfertigung zu verschaffen (vgl. Mk 10,45; 14,24Par mit Jes 53,11–12). *Im Blick auf Jesu Verkündigung, seinen Opfergang ans Kreuz und seine Erhöhung kann man sagen, daß Gottes Wille, die Gottlosen aus grundlosem Erbarmen heraus zu rechtfertigen, in Jesus geschichtliche Wirklichkeit geworden ist.*

2.4 Aufgrund der Wieder- und Neubegegnung mit dem gekreuzigten und erhöhten Jesus in den Ostererscheinungen, d. h. aus der Erfahrung heraus, trotz allen zurückliegenden Versagens hinweg durch den Κύριος Ἰησοῦς Χριστός neu angenommen worden zu sein, sind die Apostel schon vor Paulus darangegangen, die Erfüllung von Jes 52,13–53,12 in und durch Jesus zu bezeugen.

Sie taten dies z. B. in der Bekenntnisrede vom Sterben Jesu ‚für unsere Sünden‘ in 1Kor 15,3, in den vorpaulinischen Formeln von 2Kor 5,21 und Röm 4,25, in der Rede von dem gekreuzigten Christus als dem ἱλαστήριον (Röm 3,25–26) und in den Abendmahlsüberlieferungen (Mk 14,22–25Par).

Paulus ist inmitten seiner Verfolgertätigkeit der Schau des erhöhten Christus gewürdigt und von Gott begnadigt worden, Apostel Jesu Christi zu werden (vgl. 1Kor 15,8–10; 2Kor 2,14–16). Wie er selbst in Phil 3,7–11 ausführt, hat er mit der ihm vor Damaskus eröffneten, alles übertreffenden Christuserkenntnis gelernt, seine eigene, auf die Erfüllung des Gesetzes gestützte Gerechtigkeit aufzugeben und vor Gott aus der ihm aufgrund des Glaubens eröffneten ‚Gerechtigkeit von Gott her‘ zu leben. *Seine Berufung hat sich für Paulus als exemplarische Rechtfertigung des Gottlosen dargestellt.* Von dieser Offenbarungserkenntnis her hat der Apostel die eben genannten Bekenntnistraditionen aufgegriffen und sie zum bestimmenden Inhalt seiner Verkündigung gemacht. *Auf diese Weise ist die Rechtfertigung des Gottlosen zum charakteristischen Merkmal der paulinischen Missionstheologie geworden.*

2.4.1 Paulus entfaltet sein Verständnis von Rechtfertigung vor allem im Galater-, Römer- und Philipperbrief; im 1Thessalonicher- und im Philemonbrief ist dagegen von Rechtfertigung gar keine, und in den beiden Korintherbriefen nur gelegentlich die Rede.

Aus diesen Befunden hat man bis in die jüngste Zeit hinein die Folgerung gezogen, daß Paulus erst aufgrund der Auseinandersetzungen in Galatien zur Verkündigung der Rechtfertigung des Gottlosen durchgedrungen sei. G. Strecker, U. Schnelle, H. Hübner, J. Becker u. a. Vertreter dieser Sicht messen dem Thema Rechtfertigung bei Paulus trotzdem hohen und höchsten theologischen Stellenwert bei, während sich K. Stendahl und E. P. Sanders aufgrund desselben Befundes für berechtigt halten, die paulinische Lehre von der Rechtfertigung zu einer nur in der Auseinandersetzung mit Jud(aist)en entworfenen Nebenlehre des Apostels herabzustufen (s. o. S. 239ff.). *Ihnen allen ist entgegenzuhalten, daß von einer bloßen Spätentwicklung der Rechtfertigungsanschauung bei Paulus nicht die Rede sein kann.* Folgende Gründe sprechen gegen diese Annahme: (1) Sprache und Vorstellungswelt der Rechtfertigung waren dem Apostel christlich schon vorgegeben, als er in sein Amt berufen wurde. (2) Nach 2Kor 11,24–28 ist Paulus von Beginn seines Wirkens an um seiner gesetzeskritischen Christuspredigt willen verfolgt und nach 1Thess 2,16 bei der Verkündigung des Evangeliums (durch Juden) behindert worden. (3) Folgt man der südgalatischen Hypothese, spiegelt der Galaterbrief die Auseinandersetzungen, die aus der bereits auf der sog. ersten Missionsreise geübten rechtfertigungstheologischen und gesetzeskritischen Christusverkündigung des Paulus erwachsen sind (s. o. S. 226). Das Hervortreten der Rechtfertigungsthematik im Galater-, Römer- und Philipperbrief ist dann kein Beweis mehr dafür, daß Paulus erst spät zur Erkenntnis der Rechtfertigung der Gottlosen durchgedrungen ist, sondern dokumentiert, daß sie Denken und Botschaft des Apostels von Anbeginn seiner (zuerst von Damaskus und später von Antiochien aus ansetzenden) Mission bestimmt hat. (4) In dem Maße, in dem die von Paulus bereits aus der Gemeindetradition entnommenen Texte vom stellvertretenden Sühnetod Jesu (aufgrund von Jes 53,11–12) mit der Rechtfertigung zusammengehören (s. o.), sind auch in den Paulusbriefen Aussagen wie 1Thess 1,10; 5,9–10; 1Kor 1,30; 10,16–17; 11,23–26; 15,3–5; 2Kor 3,9; 5,14–21 usw. mit der Rechtfertigung zu verbinden. Die (von den genannten Autoren z. T. verkannte) Verschränkung der Lehre von der Rechtfertigung mit der Rede vom stellvertretenden Sühnetod Jesu macht nicht nur die These gegenstandslos, Paulus sei erst zum Ende seines Wirkens zur Rechtfertigungserkenntnis gelangt, sondern auch die Meinung, es gehe dabei nur um eine Nebenlehre des Apostels mit soteriologisch begrenzter Reichweite. *Die Rechtfertigungslehre bezeichnet von früh an das Ganze der paulinischen Theologie!*

2.4.2 Paulus verfolgt in seiner Rechtfertigungslehre zwei soteriologische Grundgedanken:

(1) In der Sendung, im Opfergang, in der Erhöhung und im Zukunftswerk Christi tritt Gottes Heil und Wohlordnung schaffender Wille, seine Gerechtigkeit, umfassend in Erscheinung. Gott versöhnt (versühnt) die Welt mit sich selbst durch Christus und gewährt allen Glaubenden aufgrund des Sühnetodes Jesu und seiner Fürsprache die endzeitliche Rechtfertigung.

(2) Das Heilswerk der Rechtfertigung der Gottlosen um Christi willen allein durch den Glauben überbietet und erledigt die δικαίωσις aufgrund von Werken des Gesetzes.

Von dieser zweifachen Erkenntnis bestimmt, betreibt Paulus die ihm übertragene Heidenmission in der Hoffnung, damit auch die endzeitliche Errettung Israels durch den vom Zion her erscheinenden Erlöser-Christus befördern zu können (vgl. Röm 11,13–32).

Da uns diese Gesamtsicht schon aus § 20 bekannt ist, ist jetzt nur noch auf ihre spezifisch rechtfertigungstheologischen Aspekte einzugehen.

2.4.2.1 Der Vergleich der drei Gottesprädikationen in Röm 4,5 (ὁ δικαιῶν τὸν ἀσεβῆ) und 4,17 (ὁ ζωοποιῶν τοὺς νεκρούς und ὁ καλῶν τὰ μὴ ὄντα ὡς ὄντα) dokumentiert, daß *Rechtfertigung ein von Gott gewirkter schöpferischer Rechtsakt ist.* Aus ihm gehen die Gerechtfertigten als καινὴ κτίσις (2Kor 5,17) hervor und gewinnen Anteil an der Herrlichkeit, die dem erhöhten Christus eignet (Röm 8,29f. vgl. mit Dan 12,3). Die Rechtfertigung zielt typologisch ab auf die Wiederherstellung der den Sündern durch Adams Fall verloren gegangenen ursprünglichen Gerechtigkeit und Herrlichkeit der Geschöpfe Gottes (vgl. Röm 3,23–26 mit ApkMos 20f.). Ort und Rahmen der Rechtfertigung ist das endzeitliche Gericht.

Das Heilswerk der endzeitlichen Rechtfertigung hat seinen entscheidenden *Rechtsgrund* in der von Gott verfügten und von Jesus gehorsam geleisteten stellvertretenden Lebenshingabe am Kreuz auf Golgatha. Um zu verdeutlichen, worum es sich dabei handelt, verschränkt Paulus im Anschluß an die ihm vorgegebene urchristliche Tradition (1) den in Jes 53,10–12 vorliegenden Gedanken von der Rechtfertigung der Vielen durch die stellvertretende ,Ersatzleistung' bzw. ,Schuldtilgung' (hebräisch: אָשָׁם), die in der Lebenshingabe des Gottesknechts besteht, mit (2) dem Gedanken der inkludierenden Sühne für das verwirkte Leben der Gottlosen durch das Blut Jesu (vgl. Röm 4,25 einerseits und 2Kor 5,21; Röm 3,25; 5,9; 8,3 andererseits). Existenzstellvertretung und Sühne durch Jesu Kreuzestod lassen sich bei Paulus nicht trennen, sondern bilden gemeinsam den von Gott selbst gelegten geschichtlichen Rechtsgrund für die den Glaubenden zuzusprechende Rechtfertigung: Der erhöhte Christus kann im Endgericht seinen stellvertretenden Sühnetod zugunsten der an ihn glaubenden Sünder geltend machen und in diesem Sinne als ihr Fürsprecher vor Gott, dem δικαιῶν, für sie eintreten (Röm 8,34 vgl. mit Jes 53,12). Kraft der von Gott aufgrund dieser Fürbitte wirksam zugesprochenen Rechtfertigung gewinnen die πιστεύοντες Anteil an der Gerechtigkeit und Herrlichkeitsexistenz Christi (2Kor 5,21; Röm 8,28–30). Da Paulus die Rechtfertigung als göttlichen Neuschöpfungsakt ansieht, macht er *keinen* Unterschied zwischen nur imputativer oder effektiver Rechtfertigung; durch die δικαίωσις ζωῆς (Röm 5,18) wird das Sein der Gottlosen vor Gott genichtet und neubegründet (vgl. 1Kor 1,26–29; 2Kor 5,17 mit Röm 4,5.17).

2.4.2.2 Im Rechtfertigungszusammenhang spricht Paulus mehrfach und pointiert von der *Gerechtigkeit Gottes* (δικαιοσύνη θεοῦ, vgl. 2Kor 5,21; Röm 1,17; 3,5.21.22.25.26; Röm 10,3), und in Phil 3,9 schreibt er (im Anschluß an Jes 54,17) von der ihm von Gott aufgrund des Glaubens zuteilgewordenen δικαιοσύνη ἐκ θεοῦ. Der Sprachgebrauch des Apostels ist durch die vorpaulinischen Traditionstexte von 2Kor 5,21; Röm 3,25–26 vorbereitet. Das Lexem δικαιοσύνη θεοῦ kommt auch in Mt 6,33; Jak 1, 20 vor und entspricht nach 1QS 10,25; 11,12 einem hebräischen צִדְקַת אֵל.

Seit Luthers reformatorischer Entdeckung, daß iustitia dei bzw. δικαιοσύνη θεοῦ in Röm 1,16–17 nicht die unbestechliche Richtergerechtigkeit Gottes, sondern die Gerechtigkeit meint, „durch die der Gerechte vor Gott geschenkweise das Leben hat, nämlich ‚aus dem Glauben‘, ... die passive (Gerechtigkeit), mit der Gott uns aus Barmherzigkeit gerecht macht durch den Glauben" (WA 54,186, 5–7), ist die Deutung des Lexems höchst umstritten: Während R. Bultmann den Genitiv τοῦ θεοῦ von Phil 3,9 her als Genitivus auctoris verstehen und in der Gottesgerechtigkeit von Röm 1,17; 3,21–22.26 und 10,4 die „von Gott geschenkte, zugesprochene Gerechtigkeit" sehen wollte (Theologie des NT, 1984[9], 285), hat E. Käsemann die διακιοσύνη θεοῦ in der Nachfolge A. Schlatters vom Alten Testament und der frühjüdischen Apokalyptik her gedeutet, und zwar als Inbegriff der „sich eschatologisch in Christus offenbarenden Herrschaft Gottes", als „jenes Recht, mit welchem sich Gott in der von ihm gefallenen und als Schöpfung doch unverbrüchlich ihm gehörenden Welt durchsetzt" (Exeget. Versuche u. Besinnungen II, 1964, 192). Beide Deutungsweisen finden bis heute Nachfolger. Von den paulinischen Belegen her (s. o.) ist vor allem E. Käsemann rechtzugeben.

Δικαιοσύνη θεοῦ bezeichnet bei Paulus das Heil und Wohlordnung schaffende Wirken Gottes und zwar so, daß mit ein und demselben Begriff Gottes eigene Wirksamkeit und das Resultat dieser Wirksamkeit benannt werden konnen. Auch andere paulinische Heilsbegriffe wie Versöhnung (καταλλαγή), Weisheit (σοφία), Gnade (χάρις) oder Geist (πνεῦμα) haben solche ‚synthetische‘ Bedeutungsbreite (K. Hj. Fahlgren); sie ist schon für die alttestamentlich-frühjüdische Heilsterminologie kennzeichnend.

Der mehrdimensionale Sinn von δικαιοσύνη θεοῦ tritt in Röm 3,21–26 sehr schön zutage. Paulus erläutert in diesen Versen seine kurze Definition von Evangelium aus Röm 1,16–17. Nachdem er in Röm 3,20 (mit Ps 143,2) resümiert hat, daß durch Gesetzeswerke kein Fleisch vor Gott gerecht werden kann und durch das Gesetz nur Erkenntnis der Sünde vermittelt wird, setzt der Apostel mit 3,21 neu ein, um zu zeigen auf welche Weise Gott von sich aus den Sündern Rechtfertigung verschafft: „(21) Jetzt aber ist ohne Gesetz die Gerechtigkeit Gottes offenbar geworden, bezeugt von dem Gesetz und den Propheten, (22) und zwar die Gerechtigkeit Gottes durch den Glauben an Jesus Christus für alle Glaubenden. Es gibt nämlich keinen Unterschied: (23) Alle haben sie gesündigt, und es fehlt ihnen die Herrlichkeit Gottes; (24) sie werden (aber) gerechtfertigt umsonst kraft seiner Gnade durch die Erlösung, die in Christus Jesus (geschieht). (25) Den Gott öffentlich eingesetzt hat zum Sühnmal (, das) durch den Glauben (zugänglich wird) kraft seines Blutes, zum Erweis seiner Gerechtigkeit um des Erlasses willen der zuvor geschehenen Sünden (26) unter der Geduld Gottes – zum Erweis seiner Gerechtigkeit im jetzigen Zeitpunkt, auf daß er (selbst) gerecht sei und gerecht spreche den, der aus Glauben an Jesus (lebt).“ Verständlich wird dieser ungemein dicht formulierte Gesamttext erst, wenn man zweierlei bedenkt: (1) Paulus schließt sich in V.23 an die frühjüdische Vorstellung an, daß der Sündenfall von Gen 3 den Verlust der dem ersten Menschenpaar im Garten Eden vor Gott eignenden Seinsweise in Gerechtigkeit und Herrlichkeit mit sich gebracht hat (vgl. ApkMos 20 f.). Durch die Rechtfertigung in und durch Christus wird dieser Seinsverlust nach Paulus wettgemacht. (2) In V.25–26 nimmt der Apostel die uns bereits bekannte, aus dem Stephanuskreis stammende Sühnetradition auf und führt sie in seinem Sinne weiter (s. o. S. 193 f.297 f.). Nach 3,21 wird die Gottesgerechtigkeit von ‚Gesetz und Propheten‘, d. h. den Hl. Schriften insgesamt (vgl. 4Makk 18,10), als Sein und Wirken Gottes bezeugt (vgl. Ex 34,5–7; Jes 45,23–25; 51,6.8 u. a.). Paulus stellt damit seine Rede von der δικαιοσύνη θεοῦ bewußt in die Kontinuität zum Alten Testament. In 3,22 bezeichnet er mit dem Lexem die durch den Glauben geschenkweise empfangene Gabe der Gerechtigkeit und in 3,25–26 Gottes eigenes Heilswirken. *3,26c gibt den komplexen Sinn von δικαιοσύνη θεοῦ am besten wieder: Sie meint Gottes eigenes Gerechtsein, das in der Rechtfertigung jedes Menschen, der an Christus glaubt, wirksam wird.*

Exegetisch entscheidet der jeweilige Kontext darüber, welcher Aspekt der δικαιοσύνη θεοῦ gemeint ist: Nach Röm 1,17 und 3,22 wird die Gottesgerechtigkeit durch den Glauben an Jesus Christus erlangt; beide Male geht es vorrangig um die von Gott gewirkte Gabe der (Glaubens-)Gerechtigkeit; denselben Sinn hat das Lexem in 2Kor 5,21. In Röm 3,5 dagegen geht es um Gottes verläßliche Treue, die sich im Gericht von der Untreue der ungläubigen Juden abhebt. In 3,21 (und 3,26c) wird der komplexe Gesamtsinn betont, und in 3,25.26a steht Gottes eigene ‚Gemeinschaftstreue‘ im Blick, die mittels des Sühnetodes Jesu Heil für die Sünder schafft. In Röm 10,3 stehen sich die δικαιοσύνη θεοῦ als Inbegriff des durch Jesu Sühnetod und Auferweckung hindurch für Israel (und die Völker) Heil schaffendenden Handelns Gottes und die Gerechtigkeit gegenüber, die die ungläubigen Juden mittels des Gesetzes selbst vor Gott aufrichten wollen (vgl. Phil 3,9). In 1Kor 1,30

schließlich nennt Paulus den gekreuzigten und erhöhten Christus (im Anschluß an Jer 23,5–6) die uns von Gott her eröffnete Gerechtigkeit: In ihm
und durch ihn hat Gott unsere Rechtfertigung, Heiligung und Erlösung
gewirkt und garantiert sie bis hinein ins Endgericht.

Um das Verhältnis von δικαιοσύνη θεοῦ und δικαιοσύνη ἐκ θεοῦ in *Phil 3,9* zu
klären, ist ein Blick in das TgJes 54,17 nützlich. Die nach dem masoretischen Text von
Gott für Israel ausgehende צְדָקָה wird im Targum so erklärt, daß es um einen Erweis
(oder auch mehrere Erweise) der Gerechtigkeit מִן קֳדָמַי (= von vor mir her) geht. Gott
erweist seine Gerechtigkeit so, daß sie von Gott ausgeht und vor ihm wirksam ist.
*Dementsprechend ist die δικαιοσύνη ἐκ θεοῦ im Sinne eines von Gott ausgehenden
heilvollen Erweises der Gerechtigkeit Gottes zu deuten.*

*Der berühmte Begriff Gottesgerechtigkeit läßt sich also bei Paulus weder
rein theozentrisch noch rein soteriologisch fassen, sondern umfaßt beide
Aspekte des schöpferischen Heilshandelns Gottes:* Gott, der Schöpfer und
Richter aller Kreatur, entreißt die an Christus Glaubenden durch den Sühne-
tod seines Sohnes der Herrschaft der Sünde und nimmt sie neu in seine
Gemeinschaft auf. Juden und Heiden gewinnen aus Glauben allein und ohne
Zutun des Gesetzes Zugang zu dem einen Gott, der sie (und die ganze
Schöpfung) um Christi willen vor sich leben läßt, und zwar in Zeit und
Ewigkeit. Von hier aus wird verständlich, daß und warum man *mit dem einen
Begriff δικαιοσύνη θεοῦ das Ganze der paulinischen Theologie umschreiben
kann.*

2.4.2.3 In diesem Zusammenhang ist noch einmal kurz auf das Stichwort
Versöhnung (καταλλαγή) in 2Kor 5,18–20; Röm 5,11; Kol 1,20 zurückzukommen (s. o. S. 318ff.). Paulus bezeichnet mit καταλλαγή sowohl die Versöhnungstat, mit der Gott die vor ihm in die Gottesferne geratene Welt durch
Christus mit sich versöhnt hat (2Kor 5,19; Kol 1,20), als auch den Heilsgewinn, der für die Glaubenden schon gegenwärtig aus dieser Gnadentat
Gottes erwächst (Röm 5,11). Die Definition des (paulinischen) Apostolates
als διακονία τῆς καταλλαγῆς und des Evangeliums als λόγος τῆς καταλλαγῆς (2Kor 5,18–19) lassen das besondere soteriologische Interesse erkennen, das Paulus am Stichwort ,Versöhnung' (Versühnung) genommen hat.

Im Blick auf 2Kor 5,18–21 und Röm 5,1–11 hat R. Bultmann treffend angemerkt:
„Fast könnte man sagen, daß in der Rede von der καταλλαγή die Intention des
Paulus, den Menschen radikal von der Gnade Gottes abhängig sein zu lassen, noch
deutlicher zum Ausdruck kommt als in der Rede von der δικαιοσύνη θεοῦ. Denn
bedeutet diese, daß wir *ohne* unser Tun zum ,Frieden' mit Gott gelangen (Rm 5,1), so
jene, daß schon *vor* jeglichem Bemühen des Menschen Gott der Feindschaft ein Ende
gemacht hat (Rm 5,10). Aber sachlich besteht natürlich kein Unterschied; das „ohne
uns" und das ,uns zuvor' wollen beide die schlechthinnige Priorität Gottes aussagen."
(Theologie d. NT, 1984[9], 287; kursiv bei B.)
Von einer speziellen Affinität der Versöhnung zum hellenistisch-römischen Ideal

des Sterbens für eine gute Sache (s.o. S.195) und seiner Rezeption in der frühjüdischen Märtyrertheologie (1Makk 2,50; 2Makk 7,1–41; 8,21; 3Makk 1,23; 4Makk 7,24–14,10 usw.) lassen weder 2Kor 5,18–21 noch Röm 5,1–11; Kol 1,15–20 (und Eph 2,16) etwas erkennen. Paulus sieht in Gottes Liebeshandeln für die Gottlosen gerade die Überbietung von allem antiken Heroismus (Röm 5,6–8) und verbindet die καταλλαγή mit dem Doppelgedanken der inkludierenden Sühne und der Rechtfertigung durch Jesu Kreuzestod. Dies ist nicht von der Märtyrertradition her zu erklären, sondern von Jes 53 und der (schon vor Ostern) mit den Abendmahlsworten einsetzenden sühnetheologischen Deutung des Sterbens Jesu aus.

Der Begriff Versöhnung faßt nach Paulus soteriologisch prägnant zusammen, worum es von Gott her für Mensch und Kreatur bei der Sendung, dem Sühnetod und der Erhöhung Jesu gegangen ist und geht: Gott hat von sich aus die ihm entfremdete Welt neu in den Frieden mit ihrem Schöpfer gestellt, und die Glaubenden dürfen schon heute aus diesem Frieden heraus leben. Der Apostel hat mit seinem soteriologischen Gebrauch von καταλλαγή und (ἀπο)καταλλάσσειν einen theologischen Sprachgewinn erzielt, der der von ihm geprägten Ausdrucksweise über die wenigen Vorkommen in den Paulusbriefen hinaus biblisch-theologisches Gewicht verleiht.

2.4.2.4 Die Gottesprädikation, Gott sei der δικαιῶν τὸν ἀσεβῆ (s.o.) hat forensischen Klang und *impliziert eine ganz bestimmte Anschauung vom (End-)Gericht*; sie wird von Paulus in Röm 8,31–39; 11,32 skizziert.

2.4.2.4.1 Nach Röm 5,1 stehen die an Jesus Christus als Herrn und Retter Glaubenden bereits gegenwärtig im Frieden mit Gott. Für sie ist der Tag des Heils schon angebrochen (2Kor 6,2), und sie sehen als Versöhnte auch dem noch kommenden Tag des Endgerichts getrost entgegen, weil der erhöhte Christus ihr Fürsprecher vor Gott ist und sie vor der Vernichtung im Gericht bewahren wird (Röm 5,8–10; 8,34). Christus ist der Bürge ihrer „Hoffnung, die in der Gerechtigkeit besteht" (Gal 5,5), d.h. ihrer Endrechtfertigung.

2.4.2.4.2 Das *Endgericht nach den Werken* aufgrund des (in der Tora) offenbarten Willens Gottes wird nach Röm 2,16 von Christus durchgeführt werden. Es bleibt auch den Christen nicht erspart. Wie der Apostel in 1Kor 3,10–15 ausführt, müssen auch sie bis hinauf zu den Aposteln am ‚Tage des Herrn‘ (1Thess 5,2; 1Kor 5,5; 2Kor 1,14; Phil 1,6.10; 2,16) vor dem Κύριος erscheinen, und dann wird das Feuergericht (vgl. Jes 66,15–16; Mal 3,19; 2Thess 1,8) erweisen, ob ihr Lebenswerk vor Gott tauglich oder untauglich war (vgl. auch 2Kor 5,10); τὸ ἔργον meint vom Kontext her die Summe aller Werke. *Jeder einzelne Glaubende wird also im Gericht unvertretbar er selbst sein müssen.* Hält sein Werk der Feuerprobe stand, darf er Lohn erwarten, hält es nicht stand, muß er mit Strafe rechnen, wird aber dennoch gerettet werden, „jedoch so wie durch Feuer hindurch" (1Kor 3,15; vgl. Am 4,11 und Sach 3,2). *Die Person des einzelnen Menschen gilt nach*

Paulus vor Gott mehr als ihr taugliches oder untaugliches Werk, und die Rechtfertigung der Gottlosen allein aus Glauben um Christi willen erfolgt nicht aufgrund von, wohl aber angesichts der Werke.

Wie ernst es dem Apostel mit dieser Aussage ist, zeigen zwei weitere Beispiele aus dem 1Korintherbrief: In 1Kor 5,1–5 dringt er mit aller ihm zu Gebote stehenden Autorität darauf, daß ein Mann, der in ehelicher Verbindung mit seiner (Stief-)Mutter lebt, aus der Gemeinde ausgestoßen wird. Der Sinn dieser Maßnahme besteht darin, „diesen Menschen dem Satan auszuliefern zum Verderben des Fleisches, damit der Geist gerettet werde am Tage des Gerichts" (1Kor 5,5). Mit dem πνεῦμα ist nicht der Geist der Gemeinde gemeint (1Kor 3,16), sondern der Übeltäter selbst (vgl. 1Kor 3,15 mit 2Kor 7,13). Er soll aus der Gemeinde ausgeschlossen und schon zu Lebzeiten dem Gericht übergeben werden, um der ewigen Vernichtung im Endgericht zu entgehen. Paulus bringt damit „ein klares *Nein zur Sünde* ebenso deutlich zum Ausdruck ... wie das *Ja Gottes zum Sünder* auf Grund des stellvertretenden Sühnetodes Jesu Christi" (F. Lang, Die Briefe an die Korinther, 1986, 72; kursiv bei L.). – Ähnlich urteilt der Apostel in 1Kor 11,30–32: Um ihrer achtlosen Abendmahlspraxis willen sind s.M.n. in Korinth schon Gemeindeglieder erkrankt und gestorben. Paulus denkt hier unzweifelhaft im Rahmen des Tun-Ergehen-Zusammenhangs und sieht in Krankheit und Tod Schuldfolgen für das Fehlverhalten der Korinther (s. o. S. 281). Diese Tatfolgen werden vom Apostel aber nicht als Vollzug des Vernichtungsgerichts, sondern (im Sinne von Prov 3,12; Hebr 12,5–10) als παιδεία des Κύριος verstanden, d. h. als Züchtigung, durch die die Betroffenen davor bewahrt werden sollen, (am Jüngsten Tage) zusammen mit der ungläubigen Welt verurteilt zu werden. – So anfechtbar die Argumentation in 1Kor 5,1–5; 11,30–32 auch erscheinen mag, so klar geht aus ihr hervor, wie ernst der Apostel die (Christen-)Sünde nimmt, daß für ihn aber auch angesichts solcher Sünde die Gnade Gottes in Christus Vorrang hat vor seinem Zorn.

2.4.2.5 Nach 1Kor 3,15; 5,5 und Röm 8,31–39 können die Glaubenden ihres zukünftigen Heils gewiß sein. Diese *Heilsgewißheit* läßt sich begreifen, wenn man beachtet, daß Paulus mehrfach von der *Erwählung zur Rechtfertigung durch Christus* spricht, und zwar in Kontexten, in denen es um die Vergewisserung der Briefempfänger geht. Nach Röm 8,28–30 dürfen alle, die Gott (kraft der Gabe des Hl.Geistes) lieben (Röm 5,5), inmitten aller Leiden ihrer Erwählung zur Verherrlichung gewiß sein. Auch das Vertrauen darauf, daß nach Vollendung der Heidenmission ‚ganz Israel' durch den Erlöserchristus gerettet werden wird, gewinnt der Apostel in Röm 11,25–32 aus der Überzeugung, daß Gottes an Abraham ergangenes Erwählungswort unerschütterlich gilt und auch dem noch ungläubigen Teil Israels gegenüber zur Durchsetzung kommen wird (vgl. Gen 12,1–3 mit Röm 9,6;11,28–29). Die Verse entsprechen 1,16–17, aber in 11,28–32 geht der Blick des Paulus sogar noch über die Zeit der Verkündigung des Evangeliums in der Völkerwelt hinaus (vgl. Mk 13,10). In 11,32 bietet er die kühnste und umfassendste Formulierung für seine Rechtfertigungsauffassung: „Gott hat alle (d. h. Heiden und Juden) in den Ungehorsam eingeschlossen, um sich aller zu erbar-

*men." Diese universale Aussage nimmt Röm 3,22.30 auf. Sie macht es exege-
tisch vollends unmöglich, die Rechtfertigungslehre des Paulus nur auf die
Heiden zu beziehen oder in ihr nur eine theologische Nebenlehre zu sehen.
Ganz im Gegenteil umfaßt sie alle Menschen und das Ganze der Geschichte.*
(Zum Problem der Allversöhnung vgl. o. S. 309).

Paulus sieht sich mit seinem Apostolat in die globalen Horizonte des Rechtfert-
gungswillens Gottes eingefügt. Nach Röm 11,13–15; 15,15–24 ist er Apostel der
Heiden um Israels willen und hofft, durch die Erfüllung seines Auftrages an der
endzeitlichen Rettung seines eigenen Volkes mitwirken zu dürfen, und zwar in
dreifachem Sinne: Durch seine Missionsverkündigung kann er (1) einige Juden schon
vor der Parusie zum Glauben führen; er kann (2) helfen, all diejenigen, die sein
Evangelium zornig zurückweisen, mittels dieser von Gott über Israel verhängten
zornigen Eifersucht in den Ungehorsam des Unglaubens einzuschließen, aus dem es
für sie nur noch den Ausweg des göttlichen Erbarmens in Christus gibt (vgl. 11,14 mit
10,19 und 11,32); der Apostel kann sich (3) bemühen, durch die rasch bis nach Spanien –
dem damaligen Ende der (Mittelmeer-)Welt – vorgetragene Heidenmission das Einge-
hen des πλήρωμα τῶν ἐθνῶν in die Heilsgemeinde zu beschleunigen und damit auch
den Tag der Erscheinung des Erlöserchristus vom Zion her näherzubringen.

Die apokalyptische Erwartung und Handlungsweise des Paulus ist der
charakteristische Ausdruck seines Glaubens, daß Gott als der δικαιῶν τὸν
ἀσεβῆ der eine Gott von Juden und Heiden ist, der seine Schöpfung durch
die Sendung Jesu zum Heil führen will.

2.4.2.6 Die Rechtfertigungslehre und die Eschatologie des Paulus stimmen
perspektivisch und sachlich überein. Nach der Rechtfertigungslehre sollen
Heiden und Juden in und durch Christus des Erbarmens Gottes und des
Anteils an seiner herrlichen Gerechtigkeit teilhaftig werden (Röm 8,28–30),
und nach der Eschatologie wird die Herrschaft Gottes über das All erst dann
wieder vollendet aufgerichtet sein, wenn Christus auch dem Tode die Macht
genommen hat (1Kor 15,23–28.53–57) und die ganze κτίσις von der seit
Adams Fall über ihr liegenden δουλεία τῆς φθορᾶς befreit ist (Röm 8,21). In
der Erwartung der herrlichen Freiheit der Kinder Gottes, die inmitten der
erneuerten Schöpfung von Christus zum Lob Gottes angeleitet werden
(1Kor 15,28; Röm 8,21), kommen Rechtfertigungslehre und Eschatologie
des Apostels zusammen. Sie sperren sich gegen jeden Versuch der Spiritualisierung, haben dieselbe kosmische Weite wie die alttestamentlichen Jahwe-
König-Hymnen (vgl. z.B. Ps 96) und ermutigen dazu, von Gott in Christus
nicht weniger zu erwarten als den Aufgang der ,Sonne der Gerechtigkeit'
(Mal 3,20) über der ganzen Welt (vgl. 1Q 27 1,6–8).

2.4.2.7 Die paulinische Rechtfertigungslehre ist keine bloße Gnadenlehre,
sondern darin konsequent forensisch gedacht, daß sie auch eine *überaus
ernste Kehrseite* hat: Wer vor Gott nicht aus Glauben an Christus lebt und
seine Fürsprache im Endgericht nicht erhoffen kann, wird vor dem Richter-

stuhl Gottes nicht bestehen können. Paulus bringt dies unmißverständlich zum Ausdruck.

2.4.2.7.1 Jüdischer und judenchristlicher Kritik zum Trotz geht Paulus angesichts des nahenden Endgerichts nach den Werken in Gal 2,16 und Röm 3,20 von dem Grundsatz aus, daß „aufgrund von Werken des Gesetzes kein Fleisch (vor Gott) gerechtfertigt werden wird". ‚Werke des Gesetzes' sind nach frühjüdischem Sprachgebrauch die Erfüllungen von Geboten der Tora (vgl. 4Qflor 1,7; 4QMMT 21,3.7–8; syrBar 57,2), die ihren Tätern im Endgericht zur Gerechtigkeit angerechnet werden. Genau dies hält Paulus für eine Illusion. Nach seiner (Berufungs-)Erfahrung führt selbst die eifrigste Toraobservanz vor Gott nicht zur Rechtfertigung, weil das Gesetz keinem Sünder die Fähigkeit einpflanzen kann, der Sünde abzusagen und Gott in Gerechtigkeit zu dienen. Die Tora kann aus Sündern keine Gerechten machen, die „nicht gesündigt" oder „sich von der Sünde abgewandt" und „das Gesetz mit ganzem Herzen gehalten" haben (TgJes 7,3; 10,21–22; 26,2). Daher hält es der Apostel für eine gefährliche Verkennung der Schuldverfallenheit des Menschen, wenn Juden und Judenchristen meinen, vor Gott mit Hilfe des Gesetzes ihre eigene Gerechtigkeit aufrichten zu können, die zu einer Rechtfertigung κατὰ ὀφείλημα führt (vgl. Röm 4,4).

Nach Phil 3,9 (vgl. mit Röm 10,3) war Paulus als Verfolger der Christen noch anderer Meinung; aus 4QMMT 21,7–8; 4Esr 9,7 ergibt sich, daß im Frühjudentum tatsächlich die Hoffnung bestand, das Vertrauen auf Gottes Barmherzigkeit und eigene Werke (des Gesetzes) würden zur Annahme der Frommen im Endgericht führen. Aus Jak 2,20–26 und Hebr 11 ist zu sehen, daß auch (Juden-)Christen dieser Auffassung gewesen sind.

Die Formulierung von Gal 2,16 und Röm 3,20 lehnt sich an Ps 142,2LXX an; die Wendung πᾶσα σάρξ (gegenüber πᾶς ζῶν im Psalmentext) könnte zusätzlich auf Gen 6–9 anspielen (N. Walter). Die Anlehnung an die Sprache der Hl. Schriften bedeutet, daß Paulus beide Male *kein bloßes Erfahrungsurteil formuliert, sondern eine dem biblischen Gotteswort nachgesprochene Gerichtsregel*: Im Endgericht wird jeder zuschanden werden, der seine Gerechtigkeit vor Gott durch Verweis auf die von ihm vollbrachten ἔργα νόμου zu erlangen oder zu bewahren versucht.

A. Schlatter hat sich leidenschaftlich dagegen gewehrt, daß der Satz aus Gal 2,16; Röm 3,20 von Paulusauslegern in den Gedanken „umgebogen" wird, die Werke des Gesetzes seien selbst Sünde. In seinem Kommentar zum Römerbrief schreibt er: „Wer die Werke des Gesetzes Sünde hieß, gesellte sich zu denen, die sagten, daß das Gesetz Sünde sei, 7,7. Dazu hat Paulus gesagt: ‚Nimmermehr!' Daß die Werke des Gesetzes Werke eines Sünders seien, das hat er gesagt, nicht aber, daß sie Sünde seien." (Gottes Gerechtigkeit, 1991[6], 130). Die von Schlatter gerügte ‚Umbiegung' scheint bei G. Klein vorzuliegen, wenn er in TRE XIII, 67, meint, daß bei Paulus „Willfährigkeit gegenüber der Gesetzesforderung ... als Variante menschlichen Unwesens" gelte, und kurz darauf Gal 2,16; Röm 3,20 folgendermaßen kommentiert: „In der Einlassung auf das Gesetz wird der Mensch von der Sünde übermächtigt und zeigt sich das „ursprünglich" lebensfreundliche Gesetz als sein eigenes Gegenteil (Röm 7,10)" (a. a. O., 71). Wenn man den Gegensatz von Rechtfertigung aufgrund von Werken des Gesetzes und allein aus Glauben gleichsetzt mit dem Bemühen um Erfüllung des Gesetzes einerseits und Verzicht auf solche Bemühung andererseits, verbaut man sich das Verständnis von Röm 8,4–14 und den Zugang zur paulinischen Ethik völlig.

2.4.2.7.2 Wo das Evangelium willkürlich abgewandelt wird, sieht Paulus für die Verkündiger eines ,anderen Evangeliums' den Heilsgrund schwinden. Wer Christus nicht als den Herrn und Retter bekennt, als der er offenbar geworden ist, verfällt dem Gericht (vgl. Gal 1,6–9; 2 Kor 11,1–4.12–15). Auch die Korinther, die in der Gefahr sind, in ihre alte heidnische Lebensweise zurückzufallen, erinnert Paulus in 1 Kor 6,9–11 daran, „daß Ungerechte das Reich Gottes nicht ererben werden", und erläutert diesen Grundsatz anschließend mit Hilfe eines plakativen Lasterkatalogs.

3. Paulus spricht von πίστις und πιστεύειν so betont und ausführlich wie kein neutestamentlicher Zeuge vor ihm. *Der Glaube an Jesus Christus ist für den Apostel die große Alternative zum Leben unter der Tora oder in heidnischer Gottlosigkeit.*

Mit seiner Rede vom Glauben knüpft Paulus an den ihm bereits vorgegebenen christlichen Sprachgebrauch an; außerdem greift er bei seinen Erörterungen über die πίστις immer wieder betont auf das Alte Testament zurück. Wenn der Apostel πιστεύειν und ἐργάζεσθαι antithetisiert und vom Glauben (Abrahams) an den einen Gott spricht, der den Gottlosen rechtfertigt (Röm 4,5), wird der fundamentale Gegensatz seines Glaubensbegriffs zu dem des Frühjudentums sichtbar. *Für Paulus ist die πίστις keine verdienstliche menschliche Treueleistung. Sie ist mit der Sendung Jesu Christi neu in die Welt gekommen (Gal 3,23–25), wird Juden und Heiden durch das Evangelium eröffnet (Gal 3,2; Röm 10,17) und ist Inbegriff des (neuen) Lebens mit Gott, das die Christen führen dürfen (O. Hofius).*

3.1 Paulus hat von seiner Damaskuserfahrung und Offenbarungserkenntnis her ein neues Verständnis von πίστις und πιστεύειν gewonnen, das er immer aufs neue gegen die Juden und Judenchristen verteidigen mußte, die sein Rechtfertigungsevangelium angefochten haben.

Bei der Darstellung des Glaubens bezieht sich der Apostel in Gal 3 und Röm 4 auf Abraham (vgl. Gen 15,6), und in Röm 1,17; 9,33 auf Hab 2,4 und Jes 28,16. Um diesen Rekurs auf das Alte Testament und seine polemische Pointe verstehen zu können, muß man sich daran erinnern, daß Glaube(n) in der alttestamentlichen Tradition erst nach und nach zum Ausdruck für das Gottesverhältnis Israels geworden ist. Entscheidend war zunächst die Redeweise Jesajas. Er hat הֶאֱמִין, das Hifil von אמן, zum Inbegriff gemacht für das Juda(-Israel) und seinem König eröffnete (von ihnen aber

342

verweigerte) Sich-Verlassen auf Gottes Schutzverheißung gegenüber der Davidsdynastie (Jes 7,9; 28,16; [30,15]). Diesem jesajanischen Sprachgebrauch entsprach in derselben Zeit (8. Jh. v. Chr.) die Aussage des Elohisten (oder eines anderen Tradenten), Abraham habe sich angesichts der Verheißung Gottes vertrauensvoll „festgemacht in Gott" und darauf seine und seiner Sippe Existenz gegründet (Gen 15,6). Die Rede vom gottesfürchtigen Sich-Verlassen auf Gottes Wort und Verheißung wurde dann in einigen Psalmen (z. B. 78,22.32; 106,12.24) und Ende des 7. Jh.s auch von Habakuk (2,4) aufgegriffen. Aber erst in nachexilischer Zeit wurde Glaube(n) zur allgemeinen Bezeichnung der Treue des oder der Frommen gegenüber Gott. Das Festhalten an der Tora galt als Inbegriff solch gottesfürchtigen Gehorsams. In Sir 32,24–33,3 heißt es z. B.: „(24) Wer auf das Gesetz vertraut (ὁ πιστεύων νόμῳ), hält seine Gebote, und wer auf den Herrn vertraut (ὁ πεποιθὼς κυρίῳ), wird nicht zuschanden. (33,1) Wer den Herrn fürchtet (τῷ φοβουμένῳ κύριον), den trifft kein Unheil, sollte er in Versuchung fallen, hilft er ihm wieder heraus. (2) Nicht weise ist, wer das Gesetz haßt, und wer es nicht hält, wankt wie ein Schiff im Sturm.(3) Ein verständiger Mann vertraut auf das Gesetz (ἐμπιστεύσει νόμῳ), und das Gesetz ist ihm verläßlich (πιστός) wie das Losorakel." Als Prototyp dieser Art von Gottesfurcht galt Abraham. In Übereinstimmung mit Gen 26,2–5 wird von ihm im ‚Lob der Väter' (Sir 44,1–49,16) gesagt: „(44,19) Abraham war der berühmte Vater einer Menge von Völkern, niemand war ihm an Ehre gleich. (20) Er befolgte das Gesetz des Allerhöchsten (συνετήρησεν νόμον ὑψίστου) und trat in einen Bund mit ihm. Am eignen Leib bestätigte er den Bund, und in der Versuchung wurde er treu erfunden (ἐν πειρασμῷ εὑρέθη πιστός). (21) Darum versprach er ihm mit einem Schwur, durch seine Nachkommen die Völker zu segnen, sie zahlreich zu machen wie den Staub der Erde und wie die Sterne seinen Samen zu erhöhen, ihnen Erbbesitz zu geben von Meer zu Meer und von dem Strom (= dem Euphrat) bis an die Enden der Erde." Hier und in 1Makk 2,52; Jub 14,6 erscheint Abrahams Glaube als verdienstliche Treuehaltung, die vor Gott Anerkennung findet. Philo z. B. sieht im Glauben Abrahams die βασιλὶς τῶν ἀρετῶν, die den Erzvater zu einem lobenswerten und vollkommenen Leben befähigt hat (Abr 270–271). Parallel dazu wird Hab 2,4 in 1QpHab 8,1–3 bezogen „auf alle Täter des Gesetzes im Hause Juda, die Gott erretten wird aus dem Hause des Gerichtes um ihrer Mühsal und ihrer Treue willen zum Lehrer der Gerechtigkeit" (Übersetzung von E. Lohse, Die Texte aus Qumran, 1986⁴, 237). Nach 4Esr 9,7; 13,23 werden im Endgericht nur die bestehen können, die sich irdisch in Werken und Glauben an Gott bewährt haben, und nach der zu Beginn des 2. Jh.s n. Chr. verfaßten syrischen Baruchapokalypse 54,14.16.21 wird Gesetzestreue im Endgericht mit dem Leben belohnt, während „mit Recht die untergehen, die nicht dein Gesetz lieben, und die Pein des Gerichtes die in Empfang nimmt, die sich nicht deiner Herrschaft unterworfen haben" (54,14).

3.2 Paulus setzt die Entwicklung von πίστις und πιστεύειν zum Ausdruck für die Israel vor den Heiden auszeichnende gesetzestreue Gottesfurcht voraus und hat selbst als Pharisäer in ihr gelebt. Als berufener Apostel Jesu Christi aber wertete er sie neu und stieß mit Hilfe der jesuanischen und urchristlichen Redeweise vom Glauben (s. o. S. 90 ff. und 201 ff.) zu einem *neuen Begriff von Glaube(n)* vor.

Daß Paulus Jesu Rede vom bergeversetzenden Glauben kannte (und ihre lieblose Umsetzung ablehnte), zeigt 1 Kor 13,2 (vgl. mit Mk 11,23 Par). Die urchristliche Bezeichnung der Christen mit οἱ πιστεύοντες taucht auch in seinen Briefen auf (vgl. Apg 2,44; 4,32 mit 1 Thess 1,7; 2,13; 1 Kor 14,22 u. ö.). In 1 Kor 15,1–11 erklärt der Apostel, daß er mit demselben Evangelium zum Glauben rufe wie die vor ihm berufenen Apostel auch, und in Gal 1,23 erscheint πίστις als summarischer Begriff für den Inhalt des von den Aposteln und Paulus verkündigten Evangeliums.

3.3 Die πίστις ist nach Paulus ein Glaube, der ‚kommt‘ (Gal 3,23.25) und aus dem Hören der apostolischen Glaubensbotschaft erwächst (Röm 10,17). Als fides veniens und fides ex auditu ist er *Geschenk Gottes,* das die Menschen von der mittels des Gesetzes aufgerichteten Herrschaft der Sünde befreit zu einem neuen Leben unter der Herrschaft Christi. Gott selbst hat mit der Sendung seines Sohnes auch den Glauben an ihn offenbar gemacht; mit dem ‚Kommen‘ dieses Glaubens hat er Juden und Heiden die Rechtfertigung aufgrund von Glauben (allein) und die Teilhabe an Jesu messianischer Gottessohnschaft eröffnet (Gal 3,23–28). Die πίστις wird den Menschen durch die Verkündigung des von Christus selbst eingesetzten Evangeliums erschlossen (Röm 10,17); sie ist geistgewirkte Antwort auf den Umkehrruf des Evangeliums (Gal 3,2). In der Kraft des Geistes bekennen die Glaubenden Christus als den von Gott auferweckten und erhöhten Κύριος (1 Kor 12,3) und erfahren auf dieses Bekenntnis hin die endzeitliche Errettung (Röm 10,9). *Glaube ist also nach Paulus Bezeichnung für das von Gott in Christus durch das Evangelium gnädig eröffnete neue Leben im Geist, das (zusammen mit ἀγάπη und ἐλπίς) ewig bleibt (1 Kor 13,13).*

Gal 2,16 zeigt grammatisch unwiderleglich, daß die Wendung πίστις [Ιησοῦ] Χριστοῦ in Gal 2,16; 3,22; Röm 3,22.26; Phil 3,9 nicht Jesu eigene πίστις meint, wie kürzlich wieder M. D. Hooker, ΠΙΣΤΙΣ ΧΡΙΣΤΟΥ, NTS 35, 1989, 321–342, behauptet hat, sondern den Glauben *an* Jesus Christus. Jesu Gottesverhältnis wird bei Paulus nie mit πίστις bezeichnet! Gal 2,20 erlaubt es hinzuzufügen, daß dieser Glaube an Jesus Christus nicht nur die Heilstat Gottes in und durch Jesus Christus dankbar anerkennt (s. u.), sondern auch ein persönliches Verhältnis des Glaubenden zu dem Christus impliziert, „der mich geliebt und sich selbst für mich dahingegeben hat".

3.4 In dem durch das Evangelium eröffneten Glauben erkennen die πιστεύοντες das Heilswirken Gottes in Christus als für sie vollbracht an und erfahren dadurch die Rechtfertigung allein aus Glauben ohne Werke des Gesetzes.

3.4.1 Die *Anerkennung des Heilswerkes Gottes* erfolgt nach Röm 10,9 durch das Bekenntnis, mit dem sich jeder einzelne Glaubende Gott und seinem Christus zu- und unterordnet. Die ὁμολογία impliziert das Eingeständnis, daß der Glaubende sich vor Gott in der Situation des Frevlers befindet, der sein Heil nicht aus eigenem Vermögen, sondern nur durch Gottes Gnade und den Beistand des Κύριος gewinnen kann (vgl. Gal 2,16; 1 Kor 1,26–30).

In kühner Auslegung von Gen 15,6 hat Paulus in Gal 3 und Röm 4 *Abraham,* ,unseren Vorvater', als Modell solch bußfertigen Glaubens in Anspruch genommen. *Abraham ist für den Apostel der erste Gottlose, den Gott zum Glauben erwählt und gerechtfertigt hat.* In Röm 4,3–5 heißt es: „(3) Was sagt nämlich die Schrift? ,Abraham aber glaubte Gott, und es wurde ihm zur Gerechtigkeit angerechnet.' [Gen 15,6] (4) Wer Werke tut, dem wird der Lohn nicht nach Gnade, sondern nach Schuldigkeit angerechnet; (5) wer aber nicht Werke tut, aber an den glaubt, der den Gottlosen rechtfertigt, dessen Glaube wird zur Gerechtigkeit angerechnet." Paulus sieht im Glauben Abrahams einen am Wort Gottes hängenden Vertrauensakt: Abraham hat παρ' ἐλπίδα ἐπ' ἐλπίδι, d. h. gegen (alle) Hoffnung auf Hoffnung hin geglaubt; trotz seines eigenen hohen Alters und der Altersunfruchtbarkeit der Sara ist er nicht schwach im Glauben geworden, sondern hat an Gottes Verheißungswort festgehalten: „(4,20) An der Verheißung Gottes zweifelte er nicht im Unglauben, sondern er gewann Kraft durch Glauben, gab Gott die Ehre (21) und war ganz davon durchdrungen: Was er verheißen hat, ist er auch mächtig zu tun. (22) Deshalb wurde (es) ihm auch angerechnet zur Gerechtigkeit." Die πίστις Abrahams ist für Paulus keine menschliche Verdienstleistung, sondern der von der Macht des Wortes Gottes getragene Akt des Festhaltens an der göttlichen ἐπαγγελία, dem die Anerkennung durch Gott nicht versagt geblieben ist.

Während Abrahams Glaubenstreue alttestamentlich und frühjüdisch seit Gen 26,2–5 vor allem an der Beschneidung (Gen 17,9–14) und der Aufopferung Isaaks (Gen 22,2.9) bemessen wurde (s. o.), sah Paulus im Glauben Abrahams primär das Vertrauen auf Gottes Wort. Die Beschneidung ist für ihn nur das Siegel der Glaubensgerechtigkeit, die Abraham empfangen hat, als er noch unbeschnitten war (Röm 4,9–12), und von der „Fesselung Isaaks" zur Opferdarbringung (auf die auch in Jak 2,21; Hebr 11, 17 verwiesen wird) ist bei Paulus nirgends ausdrücklich die Rede. Das Abrahambild des Apostels ist von Gen 12,1–9; 15,1–6 her bestimmt, und dementsprechend kann er in dem, was dem Erzvater widerfuhr, auch die prototypische Erwählung und Annahme des Gottlosen sehen, die all denen zuteilwird, die an den Gott glauben, der Jesus von den Toten auferweckt hat (Röm 4,24).

3.4.2 Juden und Heiden wird die Rechtfertigung nach Paulus *allein aus Glauben und nicht aus Werken des Gesetzes* zuteil (Röm 3,28). Gott eröffnet ihnen den Glauben durch das Evangelium und verschafft ihnen durch Christus Sündenvergebung und neues Leben. Sie werden deshalb nicht aus eigenem Verdienst, sondern allein aus Gnade um Christi willen gerechtfertigt.

Luther hat den (instrumentalen) Dativ πίστει in Röm 3,28 im Septembertestament von 1522 mit *allein durch den Glauben* übersetzt: „So halten wirs nun, daß der Mensch gerechtfertigt werde, ohn zu tun der Werk des Gesetzes, allein durch den Glauben." Diese Wiedergabe des Textes hat ihm in der Reformationszeit massive katholische Kritik eingetragen. Heute aber wird sie selbst von katholischen Exegeten als sachgemäß anerkannt: „… das ,durch den Glauben' (πίστει) trägt ganz deutlich den Ton, und die Hervorhebung durch die deutsche Übersetzung ,allein durch den Glauben' ist ganz exakt im Sinne des Paulus …, vorausgesetzt, daß man die paulinische Kontraposition ,allein auf Grund von Werken des mosaischen Gesetzes' nicht aus dem Auge verliert und daß man nicht heimlich ausklammert, was etwa

Röm 6–8.12–15 noch gesagt werden wird" (O. Kuß, Der Römerbrief, Erste Liefe-rung Röm 1,1–6,11, 1963², 177; kursiv bei K.).

3.5 Πίστις und πιστεύειν umschließen bei Paulus nicht nur die einmalige gehorsame Antwort auf die ἀκοὴ πίστεως, sondern auch ein Leben in Geduld, Hoffnung und Liebe.

3.5.1 Wenn Paulus die πίστις als ὑπακοή beschreibt (Röm 1,5; 6,17; 10,16; 15,18), ist zunächst die Reaktion auf die ἀκοὴ πίστεως gemeint: Im Evange-lium wird Christus als Retter und Herr ausgerufen, und diesem Ruf gehor-chen die Glaubenden, indem sie ihr Leben auf die Tat und Person des Κύριος Ἰησοῦς Χριστός gründen. Dies geschieht nicht nur einmal, sondern immer aufs neue, so daß Glaube(n) zum Ausdruck für eine bestimmte Lebensweise und Lebenshaltung vor Gott wird.

3.5.2 Aller Schwärmerei gegenüber betont Paulus, daß die Christen bis zu dem (nahen) Tage der Parusie noch nicht in der unmittelbaren Gemeinschaft mit dem Κύριος und im Schauen seiner Herrlichkeit, sondern erst in mittel-barer Glaubensgemeinschaft mit ihm leben: διὰ πίστεως περιπατοῦμεν, οὐ διὰ εἴδους (2Kor 5,7). Die πιστεύοντες befinden sich noch in einer Leidenssi-tuation, die ihnen Geduld und Hoffnung abverlangt. Paulus führt dies vor allem in Röm 5,1–5 (vgl. auch Röm 8,23–25) aus, nachdem er schon in Röm 4,18 betont hatte, daß Abraham wider alle Hoffnung auf Hoffnung hin an Gottes Verheißung festgehalten hatte (s. o.).

3.5.2.1 Weil Christus im Geist schon bei (und in) den Glaubenden ist (Gal 2,20) und ihnen hilft, Gott als den Vater anzurufen (Gal 4,6; Röm 8,14–17), können die πιστεύοντες inmitten der ihnen abverlangten Bewäh-rung *der Gnade Gottes in Christus gewiß bleiben*. Weil und indem sie durch den Christus aus der Schuldknechtschaft unter dem Gesetz losgekauft sind (Gal 4,5), sind sie in die *Freiheit* gestellt und spiegeln schon gegenwärtig in ihrer Lebensgemeinschaft, ihrem einträchtigen Gebet und ihrer gegenseiti-gen Liebe die Freiheit der Kinder Gottes wider, die Kennzeichen der Erlö-sung sein wird (vgl. Gal 3,25–28; 4,6; 5,1.13; Röm 8,21).

3.5.2.2 Wenn die Glaubenden Christus als ihren Herrn bekennen und ihr neues Leben in Freiheit führen, müssen sie sich auf Anfeindungen und Verfolgungen einstellen. *Glaube ist nach Paulus stets bedrohter Glaube*.
Wie der Apostel in 1Kor 9,24–27 und Phil 3,12–16 an seinem eigenen Beispiel herausstellt, handelt es sich bei dem Weg, den die Glaubenden zu gehen haben, um ein angestrengtes, durchaus asketische Züge tragendes Ringen um den Gewinn der σωτηρία inmitten von lauter Anfeindungen. Daher ruft Paulus die Gemeinde auf, aus Gottes Kraft heraus mit Furcht und Zittern für ihr Heil zu arbeiten (Phil 2,12–13). Auch den ‚Peristasenkatalo-gen' (s. o. S. 322) hat der Apostel nicht zufällig exemplarische Form gegeben:

346

An seinem Leiden können und sollen die Gemeinden ermessen, wie es allen Christen auf ihrem irdischen Zeugnisweg ergeht. Sie sind wie die Frommen im Psalter ‚leidende Gerechte‘ oder besser noch: ‚leidende Gerechtfertigte‘ (K. Th. Kleinknecht), die Schmach und Schande auf sich nehmen müssen wie ihr ans Kreuz geschlagener Herr auch (Röm 5,3; 8,23–25.35–37). Was sie in dieser lebensgefährlichen Situation hält und erhält, ist die Erfahrung, daß die Kraft Christi gerade in der Schwachheit zur Vollendung kommt (2 Kor 12,9), und die Gewißheit, daß keine Macht der Welt sie noch trennen kann von der Liebe Gottes, die für sie in Christus Jesus, ihrem Herrn, beschlossen ist (Röm 8,39). In der Welt leben sie als schon nicht mehr von dieser Welt (Gal 4,26; 1 Kor 7,29–31; Phil 3,20) und bleiben ihr doch als dem Feld des Zeugnisses und der Gotteserfahrung verpflichtet bis zur ἡμέρα κυρίου.

3.5.2.3 *Die Hoffnung ist ein Strukturmoment des Glaubens.* Sie richtet sich auf die endgültige Erlösung, die Endrechtfertigung und die Teilhabe der Glaubenden an der Auferstehungsherrlichkeit Christi (Gal 5,5; Röm 8,22–25; Phil 3,20–21).

Der Glaube an Jesu Heilstod und Auferweckung impliziert nach Paulus, daß die Glaubenden an der Herrlichkeit des Κύριος werden teilhaben dürfen (vgl. Phil 3,20–21). Den Christen in Thessalonich, die um den Anteil ihrer vor der Parusie entschlafenen Glaubensgenossen an der Auferweckung(sherrlichkeit) bangen, ruft der Apostel in 1 Thess 4,14 die Glaubensformel in Erinnerung: „Wenn wir nämlich glauben, daß Jesus starb und auferstand, dann wird so auch Gott die Entschlafenen durch Jesus zusammen mit ihm (von den Toten) heraufführen"; anschließend versichert er ihnen: „Gott hat uns nicht für das Zorngericht, sondern zum Gewinn der Rettung durch unseren Herrn Jesus Christus bestimmt" (1 Thess 5,9). In Röm 6,8 argumentiert der Apostel genauso: „Wenn wir zusammen mit Christus gestorben sind, glauben wir, daß wir auch zusammen (mit ihm) leben werden."

3.5.3 *Die πίστις wird nach Paulus gelebt in der Liebe zu Gott und zu den Menschen; ihre Lebensdimension ist der Hl. Geist und ihre Frucht das in der Kraft des Geistes vollbrachte ἔργον πίστεως (1 Thess 1,3).* Gottes- und Nächstenliebe sind für den Apostel Gaben des Geistes (vgl. Gal 5,22; 1 Kor 13,4–13; Röm 5,5) und als solche Kennzeichen des Glaubens. Paulus kann deshalb in Gal 5,6 grundsätzlich formulieren: „In Christus Jesus gilt weder Beschneidung noch Unbeschnittenheit, sondern der Glaube, der durch die Liebe wirksam ist (πίστις δι' ἀγάπης ἐνεργουμένη)." Die Liebe zu Gott findet ihren Ausdruck in Lobpreis, Gebet, Danksagung (1 Kor 14,13–18; Röm 8,15; 14,5–6; 15,6) und der Hingabe des ganzen leiblichen Lebens an den wahren, dem Christus-Logos gemäßen Gottesdienst (Röm 12,1). Die Liebe zum Nächsten aber wird in den „Früchten des Geistes" wirksam, die dem πλησίον dienlich sind (Gal 5,22; 6,2).

Da Gal 5,6 und 1 Kor 7,19 parallel formuliert sind und die von Paulus in Antiochien übernommene Tauftradition widerspiegeln (s. o. S. 220), ergibt sich die Möglichkeit, die καρποὶ τοῦ πνεύματος von Gal 5,22 rechtfertigungstheologisch mit den ἔργα νόμου zu vergleichen, die nicht zur Rechtfertigung führen: Während die Gesetzeswerke vollbracht werden, um angesichts des Endgerichts die ἰδία δικαιοσύνη vor Gott zu begründen (vgl. Gal 2,16; Röm 3,20 mit Phil 3,9 und Röm 10,3), werden die Früchte des Geistes von den Glaubenden hervorgebracht, die Gott durch Christus bereits mit sich versöhnt hat und die ihrer Endrechtfertigung kraft der Fürsprache des erhöhten Christus in hoffnungsvoller Glaubensgewißheit entgegensehen. Nach Gal 5,23; 6,2 und 1 Kor 7,19 handelt es sich auch bei den καρποὶ τοῦ πνεύματος um Taten der Erfüllung des Gesetzes (Christi). Sie werden aber nicht getan, um mit ihrer Hilfe eine Endrechtfertigung κατὰ ὀφείλημα (Röm 4,4) zu erwirken, sondern um Gott den schuldigen Dank für seine Heilstat in Christus abzustatten und Christus als dem Κύριος gehorsam zu sein. Wenn Paulus in seinen Briefen lehrt, auf ‚Lob‘ und ‚Lohn‘ für gelungene Werke im Endgericht zu hoffen (1 Kor 3,14; 4,5), hat er nicht die Endrechtfertigung aufgrund von (guten) Werken im Sinn, sondern die Anerkennung von treuen Diensten, die Gott denen nicht vorenthalten wird, die sich in der δουλεία τῆς δικαιοσύνης, die den Glaubenden obliegt (Röm 6,18), bewährt haben.

Mit Hilfe von 1 Kor 10,31 und Kol 3,17 kann man die Reichweite des in der Liebe tätigen Glaubens klar beschreiben: *Er füllt das ganze Leben derer aus, die Christus als ihren Herrn bekennen, und ist im wesentlichen Danksagung an den einen Gott, der seinen Sohn „wegen unserer Sünden dahingegeben und wegen unserer Rechtfertigung auferweckt hat" (Röm 4,25).*

Der Glaube ist nach Paulus also in der Tat, wie Luther in der Vorrede zum Römerbrief von 1522 klassisch formuliert hat, „ein göttlich Werk in uns, das uns wandelt und neu gebiert aus Gott, Joh 1 (13), und tötet den alten Adam, machet aus uns ganz andere Menschen von Herzen, Mut, Sinn und allen Kräften und bringet den Heiligen Geist mit sich. O, es ist ein lebendig, geschäftig, tätig, mächtig Ding um den Glauben, daß es unmöglich ist, daß er nicht ohne Unterlaß sollte Gutes wirken. Er fragt auch nicht, ob gute Werke zu tun sind, sondern ehe man fragt, hat er sie getan und ist immer im Tun" (WA DB 7, 10, 6–12).

Wenn man diese Worte zitiert, muß man sich nur vor Augen halten, daß der hier gültig beschriebene geistliche Begriff von πίστις durch Paulus neu in die urchristliche Tradition eingebracht worden ist und urchristlich keineswegs allgemein akzeptiert war. Die judenchristlichen Gegner, die Paulus um seines angeblich den Wünschen der moralisch laxen Heidenchristen angepaßten Evangeliums willen bis hinein nach Rom ‚verlästerten‘ (Röm 3,8), haben den Glaubensbegriff des Apostels ebensowenig gutgeheißen wie der Jakobus- oder der Hebräerbrief (vgl. Jak 2,18–26; Hebr 11,1–40).

Literatur: G. Barth, Die Taufe in frühchristlicher Zeit, 1981; M. Barth, Das Mahl des Herrn, 1987; J. Becker, Paulus, 1989, 447ff.; O. Betz, Jesus – Der Herr d. Kirche, 1990, 217ff.252ff.; O. Betz-P. Schäfer, Artikel: Adam I/II, TRE I, 414–427; G. Bornkamm, Paulus, 1987[6], 184ff.; ders., Das Ende des Gesetzes, Ges. Aufs.I, 1961[3], 34ff.123ff.; ders., Studien zu Antike u. Urchristentum, Ges. Aufs. II, 1959, 138ff.; U. Brockhaus, Charisma u. Amt, 1972; H. v. Campenhausen, Kirchliches Amt u. geistliche Vollmacht in d. ersten drei Jahrhunderten, 1963[2]; ders., Das Bekenntnis im Urchristentum, ZNW 63, 1972, 210–253; H. Conzelmann, Artikel: χάρισμα, ThW IX, 393–397; N. A. Dahl, Das Volk Gottes, 1963[2], 209ff.; E. Dinkler, Die Taufaussagen d. NT, in: Zu K. Barths Lehre von d. Taufe, hrsg. von Fr. Viering, 1971, (60–153) 70ff.; H. Gese, Vom Sinai zum Zion, 1990[3], 180ff.; ders., Zur biblischen Theologie 1989[3], 107ff.; F. Hahn, Exegetische Beiträge zum ökumenischen Gespräch, Ges. Aufs. I, 1986, 303ff.; O. Hofius, Paulusstudien, 1989, 203ff. 241ff.; ders., Τὸ σῶμα τὸ ὑπὲρ ὑμῶν 1Kor 11,24, ZNW 80, 1989, 80–88; J. Jeremias, Die Abendmahlsworte Jesu, 1967[4]; E. Käsemann, Exegetische Versuche u. Besinnungen I, 1960, 11ff.109ff. ders., Paulinische Perspektiven, 1969, 178ff.; ders., Artikel: Geist u. Geistesgaben im NT, RGG[3] II, 1272–1279.; K. Kertelge, Gemeinde u. Amt im NT, 1972; ders. (Hrsg.), Das kirchliche Amt im NT, 1977; W. Klaiber, Rechtfertigung u. Gemeinde, 1982; F. Lang, Abendmahl u. Bundesgedanke im NT, EvTh 35, 1975, 524–538; X. Léon-Dufour, Abendmahl u. Abschiedsrede im NT, 1983; E. Lohse, Die Einheit des NTs (Ges. Aufs.), 1973, 228ff.; U. Luz, Unterwegs zur Einheit: Gemeinschaft d. Kirche im NT, in: C. Link, U. Luz, L. Vischer, Sie aber hielten fest an d. Gemeinschaft…, 1988, 43–183; U. Mell, Neue Schöpfung, 1989; H. Merklein, Studien zu Jesus u. Paulus, 1987, 296ff.319ff.; F. Neugebauer, In Christus, 1961; H.-W. Park, Die Vorstellung vom Leib Christi bei Paulus, Diss. theol. Tübingen 1989 (Masch.); W.-H. Ollrog, Paulus u. seine Mitarbeiter, 1979; H. Patsch, Abendmahl u. historischer Jesus, 1972; J. Roloff, Exegetische Verantwortung in d.Kirche, hrsg. von M. Karrer, 1990, 171ff.201ff.337ff.; H. Schlier, Die Zeit d. Kirche (Ges. Aufs. I), 1962[3], 47ff.; E. Schweizer, Artikel πνεῦμα, ThW VI, 387–450; ders., Artikel σῶμα, ThW VII, 1024–1091; ders., Gemeinde u. Gemeindeordnung im NT, 1962[2]; P. Stuhlmacher, Jesus von Nazareth – Christus des Glaubens, 1988, 65ff.; A. J. M. Wedderburn, Baptism and Resurrection, 1987.

Da Paulus missionierender Apostel gewesen ist, hat er auch die kirchengestaltenden Konsesequenzen seiner Verkündigung zu bedenken gehabt. In seinen Briefen finden sich deshalb auch Erörterungen über die (Gestalt der) Gemeinde Jesu Christi, das rechte Verständnis von Taufe und Herrenmahl sowie Hinweise auf die Wirklichkeit des Hl. Geistes.

Nach Gal 2,7–10; Röm 1,5; 11,13–14 und 15,15–24 hatte(n) Paulus (und Barnabas) den weltumspannenden Auftrag, die Heidenmission durchzuführen. Seit der Trennung von Barnabas nach dem sog. antiochenischen Zwischenfall (Gal 2,11–21; Apg 15,36–41) hat Paulus diesen Auftrag selbständig verfolgt, um dadurch den Zeitpunkt der Errettung ganz Israels durch Christus näherzubringen (s. o. S. 339f.).

Ausdruck dieser Konzeption war auch seine *Missionsstrategie*. Den Abmachungen auf dem Apostelkonzil entsprechend (vgl. Gal 2,7–10) ist Paulus von Jerusalem aus zur Mission unter den Heiden aufgebrochen (Röm 15, 19), hat selbst aber nur in den Provinzhauptstädten (Ephesus, Thessalonich, Korinth usw.) missioniert. Wenn er nicht vorzeitig vertrieben wurde (wie z.B. aus Thessalonich), hat er sich in diesen Städten durchaus Zeit für Missionspredigt, Unterricht und Gemeindeaufbau genommen. Die Missionierung des Hinterlandes und die weitere Betreuung dieser Gemeinden hat er aber seinen Mitarbeiterinnen (Phil 4,2–3) und Mitarbeitern überlassen (1Thess 3,2–3; 1Kor 4,17; 16,10–11; 2Kor 7,6–7.13–15; 8,23). Da der Apostel sich unablässig der Gemeinden angenommen hat (2Kor 11,28–29), können wir aus seinen Briefen ersehen, wie er das ihm anvertraute Rechtfertigungsevangelium ekklesiologisch angewandt sehen wollte; besonders deutlich ergibt sich dies aus dem 1Kor und dem Röm.

1. Von den bereits vor seiner Zeit und unabhängig von ihm missionierenden Gemeinden in Damaskus, Jerusalem und Antiochien hat Paulus *Taufe und Tauftradition* übernommen.

1.1 Die Taufe war in jenen Gemeinden unlösbar mit der Glauben weckenden Taufpredigt verbunden und ist ‚auf den Namen Jesu Christi‘ vollzogen worden; sie verlieh Vergebung der Sünde, gliederte in die Gemeinde ein und ließ die Täuflinge an dem die Gemeinde beseelenden Geist Anteil gewinnen (s.o. S. 217ff.). All diese (Traditions-)Elemente finden wir bei Paulus wieder: Auch nach Paulus geht der Taufe die glaubenweckende Evangeliumspredigt voran (1Thess 1,9–10; Gal 3,2; Röm 10,17; Eph 1,13–14); auch er übt und kennt die Taufunterweisung (vgl. 1Kor 15,1–5 mit Röm 6,17) und tauft auf den Christusnamen (1Kor 1,13–15; 6,11); auch nach Paulus reinigt die Taufe von Sünden und ist aufs engste verbunden mit der Mitteilung des Geistes (1Kor 6,11; 12,13); auch der Apostel schreibt von einer Kinder- und Säuglingstaufe im heutigen Sinne nichts, sondern geht davon aus, daß die (Erwachsenen-)Taufe für die Gemeindeglieder *das entscheidende Ereignis der Abkehr vom alten (heidnischen oder jüdischen) Leben und der Hinkehr zur neuen Existenz im Glauben und im Kreise der Christus als Herrn bekennenden Glaubensgenossen war.* Die Taufe markierte für alle Christen, an die Paulus schreibt, die entscheidende Lebenswende, mit der ihr Leben als Χριστιανοί begonnen hatte, und deshalb konnte er sie auch bei diesem Wendedatum behaften (vgl. z.B. Gal 3,26–28; 1Kor 6,11).

Die Feststellung des Paulus in 1Kor 1,17: „Christus hat mich nicht gesandt zu taufen, sondern das Evangelium zu verkündigen" richtet sich gegen eine spezielle Überschätzung der Taufe in Korinth und versteht sich aus der eben skizzierten Missionsstrategie des Apostels heraus: Paulus war der Pioniermissionar und als solcher vor allem für die Ausrichtung des Evangeliums „zuständig", während er die Einzelarbeit des Gemeindeaufbaus mit Einschluß von Taufunterricht und Taufen nach kurzer Zeit seinen Mitarbeitern und Mitarbeiterinnen überlassen konnte.

1.2 Die Taufe war z.Z. des Apostels so unstrittig in Geltung, daß er nirgends in seinen Briefen eine förmliche Lehre von der Taufe entwerfen mußte. Wie Paulus von der Taufe gedacht hat, ist den Gelegenheitsäußerungen zu entnehmen, die er der Taufe gewidmet hat (Gal 3,26–28; 1Kor 6,11; 12,13 und Röm 6,1–23).

1.2.1 (Auch) in *Röm 6* trägt Paulus keine Lehre von der Taufe vor, sondern setzt sich mit (christlichen) Kritikern auseinander, die ihm bis nach Rom die Verkündigung eines den Wünschen der Heiden angepaßten Evangeliums von der ‚billigen Gnade‘ (D. Bonhoeffer) vorwarfen (vgl. Röm 6,1.15 mit 3,8). Im Zusammenhang dieser Kontroverse erinnert er die römischen Christen an ihre (nicht von Paulus selbst gespendete!) Taufe und gibt dabei ein denkbar hohes Verständnis des βάπτισμα zu erkennen.

Paulus schreibt in Röm 6,1–10: „(6,1) Was sollen wir nun sagen? ‚Laßt uns bei der Sünde bleiben, damit die Gnade zunehme!‘? (2) Mitnichten! Wir, die wir der Sünde abgestorben sind, wie sollten wir noch in ihr leben? (3) Oder wißt ihr nicht, daß wir, die auf Christus Jesus getauft sind, in seinen Tod hinein getauft sind? (4) Wir sind zusammen mit ihm durch die Taufe in den Tod begraben, damit, gleichwie Christus von den Toten auferweckt wurde durch die Herrlichkeit des Vaters, so auch wir in der Neuheit des Lebens wandeln. (5) Wenn wir nämlich verbunden sind mit der Gleichgestalt seines Todes, werden wir es auch mit der (seiner) Auferstehung sein, (6) in der Erkenntnis dessen, daß unser alter Mensch zusammen (mit ihm) gekreuzigt worden ist, um den Leib (der von) der Sünde (bestimmt ist) zu vernichten, so daß wir nicht mehr der Sünde dienen. (7) Denn wer gestorben ist, ist von der Sünde losgesprochen. (8) Wenn wir aber zusammen mit Christus gestorben sind, glauben wir, daß wir auch zusammen mit ihm leben werden, (9) denn wir wissen, daß Christus, auferweckt von den Toten, nicht mehr stirbt; der Tod ist nicht mehr Herr über ihn. (10) Sofern er gestorben ist, ist er für die Sünde ein für allemal gestorben, sofern er lebt, lebt er für Gott." Diese Äußerungen zeigen, daß nach Paulus die Täuflinge in der Taufe der Gewalt der Sünde entrissen und der Herrschaft der Gnade unterstellt werden. – In Röm 6,15–18 kommt Paulus noch einmal auf diesen *Herrschaftswechsel* zu sprechen: „(15) Was nun? Sollen wir sündigen, weil wir nicht mehr unter dem Gesetz, sondern unter der Gnade stehen? Mitnichten! (16) Wißt ihr nicht: Wem ihr euch als Sklaven zum Gehorsam zur Verfügung stellt, dessen gehorsame Sklaven seid ihr, entweder der Sünde zum Tode, oder des Gehorsams zur Gerechtigkeit? (17) Dank aber sei Gott (dafür), daß ihr Sklaven der Sünde wart, aber von Herzen gehorsam geworden seid der Gestalt von Lehre, der ihr übergeben worden seid; (18) befreit von der Sünde, seid ihr zu Sklaven für die Gerechtigkeit gemacht worden!"

Die Worte ὑπηκούσατε δὲ ἐκ καρδίας εἰς ὃν παρεδόθητε τύπον διδαχῆς in Röm 6,17 sind von R. Bultmann (Exegetica, hrsg. von E. Dinkler, 1967, 283) als ein „stupider Zwischensatz" eines Glossators beurteilt worden, der den Zusammenhang von V.17a.18 empfindlich stört. Aber die Textüberlieferung bietet für ein solch harsches Urteil keinen Anlaß; sie nötigt dazu, den Satz aus dem in Röm 6 vorgegebenen Zusammenhang heraus zu verstehen, und das ist durchaus möglich: Paulus erinnert die römischen Christen in V.17 an die Glaubenslehre, die ihnen bei ihrer Taufe mitgeteilt wurde und der sie sich im Glaubensgehorsam erschlossen haben. In Röm 6,17 wird ein kürzerer oder längerer urchristlicher *Taufunterricht* vorausgesetzt, bei dem die Christen von Rom den von Paulus gepriesenen τύπος διδαχῆς (kennen-)lernten, um ihn dann im Bekenntnis zu bejahen. Der Empfang dieser Lehre, das Bekenntnis ἐκ καρδίας (vgl. Röm 10,9–10) und das Ereignis der Taufe gehören nach Röm 6,2–8 und 6,17–18 aufs engste zusammen. Beachtet man den Wortlaut der (mit ἢ ἀγνοεῖτε ὅτι eingeleiteten) Tauferinnerung in 6,3–7: „auf den Tod Christi getauft", „mit ihm in den Tod begraben", „mit Christus gekreuzigt worden", „in der Neuheit des Lebens wandeln, wie Christus auferweckt wurde von den Toten", kann man sogar recht genau angeben, welchen τύπος διδαχῆς Paulus in V.17 im Auge hat: Es handelt sich um das allen Aposteln gemeinsame ‚Evangelium' von 1Kor 15,3b–5, das auch Paulus gelernt und weitergegeben hat (s.o. S. 169ff.). Die seltsam anmutende Formulierung aus Röm 6,17: „Ihr seid einer Gestalt von Lehre übergeben worden", erklärt sich also, wenn man Röm 6,1–14 und 6,15–23 zusammensieht und den Taufvollzug mit der Übergabe an die im Taufbekenntnis bejahte Lehre verbindet.

Nach Paulus vollzieht sich in und mit der Taufe ein *Herrschaftswechsel*. Die Täuflinge werden der Macht der Sünde entrissen und dem Κύριος Ἰησοῦς Χριστός unterstellt, und zwar so, *daß ihnen das Evangelium (von 1Kor 15,3b–5) gelehrt wird, sie sich zu ihm bekennen und durch den Taufakt in dieses Evangelium eingestiftet werden*: Sie werden mit Christus gekreuzigt, sterben der Sünde ab, werden mit ihm in den Tod begraben, an seiner Auferweckung beteiligt (vgl. Röm 6,4 mit Kol 2,12; 3,1) und ihm als lebendigem Herrn zugeordnet, um hinfort nicht mehr der Sünde, sondern der Gerechtigkeit zu dienen, die Gottes Wille ist. Tauflehre, Taufbekenntnis, Taufakt und Übereignung an den Κύριος stellen die Täuflinge in die Rettungsgeschichte hinein, die Gott in und durch Christus für sie gewirkt hat, ‚als sie noch Sünder waren' (Röm 5,8).

1.2.2 Paulus ist also weit davon entfernt, die Taufe geringzuschätzen. Ganz im Gegenteil sieht er in ihr *den symbolischen Vollzug des Christusevangeliums an den Täuflingen* und weiß sich in diesem Verständnis sogar mit den Christen von Rom einig, die nicht von ihm getauft worden sind. Das βάπτισμα ist für den Apostel – wie Johannes Brenz im ersten Hauptstück seines Katechismus von 1535 glücklich formuliert hat – *„ein Sakrament und ein göttlich Wort-Zeichen "* (C. Weismann, Eine kleine Biblia, 1985, 118).

Nach C. Weismann, a.a.O., 148 Anm. 87, hat J. Brenz den im 16.Jh. bereits im Aussterben befindlichen alttdeutschen Begriff *Wort-Zeichen* bewußt aufgegriffen, weil die „Verbindung von Wort und Zeichen ihm für das Wesen des Sakraments als eines Zeichens, das Gottes Wort und Verheißung bestätigt und bekräftigt, besonders treffend erschien".

1.2.3 Das von Paulus in Röm 6 bei den Christen von Rom vorausgesetzte und von ihm selbst geteilte Taufverständnis hat mit hellenistischer Mysterienfrömmigkeit nichts zu tun. Von Tauf riten in den antiken Mysterienvereinen ist nichts bekannt, und Paulus hatte keinen Anlaß, für seine Lehre von der Taufe bei den verschiedenen Mysten in die Schule zu gehen. Ihm geht es in Röm 6 (und den anderen von ihm aufgenommenen Tauftexten) um weit mehr, als nur darum, daß die Täuflinge ,am Sterben und Auferstehen der Gottheit [= Jesus] beteiligt werden'! Nach seinem Taufverständnis erhalten die πιστεύοντες Anteil an Tod und Leben des von Gott stellvertretend für sie in den Tod gegebenen und auferweckten Christus, damit ihr alter, der Sünde dienender Leib zunichte wird, und sie nicht mehr der Sünde, sondern der Gerechtigkeit dienen, die Gottes Wille ist. *Die Täuflinge werden durch die Taufe in die Rechtfertigung gestellt (vgl. Röm 6,6–14).* Diese Auffassung erklärt sich von der inkludierenden christologischen Stellvertretungs- und Sühnetradition her, die das ,Evangelium' von 1Kor 15,3–5 trägt; mit den antiken Mysterienkulten hat sie nichts zu tun.

1.2.4 Die eben skizzierte Auffassung steht sehr wahrscheinlich auch hinter der von Paulus in *1Kor 6,11* aufgenommenen (judenchristlichen) Tauftradition. Nach ihr führt die Taufe auf den Namen Jesu Christi in der Kraft des Geistes Gottes zur Abwaschung von Sünden, zur Heiligung und zur Rechtfertigung (vgl. 1Kor 1, 30); gleichzeitig werden die Täuflinge von ihrer alten Sünderexistenz getrennt und neu in den Dienst des Κύριος gestellt.

1.3 Von 1Kor 6,11 und Röm 6 her *hat die Taufe für Paulus kirchlich hohe Bedeutung:* Aus Juden und Heiden, die unter der Herrschaft der Sünde standen, werden neue Geschöpfe, die Christus als Herrn bekennen und dem von ihm gelehrten Willen Gottes folgen. Die ekklesiologische Bedeutung der Taufe wird vor allem aus den (antiochenischen) Tauftexten ersichtlich, die Paulus in Gal 3,26–29; 1Kor 12,12–13 (und Kol 3,9–11) in Erinnerung ruft.

1.3.1 In *Gal 3,26–28* liegt Tauftradition vor, die der Apostel vermutlich in Antiochien übernommen hat (s. o. S. 220). Da Paulus die Aussagen der Tradition in Gal 6,15; 1Kor 7,19; 12,12–13 (und in Kol 3,9–11) wiederholt und variiert hat, kann kein Zweifel daran bestehen, daß er in der Gemeinde Jesu Christi von der Taufe her das *soteriologische Gleichheitsprinzip* in Geltung stehen sah. Es gab hier keine Gläubigen erster oder zweiter Ordnung mehr, sondern sie waren alle ,einer in Christus Jesus' (Gal 3,28) und zu Menschen geworden, „die den alten Menschen mit seinem Handeln ausgezogen und den neuen angezogen hatten, der (immer wieder) erneuert wird zur Erkenntnis nach dem Bild seines Schöpfers" (Kol 3,9–10; Übersetzung im Anschluß an E. Schweizer, Der Brief an die Kolosser, 1989[3], 137).

Da auch Zeus nach dem Tempelgesetz von Philadelphia in Kleinasien aus dem 1. Jh. v. Chr., „Männern und Frauen, Freien und Sklaven" Zugang zu seinem Haus gewährte (Ditt Syll.[3], 985) und kleinasiatische Mysterienkulte für denselben Personenkreis zugänglich waren (vgl. K. Berger u. C. Colpe, Religionsgeschichtliches Textbuch zum NT, 1987, 274ff.), waren die christliche Gemeinden von ihrem in der

Taufe begründeten Egalitätsprinzip mit jenen religiösen Gemeinschaften missionarisch konkurrenzfähig.

1.3.2 In *1Kor 12,12–13* setzt Paulus die antiochenische Tauftradition in direkte Beziehung zur Gemeinde, die er den ‚Leib Christi' (σῶμα Χριστοῦ) nennt.

F. Lang (Die Briefe an die Korinther, 1986, 170) übersetzt 1Kor 12,12–13: „(12) Denn wie der Leib *einer* ist und doch viele Glieder hat, alle Glieder des Leibes aber, obwohl sie viele sind, doch *ein* Leib sind, so auch Christus. (13) Denn wir wurden ja auch durch *einen* Geist alle zu *einem* Leib getauft, seien wir Juden oder Griechen, seien wir Sklaven oder Freie, und wir wurden alle mit *einem* Geist getränkt." (Die Rede vom Getränktwerden mit dem Geist kann man vom Bild der Geistausgießung in Joel 3,1, Apg 2,17.18.33; 10,45 her metaphorisch auf das Taufgeschehen beziehen; man kann dabei aber auch an das Herrenmahl denken [vgl. 1Kor 10,4; 11,25]).

Durch die Taufe werden die Täuflinge in den Leib Christi eingegliedert und in eine (Lebens-)Gemeinschaft hineingestellt, „in der die Strukturen und Werte der alten Welt keine Heilsbedeutung mehr haben" (F. Lang, a. a. O., 172). Das Taufgeschehen wird in 1Kor 12,13 ganz ähnlich wie in 1Kor 6,11 *als Werk und Wirkung des Hl. Geistes* verstanden. Die Getauften haben die Wirkung des Geistes nicht nur durch das Evangelium, sondern auch durch die Taufe an sich erfahren und sind seither mit dem πνεῦμα erfüllt.

Versteht man die Taufe als ‚göttlich Wort-Zeichen' (s. o.), können die Begabung mit dem Geist durch die ἀκοὴ πίστεως (Gal 3,2) und durch das Taufgeschehen nicht gegeneinander ausgespielt werden; beide Male ist Gott in und durch Christus gleich vollmächtig wirksam. Das Evangelium weckt kraft des Geistes den Glauben, in dem Christus als Herr bekannt wird (1Kor 12,3; Röm 10,9). In dem einmaligen Taufgeschehen werden die Täuflinge dem Κύριος Χριστός übereignet, in das Evangelium eingestiftet und mit dem Hl. Geist als dem Eigentumssiegel des Herrn (σφραγίς) versehen (vgl. 2Kor 1,22; Eph 1,13 mit Apk 7,3 und Ez 9,4.6). Weil der Apostel weder einen von der Gemeinde abgelösten Glauben kennt, noch eine von der Übergabe an das Evangelium (Röm 6,17) und dem gemeinsamen Christusbekenntnis getrennte Taufwirklichkeit gutheißt (vgl. 1Kor 10,1–13), kann man das glaubenschaffende Wirken des Geistes durch das Evangelium und die Versiegelung durch den Geist bei der Taufe weder antithetisieren noch das eine gegen das andere aufrechnen.

1.3.3 Eine Schwierigkeit stellt in diesem Zusammenhang die Toleranz dar, mit der Paulus in 1Kor 15,29 dem Brauch der sog. *Vikariatstaufe* in Korinth begegnet. Er deutet (ebenso wie 1Kor 1,11–16) auf ein Verständnis der Taufe hin, das in ihr eine Art von Mysterienweihe sah. Schon Platon berichtet in der Politeia (II 364 b c e und 365a), daß es in einigen Mysterienkulten die Möglichkeit gab, Reinigungsriten an Lebenden stellvertretend für ungeweiht Verstorbene zu vollziehen, und Inschriften aus dem 2. Jh. n. Chr. bestätigen dies (A. Oepke, ThW I, 540, 27–35). In Korinth hat man offenbar die Taufe ähnlich verstanden. Im Zusammenhang der Diskussion über die Auferweckung der Toten kommt der Apostel beiläufig auf dieses Verständnis zu sprechen, ohne es ausdrücklich abzulehnen oder anzuerkennen. Die Vikariatstaufe in Korinth hat mit dem genuin paulinischen Taufverständnis nichts zu tun; sie dokumentiert nur, wie massiv sakramentalistisch man das βάπτισμα im Einflußbereich des Paulus deuten konnte. Paulus selbst warnt in 1 Kor 10,1–13 ausdrücklich vor einer sakramentalistischen Überschätzung von Taufe und Herrenmahl, und diese Warnung gilt theologisch auch für die Vikariatstaufe.

2. Mit dem ihm vorangehenden Urchristentum sieht Paulus das Leben des einzelnen Christen und der Gemeinde Jesu Christi ganz vom *Hl.Geist* bestimmt, der durch das Evangelium und in der Taufe wirksam ist. Der Apostel versteht das πνεῦμα (ἅγιον) aber entschiedener als die ihm vorangehende Tradition christologisch: Er sieht in ihm *die Präsenz des gekreuzigten und auferstandenen Herrn bei seiner Gemeinde und in jedem einzelnen Glaubenden.* Am klarsten geht dies aus (der Exegese von Ex 34, 34 in) 2 Kor 3,17 f.; 1 Kor 15,45 und Röm 8,9–10 hervor.

Terminologisch können in den Paulusbriefen absolut gebrauchtes πνεῦμα, κύριος und θεός (1 Kor 12,4–6) oder auch πνεῦμα (Gal 3,2; 5,25; Röm 8,26), πνεῦμα θεοῦ (1 Kor 2,11.14; 3,16; Röm 8,9), πνεῦμα ἅγιον (1 Kor 12,3; Röm 5,5) und πνεῦμα Χριστοῦ (Röm 8,9; Phil 1,19) miteinander abwechseln (vgl. Röm 8,4–14). Außerdem kann (auch) πνεῦμα ,synthetisch' (K. H. Fahlgren) für Gottes Heilswirksamkeit und die von ihr ausgehende Gabe stehen (vgl. 1 Kor 12,4.6.7.11). Jedesmal aber ist der Geist Gottes von πνεῦμα als anthropologischem Begriff für die physische Lebendigkeit vor Gott zu unterscheiden (vgl. z. B. 1 Kor 7,34; 2 Kor 7,1).

Für das paulinische Geistverständnis gelten vier Leitsätze:

2.1 *Der Geist ist die Kraft Christi, die im gehorsamen Hören auf das Evangelium und in der Taufe empfangen wird* (Gal 3,2–3; 1 Kor 6,11; 12,13). Das den Glaubenden verliehene πνεῦμα Χριστοῦ wird von Paulus mit dem Geist der υἱοθεσία (d. h. der Annahme zur Gotteskindschaft [s. o. S. 290 f.]), gleichgesetzt, in dem sie Gott anrufen (wie Jesus selbst): „Abba, lieber Vater" (Röm 8,15–16; vgl. Gal 4,5–6).

2.2 *Der Hl.Geist trägt und bestimmt den Gottesdienst der Christen.* Er ist die Kraft und Fähigkeit zum Glauben (vgl. Gal 2,19–20), zum Christusbekenntnis (1 Kor 12,3; Röm 10,9), zur Erkenntnis Gottes und zum Verständnis der Hl. Schriften (1 Kor 2,6–16; 2 Kor 3,12–18) sowie zum Gebet (Gal 4,6; Röm 8,15) und Gotteslob, das das gesamte Leben der Glaubenden bestimmt (Kol 3,16–17).

2.3 Der Hl.Geist ist auch die *Kraft und Norm des neuen Wandels*, in den die Christen durch ihren Herrn gestellt sind und dessen sie sich durch Hingabe ihrer Leiber an den Gottesdienst im Alltag der Welt befleißigen sollen (Gal 5,15–26; Röm 8,2.4–14; 12,1–2). Paulus kann deshalb die Christen in Galatien ermahnen: „Wenn wir (schon) im Geiste leben, (dann) laßt uns auch im Geiste wandeln!" (Gal 5,25) und in Röm 8,4–5 von einem Wandel κατὰ πνεῦμα sprechen. Maßstab dieses Wandels ist die ‚Tora des Christus‘ (Gal 6,2) bzw. die ἀγάπη.

2.4 Der Hl. Geist *beseelt die Gemeinde.* Der Apostel spricht zum ersten Mal im Neuen Testament von den verschiedenen *Geistes- oder Gnadengaben* (πνευματικά und χαρίσματα), die als Kraft und Individuation der Gnade Gottes in der Gemeinde wirksam sind. Sie konstituieren das kirchliche Gemeinschafts- und Zeugnisleben und geben jedem (Gemeinde-)Glied im ‚Leibe Christi‘ seinen unverwechselbaren Platz.

Paulus schreibt in 1 Kor 12,4–11: „(4) Es gibt (unterschiedliche) Zuteilungen von Gnadengaben, aber (es ist) ein und derselbe Geist; (5) und es gibt (unterschiedliche) Zuteilungen von Diensten, aber es ist derselbe Herr; (6) und es gibt (unterschiedliche) Zuteilungen von Wirkungen, aber es ist derselbe Gott, der alles in allen wirkt. (7) Einem jeden aber wird die Offenbarung des Geistes zum (allgemeinen) Nutzen gegeben. (8) Dem einen nämlich wird durch den Geist Weisheitsrede gegeben, dem anderen Erkenntnisrede nach demselben Geist, (9) einem anderen Glaube in demselben Geist, einem anderen Heilungsgaben in dem einen Geist, (10) einem anderen Wunderkräfte, einem anderen Prophetie, einem anderen die Gabe, die Geister zu unterscheiden, wieder einem anderen (verschiedene) Arten von Zungen(rede), einem anderen die Gabe, sie auszulegen. (11) Dies alles aber wirkt ein und derselbe Geist, der jedem gesondert (seine Gabe) zuteilt, wie er will“ (Übersetzung nach F. Lang, a. a. O., 167 f.). In 1 Kor 12,28–31 und Röm 12,6–8 treten noch folgende Charismen zu den eben im Text genannten hinzu: Die Befähigung zur Lehre, zur Diakonie, zur Gemeindeorganisation und Gemeindeleitung, zur Armenfürsorge und zur Seelsorge.

Die ekklesiologische Bedeutung der paulinischen Lehre von den Geistes- und Gnadengaben ist groß, weil sie es erlaubt, das Leben der (Haus- und Orts-)Gemeinden vom Evangelium her zu strukturieren: Im σῶμα Χριστοῦ wird jedes besondere Charisma an seinem Ort gebraucht und doch verdanken sich alle der einen Gnade Gottes in und durch Christus. Kein χάρισμα darf absolut gesetzt werden, weil sonst das Zusammenleben der Gemeinde gefährdet oder sogar geschädigt wird. *Die wichtigste und allen anderen das Maß setzende Gnadengabe ist nach 1 Kor 13 die* ἀγάπη *(vgl. auch Gal 5,22).* In dem Maße, in dem die einzelnen Charismen an ihr partizipieren, wird die Gemeinde ‚erbaut‘ (1 Kor 14,4–5.12.26) und ist ihre Gemeinschaft mit Christus und untereinander (κοινωνία) gewährleistet (1 Kor 1,5–9; 10,16–17).

3. Die *Gemeinde Jesu Christi* wird von Paulus, seiner Rechtfertigungstheologie entsprechend, als ‚Gemeinde aus dem Evangelium‘ (W. Klaiber) verstanden. Für das Kirchenverständnis des Apostels ist charakteristisch, daß die konkreten Ortsgemeinden im Mittelpunkt seines Interesses stehen, diese aber stets als Erscheinungsformen der gesamten Kirche angesehen werden; sichtbare und unsichtbare Kirche werden von Paulus nur erst im Ansatz unterschieden (vgl. Gal 4,26; Phil 3,20–21).

3.1 Die verschiedenartigen *Begriffe* , die Paulus für die (Orts- und Gesamt-) Gemeinde verwendet, belegen, daß er die Kontinuität zum Kirchenverständnis der Urgemeinde in Jerusalem gewahrt hat, aber auch seine eigenen christologischen und organisatorischen Akzente zu setzen wußte.

3.1.1 Wie die Urgemeinde bezeichnet Paulus die Kirche als ἐκκλησία τοῦ θεοῦ (1Kor 1,2; 11,16; 12,28; Gal 1,13 u. ö.); er kann sie aber auch das ‚Volk Gottes' (λαὸς θεοῦ; vgl. 2Kor 6,16; Röm 9,25−26), den ‚Tempel Gottes' (ναὸς θεοῦ; vgl. 1Kor 3,16−17; 2Kor 6,16) oder auch das ‚Israel Gottes' nennen (Gal 6,16). Mit diesen Bezeichnungen will Paulus die Kirche keineswegs an die Stelle des erwählten Gottesvolkes setzen, wohl aber zum Ausdruck bringen, daß die ἐκκλησία von Gott dazu bestimmt ist, die missionierende *Vorhut der endzeitlichen Heilsgemeinde* zu sein, in der einst alle glaubenden Juden und Heiden von dem Κύριος Ἰησοῦς Χριστός (am Zion) versammelt werden (Röm 11,13−32).

Diese heilsgeschichtliche Perspektive hat für Paulus schicksalhafte Bedeutung gehabt. Zeit seines apostolischen Wirkens war er darum bemüht, die Kirche aus Juden und Heiden zusammenzuhalten. Nach der sog. ersten Missionsreise hat er zusammen mit Barnabas auf dem Apostelkonzil in Jerusalem darauf hingearbeitet, daß die gesetzesfreie Heidenmission die Zustimmung der Jerusalemer ‚Säulenapostel' fand, und hat dort den Auftrag akzeptiert, eine Kollekte der Heidengemeinden zu organisieren (Gal 2,10), in der ihre Verbundenheit mit der Mutterkirche in Jerusalem materiell sichtbaren Ausdruck finden sollte. Wie 1Kor 16,1; 2Kor 8,1−4; 9,2.12 und vor allem Röm 15, 25−28 dokumentieren, hat Paulus diese Kollekte für so wichtig gehalten, daß er sie trotz aller ihm von seiten der ungläubigen Juden drohenden Gefahren persönlich in Jerusalem übergeben wollte. Über diesem zeichenhaften Dienst an der Jerusalemer Muttergemeinde der Christenheit hat Paulus in Jerusalem zunächst die Freiheit und in der Konsequenz dann auch (in Rom) sein Leben verloren (vgl. Apg 21,27−28, 31; 1Klem 5,7). Ohne das Bekenntnis von Röm 3,30, Gott sei der *eine* Gott, der die Juden aufgrund ihres Glaubens und die Heiden durch ihren Glauben rechtfertigt, und die in Röm 15,7−12 geäußerte Überzeugung, daß der Christus zum Heile Israels *und* der Heiden gesandt ist, wird das Verhalten des Apostels in der Frage der Kollekte nicht verständlich.

Die ekklesiologische Terminologie und die Missionsperspektive des Paulus, die von Jerusalem aus denkt (Röm 15,19) und auf den Zion als Ort der Sammlung der Heilsgemeinde ausgerichtet ist (Röm 11,26−27), lassen den engen *Zusammenhang zwischen dem paulinischen Kirchenbegriff und der heilsgeschichtlich strukturierten Rechtfertigungslehre des Apostels* erkennen.

3.1.2 Nur in den Paulusbriefen heißt die Gemeinde τὸ σῶμα [τοῦ] Χριστοῦ, d.h. *der Leib Christi* (vgl. 1Kor 12,12−31; Röm 12,4−8; Kol 1,18.24; 2,16−19; 3,15; Eph 1,23; 4,4−16; 5,23). Damit wird in der Geschichte des Urchristentums ein neuer ekklesiologischer Akzent gesetzt. Man kann die neuartige Bezeichnung für die christliche Gemeinde nur würdigen, wenn man ihre Herkunft klärt und sich gleichzeitig an die Leibvorstellung des Apostels erinnert.

3.1.2.1 Wie F. Lang in dem Exkurs „Das Verständnis der Kirche und der Charismen bei Paulus" (Die Briefe an die Korinther, 1986, 175–181) herausgestellt hat, ist die Frage nach der Herkunft der Leib-Christi-Vorstellung bei Paulus noch immer nicht restlos geklärt. Immerhin läßt sich eine dreifache Wurzel erkennen: die Abendmahlstradition, die sog. Adam-Christus-Typologie und die von Paulus übernommene Anschauung von Jesus als dem von Gott für uns in den Tod gegebenen und auferweckten Menschensohn-Messias.

3.1.2.1.1 Nach biblischer und frühjüdischer Tradition repräsentiert der himmlische Menschensohn von Dan 7 das Volk der Heiligen des Höchsten, d.h. das Israel der Endzeit (vgl. Dan 7,13–14.22.27). Da ‚Menschensohn‘ semitisch einfach ‚Mensch‘ bedeuten kann, hat sich schon vor und dann auch bei Paulus die Rede vom Menschensohn mit der Tradition von Adam, dem Menschen schlechthin, verbunden (vgl. 1Kor 15,20–22.44–49; Röm 5,12–21; s.o. S. 293). Über diese Brücke haben frühjüdische Adam-Spekulationen in die Christologie Eingang gefunden. Nach 4Esr 6,54 und Pseudo-Philo, LibAnt 32,15 ist das Gottesvolk Israel aus dem Leibe Adams hervorgegangen, und zwar nicht nur durch den natürlichen Gang der Zeugung, sondern auch und vor allem durch die wunderbare Erschaffung Evas aus der Rippe Adams (nach Gen 2,21–22); die so erschaffene Eva ist die Symbolfigur für Israel bzw. die Gemeinde des Herrn (קְהַל אֵל). In anderen frühjüdischen Texten wird über die Größe des Leibes Adams spekuliert und dieser mit der ganzen Menschheit gleichgesetzt (Test Abr, Rez.B 8,13 vgl. mit Rez A 11,9). Christlich adaptiert führen diese Traditionen zur Vorstellung eines weltumspannenden Christusleibes und zu einer christologisch-ekklesiologischen Deutung von Gen 2,21–24. Beide Konzeptionen finden sich (auch) bei Paulus und in seiner Schule: Der Leib Christi ist eine Wirklichkeit, in die man hineingetauft wird (1Kor 12,13), und Christus ist mit der Gemeinde, die seinen Leib bildet, so fest verbunden wie Mann und Frau in der Ehe ein Fleisch werden (vgl. Gal 3,27–28; 1Kor 6,13.16–17; 2Kor 11,2–3; Eph 5,29–33).

3.1.2.1.2 Von hier aus gesehen, handelt es sich bei der Gleichsetzung der Kirche mit dem ‚Leib Christi‘ in 1Kor 12,12–31; Röm 12, 4–8 (trotz der Paraklesen, die der Apostel beide Male vorträgt) keineswegs nur um einen Vergleich, mit dem sich Paulus an das in der griechisch-römischen Antike weitverbreitete Bild von einem Gemeinwesen als einem Leib anlehnt, dessen Glieder zum Wohl des Ganzen in Harmonie leben müssen (vgl. z.B. die bei Livius, Ab urbe condita II 32,8ff., überlieferte Fabel, mit der Menenius Agrippa zu Beginn des 4. Jh.s v.Chr. den Plebejer-Aufstand in Rom niedergeschlagen haben soll). Es geht vielmehr beim Christusleib um eine *pneumatische Realität,* die vor den Gläubigen da ist und in die sie durch die Taufe hineingestellt werden (1Kor 12,12–13).

3.1.2.1.3 So wichtig die eben skizzierten Vorstellungen für das Verständnis des Leib-Christi-Gedankens sind, so wenig kann aus ihnen schon der Ausdruck σῶμα Χριστοῦ hergeleitet werden. Sucht man nach seinem Ursprung, kommt nur die *Abendmahlstradition* in Betracht. Nach 1Kor 10,16–17; 11,24 erhält die am Tisch des Herrn versammelte Gemeinde bei jeder Feier des Herrenmahls neu Anteil an dem Leib Christi, der für sie in den Tod gegeben worden ist. Auf diese Weise wird sie in jeder Mahlfeier neu zum ‚Leib Christi' vereint, und der Apostel rügt es hart, wenn die Art und Weise der Feier dem Geist und Gebot des Herrn widerstreitet (s. u.). Da andere Texte, aus denen Paulus den Begriff σῶμα Χριστοῦ hätte entnehmen können, nicht vorliegen, ist in der Abendmahlstradition der wesentliche metaphernspendende Bereich für die Gleichsetzung der Gemeinde mit dem ‚Leib Christi' zu sehen. Die Adam-Christus-Spekulationen haben sich an diese eucharistisch-ekklesiologische Redeweise angelagert und ihr umfassenden Sinn verliehen.

3.1.2.2 Bei der theologischen Analyse des Leib-Christi-Begriffs ist nicht nur sein dreifacher Ursprung zu bedenken, sondern auch der kommunikative Begriff von σῶμα aus der Anthropologie des Paulus zu berücksichtigen (s. o. S. 274 f.). Zieht man auch ihn noch zu Rate, erscheint *die Gemeinde als die Verleiblichung Christi in die Welt hinein.*

Niemand hat dies klarer erforscht und prägnanter formuliert als *E. Käsemann.* Er schreibt: „Reichlich pointiert läßt sich sagen, daß der Apostel an der Kirche, für sich selbst genommen und als religiöser Verband verstanden, nicht interessiert ist. Er ist das nur, sofern sie das Mittel dafür wird, daß Christus sich irdisch offenbart und durch seinen Geist in der Welt verleiblicht. Wie der menschliche Leib die Notwendigkeit und Wirklichkeit existentieller Kommunikation ist, so erscheint die Kirche als Möglichkeit und Wirklichkeit der Kommunikation zwischen dem Auferstandenen und unserer Welt und heißt insofern sein Leib. Sie ist der Bereich, in dem und durch den Christus sich nach seiner Erhöhung irdisch als Kyrios erweist. Leib Christi ist sie als sein gegenwärtiger Herrschaftsbereich, in welchem er durch Wort, Sakrament und Sendung der Christen mit der Welt handelt und in ihr schon vor seiner Parusie Gehorsam erfährt" (Paulinische Perspektiven, 1969, 204).

Die Kirche als Leib Christi ist also eine pneumatische Realität. Sie ist seit Jesu Tod und Auferweckung bereits vor und unabhängig von den einzelnen Gläubigen da. Kraft der Taufe werden sie in den Leib Christi aufgenommen und in jeder Herrenmahlsfeier ihrer Zugehörigkeit zu ihm neu versichert (1 Kor 10,14–17).

3.1.2.3 Die Gemeinde lebt in der Welt von dem für sie dahingegebenen und auferweckten Christus her. Sie ist von seinem Geist erfüllt und ihm in doppelter Weise gehorsam: Nach innen bildet sie eine freie, in Liebe zusammenlebende Korporation von Menschen, die als Geistträger mit ganz verschiedenen Geistesgaben und -befähigungen (s. o.) gemeinsam das Beste des einen Leibes suchen (1 Kor 12,12–31; Röm 8,3–11; Kol 3,5–11), nach außen aber segnet sie nach Jesu Vorbild und Gebot diejenigen, die sie verfolgen, und hält, sofern es von ihr abhängt, mit allen Menschen Frieden (Röm 12,14.18; vgl. mit Lk 6,27–36Par).

Die missionarische Wirkung der Ortsgemeinden auf die ungläubigen Juden und Heiden besteht in ihrem selbst Uneingeweihten verständlichen Glaubenszeugnis und dem einleuchtenden Lebenswandel, den sie vor den Augen der Nichtchristen führen. Das Glaubenszeugnis wird nach 1Kor 14 nicht von der in Korinth hochgeschätzten, aber nur Eingeweihten verständlichen Zungenrede, sondern vor allem von der allen verständlichen *Prophetie* getragen, die, wie F. Lang (a.a.O., 204) schön formuliert hat, „die Geheimnisse des eschatologischen Heilshandelns Gottes mit verständlichen Worten für die Gemeinde fruchtbar macht". Den einleuchtenden Lebenswandel aber müssen alle gemeinsam führen, und Paulus legt großen Wert darauf, daß der Ruf der Gemeinde nicht durch das Fehlverhalten einzelner Gemeindeglieder geschädigt wird (vgl. 1Kor 5,1–8; 6,1–8; 10,32; 2Kor 6,14–7,1).

Kraft der Rechtfertigung und Sündenvergebung, die sie vom Herrn her erfahren (haben), leben die Glieder der Gemeinde, wie der Apostel in Phil 2,15–16 schreibt, als „fehlerlose Kinder Gottes mitten in einem ‚verdrehten und verkehrten Geschlecht' (Dt 32,5), unter dem ihr strahlt wie Sterne in der Welt, die ihr am Wort des Lebens festhaltet, mir zum Ruhme am Tage Christi, daß ich nicht umsonst gelaufen bin und umsonst gearbeitet habe". Das Leben der ‚Gemeinde aus dem Evangelium' unterscheidet sich also nach Paulus fundamental von dem der ungläubigen Juden und Heiden, wirkt aber gerade so als das Licht der Welt (Mt 5,14), die in die Dunkelheit der Gottesferne geraten ist.

3.1.2.4 Der besondere Akzent, den Paulus mit der Bezeichnung Leib Christi für die Kirche setzt, wird auch erkennbar, wenn man nach der für die Paulusgemeinden charakteristischen *Gemeindeordnung* fragt.

Die Jerusalemer Gemeinde ist nach ihrer Begründung durch Petrus über zehn Jahre lang von Kephas und dem auf sein Betreiben nach Ostern neu gesammelten und ergänzten *Zwölferkreis* geleitet worden (vgl. 1Kor 15,5; Apg 1,15–26). Nach dem Martyrium des Zebedaiden Jakobus im Jahre 42 n.Chr.(?) und der gleichzeitigen Flucht des Petrus aus Jerusalem (Apg 12,1–17) wurde dieser Kreis nicht noch einmal vervollständigt, sondern die Leitung der Urgemeinde ist an den Herrenbruder Jakobus übergegangen, dem ein *Gemeindepresbyterium* zur Seite stand (vgl. Apg 11,30; 15,2–6.22; 16,4; 21,18). Die Urgemeinde war damit praktisch nach synagogalem Vorbild strukturiert (vgl. G. Bornkamm, ThW VI, 660,44ff.). In der Gemeinde von Antiochien, in der Paulus jahrelang tätig war, scheint es keinen solchen festen Leitungskreis gegeben zu haben, sondern nach Apg 13,1–2 haben *charismatische Propheten und Lehrer* den Ton angegeben. Die Apostelgeschichte geht zwar in Apg 14,23 davon aus, daß Barnabas und Paulus schon auf der ersten Missionsreise in jeder neuen Gemeinde Presbyter eingesetzt haben, und Paulus soll nach Apg 20,17–38 dann auch die Ältesten der ephesinischen Gemeinde in Milet versammelt und aufgerufen haben, ihr Amt als ‚Aufseher' (ἐπίσκοποι) sorgsam wahrzunehmen, doch entspricht dieses Bild erst der nachpaulinischen Zeit. Der Apostel selbst hat sich die freiere Gemeindestruktur von Antiochien zum Vorbild genommen, und zur Einführung einer presbyterialen Gemeindeordnung ist es in den Paulusgemeinden erst unter dem Einfluß seiner Schüler gekommen.

In den unumstrittenen Paulusbriefen verlautet von einer presbyterialen Gemeindeordnung noch nichts. Der Apostel spricht in 1Thess 5,12; Röm 12,8 nur erst von Gemeindevorstehern (προϊστάμενοι), in 1Kor 12, 28 von Leitungsdiensten (κυβερνήσεις) und in Phil 1,1 von Aufsehern und Diakonen (ἐπίσκοποι καὶ διάκονοι), die unter den Christen von Philippi tätig waren; in ihnen hat man wahrscheinlich Gemeindeglieder zu sehen, die in den einzelnen Hausgemeinden „den Vorsitz bei der Eucharistiefeier führten ...‚ während die *diakonoi* die erforderlichen Tischdienste leisteten" (J. Roloff, Exegetische Verantwortung in der Kirche, 1990, 217 f.).

Man kann es unter diesen Umständen als bloßen Zufall ansehen, daß Paulus in seinen (unumstrittenen) Briefen nirgends ausdrücklich auf eine (presbyteriale) Gemeindeverfassung (nach Jerusalemer Vorbild) abgehoben hat, zumal der Apostel keinen Grund hatte, in seinen (Gelegenheits-) Schreiben auch all die Dinge anzusprechen, die unstrittig in Geltung waren. Das Vorbild Antiochiens (s. o.) spricht jedoch gegen einen solchen Zufall. Wenn Paulus aber mit Absicht von einer (presbyterialen) Ordnung der Gemeinde schweigt, muß man historisch in Rechnung stellen, daß es in den kleinen Hausgemeinden von Kolossä, Philippi, Korinth und Rom, die der Apostel vor sich hatte, zwar ganz natürlich Frauen und Männer in Leitungsfunktionen gab (vgl. Phm 1–2; Röm 16,1–2.3–5.14–15), die Wahl von Presbytern und eines allen Hausgemeinden vorstehenden ἐπίσκοπος aber einfach deshalb noch nicht geboten war, weil es z. T. noch gar keinen Zusammenschluß der Einzelgemeinden zu einer großen Ortskirche gab.

Paulus hat also offenbar nicht die Absicht gehabt, alle Einzelgemeinden seines Missionsgebietes nach einem kirchlich allgemein gültigen Verfassungsprinzip zu gliedern. Er kannte im ‚Leibe Christi' (noch) keine Leitungshierarchie, sondern hat nur erst eine Reihe von ‚Diensten' (διακονίαι) aufgezählt, ohne die eine ‚Gemeinde unter dem Evangelium' nicht auskommen kann. Die Aufstellung beginnt in 1Kor 12,28 mit Aposteln, Lehrern und Propheten und nennt anschließend verschiedene andere Charismen: Heilungsgaben (χαρίσματα ἰαμάτων), Hilfeleistungen (ἀντιλήμψεις), Leitungsgaben (κυβερνήσεις) und verschiedene Arten von Zungenrede (γένη γλωσσῶν); Röm 12,6–8 bieten ein vergleichbares, aber noch weniger geordnetes Bild.

An den beiden Reihungen ist dreierlei beachtenswert: (1) Wenn Paulus in 1Kor 12,28 (vgl. mit Eph 4,11–12) feststellt: „Gott hat in der Gemeinde die einen eingesetzt erstens als Apostel, zweitens als Propheten, drittens als Lehrer...", denkt er noch nicht in einer christlichen Generationenfolge, denn das Apostelamt war urchristlich nicht auf Fortführung durch Nachfolgeapostel angelegt. (2) Die griechisch üblichen Ausdrücke für feste Ämter sind τιμή und λειτουργία. Sie tauchen weder in 1Kor 12 noch in Röm 12 (und auch nicht in Eph 4) auf. Paulus spricht nur in Röm 13,6 von den römischen Steuerbeamten als λειτουργοί und sieht in sich selbst nach Röm 15,16 (und Phil 2,17) einen λειτουργὸς Χριστοῦ Ἰησοῦ, der mit dem ‚Amt' der Ausrichtung des Evangeliums betraut ist. Für die kirchlichen Dienste benutzt Paulus das Wort διακονία (1Kor 12,5), das er auch häufig für seinen eigenen apostolischen Sendungsauftrag verwendet (2Kor 3,8–9; 4,1; 5,18; 6,3; Röm 11,13). Διακονία und das dazugehörige Verbum διακονεῖν bezeichnen im Griechischen den (Tisch-)Dienst Bediensteter (vgl. so auch Apg 6,1–2); im Urchristentum waren die beiden Lexeme zusätzlich „bestimmt durch die dienende Selbsthingabe Jesu. Indem Jesus um des Daseins für andere willen auf Macht und Recht verzichtet (Mk 10,45; Lk 22,27), setzt er für seine Jüngergemeinschaft eine Norm: Menschliches Miteinander vollzieht sich in ihr nicht in der Struktur des Herrschens und Beherrschtwerdens, sondern in der des gegenseitigen Dienens". (J. Roloff, a.a.O., 342). Im Leibe Christi gibt es dementsprechend noch keine feststrukturierten Ämter mit wechselnden Amtsinhabern, wohl aber eine Reihe von spezifischen Diensten (διακονίαι), die nach Jesu Vorbild auszufüllen sind. (3) Unter ihnen stehen Apostel, Propheten und Lehrer an erster Stelle, weil sie in unmittelbarer Weise mit der Ausrichtung und Auslegung des Evangeliums betraut waren.

Der Apostel hat die Jerusalemer Gemeinde als Muttergemeinde aller ἐκκλησίαι ausdrücklich anerkannt, aber in den von ihm begründeten und betreuen Orts- und Hausgemeinden sah er *charismatische Korporationen*, die ihren Zusammenhalt selbst zu organisieren hatten. Oder anders formuliert: *Schon Paulus hat das Priestertum aller Gläubigen (vgl. 1Petr 2,9; Apk 1,6) gelehrt und seinen Gemeinden zugetraut, daß sie dafür von Ort zu Ort vom Evangelium her die geeignete Gemeinschaftsform fanden.*

So wichtig diese Feststellung ist, so sehr ist es erforderlich, sie noch dreifach zu kommentieren: (1) *Paulus hat Frauen von den* διακονίαι *der Lehre und Gemeindeleitung (noch) nicht ausgeschlossen*: Frauen haben in der Paulusmission mitgearbeitet (Phil 4,2–3); er hat Phoebe als Patronin (προστάτις) der Gemeinde von Kenchreä (Röm 16,2) ebenso anerkannt wie Priska und Aquila in der Leitung ihrer (Haus-)Gemeinden in Korinth und Rom (vgl. 1Kor 16,19; Röm 16,3–5). Nach Röm 16,7 hat er auch den schon vor seiner eigenen Berufung zu den Aposteln zählenden Judenchristen Andronikus und Junia hohen Respekt gezollt (s.o. S. 212). Vor allem aber hat der Apostel in 1Kor 11,5.13 keinen Widerspruch dagegen erhoben, daß Frauen in den Gemeindeversammlungen von Korinth als Vorbeterinnen und Prophetinnen auftraten. Er hat nur darauf bestanden, daß sie ihre Verkündigungstätigkeit in (nach antikem Maßstab) schicklicher Haltung und Kleidung wahrnahmen: Das Verhüllen des Hauptes sollte sie vor dem Vorwurf der Schamlosigkeit schützen und verhindern, daß in den Versammlungen der Gemeinde von Korinth zwielichtiges Aufsehen entstand. – (2) In 1Kor 14,34–35 (und 1Tim 2,12) wird Frauen untersagt, in den Gemeinden öffentlich zu reden, d.h. zu lehren. Die Verse 34+35 fehlen in keiner wichtigen Handschrift, erscheinen aber bei einigen Textzeugen erst im Anschluß an 14,40; ihre Stellung im Kontext war also nicht völlig gesichert. Fragt man nach den Gründen, fällt auf, daß die Ausdrucksweise von V.34+35 mit dem Kontext von 1Kor 14 weniger eng zusammengehört als mit 1Tim 2,11–12 (vgl. das beide Male auftauchende ἐπιτρέπειν, μανθάνειν, ὑποτάσσεσθαι/ὑποταγή). Man hat die beiden Verse deshalb wahrscheinlich „als Einschub eines Schreibers aus der Situation der Pastoralbriefe zu beurteilen" (F. Lang, a.a.O., 200), der verhindern sollte, daß Gnostiker die Paulusgemeinden unterwanderten (s. u.). – (3) Das charismatische Gemeindemodell des Apostels und die darin implizierte Zumutung von Freiheit faszinieren. Man muß sich aber klarmachen, daß es die Paulusgemeinden von dem Moment an in eine schwere Krise gestürzt hat, als Gnostiker Ende des 1. Jh.s die Kirche zu unterwandern begannen (vgl. 1Tim 6,20) und sich mit ihren häretischen Lehren überall dort leicht festsetzen konnten, wo offene Gemeindestrukturen die Bildung esoterischer Zirkel begünstigten (2Tim 2,16–18; 3,6; Tit 1,11). Die Pastoralbriefe haben die gnostische Infiltration nur dadurch eindämmen können, daß sie auch in den Gemeinden des paulinischen Missionsgebietes die presbyteriale Gemeindeverfassung propagiert und darauf gedrungen haben, daß die Gemeindeleiter ordiniert wurden (1Tim 5,22; 6,11–16; 2Tim 1,6). Frauen wurden von der öffentlichen Lehrtätigkeit in den Gemeinden ganz ausgeschlossen (1Tim 2,11–12), weil sie sich den gnostischen Lehren gegenüber besonders aufgeschlossen gezeigt hatten (vgl. 2Tim 3,6 mit Apk 2,20). In der Sammlung der Paulusbriefe wurde in 1Kor 14,34–35 ein Nachtrag eingeschoben, um zu verhindern, daß sich gnostische Prophetinnen gegen die neuen Anordnungen auf den genuinen Paulus beriefen. Es ist theologisch sehr umstritten, welchen Rang die ekklesiologischen Paraklesen der Pastoralbriefe besitzen. Was den dauernden Ausschluß von Frauen aus der Lehre und Gemeindeleitung anbetrifft, sind die von Paulus mehrfach variierte Tauftradition von Gal 3,26–28 und ihre Implikationen für Leben und Lehre der Kirche von größerem und grundsätzlicherem Gewicht als das in akuter antignostischer Frontstellung ausgesprochene Schweigegebot von 1Tim 2,11–12 (und 1Kor 14,34–35)!

3.2 In den Paulusbriefen werden die Formeln *in Christus* (= ἐν Χριστῷ [Ἰησοῦ], vgl. 1Thess 2,14; 5,18; Gal 1, 22; 2,17; 3,26; 5,6; 1Kor 1,4; 15,22; 2Kor 3,14; 5,17; Röm 6,11.23; 12,5 u. ö.) und *im Herrn* (= ἐν κυρίῳ [Ἰησοῦ Χριστῷ], vgl. 1Thess 5,12; Gal 5,10; 1Kor 7,22.39; 11,11; 15,58; 2Kor 2,12; Röm 14,14; 16,11 u. ö.) in vielfältiger Variation gebraucht. Da Christus als der Heilsmittler auch der Herr der Kirche und diese sein ‚Leib‘ ist (s. o.), haben sie sowohl christologische als auch ekklesiologische Bedeutung. „Durch ἐν wird ausgedrückt, daß das Heil im Kraftfeld des Christus wirksam ist" (W. Grundmann, ThW IX, 544, 26f.). Als diejenigen, die ‚in Christus‘ bzw. ‚im Herrn‘ leben, sind die Glaubenden durch und durch von der Heilstat Gottes in und durch Christus bestimmt.

Der Apostel benützt die Formeln so häufig, daß man nur im Ansatz einen vierfachen Gebrauch unterscheiden kann: (1) die kausale Verwendung, um die Heilswirksamkeit Christi auszudrücken (z. B. in Gal 2,17; 2Kor 5,21; Röm 3,24); (2) den modalen Gebrauch im Sinne von ‚bestimmt durch (die Heilstat des) Christus‘ (z. B. 1Kor 1,4–5; Röm 6,11; 14,14; Phil 2,5); (3) die lokale Verwendung und Gleichsetzung mit ἐν σώματι Ἰησοῦ Χριστοῦ (z. B. Gal 3,28; 2Kor 5,17; Röm 8,1; 16,11–13) und (4) den floskelhaften Gebrauch als Ausdruck für ‚christlich‘ (z. B. 2Kor 2,17; 12,19; Phil 2,1; 4,2).

4. *Herrenmahl und Herrenmahlsfeier* haben für Paulus hohe soteriologische und ekklesiologische Bedeutung. Während die (einmalige) Taufe das Datum und Ereignis der Neugeburt aus dem Geist markiert, werden die Glaubenden

durch die (wiederholten) Herrenmahlsfeiern im Stand der Gnade erhalten und immer neu zu dem *einen* Leib Christi verbunden.

Man kann dies an 1 Kor 10,16–17 sehr schön erkennen. Paulus erinnert die Korinther in diesen Versen daran, was sie mit dem Genuß von Brot und Wein bei den Herrenmahlsfeiern gewinnen, und hebt dabei vor allem auf die anteilige Gemeinschaft (κοινωνία) der Mahlgenossen mit dem Κύριος und untereinander ab: „(16) Der Segenskelch, über dem wir den Segen sprechen, ist er nicht die anteilige Gemeinschaft (κοινωνία) am Blute Christi? Das Brot, das wir brechen, ist es nicht die anteilige Gemeinschaft am Leibe des Christus (κοινωνία τοῦ σώματος τοῦ Χριστοῦ)? (17) Weil es *ein* Brot ist, sind wir Vielen *ein* Leib, denn wir haben ja alle teil an dem *einen* Brot.“

4.1 Als Paulus die Gemeinde in Korinth begründete, hat er die Christen von Korinth gelehrt, das κυριακὸν δεῖπνον (1 Kor 11,20) ebenso zu feiern wie Jesus in der Nacht, da er (von Gott) an seine Feinde und den Tod ausgeliefert wurde. Er hat den Christen von Korinth einen bestimmten Text eingeprägt, der für ihre Feiern maßgeblich sein sollte, eine Agende in Erzählform oder – wie man auch sagen kann – eine *Kultätiologie*. Der Apostel zitiert diese Paradosis in 1 Kor 11,23–25.

Der Text lautet: „(23) Denn ich habe von dem Herrn empfangen, was ich euch auch überliefert habe: Der Herr Jesus nahm in der Nacht, in der er ausgeliefert wurde, Brot, (24) dankte, brach es und sprach: Das ist mein Leib für euch; das tut zu meinem Gedächtnis! (25) Ebenso nahm er auch den Kelch nach dem Essen und sprach: Dieser Kelch ist der neue Bund in meinem Blut; das tut, sooft ihr daraus trinkt, zu meinem Gedächtnis! (26) Denn sooft ihr von diesem Brot eßt und aus dem Kelch trinkt, verkündigt ihr den Tod des Herrn, bis er kommt“ (Übersetzung von F. Lang, a. a. O., 150).

Die Paradosis stimmt bis in den Wortlaut hinein mit Lk 22,19–20 überein. Das liegt sicherlich nicht daran, daß Lukas eines Tages den paulinischen Abendmahlstext in sein Evangelium eingerückt hat, sondern hat seinen Grund darin, daß im Gemeindeunterricht von Antiochien eine Vorform der Passions(sonder)tradition aus dem heutigen Lukasevangelium in Gebrauch war. Die ‚Kultätiologie‘ von 1 Kor 11, 23–25 stellt einen liturgisch bearbeiteten Ausschnitt aus dieser Passionstradition dar. Paulus führt den Text auf den gekreuzigten und auferweckten Herrn zurück, und in der Tat läßt er sich von Antiochien zum Stephanuskreis in Jerusalem, von ihm zu den Aposteln und durch sie vollends auf Jesus zurückverfolgen.

4.2 1 Kor 10,16–17 (s. o.) ergänzen die alte Paradosis. Form und Ausdrucksweise dieser Sätze weisen darauf hin, daß der Apostel auch hier Lehrtradition verarbeitet. Die Stichworte ‚Brot brechen‘ und ‚Gemeinschaft‘ erinnern an Apg 2,42.46 (s. o. S. 210), und die Lexeme εὐλογεῖν, αἷμα Χριστοῦ und οἱ πολλοί, die in 1 Kor 11,23–25 bzw. Lk 22,19–20 fehlen, führen auf Mk 14,22–24 bzw. Mt 26,26–28. Paulus entfaltet seine Lehre vom Herrenmahl unter Berufung auf die Texttraditionen aus Mk 14,22–24 (Mt 26,26–28) *und* Lk 22,15–20, und er setzt voraus, daß die Korinther beide Traditionen aus dem (von Paulus und seinen Mitarbeitern erteilten) Missionsunterricht kennen (vgl. Apg 18,7–11).

4.3 Aus 1Kor 10,14–22 und 11,17–34 ergibt sich, daß nach dem Weggang des Paulus in Korinth eine Auffassung vom Herrenmahl vertreten worden ist und Mißstände bei der Herrenmahlsfeier eingerissen sind, die der Apostel nicht gutheißen konnte. In seiner kritischen Stellungnahme setzt er zwei Akzente, die sein Verständnis des Herrenmahls schön erkennen lassen. Das κυριακὸν δεῖπνον soll das Mahl der *Gemeinschaft* der Tischgäste mit Christus und untereinander sein, und in seinem Zentrum hat bis zur Parusie die *Verkündigung des Todes Jesu* zu stehen.

4.4 Bei den beiden *Spendeworten*, die Paulus in 1Kor 11,24–25 zitiert und in 10,16–17 interpretiert, geht es nach dem Apostel um mehr als nur um die Identifikation von Wein und Brot mit Blut und Leib Jesu. Es geht darum, daß kraft dieser Worte und der mit ihnen verbundenen Mahlhandlungen *Jesu Person und Opfergang das ganze Leben der Mahlgenossen bestimmen.* Durch den geisterfüllten Trank (πνευματικὸν πόμα) und die geisterfüllte Speise (πνευματικὸν βρῶμα) werden Jesu Tischgäste ebenso wunderbar getränkt und gespeist, wie Israel während der Wüstenwanderung mit Manna gespeist und aus dem Felsen getränkt wurde (vgl. 1Kor 10,3–4 mit Ex 16,4.35; 17,6). Durch das gemeinsame Trinken des ,Kelchs des Herrn' (1Kor 10, 21; 11,27) und das gemeinsame Essen des einen Brotes am ,Tisch des Herrn' (1Kor 10,21) werden ,die Vielen', die Jesu Tischgemeinschaft bilden (und für die er als stellvertretend leidender Gottesknecht in den Tod gegangen ist [vgl. Jes 53,10–12]), zu *einem* Leib zusammengeschlossen. Sie erhalten alle Anteil an Jesu σῶμα, d.h. an seiner Person und der von ihm geübten Existenzstellvertretung, und Anteil an seinem Blut, d.h. an der Sühnewirkung seines Todes, die ihnen die Gottesgemeinschaft der καινὴ διαθήκη (vgl. Jer 31,31–34) eröffnet. Wie die Ausdrücke πνευματικὸν πόμα und βρῶμα zeigen, teilt sich der Κύριος in den Spendeworten und Herren-mahlselementen selbst mit und erfüllt seine Tischgäste mit seiner Wirkkraft und Präsenz in Gestalt des πνεῦμα; Paulus hat den Κύριος Ἰησοῦς Χριστός im Herrenmahl *real präsent* gesehen (E. Käsemann). Eben deshalb hält es der Apostel für unmöglich, daß Christen von Korinth sowohl am Herrenmahl als auch an Götzenopfermahlzeiten teilnehmen; tun sie das, machen sie sich eines Verstoßes schuldig, der Gottes Strafgericht nach sich zieht (vgl. 1Kor 10,21–22 mit Dt 32,21).

4.5 Am Tisch des Herrn, an dem er selbst Trank und Speise reicht und sich seinen Mahlgenossen mitteilt, werden die Vielen sein einer Leib (1Kor 10,17; 12,12–13). Wenn der Κύριος an seinem Tisch die Gemeinschaft ,der Vielen' mit sich und untereinander stiftet, muß die Feier dem Rechnung tragen. Eben deshalb hat der Apostel größten Wert auf die *Kongruenz von Herrenmahl und Herrenmahlsmahlsfeier* gelegt. Eine Mahlfeier, die der κοινωνία der Glaubenden widerstreitet, hat nach Paulus keinen Wert. Er hat dies den Korinthern in 1 Kor 11,17–34 bewußt gemacht.

4.5.1 Um die Pointe der paulinischen Paraklese zu erfassen, muß man sich möglichst genau vor Augen führen, wie die Mahlfeier ausgesehen hat, die Paulus in Korinth eingeführt hat, und was die Korinther (nach dem Weggang des Apostels) aus ihr gemacht haben.

4.5.1.1 Wahrscheinlich ist Paulus bei Begründung der Gemeinde von Korinth dem Vorbild von Antiochien und Jerusalem gefolgt und hat die Korinther gelehrt, das Herrenmahl zu feiern wie die Christen vor und neben ihnen (s. o. S. 206 ff.): Die Gemeindeglieder kamen mindestens sonntäglich (1 Kor 16,2), wahrscheinlich aber auch noch häufiger zur gottesdienstlichen Versammlung (ἐκκλησία) zusammen (1 Kor 11,18). Für die Mahlzeit brachte jeder den ihm möglichen Anteil an Speise und Trank mit, und es war selbstverständlich, daß die mittellosen Gemeindeglieder sich an den mitgebrachten Speisen genauso sattessen durften wie die begüterten Christen. Wie in Antiochien und Jerusalem wurde das Mahl als volles gemeinsames Sättigungsmahl gehalten. Der Mahlfeier konnte eine kurze oder längere Ansprache vorangehen. Möglicherweise hat Paulus den 1 Kor als apostolische Paraklese angesehen, die zu Beginn der Herrenmahlsfeier vorgelesen werden sollte; der Schluß seines Briefes, 1 Kor 16,20–24 (vgl. mit Did 10,6), spiegelt den Übergang zum Herrenmahl noch ganz deutlich (G. Bornkamm).

Die *Mahlfeier* selbst sah dann etwa so aus: Die Teilnehmer grüßten einander mit dem Friedensgruß und Hl. Kuß; Menschen, die den Herrn nicht liebten (Ungetaufte?), durften am Mahl nicht teilnehmen (vgl. 1 Kor 16, 21–22 mit Did 9,5; 10,6). Dann wurde über dem (einen) Brot (1 Kor 10,16) die Eulogie, d. h. das eucharistische Dankgebet, gesprochen und mit dem Brechen und Darreichen des Brotes die (Sättigungs-)Mahlzeit eröffnet. Nach ihrem Abschluß wurde der Kelch mit Wein genommen, auch über ihm die Eulogie bzw. das Dankgebet gesprochen und der Wein allen Anwesenden gereicht. (Ob das Sprechen der eucharistischen Gebete über Brot und Wein zu Beginn und zum Beschluß der Herrenmahlsfeiern konsekratorische Kraft und Funktion besaß, läßt sich aus den Paulustexten selbst nicht entnehmen. Man kann es nur vermuten, wenn man mit C. Burchard [The Importance of Joseph and Aseneth for the Study of the New Testament: A General Survey and a Fresh Look at the Lord's Supper, NTS 33, 1987, (102–134) 110 ff.] JA 8,5; 15,5 zum Vergleich heranzieht: Da nach hellenistisch-frühjüdischer Auffassung die von den frommen Juden bei jeder Mahlzeit über Brot und Kelch zu sprechenden Lobsprüche dem Brot und Kelchinhalt besondere pneumatische Qualität verliehen, könnte dies auch für die Eulogien beim Abendmahl gegolten haben. Aber der konsekratorische Charakter der Eucharistiegebete ist erst im 2. Jh. n. Chr. bei Justin, Apol I 65,5; 66,2 sicher bezeugt.) Die Bitte um das endgültige Kommen des Herrn, das von der Urgemeinde her auf Aramäisch bewahrte, von Paulus in 1 Kor 16,22 zitierte (und auch in Did 10,6 bezeugte) μαραναθά (= ,Unser Herr, komm!', vgl. Apk 22,20 u. o. S. 183 f.), beendete die Mahlfeier. Ihre Leitung lag bei Paulus selbst (vgl. Apg 20,7 ff.) oder einem der in Phil 1,1 genannten (wohl auch in Korinth vorauszusetzenden) ἐπίσκοποι; bedient wurde von den διάκονοι (s. o.) *(Auch) für Paulus war das Herrenmahl also keineswegs das gastlich offene Mahl der Gemeinde für alle, sondern die Mahlfeier nur derer, die sich zu Jesus als Herrn bekannten.*

4.5.1.2 Die von Paulus in Korinth eingeführte Feier des Herrenmahles folgte dem Einsetzungstext genau. Sie war daher geprägt von dem in 1Kor 11,24.25 erwähnten ‚Gedächtnis' Jesu und der Verkündigung des Heilstodes Jesu, ‚bis er kommt' (1Kor 11,26).

4.5.1.2.1 Die in 1Kor 11,24–25 und Lk 22,19 auftauchende Formel εἰς τὴν ἐμὴν ἀνάμνησιν (= zu meinem *Gedächtnis*) stellt die christliche Entsprechung dar zu dem bei den jüdischen Passafeiern üblichen Gedenken, dem זִכָּרוֹן an Jahwes Heilshandeln für Israel im Exodus und den ihm folgenden Rettungstaten (vgl. Ex 12,14; 13,3–10; Dt 16,3; Jub 49,15 u. o. S. 209). Die Passaanamnese fußt ihrerseits auf dem im Psalter mit der Wurzel זכר bezeichneten „vergegenwärtigenden Gedenken an Jahwes Heilshandeln" (vgl. Ps 77,6–7.12–13; 105,5; 119,52; 143,5). „Solches Gedenken … ist erinnerndes und lobendes Aufgreifen des Vergangenen in echter Erkenntnis des zeitlichen Abstandes, aber um seiner aktuellen Gegenwartsbedeutung willen". Auch wo זִכָּרוֹן auf Festtage wie das Passa bezogen wird (Ex 12,14), geht es „um das erinnernde Eintreten in den Geschehenszusammenhang mit durch Verkündigung oder Zeichen vergegenwärtigenden Ereignissen der Vergangenheit" (W. Schottroff, THAT I, 516/517). Da sich das Herrenmahl am Abschiedsmahl Jesu ‚in der Nacht, da er ausgeliefert wurde', bemaß und als κυριακὸν δεῖπνον gefeiert wurde, bei dem der erhöhte Christus selbst der Tischherr war, geht es bei der Herrenmahlsanamnese um ein Gedächtnis, das die zum Mahl versammelte Gemeinde einerseits Jesu Abschiedsmahl nach- und mitvollziehen läßt, zugleich aber weit über das jüdisch beim Passamahl übliche Gedenken an Israels Erlösung aus der Schuldknechtschaft in Ägypten hinaushebt. Die Anamnese ruft die Passion Jesu als die Todesnot in Erinnerung, in die Gott selbst seinen Sohn um ‚der Vielen' willen geführt und aus der er ihn durch die Auferweckung errettet hat, um so die Erlösung für das neue Gottesvolk (aus Juden und Heiden) heraufzuführen. Als Bürge und Garant der Erlösung ist der auferstandene Κύριος beim Mahl präsent und reicht den Tischgästen selbst Brot und Wein. Damit erhält die ἀνάμνησις einen weiten heilsgeschichtlichen Rahmen. Er reicht vom Exodus über die Erfahrungen ‚unserer Väter' (1Kor 10,1) während der Wüstenwanderung (vgl. 1Kor 10,1–13) bis hin zum Kreuz und der Auferweckung Jesu und von dort noch weiter bis zur Parusie, d. h. von der uranfänglichen ἀπολύτρωσις Israels bis zur endgültigen Erlösung auf Golgatha (vgl. Röm 3,24–26) und zu deren erhoffter Vollendung bei der Parusie des Christus (vgl. Röm 8,23).

4.5.1.2.2 Die *Verkündigung des Todes Jesu, ‚bis er kommt'*, auf die Paulus in 1Kor 11,26 anspielt, war ein wesentliches Teilelement der Anamnese. In Ps 71,15–18; 105,1–5; 145,4–7 korrespondieren ‚gedenken', ‚verkündigen' und ‚die Großtaten Jahwes kundtun' miteinander. Von da aus gesehen war die Anamnese als solche zugleich Verkündigung. Dieser Verkündigungsaspekt der ἀνάμνησις verbietet, V.26 nur auf die stiftungsgemäße Feier des κυριακὸν δεῖπνον zu beziehen. Wie das καταγγέλλειν des Todes Jesu genau gelautet und ausgesehen hat, ist leider nicht mit Gewißheit zu sagen. Möglich ist zweierlei: Entweder wurde im Rahmen (ausführlicher) Gebete über Brot und Wein des Kreuzestodes Jesu gedacht (O. Hofius), oder es ist die Geschichte der Passion Jesu der versammelten Gemeinde zusätzlich zu jeweils nur kurzen Eulogien über Brot und Wein (vgl. Did 9,2–3) in Erinnerung gerufen worden. Nimmt man die dem Apostel bekannte (vor-)lukanische Passionstradition zum Modell für das καταγγέλλειν, sieht man, daß die Verkündigung des Heilstodes Jesu ἄχρι οὗ ἔλθῃ die Hoffnung auf die von Jesus in Lk 22,16 angekündigte ‚Erfüllung' des Abschiedsmahles in der βασιλεία τοῦ θεοῦ weckt. Die Bitte um das endzeitliche Kommen des erhöhten Herrn, d.h. der Vollendung des ihm von Gott übertragenen Erlösungswerkes in und mit seiner Parusie, liegt in der Konsequenz des Gedächtnisses an Jesu Heilstod vor Gott. *Die eucharistische Anamnese, die Verkündigung des Todes Jesu und der Bittruf Maranatha bedingen und verschränken sich also gegenseitig.*

4.5.2 Aus 1 Kor 11,17–34 wird ersichtlich, daß es in Korinth nicht bei der skizzierten Form der Herrenmahlsfeier geblieben ist. Die κοινωνία der Tischgäste Jesu wurde vielmehr durch einen doppelten Vorgang gestört: Wie Paulus schon in 1 Kor 1,10–17 rügt, gab es in der Gemeinde Spaltungen (σχίσματα) zwischen theologisch rivalisierenden Gruppen und nach 1 Kor 1,26–29 rekrutierte sich ein (erheblicher) Teil der Christen von Korinth aus niederen Bevölkerungsschichten. Bei der Herrenmahlsfeier zerfiel die Gemeinde erneut in zwei Gruppen, die Reichen und die Armen. Während die einen schlemmten, hatten die anderen kaum etwas zu essen und wurden von den Reichen beschämt. Paulus rügt diesen Vorgang in 1 Kor 11,19 mit großem Ernst.

1 Kor 11,19 greift eine auch bei Justin (Dial 35,3) zitierte (nach J. Jeremias, Unbekannte Jesusworte, 1980, 74f. auf Jesus selbst zurückgehende) Gerichtsankündigung auf: Vor der Parusie wird es Spaltungen und Parteibildungen (zwischen den wahrhaft und den nur scheinbar Gläubigen) geben (= ἔσονται σχίσματα καὶ αἱρέσεις). Nach Paulus war dieser Zustand in der Gemeinde von Korinth bereits erreicht und trat gerade bei der Herrenmahlsfeier in Erscheinung.

4.5.2.1 Für die genaue Rekonstruktion dessen, was in Korinth vorgefallen ist, ist das Verständnis der beiden Verben προλαμβάνειν und ἐκδέχεσθαι in 1 Kor 11,21.33 entscheidend. Versteht man προλαμβάνειν im Sinne von ‚(etwas) vorwegnehmen' und ἐκδέχεσθαι in der bei Paulus, sonst im Neuen Testament und bei den Apostolischen Vätern üblichen Bedeutung ‚(auf etwas/jemanden) warten' (vgl. 1 Kor 16,11) und verbindet beides mit der Kritik des Paulus in 11,22.34, kommt man zu folgender, häufig vertretener Annahme: Während Paulus ursprünglich an ein von der Herrenmahlsfeier gerahmtes gemeinsames Sättigungsmahl aller Glieder der Gemeinde dachte (s.o.), hat man in Korinth den Genuß von Brot und Wein an das Ende des Gemeindesättigungsmahles geschoben und sakramentalistisch überschätzt. Gleichzeitig war die Unsitte eingerissen, daß die zuerst zum Mahl erscheinenden (reichen und freien) Korinther ihre eigenen Mahlzeiten vorwegnahmen und für die erst später eintreffenden (unfreien und ärmeren) Gemeindeglieder kaum mehr etwas zu essen und zu trinken übrigblieb. Auch diese konnten dann zwar noch das (abschließende) Herrenmahl ganz mitfeiern, waren aber selbst noch hungrig und mußten in Kauf nehmen, daß ihre reichen Mitchristen bei der Feier nicht nur satt, sondern gelegentlich auch schon angetrunken waren. Diese wiederum waren sich keiner besonderen Schuld bewußt, weil es ihrer Auffassung nach vor allem darauf ankam, Brot und Wein als geistliche Speise zu sich zu nehmen und so der Kraft des πνεῦμα teilhaftig zu werden, die den Elementen innewohnt.

4.5.2.2 *O. Hofius* hat diese Rekonstruktion in seinem Aufsatz: Herrenmahl u. Herrenmahlsparadosis (in: ders., Paulusstudien, 1989, 203–240) in Frage gestellt und vorgeschlagen, προλαμβάνειν nicht mit vorwegnehmen, sondern mit ,sich sein eigenes Mahl vornehmen' bzw. es ,zu sich nehmen' zu übersetzen (Belege für diesen Gebrauch des Verbums finden sich bei Hofius, a.a.O., 218f. und W. Bauer-K. u. B. Aland, Wb. z.NT⁶, 1418) und ἐκδέχεσθαι im Sinne von ,jemanden (gastlich) aufnehmen', ,sich jemandes annehmen' aufzufassen (Hofius belegt diesen Wortgebrauch a.a.O., 220f. unter Hinweis auf Joh 4,45D, Josephus Ant 15,343; 16,6.131.140 u.a. Stellen). Versteht man die beiden Verben so, kann man ohne die Annahme auskommen, in Korinth sei das Herrenmahl entgegen der ursprünglichen Anordnung des Paulus an das Ende des Sättigungsmahles der Gemeinde gerückt und sakramentalistisch überschätzt worden. Die paulinische Kritik richtet sich dann dagegen, daß „während der gottesdienstlichen Versammlung (ἐν ἐκκλησίᾳ) Reiche und Arme in *einem* Raum beieinander sind und doch nach sozialen Gruppen getrennt verzehren, was man jeweils hat mitbringen können. Indem die Wohlhabenden in Gegenwart und vor den Augen der hungrigen Armen ,schwelgen', ,beschämen' sie die μὴ ἔχοντες (V.22)" (Hofius, a.a.O., 219f.; kursiv bei ihm). *Diese Rekonstruktion ist die historisch einfachere* und verdient in dem Maße den Vorzug, als man für ἐκδέχεσθαι einen semantisch durchaus möglichen, sonst aber im Neuen Testament (und bei den Apostolischen Vätern) ungebräuchlichen Sinn anzunehmen bereit ist.

4.5.3 Paulus kritisiert das Tun und Lassen in Korinth mit aller Schärfe. Beim Herrenmahl bildet die Gemeinde die Gemeinschaft des einen Leibes Christi. In dieser κοινωνία ißt man miteinander, nimmt einander an und teilt die mitgebrachten Speisen geschwisterlich. Am Tisch des Herrn werden die Tischgenossen Jesu der Gemeinschaft mit dem gekreuzigten und auferweckten Christus gewürdigt, die sie sich selbst nicht schenken können. Wenn sie aber versäumen, über diesem Geschenk selbst κοινωνία zu stiften und zu bewahren, sind sie der Mahlgemeinschaft mit dem Herrn nicht würdig.

In 1 Kor 11,27–29 schreibt Paulus: „... wer unwürdig das Brot ißt oder den Kelch des Herrn trinkt, macht sich schuldig am Leib und Blut des Herrn. Jeder prüfe sich aber selbst und esse dann von dem Brot und trinke aus dem Kelch. Denn wer ißt und trinkt, der ißt und trinkt sich das Gericht, wenn er den Leib (Christi) nicht unterscheidet." Vom Kontext und 10,17 her bedeutet das: Die Tischgäste Jesu müssen das ihnen vom Κύριος gereichte geisterfüllte Brot von profaner Speise unterscheiden und sich bewußt sein, daß sie durch die Teilhabe an diesem Brot zu einer Lebensgemeinschaft verbunden sind, in der dem Herrn und den Mitchristen Liebe und Respekt gezollt werden müssen. Wo und wenn dies nicht der Fall ist, tritt Jesus als der Richter auf den Plan. Nach Paulus ist dies in Korinth bereits geschehen. Deshalb fährt er fort: Weil Frauen und Männer achtlos mit dem πνευματικὸν βρῶμα und πόμα umgegangen sind, „gibt es unter euch so viele Schwache und Kranke, und eine ganze Anzahl sind entschlafen. Wenn wir aber selbst mit uns ins Gericht gingen, würden wir nicht gerichtet" (1 Kor 11,30–31). Wo Jesus so nahe ist wie bei der Mahlfeier, kann man sich in seiner Gegenwart nicht nur neues Leben und geistliche Gemeinschaft mit ihm, sondern auch den Tod holen, wenn man seine Gabe und Weisung mißachtet. Allerdings gilt auch für diesen Fall das Plus der Gnade gegenüber dem Gericht. Paulus fügt nämlich in 11,32 noch hinzu: „Wenn wir aber vom Herrn gerichtet werden, werden wir gezüchtigt, damit wir nicht zusammen mit der Welt verurteilt werden." Der Apostel versteht also die in Korinth eingetretenen Krankheits- und Todesfälle als Erziehungsstrafen, die die Betroffenen davor bewahren sollen, im Endgericht der Vernichtung anheimzufallen (vgl. 1 Kor 5,5).

4.6 Insgesamt erscheint damit das Herrenmahl bei Paulus als das gottesdienstliche Begängnis, in der die zentralen Inhalte des Evangeliums nicht minder intensiv vergegenwärtigt werden, als in der Taufe. *Auch das Abendmahl ist für den Apostel „ein Sakrament und göttlich Wort-Zeichen"* (J. Brenz; s. o. S. 352). Der Unterschied zur Taufe liegt darin, daß die Glaubenden zu Beginn ihres Christenlebens mittels der Taufe in das Evangelium eingestiftet werden, das Herrenmahl aber das Evangelium ständig neu aktualisiert und als Wegzehrung der Gemeinde bis zur Parusie gefeiert wird.

Die καινὴ διαθήκη von Jer 31,31–34 ist nach Paulus von Gott in Christus ohne Zutun der Glaubenden heraufgeführt worden und wird den Glaubenden durch das Evangelium eröffnet (vgl. 2 Kor 3,4–18); in der Taufe wird jeder Glaubende in diese ‚neue Verpflichtung' hineingestellt (vgl. Röm 6,2–4.17–18 mit Röm 8,2.14–16) und im Herrenmahl wird sie für die Gemeinde immer neu realisiert, bis die πιστεύοντες einst inmitten der auf dem Zion versammelten Heilsgemeinde aus Juden und Heiden an dem von Gott selbst angerichteten messianischen Dankopfermahl teilnehmen dürfen (vgl. Jes 25,6–8).

5. Interessanterweise kannte derselbe Apostel, der nicht einmal am Brauch der Vikariatstaufe in Korinth Kritik geübt (1 Kor 15,29) und den unwürdigen Genuß der geisterfüllten eucharistischen Speisen für eine todbringende Gefahr gehalten hat (1 Kor 11,27–32), *keine* gegen Tod und Gericht feiende *Sakramentsmagie*. In 1 Kor 10,1–13 hat er die Korinther am Beispiel des aus Ägypten ausziehenden, durch die Wüste wandernden und dabei symbolisch ‚getauften' sowie geistlich gespeisten und getränkten alten Gottesvolkes darauf hingewiesen, daß Israel trotz des (symbolisch-typologischen) Empfangs von Taufe und Herrenmahl vom Herrn abgefallen und dem Gericht überantwortet worden ist (vgl. Ex 32). Die Sakramente sind für den Apostel also keineswegs ein φάρμακον ἀθανασίας, ἀντίδοτος τοῦ μὴ ἀποθανεῖν, ἀλλὰ ζῆν ἐν Ἰησοῦ Χριστῷ διὰ παντός (= ‚ein Heilmittel der Unsterblichkeit, ein Gegengift gegen den Tod, um allezeit in Jesus Christus zu leben' [Ignatius, Eph 20,2]). Sie sind realsymbolische Verdichtungen des Christusevangeliums, aber keine Begängnisse, kraft derer man sich der Gnade und des Geistes des Herrn materiell versichern könnte. In Taufe und Herrenmahl schenkt sich der gekreuzigte und auferstandene Christus den Juden und Heiden ganz, die sich ihm im Glauben ganz überantworten, den aber, der

370

nachträglich von ihm abfällt, zieht er als Herr und Richter zur Verantwortung.

§ 23 Leben und Gehorsam aus Gnade – die paulinische Paraklese

Literatur: *J. Becker*, Paulus, 1989, 458 ff.; *H. D. Betz*, Das Problem d. Grundlagen d. paulinischen Ethik, ZThK 85, 1988, 199–218; *G. Bornkamm*, Paulus, 1987[6], 203 ff.; *R. Bultmann*, Das Problem d. Ethik bei Paulus, in: Exegetica, hrsg. von E. Dinkler, 1967, 36–54; *E. Dinkler*, Zum Problem d. Ethik bei Paulus – Rechtsnahme u. Rechtsverzicht (1 Kor 6,1–11), in: *ders.*, Signum Crucis, 1967, 204–240; *G. Friedrich*, Sexualität u. Ehe, 1977; *J. Friedrich*, *W. Pöhlmann*, *P. Stuhlmacher*, Zur historischen Situation u. Intention von Röm 13,1–7, ZThK 73, 1976, 131–166; *E. Gaugler*, Die Heiligung im Zeugnis d. Schrift, 1948; *B. Gerhardsson*, The Ethos of the Bible, 1981, 63 ff.; *F. Hahn*, Der urchristliche Gottesdienst, 1970, 47 ff. 56 ff.; *R. Heiligenthal*, Werke als Zeichen, 1983; *S. Heine*, Frauen d. frühen Christenheit, 1990[3], 110 ff.; *E. Käsemann*, Gottesdienst im Alltag d. Welt, in: *ders.*, Exegetische Versuche u. Besinnungen II, 1964, 198–204; *ders.*, Der Ruf d. Freiheit, 1972[5], 115 ff.; *W. Klaiber*, Wann beginnt d. Ehe u. was begründet sie, ThBeitr 12, 1981, 221–231; *E. Lohse*, Theologische Ethik d. NT, 1988, 56 ff. 84 ff.; *O. Merk*, Handeln aus Glauben, 1968; *K.-W. Niebuhr*, Gesetz u. Paränese, 1987; *E. Reinmuth*, Geist u. Gesetz, 1985; *K. H. Schelkle*, Theologie d. NT 3: Ethos, 1970; *R. Schnackenburg*, Die sittliche Botschaft d. NT II, 1988, 13–71; *W. Schrage*, Die Stellung zur Welt bei Paulus, Epiktet u. in d. Apokalyptik, ZThK 61, 1964, 125–154; *ders.*, Die konkreten Einzelgebote in d. paulinischen Paränese, 1961; *ders.*, Ethik d. NT, 1989[2], 169–248; *S. Schulz*, Ntl. Ethik, 1987, 348–432; *K. Stalder*, Das Werk d. Geistes in d. Heiligung bei Paulus, 1962; *G. Strecker*, Strukturen einer ntl. Ethik, ZThK 75, 1978, 117–146; *P. Stuhlmacher*, Der Brief an Philemon, 1989[3]; *ders.*, Weg, Stil u. Konsequenzen urchristlicher Mission, ThBeitr 12, 1981, 107–135; *S. Vollenweider*, Freiheit als neue Schöpfung, 1989; *H. D. Wendland*, Ethik d. NT, 1970, 49 ff.

Christologie und Rechtfertigungslehre des Paulus sprechen von einem großen Prozeß des Werdens, der von der Sendung Jesu bis zur Parusie reicht: Der von Gott gesandte, in den Tod gegebene, erhöhte und mit dem Gottesnamen Κύριος belehnte Christus ist der werdende Herr der Geschichte. Die nach ihm benannte Gemeinde ist in diesen Prozeß des Herrwerdens Christi einbezogen. Sie ist von Golgatha und Ostern her unterwegs auf den kommenden Christus zu und hat auf diesem Wege in der Kraft des Hl. Geistes zu bezeugen, daß er allein der Retter und Herr der Welt ist.

1. Daß die Christen auf diesem Wege Verhaltensregeln brauchen, die dem Leben sowohl des einzelnen Gemeindeglieds als auch der Gemeinde insgesamt Ordnung und Richtung geben, ist (fast) selbstverständlich. Die Frage ist nur, wie diese Anweisungen mit dem Evangelium des Paulus zusammengehören und nach welchen Grundsätzen der Apostel sie erteilt.

1.1 In den Paulusbriefen finden sich eine Fülle von Gemeindeermahnungen. Teils werden sie (relativ) geschlossen im Schlußteil der Briefe vorgetragen, nachdem zuvor theologische Grundprobleme erörtert wurden (vgl. Gal 1–4 + 5–6 oder Röm 1–11 + 12–15), teils aber auch in dialogischer Argumentation von Kapitel zu Kapitel entwickelt (vgl. 1Kor und Phil). Während die erste Darstellungsform einem bestimmten Typ von Missions- und Gemeindepredigt nachgebildet zu sein scheint (vgl. 1Thess 1,9–10; Hebr 6,1–2; 9,14), zeigt die zweite den Apostel als Berater bzw. ‚Vater‘ seiner Gemeinden (1Kor 4,15; 2Kor 11,28).

1.2 1Thess 4,1–3 (und 1Kor 4,17) zeigen außerdem, daß Paulus in den von ihm begründeten Gemeinden von Anfang an eine Art von *ethischem Katechismus* vorgetragen hat. Wir können seinen Aufbau und Inhalt leider nicht mehr genau rekonstruieren, weil der Apostel brieflich immer nur exemplarische Ratschläge erteilt. Aber die Rede von den ‚Wegen‘, die Paulus in allen Gemeinden lehrt (1Kor 4,17), und die erstaunlichen inhaltlichen und terminologischen Gemeinsamkeiten zwischen z. B. Röm 12,1 und 1Petr 2,5 oder Röm 13,1–7 und 1Petr 2,13–17 deuten darauf hin, daß es zu seiner Zeit nicht nur eine allen Aposteln gemeinsame Evangeliumstradition (1Kor 15,1–11), sondern auch einen Grundstock von Weisungen gegeben hat, die sie alle gelehrt haben. *Paulus ist demnach nicht nur beiläufig und notgedrungen, sondern bewußt und willentlich als Lehrer der Ethik in seinen Gemeinden tätig gewesen, und er hat gleichzeitig vom Evangelium und dem ihm entsprechenden Wandel gesprochen.*

1.3 Die Ermahnungen des Paulus richten sich z. T. an bestimmte Personen (-gruppen) in bestimmter Situation (vgl. z. B. Phlm, 1Kor 7,1–40 und Röm 14,1–15,13), z. T. sind sie aber auch so formuliert, daß sie von vornherein über ihre speziellen Empfänger hinauszielen (vgl. z. B. 1Kor 13; Röm 12,1–2 oder 13,1–7). M. Dibelius hat darum vorgeschlagen, zwischen ‚aktueller‘ und ‚usueller‘ Bedeutung der (paulinischen) Gemeindeermahnung zu unterscheiden, weil die (von Paulus) mitgeteilten „Regeln und Weisungen“ nicht nur „für bestimmte Gemeinden und konkrete Fälle“, sondern auch „für die allgemeinen Bedürfnisse der ältesten Christenheit“ formuliert worden seien (Die Formgeschichte des Evangeliums, 1971[6], 239). Unter diesen Umständen dokumentieren die Paulusbriefe, daß der Apostel einerseits überkommene (apostolische) Weisungen weitergegeben, andererseits aber auch selbst neue ‚Wege‘ aufgezeigt und auf diese Weise Substantielles zur neutestamentlichen Lehre von dem Gott wohlgefälligen Wandel der Christen beigetragen hat.

1.4 Die paulinische Gemeindeermahnung stützt sich nicht nur auf Jesu Gebot und Vorbild (Gal 6,2; 1Kor 7,10; Röm 12,14.17; 15,3), sondern verweist auch auf alttestamentliche Gebote (Gal 5,14; 1Kor 7,19; Röm 13,8–10) und beruft sich wiederholt auf die Maßstäbe von recht und unrecht, gut und böse, die in der hellenistischen Antike allgemein anerkannt waren.

In Phil 4,8 benutzt Paulus z. B. einen ganz stoisch klingenden Tugendkatalog; auch seine Rede von ‚dem, was sich nicht geziemt (τὰ μὴ καθήκοντα)‘ in Röm 1,28 oder von ‚dem Guten (τὸ ἀγαθόν)‘, ‚dem Wohlgefälligen (τὸ εὐάρεστον)‘ und ‚dem Vollendeten (τὸ τέλειον)‘ in Röm 12,2 erinnert an popularphilosophische Tradition.

Ehe man aus diesen Gemeinsamkeiten den irrigen, aber weitverbreiteten Schluß zieht, Paulus habe in seiner Gemeindeermahnung kaum etwas spezifisch Christliches, sondern vor allem das gelehrt, was zu seiner Zeit ohnehin unter Juden und Heiden für wohlanständig galt (1Kor 10,32), muß man zweierlei beachten: (1) Der Apostel hat frühjüdische und gemeinantike Wertmaßstäbe und Inhalte keineswegs unbesehen übernommen. (2) Er wollte nur die ‚in Christus Jesus‘ gültigen Wege lehren (1Kor 4,17).

1.4.1 Die von Paulus in Phil 2,3 im Blick auf Jesu Gang ans Kreuz hochgerühmte ‚Demut (ταπεινοφροσύνη)‘ wurde z. B. in der antiken Welt negativ als sklavische Unterwürfigkeit beurteilt, und die vom Apostel gelehrte Freiheit zum neuen Gehorsam (Röm 6,16–18) widerspricht dem Ideal des Aristoteles, wonach nur der wahrhaft frei ist, „der für sich da ist und nicht für einen anderen" (Metaph I,2,982b; vgl. W. Schrage, Ethik d. NT 1989[2], 207.220).

1.4.2 Die inhaltlichen Berührungen mit jüdischer oder auch popularphilosophischer Ethik werden mißverstanden, wenn man nicht berücksichtigt, daß sich der Apostel gezielt (und selektiv) angeschlossen hat an die bereits im (hellenistischen) Frühjudentum exemplarisch ausgearbeitete Auslegung des (Israel in der Tora geoffenbarten) Gotteswillens für die hellenistisch gebildeten Juden und ‚Gottesfürchtigen‘, die sich zu den Synagogen hielten. Klassische Modelle dafür finden sich in PseudPhok, Philo Hypothetica; Josephus Ap 2, 190–219; Test XII; Weish; PsSal usw. (vgl. zu diesem Material K.-W. Niebuhr, Gesetz u. Paränese, 1987). Paulus hat sich an das frühjüdische Vorbild und seine Inhalte in dem Maße gehalten, als es auch ihm darum ging, den in und durch Christus neu offenbar gewordenen Gotteswillen für den Alltag seiner Gemeinden zur Geltung zu bringen, aber er hat nur die Elemente der hellenistisch-jüdischen Gesetzesauslegung übernommen, die ihm ἐν Χριστῷ unüberholt und aussagekräftig erschienen (vgl. z. B. 1Thess 4,3–8 und Phil 2,15).

2. Die Paulusbriefe zeigen, daß die Gemeindeermahnung des Apostels ein wesentlicher Bestandteil seiner Lehre ist. *Das paulinische Evangelium gibt den Zuspruch und den Anspruch des Κύριος Ἰησοῦς Χριστός zu erkennen.*

2.1 Man kann dies schon an der *Ausdrucksweise* des Apostels ablesen. Paulus gebraucht ein und dasselbe Verbum παρακαλεῖν (= trösten, ermahnen, zureden, beanspruchen) und das dazugehörige Nomen παράκλησις (= Ermahnung, Zuspruch) für seine Christuspredigt und seine ethischen Anweisungen (vgl. nur 2Kor 5,20 mit Röm 12,1 oder 1Thess 2,3–4 mit 1Thess 2,12 und 4,1).

Die paulinische Gemeindeermahnung wird deshalb mit dem eingebürgerten Fach-ausdruck ‚Paränese‘ (von παραινέω = auffordern, befehlen) nur unzureichend cha-rakterisiert; sie ist ihrem Wesen nach *Paraklese*. In ihr wird der Anspruch eben des Christus artikuliert, der sich selbst für die Gemeinde dahingegeben und sie aus der Gewalt der Sünde befreit hat (Gal 1,4).

Was sich am Verbum παρακαλεῖν beobachten läßt, läßt sich auch an der Rede des Paulus vom Evangelium erkennen. Während er das Evangelium in Röm 1,16–17 als Offenbarungs- und Heilsmacht Gottes bezeichnet, betont er in Röm 2,16, daß gerade auch nach seinem Evangelium Christus der endzeitliche Richter über alles ist, was Menschen vor Gott verborgen halten wollen; in Phil 1,5.7.12 verweist der Apostel auf das ihn mit den Philippern verbindende Heilsgut des Evangeliums, und in 1,27–30 fordert er sie auf, einen dieses Evangeliums würdigen Wandel zu führen. *Die Paraklese des Apostels ist ein Wesensbestandteil des Evangeliums, das die Erlösungstat und den Herrschaftsanspruch des Christus offenbart.*

2.2 Mit dieser ersten Beobachtung verbindet sich eine zweite: *Die Paraklese des Paulus gründet auf Taufe und Rechtfertigung.* Sie ist also Ermahnung für diejenigen, die Christus durch seinen Opfertod geheiligt hat und die in ihm ihren Herrn und Erlöser gefunden haben (vgl. 1Kor 1,30; 6,9–11; Röm 6,4.10–11.15–23).

Hat man diesen Zusammenhang erkannt, fallen andere gleichsinnige Formulierun-gen des Apostels auf: In Gal 5,25 schreibt er: „Wenn wir im Geiste leben, laßt uns auch im Geiste wandeln!“ In Röm 12,1–2 trägt er seine Paraklese unter Berufung auf das Erbarmen Gottes in Christus vor. Von dem Christushymnus Phil 2,6–11 leitet er zur Gemeindeermahnung mit dem erstaunlichen Satz über: „Darum, meine Gelieb-ten, arbeitet mit Furcht und Zittern an eurer Rettung…“; G. Bornkamm hat ihn ganz im Sinne des Apostels treffend kommentiert: „Weil Gott *alles* wirkt, darum habt ihr *alles* zu tun“ (Studien zu Antike u. Urchristentum, Ges. Aufs. II, 1959, 91; kursiv bei B.).

2.2.1 Im Anschluß an R. Bultmann kann man die Verankerung der paulini-schen Gemeindeermahnung in Rechtfertigung und Taufe in die prägnante Formel fassen: *Bei Paulus begründet der Indikativ des Gerechtfertigtseins den Imperativ des* περιπατεῖν κατὰ πνεῦμα (vgl. R. Bultmann, Theologie des NT, 1984⁹, 334 f.).

E. Käsemann rückt denselben Sachverhalt noch näher an das Denken des Apostels heran, wenn er in seinem Römerbriefkommentar (1980⁴, 168) schreibt, für Paulus gehe es „darum, in der Nachfolge des Gekreuzigten die Herrschaft des Erhöhten zu bekunden. … Paulinische ‚Ethik‘ kann weder der Dogmatik noch dem Kult gegen-über verselbständigt werden. Sie ist Teil seiner Eschatologie…, genauer die anthro-pologische Kehrseite seiner Christologie.“ Diese Formulierung entspricht genau der Verpflichtung, die den Täuflingen aus dem Herrschaftswechsel erwächst, den sie mit ihrer Taufe erfahren haben. Sie sind der Macht der Sünde entrissen und dem Κύριος

Ἰησοῦς Χριστός zugeordnet worden, um hinfort für die Gerechtigkeit einzutreten, die sein Wille ist (vgl. Röm 6,17–18).

2.2.2 E. Käsemann hat im selben Zusammenhang auch zutreffend herausgestellt, daß für Paulus „Rechtfertigung und Heiligung insofern zusammen(gehören), als es in beidem gilt, dem Christus gleichgestaltet zu werden" (a.a.O., 168).

Nach 1Kor 1,30; 6,11 gehören Rechtfertigung, Heiligung und Erlösung untrennbar zusammen: Christus heiligt die Sünder durch seinen Sühnetod und stellt sie neu in die Gemeinschaft mit dem Gott, der Israel in Lev 19,2 geboten hat: „Seid heilig, denn ich, der Herr, euer Gott bin heilig" (vgl. 1Petr 1,16); die Heiligung wird den Glaubenden in und mit der Taufe zuteil (1Kor 6,11). Deshalb kann Paulus die Christen immer wieder οἱ ἅγιοι nennen (vgl. z.B. 1Kor 1,2; 6,2; 2Kor 1,1; Röm 1,7 usw.) und als die durch Christus Geheiligten, auf seinen Namen Getauften und mit dem Hl.Geist Begabten für einen Lebenswandel in Heiligkeit in Anspruch nehmen, und zwar vom 1Thess (vgl. 4,3–8), über 1/2Kor (vgl. 1Kor 6,1–11; 2Kor 6,14–7,1) bis in den Röm hinein (vgl. Röm 6,19–23). Der Wandel im ἁγιασμός ist Gabe und Frucht des Hl.Geistes (vgl. Gal 5,16–26), und das Ziel der Heiligung besteht in der Gnadengabe des ewigen Lebens (Röm 6,23) sowie in der Beteiligung der ἅγιοι an der Ausübung der endzeitlichen Herrschaft Christi (vgl. 1Kor 6,2; Röm 5,17 mit Lk 12,32 und Dan 7,22).

Heiligung meint nach Paulus nichts Zusätzliches zur Rechtfertigung, sondern beschreibt deren sühnetheologische Innenseite, die in den neuen Gehorsam stellt.

3. Als Wesensbestandteil des paulinischen Rechtfertigungsevangeliums gründet die Paraklese des Apostels in der von Gott durch Christus heraufgeführten Versöhnung und erinnert die getauften Christen an den Anspruch, den der Κύριος Ἰησοῦς Χριστός auf sie erhebt. Von hier aus lassen sich alle die *Hauptgesichtspunkte* verstehen, nach denen Paulus die Gemeinden ermahnt.

3.1 Die Paraklese des Paulus wendet sich an die Gemeinde, die Christus durch seinen Opfertod aus der Herrschaft der Sünde und des Todes losgekauft hat. Paulus übt *Gemeindeunterweisung*, und zwar mit aller Entschiedenheit.

Wie oben (S. 357) näher ausgeführt, sieht Paulus in der ἐκκλησία die Vorhut des neuen Gottesvolkes aus Juden und Heiden, die bereits inmitten der alten Welt vor Gott in Heiligkeit zu leben und Christus als Herrn zu bezeugen hat (vgl. Gal 6,14–16; 1Kor 6,19–20; 2Kor 6,14–7,1; Phil 2,12–16; 3,3). Für den Apostel ist die Gemeinde das σῶμα Χριστοῦ, in das die Glaubenden bei der Taufe eingegliedert werden (1Kor 12,12–13), in dem sich die Glieder des Leibes Christi gegenseitig tragen und durch das Christus mit der Welt kommuniziert (E. Käsemann).

Bedenkt man den scharfen Abstand, den Paulus (z. B. in 1Kor 5,1–6,11; 2Kor 6,14–7,1; Röm 12,1–2) zwischen die Gemeinde und die Ungläubigen setzt, kann und muß man sogar sagen, daß nicht nur der Jüngerkreis Jesu (vgl. Mk 10,41–45Par) und die Urgemeinde (vgl. Apg 4,32–5,11), sondern auch die paulinischen Gemeinden endzeitliche *Kontrastgemeinschaften* (G. Lohfink) gegenüber dem alten Gottesvolk und den Ungläubigen überhaupt gebildet haben. Für sie sind die paulinischen Paraklesen verfaßt. Die Kommunikabilität und Einsichtigkeit der Gemeindeunterweisung für jedermann (Röm 13,1) hat den Apostel nur ganz am Rande interessiert (vgl. z. B. Phil 4,5.8–9; Röm 2,14–15). Vordringlich war für ihn, daß ‚die Heiligen' ihrem durch Christus gesetzten Zeugnisauftrag in der Welt nachkommen, um dadurch für ihre ungläubigen Mitmenschen ein (Leucht-)Zeichen zu setzen, an dem sie sich neu orientieren können (vgl. Phil 2,15 mit Mt 5,14; Dan 12,2.3; TestLev 14,3–4).

3.2 In diesem Zusammenhang drängt Paulus darauf, daß die Gemeindeglieder Gott *mit ganzer leiblicher Hingabe* dienen.

3.2.1 Röm 12,1–2 bilden einen regelrechten Programmsatz paulinischer Paraklese: „(1) Ich ermahne euch nun, Brüder, kraft der Barmherzigkeit Gottes, eure Leiber als lebendiges, heiliges, Gott wohlgefälliges Opfer darzubringen, (das sei) euer vernünftiger Gottesdienst. (2) Paßt euch auch nicht dieser Weltzeit an, sondern laßt euch umwandeln durch die Erneuerung des Denkens, damit ihr prüfen könnt, was der Wille Gottes ist: Das Gute und Wohlgefällige und Vollkommene." – Die λογικὴ λατρεία, von der in V.1 die Rede ist, meint den Gottesdienst, der dem λόγος entspricht. Er bestand in den griechischen Synagogen (und in der hellenistischen Welt allgemein) in den geisterfüllten Gebeten und der Buße, die Gott an Stelle der (nur im Tempel von Jerusalem darzubringenden und von den gebildeten Hellenen als abstoßend empfundenen) blutigen Opfer dargebracht wurden (vgl. Ps 50,14.23 TestLev 3,6; Philo, SpecLeg 1,272.277 und Corp Herm 13,18.21). In Röm 12,1 (und 1Petr 2,5) wird diese vergeistigte Vorstellung christlich aufgenommen und auf das (ganze) Leben der Christen bezogen: Das wahre geistliche und Gott wohlgefällige Opfer und der dem (Christus-)Logos entsprechende Gottesdienst bestehen in der Hingabe des ganzen leiblichen Seins an den Willen Gottes inmitten der Welt, die die Gemeinde umgibt.

In der Paraklese von Röm 12,1–2 liegt die paulinische Variante des Gedankens vom Priestertum aller Gläubigen (1Petr 2,5.9) und zugleich die anthropologische Konkretion der Leib-Christi-Vorstellung vor: In jedem glaubenden Christen gewinnt Gott ein Stück der ihm entfremdeten Schöpfung zurück, und die durch Christus zurückgewonnenen Geschöpfe sollen ihren Schöpfer überall dort preisen, wo sie leben.

Nach Phil 2,15–16; 4,5 und 1Kor 10,23–11,1 hat Paulus gehofft, daß durch den am Wort Gottes orientierten vorbildlichen Wandel der Gemeinde Licht in die dunkle Welt gebracht wird; gute Werke waren für ihn ebenso wie für Jesus (Mt 5,13–16) und

1Petr 2,12 ein missionarisch wirksames Zeichen. Paulus hat sich von den guten Taten der Gemeinde auch einen gewinnenden Eindruck auf andere Gemeinden versprochen. Ein schönes Beispiel dafür findet sich in 2Kor 9,11–15: Die in lauterer Güte gegebene Kollekte der Heidenchristen für Jerusalem soll nicht nur dazu dienen, die akuten Bedürfnisse der „Armen unter den Heiligen" in Jerusalem zu befriedigen (Röm 15,26), sondern die Jerusalemer Gemeinde zum Dankgebet gegenüber Gott bewegen und in ihr die Sehnsucht wecken, mit den Heidenchristen kirchliche Gemeinschaft zu pflegen.

3.2.2 Einen ethisch äußerst wichtigen Akzent setzt Paulus in Röm 12,2 auch dadurch, daß er die Christen von Rom aufruft, *sich dieser (rasch zu Ende gehenden) Welt(zeit) nicht anzupassen, sondern sich in ihrem Denken und Tun neu zu orientieren.*

Nach Gal 1,4 hat sich Christus für die Sünder dahingegeben, um sie dieser gegenwärtigen bösen Welt(zeit) zu entreißen; deshalb können und dürfen sich die Christen ihren Maßstäben nicht mehr anpassen. Sie sollen vielmehr aus der ἀνακαίνωσις τοῦ νοός heraus leben, die sie von den Ungläubigen unterscheidet. Wie er in 2Kor 10,5 (von Prov 21,22 her) plastisch formuliert, hat Paulus mit seiner Verkündigung „alles Denken in den Gehorsam gegenüber Christus gefangennehmen" wollen. In Röm 12,2 dringt er darauf, daß sich die Glaubenden diese Wirkung des Evangeliums gefallen lassen und selbst mitvollziehen. Die Glieder der Gemeinde können und sollen ihr Denken an Christus und seiner Lehre vom Willen Gottes ausrichten, und ihnen ist auch die geistliche Kraft verliehen, diesem Willen tatkräftig zu entsprechen (vgl. Röm 8,4–11). Der Apostel macht damit im Römerbrief eine höchst gewichtige *Kontrastaussage.* Nach Röm 1,28–31 hat Gott die Heiden, die seine Schöpfermacht verkennen, preisgegeben an einen ἀδόκιμος νοῦς, so daß sie nicht mehr erkennen können, was Gottes wahrer und guter Wille ist. Die Juden können diesen Willen zwar aus der ihnen offenbarten Tora heraus erkennen (Röm 2,18) und ihm sogar freudig zustimmen (7,22), aber ohne Christus fehlt ihnen die Kraft, das als gut Erkannte auch in die Tat umzusetzen. Bei den mit dem Hl. Geist erfüllten Gliedern der Gemeinde steht es anders! *Sie können nach Paulus besser und klarer als die ungläubigen Heiden erkennen, was in Gottes Augen gut, wohlgefällig und vollendet ist, und sie können im Unterschied zu den Juden, die Christus nicht als Herrn bekennen, dieses Gute auch in die Tat umsetzen.*

Röm 12,1–2 zeigen, daß der Apostel im Rahmen seiner Rechtfertigungslehre kein pauschal negatives und pessimistisches Menschenbild vertreten hat. Man muß sich ganz im Gegenteil angesichts jahrhundertelanger kirchlicher Erfahrung fragen, ob er nicht das neue Sein und die Fähigkeiten der Christen zur Erkenntnis und Praxis des Guten überschätzt hat!

3.3 Aus Gal 5,16–26 und aus Röm 8,4–11 ergibt sich, daß die Christen ihr Leben als Glieder des Leibes Christi aus der Kraft des Hl. Geistes heraus führen. Der Geist wird ihnen aus dem Hören des Evangeliums, durch die Taufe und das Herrenmahl (immer neu) zuteil (vgl. Gal 3,2; 1Kor 6,11; 10,3–4; 12,13). Von hier aus kann man die Paraklese des Paulus als *Ermahnung im Hl. Geist* bezeichnen und wird die paradox klingende Anweisung von Gal 5,25 verständlich (s. o.). Da der Apostel das πνεῦμα ἅγιον christologisch verstand (s. o. S. 355), sah er sich selbst und die Glieder der Gemeinde nicht einfach von einer übermenschlichen Macht beherrscht, sondern im Herzen und Verstand am Wirken des Geites beteiligt (vgl. 1 Kor 7,40; 1 Thess 5,16–22; Gal 5,16–6,10; Phil 2,13).

K. Stalder schreibt dazu in seinem schönen Buch „Das Werk des Geistes in der Heiligung bei Paulus" (1962): „Daß unsere Heiligung das Werk des Heiligen Geistes ist, bedeutet ... nicht, daß wir nur die Organe oder Instrumente wären, durch die der Heilige Geist seine Macht und Wirksamkeit entfaltete. Wir sind nicht nur der Schauplatz, auf dem sich das Werk des Heiligen Geistes abspielt. Das Wunder ... besteht darin, daß der Heilige Geist, in dem er in uns die Wirklichkeit der in Christus geschehenen Rechtfertigung und Heiligung zur Geltung bringt, uns unserm Fleisch-Sein und unserer Schuldverhaftung unter Fluch und Sünde *so* entreißt, daß *wir* im Glauben an Jesus Christus die gnädige Einladung des göttlichen Anspruchs verstehen und mit unsern eigenen Kräften ein Gott wohlgefälliges Werk, das Werk unserer Heiligung tun dürfen" (a. a. O. 493; kursiv bei St.).

3.4 Geht man von hier aus weiter, fällt das Stichwort ἐλευθερία auf, das Paulus in seinen Paraklesen verwendet (Gal 5,1.13; Röm 6,20–22; 8,1–2). Paulus hat *die Freiheit* gelehrt, und zwar die Freiheit von der Sünde und vom Gesetz, die als solche Freiheit zur Liebe ist. Mit S. Vollenweider kann man die christliche Freiheit, von der bei Paulus die Rede ist, (von Röm 8,21 her) als „eine Gabe Gottes" bezeichnen, „die aus der Zukunft in die Gegenwart hereinströmt" (Freiheit als neue Schöpfung, 1989, 405). Christus hat die Glaubenden diesem gegenwärtigen bösen Äon entrissen (Gal 1,4); er hat sie von der Herrschaft der Sünde befreit und unter sein geistliches Gebot gestellt, in dem sich die Verheißung von Jer 31,31–34 verwirklicht; im Geist ist er bei und in den Glaubenden und hilft ihnen, die ihnen geschenkte Freiheit in der Erfüllung des Gesetzes zu realisieren (vgl. Röm 8,4–11).

Bedenkt man den Charakter der Rechtfertigung als Heiligung und Herrschaftswechsel, wird auch die *dialektische Auffassung der Freiheit* verstehbar, die der Apostel vertritt. Gal 5,13–15; 6,2 und Röm 6,18 zeigen, daß die Freiheit, die Paulus meint, nicht die große Entlastung von allen den Menschen in seiner Selbstentfaltung hemmenden Forderungen meint und auch nicht gleichgesetzt werden darf mit dem von der Taufe an datierenden Ende aller Fremdbestimmung und dem Beginn menschlicher Autonomie. *Paulus meint eine Freiheit, die aus der Bindung an Gott durch Christus erwächst, d. h. die Freiheit zur Liebe als der Quintessenz der Weisung des Christus.* Der an 1 Kor 9,19–23 orientierte Programmsatz Luthers aus dem Traktat ‚Von der Freiheit eines Christenmenschen' trifft den Sachverhalt genau: „Ein Christenmensch ist ein freier Herr über alle Ding und niemand untertan; ein Christenmensch ist ein dienstbar Knecht aller Ding und jedermann untertan" (s. WA 7, 21,1–4).

3.5 Der Freiheitsbegriff führt auf ein weiteres Charakteristikum der paulinischen Paraklese: Paulus lehrt nicht nur den *Glaubensgehorsam* gegenüber dem Evangelium (s. o. S. 346), sondern auch den *Tatgehorsam* gegenüber dem Κύριος Χριστός und seiner Weisung. Die Stichworte ὑπακοή, ὑπακούειν, δουλεία und δουλεύειν sind aus der Gemeindeermahnung des Apostels nicht wegzudenken, und noch weniger ist es der durch sie bezeichnete Sachverhalt (vgl. Gal 5,13–14; 1 Kor 3,21–23 und Röm 6,15–23).

Die Rede des Apostels vom neuen Gehorsam der Christen, ja sogar vom (Sklaven-) Dienst an der von Gott gewollten Gerechtigkeit (Röm 6,18–23), widersprach zwar (schon) dem Autonomiebedürfnis der hellenistischen Gebildeten seiner Zeit, war aber für den Apostel unvermeidlich. Er sah die Christen in den Glaubensgehorsam gegenüber dem Evangelium gestellt (Röm 6,17; 10,16–17) und verband damit den Gedanken, daß sie durch Christus dem Willen Gottes neu untertan geworden seien, wie er in der ihrem Wesen nach ,geistlichen' Tora zum Ausdruck kommt (Röm 7,14; 8,2–7). Paulus folgt bei dieser Sicht dem Alten Testament, das in Ez 11,19–20; 36,26–27 und Jer 31,31–34 auf den vollendeten Gehorsam vorausschaut, zu dem Gott in der Endzeit sein Eigentumsvolk befähigen will. *Im Glaubens- und Tatgehorsam der Glaubenden sieht der Apostel ein von Gott in Christus heraufgeführtes und vom Hl. Geist getragenes Erfüllungsgeschehen.*

3.6 Inhaltlich kreist die paulinische Paraklese um das *Gebot der Liebe* oder, wie man paulinisch auch sagen kann, die ,Tora des Christus' (Gal 6,2; 1 Kor 9,21). Dabei wird die Kontinuität zur gesamtbiblischen Tradition, zur Verkündigung Jesu und zur Urgemeinde ebenso deutlich wie die theologische Eigenständigkeit des Apostels.

Man kann den Ausdruck ὁ νόμος τοῦ Χριστοῦ nur angemessen würdigen, wenn man sich bewußt macht, daß der Gesetzesbegriff für Paulus keineswegs rein negativ besetzt war (s. o. S. 266). Außerdem ist an die Feststellungen A. Schlatters zu erinnern: „Paulus (brauchte) ohne Bedenken den Gesetzesbegriff auch für das Verhältnis des Christus zum Glaubenden, parallel damit, daß er den Dienstbegriff immer für seine Gemeinschaft mit Christus in Geltung setzt. ,Das Gesetz des Christus' [Gal 6,2] zu erfüllen, ist der Beruf der Gemeinde und ihre Freiheit wird ihr durch ,das Gesetz des Geistes' [Röm 8,2] zuteil, und das, daß ihre Verbundenheit mit Jesus durch den Glauben entsteht, beruht auf ,dem Gesetz des Glaubens' [Röm 3,27]. Da Christus den göttlichen Willen vollführt, ist die Freiheit der Gemeinde auf die unzerbrechliche Geltung und absolute Obmacht fester Normen gestellt. Eine Spannung oder Antinomie sah hier Paulus nicht, weil er in der Freiheit nicht die Errungenschaft des menschlichen Willens, sondern die Gabe der göttlichen Gnade sah. Durch Gott bekommt der Mensch einen eigenen Willen, ein eigenes Wirken, ein eigenes Leben" (Die Theologie d. Apostel, 1977³, 321; Stellenangaben in [ ] von P. St.).

Die *Kontinuität zum Alten Testament* liegt nicht nur in diesem Gebrauch des Gesetzesbegriffs, sondern auch darin, daß Paulus in Gal 5,14 vom Liebesgebot unter Hinweis auf Lev 19,18 spricht und daß er es in (Gal 5,14 und) Röm 13,8–10 als Summe der zweiten Tafel des Dekalogs versteht. Von seiner pharisäischen Ausbildung her galt dem Apostel das Liebesgebot als Summe bzw. Kerngesetz der Tora (vgl. bShab 31a).

Die paulinische Fassung des Liebesgebotes wird aber erst von *der Lehre Jesu* her voll verständlich. Dies zeigt sich schon an dem Lexem νόμος Χριστοῦ und ferner daran, daß Paulus der ἀγάπη die volle Dimension des jesuanischen Doppelgebotes (Mk 12,28–34Par) gibt (vgl. 1Kor 13 und Röm 5,5; 8,15–16.26–30.39; 13,8–10). Die Nächstenliebe dehnt der Apostel unter Anspielung auf Jesu Gebot der Feindesliebe aus auf die Verfolger der Gemeinde (vgl. Röm 12,14–21 mit Lk 6,27–36Par). Außerdem fällt auf, daß er in Röm 15,1–3.7 (und Phil 2,5) die Gemeinde auf das Vorbild des dienenden Christus verweist; sie soll die Gemeinschaft derer sein, in der einer des anderen Last trägt und die Gemeindeglieder sich gegenseitig annehmen, wie Jesus ihnen dies vorgelebt hat.

Die Liebe ist die höchste und in alle Ewigkeit gültige Gnadengabe (1Kor 13) und damit der geistliche Rahmen, in dem der geistgewirkte Glaube tätig wird (Gal 5,6). Für Paulus besonders charakteristisch ist es, daß er sich nicht damit begnügt hat, das Liebesgebot grundsätzlich einzuschärfen (vgl. so Joh 13,34–35; 15,12.17; 1Joh 3,11; 3,23; 4,7–10), sondern daß er es gewagt hat, ganz nuanciert in den Alltag der Gemeinden hinein zu übersetzen, wie die Praxis dieses Gebotes aussieht (s. u.).

3.7 Von den Paulusbriefen her kann kein Zweifel daran bestehen, daß die paulinische Paraklese *eschatologisch motiviert* ist. Sie gründet in Rechtfertigung und Versöhnung und ruft auf zur Bezeugung des Christus bis zur ἡμέρα τοῦ κυρίου (1Thess 5,2; 1Kor 1,8; 5,5; 2Kor 1,14; Phil 2,16), an der Christus erscheinen, Gericht halten und die βασιλεία τοῦ θεοῦ heraufführen wird. Auf das baldige Erscheinen des Κύριος soll die Gemeinde sich ganz einstellen (vgl. 1Thess 5,1–11; Röm 13,11–14).

3.7.1 Die ethischen Konsequenzen dieser christologischen Zukunftsschau zeigen sich in dem Aufruf des Apostels zur *Distanz und Loslösung von der vorfindlichen Welt*.

Wie W. Schrage herausgearbeitet hat, tritt dieser Aufruf in *1Kor 7,29–31* (vgl. mit 4Esr 16,42–45) besonders deutlich zutage: „Der Kairos, das heißt die bis zur Parusie noch verbleibende Zeit, ist ‚zusammengedrängt', ja das Wesen dieser Welt vergeht bereits. Daraus gilt es, die entsprechenden Konsequenzen zu ziehen: Die da Frauen haben, sollen schon so leben, als hätten sie keine, die da weinen und sich freuen, sollen schon so sein, als weinten und freuten sie sich nicht mehr, die kaufen, sollen es tun, als behielten sie das Gekaufte nicht, und die die Welt gebrauchen, sollen es tun, als gebrauchten sie sie schon nicht mehr" (Ethik d. NTs, 1989², 186).

Solcher Aufruf zur Distanznahme von der Welt hat nach Paulus nichts mit geistlichem Schwärmertum zu tun! Der Apostel hat vielmehr immer wieder Enthusiasten zurechtgewiesen, die sich unter Berufung auf ihren Geistbesitz und die unmittelbar bevorstehende Parusie des Herrn schon aller irdischen Pflichten ledig wähnten (vgl. 1Thess 4,10–12; 2Thess 3,10; 1Kor 6,12; Röm 12,3).

3.7.2 Von der Naherwartung her hat sich für Paulus die christliche Verantwortung nicht abgeschwächt, sondern gesteigert; angesichts des herannahenden Endgerichts nach den Werken (vgl. 2 Kor 5,10; Röm 2,1–16) hat sie sogar höchsten Ernst. Die Christen müssen sich mit aller Kraft einsetzen, um das Heil zu gewinnen (Phil 2,12–13), und sie können sich bis in die Reihen der Apostel nur in äußerster Todesnot damit trösten, daß Gott sie auch dann in und durch Christus retten wird, wenn all ihr Bemühen nichtig und umsonst geblieben ist (1 Kor 3,14–15); *Gnade gibt es für sie nur im Gericht.*

Während mißlungene Werke nach Paulus noch nicht über das Endgeschick eines Christen entscheiden, weil vor Gott die Person des Menschen, für den Christus gestorben ist, mehr gilt als seine Werke (s. o. S. 338 f.), war der Apostel durchaus der Meinung, daß die Christen Früchte des Geistes hervorbringen können (Gal 5,22–25), die vor Gott unvergessen bleiben. Sie werden (und brauchen) ihren Tätern nicht das Heil ein(zu)bringen, weil die σωτηρία durch Christus für sie erworben worden ist, wohl aber führen sie zu Lob und Lohn vor Gott (1 Kor 3,14; 4,5). Paulus selbst hat sich solchen für seine erfolgreichen missionarischen Anstrengungen erhofft (1 Kor 3,10–15; Phil 2,16).

3.7.3 In seiner eschatologisch motivierten Paraklese hat der Apostel theologisch genau die Waage gehalten zwischen einem der Rechtfertigung der Gottlosen (Röm 4,5; 5,6) widerstreitenden anthropologischen Optimismus (vgl. Sir 15,11–15; PsSal 9,4–5; Jak 1,13–14) und einem ihr ebenfalls entgegenstehenden anthropologischen Pessimismus, der das Wirken des Schöpfers leugnet und den Menschen in der Welt auf sich allein gestellt sieht (vgl. 1 Kor 15,32–33). Für Paulus war *die Ethik zwar nicht das Kriterium, wohl aber das Signum (Erkennungsmerkmal) des Glaubens, und zwar vor Gott und den Menschen (Gal 5,6; 1 Kor 7,19).*

Diese kühne Balance und neuartige Sicht hat Paulus zwar schon im Urchristentum den Vorwurf eingetragen, er habe dem Libertinismus Tür und Tor geöffnet und der endgerichtlichen Verantwortung des Menschen vor Gott die entscheidende Spitze abgebrochen (vgl. Gal 1,10; Röm 3,8), aber der Apostel hat gemeint, solcher Kritik unter Hinweis auf das Evangelium standhalten zu können (Gal 1,8–9; 2 Kor 4,3–4; Röm 2,16).

3.8 Zuletzt ist auf die doxologische Perspektive der paulinischen Paraklese hinzuweisen. Das Leben, das die Christen in der Kraft des Geistes führen dürfen, ist nach Paulus ein Leben aus Gottes Gnade vor Gott zur Ehre Gottes (vgl. 1 Kor 6,20; 10,31; Kol 3,17). Damit fügt sich die Gemeindeermahnung des Apostels in den doxologischen Grundzug der Sendung Jesu ein (vgl. 1 Kor 15,28; Phil 2,11): *Die Gemeinde, die der Leib Christi auf Erden ist, darf und soll in ihrem Leben der Zielbestimmung folgen, der die Sendung ihres Herrn gilt.*

4. Die *Inhalte der paulinischen Paraklese* sind hier nur exemplarisch zu behandeln. Sie reichen von konkreten Anweisungen zur Verehrung Gottes über detaillierte Ratschläge für das Leben von Christen (in der Gemeinde) bis hin zum Gebot und der Praxis der Feindesliebe.

4.1 Paulus wollte Gott schon vor seiner Berufung zum Apostel mit ‚Eifer‘ (ζῆλος) dienen (Gal 1,14) und hat dann auch seine apostolische Sendung als von Gott gestifteten Dienst am Evangelium angesehen (Röm 15,16). Sein Aufruf an die Christen, zur Ehre Gottes zu leben (1Kor 6,20; 10,31; Röm 12,1–2; 15,6), fügt sich dieser Sicht ein. Paulus meint damit folgendes: Die Gemeinde soll Gott und seinen Christus bekennen, Gottesdienste feiern, die des Evangeliums würdig sind, ohne Unterlaß beten und ihr ganzes Leben dem Dienste Gottes weihen. Daß solches Leben zur Ehre Gottes nur aus der Kraft des Hl. Geistes heraus möglich ist, betont der Apostel immer wieder.

4.1.1 Das *Bekenntnis* zu Christus als dem Herrn kann nach 1Kor 12, 3 nur im Hl.Geist gesprochen werden. Die ὁμολογία ist die Antwort auf Gottes Heilshandeln in und durch Christus. Sie faßt sowohl die Person und Heilstat des einen Gottes als auch die Sendung und den Rang des Gottessohnes in den Blick (1Kor 8,6; Röm 10,9–10). In der Homologie ordnen sich der einzelne Glaubende und die Gemeinde insgesamt dem einen Gott und dem einen Κύριος verbindlich unter. Mit dem Nominalsatz Κύριος Ἰησοῦς (‚Herr ist Jesus!‘ 1Kor 12,3; Röm 10,9; Phil 2,11) wird der Herrschaftsanspruch anderer religiöser Herren (von denen es im hellenistischen Raum viele gab, vgl. 1Kor 8,5) zurückgewiesen und anerkannt, daß Jesus Christus in der Welt unvergleichliche Würde besitzt. Er allein trägt den Gottesnamen, und an ihm entscheidet sich das Schicksal des κόσμος. Die Christushymnen Phil 2,6–11 und Kol 1,15–20 sind hymnische Bekenntnisse, mit denen die Gemeinde ihren Schöpfer und Erlöser preist und damit auch ihr eigenes (neues) Sein vor Gott in Christus definiert und findet.

4.2 Auch das (unablässige Dank-)*Gebet*, zu dem Paulus aufruft (1Thess 5,17–18), geschieht aus der Kraft des Hl.Geistes heraus (Gal 4,6; Röm 8,15; Kol 3,16). Das Gebet ist bei Paulus niemals Mittel zur Erlangung des Heils, sondern stets Äußerung des bereits geschenkten Glaubens. Es richtet sich durch Christi Vermittlung an Gott.

Mit R. Gebauer, Das Gebet bei Paulus, 1989, 204 ff., kann man in den Paulusbriefen drei Gebetsarten unterscheiden: (1) Das *Gotteslob* (εὐλογία) und die Doxologien oder Lobsprüche (ᾧ/αὐτῷ ἡ δόξα εἰς τοὺς αἰῶνας, ἀμήν o.ä.), mit denen Paulus an die Gebetstradition des Frühjudentums anschließt (vgl. Gal 1,5; 2Kor 1,3; Phil 4,20); (2) das ebenfalls jüdischer Gebetstradition entstammende *Dankgebet* (εὐχαριστία) für Gottes Heilshandeln an der Gemeinde und einzelnen Christen (1Kor 15,57; Röm 6,17; 7,25; Kol 1,12–14), aber auch für Speise und Trank (Röm 14,6); (3) das *Bittgebet*, und zwar sowohl im Sinne persönlicher Bitten (2Kor 12,8) als auch apostolischer Fürbitte für die Gemeinden (2Kor 13,7.9; Röm 15,5–6; Phil 1,9–11) und deren Fürbitte für Person und Werk des Apostels (Röm 15,30–32). Das *Psalmengebet*, das in 1Kor 14,26; Kol 3,16; Eph 5,19 angeraten wird, umschließt alle drei Gebetsarten und tritt zu ihnen hinzu.

Die theologisch immer wieder diskutierte Frage der *Gebetsgewißheit* ist von Gal 4,6 und Röm 8,15 her zu beantworten. An beiden Stellen wird der Gebetsruf ἀββᾶ ὁ πατήρ als Ausdruck der geistlichen υἱοθεσία verstanden, in die Christus die Glaubenden gestellt hat. Außer in den Paulusbriefen erscheint dieser Gebetsruf nur noch in Mk 14,36; er weist über Lk 22,42 auf das ursprünglich mit dem ἀββᾶ beginnende Vaterunser zurück (vgl. Lk 11,2). Das ἀββᾶ ὁ πατήρ entstammt also der Gebetssprache Jesu, und die Gemeinde ruft nach Gal 4,6; Röm 8,15 mit *seinen* Worten und in *seinem* Geiste zu Gott. Wenn Paulus dann in Röm 8,26 schreibt: „Denn was wir beten sollen, so wie es (vor Gott) sein muß, wissen wir nicht; aber er selbst, der Geist, tritt für uns ein mit unaussprechlichem Seufzen", ist dies nicht Zeichen mangelnder Gebetsgewißheit, sondern von der frühjüdischen Anschauung her zu verstehen, daß in den Himmeln eine von irdischen Wesen nicht nachsprechbare und nur den sog. ‚Engeln des Angesichts' erlaubte Gebetssprache gesprochen wird (vgl. 2Kor 12,4); sie allein entspricht der Heiligkeit Gottes (vgl. Apk 8,3–4). Da der in den Himmeln für die Gemeinde eintretende ‚Geist' nach Röm 8,34 Christus selbst ist, darf die Gemeinde auf Erden nach Röm 8,26–27 gewiß sein, daß er der Mittler ihrer Bittgebete (στεναγμοί) ist und sie durch Christus zu Gott dringen. Das ihr von Jesus vorgesprochene ἀββᾶ ὁ πατήρ ist der geistliche Musterfall für die Art von Gebet, die Gott erhört; eben deshalb sieht der Apostel in der Ermächtigung der Christen zu diesem Gebet eine Bestätigung ihrer neugewonnenen Gotteskindschaft (Röm 8,15–16).

4.3 Da vom Verständnis der Taufe und des Herrenmahls bei Paulus bereits die Rede gewesen ist (s. o. S. 350 ff. und 363 ff.), ist jetzt nur noch hinzuweisen auf die Anweisung des Apostels zur *Feier des Gottesdienstes* nach 1Kor 14. Dieses Kapitel ist von dem Aufruf durchzogen, in der gottesdienstlichen Versammlung der Gemeinde nicht der subjektiven geistlichen Ekstase und Zungenrede den Vorzug zu geben, sondern der für alle Gläubigen und auch die noch Ungläubigen verständlichen Prophetie. Sie dient der Belehrung, Ermahnung und Erbauung der Gemeinde, und für sie setzt sich der Apostel mit Nachdruck ein. Bedenkt man seinen pointierten Satz aus 14,19: „… in der Gemeinde(versammlung) will ich lieber fünf Worte mit meinem Verstand reden, damit ich auch andere unterweise, als zehntausend Worte in Zungen", kann man 1Kor 14 (in Analogie zu 1Kor 13, dem sog. Hohelied der Liebe) *das Hohelied der prophetischen Predigt und des in den Dienst Christi gestellten* νοῦς nennen (E. Käsemann).

Bei der von den Pneumatikern in Korinth hochgeschätzten *Glossolalie* handelt es sich um ein „lallendes Ausstoßen von Lauten und Worten, die keine verstehbare Aussage ergeben" (F. Lang, Die Briefe an die Korinther, 1986, 193). Wie das frühjüdische TestHiob 48,2–3 belegt, wurde die Zungenrede als Geistesgabe und Teilhabe an der Sprache der Engel gewertet. Auch für Paulus ist sie eine Geistesgabe, die die Glossolalen persönlich erbaut und Gott nahebringt (1Kor 14,4.28); er selbst hat sie vielfältig praktiziert (14,18). Die Glossolalie bleibt aber ohne Übersetzung für die versammelte Gemeinde unverständlich, und auf die nach 1 Kor 14,16 an der Gemeindeversammlung teilnehmenden Nichtchristen wirkt sie sogar befremdlich und abstoßend (1 Kor 14,23). Daher möchte Paulus die Zungenrede auf zwei oder drei Redner(innen) beschränkt sehen; sie sollen der Reihe nach reden, und für die Übersetzung ihrer Rede muß gesorgt sein (14,27).

4.4 Nach Röm 12,1–2 kann und darf sich die λογικὴ λατρεία der Gemeinde Jesu Christi nicht auf Bekenntnis, Gottesdienst und Gebet beschränken, sondern *schließt die Hingabe von Leib und Leben an das Gotteslob* ein (s. o.). Die allen Gliedern der Gemeinde geltende Weisung Jesu war das Liebesgebot (Gal 5,14; 6,2; Röm 13,8–10), und das der Liebe entsprechende ἀγαθόν sollte jedermann, aber zuallererst den ‚Hausgenossen des Glaubens‘ erwiesen werden (Gal 6,10).

Der Apostel hatte in seiner Paraklese das Liebesgebot für (Haus-)Gemeinden zu entfalten, in denen jeder jeden kannte, aber auch große soziale, ethnische und materielle Spannungen zu verarbeiten waren. Am Beispiel der *Gemeinde von Korinth* kann man dies sehr schön sehen: Nach 1 Kor 1,26–29 rekrutierten sich die Christen mehrheitlich aus sog. „kleinen Leuten". Aber es gab auch Menschen aus der Mittel- und Oberschicht: Aquila und Priska, bei denen Paulus in Korinth zuerst Arbeit und Unterkommen gefunden hatte (Apg 18,18–19; 1 Kor 16,19), waren judenchristliche Unternehmer; Gaius, der Gastgeber des Paulus bei seinem letzten Aufenthalt in der Stadt, hat nach Röm 16,23 nicht nur den Apostel, sondern eine ganze Hausgemeinde beherbergt. Der im selben Vers genannte Erastos war οἰκονόμος τῆς πόλεως, d. h. Stadtkämmerer von Korinth. Phoebe war nach Röm 16,2 Patronin der Gemeinde von Kenchreä (d. i. die östliche Hafenstadt von Korinth am Saronischen Golf). Sosthenes und Krispus, die Paulus in 1 Kor 1,1.14 erwähnt, waren nach Apg 18,8.17 ursprünglich Synagogenvorsteher in Korinth und gehörten damit zu den Begüterten, die wirtschaftlich in der Lage waren, aus eigenen Mitteln zur Unterhaltung der Synagogengebäude beizutragen. 1 Kor 7,17–24 zeigen darüber hinaus, daß es unter den Christen von Korinth auch Sklaven und Freie gab. Angesichts einer so differenzierten Gemeinde mußte die paulinische Paraklese, um wirksam zu sein, konkret formuliert werden. W. Schrage hat schon in seiner Dissertation über „Die konkreten Einzelgebote in der paulinischen Paränese" (1961) herausgearbeitet, daß „Paulus seinen Gemeinden nicht nur den einen einzigen Weg der Liebe gewiesen (hat), sondern auch einzelne konkrete Wege (1 Kor 4,17), wenn diese auch letztlich alle von dem ‚Weg über alle Wege‘ (1 Kor 12,31) ausgehen und wiederum in ihn einmünden und keiner von ihnen *zum* Heile führt, sondern alle *vom* Heile herkommen" (a. a. O., 271; kursiv bei Sch.). Es läßt sich leicht zeigen, daß dies richtig gesehen ist.

4.4.1 In 1 Kor 8 und Röm 14,1–15,13 unterscheidet der Apostel zwischen den *Starken* und den *Schwachen* in der Gemeinde. Diesen beiden Gruppen gehören in Korinth und Rom verschiedene Menschen mit unterschiedlichen Überzeugungen an.

In Korinth reklamierte eine Gruppe alle Glaubenserkenntnis für sich (1 Kor 8,1–2) und sah angesichts der Entmachtung aller Götter und Götzen durch Christus kein Problem darin, (in heidnischen Tempeln) an Götzenopfermahlzeiten teilzunehmen. Mit diesem Verhalten stürzten sie andere Gemeindeglieder in schwere Gewissenskonflikte. In Rom hielten die ‚Starken‘ alle Speisetabus und Feiertagsregeln für erledigt, an die sich die ‚Schwachen‘ noch gebunden sahen. Beide Male steht Paulus theologisch auf der Seite der Starken, ruft sie aber energisch zur Rücksichtnahme auf das Gewissen und den noch ungefestigten Glaubensstand der Schwachen auf.

In beiden Gemeinden dringt Paulus darauf, daß der Zusammenhalt der Gemeinde bewahrt und ihre Erbauung (οἰκοδομή) gesichert bleibt. Die ‚Starken‘ haben die Christenpflicht, die Hemmungen und Skrupel der ‚Schwachen‘ zu ertragen; sie haben nicht sich selbst zu Gefallen zu leben, sondern nach dem Vorbild Christi dafür zu sorgen, daß die ἀσθενεῖς mit ihnen zusammenleben können, ohne in ihrem Glaubensleben Schaden zu erleiden. Nur wenn das geschieht, ist das Gesetz Christi (Gal 6,2) gewahrt und kann die Gemeinde gemeinsam das Lob Gottes anstimmen (vgl. Röm 14,19; 15,6).

Die Paraklese des Apostels bietet beide Male ein klassisches Exempel dafür, was es für Paulus hieß, nicht mehr unter dem Gesetz, sondern *in der Freiheit des Glaubens nach dem Liebesgebot zu entscheiden:* Der Apostel hatte in Antiochien mit aller Energie dem Versuch widerstanden, die Tischgemeinschaft und das Zusammenleben von Juden- und Heidenchristen unter Rückgriff auf die Tora zu regeln (vgl. Gal 2,11–21). An dem sog. Aposteldekret (von Apg 15,[20] 29) kann man ablesen, worum es den Gesandten des Jakobus in Antiochien ging (und wovon sich Petrus, Barnabas und die Mehrzahl der Judenchristen in der Gemeinde auch haben überzeugen lassen): Den Heidenchristen sollte „nur" zugemutet werden, sich des Genusses von Götzenopferfleisch, Blut und πνικτόν (d.h. dem Fleisch von Tieren, die nicht jüdisch-fachgerecht geschächtet und ausgeblutet, sondern in ihrem Blut „erstickt" waren) sowie der πορνεία zu enthalten, und zwar um den Judenchristen die Sorge zu nehmen, sich bei der (Tisch-)Gemeinschaft mit Heidenchristen rituell zu verunreinigen. Diese Weisungen des Aposteldekrets entsprechen den sog. noahitischen Grundgeboten(vgl. Jub 7,20 und z.B. bSan 56b) und zugleich den Mindestgeboten, die nach Lev 17 u. 18 einem in Israel lebenden ‚Fremdling‘ auferlegt waren (vgl. Bill II, 721f.729ff.). Dieser Bezug auf die Tora hat Paulus zum Widerstand gegen die vorgeschlagene Regelung veranlaßt. Er hat sie für seine Gemeinden nicht übernommen, sondern versucht, die auch hier aufkommenden Fragen nach der πορνεία, dem Götzenopferfleisch und anderer ‚verbotener‘ Speisen auf der Basis der Glaubensfreiheit und gegenseitigen Verpflichtung zur Liebe aller οἰκεῖοι τῆς πίστεως (Gal 6,10) zu regeln.

4.4.2 Die Forderung des Aufeinanderzugehens in der Gemeinde nach der Weisung Jesu konnte für Paulus auch die Form des Aufrufs zum *Rechtsverzicht* annehmen.

In 1 Kor 6,1–11 kommt der Apostel auf den Umstand zu sprechen, daß Christen in Korinth ihre Vermögensstreitigkeiten vor heidnischen Advokaten ausfechten. Dieses Verhalten schädigt s.M.n. das öffentliche Ansehen der Gemeinde und ist dem Stand der durch Jesu Opfertod geheiligten und zur Mitwirkung am Endgericht bestimmten Christen unangemessen. (Vermögens-)Streitigkeiten unter ihnen sollen höchstens vor einem sachkundigen und erfahrenen Mitglied der Gemeinde (einem σοφός) ausgetragen werden. Das Modell, an dem sich Paulus bei diesem Ratschlag orientiert, sind die rechtlich selbständigen Diasporasynagogen (vgl. Josephus, Ant 14, 235 und Bill III, 362 f.). In der Gemeinde Jesu Christi wäre es aber noch angemessener, wenn sich die Kontrahenten an Jesu Regel (von Mt 5,39) hielten und Unrecht hinnähmen, also der Liebe nacheifern würden. *Statt der Rechtsnahme legt der Apostel den Christen also den innergemeindlichen Rechtsverzicht als das Verhalten nahe, das den „Heiligen" in Wahrheit geziemt.* Von 1 Kor 6,1–11 her ist es in der Alten Kirche zur Ausbildung eines eigenen Kirchenrechts gekommen (vgl. L. Vischer, Die Auslegungsgeschichte von 1 Kor 6,1–11. Rechtsverzicht u. Schlichtung, 1955).

4.4.3 Der von Paulus in 1 Kor 12,31–13,13 als Königsweg gerühmte Weg der Liebe wird vom Apostel nicht nur innergemeindlich nahegelegt, sondern er soll das Leben der in ihrer antiken Umgebung durchaus nicht immer wohlgelittenen Christen auch nach außen hin bestimmen.

In Röm 12,14–21 ermahnt Paulus die Christen von Rom unter Rückgriff auf Jesu Gebot der Feindesliebe (Lk 6,28/Mt 5,44), ihren Verfolgern mit Segen und nicht mit Fluch zu begegnen und niemandem Böses mit Bösem zu vergelten. Sache der Christen sei es, sofern es in ihren Möglichkeiten steht, mit allen ihnen begegnenden Menschen in Frieden zu leben (vgl. Mt 5,9).

Nicht nur bei Jesus (s. o. S. 98 ff.), sondern auch bei Paulus begegnet also die Überzeugung, daß die Nächsten- und die Feindesliebe die Grundregel christlichen Verhaltens innerhalb und außerhalb der Gemeinde ist.

Für die Alte Kirche ist von Jesus und Paulus her das (Gemeinde-)Leben nach dem Grundsatz der Nächsten- und Feindesliebe die spezifisch christliche Verhaltensweise in nichtchristlicher Umgebung geworden. „Denn für die Alte Kirche ging es bei beiden Forderungen Jesu weder um konventionelle bürgerliche Unmöglichkeiten noch lediglich um zwei Seiten ein und derselben Sache … . Vielmehr ging es hier jeweils um eine ganz bestimmte, vom Wort des Kyrios persönlich bezeichnete, ja geradezu gebrandmarkte Lebenssituation, an deren Erfüllung oder Nichterfüllung sich für jeden, der in sie eintrat, Christsein oder Nichtsein letztgültig entschied: einmal das Verhältnis des Christen zur nicht- und antichristlichen Umwelt – hier das Gebot der Feindesliebe –, zum andern das Verhältnis desselben Christen zu seinen christlichen Mitbrüdern und -schwestern – hier das Gebot der Bruderliebe, das heißt nach dem Maßstab der Bergpredigt: der Verzicht auf gegenseitige Verurteilung bzw. die Forderung gegenseitiger Vergebung, und wenn es sein muß siebzigmal siebenmal (Matth. 18,22)" (K. Beyschlag, Evangelium als Schicksal, 1979, 88).

4.4.4 Wie der Apostel sich im Rahmen der ihn bestimmenden Naherwartung die *Heiligung des Alltags* vorgestellt hat, läßt sich exemplarisch an seiner Stellungnahme zur Sklaverei, zu Ehe und Ehelosigkeit sowie zur Loyalität gegenüber den staatlichen Gewalten ablesen.

4.4.4.1 Eine sozial brisante (und in der nichtchristlichen Umgebung der Gemeinden argwöhnisch mitverfolgte) Frage war die, wie bei den Χριστιανοί *Sklaven und Herren* zusammenleben und gemeinsam Gottesdienste feiern sollten. In 1Kor 7,17–24 geht Paulus theologisch grundsätzlich und im Philemonbrief praktisch auf dieses Problem ein.

In *1Kor 7,17–24* (und im Phlm) nimmt der Apostel den sozialen Unterschied von Sklaverei und Freiheit als vorgegeben hin. Er macht aber die Gemeinde (unter Aufnahme und Verarbeitung der Tauftradition von Gal 3,26–28 bzw. 1Kor 12,12–13) nachdrücklich darauf aufmerksam, daß Sklaven und Freie gleichermaßen von Christus angenommen und in die τήρησις ἐντολῶν θεοῦ gestellt seien. Christ kann man demnach sowohl als Sklave als auch als Freier sein, „(22) denn der im Herrn berufene Sklave ist ein Freigelassener des Herrn; ebenso ist der berufene Freie ein Sklave Christi. (23) Ihr seid teuer erkauft worden; werdet nicht Sklaven von Menschen. (24) Brüder, jeder bleibe in der Berufung (κλῆσις) ..., in der er berufen wurde, vor Gott" (1Kor 7,22–24; Übersetzung von F. Lang, Die Briefe an die Korinther, 1986, 95). Trotz dieser Einstellung war Paulus vom Alten Testament und seiner jüdischen Erziehung her keineswegs blind dafür, daß ein Leben in Freiheit der Sklaverei vorzuziehen war (vgl. Ex 21,2 und vor allem Lev 25,39–43)! Daher konstatiert er in 1Kor 7,21 für solche christlichen Sklaven, die die (seltene) Gelegenheit hatten, freigelassen zu werden, ausdrücklich folgende Ausnahme: „Bist du als Sklave berufen, so laß es dich nicht bekümmern; wenn du jedoch sogar (auch) frei werden kannst, so mache davon um so lieber Gebrauch!" (Übersetzung von F. Lang, a. a. O.).

Im *Philemonbrief* legt der Apostel nach antikem Vorbild (vgl. P. Lampe, Keine „Sklavenflucht" des Onesimus, ZNW 76, 1985, 135–137) bei Philemon (den er einige Zeit zuvor für den Glauben gewonnen hatte) Fürsprache für dessen Sklaven Onesimus ein. Onesimus hatte sich ein (Finanz-?)Vergehen zuschulden kommen lassen, war daraufhin zu Paulus geflüchtet und hatte ihn um Vermittlung gebeten. Der Apostel verweigerte sich dieser Bitte nicht. Er bekehrte auch den Onesimus und schickte ihn dann mit dem Phlm zu Philemon zurück, und zwar mit einer zweifachen Bitte und einem Angebot: Philemon möge den nunmehr zum christlichen Bruder gewordenen Sklaven in seiner Hausgemeinde ebenso freundlich aufnehmen wie den Apostel; wenn nötig, wolle er selbst für den von Onesimus angerichteten Schaden aufkommen; er hätte den Onesimus gern als διάκονος bei sich behalten, habe aber ohne Zustimmung des Philemon nicht in dessen Rechte eingreifen wollen. Da Onesimus zusammen mit Tychikus (vgl. Apg 20,4; Eph 6,21; 2Tim 4,12) in Kol 4,7–9 als „treuer und geliebter" Missionshelfer des Apostels auftaucht, ist der Schluß erlaubt, daß Philemon die Bitten des Paulus erfüllt und seinen Sklaven für den (Missions-)Dienst bei Paulus „freigestellt" hat.

Die beiden Beispiele zeigen, daß Paulus mit seiner Verkündigung zwar keine sozialen Umwälzungen angestrebt, indirekt aber solche durchaus bewirkt hat. Aus der den Christen geschenkten Glaubensfreiheit heraus (vgl. 1Kor 7,23) haben sich Konsequenzen für das Zusammenleben von Sklaven und Freien (Herren) in den Hausgemeinden ergeben.

4.4.4.2 Zu *Sexualität und Ehe* nimmt Paulus in 1Thess 4,3–5; 1Kor 5,1–13; 6,12–20 und 7,1–40 differenziert Stellung.

Er selbst sieht sich (ähnlich wie Jesus, vgl. Mt 19,10–12) mit dem χάρισμα *der Ehelosigkeit* begabt (1Kor 7,7) und würde es angesichts der herannahenden Bedrängnisse der Endzeit und der Parusie des Κύριος am liebsten sehen, wenn alle Christen, zumindest aber die bisher noch Unverheirateten und Verwitweten unter ihnen, seinem Beispiel folgen würden (vgl. 1Kor 7,7–8.26.32.35.37.40). Der Apostel macht aber aus diesem Wunsch keine asketische Vorschrift! Vielmehr widersetzt er sich unter Berufung auf Jesu Scheidungsverbot der Neigung einiger Christen in Korinth zur geistlichen Sexualaskese (vgl. 1Kor 7,10 mit Mk 10,9) und ruft die bereits Verheirateten (in Thessalonich und Korinth) auf, ihre Ehe „in Heiligung und Ehre" (1Thess 4,4) weiterzuführen, und zwar ohne (Dauer-)Enthaltsamkeit (1Kor 7,2–5.27). Wo eine Trennung bereits erfolgt ist, sollen die Betroffenen sich wieder zusammenfinden oder getrennt bleiben (1Kor 7,11). *Scheidungen* hält Paulus nur dann für vertretbar, wenn in (Misch-)Ehen zwischen Christen und Nichtchristen der nichtchristliche Partner die Ehe mit dem Christen nicht fortführen will. Die Ehe ist von Gott nicht zum Ort religiöser Zwietracht, sondern der Eintracht bestimmt (1Kor 7,15–16). Den noch Unverheirateten, die sein Charisma nicht besitzen, rät Paulus zur Heirat ‚im Herrn' (1Kor 7,9.28.36.38–39), verschweigt ihnen aber nicht, daß sie in der bevorstehenden eschatologischen Notzeit in Bedrängnis kommen können (vgl. 1Kor 7,28 mit Mk 13,12.17–20Par).

Vor der *Hurerei* (πορνεία), d.h. dem außerehelichen Geschlechtsverkehr mit Dirnen und Hetären, warnt Paulus in 1Thess 4,4–5.7 und 1Kor 5,1–13; 6,12–20; 7,2 mit Nachdruck. Er begnügt sich dabei nicht einfach damit, die Hurerei in hellenistisch-jüdischem Stil als ein für die Heiden typisches gottloses Laster zu brandmarken (vgl. so z.B. Weish 14,22–27), sondern er argumentiert gegen sie christologisch und ekklesiologisch: Mit Glaube und Taufe sind die ‚Heiligen' zum Eigentum des Κύριος geworden, der sie um den Preis seines Lebens aus der Herrschaft der Sünde losgekauft hat. Er lebt in ihnen kraft des Hl. Geistes (Gal 2,20; Röm 8,9–10) und ist der Gemeinde als seinem Leib (und jedem einzelnen Glied dieses Leibes) so eng verbunden wie Mann und Frau nach Gen 2,24 zu einem Fleische werden (vgl. 1Kor 6,16–17 mit 2Kor 11,2–3; Eph 5,29–32 und zum Hintergrund dieser Vorstellung o. S. 358). Die πορνεία, die einen Menschen an der Hure hängen läßt, betrifft daher nicht nur – wie einige Korinther meinten – den irdisch vergänglichen Bauch und die σάρξ, sondern sie verstößt gegen das Besitzrecht des Herrn am geisterfüllten Leib jedes Gemeindegliedes und der Gemeinde insgesamt. Statt die Hurerei zu tolerieren oder gar als Zeichen christlicher Freiheit zu konzedieren, gilt also: „Ihr seid um einen teuren Preis erkauft worden; darum verherrlicht Gott mit eurem Leib!" (1Kor 6,20). Der Apostel geht in 1Kor 5,1–13 (vgl. zu diesem Text auch o. S. 339) sogar noch einen Schritt weiter: Wenn ein Gemeindeglied sich die unerhörte (nach Lev 18,8; 20,11 todeswürdige) und sogar gegen heidnische Sitte und Recht verstoßende Freiheit nimmt, in geschlechtlicher Verbindung mit seiner Stiefmutter zu leben, schädigt dies den inneren Zusammenhalt und den Ruf der Gemeinde als σῶμα Χριστοῦ so sehr, daß der Betreffende aus der Gemeinde ausgeschlossen werden muß.

Bedenkt man 1Thess 4,4–5.7; 1Kor 5,1–13; 6,16–17.20 und 7,10–11.13–15 im gesamtbiblischen Kontext, kann kein Zweifel daran bestehen, daß Paulus in der Ehe sehr viel mehr gesehen hat, als ein bloßes, dieser vergänglichen Weltzeit zugehöriges, ‚Hilfsmittel gegen die Begierde' (remedium concupiscentiae). *Er hat in ihr eine von Gott in und durch Christus geheiligte Schöpfungsordnung gesehen, in der sich irdisch das exklusive Verhältnis des Christus zur Heilsgemeinde aus Heiden und Juden abbildet.* Um dieser theologischen Tiefendimension willen ist die Ehe nach Paulus von den Christen rein und heilig zu halten.

Alttestamentlich-frühjüdische Vorstufen zum paulinischen Eheverständnis liegen vor in Mal 2,16; CD 4,21; 11QTempel 57,15–19 und LibAnt 32,15: In Mal 2,16 wird (trotz Dt 24,1) von Gottes Haß gegenüber der Ehescheidung gesprochen, weil der Ehebund, den ein Mann mit ‚der Frau seiner Jugend' eingegangen ist, in Analogie steht zu dem Sinaibund, in dem sich Gott mit Israel verbunden hat (vgl. Mal 2,16 mit 2,10–11 und Hos 2,16–17; Jer 2,2). Im Königs- und Priesterrecht der Essener (von Qumran) wird die Einehe unter Hinweis auf Gen 1,27 für unverbrüchlich erklärt (vgl. 11Q Tempel 57,15–19 und CD 4,20–5,2). In LibAnt 32,15 schließlich wird auf dem Hintergrund von Gen 2,21–23 die wunderbare Erschaffung Evas aus dem Leibe Adams gepriesen und Eva als Symbolfigur für die israelitische Heilsgemeinde angesehen. Dann hat Jesus gelehrt, in der Ehe eine ursprüngliche Schöpfungsordnung zu sehen, die von Menschen nicht geschieden werden darf (vgl. Lk 16,18Par; Mk 10,2–12Par, s.o. S. 104). Die von Paulus in Gal 3,26–28; 1Kor 12,12–13 und Kol 3,10–11 übernommene antiochenische Tauftradition (s.o. S. 220) nimmt Gen 2,24 auf und spricht von dem *einen* neuen Menschen in Christus, zu dem die Täuflinge verwandelt und verbunden werden. Paulus schließlich hat aus dem gesamten Überlieferungszusammenhang die theologische Konsequenz gezogen, daß die Ehe eine Schöpfungsordnung darstellt, in der sich das endzeitliche μυστήριον der exklusiven Verbindung Christi mit der Gemeinde abbildet (vgl. 1Kor 6,16–17 mit 2Kor 11,2–3; Eph 5,22–23); eben deshalb bedarf die Ehe der besonderen Heiligung durch die Glieder des Leibes Christi.

4.4.4.3 Was die *staatlichen Organe* anbetrifft, hat Paulus seine Gemeinden gleichzeitig zu *Distanz und Toleranz* aufgerufen. Dies entspricht sowohl der theologischen Überzeugung als auch der Erfahrung des Apostels.

Während seines apostolischen Wirkens hat Paulus positive und negative Erfahrungen mit den staatlichen Autoritäten gemacht. Er war schon von seinem Elternhaus her Bürger von Tarsus und Inhaber des begehrten römischen Bürgerrechts (vgl. Apg 21,39; 22,3.24–29); die ihm damit zugefallenen Rechte und Privilegien konnte er bei seinen Missionsreisen, bei der Sammlung und dem Transport der Kollekte und schließlich auch zum Schutz seines eigenen Lebens nutzen (Apg 25,9–12). Der Apostel hat freilich auch erleben müssen, daß man ihn wegen Stiftung öffentlicher Unruhe dreimal der (römischen) Prügelstrafe überantwortete (2Kor 11,25), und von der

Begegnung mit Aquila und Priska her kannte er die Vertreibung von Juden und Judenchristen aus Rom durch den römischen Kaiser Claudius (vgl Apg 18,1–3). Dieser Doppelerfahrung entspricht seine Paraklese.

Die *Distanz*, die Paulus in *1Kor 6,1–11* zwischen der Gemeinde Jesu Christi und den heidnischen Gerichten aufrichtet, und das innergemeindliche Schlichtungsverfahren, das er im Falle von (Vermögens-)Streitigkeiten unter Christen befürwortet, entsprechen der synagogalen Rechtstradition in der Diaspora (s. o.). Für den Apostel legte sich der Anschluß an diese Tradition um der fundamentalen Sonderstellung der Gemeinde gegenüber der noch im Unglauben verharrenden Welt willen nahe (vgl. 2Kor 6,14–7,1).

In Röm 13,1–7 fordert Paulus die Christen von Rom dazu auf, die (harten) römischen Steuerforderungen zu erfüllen und den staatlichen Autoritäten, die im Auftrag Gottes das Böse niederhalten und das Gute fördern sollen, in *Loyalität* zu begegnen. Dieser Aufruf entspricht alttestamentlich-jüdischer Tradition (vgl. Jer 29,7; Sir 10,23–24; Philo, LegGaj 140; Josephus, Ant 6,80; 9,153). Für den speziellen Fall der Steuerzahlung hat er auch die Lehre Jesu hinter sich (vgl. Röm 13,7 mit Lk 20,22Par). 1Petr 2,13–17 (und 1Tim 2,1–2) zeigen, daß der Apostel urchristlich mit solcher Paraklese nicht allein gestanden hat.

Zwei zeitgeschichtliche Umstände dürften die Argumentation des Apostels in Röm 13,1–7 allerdings mitbestimmt haben: Die römischen Hausgemeinden standen seit dem Claudiusedikt nicht mehr unter dem besonderen Privilegrecht der Synagogen, sondern mußten als freie religiöse Vereinsgemeinden existieren. Als solche hatten sie jeglichen Verdacht der politischen Agitation oder Konspiration zu meiden, weil er ihre sofortige Auflösung durch die Behörden zur Folge gehabt hätte. Aus Tacitus (Ann 13,50–51) wird außerdem ersichtlich, daß die Steuer- und Abgabenlasten im ganzen römischen Reich z.Z. der Abfassung des Römerbriefes ein kaum mehr erträgliches Ausmaß angenommen hatten. In dieser speziellen Situation und angesichts des in Bälde herannahenden Jüngsten Tages (vgl. Röm 12,19–21; 13,11–14) hat Paulus den damals noch ohne allen politischen Einfluß lebenden Christen von Rom geraten, den staatlichen Forderungen im Maße des Möglichen nachzukommen; anders hätten sie ihre Existenz und damit alle missionarischen Zeugnismöglichkeiten aufs Spiel gesetzt. Erkennt man diese besonderen Umstände, ist es nicht ratsam, eine neutestamentliche Lehre vom Staat nur oder vor allem von Röm 13,1–7 her zu entwickeln; zu ihr müssen andere Texte wie Apg 5,29 und Apk 13 hinzugenommen werden.

Aus 1Kor 6,1–11 und Röm 13,1–7 läßt sich ersehen, daß der Apostel den Christen geraten hat, die Eigenständigkeit der Gemeinde gegenüber der Welt hochzuhalten und den staatlichen Instanzen dort loyal zu begegnen, wo dies um der Existenz und des Zeugnisses der Gemeinde willen erforderlich ist. Anarchischen Tendenzen hat Paulus nirgends das Wort geredet.

Die Liturgie des apostolischen Dienstes (Röm 15,16), das Leben der Christen(gemeinde) allein zur Ehre Gottes (1Kor 10,31; Kol 3,17) und das Wirken des Κύριος Ἰησοῦς Χριστὸς εἰς δόξαν θεοῦ πατρός (Phil 2,11) entsprechen einander. Paulus und die von ihm begründeten Gemeinden sahen sich berufen, *ein Leben der Danksagung vor Gott zu führen, das ganz von der Gnade Gottes in Christus bestimmt und auf deren vollendete Erfüllung in der Parusie ausgerichtet war.* Die Ethik und die konkrete Paraklese des Apostels sind fest in die christologischen und eschatologischen Horizonte seiner (Rechtfertigungs-)Theologie eingebettet.

* * *

Schauen wir zum Beschluß unserer Darstellung auf die Theologie des Paulus zurück, ergeben sich folgende Perspektiven.

1. Mit Paulus ist die von Antiochien ausgehende Heidenmission zur theologischen Eigenständigkeit gelangt, ohne ihre nach Jerusalem und von dort zu Jesus selbst zurückreichenden Wurzeln abzuschneiden. Im Gegenteil! Wenn Jesus als der messianische Menschensohn und Versöhner (Versühner) verstanden werden darf, seine Person und Lehre die Basis der christologischen Traditionen des vorpaulinischen Christentums bilden und diese wiederum das Fundament der paulinischen Theologie von der Rechtfertigung des Gottlosen um Christi willen allein aus Glauben sind, dann *darf Paulus als der Apostel verstanden werden, der das Werk Jesu in einzigartiger Weise theologisch durchdrungen und zur Grundlage seiner Missionstheologie gemacht hat.*

2. Die Lehre des Paulus kreist inhaltlich um die Gottesgerechtigkeit, die in der Sendung, Kreuzigung, Auferweckung und Erhöhung sowie dem Zukunftswerk des Κύριος Ἰησοῦς Χριστός verwirklicht wird. Der alttestamentlich-schöpfungstheologischen Bedeutung der Gottesgerechtigkeit entsprechend versteht Paulus unter Rechtfertigung ein den ganzen Kosmos betreffendes Prozeßgeschehen, in dem die βασιλεία τοῦ θεοῦ durch Christus heraufgeführt und durchgesetzt wird. Christus erscheint deshalb in der paulinischen Christologie als der eine Gottessohn und Herr, dem der ganze κόσμος seine (alte und) neue Existenz verdankt.

3. Dieser universale Horizont der paulinischen Rechtfertigungslehre schließt nicht aus, sondern ein, daß das von Gott in und durch Christus für den ganzen κόσμος erwirkte Heil jedem einzelnen, vor Gott unverwechselbaren Menschen zugeeignet wird, und zwar auch und gerade dem von der Sünde geknechteten und ausweglos in die Folgen seiner Verfehlungen verstrickten ἁμαρτωλός. Die Partizipation an der σωτηρία wird dem einzelnen Sünder durch den Glauben eröffnet, der sich dem Zuspruch des Evangeliums verdankt. Paulus hat die Bedeutung der πίστις für Heil und Leben jedes einzelnen Christen genauer ausgearbeitet als alle urchristlichen Zeugen vor ihm. Glaube ist nach der Lehre des Apostels Inbegriff des Lebens vor Gott (O. Hofius).

4. Im Glauben an Christus werden kraft der Taufe Heiden und Juden, Frauen und Männer, Sklaven und Herren zu der einen Heilsgemeinde Jesu Christi vereint, die Paulus den geisterfüllten ‚Leib Christi' nennt. Durch diesen Leib kommuniziert Christus mit der Welt, und als Glieder dieses Leibes sind die Christen verpflichtet, Gott dadurch zu dienen, daß sie ihn und den Κύριος unter Hingabe von Leib und Leben vor aller Welt preisen und bekennen. Mit diesem Lebensdank nehmen die Christen teil an der Verherrlichung Gottes, die nach Paulus der tiefste und letzte Sinn des Seins und der Sendung Jesu Christi ist.

5. (Missions-)geschichtlich gesehen, ist das Werk des Paulus Fragment geblieben. Die von ihm ins Auge gefaßten ökumenisch-endzeitlichen Perspektiven seiner apostolischen Sendung weisen weit über seine persönliche Existenz hinaus. Insofern sind Lehre und Werk des Apostels nicht nur auf sorgsame Bewahrung, sondern auch auf Fortführung hin angelegt. Die schon zu seinen Lebzeiten für den Missionsunterricht begründete Schule des Paulus hat sich dieser Doppelaufgabe angenommen.

6. Die Mission des Paulus war von einer doppelten Fehlentwicklung begleitet, auf die er und seine Schüler zu reagieren hatten. Ein Teil der von Paulus für den Glauben an Christus gewonnenen (Heiden-)Christen neigte zu einem Geistenthusiasmus, der sich aller irdischen Bindungen entledigte, eine zügellose Freiheitspraxis entfaltete und esoterische Erkenntniswege einschlug, die nur noch wenigen Eingeweihten zugänglich waren. Andererseits sind Person, Verkündigung und Theologie des Apostels zeit seines Lebens von Judenchristen angegriffen worden, die seine gesetzeskritische Lehre von der Rechtfertigung der Gottlosen allein aus Glauben um Christi willen als zu radikal empfanden und ihr eine Lehre gegenüberstellten, in der sich Jesusüberlieferung, Evangelium und Tora bruchloser vereinten als bei Paulus selbst.

Angesichts dieser Doppelfront erschien und erscheint die Lehre des Paulus als der Präzisierung und teilweise auch der Ergänzung bedürftig. Es ist daher dem Versuch zu widerraten, die paulinische (Missions-)Theologie im biblischen Kanon zu isolieren oder zu verabsolutieren. Erst wenn man Paulus im Ganzen der biblischen Tradition hört, kann man den besonderen offenbarungsgeschichtlichen und theologischen Rang seiner Lehre ermessen.

Stellenverzeichnis

Altes Testament

Genesis

1–3	293	23,4–8	99
1,27	389	23,7	330
2,15–17	258. 263	23,20	63
2,21–23	389	24	133. 140
2,21–24	358	24,8	137
2,24	389	25,22	138. 192
3	336	33,20	138
3,1–24	278	34,29–35	316
3,17–19	270f.	40,35	189
6–9	341		
12,1–9	345	Leviticus	
15,1–6	202. 345	1,4	192
15,6	330	4,3.5.16	112
17,10	330	5,7	296
22,1–19	330	7,11.12	208
22,2	188	10,17	139. 256
22,16	295	16	192. 196
26,2–5	330. 343. 345	17–18	385
26,5	91	17,10	139
49,10	61	17,11	139. 256
		19,2	97. 375
Exodus		19,12	104
3,2.4ff.	173	19,18	80. 100. 103. 379
3,6	80	19,33.34	98
3,13.14	87	21,17–23	66
3,14	250	25,5.11	123
3,14.15	190		
12,1–14	133	Numeri	
12,43–46	133	5,2	66
13,3–10	133	24,17	59
15,17.18	84		
20,2.3	86	Deuteronomium	
20,14	103	4,7.8	86
20,17	280	4,7–18	254
21,24.25	104	4,8.32–37	257
21,29.30	128	4,32–40	254

65,7	91	7,4–9	202
69	148	7,9	343
71,15–18	367	7,14	63. 125. 189
72	68	8,14	307
73,24–26	166	8,23–9,6	214
77,3–7	316	9,5.6	189
80,18	118	11	61
89,21	188	11,1–5	112. 288
89,27	74. 86. 116	11,1–9	158. 272
89,27.28	187. 198	11,2.3	187
93	68	11,10	214. 307
96	68	24–27	140. 167
97	68	24,23	135. 140f.
98	68	25,6–8	135. 137. 140f. 159. 272
99	68	25,6–9	72. 326
103,3	82	25,8	167. 187. 306
104,2	316	25,9	206
104,12	78	26,19	65. 167
105,1–5	367	26,20–27,5	326
107,20	57. 75. 157	27,9	307
113–118	133f.	28,16	202. 307. 343f.
110,1	61. 80. 115f. 124f. 168. 171. 179. 184. 191. 198. 213. 306f.	28,23–29	76. 78
		29,18.19	65
		30,15	202. 343
110,3	189	35,5.6	65. 112
116,13	135. 137	40,3	63
118	61. 185	42,1	61. 188
118,25.26	184	42,6	61
139,21.22	99	42,7.16	227
143,2	264. 329	42,8	190
145,4–7	367	43,1–5	331
148,5	91	43,3.4	125. 128f. 143. 148. 192. 295. 315
		43,3–5	121. 155
Proverbia		43,16–25	250
17,15	330	43,22–25	331
24,17.28f.	99	44,2	188
25,21	99	45,1	112
		45,17.25	307
Jesaja		45,22–24	292
2,2ff.	307	45,23	305
2,2.3	83	49,6	59. 227
2,2–4	106. 159	49,16	323
2,2–5	256f.	50,4–9	329
5,1.2.5	78	51,1.2	115
5,1–7	76	52,7	61. 75. 112. 157. 314f.
5,23	330	52,7–9	68
6,5	138		

Apokryphen und frühjüdische Literatur

---

* Seitenzahlen sind *kursiv* gesetzt, wenn Schriftstellen eingehender behandelt werden

401

Frühchristliche Literatur

Stichwortverzeichnis

Dialektik 24. 47. 282. 378
Diaspora 9. 18. 102. 176. 181. 212. 214.
222. 228. 230 f. 258. 260. 386. 390
Dienst, dienen 63. 93. 95. 124. 217. 222.
231 f. 247. 250 f. 267. 286. 316–319.
347 f. 353. 356 f. 361 f. 366. 379. 382.
387. 390
Dogmatik, dogmatisch 3. 9. 12–14. 17.
21. 26. 30 f. 36 f. 41. 49. 137. 374
Dualismus 301

Ehe 59. 61. 103 f. 189. 212. 358. 387–389
Elia, Eliatradition 59 f. 62. 64. 94.
108–112. 166. 176. 188. 217
Endzeit 21. 58. 60. 62. 69 f. 80. 83. 95.
105 f. 112. 124. 159. 161. 172. 198. 200.
209. 237. 256 f. 309. 379. 388
Entmythologisierung 17–20. 236
Erhöhung, Erhöhter 20. 45. 47. 115 f.
123–125. 130. 149. 156. 161. 164 f.
174 f. 178 f. 183–185. 188–191. 198.
201. 207. 209–218. 244–250. 257. 263.
284–288. 292 f. 296–301. 305–307.
309 f. 313–321. 324 f. 332–338. 344.
359. 367. 371. 374
Erlösung, Erlöser 14. 25. 53. 58. 68. 86.
93. 112. 128. 133 f. 158. 183. 189–193.
209. 216. 233. 240 f. 265. 269–275. 290.
307. 321. 327. 334. 337. 339 f. 346 f.
367. 374 f. 382
Erwählung 18. 75. 86. 98. 101 f. 166. 186.
231. 239 f. 254. 259. 273. 290. 316. 339.
345
Eschatologie, eschatologisch 16. 27. 29.
62 f. 70. 84. 92–94. 96. 106. 110 f. 123.
130. 135. 140. 151. 184. 190. 198. 213.
236–238. 255. 294. 297. 302. 305. 308.
310. 319. 326. 335. 340. 360. 374. 380 f.
388. 391
Essener s. Qumran
Ethik 100. 242. 342. 372–374. 380 f. 391
Evangelium 3. 10. 18 f. 24. 26. 32. 35. 48.
50. 64 f. 74. 96. 170. 173. 211. 214. 216.
218. 220. 223. 232 f. 238 f. 243–245.
248–252. 269. 271. 276. 286 f. 301. 304.
312–326. 336. 342–345. 350–352.
354–356. 360–362. 370 f. 373. 379. 382

Exorzismus 44. 71. 73. 81 f. 98. 210 f.

Feldrede 94. 97
Fleisch 52. 62. 131. 136. 167. 186. 235.
243. 245. 247. 251. 265 f. 274–277.
281 f. 291. 301. 328. 341. 378
Fleischwerdung 48. 52. 63. 289–291.
296
Formgeschichte, formgeschicht-
lich 16–22. 25. 42–46
Freiheit 97. 99. 105–107. 258. 267. 271.
299. 317. 325. 340. 346. 357. 363. 373.
378 f. 385–388. 392
Friede 50. 60. 66. 70. 75. 96. 140. 150.
154. 182. 244. 257. 318. 320. 337 f. 366.
386
Frühjudentum, frühjüdisch 6. 9. 15. 19.
31. 38 f. 44. 46. 61 f. 65–69. 72 f. 83. 87.
92. 105. 112–117. 123. 128 f. 135. 151.
155–159. 167–169. 175. 178. 181. 186.
195. 202. 239 f. 254. 259–266.
269–271. 274. 279–281. 289–291. 293.
307–309. 311. 328. 330. 332. 335. 338.
341. 345. 358. 366. 373. 382 f. 389
Fürsprecher 308 f. 335. 338

Galatien 226. 230. 291. 324. 333. 355
Galiläa 50 f. 53. 110. 144. 155 f. 165. 178.
180. 197. 208. 211. 216
Gallio 229
Gebet (auch: Vaterunser) 69 f. 73.
85–88. 92 f. 107. 142. 149. 161.
182–184. 192. 203. 209. 259. 283. 306.
309 f. 328. 331. 346 f. 355. 376. 382 f.
Gebot 21. 53. 61. 63. 81. 91. 96–107.
114. 145. 242. 255–261. 263–267. 270.
279 f. 298. 326. 332. 341. 343. 359. 363.
372. 378–382. 384–386
Gehorsam 33. 61. 69. 87. 101. 124.
201–203. 240. 244. 248. 257–259. 277.
299. 306. 325 f. 351. 359. 373. 375. 379
Geist 3. 5 f. 24. 32. 46. 50. 61–65. 73. 87.
112. 166. 174. 176. 187–189. 200–202.
217–219. 223. 250–252. 256 f.
266–268. 272. 277 f. 283. 288. 291 f.
306. 335. 339. 344. 346–350. 353–356.
359. 363. 370. 374–383. 388. 392

411

413

Autorenverzeichnis

419

Peter Stuhlmacher

Vom Verstehen des Neuen Testaments

Eine Hermeneutik. (Grundrisse zum Neuen Testament, Band 6). 2., neubearbeitete und erweiterte Auflage 1986. 275 Seiten, kartoniert. ISBN 3-525-51366-6

Jeder Leser der Bibel, vor allem aber all diejenigen, die biblische Texte in Gottesdienst, Unterricht oder in Bibelkreisen auszulegen haben, müssen sich darüber klar werden, wie die Heilige Schrift zu verstehen ist. Der Verfasser versucht, zu einem Bibelverständnis anzuleiten, das die Liebe zur Schrift mit den Anforderungen des neuzeitlichen Wahrheitsbewußtseins vereint und den Leitlinien folgt, die Luther und Calvin für den Umgang mit der Bibel aufgestellt haben. Er zeichnet den Weg nach, den die kirchliche und wissenschaftliche Schriftauslegung von den neutestamentlichen Anfängen bis zur Gegenwart zurückgelegt hat. Abschließend beantwortet er die Frage, wie sich das Neue Testament und die Bibel im ganzen der von ihm skizzierten „Hermeneutik des Einverständnisses mit den biblischen Texten" erschließt.

„Das sehr persönlich und gut geschriebene Buch möchte zu wissenschaftlich kommunikabler und kirchlich engagierter Theologie und Verkündigung im Sinne der biblischen Versöhnungsbotschaft Mut machen. Und fürwahr, das kann es!"

Theologisch-praktische Quartalsschrift

Peter Stuhlmacher

Der Brief an die Römer

(Das Neue Testament Deutsch, Band 6). 14. Auflage 1989 (1. Auflage dieser Fassung). VI, 237 Seiten, kartoniert. ISBN 3-525-51372-0

Im Römerbrief sammelt sich gleichsam die gesamte Paulustheologie. Deshalb findet der Leser hier nicht nur eine gediegene Auslegung Abschnitt für Abschnitt und Vers für Vers, sondern auch die Umrisse dieser Theologie sowie Auskunft über Wirken und Bedeutung des Apostels. Dies leistet der Verfasser besonders in den Exkursen zu Schwerpunktthemen. Am ausführlichsten wird dabei die Thematik „Paulus und Israel" behandelt, zumal man hier auf die konkrete Situation trifft, die Paulus zur Abfassung dieses Briefes veranlaßt haben dürfte.

Vandenhoeck & Ruprecht · Göttingen/Zürich